– Die sizilianische Mafia

Anita Bestler

Die sizilianische Mafia

Der bewaffnete Arm der Politik

2. Auflage

Anita Bestler
Palermo, Italien

ISBN 978-3-658-47788-2   ISBN 978-3-658-47789-9 (eBook)
https://doi.org/10.1007/978-3-658-47789-9

Die Deutsche Nationalbibliothek verzeichnet diese Publikation in der Deutschen Nationalbibliografie; detaillierte bibliografische Daten sind im Internet über https://portal.dnb.de abrufbar.

© Der/die Herausgeber bzw. der/die Autor(en), exklusiv lizenziert an Springer Fachmedien Wiesbaden GmbH, ein Teil von Springer Nature 2021, 2025

Das Werk einschließlich aller seiner Teile ist urheberrechtlich geschützt. Jede Verwertung, die nicht ausdrücklich vom Urheberrechtsgesetz zugelassen ist, bedarf der vorherigen Zustimmung des Verlags. Das gilt insbesondere für Vervielfältigungen, Bearbeitungen, Übersetzungen, Mikroverfilmungen und die Einspeicherung und Verarbeitung in elektronischen Systemen.
Die Wiedergabe von allgemein beschreibenden Bezeichnungen, Marken, Unternehmensnamen etc. in diesem Werk bedeutet nicht, dass diese frei durch jede Person benutzt werden dürfen. Die Berechtigung zur Benutzung unterliegt, auch ohne gesonderten Hinweis hierzu, den Regeln des Markenrechts. Die Rechte des/der jeweiligen Zeicheninhaber*in sind zu beachten.
Der Verlag, die Autor*innen und die Herausgeber*innen gehen davon aus, dass die Angaben und Informationen in diesem Werk zum Zeitpunkt der Veröffentlichung vollständig und korrekt sind. Weder der Verlag noch die Autor*innen oder die Herausgeber*innen übernehmen, ausdrücklich oder implizit, Gewähr für den Inhalt des Werkes, etwaige Fehler oder Äußerungen. Der Verlag bleibt im Hinblick auf geografische Zuordnungen und Gebietsbezeichnungen in veröffentlichten Karten und Institutionsadressen neutral.

Planung/Lektorat: Jan Treibel
Springer ist ein Imprint der eingetragenen Gesellschaft Springer Fachmedien Wiesbaden GmbH und ist ein Teil von Springer Nature.
Die Anschrift der Gesellschaft ist: Abraham-Lincoln-Str. 46, 65189 Wiesbaden, Germany

Wenn Sie dieses Produkt entsorgen, geben Sie das Papier bitte zum Recycling.

Gewidmet Lenin Mancuso (1922–1979)

Vorwort

Mein Dank gilt zahlreichen Personen, die bei der Entstehung dieses Buches eine Rolle gespielt haben. In erster Linie meinem Ehemann, Franco Mancuso, der mir geholfen hat, den Schlüssel zum Verständnis der Thematik »Mafia und Politik« zu finden. Ohne seine Hilfe wären mir viele sizilianische und italienische »Merkwürdigkeiten« rätselhaft geblieben. Mit seinen profunden Kenntnissen hat er nicht nur unermüdlich die verschiedenen Kapitel dieser Arbeit mit mir diskutiert, sondern mir darüber hinaus sein jahrzehntelang gesammeltes Material überlassen. Ohne ihn wäre dieses Buch nie in der vorliegenden Form zustande gekommen. Sein Vater, der Polizeiwachtmeister Lenin Mancuso, verlor am 25. September 1979 sein Leben durch mafiose Gewalt. Er versuchte noch im Sterben, mit seinem Körper den mit ihm ermordeten Richter und Freund Cesare Terranova (1921–1979) zu schützen. »Helden des Alltags« wie er werden aber nicht selten in die zweite Reihe gestellt, wenn nicht gar vergessen. Genau aus diesem Grund ist das vorliegende Buch, stellvertretend für alle vergessenen Mafiaopfer, die in Erfüllung ihrer staatsbürgerlichen Pflichten ihr Leben verloren haben, Lenin Mancuso gewidmet. Des Weiteren danke ich Prof. Dr. Dr. Robert Hettlage, ehemals Ordinarius für Soziologie an der Universität Regensburg, der das Buch angeregt und mit Wohlwollen begleitet hat. Meinen zahlreichen sizilianischen Gesprächspartnern danke ich dafür, dass sie mir ihre Zeit zur Verfügung gestellt und mich an ihrem Wissen teilhaben ließen. Dr. Peter Gischke, Dott. Mario Parisi, Anja Schliebitz, Dr. Georg Wiest und ganz besonders Dr. Götz Ahrendt danke ich für die gewissenhafte Durchsicht des Manuskripts sowie Michaela Henkys von Meurer Art für die technische Umsetzung meiner Infographiken. Schließlich danke ich zu guter Letzt meinen Eltern, Veronika und Georg Bestler, meiner Tante Hanni sowie meinem Bruder Georg mit Sabine, Anouk und Amelie für ihr Verständnis für meine Mittelmeerpassion, durch welche die gemeinsame Zeit viel zu kurz gekommen ist. Und für alle meine besorgten Freunde ein Wort zur Beruhigung: Es ist nicht gefährlich, wissenschaftlich über die Mafia zu schreiben! Seit mindestens 150 Jahren wird über dieses Phänomen publiziert und die Mafia hat sich nie daran gestört. Problematisch wäre es allenfalls, unbekannte Fakten über deren mächtige Komplizen zu enthüllen. Dies hat diversen investigativen Journalisten das Leben gekostet…

Anita Bestler

Inhaltsverzeichnis

1	**Einführung**	1
2	**Von den revolutionären Squadre zu den Corleonesern**	13
	2.1 Wie banale Banditen zu Mafiosi mutierten	14
	2.2 Die Mafia wird zum »Wahlhelfer«	27
	2.3 Unterdrückung im Faschismus?	42
	2.4 Amerikanische »Wiederaufbauhilfe«	54
	2.5 Von der Agrarmafia zur städtischen Mafia	64
	2.6 Gewalttätiges Intermezzo der Corleoneser	85
	2.7 Die Mafia geht »in Deckung«	112
3	**Mafiose Innenansichten**	133
	3.1 Vom Uomo d'onore zum Capo dei Capi	134
	3.2 Vom Habenichts zum Ehrenmann	156
	3.3 Weg in die Cosa Nostra	165
	3.4 Der Codice d'onore – das Regelwerk	178
	3.5 »Geschäft mit dem Verbrechen«	196
	3.6 Mord nur im Notfall	209

4 Italien – eine mafiose Demokratie? 225
4.1 »Der Fisch stinkt vom Kopf her«: Warum
Politikern alles erlaubt ist 227
4.2 Egal ob weiß, rot oder blau[1], was zählt,
ist der »Geruch der Macht« 235
4.3 Protektion und Begünstigung gegen
Unterstützung 252
4.4 Justiz und Polizei: »Büttel« der Politik? 270
4.5 »Orte der Begegnung«: Eliteclubs und Geheimlogen 280
4.6 Die Mafia als »Blitzableiter« okkulter Mächte 290

Anmerkungen 305
Glossar 527
Literatur 533

Abkürzungsverzeichnis

ACIO	Associazione Commercianti ed Imprenditori Orlandini (Orlandinische Händler- und Unternehmervereinigung), erste Antiracketorganisation
ADM	Agenzia delle Dogane e dei Monopoli (Zoll- und Monopolagentur)
AG	Provinz Agrigent
AGEA	Agenzia per le Erogazioni in Agricoltura (Agentur für Landwirtschaftsfördergelder)
AISE	Agenzia Informazioni e Sicurezza Esterna (Auslandsnachrichten- und Sicherheitsdienst), 2007 bis heute, Nachfolgeorganisation des SISMI
AISI	Agenzia Informazioni e Sicurezza Interna (Agentur für Informationen und innere Sicherheit), 2007 bis heute, Nachfolgeorganisation des SISDE
AMGOT	Allied Military Government of Occupied Territories (Alliierte Militärregierung der besetzten Gebiete)
AN	Alleanza Nazionale (Nationale Allianz) gegründet 1994 als Nachfolgepartei des MSI, seit 2012 Fratelli d'Italia (Brüder Italiens)
ANAC	Autorità Nazionale Anticorruzione (Nationale Antikorruptionsbehörde), gegründet 2014

ANBSC	Agenzia Nazionale per l'Amministrazione e la Destinazione dei Beni Sequestrati e Consfiscati alla Criminalità Organizzata (Nationale Agentur für die Verwaltung und Zweckbestimmung beschlagnahmten und konfiszierten Besitzes der organisierten Kriminalität)
AQ	Provinz Aquila
ARS	Assemblea Regionale Siciliana (Sizilianische Regionalversammlung), sizilianischer Landtag
BR	Brigate rosse (Rote Brigaden)
BS	Provinz Brescia
CAMEA	Centro Attività Massoniche Esoteriche Accettate (Zentrum für akzeptierte esoterische freimaurerische Aktivität)
CCA	Centro Commerciale Agricolo (Handelszentrum für Landwirtschaft)
CIA	Central Intelligence Agency (Auslandsgeheimdienst der Vereinigten Staaten), 1947 bis heute
CISL	Confederazione Italiana Sindacati Lavoratori (Italienischer Arbeitergewerkschaftsverband), gegründet 1950 als christdemokratischer Gewerkschaftsdachverband
CL	Provinz Caltanissetta
CLN	Comitato di Liberazione Nazionale (Komitee der nationalen Befreiung)
CNEL	Consiglio Nazionale dell'Economia e del Lavoro (Nationaler Wirtschafts- und Arbeitsrat)
CO	Provinz Como
COLDIRETTI	Confederazione Nazionale dei Coltivatori Diretti (Nationale Föderation der Landwirte), christdemokratischer Bauernverband
CONFESERCENTI	Confederazione Italiana Esercenti Attività Commerciali, Turistiche e dei Servizi (Italienische Konföderation für Handel, Tourismus und Dienstleistungen), Händlerverband
CONFINDUSTRIA	Confederazione Generale dell'Industria Italiana (Konföderation der italienischen Industrie), Industriellenverband

Abkürzungsverzeichnis XIII

CONSCOOP	Consorzio fra Cooperative di Produzione e Lavoro (Produktions- und Arbeitsgenossenschaftskonsortium)
CSM	Consiglio Superiore della Magistratura (Oberster Richterrat), Selbstverwaltungsorgan der Richter und Staatsanwälte
DC	Democrazia Cristiana (Christdemokraten)
DDA	Direzione Distrettuale Antimafia (Distriktantimafiadirektion)
DEA	Drug Enforcement Administration (Drogenvollzugsbehörde)
DIA	Direzione Investigativa Antimafia (Antimafiaermittlungsdirektion)
DIS	Dipartimento delle Informazioni per la Sicurezza (Informations- und Sicherheitsabteilung), 2007 bis heute; die dem Premierminister untergeordnete Abteilung koordiniert und überwacht den Auslandsgeheimgeheimdienst AISE sowie den Inlandsgeheimdienst AISI
DS	Democratici di Sinistra (Linksdemokraten), gegründet 1998 als Nachfolgepartei des PDS
EMS	Ente Minerario Siciliano (Sizilianische Bergbaubehörde), 1967 umgewandelt in die Società Chimica Mineraria Siciliana (SO.CHI.MI.SI.)
EN	Provinz Enna
ENI	Ente Nazionale Idrocarburi (Nationale Körperschaft für Kohlenwasserstoffe)
ERAS	Ente per la Riforma Agraria in Sicilia (Körperschaft für Agrarreform in Sizilien)
EVIS	Esercito Volontario per l'Indipendenza Siciliana (Freiwilligenarmee für die sizilianische Unabhängigkeit)
FDL	Fratelli d'Italia (Brüder Italiens) gegründet 2012 als Nachfolgepartei der AN
FE	Provinz Ferrara
FEDERTERRA	Federazione Nazionale fra i Lavoratori della Terra (Nationale Föderation der Landarbeiter)
FN	Fronte Nazionale (Nationale Front), 1968 von Junio Valerio Borghese gegründete rechtsterroristische Organisation

FR	Provinz Frosinone
GE	Provinz bzw. seit 2015 Metropolitanstadt Genua
GESAP	Gestione Aeroporto Palermo (Flughafengesellschaft Palermo)
GIP	Giudice per le Indagini Preliminari (Richter für Voruntersuchungen)
GOI	Grande Oriente d'Italia (Großorient Italiens), italienischer Dachverband von Freimaurerlogen
IACP	Istituto Autonomo per le Case Popolari (Autonomes Institut für Sozialwohnungen)
IM	Provinz Imperia
INAM	Istituto Nazionale per l'Assicurazione contro le Malattie (Nationales Gesundheitsinstitut), gegründet 1943 als nationale Gesundheitsbehörde; ersetzt 1997 ersetzt durch den Servizio Sanitario Nazionale (Nationaler Gesundheitsdienst)
IOR	Istituto delle Opere Religiose (Vatikanbank)
IRCAC	Istituto Regionale per il Credito alla Cooperazione (Regionales Kreditinstitut für Genossenschaften)
ISTAT	Istituto Nazionale di Statistica (Italienisches Statistikamt)
LN	Lega Nord (Nordbund)
ME	Provinz Messina
M5S	Movimento 5 Stelle (Fünf-Sterne-Bewegung)
MPA	Movimento per l'Autonomia (Autonomiebewegung)
MIS	Movimento per l'Indipendenza Siciliana (Sizilianische Unabhängigkeitsbewegung)
MN	Provinz Mantua
MS	Massa-Carrara
MSI	Movimento Sociale Italiano (Italienische soziale Bewegung)
NA	Provinz bzw. seit 2015 Metropolitanstadt Neapel
OP	Osservatorio Politico (Römische Wochenzeitung)
OSS	Office of Strategic Service (Büro für strategische Dienste), Vorgängerorganisation des CIA zwischen 1942 und 1945
P2	Propanda Due, Freimaurerloge
PA	Provinz bzw. seit 2015 Metropolitanstadt Palermo

PCDI	Partito Comunista d'Italia (Kommunistische Partei von Italien), gegründet 1921
PCI	Partito Comunista Italiano (Kommunistische Partei Italiens), gegründet 1943 als Nachfolgepartei des PCDI; aufgelöst 1991 und wiedergegründet als Partito Democratico della Sinistra (PDS)
PD	Partito Democratico (Demokratische Partei), gegründet 2007 als Zusammenschluss der DS mit dem linken Flügel der ehemaligen DC
PDA	Partito d'Azione (Partei der Aktion)
PDLI	Partito dei Lavoratori Italiani (Italienische Arbeiterpartei)
PDS	Partito Democratico della Sinistra (Linksdemokratische Partei), gegründet 1991 als Nachfolgepartei des PCI; ging 1998 in den DS auf
PLD	Partito Liberale Democratico (Liberaldemokratische Partei)
PLI	Partito Liberale Italiano (Liberale Partei Italiens), seit 2004 nur Partito Liberale (PL)
PNF	Partito Nazionale Fascista
PPI	Partito Popolare Italiano (Italienische Volkspartei)
PR	Partito Radicale (Radikale Partei)
PR	Provinz Parma
PRI	Partito Repubblicano Italiano (Republikanische Partei Italiens)
PSI	Partito Socialista Italiano (Sozialistische Partei Italiens)
PV	Provinz Pavia
RC	Provinz Reggio Calabria
RG	Provinz Ragusa
RM	Metropolitanstadt Rom
ROS	Raggruppamento Operativo Speciale (Spezialeinheit), gegründet 1990 als Carabinieri-Sondereinheit für organisierte Kriminalität und Terrorismus; Nachfolgeorganisation der Carabinieri-Terrorismus-Sondereinheit Nucleo Speciale Antiterrorismo
SID	Servizio Informazioni Difesa (Verteidigungsinformationsdienst), bestand zwischen 1966 und 1977

SIFAR	Servizio Informazioni Forze Armate (Informationsdienst der Streitkräfte), bestand zwischen 1949–1965
SIM	Servizio Informazione Militare (Militärinformationsdienst), bestand zwischen 1925 und 1945
SISDE	Servizio per le Informazioni e la Sicurezza Democratica (Dienst für Informationen und demokratische Sicherheit), bestand zwischen 1978 und 2007
SISMI	Servizio per le Informazioni e la Sicurezza Militare (Militärischer Nachrichten- und Sicherheitsdienst), bestand zwischen 1978 und 2007
SR	Provinz Syrakus
TAR	Tribunale Amministrativo Regionale (Regionales Verwaltungsgericht)
TP	Provinz Trapani
TR	Provinz Terni
UDC	Unione di Centro (Vereinigung der Mitte), gegründet 2002 als Zusammenschluss zwischen den christdemokratischen Spitterparteien Centro Cristiano Democrato (CCD), Cristiani Democratici Uniti (CDU) und Democrazia Europea (DE)
USL	Unità Sanitaria Locale (Lokales Gesundheitsamt), heute: Azienda Sanitaria Locale (ASL)
VALTUR	Valorizzazione Turistica (Touristische Erschließung), italienische Hotelkette
VT	Provinz Viterbo
X^{a}MAS	Decima Flottiglia MAS (Zehnte MAS-Flottille), Spezialeinheit der Marine im Zweiten Weltkrieg
ZEN	Zona Expansione Nord, Ende der 1960er-Jahre entstandener Sozialwohnungsstadtteil am nordwestlichen Stadtrand Palermos

1
Einführung

Im Alltagsdiskurs fällt nicht selten das Wort von der Politik als »schmutzigem Geschäft«, wobei sich die Situation in Italien verschärft darstellt. Der Großteil der Italiener hält traditionell Politiker für korrupt und hat dementsprechend nicht nur kein Vertrauen gegenüber staatlichen Institutionen, sondern lehnt sie geradezu ab. Dies wird durch zahlreiche Untersuchungen und Meinungsumfragen bestätigt, so beispielsweise durch die Ergebnisse einer Repräsentativbefragung des Instituts für Meinungsforschung Demos, nach der inzwischen 71 % der Bevölkerung nichts von den staatlichen Institutionen halten.[1] Besonders schlecht kommen dabei die Regierung und die Parteien weg: 81 % der Italiener sind mit der Regierung und sogar 92 % mit den Parteien unzufrieden. Heute noch wird der Fall eines Wählers kolportiert, der seinem Stimmzettel eine Scheibe Mortadella mit dem Kommentar beilegte: »Jetzt könnt Ihr die auch noch fressen«.[2]

Für ihre Haltung hat die italienische Bevölkerung durchaus nachvollziehbare Gründe, bedenkt man die zahlreichen Politiker, die seit der Gründung Italiens in Skandale verwickelt waren bzw. in die Mühlen der Justiz gerieten und trotzdem meist straffrei davonkamen. Dies gilt keineswegs nur für eine fast nicht mehr überschaubare Zahl subalterner Politiker, sondern auch für viele hochrangige Personen: Zu ihnen zählt der mehrfache ehemalige Ministerpräsident Giovanni Giolitti (1842–1928), der den Beinamen eines »Ministers der Verbrecherwelt« erhielt.[3] Ferner der im Rahmen des Tangentopoli-Skandals rechtskräftig wegen Schmiergeldzahlungen verurteilte Bettino Craxi (1934–1999), welcher sich 1994 seiner Verhaftung durch Flucht und selbstgewähltes Exil im tunesischen Hammamet entzog. Nicht zu vergessen sind auch der ehemalige Ministerpräsident Giulio Andreotti (1919–2013), der wegen Mafiaverbindungen und Anstiftung zu einem Journalistenmord in zwei Prozessen angeklagt war, sowie der ehemalige Regierungschef Silvio Berlusconi (1936–2023), dem von Steuerhinterziehung, Bilanzfälschung, Richterbestechung, Unzucht mit Minderjährigen bis hin zu Verbindungen mit der Mafia eine ganze Reihe von Straftaten nachgesagt werden.[4]

Aber nicht nur die Italiener selbst beurteilen ihre politischen Vertreter schlecht, sondern auch die seit 1993 existierende internationale Antikorruptionsorganisation Transparency International. Diese stellt heute die weltweit wichtigste Nichtregierungsorganisation im Kampf gegen Korruption dar und ist bestrebt, vor allem auf Korruption bei Regierungen und öffentlichen Verwaltungen aufmerksam zu machen. Seit 1995 veröffentlicht Transparency einen Korruptionsindex, in dem die Situation in all denjenigen Ländern vorgestellt wird, für die ausreichend Material vorliegt. Gegenwärtig sind dies 180 Länder, d. h. fast alle von den insgesamt knapp 200 Staaten der Welt. Im Korruptionsindex von Transparency werden Punkte von null bis hundert vergeben, wobei quasi korruptionsfreie Länder hundert Punkte erhalten. Innerhalb der weitgehend positiv beurteilten Länder der Europäischen Union stechen nach diesem Index nur Italien, Malta, Griechenland sowie einige der osteuropäischen EU-Staaten hervor. Italien kam im Jahre 2024 mit nur 52 Punkten auf Platz 54 (zusammen mit Georgien, Bahrain und Polen) und liegt hinter Staaten wie Uruguay, den Arabischen Emiraten, Bahamas, Chile, Costa Rica oder Botswana.[5]

Gegenstand dieses Buches sind nun aber nicht alle unsauberen Praktiken seitens der italienischen Politiker, sondern nur ein ganz bestimmter Ausschnitt derselben: Es wird um solche Politiker gehen, welche die besonderen Dienste der Mafia zur Erreichung ihrer eigenen Ziele in Anspruch nehmen. Die Mafia – und das ist die Hauptthese dieser Arbeit

– stellt den »bewaffneten Arm« der Politik dar. Im Verlaufe des Buches wird zu zeigen sein, dass in Italien die Nutzung krimineller Gruppen durch die politisch Mächtigen die Entstehung der Mafia überhaupt erst ermöglicht hat und ihren Fortbestand weiterhin sichert. Auch wenn in den letzten vier Jahrzehnten erstmals Mafiosi tatsächlich zu langen Haftstrafen verurteilt wurden, so stellt dies für die Organisation doch kein wirkliches Problem dar, da die Lücken sofort gefüllt werden. Wohl aus diesem Grund glauben – gemäß einer Umfrage von Demopolis – 80 % der Sizilianer, dass sich seit den großen Attentaten von 1992 an dem Phänomen nichts geändert hat und die Mafia unverändert stark ist.[6] Die Jugend scheint darüber hinaus mehrheitlich anzunehmen, dass der Staat nichts gegen die Mafia unternimmt und sogar enge Beziehungen mit ihr unterhält. Dies gaben zumindest 85 % von insgesamt 2362 sizilianischen Oberschülern im Alter zwischen 16 und 19 Jahren bei einer Online-Befragung an.[7]

Auch wenn die Mafia zweifellos ein wichtiges Instrument korrupter Politiker darstellt, so ist sie doch mehr als nur ein Handlanger der Politik: Bei der Cosa Nostra handelt es sich insofern auch um eine ganz normale Verbrechergruppe, als sie eigene – von der Politik völlig unabhängige – Ziele verfolgt. Sie ist eine *Organisation* mit festgelegten Eintrittsvoraussetzungen, einem klaren Organisationsaufbau und einem ausgefeilten Regelwerk. Weder entspringt sie einer besonderen sizilianischen Mentalität noch ist sie ein im ländlichen Zentralsizilien vorzufindendes anachronistisches Relikt der mittelalterlichen Feudalwirtschaft oder eine Art »krimineller Industriebetrieb«. Die Auffassung, die Mafia sei eine durchaus positiv zu bewertende Lebensphilosophie, nach der es legitim ist, sich angesichts eines maroden Staates selbst zu seinem Recht zu verhelfen, wurde gerne von sizilianischen »Patrioten« vertreten, die sich um den guten Ruf der Insel sorgten und deshalb die Bedeutung der Mafia als besonderer Form von Kriminalität herunterspielten.[8] Sie argumentierten, man würde Kriminelle, die in Mailand oder Rom Verbrecher genannt werden, in Sizilien als Mafiosi bezeichnen, nur um die Insel zu diffamieren. Einige Anthropologen lokalisieren die Mafia nur in den Dörfern des von der Latifundienwirtschaft geprägten Inselinneren, wo tatsächlich sogenannte Gabellotti, also parasitäre Großpächter, die mafiosen Clans kommandierten.[9] Allerdings fanden sich mafiose Gruppen durchaus auch im von der Agrumenwirtschaft dominierten »grünen Gürtel« an der Küste zwischen Bagheria (PA) und Partinico (PA), wo es weder Latifundien noch Gabellotti gab sowie in der Großstadt Palermo, deren Wirtschaft vom Dienstleistungssektor und Manufakturwesen geprägt war. Und heute gibt es Mafiaclans in vielen reichen Ländern der Welt. Selbstverständlich kann die Mafia als »kriminelles Wirtschaftsunternehmen«[10] aufgefasst werden, aber dies gilt für viele anderen delinquenten Gruppen genauso. Was die Mafia von anderen Verbrecherorganisationen unterscheidet, ist ihre Janusköpfigkeit: Sie ist auf der einen Seite tatsächlich ein kriminelles Unternehmen mit eigenen Zielen, hauptsächlich dem der Bereicherung, auf der anderen Seite aber auch ein verbrecherischer Hilfstrupp von Politikern. Und genau diese zweite Seite unterscheidet die Mafia von »normalen« kriminellen Organisationen.

In den Bereich der Märchen gehören Geschichten, nach denen sich die Mafia bereits im Mittelalter entwickelte.[11] Eine dieser Legenden datiert die Entstehung der Mafia in die Herrschaftszeit der Araber in Sizilien, in der eine Vereinigung von Berbern namens Maafir bestanden haben soll, die für die Sicherheit ihrer Mitglieder sorgte. Nach einem weiteren Mythos ist die Mafia während der Sizilianischen Vesper, dem berühmten Volksaufstand im Jahre 1282 gegen die französischen Anjou, entstanden. In dieser Zeit habe das Motto einer Gruppierung freiheitsliebender Männer »**M**orte **a**lla **F**rancia, **I**talia **a**nela« (Frankreich den Tod, keucht Italien) gelautet, woraus sich die Abkürzung »M.a.f.i.a.« als Bezeichnung ihrer Organisation ableite. Nach einer anderen Version habe eine Mutter, deren Tochter von einem französischen Soldaten angegriffen worden sei, geschrien: »Ma fia, ma fia«, also »meine Tochter, meine Tochter«, woraus der Schlachtruf des Volkes gegen die Franzosen entstanden sein soll. Andere Legenden datieren die Entstehung der Mafia in die Herrschaftszeit der Spanier. So behauptet eine besonders abenteuerliche Geschichte, drei adelige Brüder aus Kastilien – Osso, Mastrosso und Scarcagnosso – hätten Madrid verlassen müssen, weil sie nicht in der Lage gewesen seien, die Ehre ihrer Schwester zu rächen, die von einem mächtigen Aristokraten verführt worden sei. Auf der Flucht seien sie auf die vor Trapani gelegene Insel Favignana gelangt. Dort hätten sich ihre Wege getrennt: Mastrosso ging nach Neapel und gründete die Camorra, Scarcagnosso wurde in Kalabrien der Stammvater der 'Ndrangheta, und Osso schließlich baute in Palermo die Mafia auf. Gemäß einer anderen Version soll es im Jahre 1412 in Toledo eine kriminelle Vereinigung mit dem Namen »Cardunas« bzw. »Gesellschaft der Ehrenmänner« gegeben haben, die mit den Spaniern den Weg nach Sizilien gefunden habe. Wieder andere Legenden betrachten ganz bestimmte Freimaurergruppen des 18. Jahrhunderts als Gründer der Mafia. So sollen im Jahre 1799 fünf Männer in Mazara del Vallo (TP) einen Freimaurerbund ins Leben gerufen haben, aus dem später die Mafia hervorgegangen sein soll. Der wohl populärste Mythos, dem auch manche Gelehrte anhängen, betrachtet die legendäre Bruderschaft eines kalabresischen Heiligen, nämlich des Franziskus von Paola, die sogenannten Beati Paoli[12], als Ursprung der Mafia. Sie soll angeblich in der Normannenzeit im 12. Jahrhundert entstanden sein und die Beati Paoli sollen sich als Mönche verkleidet tagsüber in Kirchen aufgehalten haben, wo sie vorgaben, den Rosenkranz zu beten, während sie aber tatsächlich das Geschehen in der Stadt ausspionierten. In der Nacht sollen sie sich dann heimlich getroffen und richtiggehende Gerichtsverhandlungen mit anschließender Verurteilung abgehalten haben. Ihre Aktionen hätten sich in erster Linie gegen Übergriffe etwa von Angehörigen des Adels auf Schutzlose gerichtet. Mit den beiden Palermitanern Giuseppe Amatore und Girolamo Ammirato, hingerichtet 1704 bzw. 1723, meint man sogar, die letzten beiden Führer der Beati Paoli namentlich zu kennen. Tatsächlich ist aber bis heute die historische Existenz der Beati Paoli nicht sicher belegt. Dennoch geben selbst die Mafiosi dieser Version den Vorzug, wie inzwischen in einer ganzen Reihe von Aussagen geständiger Kronzeugen zum Ausdruck gekommen ist. So richtig berühmt wurde der Geheimbund durch Luigi Natolis (1857–1941) volkstümlichen Historienroman »I Beati Paoli«, erstmals zwischen 1909 und 1910 und später in immer wieder neuen Auflagen erschien.[13] Dieser Roman ist bis heute eines der meistgelesenen Bücher in Italien und war vor allem bei den unteren Bevölkerungsschichten so beliebt, dass in den Armenvierteln sogar gemeinsame Lesungen abgehalten wurden.

In Wirklichkeit entstand die Mafia in einer ganz spezifischen politischen Situation Anfang des 19. Jahrhunderts, in der die gesellschaftliche Elite die gewalttätigen Dienste Krimineller zur Erreichung ihrer politischen Ziele nutzte, wodurch sie zum Komplizen wurde und sich ihrerseits mit Gefälligkeiten revanchierte. So wurde etwa durch den staatlichen Kontroll- und Repressionsapparat sichergestellt, dass mafiose »Geschäfte« reibungslos, also auch straffrei ablaufen konnten. In dem Moment, in dem die gesellschaftlich Mächtigen die Dienste von gewöhnlichen Verbrechern in Anspruch nahmen und diese im Ausgleich beschützten, mutierten die Kriminellen zur Mafia. Seit der Italienischen Einigung hat die Bedeutung der Mafia – hauptsächlich dank der Ausweitung des Wahlrechts – zugenommen. Sie wurde allmählich zum festen Bestandteil des politischen Systems des Landes – was sie bis heute geblieben ist. Das besondere Verhältnis zwischen Politik und Cosa Nostra bietet den Schlüssel zum Verständnis der Mafia als besonderer Form der organisierten Kriminalität. Ohne politische Protektion wäre die Mafia überhaupt nicht erst entstanden und könnte nicht existieren.

Nicht ohne Grund taucht der Begriff »Mafia« in der heute bekannten Bedeutung, nämlich als Bezeichnung für eine ganz besondere Form der Kriminalität, genau in der Zeit auf, in der die Organisation tatsächlich entstanden ist.[14] Ursprünglich wurde unter einem »Mafiusu« schlicht ein überlegener, maskuliner Mann oder im Falle einer »Mafiusa« ein hübsches Mädchen verstanden. Noch heute übersetzt das sizilianische Wörterbuch von Giorgio Piccitto (1916–1972) »Mafia« mit »Schönheit« bzw. »Unverfrorenheit«, wie dies schon Anfang des 20. Jahrhunderts der sizilianische Arzt und Folkloreforscher Giuseppe Pitrè (1841–1916) getan hatte, für den Mafia immer einherging mit »Schönheit«, »Großartigkeit«, »Perfektion« und »Vollkommenheit auf einem ganz bestimmten Gebiet«.[15] Zur Bezeichnung von Verbrechergruppen wurde das Wort »Maffia« – ursprünglich geschrieben mit zwei »f« – erstmals im Jahre 1838 in einem offiziellen Dokument des Staatsanwalts von Trapani, Pietro Calà Ulloa (1801–1879), benutzt. So richtig setzte der Bedeutungswandel des ursprünglich keineswegs negativ besetzten Begriffes aber erst in den 60er-Jahren des vorletzten Jahrhunderts ein. Eine herausragende Rolle spielte dabei das in ganz Italien populäre Volksstück »I mafiusi di la Vicaria di Palermu« (Siz. Die Mafiosi der Vicaria), welches 1862 von dem sizilianischen Volksschullehrer Gaspare Mosca geschrieben und ein Jahr später von seinem Landsmann, dem Komiker Giuseppe Rizzotto in Szene gesetzt wurde.[16] Angeblich hat sich Mosca von einem persönlichen Erlebnis zu dem Stück inspirieren lassen: Er soll an einem Julitag im Jahre 1862 Augenzeuge eines Streits zwischen zwei Jugendlichen geworden sein, bei dem der eine ein Messer zog und den anderen anschrie: »E tu vulissi fare 'u mafiusu cu mia?« (Siz. Und du wolltest den Mafioso mit mir machen?). Mosca war angeblich von der Ausdrucksweise des Jungen so beeindruckt, dass er den Begriff – im Sinne von »präpotent« bzw. »stark« – in sein Theaterstück aufnahm. Die Komödie Moscas spielt im Jahre 1854. Den Schauplatz der Handlung bildet die Vicaria, das alte Stadtgefängnis von Palermo. Im Mittelpunkt des Geschehens steht eine Gruppe von Häftlingen – vom Autor synonym als »Camorristi« oder »Mafiusi« bezeichnet –, die sich durch eine unendliche Liebe zu Sizilien, vor allem zu Palermo, eine enorme Religiosität, einen starken Gerechtigkeitssinn und Verachtung der »Sbirri« (Häscher, Schergen) sowie überhaupt aller Vertreter des Staates auszeichnet. Die Mafiosi, obwohl dem Handwerkerstand entstammend, haben gegenüber den anderen Häftlingen eine deutlich privilegierte Stellung inne, da sie einer geheimen, sich durch besondere Initiationsriten und interne Regeln auszeichnenden Vereinigung angehören, hinter denen eine mächtige politische Person steht. Der Autor spielte dabei wohl auf den Risorgimento-Führer und »Garibaldiner« Francesco Crispi (1818–1901) an. Die Gruppierung erfreut sich nicht nur im Gefängnis besonderen Respekts, sondern es gelingt ihr auch, anderen Personen – inner- und außerhalb der Gefängnismauern – ihren Willen aufzuzwingen. Das Stück wurde im palermitanischen Teatro Sant' Anna 1863 mit großem Erfolg uraufgeführt. Es traf insofern den Nerv der Zuschauer, als diese sich mit den Wertvorstellungen der Protagonisten identifizieren konnten. Ermutigt durch die Publikumsresonanz schrieb Rizzotto nun mit »La taverna di lu zu Minicu Chiantedda« und »I mafiusi in progresso« zwei weitere, ähnliche Stücke. Mit diesen drei Volkskomödien, die unter dem Titel »Trilogia dei mafiusi« bzw. »I mafiusi all'osteria« liefen, bereiste die Schauspielgruppe einige Jahre lang diverse Theaterbühnen Italiens, ging sogar in die USA und nach Südamerika auf Tournee. Spätestens jetzt fand das Wort »Mafia« als Synonym für eine bestimmte Form von kriminellen Banden allmählich Eingang in den italienischen Sprachgebrauch. Erneut polizeiaktenkundig wurde das Wort »Mafia« am 25. April 1865, als der damalige Präfekt von Palermo, der aus Umbrien stammende Filippo Antonio Gualterio (1819–1874), »räuberische Vereinigungen« in einem vertraulichen Bericht über die öffentliche Sicherheit als »Mafia« bezeichnete. Es ist plausibel anzunehmen, dass der Terminus »Mafia« nach dem erfolgreichen Theaterstück von Rizzotto in der neuen Wortbedeutung in Umlauf geriet und von Gualterio einfach übernommen wurde. Ab diesem Zeitpunkt begann der Begriff in Polizeikreisen zu florieren und setzte sich zur Kennzeichnung einer bestimmten Form von Kriminalität durch. Nach 1875 wurde der Begriff dann in der neuen Bedeutung auch in andere Sprachen, so die deutsche, französische und englische, übernommen. Er wird inzwischen zur Bezeichnung von Verbrecherorganisationen in weiten Teilen der Welt verwendet – und wurde international ähnlich populär wie die Nudelbezeichnung »Spaghetti«.

Auch wenn heute Mafiaaussteiger bei ihren Erzählungen das Wort »Mafia« gelegentlich benutzen, so lehnt die Organisation selbst den Begriff doch ab. In ihren Augen handelt es sich bei der Mafia eben um nichts weiter als eine literarische Erfindung. Ursprünglich nannten sie sich meist »Fratuzzi« (Siz. Brüderchen) oder »Fratellanze« (Bruderschaften), Bezeichnungen, die im Verlaufe der zweiten Hälfte des 19. Jahrhunderts immer mehr von den Termini »Onorata Società« (Geehrte bzw. ehrenwerte Gesellschaft) bzw. »Cosa Nostra« (Unsere Sache) abgelöst wurden. Der Begriff »ehrenwerte Gesellschaft« leitet sich aus dem in der Organisation geltenden internen Verhaltensregelwerk, dem »Ehrenkodex«, ab, während die Herkunft der anderen sehr gebräuchlichen Bezeichnung »Cosa Nostra« nicht bekannt ist. Sie dürfte aber aus dem internen Vorstellungsritual hervorgegangen sein: Mafiamitglieder werden häufig mit den Worten »Questo è cosa nostra« (Dieser ist unsere Sache) miteinander bekannt gemacht. Mutmaßungen legen nahe, dass der Terminus in den USA erfunden bzw. von emigrierten sizilianischen Mafiosi aus der Heimat in die USA mitgebracht worden ist. Der amerikanische Mafiaboss Joseph Bonanno (1905–2002) erklärte, Cosa Nostra sei eine Metapher für die Welt der Sizilianer, ihre Traditionen und Werte.[17] Wie dem auch sei, beide Begriffe – »Onorata Società« und »Cosa Nostra« – sind innerhalb der Mafia akzeptiert.

Im aktuellen sizilianischen Sprachgebrauch werden die Mitglieder der Mafia nicht nur respektvoll als »Uomini d'onore« (Ehrenmänner) oder

»Uomini di rispetto« (Männer des Respekts) bezeichnet, sondern darüber hinaus mit weiteren Begriffen belegt: In Westsizilien spricht man oft ganz einfach nur von den »Picciotti« (Siz. Jungens), während in Ostsizilien der Begriff »Soldati« üblicher ist. Sehr gebräuchlich ist die in ganz Sizilien verbreitete Bezeichnung »Punciuti« (Siz. Gestochene), die sich vom Aufnahmeritual der Cosa Nostra ableitet, bei dem der Initiand in einen Finger gestochen wird. Gelegentlich wird auch der Terminus »Spadduzza« (Siz. hochgezogene Schulter) benutzt und von der Geste des Schulterhochziehens begleitet: Die hochgezogene, steife Schulter steht dabei für das typische stolze Auftreten der Mafiosi. Eine weitere Variante stellt die Bezeichnung »'Ntisi« (Siz. diejenigen, auf die gehört wird) dar und verweist auf das besondere Prestige von Mafiosi. Wenn hingegen von den »Amici di l'amici« (Siz. Freunde der Freunde) die Rede ist, sind nicht die tatsächlichen Mitglieder der Organisation gemeint, sondern der weitere Umkreis der mit der Mafia kollaborierenden und sie beschützenden Personen aus den oberen Gesellschaftsschichten, in der Regel also Politiker, höhere Beamte, Geschäftsleute und Unternehmer. Einzelne mafiose Banden werden – sowohl im internen als auch im allgemeinen Sprachgebrauch – als »Famiglia« (Familie) oder »Cosca« bezeichnet. (»Cosche« sind im Sizilianischen eigentlich Artischocken.[18]) Der Anführer einer mafiosen Gruppe wurde »Cacocciula« (Siz. Artischocke) genannt, mithin symbolisiert er bei der mafiosen Cosca den Strunk, die Mitglieder hingegen die Blätter; es gibt aber auch die Deutung, dass sich die mafiosen Banden deshalb »Cosche« nannten, weil sie sich als eine Art Gerippe der Gesellschaft und damit als Teil des Ganzen verstanden. – Im weiteren Verlauf dieser Arbeit werden die drei Begriffe »Mafia«, »ehrenwerte Gesellschaft« und »Cosa Nostra« synonym gebraucht.

Für die Politik stellt die Mafia ein wichtiges Instrument der Herrschaft dar. Besagte Form der mafiosen Herrschaft findet sich keineswegs nur in Italien, wo diverse mafiose Organisationen – angefangen von der sizilianischen Mafia über die kalabresische 'Ndrangheta[19], die kampanische Camorra[20] bis zur apulischen Sacra Corona Unita[21] – eine enge Verbindung mit Politikern eingegangen sind, sondern auch in vielen anderen Teilen der Welt. Man denke etwa an zahlreiche lateinamerikanische Staaten, an die Länder des ehemaligen Ostblocks oder auch an China und Japan. Auch mittel- und nordeuropäische Demokratien scheinen gegenüber der mafiosen Herrschaft nicht vollständig immun zu sein, wie zunehmende Fälle von Kollusion, also Bündnissen, zwischen Vertretern der Politik und Verbrechern erahnen lassen. Aus diesem Grund scheint es angebracht, das Phänomen der »mafiosen Demokratie« eingehender zu beleuchten, wobei sich das Beispiel Italien deshalb anbietet, weil das dort zur Verfügung stehende Material besonders reichhaltig ist und sich die behauptete These besonders gut dokumentieren lässt. Dass innerhalb der organisierten Kriminalität in Italien gerade die sizilianische Cosa Nostra herausgegriffen wird, liegt zum einen daran, dass sie lange Zeit am bedeutendsten war, zum anderen, dass es sich bei ihr um eine Art Prototyp handelt, dem die anderen oben angeführten Gruppen – vor allem die 'Ndrangheta – in vielfacher Weise entsprechen.

Methodisch basiert das Buch auf zahlreichen Experteninterviews mit Politikern, Wissenschaftlern, Priestern, Sozialarbeitern, Unternehmern, Richtern, Staatsanwälten, Polizisten, Journalisten, Beamten, Lehrern etc.; ferner auf der teilnehmenden Beobachtung des Alltagsgeschehens seit ich in Palermo lebe – also seit fast 30 Jahren. Dabei war es mir wichtig, die sizilianische Gesellschaft im Weberschen Sinne[22] nach und nach *verstehen* zu lernen – eine Herangehensweise, die auch der sizilianische Schriftsteller Gesualdo Bufalino (1920–1996) Fremden empfiehlt, da sich die »zerstückelte, reiche und widersprüchliche Pluralität« Siziliens nicht »in eine einfache Formel pressen« lasse:

> Es reicht vielleicht, dass sich der Besucher mit Geduld und Bescheidenheit wappnet; dass er ohne Eile hierher kommt (…); sich damit zufrieden gibt, uns nicht gleich verstehen zu wollen, um uns dann später wirklich zu verstehen. (…) Nur eine solche, lang andauernde Initiation ermöglicht es, sich im richtigen Geiste (…) den hiesigen Gefühlen und Lebensweisen und auch dem dahinterstehenden nicht Gesagten anzunähern.[23]

Flankiert wurden diese Methoden durch ein intensives Literaturstudium sowie ausgedehnte Zeitungsrecherchen – Ein sehr zeitaufwändiges Unterfangen, da über die Mafia eine kaum mehr überschaubare Flut von Material vorliegt: Polizeiberichte, Gerichtsprotokolle, Dokumente

1 Einführung

parlamentarischer Untersuchungskommissionen, Beschreibungen von Zeitzeugen oder Biografien von Mafiaaussteigern. Außerdem haben sich zahlreiche Wissenschaftler aus historischer, soziologischer, ethnologischer, ökonomischer oder politikwissenschaftlicher Sicht einzelner Aspekte der Thematik angenommen.

Das Buch ist wie folgt aufgebaut: Im ersten Teil wird die historische Entwicklung der Mafia vorgestellt, von ihrer Entstehung bis zur Gegenwart. Der zweite Teil ist den Interna der Cosa Nostra gewidmet: dem Organisationsaufbau (Abschn. 3.1), der Sozialstruktur der Mitglieder (Abschn. 3.2), der Personalrekrutierung (Abschn. 3.3), dem Verhaltensregelwerk (Abschn. 3.4), den wirtschaftlichen Aktivitäten (Abschn. 3.5) sowie den eingesetzten Mitteln (Abschn. 3.6). Der dritte Teil des Buches beginnt mit einigen Überlegungen zur »mafiosen Demokratie« (Abschn. 4.1). Danach wird gezeigt, dass es bislang in Sizilien noch keine Partei gegeben hat, die sich völliger Immunität gegenüber der Cosa Nostra hätte rühmen können (Abschn. 4.2). In Abschnitt 4.3 werden die spezifischen »Tauschgeschäfte« zwischen Politik und Mafia aufgezeigt. Im Fokus von Abschn. 4.4 steht die entscheidende Rolle des staatlichen Strafverfolgungsapparates als »Helfershelfer«, der die Kollaboration zwischen Politik und Mafia überhaupt erst ermöglicht. Und da sich alle Beteiligten erst einmal »finden« müssen und ein Forum der Zusammenarbeit benötigen, werden im Abschn. 4.5 mit den Freimaurerlogen und diversen anderen elitären Vereinigungen die zentralen »Orte der Begegnung« vorgestellt. Das Schlusskapitel (4.6) beschäftigt sich mit der sogenannten »dritten Ebene« – einer okkulten Macht im Staat, die für zahlreiche immer noch unaufgeklärte Verbrechen die Verantwortung tragen dürfte. Viele dieser »italienischen Mysterien« werden allein der Mafia »in die Schuhe geschoben«, weshalb – nicht ganz zu Unrecht – der letzte große Obermafioso, Totò Riina, erklärte, er habe es satt, immer als »Blitzableiter Italiens« herhalten zu müssen.

2
Von den revolutionären Squadre zu den Corleonesern

Im Verlaufe ihres zweihundertjährigen Bestehens hat die Mafia bessere und schlechtere Zeiten erlebt, was hauptsächlich mit den jeweiligen politischen Rahmenbedingungen zusammenhängt, teilweise aber auch mit internen Machtkämpfen. Entstanden ist sie Anfang des 19. Jahrhunderts, als sich Mitglieder der gesellschaftlichen Elite gewalttätiger Banden aus dem Volk bedienten, um die politische Macht zu erringen. In der zweiten Hälfte des 19. Jahrhunderts explodierten die mafiosen Clans zahlenmäßig, hauptsächlich wegen der Entstehung einer Politikerklasse und der Ausweitung des Wahlrechts, wodurch die Mafia zum wichtigen Wahlhelfer wurde. Erst während der faschistischen Diktatur kam es zum Bruch, da Mussolini keinen »Staat im Staat« dulden wollte, weshalb nun erstmals massiv gegen die Mafia vorgegangen wurde. Aber schon nach der alliierten Befreiung gelang der Mafia die Reorganisation, nicht zuletzt deshalb, weil ihr die Amerikaner »Wiederaufbauhilfe« leisteten. Hatten die Clans ursprünglich ihr Geld hauptsächlich durch die Kontrolle der Landwirtschaft – dem einst wichtigsten Sektor der sizilianischen Ökonomie – verdient, so boten sich nach dem Zweiten Weltkrieg im Bereich der Bauspekulation, der Kontrolle der öffentlichen Aufträge, des Zigaretten- und vor allem des Drogenhandels neue

Geschäftsoptionen, durch die der Mafia ein gewaltiger ökonomischer Sprung gelang. Viele Mafiabosse wurden Millionäre – aber nur die in der Stadt, die Landmafia verlor an Bedeutung. In jener Zeit setzten auch heftige interne Verteilungskämpfe ein, die zu »Mafiakriegen« führten. Bei der letzten Auseinandersetzung gelang es dem Clan der Corleoneser, innerhalb der Cosa Nostra die Macht zu übernehmen, womit unter ihrem Anführer Totò Riina eine »Mafiadiktatur« einsetzte. Aufgrund der unter den Corleonesern immer stärker werdenden mafiosen Gewalt, der erstmals in großer Zahl auch Polizisten und Staatsanwälte zum Opfer fielen, sah sich die Politik aufgrund des Drucks aus der Bevölkerung zum Handeln gezwungen: Die Gesetze wurden verschärft, und es kam zu Prozessen, bei denen erstmals lebenslange Haftstrafen verhängt wurden. Danach ging die Mafia »in Deckung« – sie versuchte unsichtbar zu werden. Auch wenn sie seit 30 Jahren kaum mehr mit spektakulären Gewalttaten in Erscheinung tritt, ist sie nach wie vor mächtig und präsent.

2.1 Wie banale Banditen zu Mafiosi mutierten

Die Entstehung der Mafia geht einher mit dem Ende des Feudalismus (1812) und der auf den Wiener Kongress (1815) folgenden Restauration. Sie kann – wie auch die »Parlamentarische Untersuchungskommission über die sozialen und ökonomischen Bedingungen in Sizilien« von 1875 feststellt – in die spätere Regierungszeit des Ferdinand III. von Bourbon (1751–1825) datiert werden.[1] Damit fällt sie in eine politische Umbruchzeit, in der sich die alte Ordnung aufzulösen begann, ohne von einer neuen ersetzt zu werden.[2]

Bald nach der Proklamation des Königreiches der beiden Sizilien (1816) erkannte die lokale sizilianische Aristokratie, die vorher praktisch die gesamte politische Macht auf der Insel in den Händen gehalten hatte, dass sich ihre Situation nicht nur verschlechtert hatte, sondern dass sie faktisch entmachtet worden war: Hatte sie vorher über ihre Mehrheit im sizilianischen Lokalparlament die Insel praktisch allein verwaltet und den entfernt in Neapel sitzenden König nur formal akzeptiert, so veränderte sich die Lage, als 1816 die Bourbonen eine »administrative Monarchie« errichteten und den sizilianischen Aristokraten alle bislang genossenen Rechte entzogen. Erschwerend kam hinzu, dass der Adel erstmals eine Bodengrundsteuer entrichten musste. Die Bourbonen degradierten Sizilien zu einer – von Neapel aus zentral regierten und über sieben eingesetzte Intendanten verwalteten – Provinz. Die unzufriedenen Aristokraten, besonders aus der Gegend von Palermo, das die Vormachtstellung verloren hatte und nun nicht mehr Zentrum des höfischen Lebens war, zettelten daraufhin mehrere Aufstände gegen die Bourbonen an.

Daher engagierten sich viele Adelige in der Italienischen Einigungsbewegung, dem Risorgimento, aber nicht aufgrund patriotischer Gesinnung, sondern um ihre einstige Bedeutung und den alten Besitzstand wiederzuerlangen. Organisiert waren sie dabei in den in Sizilien überaus starken freimaurerischen Carbonari, welche das Ziel verfolgten, die Insel vom Bourbonenreich zu lösen. Der Adel fand dabei einen wichtigen Verbündeten in der lokalen Mittelschicht, die nach 1812 erstmals hatte Land erwerben können, wodurch sich mit den Notabili (Honoratioren) allmählich eine städtisch-bürgerliche und den Cappeddi (Siz. Mützenträger) eine Landbourgeoisie zu entwickeln begann.[3] Die sizilianische Bourgeoisie, in der vor allem Rechtsanwälte sehr zahlreich vertreten waren, versprach sich von einem vereinigten Italien erstmals eine Chance auf politische Beteiligung – unabhängig davon, ob dieses Italien nun die Form einer Republik oder einer konstitutionellen Monarchie annehmen würde. Das Bürgertum bezog seine Motivation weniger aus den Ideen der Aufklärung, sondern hoffte vielmehr auf einen Aufstieg. Die durchaus ebenfalls dem Risorgimento zugeneigte ostsizilianische Elite verhielt sich nicht nur aufgrund ihres traditionellen Antagonismus gegenüber den »Palermitanern« völlig anders, sondern auch, weil sie durch die neue Situation gewonnen hatte: Ihre Städte avancierten, dank der »Entmachtung« Palermos, zu Provinzhauptstädten, in denen sich den dortigen Aristokraten neue Chancen eröffneten. Viele von ihnen bewarben sich erfolgreich um die neu geschaffenen Intendanten- oder Unterintendantenstellen und konnten so einen persönlichen Machtzuwachs verzeichnen.

Während sich also die ostsizilianische Elite mit der neuen Situation arrangierte, sannen ihre Standesgenossen im Westen auf Abhilfe. Zu diesem Zweck wurde erstmals 1820 ein über die freimaurerische Carboneria organisierter und von Giuseppe Alliata, dem Fürsten von Villafranca (1784–1844), geführter Aufstand angezettelt. Diese Rebellion war aber nur kurzfristig von Erfolg gekrönt, die Bourbonen schlugen den Aufstand nieder und regierten erneut, allerdings nur bis 1848, als – unter Führung des Adeligen Rosolino Pilo (1820–1860) – eine neue Revolte durchgeführt wurde. Diese war insofern erfolgreich, als die Bourbonen für abgesetzt erklärt wurden und eine Revolutionsregierung das Kommando übernehmen konnte. Nach nur einem Jahr aber stellten die Bourbonen mittels einer Militärinvasion ihre Herrschaft wieder her, allerdings nur für kurze Zeit. Grund dafür war, dass die Bemühungen um ein geeintes Italien weiter vorangetrieben worden waren, wobei die Führungsrolle dem wichtigsten Berater des piemontesischen Königs Viktor Emanuel II. von Savoyen (1820–1878), Camillo Benso, dem Grafen von Cavour (1810–1861), zukam. Im Frühjahr 1860 landete der militärische Risorgimento-Führer Giuseppe Garibaldi (1807–1882) mit nur zwei Schiffen und seinen berühmten »Mille«, also ungefähr 1000 Freischärlern, in Marsala (TP) und vertrieb – unterstützt von vielen Sizilianern und dem Rechtsanwalt Francesco Crispi an der Spitze – die Bourbonen endgültig. Ohne die berühmte Landung der »Mille« in Sizilien wäre Italien wohl nicht entstanden, weshalb Garibaldi später zum Nationalhelden glorifiziert wurde.[4]

Die Führer der genannten Aufstände verfügten über kein Heer und mussten sich ihre Kämpfer in der Bevölkerung suchen.[5] Die Revolutionäre griffen dabei nachweislich auf gewalttätige Banden – geführt von sogenannten Capi Squadra (Gruppenführer) – zurück, welche vor allem in Westsizilien zahlreich bestanden. So berichtet die bereits erwähnte Parlamentarische Untersuchungskommission von 1875 von Adeligen, die sich »bei ihren Revolten« von dubiosen Männern hätten helfen lassen.[6] Besagten Personen, darunter Giuseppe Coppola, Santo Mele oder Salvatore (Turi) Miceli, war es ein Leichtes, die armen Landarbeiter und Bauern aufzuhetzen, denen jeder Aufstand eine willkommene Gelegenheit zur Plünderung und Vernichtung von Steuer- und Katasterregistern in den Gemeindeämtern bot. In Ostsizilien wäre dies vermutlich weniger gut gelungen, weil viele der dortigen Bauern dank besserer Pachtbedingungen[7] viel riskiert hätten. Die Bandenführer sorgten auch dafür,

2 Von den revolutionären Squadre zu den Corleonesern

dass ihre in den Gefängnissen einsitzenden Mitglieder befreit wurden und sich der gemeinsamen Sache anschließen konnten.
Die Hilfe der Squadre (Gruppen) wurde aber nicht nur für die Durchführung von Revolten nachgesucht: Die Revolutionsregierung von 1848 ging noch einen Schritt weiter, indem sie Kriminelle für die Aufrechterhaltung der Ordnung einsetzte und in die Reihen ihrer Sicherheitskräfte aufnahm. Wenn diese dann weiterhin auf »eigene Rechnung« Verbrechen ausübten, so drückte man ein Auge zu und verzichtete auf eine Sanktionierung der Delinquenten. Auf diese Weise entstand aus dem Squadrismo heraus eine – vom Brigantenwesen[8] unterscheidbare – politisch protektionierte Kriminalität: die Mafia. Die Capi Squadra aus dem Volk waren dementsprechend bereits erste »mafiose Personen«.[9] Dementsprechend fallen die ersten schriftlichen Berichte über mafiaartige Clans, so der von 1828 des Generalstaatsanwalts von Agrigent oder der von 1838 des Generalstaatsanwalts von Trapani, genau in diese Zeit.[10]
Aber nicht nur die Aufständischen nutzten die Dienste Krimineller, sondern – nachdem sie 1849 ihre Macht wiederhergestellt hatten – auch die Bourbonen: Statt gegen die gewalttätigen Banden durchzugreifen, nahm der neue Polizeichef Salvatore Maniscalco (1813–1864) einige ihrer Anführer wie den berüchtigten Turi Miceli aus Monreale als »Polizisten« in die von ihm ins Leben gerufenen Compagnie d'armi, also die Bourbonenmiliz, auf. Wenn diese nun selbst Verbrechen begingen, wurden sie vom Polizeichef protegiert, wodurch die Mafia weiter gefestigt wurde.
Als sich schließlich Garibaldi im Jahre 1860 an die endgültige Vertreibung der Bourbonen machte, griff auch er mangels ausreichend militärischen Personals auf mafiose Gruppen zurück. So stellte der Kriminalsoziologe Napoleone Colajanni (1847–1921) dann auch fest:

> Die bekanntesten Mafiosi waren unter den besten Kämpfern der sogenannten Squadre von 1848; dieselben Mafiosi schlugen sich dann 1860 mit den Picciotti von Garibaldi vor den Toren Palermos und in der Stadt.[11]

Die Banditen, die teilweise für ihr »Engagement« bei den Revolten bezahlt worden waren, hatten keinerlei politische Gesinnung, sondern betrachteten die Teilnahme an Aufständen als gute Chance, um sich zu bereichern. So erklärte beispielsweise der Bandenführer Turi Miceli, der sich an beiden Aufständen von 1848 und 1860 beteiligt hatte:

> Nie würde ich mein Gewehr verkaufen, das bedeutet Brot für mich; wenn wieder eine Revolution passiert, kann ich vier Tari am Tag verdienen, so wie es 1848 und 1860 der Fall war.[12]

Für ihre Dienste wurden die Mafiosi von ihren »Freunden« aus der gesellschaftlichen Elite in vielerlei Hinsicht belohnt: Es war an der Tagesordnung, dass Adelige, Großgrundbesitzer und Kirchenfürsten den Mafiosi Unterschlupf gewährten oder, wenn diese tatsächlich einmal in Schwierigkeiten geraten waren, bei Gericht für sie vorsprachen. Dank dieser Beziehungen war es für die Mafiosi, wie auch die Parlamentarische Untersuchungskommission von 1875 konstatiert, außerordentlich einfach, sich Straffreiheit zu sichern.[13] Die Situation brachte im Jahre 1841 der Unterintendant von Termini Imerese (PA) auf den Punkt, indem er schrieb:

> Die Banden kennt man, ihre Mitglieder ebenfalls, was sie tun, ist ebenfalls nicht unklar, da die Dinge vor den Augen einer großen Anzahl von Personen geschehen. Sie verbergen sich in schlechten Verstecken, teilen ihre Laster mit ihren Beschützern und würden Schaden über die bringen, die es wagen, darüber zu sprechen.[14]

Darüber hinaus dürften die im Geheimbund der Carboneria organisierten Mitglieder der Elite in den Bourbonengefängnissen mit den Kriminellen in Berührung gekommen sein, waren sie doch als politische Umstürzler gelegentlich inhaftiert. So erhielt eine 1849 verhaftete Gruppe liberaler Revolutionäre aus Mazara del Vallo (TP) zu ihrer Überraschung im Gefängnis Besuch von einem gut gekleideten Capo Squadra namens Catalanotta, der einen Korb mit Kaktusfeigen als Geschenk überreichte.[15] Catalanotta versprach den vornehmen Gefangenen, er

2 Von den revolutionären Squadre zu den Corleonesern

werde dafür sorgen, dass es ihnen an nichts fehlen werde. So schreibt dann auch Enzo Ciconte (geb. 1947):

> Am Anfang stand wahrscheinlich der Kontakt zwischen den Kriminellen, welche noch keinen Namen und keine genaue Identität hatten, und den politischen Gefangenen in den Bourbonengefängnissen. (…) Es ist nichts leichter vorstellbar, als dass es diese Männer waren, welche den gewöhnlichen Kriminellen den Sinn von Geheimgesellschaften vermittelten; die Bedeutung dessen, in einem bestimmten Jargon zu sprechen, der von Feinden nicht verstanden werden konnte, und den Sinn von verbindlichen Regeln für alle. Es ist sehr wahrscheinlich, dass das typische Organisationsmodell von Geheimgesellschaften von Gefängnis zu Gefängnis weitergegeben wurde und dann in der Außenwelt weiter verbreitet wurde. (…).[16]

Auf diese Weise lernten die ersten Mafiosi die Organisationsgepflogenheiten der Carboneria kennen und übernahmen diese für die eigenen Vereinigungen. Auch der Umstand, dass spätere Mafiaclans – über die man sehr viel mehr weiß als über die frühen – den Carbonari in vieler Hinsicht geradezu entsprechen, legt nahe, dass die Mafiosi und Carbonari in engem Kontakt miteinander standen. Ein weiteres Indiz bieten die Organisationsbezeichnungen der ersten mafiosen Gruppen: Sie nannten sich »Fratellanza« (Bruderschaft), »Fratuzzi« (Siz. Brüderchen) oder – wie in der Provinz Agrigent – »Cudi chiatti« (Siz. Flache Schwänze)[17], eine Bezeichnung, die eindeutig aus der Freimaurerei stammt.

Auch wenn die Mafia bereits in der ersten Hälfte des 19. Jahrhunderts in Westsizilien Wurzeln als eigenständige Form des Verbrechertums geschlagen hatte, war sie noch nicht deutlich erkennbar, weshalb häufig von einer »Inkubationszeit«[18] gesprochen wird. Die Situation änderte sich drastisch nach der Italienischen Einigung, als sich ein mafioser »Big Bang« mit einer wahren Explosion mafioser Banden ereignete und die Anzahl der Mafiosi nun in die Tausende zu gehen begann. Nach wenigen Jahren gab es in Westsizilien kaum mehr einen von derartigen Banden unberührten Ort. Die Zentren der Mafia befanden sich in den Provinzen Palermo, Trapani, Agrigent und Caltanissetta – also genau dort, wo die ersten Clans vor der Italienischen Einigung entstanden waren – und ihre Mitglieder waren häufig namentlich bekannt.[19] (In Ostsizilien hingegen entwickelten sich erst im 20. Jahrhundert einige wenige Mafiabanden.)

Die Banden hatten keine »Geschäftspräferenzen«, sondern betätigten sich überall dort, wo es etwas zu verdienen gab: Sie kontrollierten die Gegenden Zentralsiziliens, in denen in Latifundienwirtschaft Getreide angebaut und Viehhaltung betrieben wurde. Hier entstand die »Mafia der Gabellotti«[20], der parasitären Großpächter, sowie die »Mafia des Viehraubs«. In den von Klein- und Mittelbetrieben bewirtschafteten Zitrus- und Orangengärten der Ebene der Conca d'oro von Palermo hingegen dominierte die »Mafia der Wächter«. Außerdem beherrschte die »Mafia der Schwefelminen« die Gegend von Agrigent und Caltanissetta. In den großen Städten schließlich gab es die »Mafia der Fuhrleute« und viele andere.

Bis zur Machtübernahme durch den Diktator Benito Mussolini (1883–1945) liegt die Hauptursache für die Explosion der mafiosen Clans darin begründet, dass auch nach der Konstitution des italienischen Königreichs praktisch *alle* Regierungen die Dienste der Kriminellen in Anspruch nahmen. Dies waren konkret zunächst die Regierungen der Destra storica (Historische Rechte), dann der Sinistra storica (Historische Linke) und schließlich die der Liberalen.

Nachdem die sizilianische Elite Garibaldi bei der Befreiung von den Bourbonen massiv unterstützt hatte, betrachtete sie sich – nicht ganz zu Unrecht – als natürlichen Erben der Revolution. Garibaldi, der für kurze Zeit im Namen des piemontesischen Königs Viktor Emanuel II. als Diktator die politischen Geschicke der Insel lenken sollte, nährte diese Hoffnung und sagte den Sizilianern weitreichende Autonomie im neu zu schaffenden italienischen Staat zu, womit er genau deren politischem Anliegen entsprach. Nicht zuletzt aufgrund dieser Versprechen stimmten die Sizilianer, d. h. der kleine Teil der stimmberechtigten Elite 1860 der Bildung einer konstitutionellen Monarchie unter dem savoyischen König zu. Diese wurde dann auch im März 1861 etabliert. Allerdings nicht so, wie es sich die sizilianische Elite vorgestellt hatte: Als Verfassung für das neue italienische Königreich wurde das Statuto Albertino, die Verfassung des savoyischen Königreiches, übernommen.[21]

2 Von den revolutionären Squadre zu den Corleonesern

Darin war festgelegt, dass die politische Macht zentral von einer formal vom König ernannten Regierung und einem Zwei-Kammer-Parlament – bestehend aus gewähltem Abgeordnetenhaus (Camera dei Deputati) und vom König ernannten Senat – ausgeübt werden solle. Das Staatsgebiet wurde in Provinzen aufgeteilt – sieben davon in Sizilien –, welche zentralistisch mithilfe direkt von der Regierung eingesetzten Präfekten, verwaltet wurden. Damit war aus der erhofften Autonomie für Sizilien nichts geworden. Bei den im Frühjahr 1861 stattfindenden Wahlen zum ersten italienischen Abgeordnetenhaus setzte sich zum Leidwesen der Sizilianer die Parteiung[22] der historischen Rechten aus moderaten Monarchisten und gemäßigten Liberalen unter Führung des piemontesischen Grafen von Cavour durch. Der größte Teil der Sizilianer gehörte aber der von dem Rechtsanwalt Francesco Crispi aus Ribera (AG) geführten Parteiung der historischen Linken an, in der sich radikale Liberale, Mazzinianer und Garibaldiner gesammelt hatten. Diese Gruppierung wurde auch von der alten Elite und den Mitgliedern der neu aufgestiegenen Bourgeoisie unterstützt. Diese heterogene Allianz strebte an, die sizilianischen Angelegenheiten möglichst ohne äußere Einmischung seitens des Zentralstaates zu regeln.

Die Zentralregierung begann die beträchtlichen finanziellen Ressourcen nicht nur Siziliens, sondern des ganzen Mezzogiorno in den Norden abzuziehen, um die Entwicklung des Nordens zu finanzieren. Dabei kam ihr der vom Bourbonenstaat hinterlassene Haushaltsüberschuss in Höhe von 443 Mio. Lire in Gold gerade recht. Auch als 1866 im Rahmen der Säkularisierung die sizilianischen Kirchengüter von der Regierung eingezogen und anschließend verkauft wurden, flossen die Finanzmittel in die Staatskasse und wurden bevorzugt zur Entwicklung Norditaliens genutzt. Der Süden wurde mit Steuern in nie gekannter Höhe überschwemmt, während er von Investitionen ausgenommen blieb. Auch hielt sich der in Turin sitzende Cavour erwartungsgemäß nicht an die Versprechungen Garibaldis, sondern regierte die Insel, welche er mehr oder weniger als Erweiterung des savoyischen Besitzstandes betrachtete, zum Vorteil des Piemont. Die Zentralisierung des Verwaltungssystems wurde sofort umgesetzt mit der Konsequenz, dass den Sizilianern nun auch noch Beamte aus dem Norden »vor die Nase gesetzt« wurden, welche die Aufgabe hatten, die Insel in das neue Staatswesen zu integrieren, und daher als arrogante Kolonialherren empfunden wurden. Der Ausschluss der lokalen Aristokratie von der Macht war ohne Zweifel eine wesentliche Ursache für das Scheitern beim Durchsetzen der piemontesischen Gesetze in Sizilien. Außerdem war die Opposition, bestehend aus Parteigängern der Bourbonen, dem Klerus, republikanischen und autonomistischen Gruppierungen sowie revolutionären Anhängern Mazzinis, nach wie vor extrem stark. Die Oppositionsführer hätten leicht die Bevölkerung, der es nach der Einigung aufgrund diverser politischer Maßnahmen der Regierung schlechter als je zuvor ging, zu einer Revolution aufwiegeln können. Der Regierung, welche sich vor Ort nur auf ihren von Präfekten geführten Beamtenapparat und wenige wirklich patriotisch gesinnte Sizilianer stützen konnte, ging es deshalb zunächst einmal darum, ihre im Süden sehr fragile politische Macht zu sichern und die Opposition zur Räson zu bringen. Um ihr Ziel zu erreichen, war die regierende historische Rechte schon zu Beginn ihrer Herrschaft nicht gerade zimperlich. Sie griff keineswegs nur zu den ihr von Gesetzes wegen zustehenden Mitteln, sondern setzte auch Verbrecher ein. In diesem Kontext wird immer wieder auf die sogenannten »Pugnalatori«[23] (Messerstecher) im Jahre 1862 verwiesen, die den Vorwand zur Unterdrückung der Opposition lieferten: Eine obskure Messerstecherei, die in Palermo in der Nacht vom 4. Oktober 1862 stattfand und bei der zwölf völlig unbeteiligte Personen das Leben verloren, soll vom Polizeipräsidium in Palermo im Auftrag der Regierung inszeniert worden sein, um die Ausschaltung der Opposition zu erreichen. Folglich wurden dann auch sofort die Führer der Oppositionsgruppen inhaftiert sowie die verfassungsmäßigen Rechte, etwa die Versammlungs- und die Pressefreiheit, eingeschränkt. Darüber hinaus erließ die Regierung ein Dekret, welches das Tragen von Waffen verbot.

Überdies wurde am 3. August 1863 ein wichtiger Oppositioneller, der garibaldinische General Giovanni Corrao (1822–1863), von als Carabinieri verkleideten Männern ums Leben gebracht.[24] Corrao, ursprünglich ein palermitanischer Werftarbeiter aus einfachen Verhältnissen, war schon in den 1840er-Jahren in der Risorgimento-Bewegung aktiv gewesen und avancierte später wegen seiner militärischen Verdienste bei der Garibaldi-Revolte zum General. Corrao wäre aufgrund seiner außerordentlichen Beliebtheit in der Bevölkerung und seiner

2 Von den revolutionären Squadre zu den Corleonesern

hervorragenden Kontakte zu Mafiaführern wie Turi Miceli, Giuseppe Badia, Lorenzo Minneci, Giuseppe Scordato und Domenico Abbadessa mit großer Wahrscheinlichkeit dazu in der Lage gewesen, einen Umsturz zu organisieren, bei dem das Königshaus von Savoyen die Herrschaft in Sizilien verloren hätte. – Der oder die Gewalttäter wurden nie gefasst. Als ungefähr ein Jahrzehnt nach der Tat der Senator Edoardo Pantano (1842–1932) eine Untersuchung initiieren wollte, musste er feststellen, dass die einschlägigen polizeilichen Untersuchungsergebnisse und Gerichtsakten vernichtet worden waren. Die Freunde und Anhänger Corraos – vor allem der Mafiaboss Giuseppe Badia – waren so empört über die Tat, dass sie eine »Partei der Picciotti« aus an der Garibaldi-Revolution von 1860 beteiligten Mafiaführern zusammenriefen, um eine Revolte durchzuführen. Besagter Aufstand, von dem hauptsächlich die Stadt Palermo sowie ein Dutzend Kommunen in den Provinzen Palermo, Trapani und Catania erfasst wurde, brach am 16. September 1866 los und dauerte siebeneinhalb Tage an. Der »Sette e mezzo«(Siebeneinhalb)-Aufstand konnte von der Regierung nur mit Militärgewalt niedergeschlagen werden.

Sizilien ließ sich, aufgrund der massiven Ablehnung des neuen Staatsapparates durch nahezu die gesamte Bevölkerung, nicht wie andere Landesteile des neuen Italien regieren. Das vielleicht größte Problem war die Aufrechterhaltung der öffentlichen Ordnung, welche aufgrund des immer stärker grassierenden Briganten- und Mafiaunwesens mehr als gefährdet war. Da die Ordnungskräfte vollkommen isolierte und verhasste Fremdkörper auf der Insel blieben, waren sie außerstande, die Kriminalität mit den üblichen legalen Mitteln zu bekämpfen. Es fanden sich zwar bezahlte Spitzel, niemals aber Personen, die von sich aus bereit gewesen wären, als Zeugen bei Prozessen gegen Gewalttäter auszusagen. Nicht zuletzt aus diesem Grund entschloss sich die Regierung, nun mit harter Hand gegen Kriminelle vorzugehen: So wurde bereits 1863 ein Notstandsgesetz, das sogenannte Pica-Gesetz[25], verabschiedet, das dem Militär große Machtbefugnisse – inklusive der Abhaltung von Militärtribunalen und standrechtlichen Erschießungen – zugestand. Dennoch kam es aber zu keinem Durchbruch, da die wichtigsten Kriminellen unter dem Schutz mächtiger Personen standen, mit denen sich auch die Regierung nicht anlegen wollte.

Vielleicht aus diesem Grund entschlossen sich nun einige Vertreter der staatlichen Institutionen wie der aus einer angesehenen liberalen und patriotischen sizilianischen Familie stammende Polizeichef von Palermo, Giuseppe Albanese, oder der aus Mailand stammende Präfekt Giacomo Medici, Marquis von Vascello (1817–1882), zur direkten Zusammenarbeit mit Kriminellen.[26] Diese Strategie war zwar illegal, hatte sich aber schon in der Bourbonenzeit unter dem Polizeichef Maniscalco bewährt. So rekrutierte Medici bekannte Delinquenten in die – aus der Bourbonenzeit übernommene – Institution der »Compagnie d'armi«, welche nun »Militi a cavallo« hieß und eine Art ruraler Landpolizei bildete. Die »Militi a cavallo« gingen in ihrem Zuständigkeitsgebiet zwar tatsächlich gegen Verbrecher vor, übten aber in Zonen, für die sie als Polizisten nicht verantwortlich waren, auf »eigene Rechnung« Straftaten aus. Der zwischen 1868 und 1873 in Palermo als Polizeichef agierende Albanese, der die lokalen Verhältnisse besser als viele norditalienische Beamte kannte, war zur Überzeugung gelangt, dass sich die italienischen Gesetze ohnehin nicht in Sizilien anwenden ließen, weshalb auch er handverlesene Verbrecher als Spitzel bezahlte bzw. sogar in die Polizei aufnahm. Albanese versuchte zudem, mit der Androhung von Hausarrest einen wegen Erpressung vorbestraften mafiosen Schäfer für den Polizeidienst zu »gewinnen«. Der Schäfer wehrte sich jedoch und versuchte, Albanese zu erstechen. Der Vorfall löste 1868 einen für Albanese ziemlich peinlichen Prozess aus, der allerdings ohne Folgen blieb.

Albanese übernahm aber nicht nur Delinquenten in den Polizeidienst, sondern rief auch einen eigenen mafiosen Clan ins Leben: Er ließ im Jahre 1872 von einem gewissen Giuseppe Palermi, dem Bruder eines ihm unterstellten Polizisten, die »Stuppagghieri« von Monreale (PA) gründen. Mit dieser als Handwerkerselbsthilfeorganisation getarnten Gruppierung hoffte er eine Gegenmacht zur lokalen Mafia, dem »Clan der Giardinieri« von Monreale, zu schaffen und auf diese Weise eine gewisse Ordnung aufrechtzuerhalten. Anfangs führten die »Stuppagghieri« ausschließlich Aufgaben für den Polizeichef aus, wurden aber bald autonom und begingen – immer protegiert von Albanese – Verbrechen im eigenen Interesse. Dieser Tatbestand wurde von dem kalabresischen Kronstaatsanwalt Diego Tajani (1827–1921), der 1868 seinen Dienst in Palermo antrat, scharf kritisiert. Tajani beklagte, dass

2 Von den revolutionären Squadre zu den Corleonesern

sich Palermo unter Kontrolle von »Kriminellen mehr oder weniger in Uniform«[27] befände. Als er schließlich detaillierte Beweise in der Hand hielt, aus denen hervorging, dass der Polizeichef Mafiosi zum Mord an einem flüchtigen Erpresser angestiftet hatte, erließ er 1871 einen Haftbefehl. Albanese entzog sich seiner Verhaftung und wurde nun steckbrieflich gesucht. Dank seiner guten Beziehungen zur Regierung – er traf sich während seiner Flucht heimlich mit Innenminister Giovanni Lanza (1810–1882) – gelang es dem ehemaligen Polizeichef aber schon bei der Vorverhandlung, von den ihm gegenüber erhobenen Vorwürfen freigesprochen zu werden. Tajani blieb im Jahre 1871 nur der Rücktritt. Später ging er in die Politik und zog als Parlamentarier den Schluss, die Mafia sei keineswegs gefährlich oder unbesiegbar – das Besondere wäre, dass es sich bei der Organisation um ein Instrument der lokalen Regierung handle.[28]

25 Jahre nach der Gründung des italienischen Königreichs wurden die politischen Weichen neu gestellt: Im Jahre 1876 musste der letzte Ministerpräsident der bis dahin regierenden historischen Rechten, Marco Minghetti (1818–1886), zurücktreten, weil ein Teil seiner Abgeordneten zur historischen Linken übergelaufen war. Damit beginnt die Zeit des »Transformismus«[29], in der sich die historische Linke mithilfe der Beteiligung Oppositioneller zwei Jahrzehnte lang an der Macht hielt. Die »Parlamentsrevolution« von 1876 war nur deshalb möglich gewesen, weil die in Sizilien traditionell starke historische Linke bei den Wahlen von 1874 von den 48 auf der Insel verfügbaren Mandaten stolze 43 hatte erlangen können. König Viktor Emanuel II. war nun gezwungen, den Wortführer der historischen Linken, den Lombarden Antonio Depretis (1813–1887), zum Ministerpräsidenten zu ernennen. In Depretis' Kabinett erhielt ein Sizilianer, der Baron Salvatore Majorana Calatabiano (1825–1897) das wichtige Amt des Ministers für Landwirtschaft, Industrie und Handel, womit die Sizilianer erstmals nicht mehr von der Regierungsmacht ausgeschlossen waren. Da die alte Elite nun ein beträchtliches Stückchen vom politischen »Kuchen« ergattert hatte, obstruierte sie nicht weiter gegen die Regierung.[30]

Auch der Regierung Depretis stellte sich das Problem der Aufrechterhaltung der öffentlichen Ordnung – alleine in der kurzen Zeit von 1863 bis 1870 hatte sich die Zahl der Straftaten um 87 %, von 83.527 auf

132.221, gesteigert – und sie musste, da sich allmählich Unmut in der Bevölkerung ausbreitete, handeln: Der neue Innenminister Giovanni Nicotera (1828–1894) schickte deshalb im Jahre 1877 den Piemontesen Antonio Malusardi (1818–1891), ausgestattet mit Sondervollmachten, als Präfekt nach Palermo. Malusardi gelang es im Rahmen groß angelegter Militäraktionen, in nur neun Monaten praktisch alle Brigantenbanden aufzulösen: die Leone-Bande, die Bande des berüchtigten Passafiume, die von den Briganten Rocca und Rinaldi angeführte Bande Maurina aus San Mauro Castelverde (PA), die große Giulianesi-Bande von Gaudenzio Plaja sowie schließlich die in der Provinz Agrigent operierende Bande von Saveja. Anschließend fanden Prozesse statt, bei denen Hunderte Briganten zu Zwangsarbeit und lebenslänglicher Haft verurteilt oder sogar hingerichtet wurden. Die Versuche Malusardis, auch gegen mafiose Clans und ihre mächtigen Hintermänner vorzugehen, wurden aber sofort von höchster Ebene unterbunden. Als der Präfekt beispielsweise den Advokaten und Abgeordneten Giuseppe Torina (1841–1922) aus Caccamo (PA) unter Anklage stellte, befahlen ihm seine Vorgesetzten, die Angelegenheit fallen zu lassen. Auch wurde Malusardi untersagt, seine Untersuchungen gegen den korrupten Marquis Tommaso Spinola voranzutreiben, der im Regierungsauftrag den sich im königlichen Besitz befindenden Normannenpalast und Favorita-Park in Palermo verwaltete. Spinola beschäftige dort ausschließlich Kriminelle – teilweise mit beachtlichen Strafregistern –, mit denen zusammen er an seiner Arbeitsstätte das Glücksspiel und Betrügereien organisierte. Das Innenministerium kritisierte Spinola zwar, beließ ihn aber im Amt. Der untadelige Präfekt Malusardi, der seitens Spinolas auch noch öffentliche Schmähungen hatte hinnehmen müssen, sah sich deshalb – wie vor ihm Staatsanwalt Tajani – zum Rücktritt gezwungen. Die Regierung Depretis wusste sehr wohl, welche Gefahren sie eingegangen wäre, hätte sie den Kampf gegen die Briganten mit dem gegen die Mafia zusammengelegt: Sie hätte sich gegen ihre eigene Klientel, also die hinter den mafiosen Banden stehende lokale Elite, gestellt und damit ihre zukünftigen Wahlchancen reduziert. Der ansonsten integre Innenminister Nicotera erklärte folgerichtig, die Regierung hätte »sich selbst enthauptet«, wäre sie gegen die Mafia vorgegangen.[31] Aus diesem Grund kann völlig zu Recht festgestellt werden, dass im Jahre 1876 die »Mafia an die

Macht gelangt«[32] ist, womit aber nicht die kriminellen Clans, sondern deren mächtige Hintermänner gemeint sind. Erst als die Situation völlig unhaltbar geworden war und die Bevölkerung beruhigt werden musste, sah sich die Regierung zur Durchführung einiger Mafia-Schauprozesse gezwungen – der ersten Prozesse gegen die organisierte Kriminalität: so 1878 gegen die Stuppaghieri von Monreale (PA), 1879 gegen die Fratuzzi von Bagheria (PA), 1883 gegen den palermitanischen Amoroso-Clan und 1885 gegen die Fratellanza von Favara (AG). Bei diesen Prozessen kam es tatsächlich zu einigen Verurteilungen.[33]

2.2 Die Mafia wird zum »Wahlhelfer«

Bis zur Ausweitung des Wahlrechts[1] war die Mafia von der alten politischen Elite beschützt worden, dabei hatte es sich immer um eine quantitativ außerordentlich begrenzte Gruppe gehandelt, vornehmlich Aristokraten und einige wenige Angehörige der Mittelschicht. Die von der Mafia für die alte Elite erbrachten »politischen« Dienste hielten sich dementsprechend noch in Grenzen. In den nachfolgenden Jahrzehnten wurde die Mafia für die Politik dank der sukzessiven Ausweitung des Wahlrechts wichtiger als je zuvor.

1861 war aufgrund des damals geltenden Zensuswahlrechts der Kreis der Wahlberechtigten für das Nationalparlament in ganz Italien auf nur etwa 420.000 männliche Personen beschränkt, was knapp 2 % der Bevölkerung entsprach; nach der ersten Wahlrechtsreform im Jahre 1882 lag er schon bei fast 7 %.[2] Hatten bis zur Reform faktisch nur wenige Angehörige der gesellschaftlichen Elite – in der Regel adelige Großgrundbesitzer, ferner wohlhabende Industrielle und Händler sowie ein Teil der bürgerlichen Mittelschicht – über das Wahlrecht verfügt, so durften jetzt, aufgrund der Absenkung des Steuerzensus, auch weniger Begüterte und erstmals auch der gesamte alphabetisierte Teil der männlichen Bevölkerung ab 30 Jahren zur Wahlurne schreiten. Die zweite Reform im Jahr 1912 gab erstmals auch Analphabeten die Möglichkeit zur Teilnahme an Wahlen, sofern diese den Militärdienst absolviert hatten. Damit war faktisch das allgemeine Männerwahlrecht eingeführt worden: Waren in Sizilien 1861 nur 49.020 Personen (1,5 %) für das

Abgeordnetenhaus wahlberechtigt gewesen, stieg der Anteil der Wahlberechtigten 1882 auf 166.513 und 1912 sogar auf 888.728 Personen an.[3] Die Wahlrechtsreformen betrafen nicht nur das Nationalparlament, sondern in gleichem Maß die im Jahre 1888 erstmals neu geschaffenen Provinzparlamente sowie die Stadt- und Gemeinderäte.[4]

Die Reformen zogen die Veränderung der politischen Klasse nach sich: Waren Abgeordnetenposten im Nationalparlament vor den Reformen hauptsächlich auf Adelige und Honoratioren beschränkt gewesen, so war jetzt die Zeit des Adelsmonopols endgültig vorbei, denn es waren Personen gefragt, welche »die Stimme des Volkes« sprachen. In der Folge strömten immer mehr Mittelschichtsangehörige, vor allem Advokaten, Ärzte und Staatsangestellte, ins Nationalparlament. Auf diese Weise veränderte sich nicht nur die Sozialstruktur des Nationalparlaments, sondern es bildete sich erstmals eine Klasse professioneller Berufspolitiker heraus. Was die Unterschicht betrifft, so kam ihr zwar nach der Ausweitung des Wahlrechts im Jahr 1912 ein deutlich größeres politisches Gewicht zu, ihre parlamentarischen Repräsentanten rekrutierten sich aber vornehmlich aus der Mittelschicht.

Die Mitglieder der neuen Politikerklasse warben um die Unterstützung der Massen mit dem Versprechen, sich für ganz bestimmte Inhalte einzusetzen, und traten dementsprechend für verschiedene politische Gruppierungen an, welche sich Ende des 19. Jahrhunderts allmählich zu politischen Parteien formierten.[5] Die meisten dieser Gruppen entstammten dem Risorgimento, so die moderaten Liberalen, die progressiven Radikalen und die Republikaner. Die mit Abstand wichtigste politische Strömung bildeten die Liberalen, die aus dem gemäßigten Teil der historischen Linken und dem progressiven Flügel der historischen Rechten hervorgegangen waren, als sich die beiden Faktionen im Jahre 1876 im Rahmen des bereits erwähnten Transformismus zur Zusammenarbeit in der Regierung zusammengefunden hatten. Häufig spricht man deshalb nur mehr von den »Liberalen«, auch wenn sie bis 1896 offiziell weiter »historische Rechte« bzw.»historische Linke« hießen. Die Liberalen waren allerdings noch keine Partei, sondern eine Art Bewegung, bestehend aus einer wahren Galaxie von miteinander rivalisierenden Gesinnungsgruppen, Wahlplattformen und Gefolgsgruppen einzelner Politikerpersönlichkeiten. Ein einheitliches gemeinsames Programm hatten die Liberalen bis 1922 nicht, als sich ihre verschiedenen Grüppchen schließlich zum Partito liberale democratico (PLD) zusammenschlossen. Da die Liberalen Jahrzehnte lang den Ministerpräsidenten stellten, waren sie in gewisser Weise schlicht die »Partei der Macht«. Zu den zentralen Führungspersönlichkeiten dieser recht inhomogenen Bewegung zählten auf der nationalen Ebene zunächst der Lombarde Agostino Depretis, dann der zwischenzeitlich »gezähmte« Ex-Garibaldiner Francesco Crispi und schließlich der Piemontese Giovanni Giolitti. Wortführer der Liberalen in Sizilien war zunächst Crispi, welchem später Vittorio Emanuele Orlando (1860–1952) nachfolgte.

Dann gab es die Radikalen, die aus dem progressiven Flügel des Risorgimento heraus entstanden waren und sich vornehmlich aus Ex-Garibaldinern, Republikanern und Sozialisten zusammensetzten. Die Gruppierung war eine der ersten, die sich zu einer richtigen Partei formierte, und zwar im Jahre 1878 mit der Gründung des Partito radicale (PR). Diese Partei arbeitete gelegentlich mit den Liberalen in einer Minderheitenbeteiligung in der Regierung zusammen.

Ebenfalls dem Risorgimento entstammten die in der Tradition von Mazzinis antimonarchischem Partito d'Azione (PDA) stehenden Republikaner, welche 1895 den Partito Repubblicano Italiano (PRI) ins Leben riefen. Die Republikaner waren insofern radikaler als die Radikalen, als sie sich aufgrund ihrer Ablehnung der Monarchie stets einer Regierungsbeteiligung verweigerten. In der Emilia-Romagna und in Sizilien erfreuten sie sich einer recht beträchtlichen Anhängerschaft. Einer ihrer Gründer, der charismatische Napoleone Colajanni aus Castrogiovanni (seit 1927 Enna), zählte zu den wichtigsten republikanischen Politikern auf nationaler Ebene und war auch in Sizilien der Wortführer der Partei.

Ende des 19. Jahrhunderts betrat mit den Sozialisten ein neuer Spieler die politische Bühne und begann, den alten Risorgimento-Parteien Konkurrenz zu machen. Zunächst waren die Sozialisten in diverse kleine Gruppen aufgesplittert, welche 1892 in Genua aber dann zum Partito dei Lavoratori Italiani (PDLI) fusionierten, der sich 1895 in Partito Socialista Italiano (PSI) umbenannte. Die ersten Parteiführer des PSI waren Filippo Turati (1857–1932) und Antonio Labriola (1843–1904). Die Sozialisten hatten ihre Hochburgen im Norden des Landes, wo sich allmählich eine Industriearbeiterschaft formierte. Im Unterschied zu allen übrigen politischen Gruppierungen war der PSI insofern die erste »moderne« Partei, als er über eine klare Programmatik, einen Parteiapparat und über eine große Anhängerschaft verfügte. In Sizilien spielte der PSI zwar zunächst keine Rolle, aber es entstand um 1888 mit den Fasci dei Lavoratori (Arbeiterbünde) – häufig schlicht Fasci Siciliani[6] genannt – ein mächtiges Pendant: Bei den Fasci handelte es sich um eine sozialistische Landarbeiter- und Bauernbewegung, welcher aber auch zahlreiche Schwefelminen- und Fabrikarbeiter sowie Handwerker angehörten. Die Massenbewegung, die 300.000 Personen gezählt haben soll und in fast allen Kommunen Siziliens präsent war, versuchte auf sozialreformerischem Weg – ihr wichtigstes Mittel war der Streik – eine Verbesserung der Arbeitsbedingungen und des Lebensstandards für die unteren sozialen Schichten zu erreichen. Geführt wurde die Bewegung, genau wie auch der PSI im Norden, zumeist von Mittelschichtsangehörigen, so von dem Catanesen Giuseppe De Felice Giuffrida, dem Palermitaner Rosario Garibaldi Bosco (1866–1936), von Nicola Barbato (1856–1923) aus Piana dei Greci (seit 1947 Piana degli Albanesi), dem Messinesen Nicola Petrina (1881–1908) sowie von Bernardino Verro (1866–1915) aus Corleone (PA). Vielleicht hätten sich die Fasci irgendwann zu einer Partei entwickelt, was ihnen aber aufgrund ihres kurzen Bestehens nicht möglich war: Sie wurden bereits im Januar 1894 durch Militärgewalt aufgelöst. Ministerpräsident Francesco Crispi hatte sich mit diesem Schritt den Wünschen der sizilianischen Großgrundbesitzer gebeugt, wobei er nicht einmal von den Parteigenossen des PSI kritisiert wurde, die zu keiner Zusammenarbeit mit den Fasci als »nicht-proletarischer« Organisation bereit waren.

Christdemokratische Parteien spielten zunächst im ganzen Lande noch keine Rolle, da der Vatikan den neuen italienischen Staat nach der gewaltsamen Einnahme Roms im Jahr 1870 nicht anerkannte und Katholiken konsequenterweise zunächst zum Boykott der Nationalwahlen aufforderte, was später mit »Non expedit«[7] noch verschärft wurde. Von der 1891 von Papst Leo XIII. erlassenen Sozialenzyklika »Rerum Novarum« inspirierte Katholiken gründeten zwar 1901 eine Partei namens Democrazia Italiana, diese konnte aber aufgrund des päpstlichen Verbots noch nicht wirksam werden.

2 Von den revolutionären Squadre zu den Corleonesern

Zwar gab es durchaus einzelne Politiker, die sich um die Durchsetzung der politischen Programme ihrer Parteien bemühten – für die Mehrheit gilt dies zweifellos aber nicht. Der Historiker Giuseppe Barone (geb. 1947) erklärt in diesem Kontext, dass die Mehrzahl der sizilianischen Kandidaten – und das trifft sicher nicht nur für die Sizilianer zu – die Parteietiketten nur benutzt und sich als »Konservative oder Demokraten, Monarchisten oder Republikaner *ausgegeben* hätten, ohne sich im Geringsten um die Implementierung der entsprechenden Programmatiken zu scheren.[8] Stattdessen seien sie ausschließlich an ihrem persönlichen Fortkommen mittels einer politischen Karriere interessiert gewesen. Aus diesem Grund seien mehr und mehr – oft recht zweifelhafte – Galantuomini (Gentlemen) in die Parlamente gelangt.[9] Der Antimafiapolitiker Napoleone Colajanni, der sich wenigstens *eine* »Partei der Ehrlichen«[10] gewünscht hätte, bedauerte, dass die Parteien immer weniger wählerisch bei der Auswahl ihrer Kandidaten wären und immer mehr unehrliche Personen in ihre Wahllisten aufnehmen würden:

Jede Kanaille, jeder Blöde, jeder Ehrgeizling, der etwas Gefolgschaft, Geld oder sonst irgendeine Basis hat (…) präsentiert sich als Kandidat (…) und bittet und erhält Unterstützung (…).[11]

Aufgrund der Ausweitung des Wahlrechts waren Kandidaten erstmals dazu gezwungen, Wahlkampf zu betreiben. Dies hatte zur Folge, dass sich nun Veranstaltungen auf den Piazzen der Dörfer und Städte als wichtiges Wahlkampfmittel etablierten, bei denen sich die Kandidaten bekannt machten und ihre politischen Programme vorstellten. Zahlreiche zeitgenössische Berichte belegen, dass sich Politiker im Wahlkampf mafioser Gewalt bedienten: Mafianahe Parlamentskandidaten schickten ihre gewalttätigen »Wahlhelfer« – meist allseits bekannten Delinquenten – zu den Wahlveranstaltungen ihrer politischen Rivalen, um diese am Reden oder Aufhängen von Plakaten zu hindern und Beifallsbekundungen zu unterbinden. Nicht selten wurden die politischen Gegner geohrfeigt, mit Knüppeln geschlagen, mit Waffen bedroht und mit Messern verletzt.[12] Immer wieder kam es zu schweren Verletzungen, verbale Drohungen, etwa, dass das Haus angezündet werde, waren an der Tagesordnung. Um sich selbst vor physischer Gefahr zu schützen, ließen sich die Mafiapolitiker bei ihren eigenen Wahlkampfauftritten von Schlägertruppen begleiten. Damit am Ende auch wirklich nichts schiefging, verwehrten mafiose Mazzieri (Knüppelschläger) am Wahltag den Zugang zum Wahllokal oder suchten die Häuser der Anhänger der gegnerischen Seite auf und bedrohten deren Frauen. Außerdem war es eine weit verbreitete Praxis, dass Mafiosi Stimmzettel vor der Abgabe »kontrollierten«. So schilderte ein Polizeibeamter das diesbezügliche Verhalten des Mafiabosses von Prizzi (PA), Pietro D'Angelo, welcher zwischen 1898 und 1914 auch Bürgermeister des Ortes war, folgendermaßen:

> Während der Wahlen, genau genommen zum Zeitpunkt der Stimmabgabe, platzierte sich dieser in der Nähe der Eingangstür des Wahllokals. Er rief nun jeden Wähler, der eintrat, zu sich und übergab ihm den ausgefüllten Stimmzettel, den dieser dann in die Wahlurne werfen musste. Die Wähler hatten nicht den Mut, sich gegen dieses Verhalten aufzulehnen, und gehorchten.[13]

Die eingesetzte Gewalt beschränkte sich aber nicht auf Prügeleien, Sachbeschädigungen, Wahlstimmenkontrollen und sonstige Schikanen. Sie ging oft sogar bis hin zu Todesdrohungen. Es existieren zahlreiche Dokumente, die belegen, dass es in einigen Fällen tatsächlich zu Morden kam. Ein Beispiel liefert der Ort Partinico (PA), wo sich bei den Nationalwahlen von 1874 der Notar Sebastiano Cannizzo (1820–1899) und ein gewisser Scalia um das Abgeordnetenmandat mit allen Mitteln bekämpften. Bei dem brutalen Streit versuchte der Sohn von Cannizzo, einen Angehörigen der Scalia töten zu lassen, was aber misslang. Der Gegenschlag bestand darin, dass nun die Scalia den Sohn des Cannizzo ermordeten.[14] Noch dramatischer waren die Vorkommnisse im Wahlkreis Bivona (AG), als der Großgrundbesitzer Domenico De Michele Ferrantelli (1853–1927) aus Burgio (AG) und Antonino Parlapiano Vella (1881–1961) aus Ribera (AG) miteinander um den Parlamentssitz rangen. Der dort für die öffentliche Ordnung zuständige Polizeiinspektor Tringali legte 1914 einen ausführlichen Bericht vor, in dem er die Mafiabanden der beiden Politiker beschrieb. Er stellte dabei fest, dass De Michele Ferrantellis Bande – mit dem mächtigen Mafiaboss Vito Cascio Ferro (1862–1943) an der Spitze – größer und einflussreicher

2 Von den revolutionären Squadre zu den Corleonesern

als die von Parlapiano Vella gewesen sei. Letztere habe der ersten aber in Bezug auf Gefährlichkeit und Gewalttätigkeit nicht nachgestanden. Der Polizeiinspektor beschrieb in seinem Report die zahlreichen Morde, welche die Banden im Wahlkampf für ihren jeweiligen »Herrn« begangen hatten, und beklagte, es seien in den Monaten vor der Berichtsabfassung so viele gewesen, dass er die Zahl nicht mehr genau wisse.[15] Die Konsequenz der mafiosen Gewalt war, dass viele Oppositionspolitiker aus Angst vor krimineller Gewalt ihre Kandidatur zurückzogen und viele Wähler nicht zur Wahlurne schritten. Auf die Frage eines Journalisten, warum er nicht gewählt habe, erklärte ein Bauer:

> Unsere Anführer mussten fliehen oder haben sich zu Hause eingeschlossen. Wenn die Generäle nicht in den Krieg ziehen, ziehen auch wir uns zurück. Sie würden uns mit Knüppeln schlagen, wenn sie uns in der Stadt sehen würden.[16]

Mafiosi unterstützten »ihre« Politiker im Wahlkampf aber nicht nur durch den Einsatz von Gewalt, sondern auch durch Erweisen von Gefälligkeiten. Beispielsweise befand sich der Mafiaboss Antonino Giammona aus Uditore (PA) in einer gesellschaftlich so einflussreichen Position, dass er persönlich große Stimmenpakete kontrollieren konnte, indem er Bittstellern Gefälligkeiten erwies, für deren Erhalt sich diese dann mit der Abgabe der Wahlstimme im Sinne des Mafioso revanchierten – ohne dass dieser auch nur die geringste Gewalt hätte anwenden müssen. Mafiosi wie Giammona waren damit sogenannte »Grandi Elettori«, und alle »großen Wähler« wurden seitens der Politiker richtiggehend »hofiert«.[17] Die Verteilung von Piaciri oder Favuri (Siz. Gefälligkeiten), wie es heute noch heißt, war allerdings kein typisch mafioses Wahlkampfmittel, sondern wurde von allen Kandidaten, die dazu in der Lage waren, genutzt.

Mafiosi halfen »ihren« Politikern aber keineswegs nur in Wahlkampfzeiten, sondern immer dann, wenn dies notwendig erschien. Das mit Abstand berühmteste, ja geradezu paradigmatische Beispiel in diesem Kontext ist der Fall Notarbartolo[18], wo die Cosa Nostra eingriff, um die Karriere eines Mafiapolitikers zu retten: Der aus Termini Imerese (PA) stammende Emanuele Notarbartolo (1834–1893), Marquis von San

Giovanni, war ein Mitglied des sizilianischen Hochadels. Als Anhänger des konservativen Flügels des Risorgimento engagierte er sich nach der Italienischen Einigung bei den historischen Rechten. Er bekleidete zahlreiche lokale Positionen – so war er zwischen 1873 und 1876 Bürgermeister von Palermo und anschließend Direktor des staatlichen Banco di Sicilia. Bei Notarbartolo handelte es sich um einen moralisch integren Politiker, welcher jeglicher Korruption einen Riegel vorzuschieben versuchte. Als Direktor bemühte er sich z. B. darum, die Korruption beim kurz vor dem Zusammenbruch stehenden Banco di Sicilia zu unterbinden, denn diese Bank war von dem aus mafiosen Politikern bestehenden Aufsichtsrat als »Selbstbedienungsladen« benutzt worden: Die korrupten Aufsichtsräte hatten ungesicherte Kredite und Versicherungspolicen an ihre mafiosen Freunde vergeben, wodurch dann beispielsweise Handelsparvenüs, die zunächst nur mittellose Zwischenhändler gewesen waren, zu Großexporteuren von Agrumen aufstiegen. Ganz besonders war Notarbartolo ein Aufsichtsratmitglied ein Dorn im Auge: der auf lokaler Ebene sehr mächtige Mafiapolitiker Raffaele Palizzolo (1843–1918). Palizzolo war palermitanischer Stadtrat, Provinz- und Nationalabgeordneter und gehörte zur historischen Linken. Er war einer der loyalsten Gefolgsmänner des damals wichtigsten Führers dieser Gruppe auf nationaler Ebene, des schon vielfach erwähnten Francesco Crispi. Notarbartolo denunzierte den zutiefst verhassten Palizzolo beim Innenministerium, aber seine Anzeige landete unglücklicherweise in den Händen eines gewissen Muratori, eines korrupten Geschäftemachers und engen Freundes von Crispi. Der mächtige Crispi »deckte« selbstverständlich seinen Parteifreund Palizzolo und ließ außerdem den unbequemen Notarbartolo aus dem Amt des Bankdirektors entfernen und durch einen seiner eigenen Parteigänger, den Herzog Giulio Benso della Verdura (1816–1904), ersetzen. Damit war die Situation für Palizzolo vorläufig gerettet, da ihn der Herzog bei seinen illegalen Manövern unterstützte. Giulio Benso della Verdura konnte sich allerdings nicht lange als Direktor halten, weniger, weil er mit den Geldern der Bank an der Börse gespielt hatte, sondern weil ihn Crispis großer politischer Rivale Giovanni Giolitti (1842–1928) aus machtpolitischen Gründen unter dem Vorwand des korrupten Verhaltens absetzen ließ. Da erneut Notarbartolo als Bankdirektor eingesetzt werden sollte, erschien es op-

2 Von den revolutionären Squadre zu den Corleonesern

portun, ihn beseitigen zu lassen. Zudem verfügte Notarbartolo über kompromittierende Fakten im Zusammenhang mit dem Skandal der Banca Romana[19], in den auch Crispi verwickelt war. So hätte Notarbartolo nicht nur Palizzolo schaden können, sondern auch Crispi, der sich anschickte, nach einer Verwicklung in einen Bigamie-Skandal wieder an die Regierungsmacht zu gelangen. Auch wenn Palizzolo später alle gegen ihn persönlich erhobenen Vorwürfe zurückwies, waren es doch seine Wahlhelfer – Giuseppe Fontana, der Mafiaboss von Villabate (PA), sowie dessen »Kollege« Matteo Filipello –, die den unbequemen Notarbartolo am 1. Februar 1893 während einer Zugfahrt von Termini Imerese (PA) nach Trabia (PA) in einem Eisenbahnwaggon mit 27 Messerstichen umbrachten und aus dem Fenster warfen – genau eine Woche nach der Wahl Crispis zum Ministerpräsidenten!

Bei dem Mord an Notarbartolo handelte es sich um den ersten Omicidio Eccellente (Auserlesener Mord), um einen Mord an einer gesellschaftlich hochrangigen Person. Da Notarbartolos Hinterbliebene wichtige politische Kontakte hatten und das Vergehen nicht einfach ungesühnt hinnehmen wollten, sorgten sie dafür, dass die Ermittlungen wieder aufgenommen wurden. Obwohl sowohl den Behörden als auch der Öffentlichkeit klar war, dass Palizzolo hinter dem Mord gestanden und seine Mafiafreunde die Tat begangen hatten, hatte das in Palermo geführte Verfahren jahrelang keine Fortschritte gemacht, weil es Palizzolo mittels seiner hervorragenden Kontakte zur Regierung – vor allem zu Crispi – gelungen war, die Untersuchungen zu verschleppen. Die Ermittlungen kamen erst nach dem Fall der Regierung Crispi richtig in Gang, als im Jahr 1898 der mit der Familie Notarbartolo befreundete savoyische General Luigi Pelloux (1839–1924) italienischer Premierminister geworden war. Damit diesmal alles seriös zuging, ernannte Pelloux mit dem Präfekten Francesco De Seta (1843–1911) und dem Polizeipräsidenten Ermanno Sangiorgi zwei untadelige Beamte.[20] Tatsächlich wurde nun rasch die Beteiligung von Palizzolo an dem Mord nachgewiesen. Dies hatte zur Konsequenz, dass Palizzolo vor Gericht gestellt wurde, allerdings nicht in Palermo, wo man mafiosen Druck auf die Richter befürchtete, sondern in Mailand. Dort erreichte Palizzolo im Jahre 1899 zwar zunächst eine Verfahrenseinstellung, wurde jedoch 1902 in der Berufung in Bologna als Auftraggeber des Mordes an Notarbartolo schuldig gesprochen und zu einer dreißigjährigen Haftstrafe verurteilt. Da das Kassationsgericht später jedoch Verfahrensfehler feststellte, konnte Palizzolo das Gefängnis nach relativ kurzer Zeit wieder verlassen. Bei einem neuen Gerichtsverfahren im Jahre 1903 in Florenz wurde er dann – aus Mangel an Beweisen – endgültig freigesprochen.

Während der gesamten Zeit war Palizzolo von seinen mächtigen Freunden mit einer richtiggehenden Pro-Palizzolo-Kampagne unterstützt worden: Der bereits erwähnte Arzt und Folkloreforscher Giuseppe Pitrè initiierte ein Comitato pro Sicilia, das sich zum Ziel setzte, den »guten Namen« der Insel zu verteidigen. Diese Gruppe schwoll bald zu einer Bewegung an, der berühmte Vertreter aus Politik, Kultur und Wirtschaft angehörten und die eine Pressekampagne für Palizzolo startete. Bei dieser tat sich vor allem die Zeitung L'Ora des Unternehmers Ignazio Florio junior (1869–1957) hervor. Als Palizzolo nach seiner kurzen Haft nach Palermo zurückkehrte, wurde er dort – dank der Bemühungen der Palizzolo-Bewegung – von der Bevölkerung als Held empfangen. Der Fall sorgte jahrelang in der Presse für Schlagzeilen, und die italienische Öffentlichkeit begann sich nicht nur über die mafiose Ruchlosigkeit, sondern auch über deren »besonderes Verhältnis« zur Politik zu empören.

Verschärft wurde die Situation, als im Jahr 1909 auf der palermitanischen Piazza Marina der italo-amerikanische Polizist Joe Petrosino (1860–1909) getötet wurde.[21] Petrosino war von New York nach Sizilien gekommen, um sich in italienischen Gerichtsakten Informationen über in die USA emigrierte Mafiosi zu beschaffen, die »Mano nera« (Schwarze Hand), wie die amerikanische Cosa Nostra damals genannt wurde. Bei Petrosino handelte es sich zwar nicht um eine gesellschaftlich so herausragende Figur wie Notarbartolo, er war aber in den USA aufgrund seiner Erfolge gegen die italienische Verbrecherwelt sehr populär, fast eine Legende. Unter anderem hatte er dem berühmten neapolitanischen Opernsänger Enrico Caruso (1873–1921), der von der »Mano nera« erpresst worden war, helfen können. Die amerikanische Presse empörte sich nun darüber, dass – so lautete der Vorwurf – die italienischen Behörden die Untersuchung des Verbrechens im Sande verlaufen lassen würden. Die Kritik der Amerikaner wurde über die Presse

2 Von den revolutionären Squadre zu den Corleonesern

natürlich auch im längst für das Thema Mafia und Politik sensibilisierten Italien bekannt. In der Folge gab es im Parlament immer wieder Appelle, endlich etwas gegen die Mafia und den mit ihr verbandelten Politikern zu unternehmen. Verschiedene Abgeordnete, wie vor allem der Republikaner (und spätere Sozialist) Napoleone Colajanni, aber auch der Sozialist Giuseppe De Felice Giuffrida, hielten im Abgeordnetenhaus flammende Reden, in denen sie die in ihren Augen unhaltbare Situation, vor allem die illegalen Wahlkampfmethoden in diversen süditalienischen Wahlkreisen, anprangerten. De Felice Giuffrida machte auch nicht Halt davor, in einer berühmt gewordenen Rede[22] vor dem Parlament am 23. November 1899 einigen seiner Politikerkollegen die Verantwortung für den Mord an Emanuele Notarbartolo zu geben.

Die nationalen und internationalen Presseberichte, die wissenschaftlichen Untersuchungen[23] und parlamentarischen Anklagen hatten aber nicht die geringsten Folgen. Der Staat unternahm nichts gegen die Mafia, obwohl der Strafverfolgungsapparat durchaus in der Lage war zu funktionieren, wie Malusardis erfolgreicher Kampf gegen den Brigantismus gezeigt hatte. Die wenigen Maßnahmen, die gelegentlich gegenüber Mafiosi ergriffen wurden – so etwa der Entzug von Waffenscheinen, Hausarreste, Verwarnungen, Zwangsaufenthalte fern von der Heimat oder Gefängnisstrafen – blieben völlig unwirksam. Nicht einmal das Absitzen von kurzen Haftstrafen scheint für Mafiosi ein allzu großes Problem gewesen zu sein. So beobachtete die englische Schriftstellerin Frances Elliot (1820–1898), als sie Anfang der 1880er-Jahre das größte Gefängnis Siziliens, den Ucciardone in Palermo, besichtigte, dass sich die gefürchtetsten der dort inhaftierten Gefangenen – also die Mafiosi – nicht nur bester Verpflegung und hygienischer Bedingungen erfreuten, sondern sich im Gefängnis auch völlig frei bewegen und Besuch empfangen könnten. Darüber hinaus habe es für Interessierte unbegrenzte Fluchtmöglichkeiten gegeben. Elliot, die im Gefängnis »kein trauriges Gesicht« gesehen hatte, schloss, dies müsse »eine Art glücklicher Ort« sein.[24] Lange mussten Mafiosi üblicherweise aber nicht im Gefängnis ausharren, sie konnten innerhalb kürzester Zeit mit einer Begnadigung oder Amnestie rechnen. Mit anderen Worten: Dank des Eingriffs ihrer mächtigen Freunde schafften es Ehrenmänner außerordentlich schnell, gegen sie verhängte Maßnahmen entweder wieder rückgängig machen zu lassen oder sie auf sonstige Weise zu unterlaufen. Dem Bericht des Polizeichefs Francesco Farias aus dem Jahre 1898 sind etliche Namen von Abgeordneten zu entnehmen, welche Mafiosi vor Strafverfolgung schützten.[25] Da Straftaten, in die Mafiosi verwickelt waren, grundsätzlich immer schlecht für die Opfer und gut für die Mafiosi ausgingen, verzichteten viele Opfer von vorneherein auf Anzeigen. Ihnen war klar, dass eine Anzeige mehr Schaden als Nutzen bringen würde. Die wenigen Beamten des Strafverfolgungsapparats, die ernsthaft versuchten, gegen die Mafia und ihre mächtigen Hintermänner vorzugehen, warfen mangels Unterstützung »von oben« irgendwann das Handtuch, wie der Staatsanwalt Tajani und der Präfekt Malusardi.

Die Gründe, warum auch die neue politische Klasse die Cosa Nostra protegierte, waren genau dieselben wie schon vorher: Die Unterstützung der Mafia war entscheidend für die Erlangung und den Erhalt der politischen Macht. Eine Regierung konnte nur von Politikern gebildet und aufrechterhalten werden, denen es gelang, eine Mehrheit von Abgeordneten längerfristig um sich zu sammeln. Wie sich diese Abgeordneten ihre Wahl sicherten – ob durch politische Überzeugungsarbeit, Verteilung von Gefälligkeiten in Patron-Klient-Manier oder Einsatz von mafioser Gewalt – war vielen Regierungspolitikern letztendlich nicht so wichtig. Dies gilt in besonderem Maße für den aus dem Piemont stammenden Ministerpräsidenten Giovanni Giolitti: Mit ungefähr 150 Personen stammte die überwältigende Mehrheit der insgesamt 250 Giolitti-Abgeordneten aus Süditalien, während die restlichen 100 hauptsächlich aus dem Piemont, Ligurien, der Lombardei und Venetien kamen.[26] Ohne die süditalienischen Abgeordneten hätte Giolitti nicht regieren können. Die »Giolitti-Politiker« des Südens hatten einen denkbar schlechten Ruf, nicht nur aufgrund des extensiven Einsatzes mafioser Banden bei ihren Wahlkämpfen, sondern auch aufgrund ihres korrupten Gebarens: Viele hatten Vorstrafen oder hatten bereits vor Gericht gestanden, wenngleich sie oft dank ihrer politischen Beziehungen freigesprochen wurden. Giolitti war sich des illegalen Tuns seiner süditalienischen Abgeordneten sehr wohl bewusst, unterstützte und »deckte« sie aber dennoch, schließlich brauchte er ihre Unterstützung im Parlament. Darüber hinaus setzte er den gesamten Staatsapparat ein, um »seine« Abgeordneten und Kandidaten auf jede erdenkliche

2 Von den revolutionären Squadre zu den Corleonesern

Art und Weise zu fördern und ihnen auf lokaler Ebene Vorteile gegenüber der politischen Konkurrenz zu verschaffen.[27] Er ernannte nur ihm treu ergebene Präfekten, die an der Peripherie im Sinne der Regierung tätig wurden: So erhielten regierungsnahe Politiker bevorzugt Zugang zu den staatlich kontrollierten Ressourcen, um durch die Vergabe von Favori (Gefälligkeiten) ihre Wählerklientel zu bedienen. Wer immer beispielsweise einen Arbeitsplatz in der öffentlichen Verwaltung, eine Versetzung, eine Beförderung, eine Konzession, einen öffentlichen Auftrag oder einen günstigen Kredit bei einer Staatsbank benötigte, konnte sich an einen regierungsnahen Politiker wenden. Politische Rivalen und deren Anhänger hingegen wurden mithilfe des Staatsapparats und der Mafiosi diskriminiert, behindert und geschädigt. Zu den beliebtesten Mitteln gehörten die Verweigerung von Schutz durch die Sicherheitskräfte im Falle mafioser Gewalt, willkürliche Durchsuchungen und Verhaftungen, die Entziehung von Geschäfts- und Handelslizenzen, die Manipulation von Wahllisten, die Unterschlagung von Wählerstimmen, die Verhinderung der Teilnahme an den Wahlen etc. Häufig wurden Wahlversammlungen politischer Gegner unter dem Vorwand der Gefährdung der öffentlichen Ordnung per Dekret von den Präfekten untersagt. Falls sie doch genehmigt wurden, verwehrte die Polizei den Oppositionspolitikern unter fadenscheinigen Gründen häufig den Zugang. Wenn dann mit Knüppeln bewaffnete Mafiosi bei den Wahlveranstaltungen auftauchten und zu prügeln begannen, griff die Polizei erst dann ein, wenn sich die Opfer wehrten. Die mafiosen Aggressoren blieben unbehelligt, während ihre Opfer entwaffnet und in Polizeigewahrsam genommen wurden. Manchmal organisierten Mafiosi auch Attentate, um der Polizei einen Vorwand für die Verhaftung von politischen Feinden zu geben. Willkürliche Verhaftungen – meist unter dem Vorwand der Erregung öffentlichen Ärgernisses – waren eines der beliebtesten Mittel, um gegen Regierungsgegner vorzugehen, vor allem am Vorabend von Wahlen. Politischen Gegnern wurden Waffengenehmigungen verweigert, während Mafiosi sie ohne Probleme bekamen. Während also der Opposition das Leben schwer gemacht wurde, wurde jegliches kriminelle Tun der Parlamentskandidaten der Regierung und ihrer mafioser Helfer geduldet.

Die beschriebenen illegalen Machenschaften konzentrierten sich in erster Linie auf Süditalien und Sizilien, nicht nur wegen der Präsenz der Mafia, sondern weil der Regierung in Rom bewusst war, dass sich im Süden – sehr viel leichter als im Norden – Mandate mit kriminellen Mitteln gewinnen ließen. Einer der Gründe war, dass dort sehr viel weniger Stimmen als in Norditalien kontrolliert werden mussten. Bis zur faktischen Einführung des Männerwahlrechts im Jahr 1912 gab es in Süditalien nämlich deutlich weniger Wähler als im Norden, weil viele süditalienische Bauern und Landarbeiter als Analphabeten vom Wahlrecht ausgeschlossen waren. Im Norden hingegen, wo viele Fabrikarbeiter und Bauern lesen und schreiben konnten, gab es eine weitaus größere Anzahl von Wahlberechtigten, was jedweden Versuch der Stimmenkontrolle von vornherein fast aussichtslos machte. Im Süden hingegen konnten die Mehrheitsverhältnisse recht gut eingeschätzt werden, schließlich war auf lokaler Ebene meist bekannt, wer welchem politischen Lager zuzurechnen war. Der Historiker Gaetano Salvemini (1873–1957) bemerkte in diesem Zusammenhang:

> Es reicht, ein paar hundert der unsicheren Wähler zu kaufen und ein paar hundert Gegner zu schlagen: und die Wahl ist gemacht.[28]

Wie blendend Giolitti das »Spiel mit der Macht« unter Zuhilfenahme illegaler Methoden beherrschte, zeigt nicht nur der ihm von seinen Gegnern verpasste Spitzname »Ministro della Malavita« (Minister der Verbrecherwelt), sondern auch die Tatsache, dass er sich länger als jeder andere Politiker in Italien vor dem Ausbruch des Faschismus an der Regierung halten und insgesamt fünfmal Ministerpräsident des Landes werden konnte. Manche von Giolittis Ministern mögen persönlich moralische Probleme mit regelwidrigen Einflussnahmen auf den Staatsapparat zugunsten von Verbrechern gehabt haben, wollten jedoch ihre eigene Position nicht aufs Spiel setzen oder die parlamentarische Mehrheit der Regierung gefährden.

Es versteht sich von selbst, dass sich Justiz und Polizei angesichts dieser Situation nicht gegen mafiose Wahlhelfer stellten, sondern ganz im Gegenteil mit ihnen zusammenarbeiteten. Der britische Historiker Bolton King (1860–1937) führte hierzu an:

2 Von den revolutionären Squadre zu den Corleonesern

(...) die Banden haben völlige Handlungsfreiheit; sie dürfen Waffen tragen, während dies den ehrlichsten Bürgern verweigert wird; sie wissen, ihre Erpressungen werden nicht behindert, solange sie bei den Wahlen die Wähler der Opposition bedrohen.[29]

Das mafiose Wahlhelfer-Personal wurde von Staatsseite im Bedarfsfall sogar erhöht, und zwar indem im Gefängnis einsitzende Mafiosi in die Freiheit entlassen wurden, wenn sicher war, dass sie sich für die Regierungskandidaten einsetzen würden. So sollen vor den Wahlen von 1890 ca. 1000 Mafiosi zunächst verhaftet und dann sofort wieder freigelassen worden sein, als sie versprachen, sich im Wahlkampf für die Regierungskandidaten zu engagieren.[30] Ferner gab es auch Anfragen bei der Staatsanwaltschaft, Delinquenten, deren Dienste besonders benötigt wurden, für die Wahlkampfzeit provisorisch in die Freiheit zu entlassen, weshalb der Mafiagegner Napoleone Colajanni polemisierte, dass es doch zu etwas nütze sei, wenn die Polizei die Identität von Kriminellen kennen würde.[31]

Zusammenfassend kann festgehalten werden, dass der Staat letztlich im Süden auf die Durchsetzung seiner Regeln und Gesetze verzichtete, außer wenn es um die Verfolgung von Regierungsgegnern ging bzw. wenn vorübergehend der Öffentlichkeit mit Beschwichtigungsmaßnahmen vorgespiegelt werden sollte, die Regierung nehme sich des Problems der grassierenden Kriminalität an. Zum Ausgleich für politische Unterstützung ließen Giolitti und seine Kabinettskollegen »ihre« süditalienischen Abgeordneten vor Ort machen, was immer sie wollten. Auf diese Weise entwickelte sich der Süden zur Freizone einer korrupten Politikerklasse, deren Macht zum einen auf der Nähe zur Regierung, zum anderen auf der Zusammenarbeit mit Kriminellen basierte. Der catanesische Abgeordnete und Mafiagegner Giuseppe De Felice Giuffrida fasste die Situation sehr treffend in der bereits erwähnten Parlamentsrede am 23. November 1899 zusammen, in der er sinngemäß erklärte, die Schande sei nicht die Mafia, sondern die Regierung, die sie aufrechterhalte.[32]

2.3 Unterdrückung im Faschismus?

Nach hundert Jahren war die Cosa Nostra zum festen Bestandteil der sizilianischen Gesellschaft geworden. Erst nach der Machtübernahme der Faschisten sollte sich ihre Lage massiv verschlechtern, auch wenn sie nicht völlig ausgelöscht wurde.

Die Nationalwahlen von 1919 führten zu einer drastischen Umwälzung der bestehenden Machtverhältnisse, nachdem der neue linkskatholische Partito Popolare Italiano (PPI) und der sozialistische PSI mit zusammen über 50 % der Wählerstimmen die Mehrheit erlangten.[1] Da sie sich aber nicht einigen konnten, regierten die Liberalen weiter. Mangels einer parlamentarischen Mehrheit war die neue Regierung nahezu handlungsunfähig und konnte die gravierenden ökonomischen Probleme des Landes nach dem Ersten Weltkrieg, vor allem die hohe Arbeitslosigkeit, nicht einmal ansatzweise lösen. Angesichts dieser Misere marschierten die Anhänger des von Benito Mussolini neugegründeten Partito Nazionale Fascista (PNF) am 28. Oktober 1922 nach Rom, um mithilfe eines Putsches die Macht zu ergreifen.[2] Als die »Schwarzhemden« vor der Hauptstadt standen, hätte König Viktor Emanuel III. von Savoyen (1869–1946) den Ausnahmezustand ausrufen müssen. Der König kam aber seiner verfassungsmäßigen Pflicht nicht nach, weil er weit mehr Angst vor der »roten Gefahr« – 1921 war mit dem Partito Comunista d'Italia (PCDI, seit 1943 PCI) auch noch eine kommunistische Partei entstanden – als vor den Faschisten hatte. Bestärkt von den Liberalen berief er stattdessen Mussolini zum Premierminister, der daraufhin mit Unterstützung der Liberalen regierte. Bei den Nationalwahlen von 1924 traten dann viele wichtige Liberale zusammen mit Faschisten auf dem Listone (Große Liste), einer Regierungsliste, an, die 65 % der Wählerstimmen eroberte. Mit dieser breiten parlamentarischen Mehrheit im Rücken konnte Mussolini die demokratische Maske fallen lassen: Nun kam es zu offenen Gewalttaten gegenüber Oppositionellen, die im Juni 1924 in der Ermordung des moderaten sozialistischen Abgeordneten und Faschismusgegners Giacomo Matteotti (1885–1924) gipfelten. Dieser Mord führte zu einer politischen Krise, und nicht wenige der Abgeordneten, die vorher Mussolini unterstützt hatten, wandten sich nun gegen ihn. Die Opposition boykottierte – in der sogenannten »Aventin-Sezession«[3] – das Parlament. Kurze Zeit später, im Januar 1925, errichtete Mussolini die faschistische Diktatur: Die verfassungsmäßigen Freiheiten wurden außer Kraft gesetzt und 1926 wurden die oppositionellen Parteien verboten, inklusive der Liberalen.

In ihrer Frühphase fanden die Faschisten innerhalb der sizilianischen Elite keine Unterstützung. Die Einzigen, die sich in Sizilien für die »Schwarzhemden« begeisterten, waren einige idealistische junge Männer hauptsächlich aus den Provinzen Ragusa und Syrakus sowie Intellektuelle, die der korrupten liberalen Politiker und des ineffizienten Parlamentssystems überdrüssig waren.[4] Der Großteil der gesellschaftlich Mächtigen war gegenüber dem Faschismus völlig indifferent. Der Agrarelite war nur daran gelegen, die Gefahren, die für sie von der erstarkten politischen Linken ausgingen, abzuwenden.[5] Ihre größte Angst war, dass eine Landreform durchgeführt und ihre »Feudi« (Lehen), wie ihr Großbesitz immer noch genannt wurde, an die Bauern aufgeteilt werden könnten. Dies wäre mit Sicherheit auch geschehen, wären die Sozialisten und der Partito Popolare an die Macht gekommen. Schließlich kämpften diese schon lange für eine Aufteilung des Landes und hatten darin auch von den Kriegsrückkehrern Unterstützung erfahren, welchen zur Anheizung der Moral während des Krieges Land versprochen worden war. In den »zwei roten Jahren« zwischen 1919 und 1920 war es in Sizilien dementsprechend auch – analog zu den Fabrikbesetzungen durch die Arbeiter im Norden – zu einer Welle von Landbesetzungen gekommen und diese mussten seitens der nationalen Regierungskoalitionen im Nachhinein legalisiert werden. Wäre dies nicht geschehen, hätten die »linken« Koalitionsminister die Regierung verlassen. Auf diese Weise gingen mittels der Dekrete »Visocchi« vom September 1919 und »Falcioni« im April 1920 zahlreiche besetzte Ländereien in die Hände von Genossenschaften und Kleinbauern über. Aber nicht nur die Großgrundbesitzer hatten Angst um ihre Privilegien, auch die meisten Unternehmer befürchteten, dass die »rote Gefahr« vom Norden auf den Süden übergehen könnte. So hatten etwa die Schwefelminenbetreiber Angst vor Arbeitszeitverkürzungen, Forderungen nach Lohnerhöhung und der Verstaatlichung ihrer Betriebe. Ihre Bedenken waren insofern berechtigt, als bereits 1919 der Acht-Stunden-Tag eingeführt worden war.

Aus den genannten Gründen war die sizilianische Elite an einem strategischen Bündnis mit den Faschisten des Nordens interessiert, was ansonsten sicher nicht der Fall gewesen wäre. Sie teilte im Großen und Ganzen die Einschätzung der Liberalen, dass man den Faschisten zum Wahlerfolg verhelfen müsse, weil sich nur auf diese Weise die sozialistische Gefahr abblocken ließe. Außerdem hatte das sizilianische Establishment, auch wenn es sicher nicht faschistisch orientiert war, doch nichts grundsätzlich gegen die »Schwarzhemden«, boten deren politische Inhalte doch die Gewähr dafür, dass sich in Sizilien im Falle eines Wahlsieges von Mussolini nichts Grundlegendes ändern würde. Mussolini hatte dies bereits bewiesen: Eine seiner ersten Amtshandlungen als Premierminister waren die Abschaffung des bislang vorliegenden Agrarreformgesetzes und die Außerkraftsetzung der Subventionen für die Genossenschaften. Auch die Faschisten waren an einem Bündnis interessiert, waren sie doch auf der Insel nur sehr schwach organisiert und ihre eigenen Funktionäre – die jungen faschistischen Idealisten – wurden in der Bevölkerung nicht ernst genommen. Dies führte dazu, dass sich auf der liberal-faschistischen Regierungsliste in Sizilien in erster Linie Personen aus dem alten politischen Establishment und nicht so sehr »richtige« Faschisten fanden. Man hatte für die Regierungsliste in erster Linie Personen ausgesucht, die dazu in der Lage waren, große Stimmenpakete zu bringen. Nicht wenige dieser Kandidaten standen im Ruf großer Mafianähe, wie etwa Giovanni Lo Monte aus Mezzojuso (PA), oder sie waren selbst bekannte Mafiabosse. Diese Strategie erwies sich als richtig: Tatsächlich gewann die Regierungsliste bei den Wahlen in Sizilien haushoch – und hatte genau in den Wahlbezirken den größten Erfolg, in denen die Mafia am stärksten war.

Faschisten und Mafiosi hatten zunächst also keine Probleme miteinander.[6] Das sollte sich bald ändern, wobei der Anlass ein unbedeutendes Ereignis beim Besuch des neu gewählten Ministerpräsidenten Mussolini im Mai 1924 in Sizilien gewesen sein soll: Als der Duce (Führer) mit einem großen Polizeiaufgebot in dem kleinen Ort Piana dei Greci im Hinterland von Palermo eintraf, soll er sich durch den dortigen mafiosen Bürgermeister Francesco (Ciccio) Cuccia (1876–1957) belei-

2 Von den revolutionären Squadre zu den Corleonesern

digt gefühlt haben, denn Don Ciccio hatte Mussolini voller Stolz erklärt:

> Voscenza (Siz. Eure Exzellenz), Herr Kapitän, Sie sind mit mir und unter meinem Schutz. Ihr braucht diese ganzen Schergen nicht. Sie haben nichts zu fürchten, solange Sie in meiner Gesellschaft sind, weil ich im ganzen Gebiet kommandiere.[7]

Dem kleinen Mafiaboss, der es vom Fuhrmann zum Grundbesitzer und Bürgermeister gebracht hatte und für den es eine Ehre war, sich in der Öffentlichkeit mit seinem »hohen Besuch« zu zeigen, war zweifelsohne nicht klar, dass seine Äußerung in den Augen Mussolinis eine Anmaßung darstellte. Nur zwei Tage später erklärte der Duce in einer öffentlichen Rede in Agrigent, dass er die Mafia nicht dulden werde.

Unabhängig davon, ob die Episode in Piana dei Greci tatsächlich der Anlass für die Einleitung von Antimafia-Maßnahmen war, ergab sich für die Faschisten tatsächlich die Notwendigkeit, die Mafia in Sizilien zu bekämpfen, wenn sie künftig selbst das Sagen auf der Insel haben wollten. Politisch kommandierten nämlich nach wie vor die Liberalen. Deren Macht stützte sich ganz wesentlich auf die Mafia, die sie bei den Wahlen traditionell unterstützt und ihnen auch sonst »Gefälligkeiten« erwiesen hatte. Nach der Errichtung der Diktatur aber brauchten die Faschisten ihre alten Verbündeten nicht mehr. – Ganz im Gegenteil, die mächtige politische Konkurrenz war jetzt im Weg und musste ausgeschaltet werden, sofern sie nicht zum Faschismus konvertierte. Die Beseitigung der Mafia kam also einem Schlag gegen renitente Liberale gleich, denen auf diese Weise die Helfersferschelfer genommen wurden. Die Faschisten selbst hatten – zumindest nach der Abschaffung freier Wahlen – keinen Bedarf an mafioser Wahlhilfe und auch nicht an sonstigen Diensten der Kriminellen, schließlich standen ihnen der Staatsapparat und, im Bedarfsfall, eigene Schlägertruppen zur Verfügung. Darüber hinaus wollten die Faschisten nun auch selbst die Unterstützung der Bevölkerung gewinnen, die bislang – aus unterschiedlichen Gründen – auf die Mafia gesetzt hatte: Die Elite bedurfte mangels effizienter staatlicher Ordnung mafioser Schutzleistungen, während die einfachen Bauern auf die Vermittlungsdienste mafioser Patrone angewiesen waren. Um selbst zum alleinigen Ansprechpartner der Bevölkerung zu werden, war es für das faschistische Regime unerlässlich, eine funktionierende staatliche Ordnung herzustellen. Dazu mussten zum einen die stark grassierende Kriminalität beseitigt und zum anderen der Bedarf nach mafiosem Schutz bzw. mafioser Vermittlung überflüssig gemacht werden.

Zu diesem Zweck begann das faschistische Regime den »Staat im Staate« zu beseitigen. Konkret wurde die Aufgabe Cesare Mori (1872–1942)[8] übertragen, der im Oktober 1925 zum Präfekten von Palermo nominiert wurde. Die Wahl fiel nicht auf den Lombarden und ehemaligen Präfekten von Bologna, weil er Faschist gewesen wäre, sondern weil er aufgrund seiner früheren Tätigkeit als Präfekt von Trapani Westsizilien gut kannte und außerdem im Ruf stand, ein besonders fähiger Polizeibeamter zu sein. Zusätzlich wurde Mori vom Regime noch mit außerordentlichen, ja diktatorischen Vollmachten ausgestattet. Als der neue Superpräfekt in Sizilien an die Arbeit ging, stand ihm eine 800 Mann starke provinzübergreifende Polizeitruppe zur Verfügung. In den Präfekturen waren bereits Namenslisten von Mafiosi in verschiedenen Kommunen Westsiziliens angefertigt worden, auf die man nun zurückgreifen konnte. Diese Listen wurden ständig ergänzt, wobei Denunziationen genügten, um als Mafioso gesucht zu werden. Es versteht sich von selbst, dass auf diese Weise auch viele »alte Rechnungen« beglichen wurden. Zunächst ging Mori daran, den im bäuerlich geprägten Sizilien wichtigsten Wirtschaftssektor zu kontrollieren: die Landwirtschaft. Dazu erging im Januar 1925 eine »Ordinanza per ristabilire la sicurezza pubblica nelle campagne« (Anordnung zur Wiederherstellung der öffentlichen Ordnung auf dem Land). Demnach hatten die Grundbesitzer Personal, das mit dem Gesetz in Konflikt gekommen war, zu entlassen. Neues Personal durfte nur mit polizeilicher Genehmigung eingestellt werden. Ferner wurden Schutzgeldzahlungen verboten und Grundbesitzer hatten sich, falls sie bedroht wurden, an die staatlichen Stellen zu wenden. Auf diese Weise verloren zahlreiche mafiose Wächter, Feldhüter und Verwalter nicht nur ihren Arbeitsplatz, sondern auch die Möglichkeit, sich weiter auf parasitäre Weise an den Grundbesitzern zu bereichern. Darüber hinaus wurden vor allem im Jahr 1926 Razzien durchgeführt, hauptsächlich in Gegenden mit besonderer Mafiadichte – also vorwiegend in den Provinzen Palermo, Agrigent, Caltanissetta und

Enna. Diese Razzien nahmen nicht selten die Form von Belagerungen ganzer Dörfer an, in denen Verdächtige vermutet wurden. Besonders berühmt wurde in diesem Kontext die militärische Belagerung von Gangi (PA) im Januar 1926, die sich gegen geradezu mythische mafiose Briganten wie Gaetano Ferrarello und Giuseppe Andaloro (1904–1968) richtete. Um flüchtige Mafiosi zum Aufgeben zu zwingen, war Mori nicht zimperlich: Ihr Eigentum wurde beschlagnahmt und verkauft; ihr Vieh wurde öffentlich geschlachtet; ihre Familien wurden deportiert; und es soll auch zu Gewalttaten gegenüber Frauen aus Mafiafamilien gekommen sein. Auf diese Weise gelang es dem Präfekten Mori und seinen Leuten, Tausende von Mafiosi zu verhaften. Bis zum Jahr 1928 gab es rund 11.000 Verhaftungen. Angesichts dieser Situation wurde vielen »Ehrenmännern« der Boden in Sizilien zu heiß und ungefähr 500 flüchteten von der Insel – hauptsächlich in die USA, wo sich die Mafia bereits Ende des 19. Jahrhunderts etabliert hatte.[9] Den verhafteten Mafiosi versuchte man in der Untersuchungshaft mit äußerst brutalen Methoden Geständnisse abzupressen, dabei kamen auch Folterungen mit Salzwasser und Elektroschocks zur Anwendung. Aufgrund seines Vorgehens und seiner drastischen Methoden erwarb sich Mori den Ruf eines »eisernen Präfekten«.

Nach der Verhaftung wurde ein Teil der Mafiaverdächtigen mittels simpler Verwaltungsentscheidungen in die Verbannung geschickt oder unter Hausarrest gestellt. Ein anderer Teil musste sich Gerichtsverfahren stellen. Ein Novum dieser großen Mafiaprozesse – zwischen 1926 und 1932 waren es mehr als 105 – war, dass die Richter erstmals die gesetzlichen Bestimmungen so anwandten, dass weitgehend Verurteilungen möglich waren. Da sich auch weiterhin kaum Zeugen zu Belastungsaussagen bereit fanden, reichte den Richtern als Beweis, um einen Angeklagten der Mitgliedschaft in einer kriminellen Vereinigung zu überführen, dass ein Staatsbediensteter – Polizist, Carabiniere oder Richter – dies bezeugte. Dieses Verfahren mag als reine Willkür erscheinen, hatte aber tatsächlich eine gewisse Berechtigung, als selbstverständlich allgemein bekannt war, wer der Mafia angehörte. Allein aufgrund solcher Aussagen konnten nun zahlreiche Mafiosi zumindest für eine gewisse Zeit aus dem Verkehr gezogen werden. Zur Verhängung hoher Haftstrafen waren aber »richtige« Beweise notwendig – und diese waren praktisch nicht zu erbringen, weshalb auch im Faschismus viele Verbrechen ungeahndet blieben. Wollten die Behörden eine Verurteilung aber unbedingt erreichen, dann wurden Beweise gelegentlich auch gefälscht. Berühmt wurde etwa der Fall des Vito Cascio Ferro. Dieser einst mächtigste Mafioso Siziliens kommentierte das über ihn im Jahre 1930 verhängte Urteil von fünfzig Jahren Haft im Gerichtssaal folgendermaßen:

> Meine Herren, es ist Ihnen nicht gelungen, die Beweise für meine zahlreichen Delikte zu beschaffen, Sie haben sich deshalb dazu herabgelassen, mich für ein nicht begangenes Verbrechen zu verurteilen.[10]

Cascio Ferro, der sein Leben 1943 in Isolationshaft im Gefängnis unter dem Bombenhagel der Alliierten beendete, hatte vermutlich deshalb eine so schwere Haftstrafe erhalten, weil er in der Mafia keine große Rolle mehr spielte. Sein größter Fehler dürfte gewesen sein, dass er nicht rechtzeitig die Zeichen der Zeit erkannt und stattdessen weiter seinen politischen Verbündeten aus den Reihen der Liberalen die Treue gehalten hatte.

Auch wenn die Methoden fragwürdig waren, so bleibt festzuhalten, dass es dem Faschismus tatsächlich gelang, einen großen Teil der mafiosen Banden zu beseitigen und die Zahl der Straftaten stark zu verringern: Allein in der Provinz Palermo war die Zahl von Schwerverbrechen wie Mord zwischen 1922 und 1928 von 223 auf 25 gesunken; die Erpressungen gingen von 53 auf 6 zurück und der Viehraub von 51 auf 6. Diese Erfolge beruhten zweifellos darauf, dass erstmals in der italienischen Geschichte auf höchster Ebene der politische Wille vorhanden war, die Mafia zu eliminieren – etwas, was anschließend nie mehr wirklich der Fall war. In der Folge kam es zu einer effektiven Zusammenarbeit zwischen Polizei und Richterschaft. Auf diese Weise wurden die Scassapagghiara[11], also das gesamte mafiose Fußvolk, eliminiert und darüber hinaus einige wenige der großen Bosse nach Schauprozessen aus dem Verkehr gezogen. So in Agrigent, wo der eben erwähnte Vito Cascio Ferro, und in Termini Imerese (PA), wo Antonio Ortoleva, der mächtige Boss der Mafia von Mistretta (ME), vor Gericht standen. Das faschistische Regime brauchte exemplarische Verurteilungen auch großer Mafiosi, um den Willen zum Durchgreifen demonstrieren zu

2 Von den revolutionären Squadre zu den Corleonesern

können. Ortoleva und Cascio Ferro konnten ziemlich problemlos geopfert werden, da beide gewissermaßen »Männer der Vergangenheit« waren und über keinen politischen Schutz mehr verfügten. Außerdem wurden zahlreiche Mafiosi der mittleren Ebene, also Gabellotti, mafiose Ex-Bürgermeister sowie lokale Mafiabosse (wie etwa der eingangs erwähnte Ciccio Cuccia aus Piana dei Greci) verurteilt. Andere wichtige Mafiabosse jedoch kamen relativ ungeschoren davon, wie etwa Calogero Vizzini (1877–1954) aus Villalba (CL), der bereits während des Ersten Weltkrieges Vito Cascio Ferro in der Position des sizilianischen Obermafioso abgelöst hatte. »Don Calò«, wie er allgemein bekannt war, wurde während seines Prozesses von allen Vorwürfen freigesprochen und nur als »gefährliches Subjekt« für fünf Jahre in die Verbannung geschickt. Schon im Jahr 1937 konnte er aber wieder in sein Heimatdorf zurückkehren.

Noch besser erging es den mafiosen Hintermännern aus den höheren Gesellschaftsschichten.[12] Gegen sie wurden nur selten Untersuchungen eingeleitet, und wenn, dann wurden die Verfahren schnell eingestellt. Dies zeigt beispielsweise der Fall der beiden aus den Madonien stammenden Barone Antonio Li Destri Ventimiglia und Giuseppe Sgadari, die jahrelang gemeinsame Sache mit Mafiosi und Briganten machten. Sie wurden nicht unter Anklage gestellt, denn die potenziellen Zeugen für ihre Machenschaften – der verurteilte Mafiaboss Ortoleva sowie der Brigantenführer Ferrarello – hatten gerade noch rechtzeitig unter verdächtigen Umständen in ihren Gefängiszellen das Zeitliche gesegnet. Der mächtigste »Mafiafreund«, dem nichts geschah, war General Antonino Di Giorgio (1867–1932) aus San Fratello Acquedolci (ME), ein Mann des alten Establishments. Di Giorgio hatte sich im Ersten Weltkrieg als General Meriten erworben und war als Ehemann von Norina Whitaker, einer Tochter des steinreichen Marsalaproduzenten Joseph Isaac Whitaker (1850–1936), bestens in den höchsten Kreisen der palermitanischen Gesellschaft vernetzt. Politisch hatte er sich für die Liberalen engagiert, für die er zuerst 1913 und erneut 1919 ins Abgeordnetenhaus gewählt wurde. Bei den Wahlen von 1924 kandidierte Di Giorgio erfolgreich für die faschistisch-liberale Regierungsliste und brachte es in der Folge im Kabinett Mussolini sogar zum Kriegsminister. Wie viele Liberale unterhielt Di Giorgio beste Beziehungen zur Mafia. So war der Mafiaboss von Mistretta (ME), Antonio Ortoleva, in der Zeit vor dem Faschismus sein wichtigster Wahlhelfer gewesen, und sein eigener Bruder Domenico stieg nach seiner Heirat mit der Tochter eines Mafioso zum Mafiaboss des kleinen Ortes Castel di Lucio (ME) auf. Di Giorgio hatte also gute Gründe, die Bedeutung der Mafia herunterzuspielen. Er versuchte Mussolini davon zu überzeugen, den Präfekten Mori wegen seiner vielen Verhaftungen seines Amtes zu entheben, habe dieser doch jeglichen Sinn für die Proportionen verloren und drangsaliere unschuldige Personen, nur weil sie mit Mafiosi Kontakt gehabt hätten. Mori schlug zurück und beschuldigte Di Giorgio, mit Ortoleva unter einer Decke zu stecken. Nur aus diesem Grund, so Mori, habe von seinen Leuten das Netz der Hintermänner der Mafia von Mistretta nicht völlig aufgedeckt werden können. Mussolini, der es sich weder mit Di Giorgio noch mit Mori verderben wollte, bot Di Giorgio ein Kommando außerhalb von Sizilien an, das dieser aber beleidigt ablehnte und sich ins Privatleben zurückzog. Als sich gegen den »eisernen Präfekten« die Beschwerden immer mehr häuften, war sich Mussolini nicht mehr sicher, ob dieser nicht mehr Schaden als Nutzen bringe. Und so wurde Mori im Juni 1929 vom Duce mittels eines Telegramms aus Sizilien abberufen und – hoch geehrt – in den Ruhestand geschickt. Die offizielle Begründung war, dass seine Aufgabe erfüllt und die Mafia besiegt sei. Mori selbst sah dies anders und betrachtete sich, wie in seiner Autobiographie »Con la mafia ai ferri corti« (Mit der Mafia übers Kreuz) zum Ausdruck kommt, als Opfer einer Intrige hochstehender Mafiahintermänner. Damit dürfte er nicht Unrecht gehabt haben – es war definitiv vom Regime nicht gewollt, zu tief zu graben.

Auch wenn die Mafia im Faschismus deutliche Schläge hinnehmen musste, kann nicht davon gesprochen werden, dass sie völlig besiegt worden wäre. Durch Moris repressive Maßnahmen wurden lediglich Handlanger und einige der weniger wichtigen Bosse der Mafia beseitigt, keineswegs alle und schon gar nicht die Hintermänner. Dass die Mafia auch im Faschismus weiter existierte und nicht einmal ihre Aktivitäten völlig eingestellt zu haben scheint, zeigt der Umstand, dass noch in den 1930er-Jahren mafiose Gruppen entdeckt wurden: So beklagte Mitte des Jahrzehnts der Generalstaatsanwalt von Palermo, Pericle Copelli, dass man in der Provinz Palermo immer noch 35 bedeutende Cosche

2 Von den revolutionären Squadre zu den Corleonesern

entdeckt habe. Aber nicht nur in Palermo, auch in anderen »Mafiaprovinzen« wie Agrigent fanden sich noch Banden. So wurde 1935 eine Cosca in Cattolica Eraclea (AG) ausfindig gemacht und zwei Jahre später eine weitere im Gebiet zwischen Favara (AG) und Palma di Montechiaro (AG). Angesichts dieser Situation beschwerte sich im Jahr 1931 ein Anwalt aus Termini Imerese (PA) mit folgenden Worten bei dem inzwischen pensionierten Präfekten Mori:

> Lieber Senator (...) Faschismus? Nur ein Etikettenschwindel. (...) Heute raubt und mordet man in Sizilien so fröhlich wie vorher. Fast alle Mafiabosse haben das Gefängnis bzw. den Zwangsaufenthalt erlassen bekommen und sind wieder nach Hause zurückgekehrt. Nur die kleinen Lumpen sind drinnen geblieben. Wo werden wir enden?[13]

Verantwortlich für das Weiterbestehen der Mafia war der Umstand, dass das alte Machtgleichgewicht auf der Insel auch im Faschismus nicht wirklich angetastet wurde. Als die Faschisten immer stärker dazu übergingen, in die internen Angelegenheiten der Insel einzugreifen und alle wichtigen Posten – von der Lokalverwaltung bis hin zu privaten Vereinigungen und sogar den Genossenschaften – nur noch mit faschismuskonformen Personen zu besetzen, musste die Elite Farbe bekennen und sich entweder für oder gegen die Faschisten entscheiden. Der größte Teil der alten Elite lief zu den Faschisten über und trat in die Partei ein. Ein anderer Teil wandte sich mehr oder weniger offen gegen das Regime. Zur profaschistischen Gruppe zählten Personen, die davon überzeugt waren, dass der Faschismus eine langfristige Zukunftsperspektive habe und man sich mit ihm »einrichten« müsse. Einige wenige mögen dem Regime mit der Zeit tatsächlich etwas abgewonnen haben, vor allem als sie sahen, dass es diesem wirklich gelang, für Ordnung zu sorgen und die widerspenstigen Bauern im Zaum zu halten. Auch der Umstand, dass sie nun mehr verdienten und ihr Eigentum sicher war, mag mit zur Überzeugung beigetragen haben, dass die Faschisten gar nicht so schlecht seien. Vielleicht aus diesem Grund begannen Personen wie etwa der Adelige Ciancina, dank dessen Hilfe Mori zahlreiche Kriminelle in der Provinz Agrigent überführen konnte, mit den Beamten des Präfekten zu kooperieren. Die meisten jedoch, die zum Faschismus konvertierten, waren nicht im Geringsten an dessen politischen Inhalten interessiert, geschweige denn, dass sie wirklich mit ihnen konform gegangen wären. Sie versuchten schlicht, weiterhin ungestört »ihr eigenes Süppchen zu kochen«. Dies gilt beispielsweise für den bereits erwähnten General Di Giorgio, ferner in Gangi für die Barone Sgadari und Li Destra und für Hunderte anderer Fälle. Die wenigen »echten« Faschisten, wie die radikalen jungen Idealisten aus der Anfangsphase oder auch der nicht umsonst Ducino (Kleiner Führer) genannte faschistische Wortführer Alfredo Cucco (1893–1968) spielten schon bald in der faschistischen Partei keine Rolle mehr.

Zur Gruppe der Faschismusgegner gehörte jene alte Politikerklasse, die vor der faschistischen Diktatur das Sagen in Sizilien gehabt hatte und in der Zeit des Giolittismo als Liberale in hohe Positionen in der Politik aufgestiegen waren. Um gewählt zu werden, hatten sie in der Regel auf klientelistische Methoden und die Hilfe der Mafia zurückgegriffen. Diesen Personen reichte es zwangsläufig nicht aus, dass im Faschismus die ökonomischen Privilegien der Agrarelite nicht angetastet wurden. Sie waren keineswegs mit ihrem Machtverlust einverstanden und dazu bereit, sich nur mit subalternen politischen »Pöstchen« zufriedenzugeben, ohne wirklich mitreden zu können. Auch wenn sie anfangs Mussolini unterstützt hatten, so waren sie doch zu keinem Zeitpunkt Anhänger des Faschismus. Ihnen war es lediglich darum gegangen, die Macht der Liberalen und damit ihre eigenen Positionen zu sichern. Der Moment der Abkehr vom Faschismus musste zwangsläufig kommen, als Mussolini nach 1924 damit begann, die vorfaschistische politische Klasse auszuheben – zumindest diejenigen Vertreter, welche sich ihm nicht völlig unterzuordnen bereit waren. Nun wandten sich wichtige Repräsentanten der sizilianischen Liberalen wie Vittorio Emanuele Orlando und Andrea Finocchiaro Aprile (1878–1964) von Mussolini ab. Bei dem Juristen Orlando, der vor dem Aufkommen des Faschismus mehrfach Staatsminister und sogar italienischer Ministerpräsident (1917–1919) gewesen war, handelte es sich zweifellos um den ehemals wichtigsten Politiker ganz Siziliens. Er stand für den konservativen Flügel der sizilianischen Liberalen. Finocchiaro Aprile, der die progressiven Liberalen in Sizilien anführte, hatte es im Laufe seiner politischen Karriere ebenfalls recht weit gebracht, so etwa 1919 im Kabinett von

2 Von den revolutionären Squadre zu den Corleonesern

Premierminister Francesco Saverio Nitti (1868–1953) zum Staatssekretär für Kriegs- und Haushaltsangelegenheiten. Nach der Matteotti-Krise trat Orlando von seinem Parlamentsmandat zurück, und auch Finocchiaro Aprile schloss sich der Aventin-Gruppe an. Inwiefern die beiden Politiker tatsächlich etwas gegen die inhaltlichen Positionen der Faschisten hatten, ist schwer einzuschätzen. Finocchiaro Aprile scheint jedenfalls eine recht dubiose Figur und stets auf seinen eigenen Vorteil bedacht gewesen zu sein. Er schreckte auch keineswegs vor schmeichlerischen Lippenbekenntnissen gegenüber Mussolini zurück, wenn er sich davon persönliche Vorteile versprach. Nachdem sie sich 1924 vom Faschismus abgewandt hatten, schlugen die beiden Politiker zunächst unterschiedliche Strategien ein: Finocchiaro Aprile zog sich weitgehend ins Privatleben zurück und arbeitete in Rom als Rechtsanwalt, ohne sich politisch stark zu betätigen. Orlando hingegen wurde, zumindest solange die Parteien noch nicht verboten waren, zum Wortführer der antifaschistischen Opposition. Er versuchte politisches Terrain zurückzugewinnen und organisierte im Jahr 1925 für die Kommunalwahlen in Palermo die gegen die Faschisten gerichtete Liste Unione per la Libertà, die er auch höchstpersönlich anführte. Bei einer Wahlkundgebung im August 1925 hielt er eine berühmt gewordene provokative Rede, in der er erklärte, er sei stolz, ein Mafioso zu sein:

> Jetzt sage ich Euch (…), wenn man mit Mafia meint, dass der Sinn für Ehre bis zum Äußersten getrieben wird; wenn man damit die Unduldsamkeit gegenüber jeglicher Form von Anmaßung und gewalttätigen Übergriffen (…) meint; die Großzügigkeit, die dem Starken widersteht und gegenüber dem Schwachen nachsichtig ist; wenn man die Treue gegenüber Freundschaften meint, welche stärker als alles, selbst stärker als der Tod ist; wenn man mit Mafia all diese Gefühle und Einstellungen meint, auch bis hin zur Übertreibung, ja, dann handelt es sich in diesem Sinne um unsichtbare Merkmale der sizilianischen Seele, und ich erkläre mich nicht nur zum Mafioso, sondern bin auch stolz darauf, einer zu sein.[14]

Orlando hatte mächtige Verbündete, so vor allem in den Reihen der mächtigen Società degli Agricoltori Siciliani (Gesellschaft der sizilianischen Landwirte) der sizilianischen Barone. Ihr saß der wichtigste

Großgrundbesitzer in Sizilien überhaupt vor, nämlich Graf Lucio Tasca Bordonaro (1880–1957). In dieser Organisation befanden sich auch viele andere wichtige Großgrundbesitzer wie Antonino Bartoli, Giacomo Hopps Carraci, Pucci di Benisichi und Giulio D'Ali Staiti. Als Mussolini 1940 wegen der im Land bestehenden Versorgungsmängel eine Landreform in Angriff nahm, bei der sich die Großgrundbesitzer bedroht sahen, näherten sich die »Faschisten« innerhalb der sizilianischen Elite und die liberalen Faschismusgegner einander wieder an. Nun wandten sich neben den Mafiosi alle sizilianischen Mächtigen von Mussolini ab und begannen darüber nachzudenken, wie man sich vom faschistischen Regime befreien könne.

2.4 Amerikanische »Wiederaufbauhilfe«

Die schwierige Situation für die Mafia sollte sich erst ab dem Jahr 1943 wieder verbessern, und zwar in Folge der Befreiung Siziliens vom Faschismus. Die Mafiosi bekamen dabei »Starthilfe« von den Amerikanern, die sich von ihnen zunächst bei der Befreiung und anschließend bei der Aufrechterhaltung der Ordnung auf der besetzten Insel helfen ließen.

Nachdem der amerikanische Präsident Franklin D. Roosevelt (1882–1945) und der britische Premierminister Winston Churchill (1874–1965) auf der Konferenz von Casablanca im Januar 1943 die bedingungslose Kapitulation von Deutschland, Italien und Japan zum Kriegsziel erklärt hatten, beschlossen sie als ersten Schritt in diese Richtung die Besetzung Siziliens. Die Operation »Husky« startete am 10. Juli 1943 mit der Landung einer von General George S. Patton (1885–1945) geführten amerikanischen Armee in Westsizilien und eines von General Bernard Law Montgomery (1887–1976) befehligten britischen Heers in Ostsizilien.[1] Innerhalb von drei Tagen trafen insgesamt 181.000 Soldaten ein, um die auf der Insel stationierten deutschen und italienischen Soldaten zu besiegen. Während die Amerikaner bei der Besetzung des Westteils der Insel recht zügig vorankamen, hatten die Briten im Osten mit erheblichem Widerstand zu kämpfen und mussten auch deutlich mehr Verluste hinnehmen. Dennoch gelang es den

2 Von den revolutionären Squadre zu den Corleonesern 55

Alliierten innerhalb von etwas mehr als einem Monat, Sizilien zu besetzen. Am 17. August 1943 war die Insel von Mussolinis Diktatur befreit, woraufhin sich die faschistischen Organisationen in aller Eile auflösten.

Dass die Amerikaner – im Unterschied zu den Briten – schneller vorankamen und teilweise nicht nur sofort die Unterstützung der Bevölkerung fanden, sondern sogar bejubelt wurden, scheint kein Zufall gewesen zu sein. So manchem Beobachter, wie etwa dem amerikanischen Journalisten Jack Belden (1910–1989) von der Zeitschrift »Life«, der den Einzug amerikanischer Truppen in Orten wie San Giuseppe Jato (PA) und Giacalone (PA) miterlebt hatte, schienen diese Freudenfeiern bewusst inszeniert und die Bevölkerung instruiert worden zu sein.[2] Wer den Befreiern eine helfende Hand gereicht haben könnte, lässt das Beispiel der kleinen Kommune Villalba in der Provinz Caltanissetta erahnen: Nachdem dort am 20. Juli die ersten drei amerikanischen Panzer eintroffen waren, rief die jubelnde Menschenmenge, als der lokale Mafiaboss Calogero Vizzini erschien: »Viva l'America, viva la mafia, viva Don Calò«![3]

Der Operation »Husky« ging eine intensive Vorarbeit seitens der amerikanischen und britischen Geheimdienste voraus.[4] Diese trugen nicht nur eine Fülle von Informationen über Sizilien zusammen, sondern bemühten sich auch um Kontakte zu Einheimischen vor Ort sowie zu sizilianischen Einwanderern in den USA. In diesem Kontext fällt immer wieder der Name des New Yorker Mafiabosses Lucky Luciano (1897–1962). Bei Luciano, der mit bürgerlichem Namen Salvatore Lucania hieß, handelte es sich damals um den Anführer der amerikanischen Cosa Nostra.

Mit Luciano hatte der amerikanische Marine-Geheimdienst bereits einige Jahre vor der Landung in Sizilien gute Erfahrungen gemacht, und zwar im Rahmen der Operation »Underworld«[5], als es um die Sicherung des New Yorker Hafens ging. Dort hatte es zwischen Dezember 1941 und Februar 1942 zahlreiche deutsche Anschläge auf amerikanische U-Boote gegeben. Angeblich soll die Cosa Nostra die Nazi-Sabotageakte ermöglicht haben, wozu sie dank ihres Einflusses auf die hauptsächlich italienischen Hafenarbeiter auch sicher in der Lage gewesen wäre. Den spektakulärsten Anschlag – nämlich den vom 11. Februar 1942 auf den französischen Luxus-Überseedampfer »Normandie«, der gerade zu einem Kriegsschiff umgebaut wurde – soll die Cosa Nostra sogar selbst durchgeführt haben. Angeblich legte Albert Anastasia (1902–1957) die Bombe, und zwar im Auftrag von Lucianos Jugendfreund Meyer Lansky (1902–1983). Hinter den Attacken soll die Idee gestanden haben, die amerikanischen Behörden zum Verhandeln mit der Cosa Nostra zu zwingen und die Haftentlassung des seit 1936 im Gefängnis sitzenden Luciano zu bewirken. Die Strategie der Cosa Nostra scheint erfolgreich gewesen zu sein: Nach dem Anschlag auf die »Normandie« startete der Marine-Geheimdienst die Operation »Underworld«, um mit Hilfe von Kriminellen den Hafen von New York sicherer zu machen. Dabei kam es zu Gesprächen zwischen Mitgliedern des Geheimdienstes, so dem stellvertretenden New Yorker Staatsanwalt Murray Irwin Gurfein (1907–1979), verschiedenen Mafiosi, Lucianos Anwalt Moses Polakoff (1896–1993) und wohl auch Luciano selbst. Nach diesen Gesprächen hörten die Anschläge plötzlich auf. Die Operation hatte sich also für die amerikanischen Behörden gelohnt – aber auch für die Mafia, da Luciano zumindest in ein ihm genehmeres Gefängnis mit einer bequemen Zelle verlegt wurde und viele Mafiosi in den Genuss einer Amnestie kamen. Während der Operation »Underworld« erhielt der Staat New York 1942 für die 29 kritischen Tage einen provisorischen Gouverneur, nämlich den italienischstämmigen Charles Poletti (1903–2002), von dem gemunkelt wird, er sei ein Geheimdienstmann gewesen, dazu abgeordnet, die »Schmutzarbeit« zu machen und die Amnestien für die Verbrecher zu unterzeichnen.

Da die Zusammenarbeit mit der Mafia so gut gelungen war, wurden Lucianos Dienste gegen Ende des Jahres 1942 erneut nachgefragt, als das Pentagon und der neu gegründete Geheimdienst Office of Strategic Services (OSS) – der Vorgänger der Central Intelligence Agency (CIA) – Strategien für die Landung in Sizilien zu entwickeln begannen.[6] Zu diesem Zweck wurde innerhalb des OSS eine von James Jesus Angleton (1917–1987) und Earl Brennan geleitete »Sektion Italien« ins Leben gerufen, die den Plan »Corvo« entwickelte, benannt nach dem jungen, aus Sizilien stammenden Agenten Max Biagio Corvo (1920–1994). Dieser Plan ging davon aus, dass in Sizilien Unmut über die Faschisten herrsche. Weiter war man davon überzeugt, dass es Personen gebe, die diesen Unmut kanalisieren könnten. Zu diesem Personenkreis rechnete

2 Von den revolutionären Squadre zu den Corleonesern

man in erster Linie die Mafia, die im Faschismus keineswegs zerschlagen worden war, wie dem Geheimdienst sehr wohl bewusst war. Deren mächtigster Vertreter vor Ort, Calogero Vizzini, wartete nur darauf, etwas gegen die »Schwarzhemden« unternehmen zu können. Dem Geheimdienst war weiter klar, dass man niemals ohne einen Garanten, der ein gutes Wort für einen einlegen würde, mit Vizzini »ins Geschäft« kommen könnte. Wer hätte sich dafür besser geeignet als der New Yorker Mafiaboss Luciano, der auch den sizilianischen Mafiosi wohl bekannt war? In jedem Fall soll es in der Folge Gespräche zwischen Luciano und dem Staatsanwalt Murray Gurfein gegeben haben, der Luciano bereits von der Operation »Underworld« her gut kannte. Es gibt zahlreiche Indizien, dass Luciano den Amerikanern tatsächlich bei der Landung in Sizilien geholfen hat, so beispielsweise die vielzitierten gelben Taschentücher mit dem großen schwarzen »L« (für »Lucky« oder »Luciano«), eine Art Erkennungszeichen, das sowohl von sizilianischen Mafiosi als auch von amerikanischen Geheimdienstagenten verwendet wurde. Angeblich dienten diese Taschentücher als Erkennungszeichen für Agenten, die vor der alliierten Landung mit Fallschirmen in Sizilien abgesprungen waren. Die Amerikaner sollen auf die Tüchlein ferner zurückgegriffen haben, um anzukündigen, dass sie nun bald eintreffen würden bzw. mit einem ranghohen Mafioso zu sprechen wünschten. Die Mafiosi hingegen sollen die Taschentücher benutzt zu haben, um den amerikanischen Truppen zu signalisieren, wann »die Luft rein« war und sie in ein Dorf einmarschieren konnten. So berichtete der Zeitzeuge Michele Pantaleone (1911–2002), die amerikanischen Soldaten, die zur Befreiung seines Heimatorts Villalba eintrafen, hätten besagte Taschentücher bei sich getragen. Ein weiterer Hinweis, dass sich die Amerikaner Lucianos Hilfe bei der Befreiung Italiens bedienten, ist die Tatsache, dass sich in den frühen 1940er-Jahren zahlreiche von Lucianos amerikanischen Mafiosi kurzfristig in Italien aufhielten, darunter so bekannte Figuren wie Joe Adonis (1902–1971), Albert Anastasia, Nick Gentile (1885–1976), Vito Genovese (1897–1969), Vincent Mangano (1888–1951) und Joe Profaci (1897–1962). Es ist recht unwahrscheinlich, dass sie alle gerade in dieser kritischen Zeit zufällig einen kurzen »Urlaub« im Land ihrer Väter machten. Nach der Beendigung des Zweiten Weltkrieges zeigte sich der amerikanische Staat jedenfalls gegenüber

»seinen« Mafiosi dankbar, wenn er sie auch als »unerwünschte Personen« aus dem Land wies: Einer ganzen Reihe von kriminellen Italienern – ungefähr 65 Personen – wurde aufgrund »patriotischer Verdienste« ihre Gefängnisstrafen erlassen. Zu ihnen zählte selbstverständlich auch Lucky Luciano, der im Jahr 1946 begnadigt wurde, wodurch er ungefähr zwei Drittel seiner Strafe nicht weiter absitzen musste.

Nach der Eroberung wurde Sizilien in der Zeit von Juli 1943 bis zum Februar 1944 von einer Militärregierung verwaltet, dem Allied Military Government of Occupied Territories (AMGOT).[7] Die oberste Verantwortung lag bei einem Militärgouverneur, dem englischen General Harold R.L.G. Alexander (1891–1969). Verwaltungschef war der ebenfalls britische Generalmajor Lord Francis Rennell Rodd (1895–1978), der von zwei für Zivilangelegenheiten zuständigen Beamten unterstützt wurde. Für das amerikanisch kontrollierte Westsizilien war dies der amerikanische Colonel Charles Poletti, für das britisch überwachte Ostsizilien der Captain C.E. Benson. Eine Schlüsselrolle in der AMGOT nahm Poletti ein, genau derselbe Mann, der bereits bei der New Yorker Operation »Underworld« eine so wichtige Rolle gespielt hatte. Nicht selten wird Poletti deshalb als amerikanischer »Gouverneur Siziliens« bezeichnet. Viele Mafiosi kannte Poletti persönlich recht gut. Einer davon, Lucky Lucianos »rechte Hand« Vito Genovese, diente Poletti – wenn auch unter falschem Namen – als »Dolmetscher«, obwohl Poletti selbst gut Italienisch sprach und keinen Übersetzer gebraucht hätte.

Die AMGOT verfolgte das Ziel, die Lage im besetzten Gebiet ruhig zu halten, und zwar mit möglichst geringem Aufwand. Das wichtigste Anliegen der Alliierten war schließlich die Befreiung des übrigen Europa vom Faschismus. Zu den Hauptaufgaben zählten die Aufrechterhaltung der Ordnung, die Sicherung der Nahrungsmittelversorgung sowie die Verhinderung von Epidemien. Die öffentliche Ordnung war einigermaßen in Gefahr, schließlich waren Hunderte Mafiosi im Sommer 1943 aus der Verbannung zurückgekehrt bzw. aus den Gefängnissen entlassen worden und hatten sofort wieder ihre alten Tätigkeiten aufgenommen. Darüber hinaus hatten sich zahlreiche Brigantenbanden, unter anderem die des berühmten Salvatore Giuliano (1922–1950), gebildet, die mit Entführungen und Überfällen die Insel unsicher machten.

2 Von den revolutionären Squadre zu den Corleonesern

Auch wenn die Amerikaner Sizilien lieber direkt regiert hätten, entschied sich die AMGOT, nachdem die faschistischen Bürgermeister und Präfekten aus ihren Ämtern entfernt worden waren, für das von den Briten präferierte Prinzip der »indirect rule«, mit dem diese in den Kolonien bereits Erfahrung gesammelt hatten. Das war auch billiger – denn im Fall einer Direktregierung hätte man mindestens 2000 Personen neu einstellen müssen. Stattdessen wurde ein Teil der Verwaltungsaufgaben Einheimischen übertragen – wenn auch immer unter Oberaufsicht der AMGOT. Als es um die Besetzung von Posten in der Administration ging, fragte man Personen mit gesellschaftlichem Einfluss wie etwa Aristokraten und Kleriker um Rat. Selbstverständlich wurde aber auch die Meinung von eigenen Experten eingeholt, wie dem ehemaligen amerikanischen Vizekonsul in Palermo Captain William E. Scotten (1904–1958). Von ihm wollte die AMGOT wissen, wie mit der Mafia umzugehen sei. Scotten empfahl in seinem Bericht, es gebe drei mögliche Vorgehensweisen: erstens die Bekämpfung der Mafia und damit das Schaffen einer völlig neuen Situation; zweitens das Verhandeln mit den Mafiabossen, sodass sie zumindest die Amerikaner bei der Verwaltung der Insel nicht weiter stören würden; oder aber drittens das Aufgeben jeden Versuchs, die Mafia zu kontrollieren. Scotten empfahl die dritte Lösung, da sie die geringsten Kosten verursachen würde. Die Einschätzung Scottens, die sicher von vielen anderen Experten geteilt worden sein dürfte, wurde schließlich befolgt. Der offizielle Ansprechpartner der Militärregierung war aber selbstverständlich nicht die Mafia, sondern die Separatistenorganisation Movimento per l'Indipendenza Siciliana (MIS), was aber faktisch auf dasselbe hinauslief.[8]

Die Ursprünge der Separatistenbewegung dürften vermutlich in der bereits erwähnten Ablehnung des faschistischen Bodenreformgesetzes von 1940 seitens der Großgrundbesitzer gelegen haben. Spätestens ab diesem Zeitpunkt überlegte die Agrarelite, so etwa bei diversen Treffen auf dem Gut Regaliali des bereits erwähnten Grafen Tasca, wie man sich vom Duce befreien und die befürchtete Bedrohung ihrer Hegemonialstellung verhindern könnte. Willige Verbündete fand sie dabei unter ihren »alten Freunden«, den Mafiabossen in Wartestellung sowie den während des Faschismus entmachteten liberalen Politikern. Als sich die Befreiung Siziliens abzeichnete, war für die Agrarelite endlich die Möglichkeit zum Handeln gekommen: Noch während der Kampfhandlungen zwischen den Alliierten und den italo-deutschen Truppen riefen am 25. Juli 1943 der ehemalige Liberalenpolitiker Andrea Finocchiaro Aprile, der Großgrundbesitzer Lucio Tasca Bordonaro und der Mafiaboss Calogero Vizzini ein erstes separatistisches Aktionskomitee ins Leben. Der Grund, warum man auf die separatistische Karte setzte und ein vom italienischen Nationalstaat unabhängiges Sizilien angestrebte, war die Angst vor dem »Wind aus dem Norden«: Man befürchtete, dass nach dem Abzug der Alliierten die politischen Linksparteien, die in Norditalien bereits Anfang der 1920er-Jahre sehr stark gewesen waren und sich durch ihr Engagement im antifaschistischen Widerstand als moralische Sieger fühlen durften, weiteren Zulauf erhalten und die Regierung im neu zu gründenden Staatswesen übernehmen würden. Die Grundbesitzer konnten sich ausrechnen, dass in diesem Fall definitiv eine Agrarreform zugunsten der Bauern anstehen würde, und mit einer solchen Reform wären auch zahlreiche Mafiosi nicht einverstanden gewesen, die zwischenzeitlich selbst zu Grundbesitzern aufgestiegen waren. Dass es den Grundbesitzern in erster Linie um die Beibehaltung des alten Bodenrechts ging, zeigt das Verhalten ihres Anführers, des Grafen Tasca: Dieser verfasste im Oktober 1943 mit seinem »Elogio del Latifondo« (Lobschrift auf das Latifundium)[9] nicht nur ein schwülstiges Traktat über die Vorzüge des sizilianischen Latifundiums, sondern reichte bei der AMGOT auch eine von allen Grundbesitzern unterzeichnete Petition ein, das immer noch gültige Bodenreformgesetz aus dem Jahre 1940 zurückzunehmen. Den liberalen Politikern konnte ein Wahlsieg der Linken natürlich auch nicht recht sein, war doch nach dem bevorstehenden Ende des Faschismus die Macht nun endlich wieder zum Greifen nahe. Es bot sich also für die Allianz aus Agrarelite, Mafia und Liberalen an, für ein autonomes Sizilien zu kämpfen.

Aus diesem Grund begann man sofort nach der Landung der Alliierten damit, für die separatistische Idee zu werben. Bereits am 12. Juni 1943 wurde in Palermo ein »Appello al Popolo di Sicilia« (Appell an die sizilianische Bevölkerung) verteilt und später ein Manifest der »Nationalen Wiedergeburt Siziliens«. Die Separatisten beschränkten sich nicht auf das Verteilen von Propagandamaterial, sondern führten auch zahlreiche Veranstaltungen auf der ganzen Insel durch. Sie hatten dabei

2 Von den revolutionären Squadre zu den Corleonesern

den Vorteil, dass ihr »Aushängeschild«, Andrea Finocchiaro Aprile, rhetorisch äußerst geschickt war. Der ambitionierte Finocchiaro Aprile, der sich jetzt endlich profilieren konnte und bald in der Öffentlichkeit als *der* Führer der Bewegung galt, hielt auf den Piazzen flammende Reden. Dabei wetterte er gegen die Jahrhunderte lange Ausbeutung Siziliens und behauptete, der Faschismus sei der letzte Ausdruck der kolonialen Unterdrückung durch den Norden und die sizilianische Bevölkerung müsse endlich ihr Schicksal selbst in die Hand nehmen dürfen. Damit scheint Finocchiaro Aprile bei vielen Sizilianern – vor allem bei Universitätsstudenten – einen Nerv getroffen zu haben, denn immer mehr Personen der unterschiedlichsten politischen Orientierungen – von extrem links bis extrem rechts – begannen, sich im MIS zu engagieren. Auch wenn hinter der Bewegung letztendlich die Agrarelite – flankiert von der Mafia – stand, so hielt sich Letztere doch aus taktischen Gründen im Hintergrund. Aber alle bedeutenden Mafiosi traten der Separatistenorganisation offen bei, so neben Calogero Vizzini beispielsweise auch Michele Navarra (1905–1958) aus Corleone (PA), Giuseppe Genco Russo (1893–1976) aus Mussomeli (CL), Paolino Bontate (»Don Paolino Bontà«, 1914–1974), Giuseppe (Pippo) Calò (geb. 1931) und Gaetano (Tanu) Filippone aus Palermo sowie der zu Filippones Cosca von der Porta Nuova gehörende und damals noch blutjunge Tommaso Buscetta (1928–2000). Die Mafiosi gehörten innerhalb der Bewegung zum proamerikanischen Flügel – schließlich hatten die Amerikaner gerade die Macht in der Hand und man wollte sich gut mit ihnen stellen. Konkret forderten die Mafiaseparatisten ein unter amerikanischem Protektorat stehendes unabhängiges Sizilien und gründeten – unter Führung von Vizzini – ein Movimento per la Quarantanovesima Stella (Bewegung für den 49. Stern). Die Gruppe hatte sogar ein eigenes Symbol, eine amerikanische Flagge mit der sizilianischen Trinakria in der Mitte.

Da die Separatisten als erste politische Kraft nach der Befreiung vom Faschismus öffentlich als die Sprecher der Bevölkerung auftraten, boten sie sich der AMGOT-Regierung als Gesprächspartner geradezu an. Dieser dürfte dies gar nicht so unliebsam gewesen sein, hatte man doch schon während der Besatzung Bekanntschaft geschlossen mit einigen Personen, die nun als Separatisten auftraten. Eine Zusammenarbeit mit den Separatisten ließ sich auch nach außen hin gut verkaufen, schließlich behaupteten diese, die demokratischen Kräfte zu vertreten und im Faschismus verfolgt gewesen zu sein. Bedenkt man, wie viele Mafiosi in der Verbannung bzw. im Gefängnis gewesen waren, war das Argument in gewisser Weise auch nicht völlig verfehlt. Die wirklich antifaschistischen Parteien waren in Sizilien außerordentlich schwach, weshalb sie – anders als in Norditalien – als Sprachrohr der Bevölkerung nicht berücksichtigt werden mussten. Außerdem hatte die AMGOT ein Parteienverbot erlassen: Einerseits, weil sie Verwaltung und Politik streng getrennt halten wollte, andererseits, weil ihnen einige der im Untergrund aktiven Parteien wie die Sozialisten und Kommunisten ohnehin suspekt waren. In jedem Fall hievte die AMGOT nun auf Empfehlung der Separatisten äußerst problematische Figuren in die wichtigsten Verwaltungspositionen und ernannte sie zu Präfekten und Bürgermeistern. In den meisten Fällen – die Rede ist von rund 80 % aller westsizilianischen Kommunen – avancierten allseits bekannte Mafiosi oder ihr eng verbundene Personen aus der Oberschicht zu Bürgermeistern. Zu ihnen zählte der Führer der Großgrundbesitzer, Graf Lucio Tasca Bordonaro – und das, obwohl er im Faschismus opportunistische Kontakte zum Regime gepflegt hatte und damit kaum als Antifaschist durchgehen konnte. Tasca wurde im September 1944 Bürgermeister von Palermo, der größten und bedeutendsten Stadt der Insel. Auch der mit Abstand mächtigste Mafiaboss ganz Siziliens, Calogero Vizzini, wurde mit einem Bürgermeisteramt geehrt und zum Dorfoberhaupt von Villalba (CL) ernannt. Weitere Mafiosi auf Bürgermeisterposten waren Giuseppe Genco Russo aus Mussomeli, der in der Mafiahierarchie nur knapp unter Vizzini angesiedelt war, Antonio Affronti (Misilmeri, PA), Serafino Di Peri (Bolognetta, PA), Giuseppe Giudice und Vincenzo Landolina (Misilmeri, CL) sowie Peppino Scarlata (Lercara, PA). Separatistische Mafiosi erhielten aber nicht nur Bürgermeisterämter und Posten in der Verwaltung, sondern auch sehr lukrative Aufgaben wie etwa die Verteilung von Hilfsgütern und Lebensmittel an die Bevölkerung, die Organisation von Transportdiensten oder die Organisation der Getreidesammelstellen, an welche die Bauern ihren Weizen zu niedrigen Preisen abgeben mussten. Der AMGOT war klar, dass diese Aufgaben nur von der Mafia effizient zu bewältigen waren. In jedem Fall übergab die AMGOT an Vizzini die Organisation der Beschlagnahmung von Weizen und an den Mafiaboss

2 Von den revolutionären Squadre zu den Corleonesern

von Corleone (PA), Michele Navarra – der die Erlaubnis hatte, sich liegen gebliebener Militärfahrzeuge zu bedienen – die Organisation von Transporten. Dass sich hier enorme Bereicherungsmöglichkeiten ergaben, liegt auf der Hand. Gerade der nun immer stärker blühende Schwarzmarkt bot den Mafiosi, nicht selten in Kollaboration mit amerikanischem Militärpersonal, eine hervorragende Verdienstquelle. Folglich beobachtete der ehemalige Vizekonsul Scotten auch, dass die Bevölkerung der Meinung war, die amerikanischen Offiziere steckten mit der Mafia »unter einer Decke«.

Ein Bericht des Carabinieri-Generals Amadeo Branca aus dem Jahr 1946 zeigt, dass es der Mafia nur drei Jahre nach der Landung der Alliierten gelungen war, die alten Verhältnisse wiederherzustellen. Die mafiosen Familien in den Provinzen Palermo, Trapani, Caltanissetta, Enna und Agrigent hatten sich nach kürzester Zeit perfekt reorganisiert. Die Alliierten verschlossen vor dieser Situation ganz bewusst die Augen. Es wurden zwar einige Polizeimaßnahmen durchgeführt, die Justiz griff aber nicht wirklich durch. Es war wieder die Situation wie vor dem Faschismus eingekehrt – damit haben die Amerikaner ganz beträchtlich zum Wiederaufbau der im Faschismus geschwächten Mafia beigetragen.

Am 11. Februar 1944 legten die Alliierten die Verwaltung Siziliens in die Hände einer italienischen Übergangsregierung, die zunächst aus fünf im Comitato di Liberazione Nazionale (Komitee zur nationalen Befreiung, CLN) zusammengeschlossenen Parteien bestand: dem kommunistischen PCI, dem sozialistischen PSI, dem liberalsozialistischen PDA, dem liberalen PLI und der aus dem PPI hervorgegangenen Democrazia Cristiana (DC).[10] Darüber waren die Separatisten alles andere als glücklich, hatten sie sich doch eine unabhängige Republik Sizilien gewünscht. Aber keine der Parteien[11] der Übergangsregierung hatte Interesse an einem unabhängigen Sizilien. Der von der Übergangsregierung ernannte Hochkommissar[12] Salvatore Aldisio (1890–1964) – zugleich Chef der sizilianischen Christdemokraten – ergriff sofort entsprechende Maßnahmen: Er ließ Separatistenführer wie Finocchiaro Aprile verhaften und wies die Präfekten an, Bürgermeister, die nicht einer der CLN-Parteien angehörten, aus ihren Ämtern zu entfernen. Daraufhin verloren viele von der AMGOT ernannte Bürgermeister ihre Posten, so etwa Graf Tasca in Palermo oder Calogero Vizzini in Villalba.

Außerdem einigte man sich darauf, Sizilien eine begrenzte Regionalautonomie zu gewähren – und zwar mit dem Ziel, den Separatisten auf diese Weise »den Wind aus den Segeln« zu nehmen.[13] Zu diesem Zweck ernannte die Übergangsregierung eine Consulta, einen Rat, der sogleich ein entsprechendes Statut formulierte. Dieses wurde am 4. April 1946 verabschiedet und trat am 15. Mai 1946 in Kraft. Damit wurde Sizilien eine autonome Region, welche auf gesetzgeberischem Gebiet – so etwa in der Landwirtschaftspolitik – über eigene Kompetenzen verfügte. Gegen diese Entwicklung hatten die separatistischen »Hardliner« – also Graf Lucio Tasca, Baron Stefano La Motta und die Herzöge Paternò Castello di Caraci – bis zum Schluss verzweifelt gekämpft. Im Februar 1945 hatten sie sogar mit dem Esercito Volontario per l'Indipendenza Siciliana (Freiwilligenarmee für die sizilianische Unabhängigkeit, EVIS) eine paramilitärische Armee ins Leben gerufen, in die sie Brigantenführer wie Salvatore Giuliano aus Montelepre (PA) und Salvatore Avila aus Niscemi (CL) aufnahmen, die mit ihren Männern Anschläge auf Polizei- und Carabinieri-Stationen durchführten. Diese Bemühungen fruchteten aber nichts, und nach der Verabschiedung des neuen Statuts löste sich die separatistische Bewegung allmählich auf. Für die Mafia war diese Entwicklung nicht überraschend, hatte sie doch ihre amerikanischen »Freunde« bereits vorher informiert, dass sich die Unabhängigkeitshoffnungen zerschlagen würden.

2.5 Von der Agrarmafia zur städtischen Mafia

Die Mafia hat es von Anbeginn überall dort gegeben, wo sie gute Bedingungen vorgefunden hat: In Zentralsizilien, wo absentistische Großgrundbesitzer ihr Land mafiosen Gabellotti überließen; in der Gegend zwischen Agrigent, Enna und Piazza Armerina, wo sich kleine Minenbesitzer mithilfe mafioser Banden bekriegten; und schließlich im grünen Gürtel um Palermo, wo mafiose Clans die Agrumenwirtschaft kontrollierten.[1] Da es durch die Kontrolle der Landwirtschaft am meisten zu verdienen gab, waren die dortigen Clans am mächtigsten. In den Großstädten – zuerst in Palermo und ab den 1920er-Jahren auch in Catania – existierten zwar auch Banden, sie spielten aber verglichen mit den mächtigen Cosche auf dem Land eine untergeordnete Rolle. Diese Situation kehrte sich ab den 1950er-Jahren um, wobei die Ursache hauptsächlich in ökonomischen Veränderungen liegt: In den Städten taten sich nämlich jetzt mit dem »Baugeschäft« sowie dem Zigaretten- und Drogenhandel für die Cosa Nostra neue Geschäftszweige auf, in denen sich deutlich mehr verdienen ließ, als dies auf dem Land vorher möglich gewesen war. Außerdem verschwand der Großgrundbesitz, womit den mafiosen Gabellotti die Existenzgrundlage verloren ging. Die Agrarmafia löste sich deshalb aber keineswegs auf, allerdings musste sie ihre Hegemonialstellung an die städtische Mafia abgeben. Innerhalb der städtischen Clans riefen sowohl Verteilungskämpfe als auch Generationenkonflikte zwischen traditionell um Ausgleich bemühten Altmafiosi und jungen Gangstermafiosi den »ersten Mafiakrieg« hervor. Diese Auseinandersetzung führte zu den ersten bedeutenden Mafiaprozessen seit dem Faschismus und hätte beinahe zur Auflösung der Cosa Nostra geführt.

Dem Landwirtschaftsminister der Übergangsregierung, Fausto Gullo (1887–1974), stellten sich im bereits befreiten Süditalien und in Sizilien zwei Probleme: zum einen die Versorgung der Bevölkerung, zum anderen die katastrophale Situation der Bauern und Landarbeiter, die sich nach der Rückkehr Tausender von Kriegsheimkehrern weiter verschärft hatte.[2] Gullo, ein Kommunist, erließ zwischen Juli und Oktober 1944 verschiedene Dekrete, die Abhilfe schaffen sollten. Das wichtigste war das vom 19. Oktober 1944, nach dem nicht oder nur schlecht bestelltes Land an die Bauern zu fallen hatte und von diesen bewirtschaftet werden durfte. Daraufhin bildete sich eine Bauernbewegung, die auf die Umsetzung der Gullo-Dekrete pochte. Unterstützt wurden die Bauern von den Sozialisten und Kommunisten, deren Funktionäre auf lokaler Ebene nicht nur gewerkschaftliche Camere di Lavoro (Arbeitskammern), sondern mit der Federazione Nazionale fra i Lavoratori della Terra (Nationale Föderation der Landarbeiter, FEDERTERRA) auch einen linken bäuerlichen Genossenschaftsverband ins Leben riefen. Weil sich die Linksparteien an die Spitze der Bauernbewegung gestellt hatten, gewannen sie im Süden, wo sie vorher recht schwach gewesen waren, gewaltig an Terrain. Viele Bauern waren nun auch in Fragen, die sie nicht unmittelbar betrafen, bereit, auf diese Parteien zu hören.

Viele stimmten deshalb beispielsweise – wie von den Linksparteien gewünscht – bei dem Referendum im Mai 1946, bei dem es um die Frage der zukünftigen Staatsform Italiens ging, für die Republik, die mit 54 % einen knappen Sieg über die Monarchie davontrug.[3] Noch deutlicher zeigte sich die neu gewonnene Stärke der Linken bei den ersten sizilianischen Regionalwahlen am 20. April 1947, bei denen die im Blocco del Popolo (Volksblock) zusammengeschlossenen Linksparteien mit 30,4 % die relative Stimmenmehrheit erlangten. Die Christdemokraten hingegen kamen nur auf 20,5 %, während die Liberalen (zusammen mit der nur kurzfristig erfolgreichen rechtsgerichteten Fronte dell'Uomo Qualunque) mit 14,8 %, die Monarchisten mit 9,5 % und die Separatisten mit nur 8,8 % weit abgeschlagen folgten.[4]

Die sizilianischen Regionalwahlen, die als Testwahl für die im nachfolgenden Jahr anstehenden Nationalwahlen galten, führten in verschiedenen Kreisen zu einem heftigen Schock: Den Christdemokraten war bewusst, dass die Stimmen des Südens entscheiden würden, welche Partei regieren würde. Im Norden mit den traditionellen Hochburgen der Kommunisten und Sozialisten, die zudem als Hauptträger des antifaschistischen Widerstands gegen die verhassten Deutschen weitere Sympathiepunkte bei der Bevölkerung gesammelt hatten, standen ihre Chancen schlecht. Auch die sizilianische Agrarelite und die mit ihr verbundenen mafiosen Großpächter, die sich sofort nach der Landung der Alliierten wieder die Kontrolle über die immer noch »Feudi« (Lehen) genannten Güter der Latifundienbesitzer verschafft hatten, waren entsetzt, stand doch bei einer Machtübernahme der Linken eine Enteignung des Großgrundbesitzes an, was mit den Gullo-Dekreten ja bereits eingeleitet worden war. Auch die Amerikaner erschraken, schließlich war ihnen bei der Krim-Konferenz im Februar 1945 in Jalta – in der die Siegermächte Europa in eine westliche und eine östliche Einflusssphäre aufgeteilt hatten – Italien zugefallen. Für sie stand fest, dass die »Linken« in Italien auf gar keinen Fall die Macht übernehmen durften.

Ihnen allen war daran gelegen, die sizilianischen Bauern zur Räson zu bringen. Diese Aufgabe fiel selbstverständlich der Mafia zu, die von Anfang gegen die linken Bauernführer vorgegangen war und Anschläge[5] verübt hatte, so beispielsweise am 16. September 1944 in Villalba (CL) auf Girolamo Li Causi (1898–1977), den kommunistischen

2 Von den revolutionären Squadre zu den Corleonesern

Regionalsekretär. Einige auf der lokalen Ebene tätige Kommunisten wie Santi Milisenna (†27.5.1944) und Andrea Raina (†6.8.1944) oder den Gewerkschaftsführer Nunzio Passafiume (†7.6.1945) hatten sie sogar umgebracht. Im entscheidenden Zeitraum zwischen 1947 und 1948 dann – also nach den sizilianischen Regionalwahlen und vor den Nationalwahlen – begnügte sich die Mafia nicht nur mit zahlreichen Anschlägen auf Büros von Kommunisten und Gewerkschaften, etwa in der Provinz Palermo in Partinico, Cinisi, San Giuseppe Jato, Borgetto und Monreale; sie richtete auch eine blutige »Mattanza« (Siz. Gemetzel) an, bei der fast 50 Politiker und Gewerkschafter getötet wurden! Durch die Ermordung von Bauernführern wie Placido Rizzotto (†10.3.1948), Epifanio Li Puma (†2.3.1948) oder Calogero Cangelosi (†1.1.1948) wurde die Linke nicht nur ihrer wichtigsten Führungspersönlichkeiten beraubt, sondern insgesamt stark geschwächt.

Ein Vorfall in dem dramatischen Jahr 1947 verdient wegen seiner besonderen Qualität ausführlichere Erwähnung, nämlich das Attentat an der Portella della Ginestra[6], einem Talkessel zwischen den Städtchen Piana degli Albanesi und San Giuseppe Jato im Hinterland von Palermo. Dort waren ca. 2000 Menschen aus Bauern- und Landarbeiterfamilien zusammengekommen, um friedlich bei der 1. Mai-Kundgebung den Sieg des linken Aktionsbündnisses bei den Regionalwahlen zu feiern. Als der erste Festredner zu sprechen ansetzte, wurde plötzlich in die Menge geschossen, wobei elf Menschen – darunter Frauen und Kinder – den Tod fanden und 56 Personen verletzt wurden. Weitere starben an den Spätfolgen ihrer Verletzungen bzw. wurden invalide. Das Massaker wurde sofort der Brigantenbande von Salvatore Giuliano »angehängt«. Schließlich galt der »König von Montelepre«, der mit seiner Bande Anschläge auf zahlreiche Parteibüros der Linksparteien verübt hatte, als ausgesprochener Antikommunist. Aufgrund von Augenzeugenberichten war aber sofort klar, dass an dem Massaker nicht nur Giulianos Bande beteiligt gewesen sein konnte: Es war nicht nur von der Stelle aus geschossen worden, an der Giuliano und seine Männer deutlich sichtbar gestanden hatten, sondern auch noch von zwei weiteren, verborgenen Punkten aus. Außerdem waren Spezialwaffen verwendet worden, wie sie normalerweise die X^{a}Mas, eine Spezialeinheit der faschistischen Marine, benutzte und über die die Brigantenbande nicht verfügte. Bald machte das Gerücht die Runde, dass Giuliano nicht aus eigenem Antrieb, sondern im Auftrag Dritter gehandelt habe. Während des Prozesses in Viterbo (1952) gegen die Bande Giulianos erklärte dessen Cousin Gaspare Pisciotta (1924–1954), das Attentat sei von dem christdemokratischen Innenminister Mario Scelba (1901–1991), dessen Parteifreund Bernardo Mattarella (1905–1971) sowie den Monarchisten Tommaso Leone Marchesano (1893–1968), Giacomo Cusumano Geloso (1921–1953) und Giovanni Alliata, Fürst von Montereale (1921–1994), initiiert worden. Die Wahrheit kam nie heraus, auch weil viele derjenigen, die die Wahrheit kannten, auf äußerst mysteriöse Weise den Tod fanden.[7] Richtige Untersuchungen fanden nie statt und Dokumente, die Aufschluss über das Geschehen hätten geben können, verschwanden – sogar aus Staatsarchiven![8] Kein Wunder also, dass viele glauben, bei dem Attentat an der Portella della Ginestra habe es sich um ein Staatsattentat gehandelt, durch das ein Bürgerkrieg hätte provoziert werden sollen, der die Einsetzung einer autoritären Regierung oder zumindest ein Verbot der kommunistischen Partei gerechtfertigt hätte.[9]

Ähnliche Vorfälle wie den an der Portella della Ginestra sollte es in der italienischen Republik später noch oft geben, wobei stets die CIA-gesteuerte paramilitärische Geheimarmee Gladio[10] die Finger im Spiel hatte – wie wohl auch bei dem Vorfall an der Portella della Ginestra. In jedem Fall scheinen amerikanische Geheimagenten, Neofaschisten wie die Gruppe Fronte Antibolscevico (Antibolschewistische Front) und die Mafia bei dem Attentat an der Portella della Ginestra beteiligt gewesen zu sein; manche der Personen, die im Zusammenhang mit dem Attentat als Auftraggeber genannt wurden, tauchen später bei anderen Staatsattentaten bzw. Putschversuchen erneut auf, wie beispielsweise der Fürst Alliata Di Montereale.[11] Aber nicht nur das Massaker an der Portella della Ginestra blieb unaufgeklärt, sondern auch die Ermittlungen über die Morde an den Bauernführern verliefen im Sande. In den wenigen Fällen, in denen es tatsächlich zu einem Prozess kam, endete dieser für die Täter stets mit Freisprüchen, wurden doch Zeugen notfalls umgebracht, wie etwa der dreizehnjährige Schafhirte Giuseppe Letizia (1935–1948): Der Junge hatte am 10. März 1948 den Mord an dem Corleoneser Bauernführer Placido Rizzotto beobachtet und rannte verstört in sein Dorf zurück, wo er erzählte, was er gesehen hatte. Der schockierte

Teenager wurde daraufhin im Corleoner Krankenhaus von Doktor Michele Navarra, der nicht nur Arzt, sondern auch der lokale Mafiaboss war, mit einer Spritze »behandelt« – was der junge Giuseppe nicht überlebte ...

Dass die Straftaten gegenüber den Linken unaufgeklärt blieben, war alles andere als Zufall: Spätestens im Mai 1947 hatte sich nämlich der politische Wind gedreht, als der christdemokratische Ministerpräsident Alcide De Gasperi (1881–1954) auf Druck der Amerikaner die Linksparteien aus der Regierung warf und nur mehr zusammen mit Rechtsparteien regierte. In dieser Zeit setzte unter seinem Innenminister Mario Scelba nicht nur in Sizilien, sondern in ganz Italien eine wahre Hetzjagd auf ehemalige Partisanen, Kommunisten und Sozialisten ein, wozu sich Scelba ganz ungeniert der Sicherheitskräfte bediente.[12] Für die sizilianischen Bauern, die ohnehin aufgrund der mafiosen Mordwelle viele ihrer Anführer verloren hatten, bedeutete dies, dass sie von den Carabinieri nicht nur ständig an Landbesetzungen gehindert wurden, sondern auch noch verhaftet und am Ende von den Gerichten unter fadenscheinigen Vorwänden zu teilweise beträchtlichen Gefängnisstrafen verurteilt wurden.[13]

Schließlich hatten in Sizilien die Angstkampagnen und Repressalien Erfolg und die Linksparteien erlitten bei den Nationalwahlen im April 1948 gewaltige Stimmverluste, während die Christdemokraten enormen Zuwachs verzeichnen konnten: Letztere erreichten 47,9 % der Stimmen auf der Insel, was im Vergleich zu den vorangegangenen sizilianischen Regionalwahlen mehr als eine Verdoppelung darstellte. Die im Wahlbündnis Fronte Democratico Popolare (Demokratischer Volksblock) angetretenen Linksparteien hingegen büßten 10 % ein und kamen lediglich auf 20,9 % der Stimmen.[14] Damit konnten die Christdemokraten, die bei diesen Wahlen den größten Wahlerfolg ihrer Geschichte einfuhren und in ganz Italien mit 48 % die absolute Mehrheit nur knapp verfehlten, die Regierung übernehmen, an der sie bis zum Zusammenbruch des alten Parteiensystems im Jahre 1994 stets maßgeblich beteiligt bleiben sollten.

Auch wenn sie geschwächt waren, gaben die Linksparteien nicht auf, und die Bauernunruhen im Süden setzten sich weiter fort. Am 29. Oktober 1949 erreichten sie einen Höhepunkt, als Polizisten bei einer

Auseinandersetzung mit Bauern in dem kalabresischen Dorf Melissa in der Provinz Crotone drei Menschen töteten, wodurch es im ganzen Land zu einem Aufschrei kam.[15] Nun forderten auch viele Norditaliener, denen linke Intellektuelle – wie die Regisseure Vittorio De Sica (1901–1974), Luchino Visconti (1906–1976) und Pier Paolo Pasolini (1902–1975) sowie Schriftsteller wie Salvatore Quasimodo (1901–1968), Alberto Moravia (1907–1990) und Carlo Levi (1902–1975) – die Misere des Südens vor Augen geführt hatten, dass endlich etwas geschehen müsse. Aufgrund des gesellschaftlichen Drucks, aber vielleicht noch mehr aufgrund der Einsicht, dass sie die Bauern irgendwie für sich gewinnen müßten, beschloss die Regierung eine Agrarreform[16] und verabschiedete im Jahr 1950 gleich zwei Agrargesetze: nämlich das nur Kalabrien betreffende »Sila-Gesetz« sowie das »Stralcio-Gesetz«, das noch im gleichen Jahr von der Region Sizilien umgesetzt wurde. Dieses Gesetz sah vor, Grundbesitz über 300 ha gegen Schadensersatzzahlungen zu enteignen und in kleinen Parzellen an die Bauern zu verteilen. Zuständig für die Umsetzung des Gesetzes war die dem Landwirtschaftministerium unterstellte Ente per la Riforma Agraria in Sicilia (Landreformbehörde für Sizilien, ERAS), die die Bauern auch mit technischen und finanziellen Hilfen unterstützen sollte. Um die Agrarelite nicht verärgern, nahm die Landreformbehörde ihre Arbeit erst im Jahre 1955 auf und gab somit den Großgrundbesitzern genug Zeit, ihr Land zu verkaufen. Auch die Mafia ging nicht leer aus: Bosse vom Kaliber eines Genco Russo oder eines Vanni Sacco wurden als »Landwirtschaftsexperten« zu offiziellen Beratern der ERAS ernannt und konnten so ihre »Schäfchen ins Trockene« bringen. Darüber hinaus erhielten zahlreiche mafiose Feldhüter durch Pöstchen in der mit circa 2000 Beschäftigten riesigen Landreformbehörde ein Auskommen. Auch wenn die Agrarreform nicht wie eigentlich gesetzlich vorgesehen durchgeführt wurde, sondern im Sinne der Großgrundbesitzer und Mafia »berichtigt« worden war, erfüllte sich dennoch für zahlreiche Bauern der Traum vom eigenen Grund und Boden. Dennoch schafften es viele Bauern nicht zu überleben, da sie eine zu geringe Fläche oder nur schlechtes Land bekommen hatten und deshalb gezwungen waren, ihr Dorf zu verlassen, um sich in den süditalienischen Metropolen, den Industriestädten Norditaliens oder den Ländern Mittel- und Nordeuropas eine Beschäftigung zu suchen. Obwohl die Agrarreform letztlich ein Flop war, stellte sie für die Regierung aber einen Erfolg dar: Sie hatte die Bauernunruhen zum Stillstand gebracht und viele Bauern auf ihre Seite gezogen, da die Landreformbehörde bevorzugt solchen Bauern Land zugewiesen hatte, die Mitglieder im christdemokratischen Bauernverband Confederazione Nazionale dei Coltivatori Diretti (COLDIRETTI) waren. Für die Mafia hatte die Agrarreform ebenfalls weitreichende Folgen: Durch die Auflösung der Latifundien reduzierten sich ihre Einnahmequellen und es verschwand die Figur des parasitären Gabellotto.

Dafür taten sich – wie oben erwähnt – als Ergebnis politischer Entscheidungen neue Erwerbschancen auf, von denen hauptsächlich die städtische Mafia profitierte: Die Regierung hatte nämlich beschlossen, den unterentwickelten Süden zu modernisieren, um ihn dem wohlhabenderen Norden anzugleichen, und am 10. August 1950 mit der Cassa per il Mezzogiorno (Südkasse)[17] eine Körperschaft des öffentlichen Rechts ins Leben gerufen, die im Mezzogiorno Infrastrukturprojekte finanzieren und die Industrialisierung anstoßen sollte. Daraufhin flossen enorme Finanzmittel in den Süden – über 150 Billionen Lire –, mit deren Hilfe zahlreiche Straßen, Schulen, Sozialwohnungskomplexe, Krankenhäuser, Staudämme etc. gebaut und außerdem eine Reihe von Industriegebieten realisiert wurden. Die Mafia erkannte sofort, dass im Baugeschäft die Zukunft lag, weshalb dies nun ihr »Lieblingssektor« wurde.[18] Die Bauwirtschaft florierte aber nicht nur dank der Südkasse, sondern es fand zeitgleich auch ein privater Bauboom statt. Viele Menschen, die auf dem Land kein Auskommen mehr fanden, zogen in die Städte, wo sie hofften, im stark expandierenden öffentlichen Sektor eine Beschäftigung zu finden. Der Urbanisierungsschub betraf vor allem die Hauptstadt Palermo, wo die Bevölkerungszahl in wenigen Jahrzehnten um ein Drittel anwuchs. Außerdem wurden 1966 bei einem Erdrutsch in Agrigent, der einen Teil der Altstadt unter sich begrub, und noch mehr 1968 bei einem Erdbeben im Belice-Tal viele Menschen obdachlos.

In der Bauwirtschaft ergaben sich für die Mafia viele lukrative Verdienstmöglichkeiten, so etwa im Bereich der Bauspekulation. Dank ihrer guten Beziehungen zu Politikern wussten die Mafiosi im Voraus, welche landwirtschaftlichen Flächen als Bauland ausgewiesen werden würden, und kauften diese zu lächerlichen Preisen auf, um sie dann – oft für das Dreifache ihres tatsächlichen Wertes – wieder zu verkaufen. Ferner erwarben sie – etwa in der vornehmen Via Libertà von Palermo – historisch wertvolle Gebäude und ersetzten sie durch lukrativere Hochhäuser oder zerstörten die Natur im Umland von Palermo – zum Beispiel die Conca d'Oro –, was als »Sacco di Palermo« (Plünderung von Palermo) in die Geschichte einging. Wegen ihrer Nähe zur organisierten Kriminalität handelten sich viele »Baulöwen« den Ruf von Mafiaunternehmern ein, so etwa in Palermo der Graf Arturo Cassina bzw. die Brüder Girolamo und Salvatore Moncada oder in Catania die »Cavalieri del Lavoro« (Ritter der Arbeit) Carmelo Costanzo (1923–1990), Gaetano Graci (1927–1996), Francesco Finocchiaro (1930–1995) und Mario Renda. Die Mafia arbeitete aber den großen Bauunternehmen nicht nur zu, sondern stieg auch selbst ins Baugeschäft ein: Praktisch jeder Clan legte sich in den 1950er-Jahren eine kleine Baufirma zu, die im Familienbetrieb – meist von Verwandten – gemanagt wurde. Meist handelte es sich um Zulieferfirmen, etwa im Bereich der Erdbewegungsarbeiten oder der Produktion von Baustoffen. Dank ihrer offensichtlichen »Marktvorteile« schlugen die Mafiafirmen ihre Konkurrenz in kürzester Zeit aus dem Feld. In jener Zeit häuften sich Brandanschläge auf nicht-mafiose Baufirmen, die genau so lange andauerten, bis nur noch die Mafiafirmen übriggeblieben waren. Das Startkapital besorgten sich die Mafiosi hauptsächlich durch Entführungen auf dem Festland oder ungesicherte Kredite bei den staatlich kontrollierten Banken, die ihnen ihre politischen Freunde beschafften. Alle Mafiabauunternehmer verdienten damals gut, einige brachten es tatsächlich vom »Tellerwäscher zum Millionär«, wie etwa Francesco (Ciccio) Vassallo, der ursprünglich nur ein mittelloser Fuhrmann gewesen war, sich aber mit dem Instandhaltungsauftrag für die städtische Kanalisation in Palermo eines der lukrativsten Geschäfte überhaupt an Land zog. Genauso erfolgreich war der Mafioso Rosario Spatola (geb. 1938), ein ehemals ambulanter Milchverkäufer, dessen Baufirma es auf 600 Beschäftige brachte. Auch Mafiapolitiker wie der palermitanische Bürgermeister Salvo Lima (1928–1992) und sein Assessor[19] für öffentliche Arbeiten, Vito Ciancimino (1924–2002), stiegen ins Baugeschäft ein, allerdings nicht offen – das hätte ihnen nicht gut zu Gesicht gestanden. Sie bedienten sich der drei mittellosen Pensionäre Salvatore Milazzo, Michele Caggegi und Lorenzo Ferrante, die von den zwischen 1959 und 1964 in Palermo erteilten 4000 Baugenehmigungen mit 2500 den Löwenanteil erhielten!

In dieser Zeit intensivierten sich die Beziehungen zwischen Mafia und Politik.[20] Schließlich kontrollierten die Politiker nicht mehr nur wie früher hauptsächlich den staatlichen Strafverfolgungsapparat, sondern jetzt darüber hinaus auch eine Vielzahl von interessanten Ressourcen – von der Ausweisung von Bauland, Erteilung von Genehmigungen und Lizenzen, Zuteilung öffentlicher Aufträge oder Vergabe von Krediten bis hin zur Kontrolle der Arbeitsplätze im öffentlichen Sektor. Ganz besonders einträglich war die Konzession für die Steuereintreibung, die in Italien lange Zeit an Privatfirmen vergeben wurde. Mit dem privaten »Steuergeschäft« verdienten sich die Cousins Antonino (Nino) Salvo (1929–1986) und Ignazio Salvo (1931–1992), beide »Ehrenmänner« aus dem Städtchen Salemi (TP), eine goldene Nase: Ihrer Firma Sartris wurde eine Provision zugestanden, die mit 10 % weit über dem nationalen Durchschnitt (3,3 %) lag.[21] Dank ihrer Freundschaft zu christdemokratischen Politikern, deren Wahlkämpfe und Kongresse (traditionell abgehalten im familieneigenen Hotel Zagarella in Santa Flavia, PA) sie subventionierten, wurde den Mafia-Cousins nachgesehen, dass sie die Steuern regelmäßig später als vertraglich vereinbart ablieferten.

Wegen der enorm gestiegenen Bedeutung der Politik bemühte sich die Mafia deshalb nun verstärkt auf allen politischen Ebenen – von den Gemeinde- und Stadträten bis hin zum Regional- und Nationalparlament –, nicht nur gute »Freunde« zu finden, sondern auch eigenes Personal zu platzieren. Darüber hinaus begann sie massiv die Verwaltungen – vor allem die riesig gewordene Regionaladministration – zu unterwandern, um dort sowohl Ansprechpartner zu haben als auch Verwandte mit gut bezahlten Beamtenpöstchen zu versorgen. Hatte die Mafia in der unmittelbaren Nachkriegszeit noch mit verschiedenen Parteien wie den Liberalen oder den Monarchisten geliebäugelt, wurde sehr bald die Democrazia Cristiana (DC) ihr bevorzugter Ansprechpartner, was bis Anfang der 1990er-Jahre so bleiben sollte. Wichtige Bosse wie Vincenzo Di Carlo (1911–?) aus Raffadali (AG), Calogero Vizzini aus Villalba (CL), Giuseppe Genco Russo aus Mussomeli (CL), Michele Navarra aus Corleone (PA) und Vincenzo Rimi (TP) (1902–1975) aus Trapani traten dieser Partei nicht nur bei, sondern übernahmen auf lokaler Ebene sogar Parteiämter. Als 1954 in der sizilianischen DC die »jungen Türken« – also der von Giovanni Gioia (1925–1981) als Parteisekretär geführte Parteiflügel der Fanfaniani, dem auch die Mafiapolitiker Lima und Ciancimino angehörten – das Kommando übernahmen, kam es zu einer mafiosen Massen-Eintrittswelle. Über diese Entwicklung waren einige Christdemokraten nicht erfreut, manche stellten sich ihr sogar vehement entgegen; hier ist vor allem der lokale DC-Parteisekretär Pasquale Almerico (1914–1957) von Camporeale (PA) zu nennen, der sich weigerte, den lokalen Mafiaboss Vanni Sacco und dessen Clan in seine Ortsgruppe aufzunehmen – seinen Widerstand musste Almerico mit dem Leben bezahlen.

Auch die Politiker waren an der Mafia interessiert, mussten doch nach wie vor Wählerstimmen organisiert werden. Die Mafia übernahm diese Aufgabe gerne, wobei sie zwar nach wie vor zu Gewalt griff, aber nun »friedlichere« Methoden wie den Wahlstimmenkauf zu bevorzugen begann. Damals konnten sich Mafiosi und Politiker noch ohne die geringsten Probleme in der Öffentlichkeit miteinander zeigen. Politiker ließen sich von Ehrenmännern im Wahlkampf begleiten, trafen sie zu gesellschaftlichen Ereignissen und pflegten insgesamt einen freundschaftlichen Umgang mit ihnen. Freund eines Mafioso zu sein, war nichts, was einen Skandal verursacht hätte, sondern nur ein Zeichen, über Macht zu verfügen. Der Historiker Francesco Renda (1922–2013) bringt die Situation in den 1950er-Jahren folgendermaßen auf den Punkt:

> Alle in Sizilien kennen die Capimafia im Dorf und können mit dem Finger auf sie zeigen: der einfache Bürger, der Carabiniere, der Polizist, der Quästor, der Präfekt, der Richter, der Priester, der Abgeordnete, der Minister bis hin zu den diplomatischen Vertretungen und Konsulaten auf der Insel. Der Mafioso gilt nicht als Gesetzesbrecher, auch wenn alle wissen, dass er sich am Rande der Gesetze bewegt und diese nicht immer einhält. Der Mafioso ist ein freier Bürger, so wie jeder andere auch. Er genießt Bürgerrechte, besitzt eine Waffenlizenz, spaziert mit den Galantuomini des Dorfes und häufig mit dem Kommandanten der Carabinieri, dem er es nicht versäumt, Ratschläge zu geben. Er sitzt häufig im Stadtrat

2 Von den revolutionären Squadre zu den Corleonesern

oder ist Assessor bzw. Bürgermeister. Er frequentiert die Sakristeien, reist im Auto mit Politikern, besucht die Vorzimmer des Nationalparlamentes und der sizilianischen Regionalversammlung und wird in den Kabinetten der Minister und der Assessoren der Regionalregierung respektvoll empfangen.²²

Geradezu berühmt waren die Jagdveranstaltungen, zu denen der Mafiaboss Michele Greco, offiziell ein reicher Grundbesitzer, auf seinem Gut in Ciaculli im Osten von Palermo die Mächtigen der Stadt einlud – und alle kamen: Fürsten und Grafen, Politiker, Richter und Staatsanwälte, sogar Polizeichefs und Carabinieri.²³ Die Mafia war kein Thema mehr und das Wort »Mafia« verschwand aus den Zeitungen und Polizeiberichten. Schließlich war die Kriminalität nach der Zerschlagung von Salvatore Giulianos Brigantenbande deutlich zurückgegangen und auch die Gewalttaten gegen die Bauernführer hatten so gut wie aufgehört. Eine Ausnahme bildete der Bombenanschlag auf die kleine linksgerichtete Tageszeitung L'Ora an der palermitanischen Piazzetta Francesco Napoli im Oktober 1958, bei der die Druckwalzen des Blattes zerstört wurden. Die Zeitung hatte es gewagt, über den Aufstieg des corleonesischen Mafioso Luciano Leggio zu berichten und ein Foto von ihm abzudrucken.²⁴ Aber außer der L'Ora störte sich fast niemand an der Cosa Nostra, nicht einmal die Justiz und Polizei. Nicht wenige waren sogar der Meinung, die Ehrenmänner würden helfen, die Ordnung aufrechtzuerhalten, und für die Christdemokraten stellte die Cosa Nostra ohnehin eine wichtige Stütze ihrer Macht dar. Es wurde nicht erkannt, dass sich in den Städten eine neue Art von Mafia entwickelt hatte, schließlich hielt sich die Kriminalität in Grenzen und beschränkte sich auf kleine Diebstahlsdelikte, Betrügereien und den Schwarzmarkthandel. Selbst Raubüberfälle waren selten und wurden in der Nachkriegszeit sogar noch ganz dilettantisch mit Kutschen ausgeführt!²⁵

Das »Baugeschäft« war indes nicht die einzige Erwerbsquelle der neuen Stadtmafia: Einigen Clans gelang es, sich sehr erfolgreich auf dem Gebiet des Zigarettenschmuggels zu betätigen.²⁶ Hier ist in erster Linie Tommaso Spadaro (1937–2019) zu nennen, der es vom einfachen Schmuggler zum Capo der Mafiafamilie des palermitanischen Stadtteils Kalsa brachte. Weil der »König der Kalsa« dort Hunderten armer Menschen Arbeit im Schmuggel und Schwarzmarkthandel gab, brüstete sich Spadaro sogar damit, der »Agnelli Palermos« zu sein. In ganz großem Rahmen entwickelte sich der Zigarettenschmuggel erst nach der Schließung des Hafens von Tanger (1960), als sich Neapel zum wichtigsten Schmuggelumschlagshafen im Mittelmeer entwickelte. Zur besseren Organisation des »Zigarettengeschäfts« bauten nun dort einige sizilianische Mafiosi wie die Brüder Tommaso und Vincenzo Spadaro, Stefano Bontate (1939–1981) und Antonino Imperiale richtige Operationsbasen auf und vertrieben die bis dahin dominanten Banden aus Marseille. Dies gelang ihnen dank der Unterstützung der lokalen Camorra, mit denen die Mafiosi freundschaftliche Beziehungen etablierten, teilweise dort sogar einheirateten: Bontate verbündete sich beispielsweise mit den Maisto von Giugliano (NA) und die Spadaro mit Doria aus Neapel. Dies war insofern ein Novum, als bis zu diesem Zeitpunkt das Verhältnis zu den kampanischen Kriminellen nie besonders gut gewesen war, denn die Sizilianer hatten die extrovertierten Camorristi stets verachtet. Nun war eine Zusammenarbeit aber durchaus sinnvoll, schließlich brauchten die Mafiosi das lokale Knowhow der Camorristi. Diese wiederum waren auf das Investitionskapital der sizilianischen »Kollegen« angewiesen, da sie im Unterschied zu den begüterten Mafiosi, über keine nennenswerten finanziellen Mittel verfügten. Als Geldgeber hatten daher die sizilianischen Mafiosi das Sagen, während die Neapolitaner die Rolle des bezahlten Handlangers spielten. Das sollte sich erst ändern, als Anfang der 1970er-Jahre Raffaele Cutolos (1941–2021) Nuova Camorra Organizzata auf den Plan trat und der Vorherrschaft der Sizilianer ein Ende bereitete.

Die Mafiosi hatten sich aber inzwischen ohnehin auf das Drogengeschäft verlegt, das sich dank der enorm gestiegenen internationalen Nachfrage – vor allem in der Zeit des Vietnamkriegs und der Hippie-Bewegung – zum lukrativsten Geschäft überhaupt entwickeln sollte.[27] Vor allem die sikuloamerikanische Mafia, die bereits in den 1930er-Jahren mit dem Kokainhandel zu experimentieren begonnen hatte, war unmittelbar nach dem Zweiten Weltkrieg in dieses Geschäft eingestiegen. Eine Vorreiterrolle spielte dabei Lucky Luciano, der sich nach seiner Ausweisung aus den USA im Jahre 1946 von seinem neuen Wohnort Neapel aus dem neuen »Business« widmete. Bereits 1946 berief er im

Hotel Nacional de Cuba in Havanna eine Konferenz ein, an der nicht nur Vertreter der amerikanischen Mafia, sondern auch der jüdischen Kosher Mafia – darunter vor allem Lucianos Busenfreund Meyer Lanski – teilnahmen. Bei diesem Treffen, bei dem die Mafiosi übrigens von dem Sänger Frank Sinatra (1915–1998) unterhalten wurden, kam man überein, Rohopium aus dem Orient nach Europa einzuführen, es in Marseille zu raffinieren, da es dort innerhalb der korsischen Clans entsprechende Experten gab, das Heroin dann in Sizilien zu verpacken und getarnt als Lebensmittel über Kuba auf den amerikanischen Markt zu bringen. Der Plan wurde sogleich in die Tat umgesetzt, wobei die Orientimporte anfangs Probleme bereiteten, weshalb man sich das Rohmaterial zunächst bei einigen norditalienischen Pharmafirmen besorgte. In Sizilien gründeten in dieser Zeit diverse Mafiosi Lebensmittelfabriken, so beispielsweise Lucky Luciano zusammen mit Calogero Vizzini die Süßwarenfabrik »Fabbrica Siciliana Confetti«, Frank Coppola (»Tre Dita«, 1899–1982) eine Fabrik für Gemüsebrühe, Carlo Marcello und Gaetano (Tano) Badalamenti (1923–2004) schließlich jeweils eine Fischkonservenfabrik – allesamt nichts anderes als Deckorganisationen. In die USA eingeführt wurden die sizilianischen »Lebensmittel« von dem sikuloamerikanischen Mafioso Joe Profaci, der in New York die Importfirma »Mamma mia« gegründet hatte. Trotz aller Bemühungen Lucianos blieb der Drogenhandel aber vorläufig noch recht dilettantisch. Der Wendepunkt war das Gipfeltreffen amerikanischer und sizilianischer Mafiosi im Oktober des Jahres 1957 in Palermo.[28] Im luxuriösen Hotel Delle Palme sowie im damals berühmtesten Nobelrestaurant der Stadt, dem Spanò im Stadtteil Romagnolo, wurde gemeinsam der Grundstein für den professionellen Drogenhandel gelegt, der auch wegen der sich auf Kuba abzeichnenden politischen Veränderungen bzw. der Machtübernahme Fidel Castros (1926–2016) notwendig geworden war. So richtig setzte das Drogengeschäft aber erst nach Lucianos Tod 1962 ein: Jetzt emanzipierten sich die Sizilianer von ihren amerikanischen »Kollegen« und übernahmen selbst das Kommando. Ihr großer Stratege war Tano Badalamenti, der Capomafia von Cinisi (PA). Badalamenti hatte bereits zu Lebzeiten Lucianos Erfahrungen als Drogenhändler gesammelt, außerdem kannte er die USA recht gut, weil er einige Jahre bei seinem dorthin ausgewanderten Bruder gelebt hatte.

Badalamentis Idee war, in den USA, dem Hauptabsatzmarkt für Heroin, eine eigenständige sizilianische Zelle zu gründen, die das aus Sizilien importierte Heroin dort auf den Markt bringen sollte. Die »amerikanischen Cousins« kamen als zuverlässige Kooperationspartner nur bedingt infrage, da sie sich in den Augen der Sizilianer zu weit von deren traditionellen Werten entfernt hatten. Für den zu gründenden Mafiaableger boten sich Personen an, die aufgrund von Verwandtschaftsbeziehungen von den Amerikanern akzeptiert werden würden. Damals »regierte« Carlo (Charles) Gambino (1902–1976) – der übrigens das Modell für den »Paten« des gleichnamigen Films lieferte – die in der amerikanischen Cosa Nostra tonangebenden fünf New Yorker Mafiafamilien. Konsequenterweise wanderten deshalb zuerst einige mit dem New Yorker »Oberpaten« verwandten Mafiosi aus: 1962 die Brüder Giovanni (John) (1940–2017), Rosario (Sal) (geb. 1942) und Giuseppe Gambino. Bald folgten ihnen diverse Spatolas, Di Maggios und Inzerillos sowie weitere Gambinos. Sie stammten alle aus dem im Westen Palermos gelegenen Mafiabezirk Passo di Rigano, der neben der Familie Passo di Rigano auch die Familien von Boccadifalco, Uditore sowie schließlich Torretta umfasste. Die von John Gambino angeführte, eng verwandte sizilianische Einwanderergruppe ließ sich in der Kleinstadt Cherry Hill nahe Philadelphia, NJ, nieder, weshalb sie die »Cherry-Hill-Mafia« genannt wurde. Diese faktisch autonome Mafiazelle wurde vom New Yorker Oberboss Carlo Gambino protegiert und beteiligte ihre sikulo-amerikanischen »Kollegen« für deren logistische Hilfestellung am Gewinn. Die Cherry-Hill-Gruppe baute ab Mitte der 1960er-Jahre in den USA, vor allem in Philadelphia, Chicago, Detroit und New York, eine Kette von Restaurants und Lebensmittelgeschäften auf, die als Deckmantel für ihren Drogenverteilerring diente. Zeitgleich mit dem Superclan der Cherry-Hill-Mafiosi wanderte Salvatore (Sal) Catalano (geb. 1941) aus und ließ sich in New York nieder, wo er offiziell in der Knickerbocker Avenue in Brooklyn einen Kiosk betrieb. Catalano trat der New Yorker Bonanno-Familie bei, innerhalb derer er mit den »Zips« (Engl. Reißverschlüsse) eine Gruppe sizilianischer Neueinwanderer anführte. Die wichtigsten »Zips« waren Cesare Bonventre (1951–1984), Baldassare (Baldo) Amato (geb. 1951) und Gerlando Sciascia (1934–1999) und stammten – da Mitglieder der Bonanno-Familie – mehrheit-

2 Von den revolutionären Squadre zu den Corleonesern

lich aus Castellammare del Golfo (TP). Die »Zips« spezialisierten sich auf das Heroingeschäft, wobei sie die Drogen durch Vermittlung von Badalamenti aus Sizilien bezogen und dann in den USA über italienische Pizzerien und Lebensmittelgeschäfte vertrieben. Den sizilianischen Mafiosi in der Heimat, die für die Herstellung des Heroins zuständig waren, gelang es schließlich in den 1970er-Jahren dank der in die Cosa Nostra aufgenommenen Schmuggler Nunzio La Mattina (†1983) und Tommaso Spadaro, riesige Ladungen von Rohopium von dem Singapurer Koh Bak Kin und türkischen Zwischenhändlern wie Abuzer Ugurlu (geb. 1943) und Yasar Avni Musullulu (geb. 1942) zu beschaffen. Es kam über mehrere Zwischenetappen vom »Goldenen Dreieck« – also der Grenzregion von Laos, Thailand und Myanmar –, aber auch aus dem Iran, Pakistan und Afghanistan per Schiff nach Sizilien. Die sizilianischen Mafiafamilien konnten Quoten am noch einzuführenden Rohmaterial erwerben und wurden entsprechend am Gewinn beteiligt. Die Bezahlung der Drogenlieferanten nahmen spezialisierte Mafiosi vor, so der ursprünglich aus Siculiana (AG) stammende Alfonso Caruana (geb. 1946), der den über Kanada und Venezuela verteilten Mafia-Clan der Cuntrera-Caruana anführte und auch für kolumbianische, kalabresische, türkische oder russische Drogenhändler als Banker tätig war. Neben diesem »Rothschild« der Mafia fungierte auch der aus Terrasini (PA) stammende und heute in Südafrika lebende Vito Roberto Palazzolo (geb. 1947) als Mafiabankier. Anfangs wussten die sizilianischen Mafiosi noch nicht, wie man Opium in Heroin umwandelt, weshalb sie – wie oben erwähnt – auf Experten aus Marseille angewiesen waren. Einen besonderen Namen als »Oberraffinierer« machte sich Francesco Marino Mannoia (»Mozzarella«, geb. 1951) von der palermitanischen Mafiafamilie Santa Maria di Gesù, der allein mehr als 1000 kg Heroin hergestellt haben soll. In jener Zeit entstanden in den Außenbezirken von Palermo – so in Villagrazia, Piraineto und an der Küstenstraße Via Messina Marina, aber auch in den Städtchen Trabia (PA), Carini (PA) und Alcamo (TP) – zahlreiche »Drogenküchen« und zwischen Ende der 1970er- und den frühen 1980er-Jahren sollen dort jährlich zwischen vier und fünf Tonnen Heroin hergestellt worden sein, womit sich etwa 30 % der amerikanischen Nachfrage befriedigen ließ. Das Fertigprodukt gelangte anschließend durch Kuriere vom palermitanischen

Flughafen Punta Raisa per Direktflug zum Flughafen JFK von New York. Anfangs setzte die Cosa Nostra »Ehrenmänner« als Kuriere ein, später aus Sicherheitsgründen aber unbescholtene Personen, etwa die vielzitierten »Hausfrauen von Torretta«, die sich auf diese Weise ihr Haushaltsgeld aufbesserten.[29] Bedenkt man, dass der Marktwert gemäß dem damaligen Wechselkurs in den USA für drei bis fünf Tonnen Heroin ungefähr bei 2,5 Billionen Dollar lag, wird klar, welche ungeheuren Gewinne die Mafia damals erwirtschaftete. Bevor sie dieses Geld jedoch nutzen konnte, musste es erst einmal »gewaschen« werden.[30] Auch dafür gab es Experten, und zwar zunächst den aus dem sizilianischen Patti (ME) stammenden und von Norditalien aus operierenden Michele Sindona (1920–1986). Mit den mafiosen Drogengeldern gelang diesem der Aufbau eines Bankenimperiums, wobei auch seine guten Beziehungen zu Giulio Andreotti und dem Vatikan beitrugen. Nach dem Zusammenbruch seines Unternehmens 1974 wurde Roberto Calvi (1920–1982) Sindonas Nachfolger. Er war Präsident der Mailänder Banco Ambrosiano, die mehrheitlich der Vatikanbank gehörte, weshalb Calvi auch der »Bankier Gottes« genannt wurde. Nach dem Zusammenbruch auch dieser Bank im Jahre 1982 musste die Cosa Nostra auf Scheinfinanzfirmen oder »geneigte« Banken zurückgreifen. Es dürfte kein Zufall sein, dass sich in Sizilien genau in jener Zeit ein Bankenboom ereignete, der im völligen Gegensatz zum nationalen Trend stand. Die »sauberen« Drogengelder wurden dann, keineswegs nur in Sizilien, sondern auch in Norditalien und im Ausland, in die erfolgversprechendsten Sektoren der legalen Wirtschaft eingeschleust. In Sizilien wurde noch in den 1980er-Jahren der Bausektor bevorzugt, wo mit Hilfe von Strohmännern – darunter in Palermo beispielsweise die Großbauunternehmer Vincenzo Piazza, Gianni Ienna, Gaetano Sansone, Francesco Paolo Sbeglia, Francesco Pecora, Francesco Maniglia – hervorragende Geschäfte gemacht wurden.

In der Umbruchzeit, in der die alte Landmafia ihren Niedergang erlebte und die Stadtmafia aufzusteigen begann, konnten Macht- und Verteilungskonflikte nicht ausbleiben. Die Bruchlinie verlief dabei weniger zwischen Land- und Stadtmafiosi, als vielmehr zwischen den traditionellen »Dons« und den Neuaufsteigern: Die Altmafiosi pflegten den Lebensstil ihrer Vorväter und versuchten ihre Ziele mit möglichst

2 Von den revolutionären Squadre zu den Corleonesern

wenig Gewalt zu erreichen, während die neuen Mafiosi elegante Kleidung liebten, Alfa Romeo Giuliettas fuhren und schnell zur Waffe griffen – nicht mehr wie die Alten zur Schrotflinte, sondern zu Colts und Maschinengewehren. Überhaupt gefielen sich die »Neuen« darin, die Gangstermethoden ihrer amerikanischen Kollegen zu kopieren. Typische Beispiele dieser neuen Generation waren in Palermo die Brüder Angelo (1924–1975) und Salvatore La Barbera (1922–1963), Michele Cavataio (1929–1969), aber auch der Corleoneser Luciano Leggio (1925–1993)[31]. Die Aufsteiger setzten alles daran, die alten »Dons« zu verdrängen, was Leggio gelang, nicht aber den La Barberas in Palermo.

Der einer armen Bauersfamilie entstammende Leggio war zunächst nur ein Picciotto, also ein einfaches Mitglied, der Familie von Corleone gewesen. Seinen Capo, Michele Navarra, hasste er aus Neid inbrünstig, denn Navarra genoss als Arzt, Krankenhausdirektor und Unternehmer nicht nur großes Ansehen in seiner Stadt, sondern verkehrte in ganz Sizilien in den besten Kreisen, während Leggio nichts anderes als ein simpler Feldhüter war. Leggio, der sich mit seinesgleichen umgab – in erster Linie Salvatore (Totò) Riina (1930–2017) und Bernardo (Binnu) Provenzano (1933–2016) – fackelte nicht lange und legte Navarra am 2. August 1958 kurzerhand um, übernahm selbst die Führung des Corleoneser Clans und hatte damit sein Ziel recht schnell erreicht. Ein Leben, wie es Navarra geführt hatte, war der Primula Rossa[32] (Rote Primel), wie Leggio genannt wurde, allerdings nie vergönnt, verbrachte er doch die meiste Zeit auf der Flucht oder im Gefängnis.

Die Brüder La Barbera aus einer armen Familie des im Westen von Palermo gelegenen Weilers Partanna (PA) stammten nicht einmal wie Leggio aus einer mafiosen Herkunftsfamilie, sondern waren ursprünglich nichts anderes als kleine Ganoven gewesen. Sie schafften es aber, wegen ihrer besonderen kriminellen Qualitäten in die Mafiafamilie Palermo-Centro aufgenommen zu werden, wo sie bald Karriere machten: Antonio brachte es dort im Jahre 1955 zum Capofamiglia, während Salvatore Chef des Bezirks Palermo-Centro wurde. Dank des Baugeschäfts wurden sie schnell reich, hauptsächlich, weil sie dem Bauunternehmer Girolamo Moncada dank ihrer hervorragenden Beziehungen zu Salvo Lima zahlreiche Baugenehmigungen besorgen konnten. Das reichte ihnen aber nicht, sie wollten das Kommando in der Stadt, ja besser noch in der ganzen Provinz übernehmen. Aus diesem Grund brachten sie immer wieder Unruhe in die 1958 gegründete palermitanische Provinzkommission, einer Art mafiosen Aufsichtsrat, und bestanden beispielsweise auf der alten Regel, dass Bezirksvorsitzende nicht gleichzeitig Familienvorsitzende sein dürften. Dadurch machten sie sich bei vielen ihrer Kollegen unbeliebt, vor allem aber bei dem mächtigen Kommissionschef Salvatore Greco (»Ciaschiteddu« = Vögelchen[33], 1923–1978). Greco war im Unterschied zu den La Barberas kein Parvenü, sondern entstammte einer alten Mafiadynastie, die sich bereits im 19. Jahrhundert die Orangengärten von Ciaculli, einem Weiler im Osten Palermos, angeeignet hatte, und der als wohlhabender Grundbesitzer auftrat. Sowohl die La Barberas als auch Greco warteten nur darauf, offen gegeneinander losgehen zu können. Der Anlass, der das Fass zum Überlaufen brachte und den »ersten Mafiakrieg«[34] (1962–1963) auslöste, war ein missglückter Drogendeal: Einige Mafiafamilien, darunter die La Barberas, hatten nach dem alten, noch von Lucky Luciano etablierten Quotensystem in eine Ladung Heroin investiert. Der Capomafia des palermitanischen Stadtteils Noce, Calcedonio Di Pisa (1931–1962), war als Kurier losgeschickt worden, um das Heroin auf dem offenen Meer vor Porto Empedocle (AG) in Empfang zu nehmen. Zurückgekehrt nach Palermo übergab er das Drogenpaket an ein Besatzungsmitglied des Überseedampfers Saturnia, das es nach New York mitnahm und dort an einen Neffen von Joe Profaci auslieferte. Da in New York weniger als die bestellte Menge Heroin eingetroffen war, bezahlten die Amerikaner nicht die ursprünglich vereinbarte Summe, was in Palermo verständlicherweise zu Ärger führte. Die Provinzkommission untersuchte die Angelegenheit, wobei der Verdacht recht bald auf Di Pisa fiel, dem unterstellt wurde, einen Teil der Ladung unterschlagen zu haben, was wohl tatsächlich auch der Fall gewesen war. Auf Fürsprache von »Ciaschiteddu«, der sich an den La Barberas rächen wollte, wurde Di Pisa von der Kommission jedoch freigesprochen. Damit hätte die Angelegenheit eigentlich erledigt sein müssen, aber am 26. Dezember 1962 wurde Di Pisa auf der Piazza Principe di Camporeale im palermitanischen Stadtviertel Noce erschossen. Da die Provinzkommission davon ausging, dass die La Barberas den Mord in Auftrag gegeben hatten, wurden diese nicht nur aus der Mafia ausgeschlossen, sondern es wurde eine

2 Von den revolutionären Squadre zu den Corleonesern

Jagd auf sie eröffnet. In den nachfolgenden Monaten kam es zu einem wahren Blutbad, bei dem sich die Verbündeten der La Barberas – darunter der damals noch junge Tommaso Buscetta aus der Familie Porta Nuova – und die der Greco bis aufs Messer bekämpften. Die Situation war so dramatisch, dass es in der Öffentlichkeit hieß, in Palermo ginge es wilder als in Chicago zu seinen schlimmsten Zeiten zu. Um die Öffentlichkeit zu beruhigen, beschloss das Parlament im Dezember 1962, eine Parlamentarische Antimafiakommission[35] ins Leben zu rufen, die mit richterlichen Befugnissen die Situation untersuchen sollte. Da die meisten Traditions-Dons, etwa der Capomafia von Cinisi, Cesare Manzella (1898–1963), aber auch die immer wichtiger werdenden Corleoneser Leggios, auf der Seite der Grecos standen, verloren die La Barberas den Krieg: Salvatore La Barbera fiel im Januar 1963 der sogenannten »Lupara Bianca« (Weiße Schrotflinte) zum Opfer: Er verschwand spurlos. Sein Bruder Angelo setzte sich aufs Festland ab, nachdem seine Freunde entweder umgekommen waren oder sich wie Buscetta von ihm abgewandt hatten. Dort wurde er im Mai 1963, nachdem er angeschossen worden war, in einem Mailänder Krankenhaus von der Polizei verhaftet. Der Krieg ging aber noch eine Weile weiter, weil einige Mafiosi – hauptsächlich der Capomafia des palermitanischen Stadtteils Acquasanta Michele Cavataio – meinten, Kapital aus der verworrenen Situation schlagen zu müssen: »Il Cobra«, wie Cavataio wegen seiner Vorliebe für Revolver der Marke Colt Cobra genannt wurde, gehörte genauso wie die La Barberas zu den Aufsteigern. Auch er setzte Gangstermethoden ein, um seinen Einfluss in der Stadt auszuweiten. Eine Reihe der Morde während des ersten Mafiakriegs ging auf sein Konto. Doch er legte die Spuren so, dass der Verdacht auf die mit ihm rivalisierenden La Barberas fiel. Den Höhepunkt erreichte der Krieg, als am 30. Juni 1963 ein vor einer Villa der Greco in Ciaculli geparkter Alfa Romeo Giulietta in die Luft flog. Ein anonymer Anrufer hatte vorher die Polizei angerufen. Als diese in dem verdächtigen Fahrzeug eine Bombe fanden, explodierte diese bei dem Versuch, sie zu entschärfen. Dabei fanden sieben Polizisten und Carabinieri den Tod.

Dieses »Massaker von Ciaculli« löste in ganz Italien Empörung aus. Die Bevölkerung forderte, es müsse endlich etwas geschehen. In der Folge kam es zu einer Verhaftungswelle, bei der über 250 Mafiosi festgenommen wurden. Außerdem nahm nun die Parlamentarische Antimafiakommission endlich ihre Arbeit auf, sodass es im Jahre 1967 vor dem Geschworenengericht in Catanzaro schließlich zu dem ersten großen Mafiaprozess des 20. Jahrhunderts, dem »Prozess gegen die 114 Angeklagten«, kam. Diesem folgte im März 1969 in Bari der »Prozess gegen die 64 Angeklagten«, bei dem Mitglieder von Leggios Corleoneser Clan vor Gericht standen. Die beiden Prozesse wurden außerhalb Siziliens abgehalten, um einer möglichen Befangenheit der sizilianischen Richter entgegenzuwirken. Allerdings hatte mit Cesare Terranova (1921–1979), der übrigens auch Mitglied der Parlamentarischen Antimafiauntersuchungskommission war, ein palermitanischer Untersuchungsrichter die Vorarbeit zu diesen Prozessen geleistet. Anders als bei Mafiavergehen sonst üblich, hatte Terranova tatsächlich ernsthaft ermittelt, was ihn von seinen Kollegen isolierte. Obwohl dank Terranova bei den Prozessen von Catanzaro und Bari handfeste Beweise vorgelegt werden konnten, wurden die meisten Mafiosi – meist aus Mangel an Beweisen – freigesprochen oder erhielten nur geringe Strafen.[36]

Für die Cosa Nostra stellten die Prozesse dennoch einen schweren Schlag dar, musste doch eine Reihe ihrer Mitglieder bis zur Urteilsverkündung in Untersuchungshaft sitzen oder sich verstecken. Nicht wenige flohen ins Ausland. So wanderte der Kommissionschef Salvatore Greco dauerhaft nach Venezuela aus. Tommaso Buscetta ging vorübergehend nach Mexiko, Tano Badalamenti in die USA. In jener Zeit wurde die Provinzkommission aufgelöst, und auch viele der Mafiafamilien hörten auf zu existieren. Auch nach Abschluss der Prozesse blieb die Lage für die Mafia schwierig – nicht zuletzt deshalb, weil einigen Mafiosi wie beispielsweise Stefano Bontate ein Zwangsaufenthalt außerhalb Siziliens auferlegt worden war. In Sizilien selbst wurde es nach den Prozessen aber wieder ruhiger. Eine Ausnahme bildete nur das »Massaker in der Viale Lazio« in Palermo am 10. Dezember 1969 in Palermo: An diesem Tag drang ein als Polizisten verkleidetes mafioses Killerkommando in die Geschäftsräume des Bauunternehmers Girolamo Moncada ein, wo sich gerade der Capomafia von Acquasanta, Michele Cavataio, aufhielt. Es kam zu einem Schusswechsel, bei dem nicht nur Cavataio, sondern mit Calogero Bagarella (1935–1969) auch einer der Angreifer sowie drei Angestellte von Moncada ums Leben kamen. Zwischenzeitlich hatte man nämlich innerhalb der Cosa Nostra das Doppelspiel Cavataios entdeckt, der wohl den Mord an Di Pisa in Auftrag gegeben hatte. Aus diesem Grund entschied eine Allianz der alten Mafiafamilien von Greco, Bontate sowie Badalamenti und auch Leggios Corleoneser, mit Cavataio abzurechnen und ihn zu beseitigen. Erst mit dem Massaker in der Viale Lazio fand der erste Mafiakrieg seinen endgültigen Abschluss. Nun konnte man sich nach der schweren Krise der 1960er-Jahre der Reorganisation der Cosa Nostra zuwenden.

2.6 Gewalttätiges Intermezzo der Corleoneser

Der wiederhergestellte Frieden nach dem Ende des Mafiakrieges stellte sich als gefährlich fragil heraus. Bald kam es zu Spannungen, und zwar, weil sich die Cosca aus Corleone anschickte, den städtischen Clans von Palermo die Vorherrschaft zu entreißen. Die Konflikte mündeten in den zweiten Mafiakrieg (1978–1984), die gewalttätigste Auseinandersetzung, die die Cosa Nostra seit ihrem Bestehen erlebt hat.[1] Sieger der Auseinandersetzung waren die Corleoneser, deren Capo Totò Riina[2] zum unangefochtenen Anführer der Cosa Nostra in Sizilien wurde, die Organisation völlig umbaute und nach seinem Gutdünken regierte, so dass man von einer »Diktatur« Riinas sprach. Während dieser Periode kam es zu einer massiven Gewaltwelle gegenüber Politikern, Journalisten sowie Vertretern des Justiz- und Polizeiapparats – was ungeheuerlich war! Da Proteste der Bevölkerung nicht ausblieben, sah sich die Politik zum Handeln gezwungen: Im Jahr 1982 wurde ein Gesetz verabschiedet, das die Mitgliedschaft in der Cosa Nostra erstmals unter Strafe stellte. Nachfolgend wurden Hunderte Ehrenmänner verhaftet und beim sogenannten Maxiprozess zu schweren Haftstrafen verurteilt, was zu einer mafiosen Aussteigerwelle führte. Enttäuscht von ihren christdemokratischen »Freunden«, die die harten Urteile nicht hatten beeinflussen können, wandte sich die Mafia von diesen ab. Weitere Gründe für Entzweiung waren der Zusammenbruch des alten Parteiensystems infolge des Falls der Berliner Mauer und der Tangentopoli-Schmiergeldskandal. Genau in dieser Umbruchzeit kam es erneut zu einer Welle mafioser Gewalt, diesmal nicht nur in Sizilien, sondern auch auf dem

Festland. Gegenstand von Diskussionen ist bis heute, ob die Mafia den Staat damals mit Gewalt an den Verhandlungstisch zwingen oder neuen politischen Kräften den Weg ebnen wollte. Der mafiose Terror endete erst im Jahr 1993 mit der Festnahme von Totò Riina.

Zu dieser »Mattanza« (Siz. Gemetzel) war es wie folgt gekommen: Nach dem Ende des ersten Mafiakrieges (1962–1963) wurde die Cosa Nostra zunächst von einem Triumvirat geführt, bestehend aus Tano Badalamenti, Stefano Bontate und Totò Riina. Offiziell war Riina aber nur der Vertreter seines Capo Luciano Leggio, da sich dieser bis zu seiner Festnahme 1974[3] meist auf dem italienischen Festland aufhielt. Erst nach Leggios Verhaftung avancierte Riina zum Chef der Corleoneser. Die Zeit des Triumvirats endete mit der Wiederherstellung der Provinzkommission im Jahr 1975, die Don Tano, wie Badalamenti genannt wurde, zum Sekretär und damit ersten Mann in der palermitanischen Cosa Nostra wählte. Von Anfang an gab es in der Kommission Spannungen zwischen der Gruppe der miteinander alliierten Capimafia Badalamenti, Bontate und Salvatore (Totuccio) Inzerillo (1944–1981) auf der einen Seite und Riinas ehrgeizigen Corleonesern auf der anderen Seite. Die ersten drei waren Vertreter der alten Traditionsmafia, wohl situiert und gesellschaftlich bestens eingebunden: Badalamenti, der Capomafia der Familie von Cinisi (PA), einem Agrarstädtchen und Sitz des Flughafens von Palermo, trat als wohlhabender Viehzüchter auf. Bontate, der Capomafia der Familie Santa Maria di Gesù aus dem damals noch ländlichen Vorort Villagrazia im Osten von Palermo, war offiziell ein reicher Grundbesitzer. Der »Fürst von Villagrazia« hatte Palermos vornehmes Jesuitengymnasium Gonzaga absolviert und frequentierte die angesagtesten Clubs der Stadt. Inzerillo schließlich, der Capomafia der Familie Passo di Rigano, einem damals ebenfalls noch ländlichen Weiler im Westen von Palermo, gebärdete sich als erfolgreicher Bauunternehmer. Die drei Palermitaner verfügten über ausgezeichnete Beziehungen zu den damals mächtigsten DC-Politikern, vor allem aber hatten sie den höchst lukrativen Drogenhandel monopolisiert. Darüber hinaus war das Dreiergespann mit den Capimafia der wichtigsten Familien auf der Insel verbündet, so mit Giuseppe (Pippo) Calderone (1925–1978) aus Catania und Giuseppe Di Cristina (»La Tigre«, 1923–1978) aus Riesi (CL). Letzterer hatte das Erbe Calogero Vizzinis und

2 Von den revolutionären Squadre zu den Corleonesern

Genco Russos angetreten und kontrollierte die Clans der einst mächtigen Agrarmafia in der Gegend von Caltanissetta. Bei den Corleonesern hingegen, also dem Anführer Totò Riina sowie dessen engsten Vertrauten Bernardo Provenzano und Leoluca Bagarella (geb. 1942), handelte es sich um genau das Gegenteil: Sie waren allesamt arme Feldhüter und Bauern und konnten kaum lesen und schreiben. Folglich hassten sie die vornehmen Traditionsbosse aus Palermo, nicht nur wegen deren ökonomischer und politischer Macht, sondern auch wegen ihres überheblichen Auftretens. Diese wiederum ließen die Corleoneser deutlich spüren, dass sie in ihren Augen nichts anderes als pöbelhafte »Viddani« (Siz. Bauernlümmel) waren. Ihre Interessen setzten die Corleoneser im Unterschied zu ihren Rivalen nicht mit Diplomatie, sondern mit blanker Gewalt durch und kümmerten sich wenig um das Regelwerk der Mafia. Ihr Ansehen in der Bevölkerung war ihnen ziemlich gleichgültig.

Den Umstand, dass auch viele andere Mafiosi neidisch auf die drei palermitanischen Bosse waren, machten sich die Corleoneser zunutze und schauten sich nach Verbündeten um. Bei anderen Viddani fanden sie sofort Unterstützung, wie etwa dem Capomafia von San Giuseppe Jato (PA), Bernardo Brusca (1929–2000), von San Mauro Castelverde (PA), Giuseppe (Peppino) Farinella (1925–2017), sowie von Vallelunga Pratameno (CL), Francesco (Ciccio) Madonia (†1978). In der Provinz Trapani verbündeten sie sich mit Francesco Messina Denaro (1928–1998) aus Castelvetrano, mit Mariano Agate (1939–2013) aus Mazara del Vallo und mit Vincenzo Virga (geb. 1936) aus Trapani gegen die dort den Ton angebenden und mit den »Palermitanern« verbündeten Rimi aus Alcamo, den Buccellato aus Castellammare del Golfo und den Minore aus Trapani. In der Provinz Agrigent hingegen taten sie sich mit Carmelo Colletti (1920–1983) zusammen, dem Capomafia von Ribera. Darüber hinaus versuchten die Corleoneser, »Familienmitglieder« ihrer Rivalen und deren Freunde heimlich mit Versprechungen für sich zu gewinnen, wie etwa Raffaele Ganci (1932–2022) aus der palermitanischen Familie Noce, Pietro Aglieri (geb. 1959) aus Bontates Familie Santa Maria di Gesù sowie Benedetto (Nitto) Santapaola (geb. 1938) aus der Familie von Catania. Zum Schein demonstrierten sie ihren alten Capi weiterhin Loyalität, in Wirklichkeit aber trugen sie den Corleonesern interne Informationen zu. Auch Michele Greco (»Il Papa« = Der Papst,

1924–2008), den mächtigen Capo der Familie von Ciaculli, zogen die Corleoneser auf ihre Seite. Der wohlhabende Grundbesitzer Greco zählte zwar zu den palermitanischen Mafiaaristokraten, stand aber in Rivalität zu Bontate, dessen Territorium an seines grenzte. Diese gezielte Unterwanderungs- und Bündnispolitik bewirkte eine richtige Inter-Familien-Allianz. Deshalb ist, wenn nachfolgend von den »Corleonesern« gesprochen wird, nicht nur die Familie aus dem Bauernstädtchen Corleone gemeint, sondern auch die Gesamtheit ihrer Verbündeten.

Die ersten offenen Attacken der Corleoneser gegen den alten Mafiaadel setzten bereits in den frühen 1970er-Jahren ein, und zwar in Form von Entführungen.[4] Dies stellte gleich in zweierlei Hinsicht eine Provokation dar: Zum einen hatte der Sekretär der Provinzkommission Badalamenti strikt verboten, Entführungen auf sizilianischem Boden durchzuführen, um in der heiklen Situation nach dem Ende des Mafiakrieges Aufsehen zu vermeiden. Zum anderen entführten die Corleoneser auch »Unberührbare«, also Familienangehörige von mit der Mafia eng verbundenen Personen. Als Ersten traf es im Januar 1971 Antonino Caruso, den Sohn des reichen Marmorproduzenten Giacomo Caruso, einem weitläufigen Verwandten des Capomafia von Uditore, Pietro Torretta (1912–1975). Danach wurde im Juni 1971 Giuseppe Vassallo entführt, der Sohn des Mafiabauunternehmers Ciccio Vassallo. Und schließlich wurde im August 1972 Luciano Cassina verschleppt, der Sohn des Grafen Arturo Cassina, eines Bauunternehmers, dem es dank seiner Beziehungen zu Mafiapolitikern gelungen war, Jahrzehnte lang die Instandhaltungsarbeiten der Straßen und Abwasserkanalisation zu monopolisieren. So richtig zeigten es die Corleoneser den Palermitanern, als sie im Juli 1975 den schwerreichen 75-jährigen Steuereintreiber Luigi Corleo entführten. Bei Corleo handelte es sich um den Schwiegervater des bereits erwähnten mafiosen Steuereintreibers Nino Salvo aus Salemi. Bei allen diesen Entführungen ging es den Corleonesern nicht in erster Linie um Geld, sondern darum, die alten Bosse »vorzuführen« und zu zeigen, dass diese nicht einmal in der Lage waren, ihre »Freunde« zu beschützen.[5] Trotz dieser Attacken war sich das »Dreiergespann« Badalamenti, Bontate und Inzerillo zu diesem Zeitpunkt seiner Machtposition immer noch sehr sicher.

2 Von den revolutionären Squadre zu den Corleonesern

Einer der wenigen, die das Spiel der Corleoneser von Anfang an durchschauten, war Giuseppe Di Cristina. Er stellte sich in der Provinzkommission offen gegen die Corleoneser und versuchte erfolglos, Badalamenti, Bontate und Inzerillo sowie seinen Freund Pippo Calderone aus Catania von der Notwendigkeit zu überzeugen, die Corleoneser zu beseitigen. Daraufhin überschlugen sich die Ereignisse: Nachdem ein Mordanschlag auf ihn verübt worden war, brachte Di Cristina im April 1978 seinen mit den Corleonesern verbündeten Rivalen in der Provinz Caltanissetta, Ciccio Madonia, den Capomafia von Vallelunga Pratameno (CL), um. Da dieser Mord nicht autorisiert worden war, kam es in der Provinzkommission, in der die Corleoneser immer wichtiger zu werden begannen, zum Eklat: Für Di Cristina sowie Calderone wurde die Todesstrafe beschlossen und Badalamenti, den Riina der Mitwisserschaft bezichtigte, verlor nicht nur sein Amt als Sekretär, sondern wurde auch noch aus der Mafia ausgeschlossen. Daraufhin setzte sich Badalamenti nach Brasilien ab, von wo aus er seine Drogengeschäfte in Eigenregie erfolgreich fortsetzte. Pippo Calderone hatte ein weniger glückliches Schicksal als Badalamenti: Er wurde nur einige Monate später von einem seiner eigenen Männer, Nitto Santapaola, in dem catanesischen Stadtviertel Ognina in einen Hinterhalt gelockt und tödlich verletzt. Di Cristina hingegen wandte sich angesichts seiner ausweglosen Situation an den Hauptmann der Carabinieri von Riesi, Alfio Pettinato, und erzählte ihm alles, was er über die Corleoneser wusste. Kurze Zeit später, im Mai 1978, wurde Di Cristina in der palermitanischen Via Leonardo da Vinci erschossen – und damit auf dem Territorium von Inzerillo. Die Tatsache, dass Inzerillo über den geplanten Mord auf seinem Gebiet nicht informiert worden war, stellte einen schweren Affront dar.

Spätestens jetzt war Inzerillo und Bontate ihre schwierige Lage bewusst geworden, aber nun war es für einen Gegenschlag zu spät. Die Corleoneser waren inzwischen so stark geworden, dass sie zum offenen Krieg übergehen konnten: Als Erster wurde im April 1981 Bontate auf dem Rückweg von seiner Geburtstagsparty in seinem panzerglasgesicherten Auto mit einer Kalaschnikow erschossen. Nur drei Wochen später traf es im Mai 1981 Inzerillo, der gerade von einem amourösen Stelldichein kam. Danach begannen die Corleoneser, alle, die nicht von Anfang auf ihrer Seite gestanden hatten, umzubringen. Wer auf der

Todesliste stand, war bereits lange vorher systematisch von den Männern ausspioniert worden, die den Corleonesern zuarbeiteten. Die meisten der Morde wurden von einer spezialisierten Todesschwadron ausgeführt, welcher Ehrenmänner aus verschiedenen Familien angehörten: Dies waren Giuseppe (Pino) Greco (»Scarpuzzedda«=kleiner Schuh, 1952–1985), Mario Prestifilippo (1958–1987), Vincenzo Puccio (1945–1989), Giuseppe (Pino) Marchese (geb. 1963) und Antonio (Nino) Madonia (geb. 1952). Diese Superkiller erschossen in Palermo so viele Menschen auf offener Straße, dass es schien, es sei ein Bürgerkrieg ausgebrochen. Manchmal wurden die Opfer aber auch in einen Hinterhalt gelockt und erdrosselt, bevorzugt auf Michele Grecos Gut Favarella in Ciaculli. Der geschickte Intrigant Michele Greco war 1978 zum Sekretär der Provinzkommission und damit zum Nachfolger Badalamentis gewählt worden.

Zahlreiche der Opfer starben auch durch die Lupara bianca. Einige landeten in der sogenannten »Camera della Morte« (Todeskammer), einem Lagerraum an der (heute nicht mehr existenten) palermitanischen Piazzetta Sant' Erasmo, wo sich Filippo Marchese (1938–1983) aus der Familie des Corso dei Mille darauf spezialisiert hatte, Leichen in Säure aufzulösen. Es wurden aber nicht nur Ehrenmänner getötet, sondern auch deren Angehörige. Riina hatte erklärt, dass von seinen Feinden nicht einmal mehr der Samen auf der Erde übrigbleiben dürfe. Besonders brutal war die Ermordung von Inzerillos Sohn Giuseppe (1964–1981), der bei der Beerdigung seines Vaters geschworen hatte, er würde es den Corleonesern heimzahlen. Dem Siebzehnjährigen wurde, bevor er umgebracht wurde, der Arm abgeschnitten, mit dem er Riina hätte erschießen wollen.

In der heißen Phase des Mafiakrieges fand eine richtige Mattanza statt, bei der mehr als 1000 Menschen den Tod fanden. Die Corleoneser verschonten nur solche Mitglieder der Verliererfamilien, die ihnen nützlich sein konnten. Dazu zählte der aus Bontates Familie stammende Francesco Marino Mannoia, der beste Heroinraffinierer der ganzen Cosa Nostra. Zu den wenigen Feinden, die den Corleonesern immer wieder entkamen, gehörte der nach einer Figur des eingangs erwähnten Romans Beati Paoli »Coriolano della Floresta« genannte Salvatore (Totuccio) Contorno (geb. 1946), ebenfalls einer von Bontates Männern.

2 Von den revolutionären Squadre zu den Corleonesern 91

Viele Angehörige Inzerillos flohen zu Verwandten in den USA, wo sie aber ebenfalls unbarmherzig verfolgt und umgebracht wurden. Irgendwann schritten die »Amerikaner« ein, woraufhin eine Übereinkunft getroffen wurde, dass die Scappati (Davongelaufene/Geflüchtete) in Ruhe gelassen würden, wenn sie nie mehr nach Sizilien zurückkehrten. Mit dem Ehrenmann Rosario (Saro) Naimo (geb. 1945) aus der palermitanischen Familie Tommaso Natale-Cardillo gab es sogar einen Garanten für diesen Pakt.

Als die Corleoneser gegen Ende 1983 den Krieg gewonnen hatten, wurden die obersten Entscheidungsgremien der Cosa Nostra wiederhergestellt: nicht nur die mächtige Provinzkommission von Palermo, sondern auch die erst 1975 auf Initiative von Pippo Calderone ins Leben gerufene Regionalkommission. In beiden Gremien wurde Totò Riina zum Capo bestimmt, der damit offiziell zum unangefochtenen »Boss der Bosse« auf der Insel geworden war. Riina machte sich sofort an eine Organisationsreform und gestaltete die Mafia nach seinen persönlichen Vorstellungen um, indem er die ursprünglich recht demokratischen Organisationsregeln der Cosa Nostra weitgehend abschaffte und ausschließlich ihm persönlich ergebene Verbündete auf Führungspositionen setzte.[6] Sowohl der Regional- als auch der palermitanischen Provinzkommission gehörten fortan ausschließlich Riina-Vassallen an – Ehrenmänner, die für ihren Einsatz während des Krieges belohnt wurden. Allerdings waren die Kommissionen nicht mehr das, was sie vorher gewesen waren: Plenarsitzungen fanden aus Sicherheitsgründen nur bei bedeutenden Weichenstellungen statt und wichtige Entscheidungen wurden nicht diskutiert, sondern abgesegnet. Überall bestimmten Riina-Getreue. Riina veränderte die Grenzen der Bezirke nach Gutdünken ja, mischte sich sogar in die inneren Angelegenheiten der Familien ein und beendete deren 150 Jahre alte Autonomie. Beispielsweise nahm Riinas Schwager, Leoluca Bagarella, den Chef der catanesischen Cursoti-Bande Santo Mazzei (»U' Carcagnusu«, geb. 1953) gegen den ausdrücklichen Willen der Familie von Catania auf. Offiziell gehörte Mazzei damit zwar zur Familie von Catania, faktisch war er aber nur den Corleonesern rechenschaftspflichtig. Selbst die Regel, nach der neue Ehrenmänner innerhalb der Organisation zumindest den Capi vorgestellt werden mussten, wurde aufgegeben. Nur Riina und sein unmittelbarer

Kreis wussten, wer der Organisation angehörte. Der Mafiaaussteiger Vincenzo Sinacori (geb. 1955) aus Mazara del Vallo (TP) brachte die Situation folgendermaßen auf den Punkt:

> Für alle Aufgaben war Totò Riina zuständig (…). Totò Riina kommandierte nicht in Palermo, er kommandierte in der ganzen Welt.[7]

Dem Führungskreis der Corleoneser war durchaus bewusst, dass ihr autoritäres Gebaren nicht unproblematisch war. Man wappnete sich gegen potenzielle »Aufständler«, indem Bagarella ein ihm persönlich ergebenes Killerkommando schuf, dessen Mitglieder teilweise nicht einmal Ehrenmänner waren. Die Angst war unbegründet, weil Riina Personen, die innerhalb der Organisation mächtig zu werden begannen, sofort eliminieren ließ – auch wenn sie sich ihm überhaupt nicht in den Weg gestellt hatten. Dies gilt beispielsweise für Pino Greco, der als Anführer des Killerkommandos unter seinen Kollegen sehr angesehen war. Damit ihm Greco nicht gefährlich werden konnte, ließ ihn Riina im Oktober 1985 vorsichtshalber umbringen. Zwei Jahre später, im Dezember 1987, traf es mit Mario Prestifilippo, einem engen Freund von Greco, ein weiteres Mitglied der Todesschwadron.

Es gab nur einen einzigen Versuch, Riina als »Boss der Bosse« zu stürzen. Dieser ging von dem ehrgeizigen Vincenzo Puccio aus, dem Capo des palermitanischen Ciaculli-Bezirks, der selbst gerne die Macht übernehmen wollte. Dazu kam es aber nicht, weil Puccio, als er sich gerade in Untersuchungshaft im palermitanischen Ucciardone-Gefängnis befand, am 11. Mai 1989 in seiner Zelle auf Riinas Befehl von zwei Mafiosi im Schlaf mit einer gusseisernen Pfanne erschlagen wurde. Riina fand für solche Morde stets einen plausiblen Vorwand, mit dem er sich innerhalb der Organisation rechtfertigte.

Nach der Machtübernahme der Corleoneser veränderte sich das Verhältnis zwischen der Cosa Nostra, den staatlichen Institutionen und der Presse, weil nach dem Ciaculli-Massaker zumindest einige Vertreter des Polizei- und Justizapparates nicht mehr dazu bereit waren, die Augen vor dem kriminellen Tun der Mafia zu verschließen. Selbst in Teilen der mit Mafiosi durchsetzten christdemokratischen Partei wurden Stimmen laut, die eine moralische Erneuerung forderten. Außerdem begannen

Journalisten, sich kritisch mit der Mafia auseinanderzusetzen und Skandale aufzudecken.[8] Während die alte Mafia von sogenannten »Omicidi Eccellenti« (Auserlesene Morde), Gewalttaten gegenüber gesellschaftlich hochstehenden Personen, Abstand genommen hatte, kannten die Corleoneser – mit Ausnahme des catanesischen Capo Nitto Santapaola – in dieser Hinsicht keine Hemmungen. Vor allem ab Ende der 1970er-Jahre setzte eine beispiellose Gewaltwelle gegenüber Repräsentanten des Strafverfolgungsapparats ein, aber auch gegenüber Politikern und Journalisten. Den Auftakt bildete im September 1970 die Entführung und Ermordung des Journalisten Mauro De Mauro (1921–1970), dessen Leiche bis heute nicht gefunden wurde.[9] De Mauro scheint bei seinen Recherchen den Hintergründen des tödlichen Attentats auf den ENI-Präsidenten Enrico Mattei (1901–1962) zu nahe gekommen zu sein. Im Mai 1971 wurde dann in der palermitanischen Via dei Cipressi der Staatsanwalt Pietro Scaglione (1906–1971) zusammen mit seinem Leibwächter Antonio Lorusso (1929–1971) getötet.[10] Dies war der erste Richtermord auf der Insel überhaupt. Scaglione war kein Antimafiastaatsanwalt, sondern ein typischer Vertreter des alten Justizestablishments, kannte aber nach über 40 Jahren Dienstzeit in Palermo viele Geheimnisse. Das nächste Opfer war der Carabinieri-Oberst Giuseppe (Ninni) Russo (1928–1977), der zusammen mit dem Lehrer Filippo Costa beim Spaziergang vor dem Bourbonenschloss in Ficuzza (PA) erschossen wurde.[11] Ähnlich wie Scaglione wusste Russo, der über viele Mafiaspitzel verfügte, über zahlreiche ungeklärte Vorkommnisse Bescheid. Im Mai 1978 traf es mit Giuseppe (Peppino) Impastato (1948–1978) einen Aktivisten der linken 1968er-Bewegung, dessen Vater Luigi (1905–1977) Mitglied der Cosca von Cinisi (PA) war.[12] Der junge Mann wollte nicht nur nichts von den Freunden seines Vaters wissen, sondern gab den Boss von Cinisi, Tano Badalamenti, in seinem lokalen Sender Radio Aut als »Tano seduto« (Sitzender Tano) der Lächerlichkeit preis. Dafür wurde er nach dem Tod seines Vaters etwas außerhalb von Cinisi nachts erschlagen. Ein weiteres Opfer war im Januar 1979 der Journalist Mario Francese (1925–1979), der auf dem Nachhauseweg nahe der palermitanischen Freiheitsstatue erschossen wurde, wahrscheinlich weil er über unsaubere Machenschaften im Zusammenhang mit der Auftragsvergabe zum Bau des Garcia-Staudamms von San Giuseppe Jato (PA) recherchierte.[13] Zwei Monate später erschossen Mafiosi in Palermo den DC-Provinzsekretär Michele Reina (1932–1979).[14] Reina gehörte zu der von Lima geführten Andreotti-Fraktion und war möglicherweise wegen öffentlicher Auftragsvergaben mit dem Mafiapolitiker Vito Ciancimino aneinandergeraten, der sich mit Lima nicht mehr verstand. Aber damit war längst nicht genug! Im Juli 1979 wurde in der Bar Lux in der palermitanischen Via di Blasi der Leiter der Squadra Mobile, der Kriminalpolizei, Boris Giuliano (1930–1979), erschossen.[15] Giuliano, der als Superpolizist galt und als erster Italiener einen FBI-Kurs in Quantico absolvierte, war nicht nur Drogen- und Geldwäschegeschäften auf der Spur, sondern ermittelte über die beiden damals unantastbaren mafiosen Steuereintreiber Salvo sowie den Mord an De Mauro. Nur zwei Monate später, am 25. September, traf es den designierten palermitanischen Ermittlungsrichterchef Cesare Terranova, der zusammen mit seinem langjährigen Mitarbeiter und Freund, dem Polizeiwachtmeister Lenin Mancuso, in der palermitanischen Via De Amicis in eine Falle gelockt und erschossen wurde.[16] Terranova, der sich als erster Antimafiarichter bei den Prozessen von Catanzaro und Bari hervorgetan hatte, war über viele Jahre Mitglied der Parlamentarischen Antimafiakommission gewesen. Sein so erworbenes Wissen über Hintermänner der Mafia hätte er als Ermittlungsrichterchef nutzbringend einsetzen können. Darüber hinaus scheinen Terranova und Mancuso eine gefährliche Spur verfolgt zu haben, die mit der fingierten Flucht des Mafiabankiers Sindona nach Sizilien zu tun gehabt haben könnte. Das nächste Opfer war im Januar 1980 der christdemokratische sizilianische Regionalpräsident Piersanti Mattarella (1935–1980), der vor den Augen seiner Familie in der palermitanischen Via della Libertà erschossen wurde, als er gerade zur Messe gehen wollte.[17] Der Sohn des im Ruf der Mafianähe stehenden Bernardo Mattarella gehörte zu den DC-Erneuerern und war im Begriff, in der Regionalverwaltung einen Säuberungsprozess einzuleiten. Nur wenige Monate später wurde im Mai 1980 der Kommandant der Carabinieri-Station von Monreale (PA), Emanuele Basile (1949–1980), während des Patronatsfestes neben seiner Frau – das vierjährige Töchterchen auf den Armen tragend – erschossen.[18] Basile hatte nicht nur die Ermittlungen von Giuliano fortgesetzt, sondern darüber hinaus über monrealesische Clans und Kleriker ermittelt.

2 Von den revolutionären Squadre zu den Corleonesern

Auf den Mord an Basile folgte im August an einem Zeitungsstand an der Via Cavour in Palermo der an Gaetano Costa (1916–1980), dem »roten Oberstaatsanwalt« und kompromisslosen Mafiaermittler.[19] Von den ihm unterstellten Staatsanwälten im Stich gelassen, war Costa gezwungen, alleine die Haftbefehle gegen 55 Mafiosi zu unterzeichnen. Im September 1981 wurde der Carabinieri-Wachtmeister einer Sondermittlungseinheit Vito Ievolella (1929–1981) vor den Augen seiner Frau im Auto an der palermitanischen Piazza Principe di Camporeale erschossen, weil der fähige Drogenermittler sein Augenmerk auf den Boss Tommaso Spadaro vom Kalsa-Viertel gerichtet hatte.[20] Das nächste Opfer war im April 1982 Pio La Torre (1927–1982), der sizilianische Regionalsekretär des PCI: Er wurde auf dem Weg ins Parteibüro in der heutigen Via Li Muli zusammen mit seinem Fahrer und Freund Rosario Di Salvo (1946–1982) erschossen.[21] Der Kommunistenchef, der sich in der »heißen Zeit« in der Bauernbewegung engagiert hatte, hatte nicht nur im März 1980 im Parlament den ersten Entwurf für ein Antimafiagesetz vorgelegt, sondern führte auch die Friedensbewegung gegen die Stationierung von Cruise Missile-Raketen im sizilianischen Comiso (RG) an. Einige Monate später wurde im August der Gerichtsgutachter Paolo Giaccone (1929–1982) auf dem Weg zur Arbeit auf dem Gelände des palermitanischen Poliklinikum erschossen, da er sich geweigert hatte, ein Fingerabdruckgutachten für einen Mafioso zu fälschen.[22] Im September schließlich wurde auf seinem Nachhauseweg der neue Präfekt von Palermo, der Carabinieri-General Carlo Alberto Dalla Chiesa (1920–1982), in der Via Carini erschossen.[23] Mit Dalla Chiesa fanden dessen junge Frau Emanuela Setti Carraro (1950–1982) sowie sein Leibwächter Domenico Russo den Tod. Dalla Chiesa wird der »Präfekt der 100 Tage« genannt, weil er sein Amt nur kurze Zeit bekleidet hatte, in denen er mangels entsprechender Vollmachten auch nicht viel bewirken konnte.

Auch wenn Mafiosi diese Morde begingen oder an ihnen beteiligt waren, kamen in einem Großteil der genannten Fälle die Auftraggeber aus den Reihen der Politik. Schmutzige Politiker – und deren Freunde aus der »besseren Gesellschaft« – hätten sehr viel mehr als die Cosa Nostra zu verlieren gehabt, hätten sie ihre Feinde nicht aus dem Weg schaffen lassen.

Insbesondere der Mord an Dalla Chiesa sorgte im ganzen Land für einen Aufschrei, da viele auf den als »Jäger« der Roten Brigaden landesweit bekannten General große Hoffnungen gesetzt hatten. Die Haltung der Bevölkerung verdeutlicht ein am Schauplatz des Verbrechens aufgehängtes Plakat mit der Aufschrift: »Qui è morta la speranza dei Palermitani onesti« (Hier ist die Hoffnung der ehrlichen Palermitaner gestorben). Es entstand in der Mittelschicht eine richtige Antimafiabewegung aus Bürgergruppen, Opferinitiativen und Sozialzentren, wobei die ersten Gruppen bereits 1980 in Erscheinung getreten waren.[24] Nach der Ermordung von Dalla Chiesa wuchsen sie zahlenmäßig an und mündeten mit dem Coordinamento Antimafia sogar in einen Dachverband. Die Antimafiaaktivisten waren außerordentlich rührig und polemisierten in der Öffentlichkeit lautstark nicht nur gegen die Mafia, sondern auch gegen deren politische Freunde. Allen war klar, dass die Morde nicht allein auf das Konto der Cosa Nostra gingen. Die Volkswut entlud sich vor allem anlässlich der Beerdigungen von Mafiaopfern, bei denen Politiker ausgepfiffen, vor ihnen ausgespuckt und sie mit Gegenständen beworfen wurden. Bei der Beerdigungsfeier von Dalla Chiesa kritisierte sogar der Kardinal-Erzbischof von Palermo, Salvatore Pappalardo (1918–2006), in seiner Trauerrede die Politik, was beispiellos war.[25] Angesichts solcher Bürgerproteste war die Politik gezwungen, Maßnahmen zu ergreifen. Und so wurde am 13. September 1982 mit dem Gesetz Nr. 646 das erste Antimafiagesetz in der Geschichte des Landes erlassen.[26] Es basierte auf dem einst von La Torre verfassten Gesetzesentwurf und enthielt ein ganzes Maßnahmenpaket gegen die organisierte Kriminalität. Dazu gehörte, dass mit dem Artikel 416bis erstmals die Mitgliedschaft in der Mafia als eigener Straftatbestand in das Strafgesetzbuch aufgenommen wurde. Ferner wurde die Konfiszierung von Eigentum unklarer Provenienz ermöglicht, was eine wirksame Handhabe gegen die Geldwäsche zur Folge hatte. Außerdem wurde das Amt eines Antimafia-Hochkommissars geschaffen.

Aber das Morden ging dennoch weiter: Im November 1982 wurde in der palermitanischen Via Notarbartolo mit Calogero Zucchetto (1955–1982) erneut ein Polizist erschossen, der engagiert Ermittlungen gegen die Mafia durchführte.[27] Nur zwei Monate später traf es im Januar den trapanesischen Ermittlungsrichter Gianciacomo Ciaccio

2 Von den revolutionären Squadre zu den Corleonesern

Montalto (1941–1983), der auf dem Nachhauseweg nachts in Valderice (TP) erschossen wurde.[28] Der Richter war aufgrund seiner Mafiaermittlungen im Justizpalast von Trapani in völlige Isolation geraten. Im Juni wurde Mario D'Aleo (1954–1983) – zusammen mit den Wachtmeistern Pietro Morici (1956–1983) und Giuseppe Bommarito (1944–1983) – ermordet, der als Nachfolger von Emanuele Basile das Kommando der Carabinieri-Station von Monreale (PA) übernommen und Basiles Ermittlungen über die Cosche von Monreale und Altofonte (PA) fortgesetzt hatte.[29] Das nächste Opfer war im Juli 1983 der palermitanische Ermittlungsrichterchef Rocco Chinnici (1925–1983), der das ursprünglich für Terranova vorgesehene Amt übernommen hatte.[30] Chinnici fiel einer hochkomplizierten Autobombe zum Opfer, wie sie die Mafia bis zu diesem Zeitpunkt noch nie eingesetzt hatte. Bei dem Attentat vor dem Wohnhaus Chinnicis in der palermitanischen Via Pipitone Federico fanden neben dem Richter auch dessen Portier Stefano Li Sacchi (1923–1983) sowie der Carabinieri-Wachtmeister Mario Trapassi (1950–1983) den Tod. Chinnici war der erste Richter, der in der Öffentlichkeitsarbeit gegen die Mafia aktiv war und zu diesem Zweck Schulen besuchte und an Konferenzen teilnahm. Außerdem initiierte er einen spezialisierten Antimafia-Richter-Pool und setzte einige seiner Mitarbeiter, darunter Giovanni Falcone (1939–1992), Paolo Borsellino (1940–1992) und Giuseppe Di Lello (geb. 1940) – später sollte zu diesem Pool noch Leonardo Guarnotta (geb. 1940) stoßen –, gezielt auf die Cosa Nostra an. Mit dem Oberstaatsanwalt Costa hatte Chinnici bis zu dessen Ermordung eng zusammengearbeitet. Es wird kolportiert, die beiden seien im Justizpalast im Aufzug auf und ab gefahren, wenn sie heikle Dinge zu besprechen hatten.

Nach all diesen Morden hätte das neue Antimafiagesetz nicht ausgereicht, um die aufgebrachte Bevölkerung zu beruhigen; der Staat mußte zeigen, dass er die Mafia ernsthaft bekämpfen wollte. Erstaunlicherweise tritt in diesem kritischen Moment ein Pentito (Reumütiger) ins Rampenlicht: Wenige Monate nach dem Tod Chinnicis im Oktober 1983 wurde in Brasilien der palermitanische Mafioso Tommaso Buscetta[31] verhaftet. In Begleitung von Giovanni (Gianni) De Gennaro (geb. 1948)[32], dem späteren italienischen Polizei- und Geheimdienstchef, wurde Buscetta nach Italien ausgeflogen. Dort begann Buscetta im Juli

1984 gegenüber dem Untersuchungsrichter Giovanni Falcone offiziell »auszupacken« und seine fulminante Aussage zu machen. Zwar trug ihm dieses Geständnis den Ruf ein, der erste große Pentito zu sein, was er aber keineswegs war. Denn Pentiti waren früher entweder ignoriert oder wie Leonardo Vitale (1941–1984) kurzerhand in die Psychiatrie eingewiesen worden.[33] Buscetta lieferte Falcone die Namen zahlreicher Mafiosi und beschrieb das Organigramm sowie das Regelwerk der Cosa Nostra. Zu den Verbindungen zwischen der Mafia und der Politik wollte sich Buscetta aber nicht äußern, und zwar mit der Begründung, dafür sei die Zeit noch nicht reif. (Reif war sie erst nach dem Fall der Berliner Mauer.)

Auf der Grundlage von Buscettas Aussage wurden Hunderte Haftbefehle gegen Mafiosi erlassen, von denen viele während des »Blitz von San Michele« in der Nacht des 29. September 1984 verhaftet wurden. Nachdem Buscetta das Okay gegeben hatte, entschloss sich im Oktober 1984 auch der seit 1982 inhaftierte Totuccio Contorno, mit den Behörden zusammenzuarbeiten. Im November wurden mit dem Mafiapolitiker Vito Ciancimino und den mafiosen Steuereintreibern Nino und Ignazio Salvo auch drei Mafiafreunde aus der »besseren Gesellschaft« verhaftet. Allerdings hatten zu diesem Zeitpunkt sowohl Ciancimino als auch die Salvo ihre politische Macht weitgehend verloren und außerdem ihre »Schäfchen« längst »ins Trockene« gebracht.[34]

In wenigen Monaten wurde zwischen 1985 und 1986 die hinter dem palermitanischen Ucciardone-Gefängnis gelegene Aula Bunker errichtet, ein modernes neues Gerichtsgebäude mit Käfigen für die Angeklagten, da es in der Stadt keinen Gerichtssaal gab, der eine so große Anzahl von Angeklagten hätte aufnehmen können. Der Maxiprozess – der größte Mafiaprozess des 20. Jahrhunderts, bei dem insgesamt 475 Mafiosi angeklagt waren – begann am 10. Februar 1986, stand prominent im Blickpunkt der Öffentlichkeit und löste ein großes Medienecho aus.[35] Auch der renommierte Antimafiaschriftsteller Leonardo Sciasca (1921–1989) meldete sich mit seinem am 10. Januar 1987 in der Tageszeitung Corriere della Sera veröffentlichten Artikel »I Professionisti dell'Antimafia« (Die Profis der Antimafia) zu Wort. Sciascia prangerte in dem Artikel die Gefahr an, dass einige »Antimafiaprofis«[36] den Kampf gegen die Mafia für persönliche Karrierezwecke missbrauchen würden, womit der namentlich genannte Richter Paolo Borsellino sowie Palermos Bürgermeister Leoluca Orlando (geb. 1947) gemeint waren. Applaudiert wurde Sciascia – sicher keineswegs von ihm gewollt – von den Mafiafreunden unter den Politikern sowie den Verteidigern der Ehrenmänner, während ihn das Coordinamento Antimafia als »Quaquaraquà«[37], als nutzlosen Schnatterer, beschimpfte.

Währenddessen standen in Palermo zahlreiche Mafiosi – darunter Luciano Leggio und Michele Greco – vor Gericht und verfolgten von ihren Käfigen aus den Prozess. Die bedeutendsten Bosse jedoch – die gesamte Führungsspitze der Corleoneser, also Riina, Provenzano und Bagarella – befanden sich auf der Flucht und setzten die Jagd auf die noch verbliebenen Feinde fort: Im Januar 1984 wurde in Catania der Journalist Giuseppe (Pippo) Fava (1925–1984) ermordet, der in seiner Monatszeitschrift I Siciliani couragiert die Verbindungen zwischen der Cosa Nostra und catanesischen Bauunternehmern angeprangert hatte.[38] Im April 1985 fand in Pizzolungo (TP) ein Bombenattentat auf den trapanesischen Ermittlungsrichter Carlo Palermo (geb. 1947) statt, dem Nachfolger bei den Untersuchungen seines ermordeten Kollegen Ciaccio Montalto.[39] Palermo selbst entging dem Anschlag knapp, aber die den Tatort zufällig passierende Barbara Rizzo und ihre sechsjährigen Zwillinge kamen ums Leben. Im Juli 1985 wurde in Porticello (PA) Giuseppe (Beppe) Montana erschossen, der Leiter der Sezione catturandi, der Fahndungsabteilung der palermitanischen Kriminalpolizei.[40] Und nur einen Monat nach diesem Verbrechen, im August 1985, wurde auf dem Nachhauseweg der stellvertretende Leiter der palermitanischen Kriminalpolizei, Antonino (Ninni) Cassarà (1947–1985), vor den Augen seiner Frau erschossen.[41] Cassarà war ein ähnlicher Superpolizist wie einst Giuliano, und mit ihm fand der junge Polizeibeamte Roberto Antiochia (1962–1985) den Tod. Er hatte seinen Urlaub abgebrochen, um seinem Vorgesetzten und Freund beizustehen.[42] Nach der Ermordung von Cassarà hatte es die Cosa Nostra geschafft, nahezu alle der für sie gefährlichen Polizisten zu beseitigen.

Nach knapp zwei Jahren fand der Maxiprozess seinen Abschluss. Das Gericht verurteilte am 11. November 1987 die Mehrheit der Angeklagten zu schweren Haftstrafen, darunter 19-mal lebenslänglich. Dies war nur deshalb möglich geworden, weil bei dem Verfahren das sogenannte

»Theorem Buscetta« zugrunde gelegt worden war, wonach für Morde die »Kuppel«, also die Mitglieder der palermitanischen Provinzkommission der Mafia, kollektiv verantwortlich gemacht wurde.

Nach dem Prozess keimte in der Bevölkerung die Hoffnung auf, die Cosa Nostra könne besiegt werden. Dies scheinen auch eine Reihe von Mafiosi geglaubt zu haben, die deshalb dem Beispiel von Buscetta, Contorno und dem nach seiner Verhaftung im Jahre 1986 ebenfalls aus der Cosa Nostra ausgestiegenen Antonino Calderone (1935–2013)[43] folgten und zu »Reumütigen« wurden. Es kam zu einer regelrechten Pentiti-Welle – ein nie zuvor dagewesenes Phänomen –, wobei anfangs ausschließlich Mitglieder der Verliererfamilien des Mafiakrieges der Cosa Nostra den Rücken kehrten. Viele Mafiosi stiegen wegen der Kronzeugenvergünstigungen aus, aber auch aus Rache gegenüber den Corleonesern. Diese reagierten auf die »Verräter« mit einer gnadenlosen »Vendetta trasversale«, mit der Ermordung von Familienangehörigen.[44] Die meisten Bosse beunruhigte das harte Urteil allerdings nicht allzu sehr. Sie gingen davon aus, dass es in der Berufung schon wieder »berichtigt« werden würde. Vorsichtshalber aber verpassten sie ihren christdemokratischen Freunden bei den Nationalwahlen im Juni 1987 einen Denkzettel, weil es diesen nicht gelungen war, beim Maxiprozess für milde Urteile zu sorgen: 1987 gab Totò Riina die Parole aus, nicht mehr »christlich« zu wählen, sondern stattdessen die Sozialisten zu unterstützen. Schließlich hatte sich der in Westsizilien kandidierende PSI-Politiker Claudio Martelli (geb. 1943) – übrigens auch der Partito Radicale (PR) – als Garantist[45] gebärdet, also als jemand, der sich für die verfassungsmäßigen Rechte der Angeklagten einsetzt. Zum Dank erhielten Martelli und seine Parteigenossen bei den Nationalwahlen in Wahlbezirken mit hoher Mafiadichte auffällig viele Stimmen, während die DC dort eine Wahlschlappe hinnehmen musste.[46]

Trotz der Verurteilungen im Maxiprozess gingen die Geschäfte weiter, auch wenn die Cosa Nostra im Bereich des Drogenhandels schwere Schläge hinnehmen musste: Die von amerikanischen Behörden – mit Rudolph (Rudy) Giuliani (geb. 1944), dem späteren New Yorker Bürgermeister, an der Spitze der Generalstaatsanwaltschaft der Stadt – durchgeführten Operationen »Pizza Connection« (1984) und »Iron Tower« (1988) führten zur Zerschlagung der beiden wichtigsten Drogenringe.[47] Im Rahmen der Operation »Pizza Connection« wurden mit Sal Catalano aus der New Yorker Bonnano-Familie sowie dem von Brasilien aus operierenden Tano Badalamenti die Köpfe eines der beiden wichtigsten Drogenringe verhaftet und anschließend zu langen Haftstrafen verurteilt. Die Operation »Iron Tower« indes führte zur Inhaftierung zahlreicher Cherry-Hill-Mafiosi und damit zur weitgehenden Zerstörung des Heroingeschäfts des Clans Gambino-Inzerillo-Torretta-Spatola-Di Maggio. Danach hatte die Cosa Nostra ihre führende Rolle im internationalen Heroinhandel eingebüßt – sie konnte sie nie mehr zurückgewinnen. Teilweise gelang es, die Geschäftsverluste mit dem Kokainhandel zu kompensieren, der zwischenzeitlich an Bedeutung gewonnen hatte und in Zusammenarbeit mit kolumbianischen Drogenkartellen durchgeführt wurde.[48] Das Baugeschäft mit öffentlichen Aufträgen lief in den 1980er-Jahren noch ganz hervorragend, wurde doch das System des Tavulinu (Siz. Tischchen) erfunden, an dem die Mafia, Unternehmer, Politiker und Bürokraten miteinander Bauaufträge ausmauschelten. An diesem »Tischchen« nahmen zunehmend auch festländische Großbetriebe wie Raul Gardinis (1933–1993) Ferruzzi-Gruppe oder die Firma Rizzani di Echer aus Udine Platz, aber auch Vertreter der norditalienischen »roten Genossenschaften«.[49] Als dann im Jahre 1991 die Carabinieri der palermitanischen Staatsanwaltschaft die Ergebnisse ihrer Ermittlung »Mafia & Appalti« (Mafia & Öffentliche Aufträge)[50] vorlegten, bei der es genau um dieses »Tischchen« ging, sah sich die Cosa Nostra gezwungen, das System zu modifizieren – weitergemacht wurde aber selbstverständlich trotzdem. Nicht zuletzt auch deshalb, weil bei dem anschließenden Prozess nur einige der subalternen Beteiligten des Tavulinu – so der Mafioso Angelo Siino (»Bronson«, geb. 1944), der Bauunternehmer Filippo Salamone (1942–2012) und der Geometer Giuseppe Li Pera (geb. 1949) – verurteilt wurden, während die Großunternehmer sowie die dank der Einstellung der Ermittlungen unbekannt gebliebenen Politiker völlig ungeschoren davonkamen. Die enormen Summen, die die Cosa Nostra im Drogenhandel verdient hatte, investierte sie in von Strohmännern geführten große Bauunternehmen, die vor allem in Palermo riesige Palazzi (Hochhäuser) hochzogen. Einige dieser Bauunternehmer flogen dann aber Anfang der 1990er-Jahre auf und ihr Besitz wurde beschlagnahmt.[51]

Was sich nach dem Maxiprozess ebenfalls fortsetzte, war die mafiose Gewalt: Im Januar 1988 wurde in der palermitanischen Via Cesareo der ehemalige Bürgermeister der Stadt Giuseppe Insalaco (1941–1988) in seinem Auto ermordet.[52] Er hatte ursprünglich zum korrupten DC-Establishment gehört, nach seiner Wahl zum Bürgermeister aber gemeint, einen »sauberen Kurs« fahren und gegenüber der Parlamentarischen Antimafiakommission über die Praktiken seiner ehemaligen Parteifreunde aussagen zu müssen. Nur zwei Tage nach der Ermordung von Insalaco wurde vor dem Spielzeuggeschäft seiner Frau im Stadtviertel Arenella von Palermo der Polizeibeamte Natale Mondo (1952–1988) getötet, der bei dem Mordanschlag auf Cassarà und Antiochia überlebt hatte.[53] Am 25. September 1988 brachte die Mafia nachts auf der Schnellstraße nahe Canicatti (AG) den Richter Antonino Saetta (1922–1988) zusammen mit seinem Sohn Stefano um.[54] Saetta war der erste rechtsprechende und nicht nur ermittelnde Richter, der Opfer der Mafia wurde. Saetta hatte nie durch öffentliche Auftritte als Antimafiarichter von sich reden gemacht, der Cosa Nostra war seine Haltung aber wohlbekannt – hatte Saetta doch die Mörder des Carabinieri-Hauptmanns Emanuele Basile in der Berufung zu lebenslangen Haftstrafen verurteilt. Saetta hätte beim Berufungsverfahren des Maxiprozesses den Vorsitz übernehmen sollen, was für die Cosa Nostra ein Desaster gewesen wäre. Nur einen Tag nach dem Mord an Saetta wurde in der Nähe von Trapani der Journalist Mauro Rostagno (1942–1988), der auch eine Drogenentzugsanstalt leitete, in seinem Auto erschossen.[55] Rostagno hatte in seinem Lokalfernsehsender Radio Tele Cine die Machenschaften der trapanesischen Mafia und deren Freunde in Politik und Wirtschaft angeprangert, außerdem scheint er über das Gladio-Lager »Scorpione«[56] in Trapani Bescheid gewusst zu haben. Im Juni 1989 fand ein Sprengstoffattentat auf den Ermittlungsrichter Falcone in dessen Sommervilla in einer Addaura genannten Gegend unterhalb des palermitanischen Monte Pellegrino statt, das allerdings misslang.[57] Zwei Monate später wurde der frisch verheiratete Polizist und Geheimdienstmitarbeiter Antonino Agostino (1961–1989) zusammen mit seiner schwangeren Frau Ida in Villagrazia di Carini (PA) erschossen, weil er über das Addaura-Attentat ermittelt hatte.[58] Im Zusammenhang mit diesem Attentat wurde ein gutes halbes Jahr später auch der ebenfalls für den

2 Von den revolutionären Squadre zu den Corleonesern 103

Geheimdienst tätige Polizist Emanuele Piazza (1960–1990) umgebracht, dessen Leiche nie auftauchte.[59] Im September 1990 traf es den Richter Rosario Livatino (1952–1990), der auf dem Weg von seinem Heimatort Canicatti (AG) zum Justizpalast von Agrigent auf einer Schnellstraße erschossen wurde.[60] Der wegen seines Alters später »Giudice ragazzino« (Richterjüngelchen) genannte Richter hatte allein gegen die mafiaähnlichen Stidda-Clans ermittelt. Ein Jahr später wurde im August 1991 in Kalabrien der Staatsanwalt Antonino Scopelliti (1935–1991) ermordet, der beim Kassationsgerichtsverfahren zum Maxiprozess die Anklage hätte vertreten sollen[61]: Die Mafia hatte erfolglos versucht, Scopelliti zu bestechen. Wenige Wochen später traf es in Palermo den Unternehmer Libero Grassi (1924–1991). Grassi hatte sich nicht nur geweigert hatte, Schutzgeld zu bezahlen, er hatte sogar die Cosa Nostra öffentlich in Leserbriefen und spektakulären Fernsehauftritten angegriffen.[62] Im April 1992 wurde der Carabiniere Giuliano Guazzelli (1934–1992) von einem überholenden Auto aus auf der Straße zwischen Agrigent und Porto Empedocle erschossen.[63] Guazzelli, der bereits einem Anschlag entgangen war, wusste nicht nur bestens über die Clans von Agrigent Bescheid, sondern hatte auch Untersuchungen über den DC-Politiker Lillo Mannino angestellt, dem Mafiabeziehungen angelastet wurden. Im Juli 1992 wurde in Catania der dort besonders populäre Polizist Giovanni Lizzio (1945–1992)[64] ermordet: Die Corleoneser hatten den catanesischen Capofamiglia Santapaola, der sich – um seinen Geschäften vor Ort nicht zu schaden – an der Gewalt gegen Staatsvertreter bislang nicht beteiligt hatte, zu dem Mord gedrängt. Im Januar 1993 ermordeten Mafiosi den Journalisten Giuseppe (Beppe) Alfano[65] aus Barcellona Pozzo di Gotto (ME), der der Cosca seiner Heimatstadt auf der Spur gewesen war. Am 15. September 1993 schließlich erschossen Mafiosi den palermitanischen Armenpriester Giuseppe (Pino) Puglisi (1937–1993)[66], und zwar an dessen 56. Geburtstag, weil dieser in dem sozial schwierigen Stadtteil Brancaccio ein Sozialzentrum initiiert hatte, um Armen zu helfen sowie Kinder und Jugendliche den Fängen der Mafia zu entreißen. Außerdem hatte er bei seinen Predigten erklärt, dass man nicht gleichzeitig ein Katholik und Mafioso sein könne.

Trotz dieser Verbrechen war es aufgrund der Verurteilungen im Maxiprozess zu einer gewissen Beruhigung der Öffentlichkeit gekommen – man kehrte wieder zur Normalität zurück und reduzierte die Justiz- und Polizeiaktionen gegen die Cosa Nostra. Folglich ernannte der Oberste Richterrat CSM nach der Pensionierung des obersten Untersuchungsrichters Antonino Caponetto (1920–2002), der Chinnicis Antimafia-Richter-Pool perfektioniert hatte, im Januar 1988 nicht Giovanni Falcone zu dessen Nachfolger.[67] Obwohl Falcone durch den Maxiprozess als Antimafiarichter berühmt geworden war, entschied sich der CSM, offiziell wegen des Anciennitätsprinzips, für den betagten und in Mafiaermittlungen unerfahrenen Antonino Meli (1920–2014). Dieser nutzte seine Befugnisse als Ermittlungsrichterchef[68], um sofort den Pool aufzulösen und die Mafiauntersuchungen auf verschiedene Gerichtsbezirke aufzuteilen. Damit entstand wieder dieselbe Situation, wie sie vor den Zeiten Chinnicis und Caponettos bestanden hatte, und die Mafiaermittlungen kamen zum Stillstand. Einige der Richter des alten Pools wie Giuseppe Di Lello ließen sich daraufhin frustriert versetzen. Ganz ähnlich verhielt sich die Situation bei der palermitanischen Kriminalpolizei: Die wenigen nach der Ermordung von Cassarà noch verbliebenen fähigen Ermittler – allen voran Saverio Montalbano und Francesco Accordino – wurden versetzt und durch unerfahrene Neulinge, teilweise frisch von der Polizeiakademie kommend, ersetzt.[69] Außerdem verschärften sich innerhalb des palermitanischen Justizpalastes die Konflikte, als im Juli 1989 die anonymen Briefe des »Corvo«[70] – vermutlich eines Insiders – auftauchten. Der Corvo beschuldigte vor allem Falcone und De Gennaro, den Ex-Mafioso Totuccio Contorno als »Staatskiller« eingesetzt zu haben, weil Contorno – obwohl er sich in einem Zeugenschutzprogramm befand – in dieser Zeit heimlich nach Sizilien zurückgekehrt war, um Morde zu begehen. Noch dramatischer wurde die Situation im Justizpalast, nachdem im Jahr 1990 Pietro Giammanco (1931–2018) palermitanischer Generalstaatsanwalt geworden war. Giammanco wollte nichts von Ermittlungen gegen die Mafia wissen – und schon gar nicht gegen Mafiapolitiker. Und so geriet die Staatsanwaltschaft im Mai 1990 ins Kreuzfeuer der Kritik, als Palermos Bürgermeister Leoluca Orlando in der Fernsehsendung Sammarcanda erklärte, in den Schubladen der Staatsanwaltschaft – gemeint war Falcone – würden brisante Fälle ruhen, denen man nicht nachgehen würde.[71] Die Krönung dieser wieder nachlässig gewordenen Haltung gegenüber der Mafia war im Dezember 1990 das Urteil im Berufungsverfahren des Maxiprozesses: Die Zahl der lebenslangen Haftstrafen wurde von ursprünglich 19 auf zwölf reduziert, auch viele andere Haftstrafen fielen deutlich geringer aus – und es gab 86 Freisprüche.[72] Das milde Urteil war absehbar gewesen, hatte sich doch bereits im Dezember 1988 das Kassationsgericht gegen das »Theorem Buscetta« ausgesprochen – und damit gegen die Grundlage des Maxiprozesses. Überdies hatte das Kassationsgericht im Dezember 1990 die Freilassung von Mafiakillern veranlasst, weil die Haftfristen verstrichen waren, sodass Bosse vom Kaliber eines Leoluca Bagarella freikamen und selbstverständlich sofort untertauchten.

Für die Cosa Nostra schien also alles langsam wieder in Ordnung zu kommen. Und mit Sicherheit hätte das Kassationsgericht die Urteile des Berufungsprozesses bestätigt, wären nicht die alten politischen Ansprechpartner der Cosa Nostra außer Gefecht gesetzt worden. Verantwortlich für diese Entwicklung war der Fall der Berliner Mauer im November 1989, der nicht ohne Folgen für das politische System Italiens blieb.[73] Vor dem Ende des Kalten Krieges wählten zahlreiche Italiener trotz ihres korrupten Gebarens die Christdemokraten, weil sie angeblich im Vergleich mit den Kommunisten das kleinere Übel darstellten. Diese Haltung kommt in dem häufig zitierten Satz des bekannten Journalisten Indro Montanelli (1909–2001) zum Ausdruck, der 1976 gesagt hatte: »Halten wir uns die Nase zu und wählen DC.«[74]

Nach dem Mauerfall gab es für viele keinen Grund mehr, die DC weiter zu unterstützen. Auch die Amerikaner, die seit der Gründung der italienischen Republik stets ihre schützende Hand über die Christdemokraten gehalten hatten – vor allem wenn, wie in der unmittelbaren Nachkriegszeit oder in den 1970er-Jahren, die Kommunisten zu stark zu werden drohten –, sahen nach der Auflösung der beiden großen politischen Blöcke dazu keinen Anlass mehr. Amerikanische Diplomaten sollen vor allem nach der Wahl Bill Clintons (geb. 1946) im November 1992 nicht müde geworden sein zu betonen, dass nun in Italien regieren könne, wer immer wolle.[75]

Und so kam es zur Gründung neuer Parteien, etwa den rechtspopulistischen Leghen in Norditalien oder der Antimafiapartei La Rete (Das Netz)[76] in Sizilien. Außerdem initiierte der Christdemokrat Mariotto

(Mario) Segni (1939) bereits im Jahr 1988 eine Wahlrechtsreformbewegung, um das alte Verhältniswahlrecht mit seinen vier Präferenzstimmen, das in Süditalien dubiosen Politikern und der Mafia den Stimmenkauf ermöglicht hatte, abzuschaffen. Trotz des massiven Widerstands der DC und des PSI waren Segnis Bemühungen erfolgreich: Bei dem Referendum im Juni 1991 sprachen sich 98 % der Wähler für die Abschaffung der Präferenzstimmen aus, obwohl der Sozialistenführer Bettino Craxi dazu aufgefordert hatte, nicht an der Abstimmung teilzunehmen, sondern stattdessen ans Meer zu fahren. Bei einem weiteren Referendum wurde schließlich das Verhältniswahlrecht im April 1993 durch ein Mehrheitswahlrecht ersetzt. Zweifelsohne verschlechterte das neue Wahlsystem den Einfluß der alten Parteien, denen es aufgrund der schweren Wirtschaftskrise des Landes und der durch europäischen Druck allmählich einsetzenden Privatisierung zahlreicher staatlicher und halbstaatlicher Unternehmen immer schwerer fiel, ihre Wähler mit Geschenken bei Laune zu halten. Dennoch schafften es Andreottis DC und Craxis PSI bei den Nationalwahlen im April 1992, zusammen die absolute Mehrheit zu erlangen, wenn sie auch starke Stimmenverluste – vor allem zugunsten der Lega Nord (LN) von Umberto Bossi (geb. 1941) – hatten hinnehmen müssen. Bei diesen Wahlen erzielte die in Sizilien stark gewordene Antimafiapartei La Rete mit knapp 2 % zumindest einen Achtungserfolg.

Was jedoch die Erste Italienische Republik – wie die Zeit von 1948 bis 1994 genannt wird – endgültig zum Zusammenbruch brachte, war der Tangentopoli-Skandal[77], der ein politisches Erdbeben hervorrief: Auslöser war im Februar 1992 die Verhaftung des Sozialisten Mario Chiesa (geb. 1944), Leiter des großen Altenheims Pio Albergo Trivulizio in Mailand, der von dem Staatsanwalt Antonio Di Pietro (geb. 1950) dabei erwischt wurde, wie er Schmiergeld von einem Reinigungsunternehmen entgegennahm. Da sich sein Parteichef Craxi von ihm als einem »faulen Apfel« distanzierte, rächte sich Chiesa und packte in der Untersuchungshaft aus. Daraufhin griff die von Oberstaatsanwalt Francesco Saverio Borrelli (1930–2019) geleitete und von seinem Richter-Pool durchgeführte Untersuchung »Mani Pulite« (Saubere Hände) sehr schnell auf die ganze Lombardei und später auf andere Regionen über – mit dem Ergebnis, dass in den Jahren 1992 und 1993 zahlreiche Politiker, Beamte und Unternehmer im ganzen Land verhaftet wurden, die alle Tangenti (Schmiergelder) entgegengenommen oder gezahlt hatten. In Sizilien wurde zwischen 1992 und 1995 gegen mehr als die Hälfte aller Regionalabgeordneten und gegen 17 Nationalabgeordnete ermittelt. Infolge des Skandals, der zu großen Demonstrationen im ganzen Land führte, sahen sich im Jahr 1994 sowohl die DC als auch der PSI zur Auflösung gezwungen.

In dieser für die Regierungsparteien kritischen Situation ließ sich im März 1991 Giovanni Falcone von dem sozialistischen Justizminister Claudio Martelli, einem Kabinettsmitglied von Premierminister Giulio Andreotti, nach Rom rufen, wo er das Amt eines Direttore Generale degli Affari penali, also Generaldirektors für Strafsachen, annahm. Manche verübelten Falcone diesen Schritt und warfen ihm vor, er würde sich an Martelli und Andreotti verkaufen, die beide nicht gerade in dem Ruf standen, Antimafiapolitiker zu sein, und daher ihr Image aufbessern mussten. Dies galt besonders für Andreotti, der das Amt des Staatspräsidenten anstrebte. In der Zeit Falcones in Rom wurden dann tatsächlich weitreichende Gesetze gegen die Mafia erlassen: So wurde durch das Gesetz Nr. 410/91 die Direzione Investigativa Antimafia (DIA), eine Antimafiaermittlungsbehörde, geschaffen; mit dem Gesetz Nr. 221/91 wurde die Auflösung von mafios infiltrierten Stadt- und Gemeinderäten möglich; das Gesetz Nr. 8/92 etablierte eine nationale Antimafiastaatsanwaltschaft, der auf regionaler Ebene insgesamt 26 Direzioni Distrettuali Antimafia (DDA), spezialisierte Richter-Pools, zugeordnet sind; durch das Gesetz Nr. 172/92 wurde ein Fond zur Unterstützung von Mafiaopfern gegründet; und das Gesetz Nr. 16/92 schließlich verbot wegen Mafiavergehen verurteilten oder angeklagten Personen, öffentliche Ämter zu bekleiden.[78] Darüber hinaus machte Martelli gemeinsam mit seinem christdemokratischen Kollegen, dem Innenminister Vincenzo Scotti (geb. 1933), per Dekret im März 1991 eine vom Kassationsgericht angeordnete Freilassungsentscheidung für Mafiabosse rückgängig.

Als im Dezember 1991 die Überprüfung der Urteile des Maxiprozesses beim Kassationgericht[79] in Rom anstand, setzte die Mafia alle ihre Hoffnungen auf den Richter Corrado Carnevale (geb. 1930), den Präsidenten des für Mafiavergehen zuständigen Senats des Kassationsgerichtes, schließlich hatte der »Ammazzasentenze« (Urteilskiller), wie die Presse Carnevale nannte, doch stets mithilfe juristischer Spitzfindigkeiten Urteile gegen Mafiosi annulliert – bis zu diesem Zeitpunkt bereits rund 500! Hätte er dies auch bei den Urteilen des Maxiprozesses versucht, wäre es in der ohnehin gereizten Bevölkerung mit Sicherheit zu einem Eklat gekommen. Carnevale musste also »ausgeschaltet« werden, weshalb Martelli eine Kontrolle der von Carnevales Strafkammer erlassenen Urteile anordnete. Während diese Untersuchung durchgeführt wurde, beschloss der oberste Präsident des Kassationsgerichts eine Rotation der Senatspräsidenten. Das Ergebnis war, dass der Überprüfung der Maxiprozessurteile nun nicht Carnevale, sondern Arnaldo Valente (†2021) vorsaß. Das Verfahren dauerte knapp zwei Monate, und am 30. Januar 1992 wurden die harten Urteile der ersten und nicht die milden der zweiten Instanz bestätigt.

Die Cosa Nostra betrachtete die Entscheidung des Kassationsgerichts als Todesstoß und reagierte mit äußerster Härte: Nur zwei Monate nach der Urteilsverkündung erschossen Mafiakiller am 12. März 1992 in Palermos Badevorort Mondello vor dessen Villa den mächtigen Chef der sizilianischen DC Salvo Lima, Andreottis Statthalter in Sizilien. Im September desselben Jahres traf es einen weiteren Andreotti-Freund, und zwar den bereits während des Maxiprozesses verurteilten DC-Mäzen Ignazio Salvo. Sein ebenfalls verurteilter Cousin Nino entging diesem Schicksal, weil er bereits 1986 in einer Schweizer Klinik einem Krebsleiden erlegen war. Die Morde an Lima und Salvo waren eine »Ohrfeige« für Andreotti, den »Oberpaten« der Cosa Nostra, der nicht dafür gesorgt hatte, dass beim Kassationsgericht ein mafiafreundliches Urteil gefällt worden war. Aber dazu wären weder Andreotti noch andere politische Freunde der Cosa Nostra in den frühen 1990er-Jahren in der Lage gewesen. Die Ermordung Limas hatte dazu beigetragen, dass der ohnehin diskreditierte Andreotti nun nicht wie von ihm erhofft, zum Staatspräsidenten gewählt wurde.

Nach dem Urteil des Kassationsgerichts wurden nicht nur Lima und Salvo umgebracht, sondern es setzte eine unglaubliche Welle mafioser Gewalt ein: Auf der Autobahn zwischen dem Flughafen Punta Raisi und Palermo wurde am 23. Mai 1992 Giovanni Falcone[80] mit seiner Frau Francesca Morvillo und den drei Leibwächtern Antonio Montinari, Rocco Dicillo und Vito Schifani mit einer Bombe in die Luft gesprengt. Nur zwei Monate später, am 19. Juli, fand Falcones langjähriger Freund, der Staatsanwalt Paolo Borsellino[81], zusammen mit seinen fünf Leibwächtern Agostino Catalano, Walter Eddie Cosina, Vincenzo Li Muli, Emanuela Loi und Claudio Traina in der palermitanischen Via d'Amelio den Tod. Der Staatsanwalt hatte seine dort in einem Hochhaus wohnende Mutter besuchen wollen, als ihn ein mit Sprengstoff beladener Fiat in den Tod riss.

Die beiden Attentate auf die als Antimafiarichter berühmt gewordenen Magistrate lösten landesweit Entsetzen aus: Tausende Menschen nahmen an Kundgebungen und Trauermärschen teil, Leintücher wurden aus den Fenstern gehängt und der Magnolienbaum vor dem Wohnhaus Falcones in der Via Notarbartolo wurde mit Blumen, Briefen und Kränzen geschmückt. So war die Politik erneut zum Reagieren gezwungen: Die Regierung schickte im Rahmen der Operation »Vespri Siciliani« 7000 Soldaten auf die Insel, die die Polizeikräfte entlasten und für mehr Sicherheit sorgen sollten.[82] Außerdem wurden die Antimafiagesetze weiter verschärft. Beispielsweise wurde mit dem Gesetzesdekret Nr. 306 der Artikel 41 der Haftordnung mit einem neuen Absatz (Art. 41bis) ergänzt, womit der »Carcere duro« (Strenge Haftbedingungen) eingeführt wurde. Ferner wurden die Hochsicherheitsabteilungen zweier Spezialgefängnisse – das eine auf der Insel Pianosa (Toskana), das andere auf der Insel Asinara (Sardinien) – wieder eröffnet. In nur einer Nacht wurden knapp hundert Mafiosi in diese Gefängnisse geschafft.

Trotz zahlreicher Prozesse sind die Morde an Falcone und Borsellino bis heute unaufgeklärt. Die Täter kamen aus den Reihen der Mafia, aber die »Mandanti occulti« (Heimliche Auftraggeber) sind bis heute unbekannt. Viele Mafiosi waren mit diesen Attentaten von Anfang an nicht einverstanden gewesen. Der Aussteiger Salvatore Cancemi (1942–2011) berichtete beispielsweise von einem heftigen Wortgefecht zwischen Riina und Raffaele Ganci, als über das Attentat an der Via D'Amelio gesprochen wurde. Riina, der die Organisation nachgerade zu diesen Attentaten zwang, erklärte dem widerspenstigen Ganci: »Faluzzu, das liegt in meiner Verantwortung.«[83] Als sich Riina entfernt hatte, flüsterte Ganci seinen Kollegen zu: »Der will uns alle ruinieren.«[84] Ganci war klar, dass die Anschläge massive Reaktionen des Staates nach sich ziehen würden. Auch der Mafiapolitiker Ciancimino war laut Aussagen seines Sohnes Massimo der Überzeugung, Riina sei verrückt geworden. Er sagte zu Massimo: »Das ist nicht mehr Mafia, dass ist Terrorismus.«[85]

Zahlreiche Mafiaaussteiger wie Giovanni Brusca (geb. 1957) oder Tullio Cannella (geb. 1953) waren sich sicher, dass es sich bei den beiden Richtermorden um eine Gefälligkeit gehandelt habe: Riina habe auf diesen Morden bestanden, weil ihm versprochen worden sei, dass sich die Probleme der Cosa Nostra danach lösen würden.[86] Was auch für Auftragsmorde spricht, ist, dass bei den anschließenden Ermittlungen nicht nur zahlreiche Beweise wie die Daten auf Falcones Computern oder Borsellinos rotes Notizbuch auf mysteriöse Weise verschwanden, sondern auch ganz bewusst falsche Fährten gelegt wurden.[87] Alles deutet in Richtung einer Beteiligung der Geheimdienste und darauf, dass wichtige Zeugen unsauberer politischer Machenschaften der Ersten Republik aus dem Weg geschafft werden sollten.

Nur ein Jahr nach den beiden Richterattentaten setzte sich die mafiose Gewalt auf dem italienischen Festland mit einer Welle mysteriöser Anschläge fort:[88] Am 14. Mai 1993 wurde in der Via Ruggero Fauro in Rom ein Bombenanschlag auf den Fernsehjournalisten Maurizio Costanzo (1938–2023) verübt, der aber missglückte. Knapp zwei Wochen später wurde am 27. Mai in der Via dei Georgofili im historischen Zentrum von Florenz eine Bombe gezündet, die fünf Menschen tötete und die Uffizien beschädigte. Am 27. Juli desselben Jahres explodierten in Rom weitere Bomben, eine nahe der Basilika San Giovanni in Laterano, eine weitere bei der Kirche San Giorgio di Velabro. Am gleichen Tag ging eine Bombe in den Gärten des Rathauses in der Via Palestro in Mailand hoch. Diese Attentate führten zu sechs Toten und vielen Verletzten. Ein für den 13. Oktober 1993 am Ausgang des Olympiastadions von Rom am Viale dei Gladiatori geplantes Attentat missglückte.

Warum diese Attentate durchgeführt wurden, ist bis heute unklar. Manche sind der Auffassung, die Cosa Nostra habe den Staat an den Verhandlungstisch zwingen wollen. Riina soll gesagt haben, dass zuerst Krieg geführt werden müsse, um später Frieden zu schließen. In diesem Kontext ist die Rede von einer »Trattativa«[89] (Verhandlung), einer Verhandlung zwischen der Cosa Nostra und Vertretern des Staates. Tatsächlich trafen sich irgendwann zwischen Juni und August 1992 der

Mafiapolitiker Ciancimino, der Carabinieri-General Mario Mori (geb. 1939), der Carabinieri-Hauptmann Giuseppe De Donno sowie weitere nicht identifizierte Personen in Ciancimino Wohnung in Rom. Bei diesen Gesprächen soll Ciancimino den Carabinieri einen von Antonino Cinà (geb. 1945) geschriebenen »Papello«[90] (Verzeichnis) mit Forderungen Riinas vorgelegt haben. Dabei handelte es sich um einen Katalog mit zwölf Punkten, deren wichtigste eine Revision des Maxiprozesses, die Abschaffung der harten Haftbedingungen für Mafiosi sowie die Schließung der Hochsicherheitsgefängnisse Asinara und Linosa waren. Aufgrund dieses Treffens mussten sich später Moro und De Donno vor Gericht verantworten, wurden aber vom Vorwurf der Zusammenarbeit mit der Mafia freigesprochen. Andere vermuten, bei den Anschlägen im Jahr 1993 habe es sich um eine Strategie der Spannung gehandelt – vergleichbar dem Attentat an der Portella della Ginestra oder den rechtsterroristischen Anschlägen der »bleiernen Zeit« der 1960er- bis 1980er-Jahre. Die Rede ist von einem »großen Architekten«, der einer neuen politischen Ordnung und einem neuen starken Mann den Weg habe freibomben wollen.[91] Tatsächlich berichteten diverse Mafiaaussteiger von Treffen mit dem Medienmogul Silvio Berlusconi in Mailand. Der Aussteiger Salvatore Cancemi berichtete, Riina sei davon überzeugt gewesen, dass sich Berlusconi um die Anliegen der Cosa Nostra kümmern würde. Riina habe ihm gesagt, er »halte Dell'Utri und Berlusconi in den Händen«.[92] Überdies berichtete der Ex-Ehrenmann Maurizio Avola (geb. 1961) von einem Mafiagipfel in Palermo im Jahr 1992, bei dem Riina den Ehrenmännern den Plan unterbreitet habe, in Italien durch Terrorattacken ein Klima der Spannung zu schaffen, das den alten politischen Kräften schade, um einer neuen politischen Gruppierung Platz zu machen. Auch der Mafia-Aussteiger Gaspare Spatuzza (geb. 1964) berichtete, er wisse von seinem Capo Giuseppe Graviano (geb. 1963), dass Berlusconi der Mafia Zusicherungen gemacht habe. Die Mafiosi insgesamt scheinen davon überzeugt gewesen zu sein, dass hinter Riinas Strategie andere steckten, die auf ihn Druck ausübten und ihn »an der Hand hielten«.[93]

Erneut waren nicht alle Mafiosi mit den Terroranschlägen einverstanden. Bereits nach den Attentaten auf Falcone und Borsellino hatte Ciancimino Provenzano dazu aufgefordert, die Situation nun endlich selbst in die Hand zu nehmen. Riina hätte seine Strategie der Gewalt mit Sicherheit fortgesetzt, wäre er nicht gestoppt worden. Dies geschah am 15. Januar 1993, als der seit 1970 flüchtige Riina zusammen mit seinem Fahrer Salvatore Biondino (geb. 1953) in der Via Regione Siciliana durch den Carabinieri-Hauptmann Sergio De Caprio (Deckname »Capitano Ultimo«, geb. 1961) verhaftet wurde. Angeblich hatten sich die Carabinieri von dem Mafioso Baldassare (Balduccio) Di Maggio (geb. 1954) aus San Giuseppe Jato (PA) bei der Suche nach Riina helfen lassen – eine Version, die so viele Widersprüchlichkeiten aufweist, dass sie bald niemand mehr glaubte.[94] Vielleicht war es ja bei dem Treffen in Rom zwischen Ciancimino und den Carabinieri unter anderem auch um die Festnahme Riinas gegangen? Innerhalb der Mafia war man schnell zur Überzeugung gelangt, dass Riina verraten wurde, wobei der Verdacht auf Ciancimino und Provenzano fiel.[95] Dass bei Riinas Verhaftung nicht alles mit rechten Dingen zugegangen sein kann[96], lässt auch der Umstand vermuten, dass die Überwachung der Villa in der Via Bernini, in der Riina mit seiner Familie gelebt hatte, sofort nach Riinas Verhaftung eingestellt wurde – angeblich wegen eines Missverständnisses zwischen Staatsanwaltschaft und Carabinieri! Das gab jedenfalls den Mafiosi die Zeit, die Villa komplett auszuräumen und sogar neu zu streichen, sodass sich nicht einmal mehr Fingerabdrücke fanden. Viele sind davon überzeugt, dass damals Riinas berühmtes Archiv verschwand – also Dokumente, durch die viele Personen erpresst werden konnten.

2.7 Die Mafia geht »in Deckung«

Nach der Verhaftung von Riina ging die Cosa Nostra »in Deckung« und ergriff Maßnahmen, um unsichtbar zu werden und sich zu reorganisieren. Unter Führung von Bernardo Provenzano beendete sie die Strategie des Terrors, verzichtete weitgehend auf Gewalt und führte in der Organisation wieder die »Demokratie« ein. Trotz aller Schwierigkeiten gelang es ihr, sowohl ihre alten Geschäfte fortzuführen als auch neue Tätigkeitsfelder zu erschließen. Politisch jedoch musste sie sich aufgrund des radikalen Wandels der Parteienlandschaft neu orientieren, hatte aber bald in Berlusconis Forza Italia (FI) eine neue »Lieblingspartei« gefunden. Der Umstand, dass erstmals hochrangige Staatsmänner wie Giulio Andreotti wegen ihrer Mafiabeziehungen vor Gericht landeten, hat die Politik aber zu einem vorsichtigeren Umgang mit der Mafia gezwungen. Seit der Verhaftung Provenzanos, der inzwischen genau wie Riina im Gefängnis verstorben ist, verfügt die Cosa Nostra über keine zentrale Führung mehr. Das hindert die Clans aber nicht daran, ihr Tun fortzusetzen. Allerdings sind die Ehrenmänner von heute nicht mehr aus dem gleichen »Holz geschnitzt« wie früher, sondern ziemliche »Leichtgewichte«.

Nach Riinas Verhaftung entstand in der Organisation zunächst eine chaotische Situation: An der Basis wusste man nicht mehr, an wen man sich bei strittigen Fragen wenden sollte, und in der Folge trafen die Capi ihre Entscheidungen wieder selbst. Außerdem traten nun die bereits vorher vorhandenen Konflikte über die Strategie offen zutage: Auf der einen Seite standen die »Falken« um Riinas Schwager Bagarella, auf der anderen die »Tauben« um Provenzano.[1] Zur ersten Gruppe, die die Strategie der Gewalt fortführen wollte und als ersten Schritt dazu die Tötung je eines Carabiniere pro Station in Sizilien plante, zählten Giovanni Brusca aus San Giuseppe Jato (PA), Domenico Raccuglia (»'U Vitirinariu« = Der Tierarzt, geb. 1964) aus Altofonte (PA), Matteo Messina Denaro (»'U Siccu« = Der Dünne, 1962–2023) aus Castelvetrano (TP), Giuseppe Graviano (geb. 1963) aus dem Brancaccio, Peppino Farinella (1925–2017) aus San Mauro Castelverde (PA) und Vito Vitale (»Fardazza«, geb. 1959) aus Partinico (PA). Zur zweiten Gruppe, die von Anfang an nicht mit Riinas Terrorstrategie einverstanden gewesen war, es aber nicht gewagt hatte, ihr offen entgegenzutreten, gehörten Pietro Aglieri (geb. 1959) von der palermitanischen Familie Santa Maria del Gesù, Raffaele Ganci von der ebenfalls palermitanischen Noce-Familie, der Bezirkschef von Belmonte Mezzagno (PA), Benedetto Spera (geb. 1934), Antonino (Nino) Giuffrè (»Manuzza« = kleine Hand, geb. 1945) aus Caccamo (PA), Giuseppe (Piddu) Madonia (geb. 1946) aus Vallelunga Pratameno (CL) und Nitto Santapaola aus Catania. Obwohl Bagarella, der Schwager des »Diktators«, die Führung an sich riss, konnten sich die Anhänger des harten Kurses nicht durchsetzen. Bagarella wurde nicht einmal in seinem eigenen Lager als Führer anerkannt. Der Dissens innerhalb der Mafia wurde für die Hardliner durch den

Verdacht, Provenzano habe Riina verraten, verstärkt und hätte durchaus in Gewalttätigkeiten ausarten können. Dies geschah deshalb nicht, weil bald die wichtigsten Falken verhaftet wurden: Zuerst traf es Bagarella (1995), dann Brusca (1996) und schließlich Vitale (1998).

Nach Bagarellas Verhaftung übernahm Provenzano das Kommando, ohne allerdings je zum Capo dei Capi gekürt zu werden. Diese Position kam nämlich gemäß dem mafiosen Regelwerk trotz seiner Inhaftierung nach wie vor Riina zu. Provenzano dürfte sich nach der Führungsrolle nicht gedrängt haben, aber jemand musste in der Krisensituation die Zügel in die Hand nehmen. Da Provenzano der offizielle Stellvertreter Riinas war, brachte er dafür bessere Karten mit als jeder andere. Provenzano, der wie Riina einer armen Corleoneser Bauernfamilie entstammte, hatte sich schon lange vom ungehobelten »Tratturi« (Siz. Traktor), wie er einst genannt wurde, zum »Ragioniere« (Buchhalter) gewandelt. »Buchhalter« wurde er genannt, weil er sich mehr für das Geschäft als für die Macht interessierte.[2] Sein Führungsstil war völlig anders als der Riinas, denn er mischte sich nicht in die Angelegenheiten der Familien ein, was eine Rückkehr zum ursprünglichen »Demokratiemodell« nach sich zog.

Provenzano beschränkte sich darauf, Lösungen für grundsätzliche strategische Fragen zu finden. Dazu zählten der Einsatz von Gewalt, die Erhöhung der Sicherheit sowie der zukünftige Umgang mit der Politik. Diese Punkte besprach Provenzano zunächst mit den »Köpfen« der Cosa Nostra, mit dem Arzt Antonino Cinà, dem Unternehmer Tommaso (Masino) Cannella (geb. 1940) und dem in Finanzdingen bewanderten Geometer Giuseppe (Pino) Lipari (geb. 1943), bevor er seine Vorstellungen in der Organisation zur Diskussion stellte. Zu diesem Zweck wurden in abgelegenen Gehöften auf dem Land, meist in der Nähe von Mezzojuso (PA), Treffen in kleinen Grüppchen mit Spitzenmafiosi abgehalten. Provenzano schlug seinen Kollegen vor, dass die Cosa »in Deckung« gehen müsse und keine Gewalttaten mehr begehen dürfe. Als der Aussteiger Nino Giuffrè nach einem längeren Gefängnisaufenthalt Provenzano wiedersah, bemerkte er verblüfft, dass dieser plötzlich »Anzeichen von Heiligkeit« gezeigt habe.[3]

2 Von den revolutionären Squadre zu den Corleonesern

Mit seiner Position rannte Provenzano bei den anderen Ehrenmännern offene Türen ein: Zwischenzeitlich waren nämlich die meisten zu der Auffassung gelangt, dass Riinas Gewaltexzesse einen Riesenschaden angerichtet hätten. Man erinnerte sich an das Sprichwort »Calati junco, ca. passa la china«[4] (Siz. Krümme Dich Binse, bis das Hochwasser vorbei ist) und kam überein, für einen Zeitraum von fünf bis sieben Jahren nicht mehr aufzufallen – in der Hoffnung, dass dann Gras über die Attentate gewachsen sein werde. Es wurde also einvernehmlich beschlossen, auf eklatante Gewalttaten wie Bombenanschläge oder Morde an Staatsvertretern zu verzichten. Ferner wurde die Devise ausgegeben, auch interne Konflikte möglichst friedlich zu lösen. Dabei galt wieder die alte Regel, dass Morde nur mit Erlaubnis der Führung durchgeführt werden durften. Die meisten Mafiosi hielten sich daran, auch wenn einige gelegentlich grummelten:

Schau, den würde ich erdrosseln, (…) aber vorläufig kann ich nicht, weil wir ruhig bleiben müssen. Wir können nichts tun, außer mit der Genehmigung des Wasserkopfes.[5]

Dem um Ausgleich bemühten Provenzano gelang es sogar, einen schwelenden Konflikt zwischen den damals wichtigsten Capi in Palermo unter Kontrolle zu halten:[6] Zwischen Salvatore (Totuccio) Lo Piccolo (geb. 1942), dem Bezirkschef von San Lorenzo, und Antonino (Nino) Rotolo (geb. 1946), dem Bezirkschef von Pagliarelli. Lo Piccolo hatte seine Karriere als Fahrer des Bezirkschefs von San Lorenzo, Rosario (Saro) Riccobono (1929–1982) begonnen, der während des Mafiakrieges auf der Verliererseite stand und der »Lupara Bianca« zum Opfer fiel. Lo Piccolo hatte sich zwar rechtzeitig auf die Seite der Corleoneser geschlagen, wurde aber den Makel des Seitenwechslers nie richtig los. Rotolo hingegen war einer der loyalsten Corleoneser der ersten Stunde gewesen und außerdem mit zweien der damals wichtigen Ehrenmänner Palermos befreundet, mit Francesco Bonura (geb. 1942), dem Vizecapo der Familie Uditore, sowie mit dem Arzt und Provenzano-Vertrauten Antonino Cinà. Der ehrgeizige Lo Piccolo strebte an, die Nummer eins in Palermo zu werden, was er mit verschiedenen Mitteln zu bewerkstelligen versuchte: Er schloss Bündnisse mit zahlreichen Regenten, so dass er irgendwann zwei Drittel von Palermo kontrollierte. Darüber hinaus schmiedete er Allianzen mit den Capi der Familien von Capaci (PA) und Carini (PA) sowie mit dem mächtigen Provinzrepräsentanten von Trapani, Matteo Messina Denaro. Was für den ebenfalls ambitionierten Widersacher Rotolo das Fass zum Überlaufen brachte, war, dass Lo Piccolo die Verwandten der im zweiten Mafiakrieg in die USA geflohenen Verliererfamilien zur Rückkehr einlud. Tatsächlich ließen sich ab 1997 immer mehr »Scappati« im einst von Totuccio Inzerillo kontrollierten Stadtteil Passo Di Rigano nieder. Zu ihnen zählten dessen Brüder Francesco (Franco) und Rosario, sein Sohn Giovanni, sein Neffe Giuseppe sowie diverse seiner Cousins. Damit war Rotolo nicht einverstanden, denn nach wie galt der Beschluss der alten Provinzkommission, dass die »Amerikaner« nicht nach Sizilien zurückkehren durften, und er sich vor deren Rache fürchtete. Einem Kollegen erklärte Rotolo:

> Wir können nicht mehr ruhig schlafen (…). Picciotti, schaut, das ist noch nicht zu Ende. Die haben diese Toten immer vor sich. Wenn die Jahrestage sind und sie am Tisch sitzen, dann fehlt ihnen dieser und jener.[7]

Sowohl Lo Piccolo als auch Rotolo suchten die Unterstützung von Provenzano. Dieser dürfte eher auf der Seite Lo Piccolos gestanden haben, entsprach es doch seiner Politik, die Risse von früher zu kitten. Unter seiner Regie war sogar dem Sohn von Stefano Bontate, Francesco Paolo junior, erlaubt worden, sich auf dem ehemaligen Territorium seines Vaters im Drogenhandel zu betätigen. Provenzano hielt sich jedoch aus der Auseinandersetzung zwischen Lo Piccolo und Rotolo diplomatisch heraus und saß das Problem aus.

Auch der Umgang mit den Pentiti veränderte sich: Statt sie wie vorher umzubringen, versuchte man, die »verlorenen Schafe« zurückzugewinnen: Aussteigern wurde nicht nur verziehen, wenn sie ihre Aussage zurückzogen, sie erhielten sogar finanzielle Unterstützung. Und so widerriefen viele Ex-Pentiti, wie beispielsweise Fedele Battaglia von der Brancaccio-Familie, ihr Geständnis. Battaglia erklärte den Staatsanwälten:

2 Von den revolutionären Squadre zu den Corleonesern

Was ich bislang erzählt habe, sind reine Phantasiegebilde, die ich in einem Moment der Konfusion von mir gegeben habe.[8]

Außerdem wurden Mafiosi, vor allem, wenn sie das erste Mal ins Gefängnis geraten waren, sofort solidarisch unterstützt, damit sie nicht erst auf die Idee kamen auszusagen. Um den inhaftierten »Kollegen« besser helfen zu können, führten die Familien wieder gemeinsame Kassen ein, worüber wegen der hohen Ausgaben für die Häftlinge nicht alle glücklich waren. Die Strategie erwies sich als erfolgreich und der »Pentitismo«, also das Aussteigertum, ging drastisch zurück.

Die Pax Mafiosa erstreckte sich sogar auf Geschäftsleute, die sich weigerten, ein Schutzgeld bezahlen. Zwischenzeitlich hatten sich nämlich innerhalb der Unternehmerschaft erste Antiracket-Organisationen entwickelt. Den Anfang machte die Associazione Commercianti ed Imprenditori Orlandini (ACIO) von Capo d'Orlando (ME), einem Städtchen, in dem es ursprünglich keine mafiosen Erpressungen gegeben hatte.[9] Als dann Mafiosi eines Nachbarortes mit Schutzgeldforderungen anfingen, schlossen sich unter Führung von Gaetano (Tano) Grasso (geb. 1958) im Dezember des Jahres 1990 die Geschäftsleute zusammen und gingen gemeinsam gegen den Pizzo (Schutzgeld) vor: Man richtete einen Wachdienst ein und begleitete die Opfer zur Polizei. Das Beispiel von Capo d'Orlando machte Schule und in Ostsizilien begannen sich in verschiedenen Kommunen, Unternehmer gegen Schutzgeldzahlungen zu wehren. In Westsizilien gab es zwar keine derartigen Initiativen, doch am Morgen des 29. Juni 2004 waren plötzlich die Schaufenster vieler Geschäfte in der Innenstadt von Palermo mit kleinen Aufklebern übersät, auf denen zu lesen stand: »Un intero popolo che paga il pizzo è un popolo senza dignità« (Ein ganzes Volk, das Schutzgeld bezahlt, ist ein Volk ohne Würde).[10] Die Aktion war von einer Gruppe junger Leute ausgegangen, die anschließend mit »Addiopizzo« (Leb wohl Schutzgeld) eine Organisation für kritischen Konsum gründete, vor allem aber ein erfolgreiches Reisebüro, das Antimafia-Touren anbietet. Sogar die Führungsspitzen der Unternehmervereinigung CONFINDUSTRIA und des Händlerverbandes CONFESERCENTI, die früher Schutzgeldzahlungen abgestritten hatten, änderten ihre Politik und erklärten, dass zukünftig Mitglieder ausgeschlossen würden, die

Schutzgeld zahlten.[11] Tatsächlich begannen nun einige der Opfer Anzeige zu erstatten. Landesweit berühmt wurde der Besitzer des palermitanischen Traditionslokals Focacceria San Francesco, Vincenzo Conticello, der im September 2007 im Gerichtssaal sogar mit dem Finger auf seinen Erpresser, Francesco (Francolino) Spadaro – übrigens der Sohn des »Zigarettenkönigs« aus der Kalsa – gezeigt hatte.[12] Mindestens genauso bekannt wurde der Sardellenfabrikant Michelangelo Balistreri (geb. 1963) aus Aspra (PA), der sich 2025 geweigert hatte Schutzgeld in Höhe von € 100.000 zu bezahlen und der seine Fabrik in ein Sardellen- und Antimafiamuseum umgewandelt hat. Die Mafia bedrohte die widerspenstigen Unternehmer zwar weiterhin, brachte sie aber nicht mehr um. Außerdem bemühte sie sich verstärkt, die Unternehmer von den Vorteilen einer Zusammenarbeit mit der Cosa Nostra zu überzeugen. Den Unternehmern hingegen, die weiterhin ihren Obulus an die Mafia entrichteten, und das war die überwiegende Mehrheit, wurde geraten, sich zur Tarnung vorsichtshalber bei »Addiopizzo« einzuschreiben.[13] In jedem Fall ging nach der Einführung der Pax Mafiosa die Anzahl der mafiosen Straftaten deutlich zurück: Hatte es von den 1960er- bis Ende der 1990er-Jahre durchschnittlich etwa 113 Morde im Jahr gegeben, so sank die Zahl ab 1997 auf 30.[14] Es gab zwar noch gelegentlich Gewaltdelikte, sie waren aber unter der Ägide Provenzanos selten geworden.[15]

Obwohl die Cosa Nostra tatsächlich weniger auffiel, war dem Strafverfolgungapparat klar, dass sie ihre Aktivitäten nicht eingestellt hatte. Da seine Arbeit nicht mehr wie früher von höchster Ebene behindert wurde, begann der Apparat nun ernsthaft, gegen die organisierte Kriminalität vorzugehen. Wie sehr sich beispielsweise der Umgang der Polizei mit flüchtigen Mafiosi geändert hatte, zeigt der Fall des gelesischen Bosses Daniele Emmanuello (1963–2007), der bei einem Fluchtversuch erschossen wurde.[16] Dies war ein Novum, da Polizisten aus Angst vor Rache Mafiosi bisher meist mit Samthandschuhen angefasst hatten. Heute hingegen sind sie bei Festnahmen oft nicht einmal mehr vermummt und geben anschließend sogar Interviews!

Da die Aufmerksamkeit der Polizei zugenommen hatte, mußte die Cosa Nostra ihre Sicherheitsvorkehrungen verstärken. Wichtig war, dass es überhaupt nicht erst zu Verhaftungen kam – und wenn doch, dass potenzielle Aussteiger möglichst wenig verraten konnten. Ihren nach

2 Von den revolutionären Squadre zu den Corleonesern

den vielen Verhaftungen gestiegenen Personalbedarf hatte die Mafia nämlich nur teilweise mit zuverlässigen Personen decken können. Dazu zählten Ehrenmänner, die sich aus Alters- oder Gesundheitsgründen bereits zurückgezogen hatten und nun dazu gebracht wurden, sich wieder aktiv zu beteiligen. Auch wegen kleinerer Vergehen »ausgemusterte« Ehrenmänner wurden reaktiviert und mafianahe Unternehmer oder Söhne von Ehrenmännern, die ein Leben außerhalb der Mafia geführt hatten, mussten nun »richtig« in die Organisation einsteigen. Dasselbe galt für weibliche Verwandte, denen nun Aufgaben übertragen wurden, die vorher Männern vorbehalten gewesen waren. Einen Namen in dieser Hinsicht machte sich Giuseppa (Giusy) Vitale (geb. 1972) aus Partinico, die für ihre verhafteten Brüder einen ganzen Mafiabezirk leitete.[17] Diese Personen reichten aber nicht aus, um die personellen Lücken aufzufüllen. Da keine Zeit war, Neulinge sorgfältig zu überprüfen und langsam an die Organisation heranzuführen, wurden nun teilweise völlig ungeeignete Personen zu Ehrenmännern gemacht. Vor allem Lo Piccolo rekrutierte zahlreiche Drogendealer und Diebe aus dem Armenviertel ZEN und machte sie offiziell zu Ehrenmännern. Ein typisches Beispiel ist Francesco Franzese (geb. 1964), den sein Lebenslauf – er war drogenabhängig und sein Großvater war Carabiniere gewesen – eigentlich von einer Mitgliedschaft ausschloss.[18] Kein Wunder, dass er seinen Capofamiglia noch am Tag seiner Festnahme im August 2007 »verpfiff«. Den meisten Capifamiglia war klar, dass man nicht einfach wahllos Personen in die Cosa Nostra aufnehmen konnte. Aber auch sie waren gezwungen, Kleinkriminelle für eigentlich Ehrenmännern vorbehaltene Aufgaben einzusetzen. Immerhin machten sie diese wenig zuverlässigen Handlanger nicht rituell zu »echten« Ehrenmännern, womit die Helfer über wenig Insider-Wissen verfügten. Oft wussten diese nicht einmal, für wen genau sie eigentlich tätig waren, und konnten deshalb im Falle einer Verhaftung nicht allzu viel Schaden anrichten. Außerdem lagen sie der Cosa Nostra nicht auf der Tasche, wenn sie verhaftet wurden, da sie keinen Anspruch auf finanzielle Hilfe hatten. Darüber hinaus stellte man die wenigen Personen, die überhaupt noch richtig in die Cosa Nostra aufgenommen wurden, nicht mehr wie früher den Mitgliedern anderer Familien vor. In der Folge wussten immer weniger Personen, wer der Cosa Nostra wirklich angehörte.

Auch die gemeinsamen Treffen der Spitzenmafiosi wurden eingestellt. Pro Familie kommunizierte nur noch eine Person mit der Führung, der neben Provenzano ein von diesem ernanntes und für Palermo zuständiges Direktorium sowie die Provinzrepräsentanten angehörten. Die Kommunikation mit Provenzano erfolgte nicht persönlich oder telefonisch, sondern mit »Pizzini« (Zettel).[19] Diese Briefchen wurden von einer Reihe unverdächtiger »Briefträger« übermittelt: in Aufzügen, an Tankstellen, in einer Fahrschule oder in der freien Natur. Unterzeichnet waren sie nicht mit Namen, sondern mit Nummern. Provenzano war beispielsweise die 1, Nino Rotolo die 25, Giuseppe Falsone (geb. 1970) die 28, Totuccio Lo Piccolo die 30, Sandro Lo Piccolo (geb. 1975) die 31 und Antonino Cinà schließlich die 164. Der Einzige, der mit Alessio unterschrieb, war der mächtige Provinzrepräsentant Trapanis, Matteo Messina Denaro.

Durch die Strategie des Gewaltverzichts und wegen der verbesserten Sicherheitsvorkehrungen funktionierte das Giocattolo (Spielzeug), wie Provenzano seine Organisation zu nennen pflegte, nach einigen Jahren tatsächlich wieder. Die Bezirkschefs von Agrigent wagten es deshalb im Juli 2002 sogar, in einem Landhaus nahe Santa Margherita del Belice (AG) ein Treffen abzuhalten, um einen neuen Provinzrepräsentanten zu wählen. Dieser Versuch wurde allerdings von der Polizei durch die Operation »Cupola« vereitelt.[20]

Während dieser Zeit der Reorganisation liefen die mafiosen »Geschäfte« ganz normal weiter. Allerdings drehte jetzt jede Familie wieder »ihr eigenes Ding«. Der zentral gesteuerte »Tavulinu« war aber auch nicht mehr dringend erforderlich, weil die Zeit der öffentlichen Aufträge im Bauwesen ohnehin vorbei war, seit die Nachfolgeorganisation der Südkasse, die Agenzia per la Promozione e lo Sviluppo del Mezzogiorno (Agentur für die Förderung und Entwicklung des Mezzogiorno), im Jahre 1993 abgeschafft worden war.[21] Dafür wurden die Fördergelder der Europäischen Gemeinschaft interessant, durch die übrigens das letzte öffentliche Großbauprojekt, die Verlegung von Gasleitungen in ungefähr 70 Kommunen, mitfinanziert wurde.[22] An der Methanisierung verdiente die Cosa Nostra kräftig mit, vor allem die Firma Gasdotti Azienda Siciliana, an der der Mafiapolitiker Vito Ciancimino als heimlicher Gesellschafter maßgeblich beteiligt war. Danach stieg die

2 Von den revolutionären Squadre zu den Corleonesern

Cosa Nostra in das ebenfalls von der Europäischen Union geförderte Geschäft mit den erneuerbaren Energien ein, den Windkraft- und Solaranlagen.[23] Mafiose Faccendieri (Geschäftemacher) wie Vito Nicastri aus Alcamo (TP) verdienten an der »grünen Energie« Millionen. Das mit Abstand wichtigste Geschäft im Bereich der öffentlichen Aufträge war jedoch die Müllentsorgung, die öffentliche Körperschaften an Privatfirmen vergeben.[24] Ein Mafioso sah bereits vor dreißig Jahren voraus: »Trasi munnizza e n'iesco oro« (Siz. Müll kommt hinein und Gold kommt heraus).[25] Darüber hinaus haben mafiose Müllfirmen auch die lukrative Entsorgung von Sonder- und Giftmüll übernommen, der meist in wilden Deponien abgeladen wird. Und schließlich investierte die Cosa Nostra seit der Reform des nationalen Gesundheitswesens im Jahr 1992 verstärkt in den privaten Gesundheitssektor, der seither explodiert ist.[26] In Sizilien gibt es inzwischen fast 2000 Privatkliniken – mehr als in jeder anderen Region Italiens. Der private Gesundheitssektor ist aber nicht wirklich privat, weil die meisten Labors und Privatkliniken staatlich akkreditiert sind und somit von der öffentlichen Hand finanziert werden. Die Ausgaben für den Gesundheitssektor verschlingen über die Hälfte des gesamten Haushalts der Region – 2014 waren es beispielsweise 54 %. Die Mafia erkannte rasch, dass sich in diesem Bereich mit überteuerten Abrechnungen ein wahres Vermögen machen ließ. Dies zeigt der Fall der privaten Krebsklinik Santa Teresa von Bagheria (PA), wo beispielsweise für eine Prostatakrebsbehandlung rund 130.000 € berechnet wurden, während sie im Piemont bei 9000 € lag. Der Besitzer der Klinik, der Mafiaunternehmer Michele Aiello (geb. 1953), flog im Jahr 2003 auf – und mit ihm diverse Politiker, Bürokraten und sogar Polizisten. Selbst der ehemalige sizilianische Ministerpräsident Salvatore (Totò) Cuffaro (geb. 1958) wurde mit in den Strudel gerissen und musste zurücktreten. Der Fall Aiello ist das berühmteste Beispiel, es stehen aber eine ganze Reihe weiterer Privatkliniken »in odor di Cosa Nostra« (Im Geruch der Cosa Nostra).[27] Die Cosa Nostra investierte zudem in viele andere Bereiche, in denen sich nicht nur gut verdienen, sondern außerdem auch noch Geld waschen lässt, u. a. in den Tourismussektor, wo sie in Hotels, Ferienanlagen, Restaurants und Sightseeing-Busse investiert.[28] Der bekannteste Fall hierfür ist wohl der des einstigen Elektrikers Carmelo Patti (1934–2016)[29] aus

Castelvetrano (TP), eines Strohmannes von Matteo Messina Denaro. Patti mischte nicht nur bei der palermitanischen Flughafengesellschaft GESAP mit, sondern kaufte im Jahr 1997 mit der VALTUR sogar eine der wichtigsten italienischen Hotelketten auf. Ein weiterer lukrativer Investitionsbereich ist das Glücksspiel. Nachdem der italienische Staat ab 1992 den Glücksspielmarkt zu liberalisieren begonnen hatte, stieg die Mafia dort ganz groß ein. So kontrollierte Francesco Corallo (geb. 1960), dessen Vater Gaetano einst mit dem Mafiaboss Nitto Santapaola in Catania eine kleine Spielhölle betrieben hatte, mit einer Offshore-Firma bis zu seiner Verhaftung im Jahr 2016 30 % aller Spielautomaten in Italien.[30] Diese Automaten drängt die Mafia den Besitzern und Pächtern von Spielsälen und Bars auf und profitiert davon enorm. Für Investitionen sind außerdem große Supermärkte und Einkaufszentren[31] günstig, diese sind in den letzten 25 Jahren in Sizilien wie Pilze aus dem Boden geschossen – allein bis Ende 2008 waren 100 neue Einkaufszentren genehmigt worden. Bekannt als mafioser »Supermarktkönig« wurde der im Jahr 2007 verhaftete Giuseppe Grigoli (geb. 1949), der in den 1970er-Jahren noch von den Einnahmen seines kleinen Krämerladens in Castelvetrano (TP) leben musste. Zwischen 1999 und 2002 baute sich der Strohmann Messina Denaros in Westsizilien ein Imperium von Despar-Supermärkten auf. Dasselbe tat der einstige Kleinhändler Sebastiano Scuto (geb. 1941) aus San Giovanni La Punta (CT), der für den catanesischen Laudani-Clan tätig war. Seine Gesellschaft Scuto-Aligrup verfügte in Ostsizilien über 50 Filialen und darüber hinaus besaß er auch noch einige Despar-Supermärkte in der Provinz Catania!

Außerdem haben die seit den 1950er-Jahren verbreiteten Schutzgelderpressungen zugenommen, werden doch mit den Pizzo-Geldern die einsitzenden »Kollegen« unterstützt – und deren Zahl hat deutlich zugenommen. Aufgrund dieses Personalmangels lassen sich zwischenzeitlich sogar Spitzenmafiosi dazu herab, zum Telefonhörer zu greifen.[32] Auch das Geschäft mit dem Wucher ist ab 1992 gewaltig angestiegen, hauptsächlich weil viele sizilianische Banken in die Krise geraten sind und weniger Kredite vergeben.[33] Im Jahr 2006 flog beispielsweise in Sant'Agata Militello (ME) ein großer Wucherring auf, dem nicht nur Mafiosi angehörten, sondern auch Bankangestellte. Überdies ist der Drogenhandel weiter ein wichtiges Geschäft geblieben, schlicht, weil sich nirgendwo

2 Von den revolutionären Squadre zu den Corleonesern

sonst so hohe Gewinne machen lassen. Allerdings sind die Mafiosi seit Ende der 1980er-Jahre nur mehr die »Juniorpartner« der marktbeherrschenden südamerikanischen, türkischen, kurdischen, albanischen Clans sowie der kalabresischen 'Ndrangheta.[34] Da das Drogengeschäft gefährlich ist – in letzter Zeit liefen etliche Drogendeals schief –, ziehen viele Mafiosi, allen voran der Oberboss Provenzano selbst, Firmenbeteiligungen in der legalen Wirtschaft vor.[35]

Das wohl größte Problem der Cosa Nostra jedoch konnte Provenzano nicht lösen: nämlich die unter harten Haftbedingungen einsitzenden »Kollegen« aus den Gefängnissen zu bekommen. Da die alten politischen Beziehungen nicht mehr zur Verfügung standen, mussten dringend neue Patrone gefunden werden.[36] Riinas Schwager Bagarella hatte sogar die Idee, eine eigene Mafiapartei ins Leben rufen, da sich die Politiker in den letzten Jahren als unzuverlässig erwiesen hatten:

> Wenn ich meine eigene Partei aufmache, kann ich die Kandidaten bestimmen, die ich will. Ansonsten passiert das, was sie mit meinem Schwager gemacht haben, den sie auf den Arm genommen haben, ihm Versprechungen gemacht und dann nicht eingehalten.[37]

Das Projekt wurde von Tullio Cannella organisatorisch in die Wege geleitet und schließlich auch realisiert: Im Oktober 1993 wurde in Catania und Palermo mit der Sicilia Libera Bagarellas Partei – selbstverständlich im Beisein einiger Ehrenmänner – tatsächlich ins Leben gerufen. Da die separatistisch orientierte Sicilia Libera aber nur von wenigen Lokalpolitikern unterstützt wurde, löste sie sich bald wieder auf. Provenzano hatte Bagarellas Idee von Anfang an für ziemlich abenteuerlich gehalten, da ihm klar war, dass eine solche Partei sofort die Aufmerksamkeit des Strafverfolgungsapparats auf sich ziehen würde. Doch eine Lösung musste dringend gefunden werden, wie aus einem Brief Messina Denaros an Provenzano hervorgeht:

> Man bräuchte politische Hilfe, um schneller voranzukommen. Aber Sie wissen, die machen nichts umsonst und in diesem Moment haben wir keine große Verhandlungsmacht.[38]

In jedem Fall kam man überein, möglichst eigene Mitglieder und Freunde in die Parteien zu entsenden. Außerdem wollte man keine Blanko-Schecks mehr ausstellen, sondern Politiker nur dann unterstützen, wenn sie erstens von sich aus auf die Mafia zukamen und zweitens für die Unterstützung bezahlten und garantierten, dass sie sich für deren Anliegen einsetzen würden. Die politische Situation aber war vergleichbar mit der in den 1940er-Jahren, als schwierig abzuschätzen war, wie sich die politischen Machtverhältnisse entwickeln würden.

Hier soll nun nicht die recht verschlungene Neuordnung der italienischen Parteienlandschaft seit 1994 im Detail nachgezeichnet werden[39] – genauer einzugehen ist indes auf das Auftreten eines völlig neuen Players auf der politischen Bühne: der Forza Italia. Sie wurde im Jahr 1993 von dem Mailänder Medienmogul Silvio Berlusconi ins Leben gerufen, hauptsächlich, weil sich dessen alter politischer Verbündeter, der Sozialistenführer Bettino Craxi, nach dem Tangentopoli-Skandal 1994 ins tunesische Hammamet abgesetzt hatte, woraufhin der PSI zusammenbrach. Da Craxi seinem Freund Berlusconi, dessen Medienkonzern Fininvest vor dem finanziellen Kollaps stand, nicht mehr helfen konnte, flüchtete sich dieser in die Politik – beraten von seinem langjährigen Weggefährten, dem Palermitaner und Mafiafreund Marcello Dell'Utri (geb. 1941). Mit Hilfe von Meinungsforschern wurde ein politisches Programm zurechtgezimmert und die Partei unter dem Namen »Forza Italia« – dem Schlachtruf italienischer Fans bei internationalen Fußballspielen – mittels einer Medienkampagne in Berlusconis eigenem Fernsehkanal Canale 5 lanciert. Zwischen 1994 und 2018 sollten die rechtsliberale Forza Italia sowie der sozialdemokratische Partito Democratico (PD, inklusive seiner Vorgängerparteien) die im Land tonangebenden Parteien werden. Zusammen mit den kleineren Parteien ihrer jeweiligen Wahlbündnisse stellten sie im Wechsel bis zum Jahr 2018 die Regierung.[40]

Laut den Aussagen verschiedener Mafia-Aussteiger setzte die Cosa Nostra schon relativ früh auf die Forza Italia und es bestanden mit Berlusconi bereits seit den frühen 1970er-Jahren Beziehungen. Der Entscheidung scheinen Gespräche vorangegangen zu sein, bei denen die Cosa Nostra die von ihr gewünschten Garantien erhielt. So erklärte Nino Giuffrè:

2 Von den revolutionären Squadre zu den Corleonesern   125

Provenzano sagte uns, sie (die FI, Anmerk. d. Verf.) zu unterstützen. Die Direktive war, diese neue Partei zu wählen. Nach dem was er mir gesagt hat, hatte das mit Verhandlungen über unsere gegenwärtigen Probleme betreffend zu tun, von den harten Haftbedingungen bis zu den Eigentumsbeschlagnahmungen.[41]

Als in Sizilien die nach dem Vorbild der Fanclubs des Fußballvereins AC Milan aufgebauten Forza-Italia-Clubs ins Leben gerufen wurden, waren Ehrenmänner von Anfang an dabei.[42] Und so entwickelte sich die Forza Italia, die in Sizilien eine ihrer Wählerhochburgen hatte, bald zum wichtigsten politischen Ansprechpartner der Cosa Nostra. Aber wie schon in der Vergangenheit beschränkte sich die Cosa Nostra nicht auf eine Partei, sondern arbeitete vor allem auf lokaler Ebene auch mit Politikern anderer Parteien zusammen.

Allerdings war die Cosa Nostra schon bald von ihren neuen »Freunden« enttäuscht. Diese konnten ihr nämlich nur bedingt helfen, da es nach dem Zusammenbruch der Ersten Italienischen Republik (1994) für Politiker deutlich schwieriger geworden war, die Mafia allzu offensichtlich zu begünstigen.[43] Andreotti und eine ganze Reihe weiterer hochkarätiger Politiker kamen zwar ungeschoren davon, aber der ehemalige Ministerpräsident Siziliens Totò Cuffaro wurde 2011 zu einer siebenjährigen Gefängnisstrafe verurteilt, von der er einige Jahre tatsächlich absitzen musste. Auch Berlusconis »rechte Hand«, der FI-Politiker Marcello Dell'Utri, landete im Jahr 2014 für einige Zeit im Gefängnis. Darüber hinaus wurden zahlreiche mafiose Kommunalpolitiker für ihr Tun zur Verantwortung gezogen. Und dass Stadt- und Gemeinderäte wegen mafioser Infiltrationen aufgelöst und kommissarisch verwaltet werden, ist inzwischen fast an der Tagesordnung.[44]

Aus diesem Grund wagt es heute kein Politiker mehr, sich offen auf die Seite der Cosa Nostra zu stellen, ganz im Gegenteil: Belastete Politiker stellen sich inzwischen als Antimafia-Aktivisten dar.[45] So ließ Cuffaro im Jahr 2005, als er noch Ministerpräsident war, auf der ganzen Insel Plakate mit dem Slogan »La mafia fa schifo« (Die Mafia ist abscheulich) aufhängen und bei Fußballspielen T-Shirts mit dieser Aufschrift verschenken. Heute laufen Mafiapolitiker bei Antimafia-Kundgebungen mit, legen bei

Opfergedenktagen Kränze nieder, initiieren Antimafia-Tage oder schwingen lautstarke Reden gegen die Cosa Nostra.[46]

Obwohl also eine offene Unterstützung der Mafia unmöglich geworden ist, hat sich doch deren Situation inzwischen verbessert.[47] Sowohl in der Zeit der Berlusconi-Regierungen wie auch unter den Mitte-Links-Regierungen wurden Maßnahmen ergriffen, die der Mafia entgegenkamen – einige entsprachen sogar exakt den Forderungen von Riinas Papello: So wurden in den Jahren 1997/98 die Hochsicherheitsgefängnisse Pianosa und Asinara geschlossen. Durch das Gesetz Nr. 479 wurde im Dezember 1999 faktisch die lebenslange Haftstrafe abgeschafft. Das Dekret im Januar 2000 zum Giusto Processo (Faires Verfahren) stärkte die Rechte der Beschuldigten, wodurch sogar fast die Urteile des Maxiprozesses gekippt worden wären. Einen entsprechenden Gesetzesentwurf, nach dem die Regeln des Giusto Processo rückwirkend hätten angewandt werden sollen, legte die Justizkommission des Abgeordnetenhauses im Januar 2002 vor. Federführend daran beteiligt war der FI-Abgeordnete Antonino (Nino) Mormino (geb. 1938), einer der bekanntesten palermitanischen Mafiastrafverteidiger. Das neue Kronzeugengesetz, die Legge Nr. 45 vom Februar 2001, reduziert die Anreize für potenzielle Mafiaaussteiger beträchtlich, wodurch der Pentitismo stark zurückging. Ausstiegswillige Mafiosi müssen seither beispielsweise ihren gesamten Besitz offenlegen, der dann sofort beschlagnahmt wird, auch wenn Teile rechtmäßig erworben worden sind. Ein Richter kolportierte die Antwort eines Mafioso, als dieser aufgefordert worden war, über sein Vermögen Auskunft zu geben:

> Ich dachte nicht, dass ich auf dem Finanzamt gelandet bin; entschuldigen Sie, ich habe mich im Zimmer geirrt.[48]

Außerdem wurde der Artikel 41bis der Haftordnung, der »Carcere duro«, immer weiter aufgeweicht[49]: Die ursprünglich auf einmal im Monat beschränkte Besuchszahl wurde erhöht. Außerdem sind die Gefangenen nicht mehr isoliert, sondern haben nun vier Stunden Hofgang, während derer sie sich mit bis zu fünf Personen unterhalten können. Die Richterin Ilda Boccassini (geb. 1949) merkte dazu ironisch an, dass es nur zu Zeiten des »Grand Hotels Ucciardone« – so lautet der

Spitzname des palermitanischen Untersuchungsgefängnisses – besser gewesen sei, da sich die Mafiosi einst Hummer und Champagner hatten bringen lassen können.[50] Aber ganz unabhängig von der Lockerung der strengen Haft haben viele Mafiosi auf dem Verwaltungsweg erreicht, dass der Artikel 41bis nicht auf sie angewandt wird; für die inhaftierte Führungsriege jedoch gilt er weiterhin. Als im Parlament darüber diskutiert wurde, den Artikel 41bis statt auf ein auf drei Jahre festzuschreiben, protestierten Anfang Juli 2002 zahlreiche Gefangene in vier verschiedenen Gefängnissen mit Hungerstreiks.[51] Und Leoluca Bagarella, der per Videokonferenz von der Haftanstalt Aquila (AQ) aus dem Geschworenengericht von Trapani zugeschaltet war, verlas – ein abolutes Novum – am 12. Juli 2002 im Namen der Mafiahäftlinge eine Erklärung, bei der er sagte, die Versprechen seien nicht eingehalten worden und die Häftlinge seien müde,

> instrumentalisiert, verletzt, unterdrückt und von den politischen Kräften ausgenutzt zu werden.[52]

Fünf Tage später kam vom Gefängnis in Novara ein weiteres Signal: 31 Mafiosi, darunter Giuseppe Graviano und Salvatore Mario Madonia (geb. 1956), übergaben dem Sekretär des Partito Radicale einen an die Avvocati Parlamentari (Anwaltsabgeordneten) gerichteten offenen Brief, in dem sie sich über Untätigkeit beschwerten. Damit meinten sie vor allem ihre eigenen Strafverteidiger, darunter Nino Mormino und Enzo Fragalà (1948–2010), die für die Forza Italia ins Parlament gewählt worden waren. Die Mafiosi erklärten, dies sei der letzte Appell, und wenn er nicht gehört werde, sehe man sich gezwungen, vom zivilen Protest zu »drastischeren« Maßnahmen überzugehen.[53] Am 22. Dezember 2002 war schließlich auf einem – vom Sohn eines Mafioso aufgehängten – Spruchband im Fußballstadion von Palermo zu lesen: »Vereint gegen den 41bis. Berlusconi vergisst Sizilien«.[54] Selbst Totò Riina stieß Drohungen aus, als er vor dem Schwurgericht von Florenz, das über die Bombenanschläge von 1993 ermittelte, über die Geheimdienstbesuche bei seinem in Großbritannien im Gefängnis einsitzenden »Kollegen« Francesco Di Carlo sprach. Dies war eine ziemlich unverhüllte

Andeutung, dass er durchaus über die Hintergründe der damaligen Attentate »auspacken« könne.[55]

»Iddu pensa solo a iddu« (Siz. Der denkt nur an sich)[56] klagten die Mafiosi über Berlusconi, der selbst mit verschiedenen Gerichtsverfahren zu kämpfen hatte. Doch war den meisten klar, dass die Urteile des Maxiprozesses nicht mehr rückgängig gemacht werden würden. Aus diesem Grund bemühte sich der moderate Flügel der Mafiahäftlinge, wenigstens Hafterleichterungen zu bekommen. So unterbreitete Pietro Aglieri im Jahr 2000 den Vorschlag einer Disassociazione, also einer Lossagung von der Cosa Nostra.[57] Man wollte die persönliche Schuld zugeben, allerdings ohne andere zu belasten. Dafür erwarteten die Mafiosi – neben Aglieri Peppino Farinella, Piddu Madonia, Pippo Calò und Nitto Santapaola – im Gefängnis besser behandelt zu werden. Der FI-Politiker Carlo Taormina (geb. 1940) griff den Vorschlag positiv auf, aber sofort regte sich in der Bevölkerung Empörung und in der Presse war von einem Abkommen zwischen Mafia und Staat die Rede. Da der Staat kein Entgegenkommen zeigen konnte, verlief die Disassociazione im Sande.

Trotz aller Vorsichtsmaßnahmen gerieten immer mehr Mafiosi in die Fänge der Justiz, auch der ganze Kreis der Provenzano beschützenden Personen. Am 11. April 2006 schließlich traf es auch Provenzano selbst: Nach 43 Jahren Flucht wurde der kranke alte Mann in einer unscheinbaren Hütte in Montagna dei Cavalli bei Corleone festgenommen. Die letzten zehn Jahre seines Lebens verbrachte er in Haft, bis er im Juli 2016 in einem Mailänder Gefängnis verstarb. Sein langjähriger Gefährte Totò Riina überlebte ihn ein gutes Jahr. Er starb im November 2017 im Gefängnis von Parma (PR). Mit dem Tod der beiden großen Corleoneser Capi, die knapp 30 Jahre lang die Geschicke der sizilianischen Cosa Nostra bestimmt hatten, ging die Ära der Corleoneser zu Ende.

Sofort nach der Verhaftung von Provenzano war es mit der Pax Mafiosa vorbei:[58] Vor allem in den von Lo Piccolo kontrollierten Gebieten häuften sich wieder Anschläge auf zahlungsunwillige Unternehmer. Und intern brachen die Spannungen zwischen Lo Piccolo und Rotolo, die Provenzano mit viel Mühe hatte im Zaum halten können, nun offen aus: Als die Triade – wie Rotolo und seine beiden Verbündeten Bonura und Cinà genannt wurden – kurz davor stand, Lo Piccolo aus dem Weg zu räumen, wurde sie zusammen mit zahlreichen weiteren Mafiosi im Juni 2006 im Rahmen der Operation »Gotha« verhaftet. Damit war der Konflikt aber noch nicht ausgestanden: Lo Piccolo ließ ein Jahr später im Juni 2007 den mit Rotolo verbündeten Regenten des Bezirks Porta Nuova, Nicolò Ingarao, umbringen. Das gegenseitige Morden wäre vermutlich weitergegangen, wäre nicht Lo Piccolo selbst – zusammen mit seinem Sohn Sandro und zwei weiteren Mafiosi – im November 2007 in einer Villa in Giardinello (PA) in der Nähe des palermitanischen Flughafens festgenommen worden.

Danach wurde es in der Cosa Nostra ruhig, und die verschiedenen Familien kümmerten sich ausschließlich um ihre eigenen Angelegenheiten. Allerdings verspürten sie in der Provinz Palermo mit ihrer hohen Dichte an Familien bald wieder das Bedürfnis nach einer zentralen Instanz. Und so gab es in den nachfolgenden Jahren insgesamt drei Versuche der Rekonstitution der Provinzkommission:[59]

Der erste fand bereits wenige Monate nach Provenzanos Verhaftung statt und kann als ein gegen die Corleoneser gerichteter »Aufstand der Palermitaner« bezeichnet werden: Eine von Benedetto Capizzi (geb. 1944), dem Capo der Familie von Villagrazia, geführte Gruppe plante, Capizzi zum neuen Capo dei Capi wählen zu lassen und einige der noch von den Corleonesern eingesetzten Regenten aus ihren Ämtern zu entfernen. Damit jedoch war der von Lo Piccolo nach der Ermordung Ingaraos eingesetzte Bezirkschef von Porta Nuova, Gaetano Lo Presti (1958–2008), nicht einverstanden. Nicht zu Unrecht kritisierte er, die Aktion Capizzis sei nicht autorisiert, da die alte Provinzkommission mit Riina an der Spitze immer noch im Amt wäre. Pino Scaduto, der Capo der Familie von Bagheria, versuchte, zwischen den beiden Seiten zu vermitteln, um den Ausbruch eines neuen Krieges zu verhindern. Der Krieg wurde dann auch verhindert – allerdings von den Carabinieri, die bei der Operation »Perseo« im Dezember 2008 die Streithähne festnahmen. Bei dieser Operation handelte es sich um eine der wichtigsten Razzien der letzten Jahre: Fast hundert Bosse in der gesamten Provinz Palermo wurden verhaftet und da erstmals nach fast 20 Jahren das aktuelle Organigramm der Cosa Nostra bekannt wurde, konnten viele der neuen Ehrenmänner identifiziert werden.

Der nächste Versuch fand im Jahr 2011 statt. Ein Vorbereitungstreffen hatte im Februar dieses Jahres im Restaurant Villa Pensabene im palermitanischen Stadtteil ZEN stattgefunden. Der Umstand, dass an diesem Treffen mit Francesco (Franco) und Matteo Inzerillo erstmals auch zwei der »Amerikaner« teilnahmen, zeigt, dass die alten Wunden inzwischen verheilt und Frieden mit den Verlierern des letzten Mafiakrieges geschlossen war. (Übrigens handelt es sich bei Franco Inzerillo nicht um irgendeinen der »Scappati«, sondern um den Bruder des im Mai 1981 ermordeten Totuccio.) Allerdings schafften es die Mafiosi auch diesmal nicht, die »Kuppel« wieder ins Leben zu rufen: Bereits im November 2011 wurden die Protagonisten, insgesamt 36 Personen aus verschiedenen palermitanischen Familien, im Rahmen der Polizeioperation »Araba Fenice« verhaftet. Es ist anzunehmen, dass auch mit diesem Gründungsversuch viele Ehrenmänner nicht einverstanden gewesen waren, da er genauso wenig wie der von 2008 autorisiert war.

Anders verhielt es sich bei dem bislang letzten Versuch: Als Riina im November 2017 im Gefängnis verstorben war, konnten die Karten ganz regulär neu gemischt werden: Zu diesem Zweck traten Ende Mai 2018 erstmals seit 1993 die »offiziellen« Mitglieder der alten Provinzkommission bzw. ihre Vertreter zusammen und wählten mit dem 80-jährigen Bezirkschef von Pagliarelli, Settimo Mineo (geb. 1938), einen Nachfolger. Dieser Eigentümer eines kleinen Juwelierladens auf dem palermitanischen Corso Tukory, der im Jahr 2006 bei der Operation »Gotha« verhaftet worden war, aber 2013 das Gefängnis vorzeitig hatte verlassen dürfen, war ein erfahrener Altmafioso, der sich stets bemüht hatte, mit allen Seiten gut auszukommen. Wohl aus diesem Grund erfolgte seine Wahl recht einhellig. Allerdings hatte diese Kuppel nur wenige Monate Bestand, da ihre Mitglieder – einschließlich Mineos – bereits im Dezember 2018 bei der Operation »Cupola 2.0« verhaftet wurden.

Inzwischen befinden sich alle wichtigen Mafiabosse in Haft. An dieser Situation wird sich auch in der Nach-Berlusconi-Ära nichts ändern. Im Jahr 2018 haben sich nämlich die politischen Verhältnisse erneut verändert – und zwar so dramatisch, dass sogar vom Anbruch der Dritten Italienischen Republik gesprochen wird: Schon ab 2013 waren nämlich der Mitte-Links- und der Mitte-Rechts-Block zugunsten zweier populistischer Protestparteien ins Hintertreffen geraten: dem Movimento

2 Von den revolutionären Squadre zu den Corleonesern   131

5 Stelle (5-Sterne-Bewegung, M5S) und der Lega. Bereits bei den Nationalwahlen von 2013 hatte sich das von dem Genueser Komiker Beppe Grillo (geb. 1948) ins Leben gerufene Movimento 5 Stelle zur stärksten Partei Italiens entwickelt. Und auch die unter ihrem neuen Vorsitzenden Matteo Salvini (geb. 1973) inzwischen landesweit agierende rechtspopulistische Lega – im Jahre 2017 entledigte sie sich des Zusatzes »Nord« – legte gewaltig zu, sogar in Sizilien. Zwischen 2018 und 2021 stellten diese beiden Parteien nicht nur Italiens Regierung, sondern waren auch in Sizilien außerordentlich erfolgreich. 2022 gewann dann aber die postfaschistische Partei Fratelli d'Italia (FDI) unter Führung der heutigen Ministerpräsidentin Giorgia Meloni (geb. 1977) die Parlamentswahlen. Sie bildete eine Koalitionsregierung mit der Lega und der Forza Italia. Auch wenn sich Vertreter dieser neuen Parteien auf lokaler Ebene nicht davor scheuen, mit der Mafia ins Gespräch zu kommen, wird sich ihre Führung davor hüten, etwas für die inhaftierten Mafiosi zu tun. Beispielsweise empörte sich Salvini, als während der Covid-Krise 2020 aus humanitären Gründen einige alte und kranke Mafiabosse – darunter Francesco Bonura – das Gefängnis verlassen und nach Hause zurückkehren konnten.[60] Einzelne Mafiosi scheinen aber durchaus noch einen gewissen politischen Einfluss zu haben. Viele sind beispielsweise davon überzeugt, dass der mächtige Boss Matteo Messina Denaro 30 Jahre lang nicht verhaftet wurde, weil er dank des von Riina geerbten Archivs über sehr viel belastendes Material über viele aktiven Politiker, aber auch Personen aus dem Strafverfolgungsapparat und den Geheimdiensten verfügt habe, die genau wüßten, wer für die »auserlesenen Morde« der 1980er- und 1990er-Jahre verantwortlich sei.[61] Aus diesem Grund bedeutet Messina Denaros Verhaftung am 16. Januar 2023 auch nicht das Ende der Cosa Nostra – manche sind ohnehin der Überzeugung, der »Superboss« habe sich absichtlich verhaften lassen, weil er todkrank war...[62]

Heute ist die Cosa Nostra zweifelsohne in der Krise, hauptsächlich aufgrund der zahlreichen Verhaftungen. Sie rekrutiert meist nur wenig qualifiziertes Personal und die Capi werden immer jünger und unerfahrener. So war der inzwischen verhaftete Giovanni (Gianni) Nicchi (geb. 1981) im Juni 2006 mit gerade einmal 25 Jahren Bezirkschef von Pagliarelli geworden. Dennoch kann die Cosa Nostra nicht totgesagt werden, denn bislang wurde nur ein Bruchteil ihrer Vermögenswerte beschlagnahmt, sodass einige Mafiosi immer noch geradezu »schandbar reich« sind.[63] Ihr Vermögen investierten sie mithilfe dubioser Steuerberater, Anwälte und Notare in die legale Wirtschaft oder bunkerten es auf ausländischen Nummernkonten. Einige dieser Helfershelfer wie etwa zunächst der Steuerberater Giuseppe (Pino) Mandalari (geb. 1933), dann der Steuerrechtsexperte Giovanni (Gianni) Lapis (†2020) und der Steuerberater Giuseppe Provenzano (geb. 1946) oder der auf internationales Recht spezialisierte Anwalt Giorgio Ghiron (†2012) flogen zwischenzeitlich auf, dürften aber nur die »Spitze des Eisbergs« darstellen.[64] Zudem haben einige Personen aus mafiosen Herkunftsfamilien studiert und sind mit Fachwissen oder/und Fremdsprachenkenntnissen zunehmend in der Lage, die Verwaltung ihrer Reichtümer in die eigene Hand zu nehmen.[65] Allerdings gehören sie keinen mafiosen Cosche mehr an, sondern bewegen sich in den allerhöchsten ökonomischen und politischen Zirkeln. Beispielsweise war Massimo Ciancimino (geb. 1963), der Sohn des Mafiapolitikers Vito Ciancimino, dazu in der Lage, mit dem Präsidenten von Kasachstan Nursultan Nasarbajew (geb. 1940) und Vertretern der russischen Gazprom Geschäftsverhandlungen über Gasimporte nach Italien zu führen.[66] Ein anderes Beispiel wäre Francesco Corallo: Der Sohn des catanesischen Mafioso Gaetano Corallo hatte wegen seiner Casino- und Hotelgeschäfte in der Karibik beste Beziehungen zu dem Premierminister von Curacao, Gerrit Schotte (geb. 1974). Allerdings geriet nicht nur Schotte durch Corallo in Schwierigkeiten: Corallos Glücksspielgeschäfte brachten den FI-Abgeordneten Amedeo Laboccetta (geb. 1948) in Bedrängnis sowie den AN-Chef Gianfranco Fini (geb. 1952) durch eine von Corallo finanzierte Villa in Montecarlo.[67]

Neben der »Mafia der Hochfinanz« existiert auf lokaler Ebene nach wie vor die traditionelle Mafia weiter. Der Umstand, dass die Familien gegenwärtig keine vertikale Führungsspitze haben, hält sie nicht davon ab, weiterzumachen wie eh und je.[68]

3

Mafiose Innenansichten

Die Cosa Nostra verfügt über eine hierarchisch aufgebaute Organisationsstruktur mit rund 5000 Ehrenmännern an der Basis, die in knapp 170 Familien organisiert sind. Über der Familie, die die wichtigste Organisationseinheit überhaupt darstellt, stehen die Bezirke, die Provinzkommissionen bzw. -repräsentanten sowie die Regionalkommission. An der Spitze der Organisation befindet sich die sogenannte »Kuppel«. Ihr Chef ist als Capo dei Capi, also als Boss der Bosse, der ranghöchste Mafioso auf der Insel. Die Cosa Nostra, die seit nunmehr 200 Jahren Westsizilien dominiert, ist nicht die einzige Verbrecherorganisation in Sizilien. Sie musste sich immer schon mit anderen Delinquenten arrangieren, was manchmal friedlich und manchmal gewaltsam abgelaufen ist. Ihre Mitglieder rekrutiert die Mafia in erster Linie aus den »Habenichtsen«, also den unteren sozialen Schichten. Bevorzugt werden dabei Personen aus mafiosen Herkunftsfamilien. Neue Mitglieder wählt die Cosa Nostra sorgfältig aus, lernt sie während eines langen Annäherungsprozesses an und nimmt sie nach Bestehen einer Mutprobe mittels eines archaisch anmutenden Initiationsrituals auf. Nach dieser »Taufe« verändert sich das Leben der neuen Ehrenmänner radikal: Sie müssen ihr Verhalten an dem klar ausformulierten Regelwerk der Organisation ausrichten, ansonsten haben sie mit harten Sanktionen zu rechnen.

Auch wenn es manchen Ehrenmännern persönlich um Prestige und Macht gehen mag, besteht das Hauptziel der Organisation in der ökonomischen Bereicherung. Die »Geschäftszweige« der Cosa Nostra sind außerordentlich vielfältig und variieren abhängig von der wirtschaftlichen Entwicklung sowie den Gegebenheiten des Territoriums der Familie. Grundsätzlich ergreift die Cosa Nostra (fast) jede sich bietende Chance zur Bereicherung und betätigt sich überall dort, wo es etwas zu verdienen gibt. Auch wenn die Gewalt *das* charakteristische Mittel der Cosa Nostra ist, um ihre Ziele zu erreichen, bevorzugt sie nach Möglichkeit »friedlichere« Methoden, in erster Linie den Konsens der Bevölkerung oder die Korruption; Morde stellen grundsätzlich nur die Ultima ratio innerhalb ihres Handlungsrepertoires dar. Auch wenn die Cosa Nostra in erster Linie ein Unterschichtsphänomen ist, sind ihr doch zahlreiche Personen aus den »besseren Kreisen« als Unterstützer eng verbunden. Diese mafiose Grauzone der »Freunde der Freunde« ist für das Funktionieren der Organisation unerlässlich.

3.1 Vom Uomo d'onore zum Capo dei Capi

Die ersten genauen Berichte über mafiose Cosche legten bereits Ende des 19. Jahrhunderts die Polizeifunktionäre Antonino Cutrera (1858–1959) und Giuseppe Alongi (1858–1939) sowie Ermanno Sangiorgi, der Polizeipräsident von Palermo, vor.[1] Vergleicht man die Beschreibungen der damaligen Clans mit denen von heute, zeigt sich eine erstaunliche Kontinuität – nur dass es inzwischen mehr Clans gibt.[2] Heute verfügt die Cosa Nostra über insgesamt 167 Familien[3], die sich auf den Westen der Insel konzentrieren (vgl. Abb. 3.1): Die meisten Cosche gibt es in der Provinz Palermo (82), gefolgt von den Provinzen Agrigent (42), Trapani (17), Caltanissetta (15) und Enna (5). In den mit Ausnahme von Catania als »Province babbe«[4] (Siz. naiv, unschuldig) bezeichneten ostsizilianischen Provinzen existieren nur sechs Familien: Drei in der Provinz Catania, zwei in der Provinz Messina sowie eine in der Provinz Ragusa. In der Provinz Syrakus gibt es überhaupt keine »richtige« Mafiafamilie.

Palermo
Stadt Palermo
Porta Nuova
Porta Nuova
Borgo Vecchio
Kalsa
Palermo-Centro
Passo di Rigano-Bocca di Falco
Passo di Rigano-Bocca di Falco
Uditore
Torretta
San Lorenzo-Tommaso Natale
Pallavicino-ZEN
Partanna-Mondello
San Lorenzo
Tommaso Natale-Marinella
Capaci-Isola delle Femmine
Carini
Cinisi
Terrasini
Resuttana
Acquasanta
Arenella
Resuttana
Vergine Maria
Noce
Noce
Malaspina-Cruillas
Altarello di Baida
Pagliarelli
Pagliarelli
Borgo Molara
Corso Calatafimi
Rocca-Mezzomonreale
Villaggio Santa Rosalia
Ciaculli
Ciaculli
Brancaccio
Corso dei Mille
Roccella
Villagrazia-Santa Maria di Gesù
Villagrazia
Santa Maria di Gesù

Provinz Palermo
Partinico
Partinico
Balestrate-Trappeto
Borgetto
Giardinello
Montelepre
Bagheria
Bagheria
Altavilla Milicia
Casteldaccia
Ficarazzi
Villabate
Misilmeri-Belmonte Mezzagno
Misilmeri
Belmonte Mezzagno
Bolognetta
Villafrati-Cefalà Diana
San Mauro Castelverde
San Mauro Castelverde
Gangi
Lascari
Isnello
Polizzi Generosa
Mistretta
Trabia
Trabia
Baucina
Caccamo
Caltavuturo
Castronovo di Sicilia
Cerda
Cimina
Montemaggiore Belsito
Roccapalumba
Sciara
Termini Imerese
Valledolmo
Ventimiglia di Sicilia
Vicari
San Giuseppe Jato
San Giuseppe Jato
Altofonte
Camporeale
Monreale
Piana degli Albanesi
San Cipirello
Santa Cristina Gela

Corleone
Corleone
Chiusa Sclafani
Godrano
Lercara Friddi
Marineo
Mezzojuso
Palazzo Adriano
Prizzi
Roccamena

Trapani
Trapani
Trapani
Custonaci
Paceco
Valderice
Castelvetrano
Castelvetrano
Campobello di Mazara
Gibellina
Partanna
Salaparuta-Poggioreale
Santa Ninfa
Mazara del Vallo
Mazara del Vallo
Marsala
Salemi
Vita
Alcamo
Alcamo
Calatafimi
Castellammare del Golfo

Agrigent
Belice
Santa Margherita Belice
Menfi
Montevago
Sambuca di Sicilia
Sciacca
Santa Elisabetta
Santa Elisabetta
Aragona-Comitini
Casteltermini
Raffadali
San Biagio Platani
Sant' Angelo Muxaro

Cianciana
Cianciana
Alessandria della Rocca
Bivona
Cammarata
San Giovanni Gemini
Santo Stefano Quisquina
Canicatti
Canicatti
Campobello di Licata
Castrofilippo
Grotte
Racalmuto
Ravanusa
Agrigent
Agrigent
Favara
Lampedusa-Linosa
Joppolo Giancaxio
Porto Empedocle
Realmonte
Siculiana
Burgio
Burgio
Calamonaci
Caltabellotta
Cattolica Eraclea
Lucca Sicula
Montallegro
Ribera
Villafranca Sicula
Palma di Montechiaro
Palma di Montechiaro
Camastra
Licata
Naro

Abb. 3.1 Mafiadichte: Provinzen, Bezirke, Familien

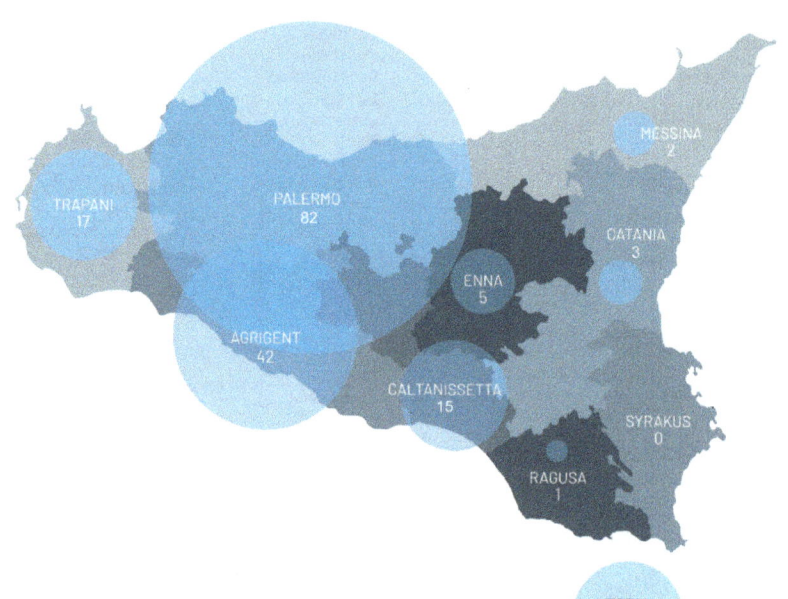

Messina
Barcellona Pozzo
di Gotto

Enna
Villarosa
Calascibetta
Enna
Pietraperzia
Barrafranca

Catania
Catania
Caltagirone
Ramacca

Syrakus
Keine selbständigen
Bezirke/Familien
Ramacca

Ragusa
Vittorio-Acate-Comiso

Caltanissetta
Mussomeli
Campofranco-Sutera
Montedoro-Milena-Bompensiere
Serradifalco
Mussomeli

Vallelunga Pratameno
Caltanissetta
San Cataldo
Vallelunga Pratameno
Marianopoli
Resuttano

Riesi
Riesi-Butera
Mazzarino
Sommatino-Delia

Gela
Familie Niscemi
Familie Emmanuello
Familie Rinzivillo

Provinz
Mafiabezirk
Mafiafamilie

Abb. 3.1 (Fortsetzung)

Die Ursache für die geringe Präsenz der Cosa Nostra im Osten liegt darin begründet, dass sie sich dort relativ spät entwickelte. Die einzige »historische« Gruppe ist die von Mistretta (ME), deren Territorium unmittelbar an die Provinz Palermo angrenzt, weshalb das Nebrodenstädtchen bereits früh mafios kontaminiert wurde. Als zweite Gruppe entstand in den 1920er-Jahren die Familie von Catania, gefolgt in den 1950er-Jahren von der Familie von Ramacca (CT) und in den frühen 1980er-Jahren von der von Caltagirone (CT). Die Schlusslichter sind die Ende der 1980er- bzw. Anfang der 1990er-Jahre gegründeten Familien von Vittoria (RG) und Barcellona di Gotto (ME). Mit Ausnahme der Familie von Barcellona di Gotto handelt es sich bei allen ostsizilianischen Cosche um »Importe« aus dem Westen.[5] Aber auch wenn die ostsizilianischen Clans »Nachzügler« sind, heißt das nicht, dass sich die Cosa Nostra nicht für den Osten interessiert hätte. Ganz im Gegenteil diente Ostsizilien den Clans im Westen immer schon als Rückzugsgebiet[6] für flüchtige Mafiosi und Investitionsmöglichkeit in die legale Wirtschaft.[7] Aus diesem Grund etablierten sie spätestens ab den 1960er-Jahren in diversen ostsizilianischen Kommunen »Referenten«, wie beispielsweise in Ragusa Giuseppe Cirasa (†1983)[8] oder in Messina Giovanni Tamburello und später Michelangelo Alfano (1940–2005).[9]

Grundsätzlich ist jede Familie für ein geografisch abgegrenztes Gebiet zuständig, das sogenannte »Territorio« (Territorium). Dabei kann es sich um ein Dorf, eine Kleinstadt oder ein Stadtviertel handeln. Die Clans werden üblicherweise mit dem Namen des Gebiets, das sie kontrollieren, bezeichnet, beispielsweise als »Famiglia di Corso dei Mille«, »Famiglia di Porta Nuova« oder »Famiglia di Villabate«. Gelegentlich nennt man sie auch nach einem langjährigen Capofamiglia wie »Famiglia Santapaola« nach Nitto Santapaola oder »Famiglia La Rocca« nach Francesco La Rocca (1938–2020); oder nach dem Familienspitznamen wie im Falle des »Clans Fardazza« (»Fardazza« nennt man in Partinico (PA) die Familie Vitale). Ihr Territorium kontrollieren die Familien in jeder Hinsicht – wirtschaftlich, politisch und sozial. Dabei genießen sie völlige Autonomie: Weder andere Familien noch höhere Organisationseinheiten dürfen sich in ihre inneren Angelegenheiten einmischen. Will beispielsweise eine Familie auf dem Territorium einer anderen Familie einen Mord begehen, muss sie vorher deren Einverständnis einholen. Es ist sogar üblich, dass Ehrenmänner, die eine Immobilie oder ein Stück Land auf dem Territorium einer anderen Familie zu kaufen beabsichtigen, die dortige Familie um Erlaubnis bitten. Üblicherweise rekrutieren die Familien neue Mitglieder innerhalb ihres Territoriums, wo diese dann – selbst wenn sie polizeilich gesucht werden – bleiben, denn aufgrund der Zustimmung bzw. Angst der ansässigen Bevölkerung sind sie dort nämlich am sichersten. So schrieb Matteo Messina Denaro in einem Pizzino:

> Ich werde nie freiwillig weggehen (...). Wenn ich hätte weggehen wollen, so hätte ich das schon vor langer Zeit gekonnt. Ich hatte dazu die Möglichkeit. Ich habe diese Hypothese aber nie in Betracht gezogen (...). Ich bleibe in meinem Gebiet so lange, wie das Schicksal es will.[10]

Auch wenn der Verbleib im Territorium die Regel ist, leben zunehmend mehr Mafiosi gezwungenermaßen oder freiwillig woanders, etwa, wenn sie zu einem Zwangsaufenthalt[11] außerhalb Siziliens verurteilt wurden. So wurden zwischen 1961 und 1972 fast 400 sizilianische Mafiosi allein in die Lombardei geschickt. Andere Mafiosi flüchteten aus ihrem Territorium, weil ihnen dort der Aufenthalt während des zweiten Mafiakrieges zu gefährlich geworden war. Die einzigen, die nur aus Prestigegründen ihr Viertel verließen, waren die Bosse Calderone und Santapaola. Sie wollten, als sie ökonomisch aufgestiegen waren, nicht weiter in dem sozial schwierigen Viertel San Cristoforo wohnen und zogen in ein »besseres« Stadtviertel Catanias um. Manche Bosse ziehen aus geschäftlichen Gründen aus ihrem Territorium weg, so wie die Corleoneser Leggio, Riina und Provenzano, die aufgrund von Haftbefehlen ihren Aktivitäten in dem kleinen, isoliert gelegenen Städtchen Corleone nur schwer ungestört hätten nachgehen können.[12] Überhaupt veranlasst die Globalisierung immer mehr Ehrenmänner, sich dauerhaft außerhalb Siziliens niederzulassen[13], hauptsächlich weil sie sich auf bestimmte Geschäfte wie den internationalen Drogenhandel[14] oder die Geldwäsche[15] spezialisiert haben. Daher ist die organisierte Kriminalität schon lange kein sizilianisches oder süditalienisches Phänomen mehr: Mafiose Zellen existieren inzwischen nicht nur auf dem italienischen Festland[16], sondern auch in fast ganz Europa – vor allem in Belgien und Deutschland[17] –, außerdem in den USA, Kanada sowie Süd- und Mittelamerika.[18]

Alle Familien haben denselben pyramidalen Aufbau (vgl. Abb. 3.2): An der Spitze befindet sich der Vorstand, große Gruppen haben mit Zehnergruppenführern eine Art »mittleres Management« und an der Basis steht das Heer der einfachen Mitglieder. Der Führungsspitze gehören die »drei, vier oder fünf angesehensten Personen« der Gruppe an, welche den anderen in Bezug auf »Lebensalter, Intelligenz, soziale Position, abgelegte Mutproben, Gefängnisstrafen« und vor allem Erfahrungen in Bezug auf die »schwierige Kunst des ungestraften Mordens« überlegen sind.[19] Eine ungeschriebene Mafiaregel lautete früher, dass Ehrenmänner das Alter von vierzig Jahren überschritten haben müssen, um Capofamiglia zu werden.[20] Dem Capo obliegt die Leitung der Familie: Er entscheidet über die durchzuführenden Geschäfte, erteilt Befehle an die Untergebenen, überwacht die Einhaltung der Organisationsregeln, schlichtet interne Konflikte, verwaltet die gemeinsame Kasse, entscheidet über Sanktionen und vertritt die Familie gegenüber

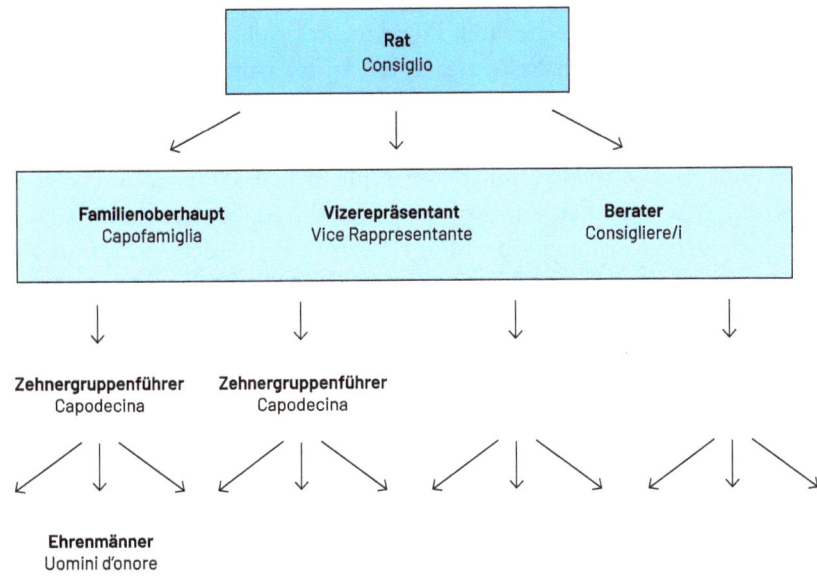

Abb. 3.2 Familie

der Außenwelt. Er zieht im Hintergrund die Fäden, während die einfachen Mitglieder als operative Kriminelle die Verbrechen ausführen. Nur in seltenen Fällen begehen Capi noch selbst Verbrechen, die dann besondere »Fähigkeiten und außergewöhnlich kaltes Blut« erfordern.[21] Das Familienoberhaupt wird vom Vice Rappresentante[22] (Stellvertretender Repräsentant) sowie einem bzw. mehreren Consiglieri (Beratern) unterstützt. Zusammen bilden sie den Consiglio (Rat) und damit den Vorstand der Familie.

Es gibt drei Möglichkeiten, wie ein Mafioso in das Amt des Familienoberhaupts gelangen kann: erstens durch Wahl, zweitens durch Ernennung und drittens durch Gewalt. Bis in die frühen 1980er-Jahre war die Wahl die häufigste Variante. Dabei gab es abhängig von der Größe der Familie zwei Verfahren: Bei Familien mit bis zu circa 40 Mitgliedern fand eine Mitgliederversammlung statt, bei der ein Tagungsleiter Wahlvorschläge unterbreitete, die diskutiert wurden, bevor man zur geheimen Wahl schritt. Jedes Mitglied hatte ganz demokratisch eine Stimme. Die Mitgliederversammlungen liefen meist harmonisch ab, weil sich meist schon vorher abgezeichnet hatte, wer über den Konsens der Gruppe verfügte. Bei Familien mit über 40 Mitgliedern befragten die Zehnergruppenführer die ihnen unterstellten Picciotti. In beiden Fällen fiel die Wahl üblicherweise auf einen Sohn des alten Amtsinhabers. Tatsächlich sind die Söhne von Bossen in der Regel die geeignetsten Kandidaten, schließlich »erben« sie vom Vater dessen kriminelles Know-how, sozialen Kontakte und »Geheimnisse«, mit deren Hilfe sich hochstehende Personen erpressen lassen. Außerdem gibt es bei den Mitgliedern die Überzeugung, »dass die Kommandoposition innerhalb der Cosche aufgrund von ererbten Blutsbanden« zu besetzen seien.[23] Die meisten Ehrenmänner übertragen aus Respekt vor dem alten Chef ihre Loyalitäten auf einen von dessen Verwandten – zumindest dann, wenn dieser die erforderlichen Qualitäten mitbringt und es keinen eindeutig qualifizierteren Kandidaten gibt. So erzählte ein Mafioso, er habe gleich nach dem Tode des alten Capofamiglia dessen Sohn seiner Loyalität versichert:

> Den ganzen Tag wartete ich auf den richtigen Moment, um mich seinem Sohn Giuseppe zu nähern. Als der Moment kam, sprach ich ihm mein Beileid aus und fragte, ob er sich an mich erinnere. Er hatte ein gutes

Gedächtnis wie der Verstorbene selig. ‚Ich bin in Palermo. Wenn Sie etwas brauchen, finden sie mich dort', sagte ich. Das ist eine Ehrenregel: Wenn einer Respekt vor dem Vater gehabt hatte, muss er den gleichen Respekt dem Sohn bezeugen, jedenfalls, solange der ihn sich verdient.[24]

Auf diese Weise bildeten sich Familiendynastien heraus, die bis in die dritte Generation und noch weiter reichen können.[25] Steht kein Blutsverwandter als »natürlicher« Nachfolger des alten Familienoberhauptes zur Verfügung, gibt dieser seinen Picciotti nicht selten einen Tipp, wer besonders geeignet wäre. So soll Calogero Lo Bue (1887–1953), der alte Capofamiglia von Corleone, im Jahr 1943 auf dem Totenbett ausgerufen haben: »Wenn sich meine Augen schließen, sehe ich weiter mit denen des Michele Navarra.«[26] Die Methode der Wahl trat ab den 1980er-Jahren zugunsten der Ernennung in den Hintergrund. Seither werden immer weniger Familien von einem Capo regiert, sondern stattdessen von einem temporären Regenten. Während der Riina-Diktatur setzte Riina fest, wer die nach dem Mafiakrieg verwaisten Familien führen sollte. Aber auch Familienoberhäupter setzten und setzen Regenten ein, wenn sie und ihre Stellvertreter sich in Haft befinden. Denn auch wenn Capi gemäß des mafiosen Regelwerks trotz einer Verhaftung im Amt bleiben, benötigen sie für die Durchführung bestimmter Aufgaben eine sich in Freiheit bewegende Person. Solche Regenten sind nicht autonom, sondern führen die Familie gemäß den Anweisungen ihres Capo, dessen Befehle sie auch aus den Hochsicherheitstrakten der Gefängnisse in der Regel problemlos erreichen. Aufgrund der zahlreichen Verhaftungen hochrangiger Bosse in den letzten Jahrzehnten werden heute die meisten Familien von Regenten geführt.

Nur in Ausnahmefällen wird die Nachfolgefrage nicht konfliktfrei gelöst. Dies ist der Fall, wenn sich ambitionierte Personen mit Gewalt an die Führungsspitze kämpfen wie beispielsweise Luciano Leggio. Obwohl Leggio wahrscheinlich ohnehin der Nachfolger von Navarra, dem alten Capo der Familie von Corleone, geworden wäre, brachte er seinen Vorgänger schlicht und einfach um – und anschließend sicherheitshalber auch dessen Gefolgsleute. Auch der catanesische Capofamiglia, Nitto Santapaola, ließ seinen Vorgänger, Pippo Calderone, kurzerhand ermorden, um selbst die Führung zu übernehmen.

Obwohl der Capofamiglia die Zentralfigur jeder Mafiafamilie darstellt, kommt auch den übrigen Mitgliedern des Rats eine wichtige Rolle zu: Der Vizerepräsentant hat den Capo im Falle seiner Abwesenheit zu vertreten, ist grundsätzlich eine Vertrauensperson und wird persönlich ernannt. Das wichtigere Amt ist jedoch das des Beraters. Trifft ein Capo nämlich Entscheidungen, die dem Gesamtwohl der Familie entgegenstehen, muss ihn der Berater von seinem Vorhaben abbringen und stellt damit eine Art Kontrollorgan dar. Aus diesem Grund wird er nicht vom Capofamiglia ernannt, sondern von den Mitgliedern der Familie gewählt. In der Regel gelangen nur erfahrene Ehrenmänner, also meist Personen in vorgerücktem Alter, in dieses Amt.

Manche Familien sind sehr groß, wie die Familie des Brancaccio, die im Jahr 2000 mehr als 200 Mitglieder zählte[27], und Stefano Bontates Familie soll sogar 300 Mitglieder gehabt haben. Solche Clans verfügen in der Regel über Capidecina (Zehnergruppenführer), denen die sog. Decine (Zehnergruppen) direkt unterstellt sind. Manchmal bestehen Decine aber auch nur aus fünf oder sogar aus dreißig Mitgliedern. Bei den Capidecina handelt es sich üblicherweise um Ehrenmänner mit besonderen Führungsqualitäten, die jedoch lediglich die vom Capo erhaltenen Befehle nach unten weitergeben, tritt doch bei großen Familien der Capo mit den einfachen Picciotti so gut wie nie in Kontakt. In kleineren Familien, die nur über einen bis zwei Zehnergruppenführer verfügen, nehmen die Capidecina auch an den Sitzungen des Rats teil. Grundsätzlich gilt, dass die Zehnergruppenführer für die ihnen unterstellten Ehrenmänner verantwortlich sind: Taucht ein Problem in einer Decina auf, müssen die Zehnergruppenführer dem Rat Rede und Antwort stehen. Hat ein einfacher Ehrenmann ein Anliegen, darf er sich nicht direkt an den Capofamiglia wenden, sondern muss seinen Wunsch dem Zehnerführer vortragen, der ihn dann nach oben weiterleitet. Eine Ausnahme stellen die großen Familien von Catania und Barcellona Pozzo di Gotto dar, deren Untergruppenführer weitgehend autonom handeln. Sie kontrollieren wie richtige Capi selbstständig das ihnen zugestandene Territorium.

An der Basis der Familien steht eine mehr oder weniger große Schar von Ehrenmännern, durchschnittlich sind es knapp 25.[28] »Echte« Ehrenmänner scheint es nie viele gegeben zu haben.[29] Laut den letzten verfügbaren offiziellen Zahlen hatte die Cosa Nostra im Jahr 2000 auf der ganzen Insel nur 5.192 Mitglieder, von denen sich mit Abstand die meisten in Westsizilien befanden – allein 3.201 in der Provinz Palermo![30] Auch wenn die Angaben zwanzig Jahre alt sind, stellen sie insofern einen wichtigen Annäherungswert dar, als die Mitgliederzahlen der Cosa Nostra in den letzten Jahrzehnten relativ stabil geblieben zu sein scheinen.[31] Bei den Mitgliedern lassen sich verschiedene Kategorien unterscheiden: gewöhnliche Ehrenmänner (Uomini d'onore), geheime Ehrenmänner (Uomini d'onore riservati) und ausgemusterte Ehrenmänner (Uomini d'onore posati). Das Gros der Mitglieder bilden die gewöhnlichen Ehrenmänner, denen die Aufgabe zukommt, kritiklos die Aufträge ihres Capofamiglia oder Zehnergruppenführers auszuführen. Ein Mafioso berichtete, die einfachen Picciotti würden tagsüber oft nur in Bars »herumhängen« und auf Befehle warten.[32] Der Aussteiger Vincenzo (Enzo) Sinagra (geb. 1956) vom palermitanischen Clan des Corso dei Mille bestätigte:

Ich musste im Stadviertel Sant' Erasmo auf Befehle warten und dann gegebenenfalls Morde begehen, Bomben legen, Leute verprügeln bzw. jede andere Tätigkeit verrichten, die mir aufgetragen wurde.[33]

Abhängig von ihrer Persönlichkeit werden die Picciotti für schwierige Aufgaben oder »Schmutzarbeit« herangezogen. Ausschlaggebend ist die Persönlichkeit des Mafioso.[34] Weniger intelligenten Ehrenmännern werden Tätigkeiten anvertraut, die außer Skrupellosigkeit, Nervenstärke und der Fähigkeit, mit der Waffe umzugehen, keine besonderen Anforderungen stellen, so z. B. Raubüberfälle, Diebstähle, Brandanschläge und Morde. Den Intelligenteren hingegen wird etwa das Eintreiben des Pizzo (Schutzgeld) zugewiesen, erfordert es doch ein beträchtliches psychologisches Fingerspitzengefühl, schließlich soll das Opfer möglichst ohne direkten Gewalteinsatz zum gewünschten Verhalten gebracht werden. Ein Schutzgeldeintreiber muss also sein Auftreten gegenüber dem Opfer perfekt inszenieren, indem er gleichzeitig zu »Zuckerbrot« und »Peitsche« greift. Den intelligenteren Picciotti wird außerdem zugestanden, innerhalb des Territoriums der Familie kleinere Straftaten zu eigenen Gunsten zu begehen.

Die geheimen Ehrenmänner stellen eine Minderheit dar. Bei ihnen handelt es sich üblicherweise um Söhne oder sonstige Verwandte von hochrangigen Mafiosi, die eine gute Ausbildung genossen haben und in einem angesehenen bürgerlichen Beruf arbeiten, etwa als Arzt, Anwalt, Beamter oder Politiker. »Geheim« sind diese Ehrenmänner, weil ihre Mitgliedschaft nur der Führungsriege bekannt ist, damit sie nicht vom mafiosen »Fußvolk« mit Bitten um persönliche Gefälligkeiten behelligt werden, denn würden sie ständig von Mafiosi frequentiert werden, wären sie bald »bruciati« (verbrannt), also als Mafiosi bekannt und damit weniger nützlich. Der Aussteiger Gaspare Mutolo (geb. 1940) erklärte in diesem Kontext:

> Im Falle der Cousins Salvo (Inhaber des Steuereintreibungsbüros Sartris, Anmerk. d. Verf.) wurde die Mitgliedschaft geheimgehalten, weil diese besondere wirtschaftliche Aktivitäten ausübten und Büros in Palermo hatten. Wenn sie einmal allgemein als Ehrenmänner bekannt gewesen wären, (...) hätte leicht einer hingehen können, um sie zu stören und um Gefälligkeiten zu bitten. Indem man sie aber den anderen Ehrenmännern nicht präsentierte, konnten sie abseits bleiben (...). Nicht alle sollten mit diesen, sagen wir, mit diesen wichtigen Personen reden können.[35]

Geheime Ehrenmänner verrichten anspruchsvollere Aufgaben – meist Tätigkeiten, zu denen sie aufgrund ihres Berufs prädestiniert sind: Sie versorgen als Ärzte verletzte oder kranke Mafiosi, bringen als Anwälte Prozesse »in Ordnung«, vertreten als Politiker die Interessen der Organisation in den Parlamenten, »erleichtern« als Beamte bürokratische Angelegenheiten oder trauen als Priester flüchtige Mafiosi und taufen deren Kinder. Sie sind oft nur schwer ersetzbar.

Bei den ausgemusterten Ehrenmännern handelt es sich um Mafiosi, die wegen eines Vergehens gegen das mafiose Verhaltensregelwerk ausgeschlossen wurden. Meist erahnt der Betroffene bereits, dass er gehen muss, weil sich die anderen von ihm distanzieren. Wer »messo fuori confidenza« ist, also »nicht mehr ins Vertrauen gezogen« wird, darf nicht mehr an den Aktivitäten seiner Familie teilnehmen. Das zieht automatisch den Verlust der finanziellen Vorteile nach sich. Das ausgemusterte Mitglied bleibt aber Ehrenmann, was bedeutet, dass es weiterhin an seinen Treueeid gebunden und den Verhaltensregeln der Cosa Nostra verpflichtet bleibt. Gaspare Mutolo erklärte dazu:

> Auch wenn der Mafioso aus der Organisation ausgeschlossen ist, muss er sich weiterhin an deren Regeln halten. Aber es ist ihm nicht mehr erlaubt, Kontakte mit anderen Mafiosi zu haben, die mit ihm auch nicht mehr sprechen dürfen.[36]

Ein Ausschluss bedeutet nicht notwendigerweise das Ende der kriminellen Karriere: Einige ausgemusterte Mafiosi wie Tano Badalamenti, Tommaso Buscetta oder Francesco Di Carlo (1941–2020) führten ihre illegalen Tätigkeiten erfolgreich fort – wenn auch im Ausland: Badalamenti und Buscetta zogen ins brasilianische Sao Paolo, wo sie sich als internationale Drogenhändler betätigten; Di Carlo leitete hingegen in London ein »Drogenbüro« und betätigte sich als Geldwäscher.[37]

Alle Familien verfügen über eine Kasse, in die die Einnahmen ihrer gemeinsamen Aktivitäten fließen. Ein Teil dieser Gelder erhalten die Mitglieder mit der sogenannten »Mesata« (Monatslohn) ausbezahlt.[38] Meist bekommen sie darüber hinaus ein dreizehntes Monatsgehalt, an religiösen Festtagen wie Weihnachten zusätzlich noch eine Dividende und bei persönlichen Anlässen wie Hochzeiten einen größeren Geldbetrag oder ein wertvolles Geschenk. Neben solchen Einkünften haben Mafiosi aber noch weitere Einnahmequellen, beispielsweise besitzen sie einen legalen Betrieb oder begehen zu eigenen Gunsten Straftaten. Nicht jeder Ehrenmann erhält denselben Gewinnanteil aus der Gemeinschaftskasse: Mafiosi in höherer Position und Verheirateten steht mehr Geld zu, allerdings hängen die Zuwendungen auch vom Wohlstand ihrer Familie ab. Einen ungefähren Anhaltspunkt liefern die im Jahr 1989 bei einer Razzia aufgefundenen »Geschäftsbücher« der Familie Madonia aus dem palermitanischen Stadtteil Resuttana: Bei dieser Familie erhielt ein verheirateter Ehrenmann monatlich circa 900 €, während sich ein Lediger mit nur ungefähr 250 € zufriedengeben musste.[39] Bosse erhalten deutlich mehr Geld, wie die im Jahre 2007 aufgefundenen Geschäftsbücher von Totuccio Lo Piccolo zeigen: Der Bezirksboss von San Lorenzo genehmigte sich selbst ein Monatsgehalt von 40.000 € und seinem Sohn Sandro gestand er monatlich 25.000 €

zu.[40] Aus der gemeinsamen Kasse werden außerdem die laufenden Kosten gedeckt. Den dicksten Kostenfaktor stellen in den letzten dreißig Jahren die Ausgaben für in Not geratene Kollegen dar. Allein für diesen Zweck veranschlagte beispielsweise die Familie von Santa Maria di Gesù im Jahr 2004 monatlich 25.500 €.[41] Es fallen aber noch weitere Kosten an wie die Beschaffung von Waffen, Handys sowie die Finanzierung von »Geschäftsreisen«. Außerdem müssen die Handlanger aus der Kleinkriminalität bezahlt werden und – was ungleich teurer ist – Strafverteidiger, Steuerberater und Notare. Da diese Freiberufler ihren Klienten häufig über ihre professionellen Dienste hinausgehende illegale Dienste leisten, beispielsweise das Schmuggeln von Gegenständen ins Gefängnis oder Geldwäscheaktivitäten, werden sie sozusagen außerordentlich gut bezahlt. Darüber hinaus werden auch die Bestechungsgelder für Politiker, Beamte, Gefängniswärter, Polizisten, Staatsanwälte sowie Richter aus der gemeinsamen Kasse bestritten. Für die Buchhaltung der Cosa Nostra ist häufig der Capo, manchmal auch ein besonders vertrauenswürdiger Ehrenmann zuständig. Den Mitgliedern wird keine Rechenschaft über die Einnahmen und Ausgaben gegeben. So war Gaspare Spatuzza bitter enttäuscht, als er – nachdem er Regent der Familie von Brancaccio geworden war und Übersicht über die Einnahmen erlangt hatte – erkannte, wie sehr sich seine Capi, die Brüder Graviano, an den gemeinsamen Geldern bereichert hatten, während die einfachen Mitglieder Not litten.[42] Gelegentlich kommt es wegen der Kasse zu Streit, vor allem wenn es um die Veruntreuung von Geldern geht.

Die Beziehungen der Familien untereinander bewegen sich zwischen Kooperation, friedlicher Koexistenz und Konflikt: Manche Familien arbeiten vorübergehend zusammen, wenn die Geschäfte dies notwendig machen. In den Zeiten der Agrarmafia erforderte beispielsweise der Viehraub die Zusammenarbeit mehrerer Clans: Eine Bande im Inselinneren raubte das Vieh, eine andere brachte es auf die städtischen Märkte oder exportierte es ins Ausland, meist nach Tunesien. Mafiose Gruppen schließen sich aber nicht nur aus ökonomischen, sondern auch aus machtpolitischen Erwägungen heraus zusammen, hauptsächlich um im Konfliktfall Bündnispartner zur Verfügung zu haben. Manche Allianzen sind außerordentlich stabil, vor allem wenn die Clanchefs miteinander verwandt sind. Die Verheiratung von Angehörigen ist eine beliebte Methode zur Sicherung langfristiger Bündnispartner.

Neben Allianzen gibt es aber auch häufig gewalttätige Auseinandersetzungen, oft aus ökonomischen Gründen, etwa wenn eine bestehende oder neu entstandene Gruppe in das Territorium einer Familie eindringt, um dort Raubzüge durchzuführen oder Schutzgeld zu erpressen. Manchmal sind es aber auch nur Ehrverletzungen, die einen Streit auslösen, wie Übergriffe auf eine unter Schutz stehende Person oder unerlaubte Morde auf dem Territorium einer anderen Familie. Wenn ein solcher »Sgarro« (Siz. Unkorrektheit), wie es im Jargon heißt, sogar viele Jahre anhält, wird von einer »Faida« (Fehde) gesprochen. Einige dieser Auseinandersetzungen erlangten aufgrund ihrer Brutalität besondere Bekanntheit. Zu ihnen zählt in der zweiten Hälfte des 19. Jahrhunderts die blutige Fehde zwischen dem Monreale beherrschenden Clan der Giardinieri und den neu entstandenen Stuppagghieri.[43] Eine ebenfalls heftige Auseinandersetzung lieferten sich zwischen 1939 und 1947 die beiden Greco-Clans der benachbarten palermitanischen Stadtviertel Ciaculli und Croceverde Giardini, wobei der Anlass eine simple Unhöflichkeit war.[44] Auch die sechs Morde im August 2007 vor dem Restaurant Da Bruno in Duisburg geschahen im Rahmen einer Faida, wenn es sich bei den Beteiligten auch nicht um Mafiosi, sondern 'Ndranghisti der rivalisierenden Clans der Nirta-Strangio und Pelle-Vottari-Romeo aus dem kalabrischen Dorf San Luca (RC) handelte.[45] Üblicherweise enden die Fehden, wenn sich die beteiligten Familien gegenseitig weitgehend eliminiert haben, oder Frieden schließen – häufig mittels einer Heirat. So berichtete Antonino Calderone, die in den 1950er-Jahren gespaltene Familie von Catania habe wieder zusammengefunden, nachdem sein Bruder Pippo die Nichte des Capo der anderen Gruppe geheiratet hatte.[46]

Die nächsthöhere Instanz über der Familie ist der Mandamento (Bezirk). Die Bezeichnung »Mandamento« übernahm die Cosa Nostra aus der italienischen Verwaltungssprache des 19. Jahrhunderts, als große Kommunen in Bezirke gegliedert waren. Unter einem mafiosen Bezirk wird der Zusammenschluss von mehreren benachbarten Familien verstanden, was eine gewisse Dichte von Familien voraussetzt. Aktuell existieren 30 mafiose Bezirke: in der Stadt Palermo acht[47], in der Provinz

Agrigent sieben[48], in der Provinz Palermo sieben[49], in der Provinz Caltanissetta vier[50] und in der Provinz Trapani ebenfalls vier[51]. In der Provinz Enna, wo es nur fünf Familien[52] gibt, existieren keine Bezirke. Dasselbe gilt für die Provinzen Catania[53] und Messina[54], wo es nur drei bzw. zwei Familien gibt, und für die Provinz Ragusa[55], die nur über eine Familie verfügt. Geleitet werden die Bezirke von Bezirksvorständen, deren gleichberechtigte Mitglieder die Capifamiglia der Bezirksfamilien sind und aus ihren Reihen einen Capomandamento, einen Bezirksvorsitzenden, bestimmen. Die Aufgabe der Bezirksvorstände besteht erstens in der Koordinierung der Geschäfte der Familien sowie gemeinsamer Aktionen, zweitens als Schiedsgericht bei Streitigkeiten zwischen den im Bezirk zusammengeschlossenen Familien und drittens als Vertretung ihrer Bezirke in den Provinzkommissionen.

Die Provinzen stehen in der Hierarchie über den Bezirken. Ähnlich wie bei den Bezirken existieren Provinzstrukturen nur in Westsizilien, wo es besonders viele Mafiafamilien gibt. Aber die Situation stellt sich nicht überall gleich dar: Nur in den Provinzen Palermo und Agrigent, in denen sich die meisten Bezirke konzentrieren, existieren sog. »Commissioni Provinciali« (Provinzkommissionen). Ihnen gehören die Bezirksvorsitzenden der jeweiligen Provinz an, die wiederum aus ihren Reihen einen Sekretär auswählen. (Die Provinzen Trapani, Caltanissetta und Enna hingegen verfügen über keine Kommissionen, sondern nur über Provinzrepräsentanten.) Die beiden Provinzkommissionen koordinieren die Aktivitäten ihrer Bezirke und sind das höchste Sanktionsgremium: Falls beispielsweise eine Familie gegenüber einem ihrer Picciotti, der einen schwerwiegenden Fehler gemacht hat, zu tolerant ist oder sich gar der Capofamiglia selbst unangemessen verhalten hat, verhängen die Provinzkommissionen die notwendigen Strafen. Außerdem fungieren sie bei Konflikten zwischen den Bezirken und in schwerwiegenden Streitfällen auch zwischen den Familien als Schiedsgerichte. Unabhängig davon, ob nun durch Kommission oder Repräsentant, die Provinzebene vertritt die Interessen ihrer Familien gegenüber den anderen Mafiaprovinzen.

Die einzige wirklich bedeutende Familie in den ostsizilianischen Provinzen Catania, Syrakus, Messina und Ragusa ist die Familie von Catania, bei der es sich ohnehin um einen Sonderfall handelt: Sie beherrscht in einer Art Franchising-System mithilfe ihrer relativ selbstständigen Untergruppen nicht nur einen großen Teil der Stadt und Provinz Catania, sondern mit Vasallengruppen auch weite Teile der Provinz Syrakus und – mittels einer Zelle in Messina – die gesamte ionische Küste der Provinz Messina.

Zumindest theoretisch stellt die Commissione Interprovinciale, die Regionalkommission, die oberste Ebene der Cosa Nostra dar. Doch weder bei ihrer Erstgründung Ende der 1950er-Jahre noch nach ihrer kurzzeitigen Reaktivierung im Jahr 1975 erlangte sie eine wichtige Rolle. Denn die faktisch oberste Organisationseinheit der Cosa Nostra ist die von der Presse »Cupola« (Kuppel) genannte Provinzkommission von Palermo (vgl. Abb. 3.3). Sie wurde im Jahr 1958 gegründet – angeblich auf Anregung der amerikanischen Kollegen Lucky Luciano und Joseph (Joe) Bonanno (»Joe Bananas«).[56] Ihr gehören alle Bezirksvorsitzenden der Provinz Palermo an. In der Blütezeit des Zigarettenschmuggels hatten sogar einige kampanische Camorristi wie die Zaza, Nuvoletta und Bardellino einen festen Sitz in dem Gremium.[57] Wenn es um besonders

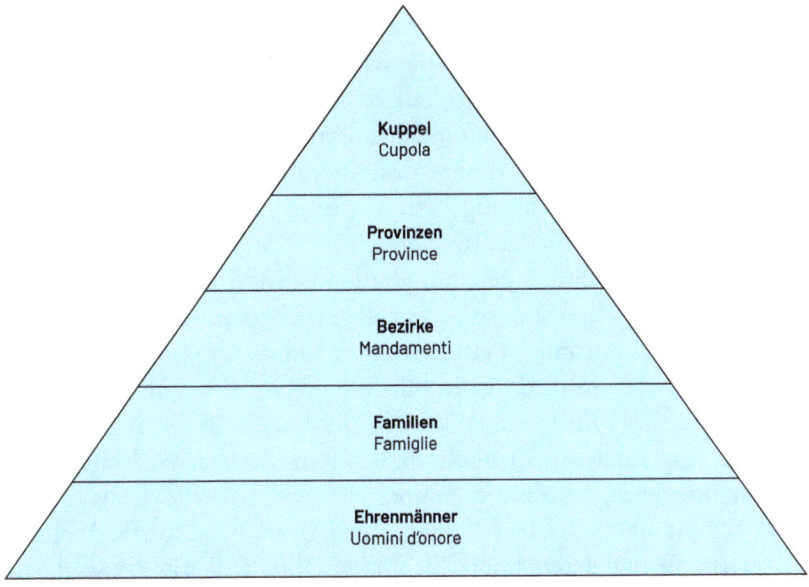

Abb. 3.3 Organisationsaufbau Cosa Nostra

wichtige Fragen geht, nehmen auch die Capifamiglia und Repräsentanten anderer Provinzen an den Sitzungen der Kuppel teil. Ihr Einfluss beschränkte sich nicht nur auf Palermo, sondern war auch immer in ganz Sizilien spürbar. Nicht ohne guten Grund stellte der Ex-Mafioso Leonardo Messina (geb. 1955) von der Familie San Cataldo (CL) deshalb fest:

> Palermo sah man immer in der Position ‚des oben' an, auch wenn die Ehrenmänner hier wie dort derselben Organisation angehören. Seit ich ein kleiner Junge war, hieß es: ‚Wir geben Geld, weil Palermo den Zigarettenhandel macht, Palermo macht dieses und jenes.' Es war nie die Provinz Caltanissetta, die sagte: ‚Sammeln wir Geld, um ein Geschäft für die Cosa Nostra zu organisieren.' (…). Sie (die Palermitaner, Anm. d. Verf.) haben die Führungsrolle.[58]

Auch Außenstehende wandten sich in wichtigen Fragen an die Kuppel. Beispielsweise fragte der New Yorker Mafiaboss Paul Castellano (1915–1985) in der Zeit des zweiten Mafiakrieges bei der Kuppel nach, wie er sich gegenüber in die USA geflohenen Mafiosi verhalten solle. Als zentrales Koordinations- und Absprachegremium legt die Kuppel die Leitlinien der Cosa Nostra fest. Beispielsweise gingen die Entscheidungen, zwischen 1979 und 1993 in Sizilien keine Entführungen oder Omicidi Eccellenti (Auserlesene Morde) mehr durchzuführen, auf die Kuppel zurück. Darüber hinaus koordiniert das Gremium große »Geschäfte«, die mehrere Provinzen gleichzeitig betreffen, und bestimmt, welche politische Partei zu unterstützen ist. Unter ihren ersten drei ersten Sekretären, wie die Vorsitzenden genannt werden – Salvatore Greco, Tano Badalamenti und Michele Greco –, war die Provinzkommission noch kein straff geführtes zentrales Leitungsorgan, denn einzelne Capifamiglia ignorierten die Kommissionsbeschlüsse einfach, wenn sie ihnen ungelegen kamen. Erst unter Riina wurden die Entscheidungen der Kuppel von allen respektiert, mehr noch, da Riina in die anderen Mafiaprovinzen hineinregierte, wurde die Kuppel während seiner Zeit als Sekretär (1982–1993) *das* zentrale Führungsorgan der Cosa Nostra. Vielleicht aus diesem Grund bezeichnete die Presse Riina plakativ als »Capo dei Capi« (Boss der Bosse), also als ersten Mann der Cosa Nostra. Unter

Riinas Nachfolger Provenzano kamen die Aktivitäten der Kuppel zum Erliegen. Alle Versuche, sie zu reaktivieren, sind bislang gescheitert.

Die Cosa Nostra hat in Sizilien kein Verbrechensmonopol, sondern muss sich mit anderen Kriminellen arrangieren: Einst waren das die Briganten und heute sind es die Gruppen der Stidda, der 'Ndrangheta, »normale« Verbrecherbanden, die Nigerianer-Clans sowie Kleinkriminelle.

Briganten waren noch bis in die 1950er-Jahre in allen ländlichen Gegenden Siziliens verbreitet.[59] Sie waren Personen, deren Vergehen in den Augen der Bevölkerung keineswegs verwerflich waren, handelt es sich bei diesen Vergehen doch etwa um »gerechte Morde« im Rahmen einer Vendetta (Blutrache), um geringfügige Straftaten aus Not oder um das Umgehen der Wehrpflicht. Die kriminellen Akte der Briganten beschränkten sich auf die Mitglieder der oberen Gesellschaftsschichten, betrafen aber nie Arme, schon gar nicht aus den Gegenden, aus denen sie selbst stammten. Gelegentlich gaben Briganten »ihren Leuten« sogar einen Teil der Beute ab, weshalb sie als »Robin Hoods« in der Bevölkerung hoch angesehen waren.

Briganten gibt es heute nicht mehr, dafür entwickelten sich in Ostsizilien »normale« Verbrecherbanden zu einem wahren Massenphänomen.[60] Kein Wunder, konnten sie sich dort doch ungestört von mafioser Konkurrenz entwickeln. Zu den ersten dieser Gangs zählten in Catania die zunächst von Luigi (Jimmy) Miano (1950–2005), später von Giuseppe Garozzo (»Pippu u' maritatu«, geb. 1944) geführten Cursoti.[61] Mit über 1000 Mitgliedern steckten sie die dortige Cosa-Nostra-Familie mit ihren nur rund 30 Mitgliedern locker »in die Tasche«. Die Cursoti kontrollierten nicht nur einen großen Teil der Stadt und ihres Hinterlandes, sondern gründeten sogar eine Gruppe in Mailand. Von den Cursoti spaltete sich nach Führungsstreitigkeiten bald die von Santo Mazzei geführten Carcagnusi ab. Neben den Cursoti und den Carcagnusi enstanden aber noch eine Reihe weiterer Gangs wie die von Sebastiano Laudani (1926–2017) geführten Mussi di Ficurinia[62], die von Giuseppe Di Mauro ins Leben gerufenen Puntina, die von Ignazio ('U Carateddu) Bonaccorsi initierten Carateddi sowie die von den Piacenti gegründete Bande der Ceusi[63]. In der kleinen Ätnastadt Belpasso (CT) gründete Giuseppe Pulvirenti († 2009) mit den Malpassoti noch einen weiteren Clan, der ebenfalls kriminelle Ausfälle in die Stadt Catania unternahm. Die heute wichtigste Verbrecherbande in Catania ist der Clan Cappello[64], aber auch die Laudani, Ceusi, Carateddi und einige Cursoti treiben dort nach wie vor ihr Unwesen.[65] In der Hauptstadt der Provinz Syrakus wurde in den 1970er-Jahren von Agostino Urso[66] eine erste Verbrecherbande ins Leben gerufen.Ihr gesellten sich in den 1980er- und 1990er-Jahren weitere Gangs hinzu, aber nicht nur in der Stadt Syrakus, sondern auch in der gesamten Provinz.[67] Auch in den Provinzen Messina[68] und Ragusa[69] haben sich einige »normale« Verbrecherbanden etabliert.

Eine Sonderstellung nimmt die Stadt Messina ein, die aufgrund ihrer geografischen Nähe zu Kalabrien den Einfluss der 'Ndrangheta[70] spürt, der im Moment mächtigsten der vier italienischen Mafiaorganisationen. Vor allem die 'Ndrine – wie die 'Ndrangheta-Clans heißen – aus der Nachbarprovinz Reggio Calabria, allen voran die des mächtigen Giuseppe Morabito (geb. 1934), interessierten sich schon immer für Messina.[71] Die erste 'Ndrina wurde in Messina Ende der 1970er-Jahre von dem Messineser Gaetano Costa (geb. 1951) gegründet, der bereits 1972 Mitglied der kalabresischen 'Ndrangheta geworden war. Die Gruppe wurde schnell recht groß und es entstanden in verschiedenen Stadtteilen relativ autonome Untergruppen. Bald erkannten diese Clans Costas Autorität nicht mehr an und spätestens im Jahr 1987 verselbständigten sie sich.[72]

Im »Stammgebiet« der Cosa Nostra, also in Westsizilien, entstand nur eine einzige nichtmafiose Verbrecherbande, nämlich die Stidda (Siz. Stern).[73] Sie wurde Anfang der 1980er-Jahre von zwei noch nicht einmal 20 Jahre alten Männern aus Palma di Montechiaro (AG) – Giuseppe Croce Benvenuto und Salvatore Calatafano – ins Leben gerufen. Die beiden Kleinkriminellen hatten von den alten »Dons« der Cosa Nostra »die Nase voll« und wollten ihre Deals selbst abschließen. Da sich ihnen bald Gleichgesinnte anschlossen, entwickelte sich die Stidda für die Cosa Nostra zu einer ernstzunehmenden Konkurrenz. Wesentlich beigetragen zu dieser Entwicklung haben ausgemusterte Mafiosi, die in die Stidda eintraten und ihr einen »Mafiastempel« aufdrückten.[74] War die Stidda zunächst auf die Provinz Agrigent beschränkt, expandierte sie bald in die Provinz Caltanissetta und schlug sogar in der ostsizilianischen Provinz Ragusa Wurzeln.[75]

Die einzigen ausländischen Kriminellenorganisationen, die sich fest in Sizilien etabliert haben, sind die miteinander rivalisierenden nigerianischen Clans der Black Axe (oder Aye), der Supreme Eiye Confraternity (oder Eiye) und der Vikings.[76] Sie etablierten sich Anfang der 1990er-Jahre, und zwar in Folge der zehn Jahre vorher einsetzenden Einwanderung von Nigerianern. Heute sind in Sizilien offiziell ungefähr 5000 Nigerianer gemeldet, die meisten leben in Catania (ca. 950) und Palermo (ca. 900).[77] Die beiden sizilianischen Metropolen entwickelten sich folglich zu Hochburgen dieser »Kulte«[78], die auch in Flüchtlingscamps wie dem C.A.R.A. von Mineo (CT) operieren, das deshalb sogar geschlossen werden musste.

Neben den organisierten Verbrecherbanden, der Stidda, der messinesischen 'Ndrangheta und den Nigerianer-Clans, gibt es vor allem in den Großstädten zahlreiche nicht organisierte gewöhnliche Kriminelle. Dazu zählen die eigenständigen Handtaschendiebe, Drogendealer, Hehler, Wucherer, Zuhälter und illegalen Parkplatzwächter.

Der Umgang der Cosa Nostra mit der »normalen« Verbrecherwelt reicht von Vasallentum über Zusammenarbeit und Duldung bis hin zu Krieg. Die meisten der Verbrechergruppen in den Provinzen Catania und Syrakus stehen zu der catanesischen Familie Santapaola in einem Vasallenverhältnis.[79] Nicht wenige von ihnen wurden in Absprache mit Nitto Santapaola gegründet und der Boss des Clans Nardo von Lentini, Sebastiano (Nello) Nardo (geb. 1948), scheint sogar in die Cosa Nostra aufgenommen worden zu sein. Die Vasallenclans bilden – unter Führung von Nardo – ein Kartell, das an die Familie Santapaola eine sogenannte »Quota di Rispetto« (Respektgebühr) zahlt.[80] Bei wichtigen Fragen wie der Gründung neuer Clans sowie der Besetzung von Spitzenpositionen wird Santapaola zu Rate gezogen.[81] Der Unterschied zwischen den syrakusanischen Vasallenclans und den relativ autonomen Untergruppen der Familie Santapaola in Catania und Umgebung besteht in der größeren internen Autonomie der Vasallen, die von den Bandenchefs wie persönliche »Familienunternehmen« geführt werden. Wieder andere Verbrecherbanden arbeiten der Cosa Nostra zu, die besonders gefährliche Tätigkeiten gerne »outsourct«. Dies galt in der Vergangenheit vor allem für die Briganten, die der Cosa Nostra vor allem bei Entführungen nützlich waren. Da die Briganten in schwer zugänglichen Verstecken in den Bergen lebten, war es für sie ein Leichtes, die »Beherbergung« von Entführungsopfern zu übernehmen. Wurden die Briganten zu mächtig, verriet man sie einfach an die Carabinieri. Auch der Brigantenbande von Salvatore Giuliano erging es so: In der Zeit des Separatismus wurden ihr gefährliche Aufgaben wie politische Anschläge auf Carabinieri-Stationen und sozialistische Parteibüros übertragen. Nach dem Attentat an der Portella della Ginestra eignete sich die Bande dann perfekt, um ihr die alleinige Schuld an der Gewalttat zuzuschieben. Auch Kleinkriminelle benutzt die Cosa Nostra gerne zum Ausspionieren des Territoriums, zum Verkauf von Drogen auf den Piazzen oder, gegen Bezahlung sogar zum Erledigen von Gewalttaten. Die messinesischen 'Ndrangheta-Gruppen werden geduldet, weil die Cosa Nostra und ihre Schwesterorganisation immer schon freundschaftliche Beziehungen miteinander gepflegt haben. Dies gilt heute mehr denn je, schließlich ist die Cosa Nostra im Drogenhandel auf die dieses Geschäft dominierende 'Ndrangheta angewiesen. Die Cosa Nostra überlässt deshalb das Territorium der Stadt Messina den dortigen 'Ndrangheta-Gruppen nahezu komplett – allerdings kontrolliert der in Messina ansässige Clan Romeo, eine Zelle der catanesischen Familie Santapaola, die südliche Peripherie von Messina bis hin zur Grenze mit der Provinz Catania. Geduldet werden ferner Kleinkriminelle, die Tätigkeiten ausüben, für die sich die Cosa Nostra nicht interessiert, wie Handtaschen- und sonstige Diebstähle, Prostitution oder die illegale Erpressung von Parkgebühren. Allerdings müssen die Delinquenten die Oberhoheit der jeweiligen Mafiafamilie anerkennen – und nicht selten Schutzgeld bezahlen oder einen Teil ihrer Einkünfte abgeben.[82] Wenn die Hehlergeschäfte den Dieben überlassen werden, lautet die Regel, gestohlene Gegenstände mindestens 24 h lang nicht zu veräußern, damit die Cosa Nostra die Möglichkeit hat, das Diebesgut zurückzuerstatten, falls sich das Opfer an einen Ehrenmann um Hilfe wenden sollte.[83] Wie genau sich das Verhältnis zwischen der Cosa Nostra und den nigerianischen Banden gestaltet, die ihre Aktionszentren mitten in den Mafiahochburgen Palermo und Catania haben, ist nicht bekannt. Wie Abhörungen belegen, sind die Nigerianer autonom, müssen aber sicherlich der Mafia Respekt erweisen. Die Tatsache, dass es bislang zu keinen Auseinandersetzungen gekommen ist, legt nahe, dass die nigerianische Mafia die Vorherrschaft der Cosa Nostra akzeptiert und beide Seiten zu einem Arrangement gekommen sind.[84] Auf dem Gebiet des Drogenhandels scheint es darüber hinaus eine Zusammenarbeit zu geben, schließlich verfügen die Nigerianer über eigene Bezugsquellen, was sie für die Mafia als Geschäftspartner interessant machen dürfte. Wenn »Cani sciolti« (Streunende Hunde), wie Kleinkriminelle genannt werden, unautorisiert Verbrechen begehen oder rivalisierende Banden die Hegemonie der Cosa Nostra bedrohen, reagiert die Cosa Nostra mit äußerster Härte: Eine nahezu unübersichtliche Zahl junger Männer aus den Armenvierteln der Großstädte, die aus Not Diebstähle und kleinere Raubüberfälle begangen hatten, wurde von der Cosa Nostra getötet.[85] Meist verschwanden sie spurlos – womöglich in Palermo erdrosselt und in Säure aufgelöst in Filippos Marcheses berüchtigter Todeskammer an der Piazza Sant' Erasmo. Während die Cosa Nostra mit den lästigen »streunenden Hunden« aus der Kleinkriminalität leicht fertig wird, gilt dies nicht für große organisierte Banden wie die Stidda oder einst die catanesischen Cursoti. Zwischen der neuen Konkurrenz und den betroffenen Mafiafamilien kam es zu richtigen Kriegen. Zwischen 1987 und 1992 führten die Kämpfe zwischen Stidda und Mafia in der Gegend von Agrigent, Riesi (CL), Mazzarino (CL), Gela (CL), Niscemi (CL) und Vittoria (RG) zu fast 500 Toten. Da sich keine Seite durchsetzen konnte, kam es 1992 zu einer Art Friedensschluss und der Aufteilung des Territoriums. Auch zwischen den catanesischen Banden und der Cosa Nostra kam es zu gewalttätigen Konfliken, die indes Ende der 1970er-Jahre dadurch gelöst wurden, dass einige führende Cursoti wie Alfio Ferlito (1946–1982) und Salvatore (Turi) Pillera (»Turi cachiti«, geb. 1954) in die Mafia von Catania aufgenommen wurden. Mit den Malpassoti und den Laudani einigte sich die Cosa Nostra, indem sie ihnen einen Teil des Territoriums bzw. bestimmte Geschäftszweige überließ, wofür sich die Malpassoti und Laudani revanchierten, indem sie als »militärischer Arm« Auftragsmorde erledigten. 1991 und 1992 kam es in Catania zu einer weiteren gewalttätigen Auseinandersetzung, diesmal zwischen der Mafiafamilie Santapaola und dem neu entstandenen Clan Cappello. Der Krieg, der circa 200 Menschen das Leben kostete und an dem auch die jeweiligen Verbündeten der Kontrahenten beteiligt waren, endete mit einem Kompromiss: Die Cosa Nostra musste an ihren Rivalen Salvatore (Turi) Cappello (geb. 1959) einen Teil des Territoriums abgeben, und zwar nicht nur in der Stadt Catania und dem Hinterland, sondern auch in der Provinz Syrakus, wo die Bande Bottaro-Attanasio mit der Gruppe Cappello verbündet ist.

3.2 Vom Habenichts zum Ehrenmann

Die Mafia rekrutiert ihr Personal von jeher hauptsächlich aus der gesellschaftlichen Unterschicht, deren Angehörige mehr als andere von der aktiven Partizipation an einer mafiosen Gruppe profitieren. Allerdings treten ihr auch Mittelschichtsangehörige bei, hauptsächlich aus familiärer Tradition; Angehörige der Oberschicht hingegen lassen sich so gut wie nie zu einer Mitgliedschaft herab.

Die ökonomische Situation der Mehrheit der Bevölkerung war bis zurzeit nach dem Zweiten Weltkrieg katastrophal: Die Mehrheit der Menschen – migrierende Landarbeiter, Kleinpächter, Schwefelminen- und Manufakturarbeiter – lebte zusammengepfercht mit Vieh unter miserablen hygienischen Bedingungen auf engstem Raum. Die Menschen hatten kaum genug zu essen, konnten weder lesen noch schreiben und Krankheiten wie Malaria und Cholera waren an der Tagesordnung. In den letzten 70 Jahren haben sich die Lebensbedingungen der unteren sozialen Schichten dank verschiedener staatlicher Eingriffe zwar deutlich verbessert, aber noch heute lebt rund ein Viertel der Bevölkerung in Armut.[1] In den Armenvierteln der Großstädte ist die Situation besonders dramatisch: Die Wohnverhältnisse sind unzureichend und schätzungsweise rund 20 % der Kinder besuchen keine Schule, sondern gehen in Schwarzarbeit einem Gelegenheitsjob oder einer kriminellen Tätigkeit nach, was dazu führt, dass viele schon früh im Jugendgefängnis landen. Angesichts einer Jugendarbeitslosigkeit von aktuell 31,2 %[2] ist es für vorbestrafte Jugendliche praktisch aussichtslos, sich eine nicht-kriminelle Existenz aufzubauen. Aufgrund der anhaltenden Armut bot und bietet die Cosa Nostra eine der wenigen Möglichkeiten, das nackte Überleben zu sichern und darüber hinaus sozial aufzusteigen. Wer bereit ist, moralische Skrupel über Bord zu werfen und Gewalt einzusetzen, kann nicht nur in seinem Umfeld zu großem Ansehen gelangen, sondern auch mit Angehörigen der Mittel- oder Oberschicht auf Augenhöhe verkehren. Gaetano Mosca bemerkte vor über hundert Jahren über die jungen Männer aus der Unterschicht, die der Mafia beitraten:

> Sie begeben sich auf den Pfad des Verbrechens in der Hoffnung darauf, Karriere zu machen. Sie werden getrieben von einer Bewunderung für die alten Verbrecher, welche nicht völlig frei von Neid ist. Sie sehen diese von Prestige umgeben und in eine soziale Position gelangt, welche sie nicht erreicht hätten, wenn sie ehrlichen Wegen gefolgt wären.[3]

An dieser Motivationslage hat sich bis heute nichts geändert. Der Mafiaaussteiger Gaspare Mutolo, der am Anfang seiner Karriere als Mechaniker in einer von Mafiosi frequentierten Autowerkstatt gearbeitet hatte, beschrieb voller Bewunderung die Ehrenmänner:

> Man erkennt sie sofort: Sie kleiden sich elegant, haben einen stolzen und distanzierten Blick und reden nur untereinander. Sie streiten nie und werden von allen mit allergrößtem Respekt behandelt. (…) Ich träumte von dem Tag, an dem ich einer von ihnen sein könnte.[4]

Mutolo interessierte sich für eine Mafiamitgliedschaft nicht in erster Linie, um sich seinen Lebensunterhalt zu sichern, was er mit Mühe auch als Mechaniker geschafft hätte; für ihn war es wichtiger, gesellschaftliches Prestige – anders ausgedrückt »Ehre« – zu erlangen. Auch sein Kollege Francesco Mannino Mannoia erklärte, er sei nicht des Geldes wegen der Mafia beigetreten, sondern weil er geachtet werden wollte. Vor seinem Beitritt sei er ein »Nuddo ammiscatu cu niente« (Siz. Niemand vermischt mit nichts) gewesen, dann aber hätten alle den Kopf vor ihm verneigt.[5] Ähnliches berichtete Gaspare Sugamiele († 2018) aus Paceco (TP) über seine Beitrittsgründe: »Du bist ein Niemand (…). Dann aber grüßen Dich alle, wenn Du vorbeigehst, und Du bist zufrieden.«[6] Mafiosi kommen zwar, wie eine Untersuchung der Gruppe Abele über die Sozialstruktur der Mitglieder der italienischen Mafiaorganisationen belegt, mehrheitlich aus der sozialen Unterschicht, allerdings nicht aus dem Subproletariat.[7] Die meisten Kleinkriminellen haben keine Chance, in die Cosa Nostra aufgenommen zu werden, sie erledigen höchstens gelegentlich Handlangerdienste. Da die mafiosen Aspiranten nicht als Kriminelle wahrgenommen werden möchten, ist es für sie von größter Bedeutung, in der Öffentlichkeit eine »bürgerliche Maske« zu tragen. Aus diesem Grund gehen sie offiziell einer respektablen Beschäftigung nach, die der Verschleierung ihrer illegalen Aktivitäten dient. Beispielsweise trat der als Mörder von Emanuele Notarbartolo angeklagte Giuseppe Fontana als Feldhüter und Agrumenhändler auf, was ihm erlaubte, zu behaupten, er sei während der Tatzeit in Tunesien gewesen, wo er sich um die Ernte und Verschiffung einer Ladung von Zitronen gekümmert habe.[8] Das von vielen Zeugen bestätigte Alibi war zwar falsch, dank der »bürgerlichen Maske« Fontanas aber glaubwürdig.

In den Zeiten der Agrarmafia, also bis in den 1950er-Jahren, waren Mafiosi in ganz bestimmten Berufen tätig, und zwar in solchen, die angesichts weitverbreiteter Rechtlosikeit nur von gewaltbereiten Personen effektiv ausgeübt werden konnten. Der typischste Mafiaberuf war der des Wächters (Guardiano), wobei es sich oft um berittene Feldhüter (Campieri) auf den Weizenlatifundien, Gartenhüter (Giardinieri) in den Agrumengärten, Wasserhüter (Fontanieri) oder Wächter in einer der Manufakturen oder Villen der Wohlhabenden handelte. Der Wächterberuf war für Mafiosi insofern attraktiv, als sie nicht wirklich arbeiten mussten, da ihr gewalttätiger Ruf völlig ausreichte, um potenzielle Diebe abzuschrecken. Außerdem bot die Wächtertätigkeit gute Chancen zur unrechtmäßigen Bereicherung, da ein Teil der Ernte oder des Wassers abgezweigt werden konnte. Wächter, die nicht der Cosa Nostra angehörten, wurden schnell verdrängt. Die intelligenteren Mafiosi stiegen irgendwann vom Wächter zum Verwalter oder Gabellotto (Großpächter) auf, wodurch sich noch bessere Bereicherungsmöglichkeiten boten. Da die Tätigkeit des Gabellotto nahezu ausschließlich von Mafiosi ausgeübt wurde, gelten sie geradezu als Prototypen der frühen Mafiabosse.[9] Ein Pendant zum Gabellotto war auf dem Gebiet der Arbeitsvermittlung der Kaporal (Caporale)[10], eine Figur, die hauptsächlich auf dem Land, aber auch in der Stadt tätig war. Den ländlichen Kaporalen kam die Auswahl der Landarbeiter – üblicherweise auf den informellen

Märkten in den Dörfern – für einen Tag, eine Saison oder ein ganzes Jahr zu.[11] Die Kaporale handelten mit den Auftraggebern Pauschalbeträge aus. Den Löwenanteil behielten sie selbst, während die Landarbeiter nur ein geringes Entgelt bekamen. In den Städten waren die Kaporale in den zahlreichen Manufakturen für die Einstellung und Beaufsichtigung des Personals zuständig.[12] Meist handelte es sich um äußerst brutale Personen, richtiggehende »Sklaventreiber«. Ein weiterer typischer Mafiaberuf war der des Zwischenhändlers (Sensale)[13], das Pendant im Handel zu den Gabellotti und Kaporalen. Zwischenhändler waren außer im Vieh- vor allem im Agrumen- und Weizenhandel tätig.[14] Sie vermittelten zwischen dem Produzenten und dem Einkäufer, wofür sie von beiden Seiten eine bezeichnenderweise »Camorra«[15] genannte Gebühr verlangten.[16] Einige Mafiosi arbeiteten sogar als Müller und gründeten mit der Associazione dei Mugnai (Vereinigung der Müller) eine Mafiaorganisation, die mit Gewalt ein Verkaufskartell errichtete und den Mehlpreis künstlich hochhielt.[17] Ein im Jahr 1898 vorgelegter Report des damaligen Polizeichefs von Palermo, Ermanno Sangiorgi, weist die in Abb. 3.4 dargestellte Berufsverteilung aus.

Einer Reihe mafioser Gabellotti gelang der Sprung in die Klasse der grundbesitzenden Bauern. Die berühmtesten Beispiele sind Antonino Giammona, Giuseppe Greco (»Piddu u' tinenti«), Calogero Vizzini, Giuseppe Genco Russo und Paolino Bontate. Für das Gros der Mafiosi jedoch sah die Situation weniger günstig aus: Sie blieben zeitlebens einfache Wächter oder gingen – laut dem Sangiorgi-Bericht, der Aussage des Mafiaaussteigers Melchiorre Allegra (1881–1951) sowie einem Ver-

Mafiaclan	Beruf des Capo	Beruf des Vicecapo
Gruppe Piana dei Colli	Grundbesitzer	Grundbesitzer
Gruppe Aquasanta	Gartenhüter	Gartenhüter
Gruppe Falde	Wächter	Händler
Gruppe Malaspina	Agrumenhändler	Hilfsarbeiter
Gruppe Uditore	Ziegenzüchter	Wächter
Gruppe Olivuzza	Händler	Wächter
Gruppe Passo di Rigano	Grundbesitzer	Händler
Gruppe Perpignano	Kneipenwirt	Wächter

Quelle: *Lupo* (2011: 52f., Übersetzg. d. Verf.)

Abb. 3.4 Berufe der Capi und Vicecapi diverser Mafiaclans in Palermo

zeichnis über 1.400 Mafiosi in der Provinz Agrigent aus dem Jahr 1890 – Tätigkeiten wie denen eines Bauern, Land- oder Schwefelminenarbeiters, Schusters, Maurers, Fleischers, Fischverkäufers, Kutschers, Krämers, Kellners, Blumenhändlers oder Krankenpflegers nach und blieben zeitlebens Nullatenenti (Mittellose, Bedürftige).[18] Aber auch wenn sie nicht reich wurden, so waren sie doch dank ihrer Mitgliedschaft in der Cosa Nostra bei der Bevölkerung hoch angesehen – oder zumindest gefürchtet.

Als nach der Agrarreform in den 1950er-Jahre die Figuren des Wächters und des Gabellotto verschwanden, begannen Ehrenmänner andere Berufe zu ergreifen. Da sich dank des nun einsetzenden Baubooms im Baugewerbe am meisten verdienen ließ, gründeten zahlreiche Mafiosi, wie in Palermo Totuccio Inzerillo, Salvatore La Barbera und Angelo La Barbera, Antonino Buscemi, Francesco Bonura sowie Rosario Spatola, kleine Bauunternehmen und darüber hinaus überall auf der Insel Zementfabriken, Betriebe für Erdbewegungsarbeiten oder Transportfirmen. Mit Ausnahme von Spatola brachten es die meisten dieser »Unternehmer« aber nicht zu Reichtümern.

Für viele der noch lebenden Mafiosi lässt sich insgesamt feststellen, dass sie wie ihre Vorgänger überwiegend »offiziell« selbstständig sind bzw. waren: Die palermitanischen Mafiosi Raffaele Spina (1923–?), Totuccio Contorno und – am Anfang seiner Karriere – auch der spätere Bauunternehmer Rosario Spatola waren ambulante Milchhändler. Den ebenfalls aus Palermo stammenden Ehrenmännern Giacomo Sciarratta (1901–?) und Francesco Sutera gehörte jeweils eine Bäckerei, ihr Kollege Raffaele Ganci hatte eine Fleischerei. Tommaso Buscetta arbeitete in der Glasmacherwerkstatt seines Vaters in Palermo. Sein Kollege Salvatore Cancemi von der Familie Porta Nuova hingegen betätigte sich im Viehhandel und in den Metzgereibetrieben seines Vaters. Salvatore und Giovanni Lo Cicero brachten es dank einer Lizenz der Stadt Palermo zu Bestattungsunternehmern, dasselbe gilt für Giuseppe (Pinuzzo) Trinca. Salvatore Buscemi (geb. 1938), der Bruder des Bauunternehmers Antonino, besaß in dem Weiler Passo di Rigano (PA) einen Kramerladen. Stefano Leale († 1960) hatte im palermitanischen Capo-Markt eine Kaffeerösterei. Pino Greco besaß die Valtras, eine Spedition. Der im Jahr 2018 offiziell zum Nachfolger von Totò Riina gewählte Settimo

Mineo ist Inhaber eines Juweliergeschäfts am palermitanischen Corso Tukory. Carmelo Colletti aus Ribera (AG) besaß eine Autofirma und eine Ölmühle. Der catanesische Boss Nitto Santapaola brachte es vom ambulanten Schuhverkäufer zum Generalvertreter der Firma Renault in Catania und besaß zwei große Autohäuser. Seinem Bruder Salvatore gehörte eine Rostbraterei, seine Cousins, die Brüder Ferrera, hatten ein Mineralwassergeschäft und sein Schwager Pippo Ercolano († 2012) einen Transportbetrieb. Auch Francesco (Ciccio) Pastoia (1943–2005) aus Belmonte Mezzagno (PA) war Transportunternehmer. Der catanesische Ehrenmann Antonino Calderone betrieb zwei Tankstellen, sein Bruder Pippo besaß ein Geschäft für Heizmaterial. Auch Nino Gioè aus Altofonte (PA) hatte eine Tankstelle. Giovanni Brusca aus San Giuseppe Jato (PA) handelte mit landwirtschaftlichen Produkten wie Käse, Mandeln und Olivenöl. Francesco Di Carlo aus Altofonte (PA) besaß u. a. eine Molkerei. Vito Vitale aus Partinico (PA) arbeitete als Bauer auf dem väterlichen Anwesen und Vito Atria (1939–1985) aus Partanna (TP) war Schafzüchter. Natale Bonafede (geb. 1969) aus Marsala war Schäfer.

Einen »typischen« Mafiaberuf hat es in den letzten 70 Jahren nicht gegeben, denn manche von ihnen waren »offiziell« Angestellte oder Arbeiter: Der Boss Giuseppe Di Cristina aus Riesi arbeitete zunächst als Kassierer bei einer Bank und später als Angestellter bei der Schwefelminengesellschaft Società Chimica Mineraria Siciliana (SO.CHI.MI.SI.). Der Palermitaner Andrea Adamo (geb. 1962) war Verkäufer von gebrauchten Motorrädern, sein Kollege Francesco Franzese Baustellenvorarbeiter, Nicola Mandalà (geb. 1968) aus Villabate (PA) Angestellter in einem Wettbüro und Giuseppe Monticciolo (geb. 1969) von der Familie von San Giuseppe Jato (PA) Maurer, Balduccio Di Maggio aus San Giuseppe Jato und Gaspare Mutolo waren Automechaniker. Der trapanesische Boss Matteo Messina Denaro kam offiziell nie über eine Tätigkeit als landwirtschaftlicher Hilfsarbeiter hinaus. Einige Mafiosi hatten gar nur Gelegenheitsjobs wie der Palermitaner Enzo Sinagra, der sich als Schreiner, Maurer oder Hilfsarbeiter in einer Sardinenfabrik betätigte, Gaspare Spatuzza, der offiziell Anstreicher war, oder Gianni Nicchi, der manchmal als Barmann arbeitete.

Im Unterschied zu den in der Zeit der Agrarmafia in die obere Mittelschicht aufgestiegenen Bosse ist dieser Sprung später keinem einzigen Ehrenmann mehr gelungen. Dank des Drogenhandels sind die Bosse – teilweise auch einige Picciotti – zwar außerordentlich reich geworden, sie können ihren Wohlstand aber im Unterschied zu den alten Dons nicht mehr in Freiheit genießen. Stattdessen haben viele während der Mafiakriege einen gewaltsamen Tod gefunden, mussten ins Ausland fliehen, sich verstecken oder landeten im Gefängnis. Obwohl das Mafiadasein in den letzten Jahrzehnten zweifellos einen Teil seiner Attraktivität verloren hat, nehmen viele Unterschichtsangehörige die Risiken einer Mitgliedschaft immer noch in Kauf und schließen sich einer Cosca an.

Einige Angehörige der bürgerlichen Mittelschicht treten der Cosa Nostra in der Hoffnung bei, ihre gesellschaftliche Position zu verbessern.[19] Der Arzt Melchiorre Allegra gab beispielsweise unumwunden zu, er sei der Cosa Nostra beigetreten, weil das für ihn mit Vorteilen verbunden gewesen sei.[20] Die meisten Mittelschichtsmafiosi schließen sich der Cosa Nostra aber aus familiärer Verpflichtung an: Ihre üblicherweise der Unterschicht entstammenden Väter, Onkel oder Großväter ermöglichten ihnen eine gute Ausbildung, erwarten aber, dass sie der Mafia trotzdem treu bleiben.

Zahlreiche offizielle Dokumente wie der Rasponi-Bericht aus dem Jahre 1874 belegen, dass sich schon immer Mittelschichtangehörige in den Reihen der Mafia fanden. Besonders stark scheint die Berufsgruppe der Ärzte vertreten zu sein:[21] Zu ihnen zählt der eben erwähnte Allegra, der lange in Palermo als Militärarzt tätig war, bevor er in Castelvetrano (TP) eine eigene Klinik gründete. Der Boss Michele Navarra war nicht nur Arzt, sondern brachte es sogar zum Krankenhausdirektor von Corleone. Sein Kollege Francesco Barbaccia (1922–2010) arbeitete im palermitanischen Ucciardone-Gefängnis als Gefängnisarzt, während Antonino Rizzuto Direktor des Impfzentrums des palermitanischen Gesundheitsamts USL 58 war. Auch Gioacchino Pennino (geb. 1938) war Arzt, wenn seine Passion auch mehr der Politik galt. Weitere Mafiaärzte sind der Neurologe Antonino Cinà sowie der Chirurg Giuseppe Guttadauro (geb. 1948), die beide im palermitanischen Civico-Krankenhaus angestellt waren. Schließlich sei noch der Capomafia Ignazio Melodia (U Dutturi, † 2019) aus Alcamo (TP) erwähnt, der als Arzt bei der staatlichen Azienda Sanitaria Provinciale von Trapani für Hygiene zuständig war, sowie der Herzspezialist Salvatore Emanuele Di Maggio (geb. 1949) aus Torretta (PA).

Zu den bekanntesten Mafiaadvokaten zählt der während des Faschismus verurteilte Boss von Mistretta (ME) Antonio Ortoleva. In jüngerer Zeit sorgte Salvatore Chiaracane (geb. 1946), einer der bekanntesten Strafverteidiger Palermos, für Schlagzeilen, da er beim Maxiprozess als Mitglied der Familie vom Corso dei Mille verurteilt wurde.[22] Auch sein Kollege Gaetano Zarcone, ein Mafioso aus der Familie Santa Maria di Gesù, landete als Cosa Nostra-Anwalt im Gefängnis.[23] Ein weiterer bekannter Mafiarechtsanwalt war Raffaele Bevilacqua (1949–2023) aus Barrafranca (EN).

Der erste Kleriker, der als Mafioso bekannt wurde, war der Kapuzinermönch Antonio Russo, der Ende des 19. Jahrhunderts beim Mafiaclan Uditore mitmischte.[24] Der mit Abstand berühmteste Mafiapriester war jedoch Agostino Coppola (1936–1995) von der Familie von Partinico.[25] Auch der aus Favara (AG) stammende Franziskanerpater Fra' Giacinto (1919–1980), der mit bürgerlichem Namen Stefano Castronovo hieß und im palermitanischen Konvent Santa Maria di Gesù sein Unwesen trieb, war wahrscheinlich ein Ehrenmann gewesen.[26]

Alle diese Mafiosi erbrachten der Cosa Nostra wichtige Dienste, entweder dank ihrer besonderen beruflichen Fertigkeiten oder schlicht aufgrund ihrer höheren Bildung: Der Mönch Russo tat sich beispielsweise in einer Zeit, als das Analphabetentum weit verbreitet war, durch das Schreiben von Erpressungsbriefen hervor. Schreibkünste sind angesichts der geringen Bildung vieler Bosse auch noch heute gefragt: Riinas berühmten Papello, mit dem der Boss den italienischen Staat erpresste, soll der Arzt Cinà verfasst haben. Andere Mafiaanwälte wie Ortoleva brachten dank ihrer juristischen Kenntnisse und illegaler Manöver die Prozesse ihrer in Schwierigkeiten geratenen Kollegen »in Ordnung«. Ja, Zarcone schmuggelte sogar im Jahr 1983 ein Giftfläschchen in das Ucciardone-Gefängnis, mit dem dort einsitzende Mafiosi ihren Kollegen Gerlando Alberti (1927–2012) töten wollten. Auch die Mafiaärzte waren der Organisation nützlich: Allegra behandelte nicht nur Mafiosi umsonst, sondern sorgte als Militärarzt für Freistellungen vom Militärdienst. Cinà hingegen behandelte nach Feuergefechten verletzte Mafiosi und agierte als Vertrauensarzt der flüchtigen Bosse Riina, Bagarella und Provenzano.[27] Antonino Rizzuto sorgte nicht nur für die Impfungen der auf der Flucht geborenen Kinder Riinas, sondern beschaffte überdies die erforderlichen Gesundheitszeugnisse für die Fleischerei von Raffaele Ganci. Barbaccia hingegen sorgte als Gefängnisarzt dafür, dass es den Mafiahäftlingen im Ucciardone an nichts fehlte. Der Priester Agostino Coppola spendete seinen flüchtigen Kollegen die Sakramente, beispielsweise traute er im Jahre 1974 Totò Riina mit Antonietta (Ninetta) Bagarella (geb. 1944). Darüber hinaus machte sich Coppola in den 1970er-Jahren, als die Mafia auf dem Gebiet der Entführungen aktiv war, als Mittelsmann zwischen den Opferfamilien und der Mafia nützlich.

Angehörige der Oberschicht finden sich schon alleine aufgrund ihres Standesdünkels nur selten zu einer Mitgliedschaft in einer mafiosen Cosca bereit, in der sie sich mit ungebildeten Bauern, Arbeitern und Handwerkern gemein machen müssten. Da sie ohnehin am oberen Ende der gesellschaftlichen Stufenleiter stehen, haben sie durch eine formelle Mitgliedschaft in der Cosa Nostra nicht viel zu gewinnen. Zu den wenigen bekannten Oberschichtmafiosi zählten – will man dem Mafiaaussteiger Melchiorre Allegra glauben – der Marquis Airoldi, der Baron Pancamo, der Baron Giuseppe Sgadari sowie Lucio Tasca Bordonaro.[28] Auch der Fürst Giovanni Alliata Di Montereale soll ein Ehrenmann gewesen sein.[29] In jüngerer Zeit geriet mit Alessandro Vanni Calvello Mantegna, dem Fürsten von San Vincenzo (1939–2016), nur ein einziger Aristokrat als Mafioso in die Schlagzeilen: Der Fürst scheint nicht nur an Drogendeals beteiligt gewesen zu sein, sondern betrieb mit seinen mafiosen Kompagnons in seinem Kastell in San Nicolò l'Arena (PA) einen exklusiven Night-Club, der gerne als Mafiatreffpunkt genutzt wurde.[30]

Auch wenn nur wenige Mittel- und Oberschichtsgehörige »echte« Mafiosi sind, waren immer schon zahlreiche gesellschaftlich höher stehende Personen der Cosa Nostra eng verbunden. Der Präfekt von Palermo, Gioacchino Rasponi (1829–1877), stellte bereits vor 150 Jahren fest:

Der Reiche bedient sich ihr (der Mafia, Anmerk. d. Verf.), um seine Person oder seinen Besitz vor der nicht auszurottenden Plage des Verbrecherwesens zu beschützen oder um seinen unrechtmäßigen Einfluss, der jetzt aufgrund der Entfaltung und des Vorankommens freiheitlicher Institutionen geringer zu werden droht, aufrechtzuerhalten; die Mittelschicht wirft sich ihr entweder mit Freude in die Arme oder ist aus Angst vor Vergeltungsschlägen zu einer Zusammenarbeit bereit oder auch deshalb, weil die Mafia ein wirksames Mittel darstellt, um zu Ansehen und Reichtum zu kommen und so die eigenen Wünsche zu erfüllen und Ambitionen zu realisieren.[31]

Früher wurden diese vor den Augen des Gesetzes in der Regel unbescholtenen Personen aus der »besseren Gesellschaft«, die sich freiwillig auf die Mafia einlassen, um eigene Interessen zu realisieren, als »Alta Mafia« (Hochstehende Mafia), »Borghesia mafiosa« (Mafioses Bürgertum) oder Mafia »in guanti gialli« (Mafia in gelben Handschuhen) bezeichnet. In jüngerer Zeit wird von den »Colletti bianchi« (Weiße Kragen) gesprochen.[32] Gemäß eines geheimgehaltenen Verzeichnisses der Staatsanwaltschaft von Palermo waren im Jahr 2000 insgesamt 486 derartiger »feiner Mafiafreunde« aufgelistet, darunter zahlreiche Ärzte, Strafverteidiger, Steuerberater, Notare, Unternehmer und sogar ein Richter.[33] Vermutlich handelt es sich bei dieser Zahl nur um die »Spitze des Eisberges«. Diesen Hintermännern und Helfershelfern der Mafia kommt allergrößte Bedeutung zu: Ohne ihre Unterstützung könnte die Cosa Nostra überhaupt nicht existieren und würde schnell in die »normale« Delinquenz abrutschen.

3.3 Weg in die Cosa Nostra

Die Cosa Nostra versteht sich als Eliteorganisation und nimmt nur Personen auf, die bestimmte Voraussetzungen erfüllen. Die Kandidaten werden sorgfältig überprüft und langsam an die Organisation herangeführt. Am Ende einer Probezeit legen sie eine Mutprobe ab und wenn diese bestanden wird, werden sie mittels eines Initiationsrituals zu Ehrenmännern »gemacht«. Danach ist für sie nichts mehr wie vorher: Sie müssen alle Aspekte ihres Lebens den Erfordernissen der Cosa Nostra unterordnen.

Es gibt sechs Voraussetzungen für eine Mitgliedschaft in der Mafia: Die erste ist, dass die Kandidaten der Cosa Nostra Sizilianer sind, auch wenn gelegentlich Kampanier und Kalabresen zugelassen werden. Vielen Mafiosi wie Tommaso Buscetta waren diese Ausnahmen ein Gräuel, da sie Nicht-Sizilianer für unzuverlässig halten.[1] Der New Yorker Mafiaboss Joe Bonanno, der selbst in Sizilien aufgewachsen war, erklärte, dass andere Süditaliener, mit denen die Sizilianer ansonsten viel gemein hätten, die Tradition der Cosa Nostra nie wirklich verstehen könnten, denn man müsse mit ihr groß geworden sein.[2] Selbst der in New York aufgewachsene Lucky Luciano war in den Augen Bonannos kein echter Ehrenmann, sondern hinsichtlich der Mafiakultur ziemlich degeneriert.[3] Vielleicht weil sich die amerikanische Cosa Nostra ihrer Unzulänglichkeiten bewusst ist, hat sie in den letzten Jahren ihre jungen Mitglieder in die alte Heimat geschickt, um bei den sizilianischen Dons »Nachhilfeunterricht« zu nehmen.[4]

Die zweite Bedingung für eine Mitgliedschaft ist an das Geschlecht geknüpft: Aufgenommen werden nur Männer, und zwar ausschließlich heterosexuelle Männer. Homosexualität ist nicht nur in der Cosa Nostra, sondern in weiten Kreisen der sizilianischen Gesellschaft verpönt. Es gibt kaum ein schlimmeres Schimpfwort als »Arrusu« (Siz. Schwuler). Auch wenn heute Frauen angesichts des gestiegenen Personalbedarfs wichtige Aufgaben in der Organisation wahrnehmen, werden sie nicht als Mitglieder aufgenommen. Gemäß den sizilianischen Wertvorstellungen haben sich Frauen um die Familie, den Haushalt und die Kinder zu kümmern und nichts in der Öffentlichkeit und erst recht nichts in der Cosa Nostra verloren.

Auch die dritte Voraussetzung für eine Mitgliedschaft leitet sich aus den traditionellen Wertvorstellungen ab: Zukünftige Ehrenmänner müssen aus einer »anständigen« Familie kommen: Sie müssen ehelich geboren und ihre Eltern dürfen nicht geschieden sein bzw. getrennt leben, ferner dürfen ihre weiblichen Angehörigen nicht als Prostituierte gearbeitet haben. (Gemäß dem nicht nur in Sizilien, sondern im gesamten mediterranen Raum gültigen Kulturmuster von Ehre und Schande wird von verheirateten Frauen eheliche Treue und von unverheirateten Mädchen die Bewahrung ihrer Jungfräulichkeit bis zur Eheschließung verlangt. Männern hingegen obliegt die Aufgabe, über die Ehre der Frauen ihrer Familie zu wachen.[5] Wer einer Familie entstammt, die gegen diese Normen verstoßen hat, ist in der »ehrenwerten« Gesellschaft als verdorbenes Subjekt unerwünscht.)

Die vierte Bedingung für eine Mitgliedschaft lautet, dass Anwärter keine »falschen Verwandten« haben dürfen, womit jegliche Uniformträger gemeint sind wie Polizisten, Carabinieri, sogar Feuerwehrmänner und Postboten.[6] Dies ist im Falle von Polizisten und Carabinieri nachvollziehbar, sind sie doch die »natürlichen« Feinde von Kriminellen. Darüber hinaus dürfen sich weder die zukünftigen Ehrenmänner noch ihre Angehörigen jemals »infam« verhalten haben.[7] Das bedeutet, dass sie sich bei erlittenem Unrecht nicht an die Polizei gewandt haben – denn die Cosa Nostra erwartet, dass ein »richtiger« Mann in der Lage ist, sich selbst sein Recht zu verschaffen.

Die fünfte Mitgliedsvoraussetzung ist, dass zukünftige Ehrenmänner keine persönlichen Schwächen aufweisen. Sie dürfen weder der Trunkbwz. Spielsucht verfallen noch drogenabhängig sein. Denn ein Mangel an Selbstdisziplin würde ihre Einsatzfähigkeit beeinträchtigen. Der Mafiaaussteiger Leonardo Messina erklärte:

> Keiner von uns kann sich den Luxus der Drogenabhängigkeit erlauben. Ein Ehrenmann ist 24 Studen von 24 ein Ehrenmann. Es geht nicht, dass er, wenn er beispielsweise um drei Uhr in der Nacht einen Mordbefehl erhält, nicht klar denken kann.[8]

Die sechste und letzte Mitgliedschaftsbedingung ist, dass zukünftige Mafiosi über Nervenstärke und Mut verfügen, was die Fähigkeit zum Morden einschließt. Manche Ehrenmänner wie der spätere Pentito Leonardo Vitale hatten mit dieser Anforderung Probleme, und so dauerte es lange, bis ihn sein Onkel Giovan Battista (Titta) (1925–1974) gelehrt hatte, eine derartige Gewalttat zu begehen. Andere, wie Antonino (Nino) Santapaola, der Bruder von Nitto Santapaola, hatten mit dem Morden keine Probleme. Antonino Calderone erzählte über seinen Kollegen:

> Nino Santapaola (…) ist der grausamste Mensch, den ich je kennengelernt habe. Hitler hat weniger Morde begangen als er. Nino brauchte das Morden. Musste jemand umgebracht werden, war er der Erste, der sich anbot, und dann musste er sofort losziehen. Manche sagten, Nino sei geisteskrank. (…) Jeden Samstagabend zog dieser Irre auf die Jagd. Er hatte regelrecht Freude daran, Leute zu massakrieren, und nahm sich den ersten Besten vor, den er erwischen konnte. Oft begleitete ihn Alfio Amato, der an derselben Krankheit litt.[9]

Solche Exzesse werden in der Mafia zwar missbilligt – Santapaola wurde nicht umsonst »Ninu, 'u Pazzu« (Siz. Nino, der Verrückte) genannt –, werden aber hingenommen.

Wenn eine Familie neues Personal benötigt, sehen sich die alten Ehrenmänner zunächst in ihrer unmittelbaren Umgebung nach vielversprechenden Kandidaten um. Die besten Chancen haben junge Männer aus mafiosen Herkunftsfamilien. Schließlich kommen sie aufgrund ihrer Geburt von vornherein aus einer im Sinne der Mafia »guten Familie«. Viele Aussteiger erzählten, ihr Weg sei ihnen vorbestimmt gewesen. So berichtete Leonardo Vitale:

> Meine Schuld ist es, in eine Mafiafamilie hineingeboren worden zu sein. In einer Familie mit einer Mafiatradition aufgewachsen zu sein, in einer Gesellschaft gelebt zu haben, in der nur Mafiosi respektiert werden, während diejenigen, die es nicht sind, der Verachtung anheimfallen.[10]

Söhne aus mafiosen Herkunftsfamilien werden vom Kleinkindalter an auf ihre Rolle als zukünftige Ehrenmänner vorbereitet. Eine Schlüsselrolle bei der Erziehung kommt den Müttern zu, die in in der Regel genau wie ihre Männer mafiosen Herkunftsfamilien entstammen. Die Mütter geben ihren Söhnen die typisch mafiosen Werte weiter, die sich in vieler Hinsicht nicht von denen der sizilianischen Unterschicht unterscheiden: ein übersteigerter Familiensinn, eine tiefe Verbundenheit mit dem Katholizismus, eine ausgeprägte Staatsfeindlichkeit und überhaupt Misstrauen gegenüber Fremden. Die Mütter geben diese Überzeugungen aber nicht nur an den Nachwuchs weiter, sondern sorgen für deren Einhaltung – selbst wenn ihre Kinder bereits das Erwachsenenalter erreicht haben. Wenn etwa ein Familienmitglied umgebracht wurde, sind es maßgeblich die Frauen[11], die nach Rache schreien und ihre männlichen Familienmitglieder zu einer Vendetta (Blutrache) aufstacheln, wie im Fall von Serafina Battaglia (1919–2004): Nachdem ihr Ehemann Stefano Leale im Jahr 1960 umgebracht worden war, bedrängte sie ihren Sohn Salvatore so lange, bis er widerstrebend dazu bereit war, die Vendetta auszuführen. Allerdings wurde aus dem Racheakt nichts, weil Salvatore vorher selbst umgebracht wurde.

Die spezifisch kriminellen Fertigkeiten, über die ein Mafioso verfügen muss, werden dem Jungen von einem männlichen Verwandten, meist dem Onkel, beigebracht.[12] Der Grund, warum sich nicht die Väter selbst um die kriminelle Ausbildung der Söhne kümmern, ist, dass sich mafiose Väter zu Hause im Regelfall als »Padre padrone«[13] (Herr und Vater) gebärden und wenig mit ihren Söhnen kommunizieren. Als Patriarchen erwarten sie Gehorsam und Unterordnung. Die Jungen hören oft schon mit neun oder zehn Jahren Worte wie: »Gehe zu Deinem Onkel und rede ein bisschen mit ihm«, und werden dann von diesem Onkel auf das Leben in der Cosa Nostra vorbereitet, also auch in kriminellen Techniken wie Schießen unterwiesen.[14] So bestätigte Pino Marchese aus der Familie Corso dei Mille:

> Nach der Verhaftung meines Bruders Nino bemühte sich mein Onkel, der ein bedeutender Mafioso war, mich immer ganz nahe bei sich zu haben. Ich hielt den Kontakt mit meinem sich im Gefängnis befindenden Bruder, während sich mein Vater auf einem Landgut bei Terrasini versteckt hielt, wo auch viele andere Mafiosi waren. (…) an diesem Punkt angelangt, näherte sich mir mein Onkel, Filippo Marchese, um mich in dieser Welt anzuleiten.[15]

Ähnlich berichtete Giovan Battista Ferrante (geb. 1958) aus der Familie San Lorenzo:

> Da ich keine Lust hatte, zu lernen, habe ich früh die Schule abgebrochen und zu arbeiten begonnen: Ich arbeitete als Lastwagenfahrer bei meinem Vater. Gleich nach dem Militärdienst kamen dann die ersten Signale. Es war mein Onkel, der darauf pochte, dass ich in die Mafia käme. Er war

ein ‚Soldat' der ‚Familie' von San Lorenzo. Vielleicht wollte er das Zepter der Familie an mich weitergeben, weil er selbst keine Söhne hatte.[16]

Junge Männer aus mafiosen Herkunftsfamilien haben kaum eine Chance, einen anderen als den mafiosen Lebensweg einzuschlagen. Der Psychologe Girolamo Lo Verso, der mit Mafiaaussteigern und ihren Angehörigen gearbeitet hat, gelangte zu der Schlussfolgerung:

> Als Mafioso wird man geboren und man wird dazu gemacht. Der zukünftige Mafioso wird vom Kindesalter an ‚beobachtet' und entsprechend ‚erzogen'. Psychologisch und pädagogisch wird er von einem angesehenen Mafioso begleitet. Er wird dazu gebracht, ein perfekter und kalter Killer zu werden.[17]

Im Verlaufe der Erziehung entwickelt der zukünftige Ehrenmann die typisch mafiose Identität, die durch die völlige Ausschaltung von Subjektivität charakterisiert ist. Eigene Bedürfnisse und Gefühle werden nicht zugelassen, das Denken, Handeln und Fühlen des Mafioso wird ähnlich wie bei Mitgliedern fundamentalistischer Gruppen von der Organisation bestimmt.[18] Allerdings werden nicht alle Sprösslinge mafioser Väter später Killer. Nicht wenige Ehrenmänner wünschen sich für ihren Nachwuchs ein weniger gefährliches Leben und schicken ihre Söhne auf gute Schulen. Aber auch wenn sie einen angesehenen bürgerlichen Beruf ergreifen – der Arztberuf scheint der beliebteste zu sein –, legen sie doch die ihnen von Jugend an eingetrichterte Mentalität nicht ab und bleiben der Cosa Nostra – nicht selten als reservierte Ehrenmänner – verbunden. Sollte »Not am Mann« sein – wie in den Jahren nach dem Maxiprozess – übernehmen sie auch hohe Ämter in der Cosa Nostra wie das des Capofamiglia. Es scheint, dass nur wenige wie beispielsweise der Arzt Vincenzo Ferro, der den Posten seines im Gefängnis einsitzenden Vaters Giuseppe als Capo der Familie von Alcamo (TP) hätte übernehmen sollen, damit ein Problem haben.[19] Fälle wie der des 1978 von der Mafia ermordeten Peppino Impastato sind die absolute Ausnahme: Er hatte sich nicht nur geweigert, den Weg seines Vaters einzuschlagen, sondern darüber hinaus lautstark in der Öffentlichkeit gegen die Cosa Nostra polemisiert.

3 Mafiose Innenansichten

Auch wenn, wie Insider schätzen, vermutlich zwischen 70 und 80 % aller Ehrenmänner mafiosen Herkunftsfamilien entstammen, werden auch Personen aus dem nicht-mafiosen Milieu in die Cosa Nostra aufgenommen. Interessierte junge Männer umschwirrten früher, als sich Mafiosi noch ohne Probleme in der Öffentlichkeit zeigen konnten, die alten Ehrenmänner »wie die Motten das Licht«, um ihnen positiv aufzufallen. Sie suchten die Plätze auf, die Mafiosi üblicherweise frequentieren, und hofften auf eine Gelegenheit, sich beweisen zu können. So hatte Tommaso Buscetta, dessen Vater nichts mit der Cosa Nostra zu tun hatte, sondern ein unbescholtener Glasmacher[20] war, immer von einer Mitgliedschaft in der Cosa Nostra geträumt, bis ihm ein Zufall zu Hilfe kam: Eines Tages machte der alte Boss der Familie von Porta Nuova, Tanu Filippone, in Begleitung eines etwas fülligen jungen Ehrenmannes einen Spaziergang. Plötzlich entriss ihm ein aus einem anderen Stadtviertel stammender Taschendieb, der den Mafiaboss nicht kannte, die Einkaufstüte. Der Jungmafioso verfolgte den Dieb, behindert durch sein Übergewicht allerdings ohne Erfolg. Buscetta, der den Vorfall beobachtet hatte, rannte dem Räuber hinterher und durchschnitt ihm kurzerhand mit einem Stück Glas die Halsschlagader – womit er die »Eintrittskarte« in die Cosa Nostra in der Hand hielt. Don Tanu ließ Buscetta zu sich rufen und lobte ihn, er habe sich wie ein richtiger Ehrenmann verhalten. Kurze Zeit später wurde Buscetta in Filippones Familie aufgenommen. – Meist geht es aber nicht so schnell. Im Regelfall wird ein potenzielles Mitglied erst langsam von einem erfahrenen Ehrenmann an die Organisation herangeführt. Wenn ein Altmafioso einen jungen Mann ins Auge gefasst hat, holt er zunächst die Erlaubnis der Familie ein, den jungen Mann »um sich zu haben«, verbürgt sich für ihn in dieser Phase des Avvicinamento (Annäherung) und beobachtet, wie der Kandidat sich anstellt; außerdem holt er Informationen über den Kandidaten und seine Herkunftsfamilie ein.[21] Ein anonym gebliebener Mafioso erzählte:

> Don Peppe unterhielt sich manchmal vor den anderen mit mir, und man merkte, dass er ein besonderes Augenmerk auf mich richtete. Und ich versuchte, mir diese bevorzugte Behandlung zu verdienen, indem ich mir auch in kleinen Dingen Mühe gab, mich wie ein Mann zu verhalten:

> Ich ging mit ruhigen Schritten, lief nie, schrie nie, lachte nie laut heraus. Wenn es etwas zu erledigen gab, passte ich ganz besonders auf, keinerlei Anlaß zu einer Beanstandung zu geben, und außerdem leistete ich immer mehr als verlangt.[22]

Die Annäherungsphase dauert je nach Persönlichkeit des zukünftigen Mitglieds unterschiedlich lange. Der Aussteiger Leonardo Messina berichtete:

> In die Cosa Nostra tritt man als Avvicinato ein. Diese Phase kann zwanzig oder fünf Jahre oder nur ein Jahr dauern, das hängt von den jeweiligen Leuten ab. Jemand sagt dir dann, wann es soweit ist. Aber wenn du dann gerufen wirst, weißt du schon, dass es die Cosa Nostra ist, denn du hast ihren Männern schon seit zehn Jahren gedient.[23]

Während der Phase der Annäherung werden noch keine schweren Gewalttaten ausgeführt. Stefano Calzetta (1939–1992) aus der Familie Corso dei Mille erzählte:

> Man wird nicht gleich ein Killer. Zuerst muss man beweisen, dass man das Vertrauen der Familie verdient, für die man arbeitet. Außerdem muss man zeigen, dass man ein Mann ist. Konkret beginnt man mit kleineren Straftaten unterschiedlichster Art, die ein ‚Soldat' für seine Familie zu erbringen in der Lage sein muss. (…) Nur nach einer langen Probezeit wird derjenige, der die erforderlichen Talente mitbringt, ‚jemand'. Erst dann werden ihm die Aufgaben eines Killers übertragen.[24]

Am Ende der Probezeit wird der Neuling aufgefordert, eine Mutprobe abzulegen. Nicht selten handelt es sich um eine schwere Straftat wie etwa einen Mord. Danach ist er kompromittiert und kann kaum mehr aussteigen, was vorher jederzeit möglich gewesen wäre, ohne dass dies negative Folgen hätte. Giovanni Brusca beschrieb, wie die Mutprobe im Fall von Giovanni (Gianni) Riina (geb. 1976), einem der Söhne Totò Riinas, ablief:

Sein Onkel (Leoluca Bagarella, Anmerk. d. Verf.) wollte, dass Giovanni bei dem Mord assistierte (...), aber Riina wollte mehr tun. Er machte alles. Er platzierte den Strick. Dann zog er den Strick zu. (...) Er war damals 19 Jahre alt und noch nicht formell zum Ehrenmann gemacht worden. (...) Bevor man zugelassen wird (...), muss man eine Charakterprobe ablegen. Bei dieser Probe, der Giovanni Riina unterzogen wurde, wollte man sehen, ob der Junge Gefühle zeigt und sich abwendet. Das Ergebnis der Prüfung war vielversprechend. Antonio Di Caro wurde erwürgt und dann die Leiche in Säure aufgelöst. (...) Giovanni gab danach mit seiner Tat an.[25]

Wenn die Mutprobe so wie im Falle von Gianni Riina erfolgreich verlaufen ist, wird der Neuling im Rahmen eines Initiationsrituals[26] »combinato«, also zum Ehrenmann gemacht. Üblicherweise wird die Zeremonie in Anwesenheit aller Mitglieder der Familie in einem abgelegenen Gebäude vollzogen. Im Notfall kann sie sogar in Anwesenheit von nur drei Ehrenmännern unterschiedlicher Familien im Gefängnis abgehalten werden. Wenn sich die Familie zusammengefunden hat, wird dem Initianden zunächst erklärt, dass es sich bei der Cosa Nostra um die Nachfolgeorganisation der Beati Paoli handelt. Wie der alte Rächerbund, so heißt es, kämpfe auch die Cosa Nostra gegen den ungerechten Staat, für eine höhere Gerechtigkeit und für die Armen und Schwachen. Wer ihr beitrete, könne stets auf Unterstützung seiner Brüder zählen. Von den Ehrenmännern werde erwartet, dass sie ihr Leben fortan nach den Regeln der Cosa Nostra ausrichteten und die Mafiafamilie über alles stellten: Man trete der Cosa Nostra mit Blut bei und nur mit Blut, also dem Tod, könne sie wieder verlassen werden. Anschließend wird der Aspirant gefragt, ob er diesem Kreis wirklich angehören wolle, was dieser, nachdem er schon einmal so weit gekommen ist, natürlich bejaht. Danach wird das Initiationsritual vollzogen, das – wie unzählige Aussteigerberichte belegen – seit nunmehr fast 200 Jahren mehr oder weniger gleich abläuft:

Zunächst wird eine Person bestimmt, die das Ritual durchführt und für den Neuling die Patenschaft übernimmt. In der Anfangszeit der

Cosa Nostra wurde dieser Padrino (Pate) ausgelost, später durfte ihn sich der Initiand selbst auswählen, wobei die Wahl üblicherweise auf den Ehrenmann fällt, der den jungen Mann während seiner Probezeit begleitet hat. Der Pate fragt den Initianden, mit welcher Hand er schieße. Danach sticht er ihn mit einem Messer, einem Orangenbaumstachel oder einer Nadel in einen Finger eben dieser Hand. Das aus der Wunde herauströpfelnde Blut fällt auf ein Heiligenbild, das danach angezündet und zu Asche verbrannt wird. Während er die Asche in die Luft wirft, spricht der Initiand die Schwurformel, mit der er zustimmt, genau wie das Heiligenbild zerstört zu werden, falls er je seinen Eid gegenüber der Cosa Nostra brechen sollte. Nach der Zeremonie wird der Neuling von den Anwesenden brüderlich auf den Mund geküsst. Anschließend gibt es Geschenke und es wird ein großes Fest mit einer »Schitichiata« (Siz. Bankett) ähnlich wie bei einer Taufe abgehalten – mit der Ausnahme, dass nur Männer dabei sind.

Leo Pellegrino von der Oblonica Cosca, einem Mafiaclan des 19. Jahrhunderts in Agrigent, beschrieb seine Initiation folgendermaßen:

> Wir saßen in einem Kreis. Vita fragte Marsala, ob er mich über alles informiert habe und ob er für mich bürge, was dieser bejahte. Danach wurde mithilfe des Tocco[27] Marsala ausgelost, der mir den Zeigefinger der rechten Hand mit einer Schnur festband. Anschließend bohrte er mir mit einer Sicherheitsnadel ein Loch in den Finger, wischte das Blut mit einem Heiligenbild ab und verbrannte dieses dann. Das verbrannte Papier teilte er in zwei Hälften, von denen er mir eine gab. Danach zerrieben sowohl Marsala als auch ich die Asche in den Händen und warfen sie in die Luft. Nachdem die Zeremonie, die den Schwurakt darstellt, beendet war, erklärten sie mich als in die Gesellschaft aufgenommen.[28]

Gut hundert Jahre später schilderte Pino Marchese das Ritual ganz ähnlich:

> Ich wurde in der Villa von Maniscalco Salvatore, der ein Ehrenmann der Familie des Corso dei Mille war, (zum Ehrenmann, Anmerk. d. Verf.) gemacht. Anwesend waren mein Onkel Filippo, Pino Greco Scarpuz-

zedda, Giovanni Lo Iacono und Vincenzo Spataro. Filippo Alcamo war mein Pate (...). Er stach mich gemäß dem üblichen Ritus in einen Finger der Hand, mit der man schießt. Wenn das Blut herauskommt, sagt man: Wenn ich die Regeln der Cosa Nostra verrate, werde ich genauso enden wie das Heiligenbild.[29]

Über den Symbolgehalt der im Mittelpunkt des Aufnahmeritus stehenden Elemente wie Blut, Heiligenbild und Feuer kann nur spekuliert werden.[30] Vermutlich steht das Blut für den Initianden selbst, der sich mit seinem Blut seiner neuen Familie rituell verbindet. Das Sakrale liefert die Legitimation für das künftige verbrecherische Tun, das einem höheren, ja sogar göttlichen Zweck dient. Nahezu alle Mafiosi sind gläubig und verstehen sich als praktizierende Katholiken.[31] Nach ihrer Auffassung darf nur Gott Gerechtigkeit üben – und die Cosa Nostra ist die Interpretin des göttlichen Willens! Mafiosi glauben also tatsächlich, im Sinne einer höheren Gerechtigkeit zu handeln, wenn sie Morde begehen.[32] Der Aussteiger Salvatore Grigoli (geb. 1963) erzählte: »Einer meiner Mitangeklagten sagte immer, wenn wir einen Mord begingen: ‚Im Namen Gottes'.«[33] Das Feuer könnte – ähnlich wie bei vielen archaischen Riten, etwa den antiken Brandopfern – beide Elemente miteinander verbinden. Mit ziemlicher Sicherheit übernahm die Mafia ihr Initiationsritual – sowie ihre später aufgegebenen Erkennungszeichen und -losungen[34] – von der freimaurerischen Carboneria, mit der sie sich in ihrer Anfangszeit in engem Kontakt befand.[35] Das mysteriöse Ritual dient letztlich zur unauflöslichen Bindung an die Cosa Nostra.[36] Die Initiation ist der christlichen Taufe nicht unähnlich, weshalb die 'Ndrangheta das Aufnahmeritual auch tatsächlich »Battesimo« (Taufe) nennt.[37] Der Neuling schwört seinem alten Leben für immer ab und wird Teil einer neuen Gemeinschaft, einer Art »sakral überformten Überfamilie«.[38] Leoluca Bagarella erklärte seinem Freund Antonio (Tony) Calvaruso vor dessen Initiation: »Du bist dann nicht mehr Teil dieser Welt.«[39]

Mafiosi zeigen ihre Verbundenheit, indem sie sich bei der Begrüßung auf den Mund küssen[40] und ältere Kollegen mit »Zu« (Siz. Onkel) ansprechen, während sie mit Gleichaltrigen durch das Cumparatu (Siz. Gevatternschaft) miteinander verbunden sind, einer im mediterranen

Raum stark verbreiteten Form der ritualisierten Verwandtschaft. Bereits vor über hundert Jahren beobachtete der Polizeibeamte Antonino Cutrera:

> Die Gevatternschaft ist in Sizilien (...) eine unauflösliche Bindung zwischen zwei nicht blutsverwandten Personen. (...) Aus diesem Grund gehen sizilianische Gewalttäter diese Bindung ein, die stärker als die zu Verwandten ist. Die Gevatternschaft ist ein sicheres Mittel, um vertrauenswürdige Komplizen zu haben. Vom Gevatter wird kein Verrat befürchtet, sich dem Gevatter anzuvertrauen, ist wie sich selbst vertrauen.[41]

Gerade das Cumparatu löscht vorher bestehende soziale Unterschiede aus, schließlich sind die Mitglieder untereinander »la stessa cosa« (Die gleiche Sache). Ihre Verbundenheit wird dadurch verstärkt, dass Ehrenmänner ihre gesamte Freizeit miteinander verbringen. Unter Mafiosi finden regelmäßig »Mangiate« (Große Essen) statt – früher in simplen Tavernen und heute in Restaurants oder Masserien. Darüber hinaus trifft man sich auch häufig mit den Angehörigen, etwa anlässlich besonderer Festtage wie Ostern oder Ferragosto, denn selbstverständlich wissen Ehefrauen und Kinder Bescheid, partizipieren sie doch am Prestigegewinn und wachsenden Wohlstand ihres Verwandten.[42] Da sich Ehefrauen und Kinder richtig zu verhalten wissen, fühlen sich Mafiosi auch bei den Angehörigen ihrer Kollegen sicher. Mit Fremden, also Personen außerhalb des mafiosen Umfeldes, wird kein privater Kontakt gepflegt.

Das Verhältnis der Picciotti zum »Familienoberhaupt«, ihrem Mammasantissima (Allerheiligste Mutter), ist ein ganz besonderes und bewegt sich zwischen Verehrung und Angst. Gegenüber dem »Familienvater« besteht Dankbarkeit, weil er seine »Jungens« aus einer großen Schar potenzieller Anwärter ausgewählt hat. Aufgrund vieler persönlicher Gefälligkeiten, die die Capi den ihnen untergebenen Ehrenmännern erweisen, wird das emotionale Band im Laufe der Zeit immer stärker. Ehrenmänner verehren ihre Capi aber nicht nur, sie empfinden auch eine unterwürfig machende Angst vor ihnen. So beobachtete Gaetano Mosca:

3 Mafiose Innenansichten

Die Angst ist dieser Mörder so groß und verwurzelt, dass sie, auch wenn sie im Gefängnis sitzen, nur sehr selten die Namen der Auftraggeber der von ihnen ausgeführten Verbrechen preisgeben.[43]

Der Eintritt in die Cosa Nostra bedeutet also, dass die individuelle Identität ausgelöscht und durch eine mafiose Wir-Identität ersetzt wird.[44] War das neue Mitglied vorher ein »Nuddo ammiscatu cu niente« (Siz. Niemand vermischt mit nichts), ist es jetzt Teil eines mächtigen großen Ganzen und spricht nur mehr im Plural.[45] Die Ausschaltung der individuellen Identität ist überdies der Hauptgrund, warum bei Gewalttaten Schuldgefühle gegenüber den Opfern nicht aufkommen.[46]

Im Privatleben führt der Verlust der eigenen Identität zu einer weitgehenden Beziehungsunfähigkeit. Die Soziologin Renate Siebert (geb. 1942) konstatiert, der Mafia gelinge es, »das innere, affektive Leben ihrer Mitglieder einzufrieren, auszuschalten, zu verwüsten.«[47] In der Folge könne der Mafioso »nicht lieben, nur ficken«.[48] Ein Mafioso erzählte:

Ich konnte kaum erwarten, daß alles vorbei wäre und ich nach Hause zurückkehren, mich unter die Dusche stellen würde (...), um das ganze ekelhafte Zeug von mir abzuwaschen und mich dann beim Sex zu entspannen. Wenn ich Schwierigkeiten habe und unter Stress stehe, hilft mir Sex immer, mein psychisches Gleichgewicht wiederzufinden.[49]

Eine ähnliche Beobachtung machte der Psychologe Girolamo Lo Verso, der erzählte, Mafiosi seien beziehungsunfähig und lebten privat gemäß dem Sprichwort: »Cummanari è megghiu ri futtiri« (Siz. Befehlen ist besser als ficken).[50] Sexualität wird verachtet, weil Lust zu einem Verlust der Wachsamkeit führt, was Ehrenmännern gefährlich werden könnte.[51]

3.4 Der Codice d'onore – das Regelwerk

Das Verhalten der Ehrenmänner ist durch den sogenannten Ehrenkodex geregelt.[1] Mit den dort tradierten Vorschriften legt die Organisation ihren Mitgliedern »Zügel«[2] an, die das reibungslose Funktionieren und den Bestand der Cosa Nostra sichern helfen sollen.

Im Unterschied zu ihren Schwesterorganisationen 'Ndrangheta und Camorra lehnt die Cosa Nostra aus Sicherheitsgründen die schriftliche Aufzeichnung ihrer »Gesetze« ab. Allerdings behaupteten einige Mafiaaussteiger, dass es in der Vergangenheit doch schriftliche Aufzeichnungen gegeben haben soll – diese wurden allerdings nie gefunden.[3] Seit geraumer Zeit werden die Statuten der Cosa Nostra von Generation zu Generation mündlich tradiert.[4] Gaspare Mutolo erklärte, es sei eine der großen Stärken der Cosa Nostra, nie etwas Schriftliches zu hinterlassen.[5] Es gibt sogar eine richtige Aversion gegenüber jeglicher Art von schriftlichen Aufzeichnungen, weshalb die Empörung groß war, als einmal bei einem Mafiatreffen Michele Cavataio einen Stadtplan von Palermo vorlegte, in dem er alle Mafiafamilien eingezeichnet hatte.[6] Eine noch größere Sensation stellte bei der Verhaftung von Totuccio Lo Piccolo im November 2007 das Auftauchen einer schriftlichen Version des mafiosen Verhaltensregelwerks dar.[7] Selbst die Presse machte sich darüber lustig, dass ein Boss wie Lo Piccolo eine schriftliche Erinnerungsstütze nötig habe, um sich die Regeln zu vergegenwärtigen.[8]

Zu den wichtigsten mafiosen Regeln zählt die Loyalitätspflicht. Die Pflicht bezieht sich allerdings nicht auf die Gesamtorganisation, sondern nur auf die eigene Familie. Im Falle einer Fehde mit einer anderen Familie kann es nämlich durchaus vorkommen, dass ihm aufgetragen wird, einen anderen Ehrenmann zu töten. Aus eigenem Antrieb kann ein Ehrenmann seine Familie nicht wechseln. In den wenigen Fällen, in denen dies geschehen ist, mussten zahlreiche Genehmigungen eingeholt werden, nicht nur der betroffenen Familien, sondern auch der oberen Instanzen. Grundsätzlich dürfen Ehrenmänner keine Arbeitsaufträge von anderen Cosche annehmen – erst recht, wenn die eigene Familie nichts davon weiß. Es ist deshalb nachvollziehbar, warum sich viele über die Corleoneser empörten, die zu Beginn des zweiten Mafiakrieges heimlich Ehrenmänner aus anderen Familien anwarben und zum Verrat gegenüber der eigenen Familie animierten. Das »Ausleihen« von Picciotti an andere Familien ist allerdings üblich, vor allem wenn es um das Begehen von Morden geht. Schließlich ist die Wahrscheinlichkeit einer Entdeckung umso geringer, wenn ein Mafioso eine Person tötet, die aus einer völlig anderen Gegend stammt und die er überhaupt nicht kennt.

Eine weitere wichtige Vorschrift ist der bedingslose Gehorsam gegenüber dem Capo bzw. dem Zehnergruppenführer. Wenn ein Ehrenmann gerufen wird, um einen Auftrag auszuführen, muss er alles andere stehen und liegen lassen. Totuccio Contorno erzählte:

> Wenn der Capo ihn ruft, muss er (der Ehrenmann, Anmerk. d. Verf.) zur Verfügung stehen, selbst in dem Fall, dass seine Ehefrau entbindet.[9]

Ein Ehrenmann darf keinen Befehl verweigern, selbst wenn es sich um den Mord an seinem besten Freund handelt. Die Mafia nutzt gerne Verwandtschafts- und Freundschaftsbanden aus, »um besser zuschlagen zu können«[10], schließlich besteht beim engsten Freund oder dem Bruder die geringste Gefahr, dass das Opfer Verdacht schöpft. Häufiger werden Ehrenmänner aber »nur« damit beauftragt, den Freund oder Bruder in einen Hinterhalt zu locken. Dies war dem vorsichtigen Totuccio Contorno bewusst, der deshalb während des zweiten Mafiakrieges seine Freunde mied, wodurch ihm als einem der wenigen Mitglieder der Familie von Santa Maria del Gesù das Überleben gelang. Ein Ehrenmann darf keine Fragen stellen: Ein Aussteiger erzählte, keine Fragen zu stellen sei ihm...

> (...) in Fleisch und Blut übergegangen. Zu' Vàrtulu sagte immer, man stelle dem anderen eine Frage, um etwas zu erfahren, was der andere nicht gesagt habe. ,Aber wenn der es dir nicht gesagt hat, heißt das, dass er es nicht sagen wollte, und was soll dann die Fragerei?' (...) lieber ein Wort zuwenig als eines zuviel.[11]

Überhaupt ist die Kommunikation in der Cosa Nostra auf ein Minimum reduziert. Die Verständigung läuft über für Außenstehende unverständliche Sprichwörter, Halbsätze, Gesten und Blicke. Der Grund dieser Art von Verständigung liegt in der Notwendigkeit der Geheimhaltung, aber auch in der in der Gesellschaft vorfindbaren Geringschätzung von »Schwätzern«. Früher gab es mit dem Baccàgghiu[12] sogar eine Geheimsprache, die nur in der Verbrechersubkultur verstanden wurde. Für die Cosa Nostra ist es von größter Bedeutung, dass Picciotti möglichst wenig wissen, wie Buscetta erzählte:

> Die Fragmentierung von Informationen ist eine der wichtigsten Regeln. Die Cosa Nostra ist nicht nur gegenüber der Außenwelt geheim (…), sondern auch nach Innen: Sie sorgt dafür, dass nicht alle alles wissen und schafft Hindernisse bezüglich des Informationsflusses.[13]

Die Gehorsamkeitspflicht bezieht sich nicht nur auf Angelegenheiten der Cosa Nostra, sondern erstreckt sich auch auf das Privatleben: Will ein Mafioso heiraten, muss er vorher die Erlaubnis seiner Familie einholen.[14] Diese entscheidet dann, ob die Auserwählte ein »Facci di mugghieri« (Siz. Ehefrauengesicht)[15] hat und ehetauglich ist. Das ist normalerweise dann der Fall, wenn es sich um ein Mädchen aus einer »anständigen« Familie handelt, von dem der Ehemann darüber hinaus ein submissives Verhalten erwarten kann. Von einer Mafiaehefrau wird nämlich verlangt, dass sie schweigsam im Hintergrund bleibt und sich um den Haushalt und die Kindererziehung kümmert. Bevorzugt werden daher Mädchen aus mafiosen Herkunftsfamilien, die von Kindesalter an auf die Rolle einer Mafiaehefrau vorbereitet worden sind. So erzählte Antonino Calderone:

> Viele Frauen von Uomini d'onore – tatsächlich nahezu alle, die ich kennengelernt habe – stammen aus Mafiafamilien, haben die Luft der Cosa Nostra von Geburt an geatmet und kennen daher genauestens die Denkart und das Tun eines Mafioso.[16]

Aber auch die Furcht vor Rache konnte Ehewünsche verhindern, wie das Zitat Giuseppe Dragos, eines Superkillers der Corleoneser Todesschwadron verdeutlicht:

Mir wurde gesagt, ich könne nicht mit dem Mädchen zusammen sein, weil ich einen ihrer Verwandten getötet hatte, folglich hätte ich keine Zukunft mit ihr.[17]

Den Verlust eines ihrer effizientesten Killer konnte sich die Cosa Nostra nicht leisten. Auch Pino Marchese durfte seine große Liebe nicht heiraten. In seinem Fall lag es daran, dass die Eltern der jungen Frau getrennt lebten, womit sie aus keiner anständigen Familie kam. Groteskerweise bot Marcheses Bruder an, den Vater des Mädchens zu töten, weil sie dann eine Waise und damit heiratsfähig geworden wäre, aber Pino Marchese verzichtete auf das Angebot und heiratete stattdessen eine Frau, an der es nichts auszusetzen gab. Anderen Ehrenmännern wurden Ehefrauen aufgezwungen, was vor allem dann vorkommt, wenn es um das Schmieden von Allianzen geht. Balduccio Di Maggio beispielsweise – der wegen seiner Behauptung, der italienische Ministerpräsident Giulio Andreotti und Totò Riina hätten sich im Jahre 1987 geküsst, eine gewisse Berühmtheit erlangt hatte – wurde von seinem Vater ohne sein Wissen verlobt und musste die für ihn ausgesuchte Frau tatsächlich heiraten.[18] Ähnlich erging es Francesco Marino Mannoia: Er liebte zwar Rita, mit der er auch ein Kind hatte, mußte aber Rosa, die Tochter seines Capofamiglia, Pietro Vernengo (geb. 1943), heiraten.[19] Allerdings waren einige Mafiaanwärter nicht bereit, auf die Frauen ihrer Wahl zu verzichten. Dies hatte zur Folge, dass sie nicht in die Cosa Nostra aufgenommen wurden. So Francesco (Franco) Briguglio, der die Beziehung zu seiner Geliebten, mit der er auch ein Kind hatte, nicht aufzugeben bereit war:

> Ich hatte eine Beziehung zu einer verheirateten Frau (…). Lo Piccolo sagte mir, ich dürfe diese Beziehung nicht haben, wenn ich ein richtiger Ehrenmann sein wolle.[20]

Briguglio wurde aufgrund seiner Weigerung zwar kein »richtiger« Mafioso, durfte aber immerhin die Kasse der Familie von Cinisi verwalten. Ebenso erging es Gaspare Di Maggio (geb. 1961), dessen Freundin aus einer Familie stammte, die dem Boss Lo Piccolo nicht gefiel. Auch er durfte für die Cosa Nostra tätig sein, zu einem Punciutu (Siz. Gestochenen) wurde er aber nie gemacht.[21]

Zu den wichtigsten Geboten der Cosa Nostra gehört außerdem die Geheimhaltungspflicht. Sie verlangt von den Mitgliedern, mit keinem Außenstehenden über die Angelegenheiten ihrer Familie zu sprechen. Üblicherweise wird dieses Gebot als »Omertàregel« bezeichnet.[22] Sprachlich entwickelte sich der Begriff »Omertà«, den die Presse bereits im 19. Jahrhundert in Umlauf brachte, aus dem Sizilianischen »Omiltà«[23] (Männliches Verhalten): Im 19. Jahrhundert als seitens der Strafverfolgungsbehörden noch zur Folter gegriffen wurde, galt die Fähigkeit, trotz drohender physischer Gefahren Schweigen bewahren zu können, als Tugend und wurde als »Fare la parte dell'uomo« (Sich als Mann erweisen) betrachtet. Im Verbrecherjargon wandelte sich der Begriff dann zu »Omertà«.[24] Ein verhafteter Ehrenmann muss alle gegen ihn erhobenen Vorwürfe abstreiten, wie Vincenzo Scarantinos (geb. 1965) Aussage gegenüber der Polizei erkennen läßt:

> Mein letztes Einkommen bezog ich über das geheime Lotteriespiel (…). Ich schließe aus, dass die Lotterie etwas mit der Kriminalität zu tun hat. (…) Was ich über die Lotterie einnehme, gebe ich einem Jungen, der immer mit dem Motorrad kommt, dessen Namen ich aber nicht kenne.[25]

Der Boss Salvatore Genovese († 2020) aus San Giuseppe Jato (PA) behauptete bei seiner Verhaftung im Oktober 2000 sogar: »Die Mafia? Ich weiß nicht, ob es sie gibt. Ich kann mit Sicherheit nichts über sie sagen.«[26] Der langjährige Vorsitzende der Kuppel, Michele Greco, ging während des Maxiprozesses so weit, mit »mafiare« ein neues Verb zu kreieren: Er erklärte ironisch, er wisse nicht, »in che cosa avrei mafiato«, also in welcher Weise er »gemafiost« hätte.[27] Damit verballhornte er die gängige Bezeichnung und gab sie der Lächerlichkeit preis. Giovanni Bontate (1946–1988), Rechtsanwalt und Bruder des berühmten Bosses Stefano Bontate, wurde von seinen Kollegen massiv kritisiert, weil er beim Maxiprozess die Existenz der Cosa Nostra implizit zugegeben hatte: Nachdem im Oktober 1986 der elfjährige Claudio Domino (1975–1986) im palermitanischen Stadtteil San Lorenzo erschossen worden war und die Bevölkerung die Mafia im Verdacht hatte, erklärte

Bontate im Gerichtssaal, die Häftlinge würden mit der Familie trauern und der Mord gehe »nicht auf das Konto der Cosa Nostra«.[28]

Die Freundschaft zu einem Polizisten gilt als unverzeihlicher Regelverstoß,[29] folglich befahl Pino Scaduto – der Capomafia von Bagheria (PA), der Nachfolger von Totò Riina hatte werden wollen – im Jahr 2017 den Tod seiner Tochter Maria Caterina,[30] weil diese in den Augen ihres Vaters eine infame Sbirra (Spitzelin) geworden war, hatte sie doch ein Verhältnis mit einem Carabiniere angefangen. Letztendlich geschah der jungen Frau aber nichts, da sich ihr Bruder Paolo geweigert hatte, den Auftrag auszuführen. – Wie rigoros die Regeln sind, bestätigte Calderone:

> Was auch immer geschieht, nie darf man sich an die Polizei wenden, nie Anzeige erstatten. Wer es dennoch tut, muss getötet werden.[31]

Diese Vorschrift führte zu grotesken Situationen: Einmal wurde beispielsweise die Kleidung, die sich die Gemahlin von Michele Greco üblicherweise von einer französischen Boutique in Saint Vincent per Bahn nach Sizilien schicken ließ, während des Transports gestohlen.[32] Die Boutiquebesitzerin bat Frau Greco mehrfach, eine Anzeige aufzugeben, damit die Versicherung den Schaden begleichen würde. Frau Greco bevorzugte jedoch, den Verlust selbst zu tragen. Die Regel, nie eine Anzeige zu erstatten, wurde allerdings später modifiziert: Heute darf ein Ehrenmann, wenn ihm das Auto gestohlen wurde, nicht nur Anzeige erstatten, er ist sogar dazu verpflichtet, denn wenn das Auto von anderen bei einer Straftat eingesetzt werden würde, könnte der Besitzer unter Verdacht geraten.

Die Schweigeregel gilt nicht nur im Umgang mit der Außenwelt, sondern auch intern. Mafiosi dürfen keine Informationen an Ehrenmänner anderer Familien weitergegeben, ja sie dürfen sich nicht einmal gegenseitig als Ehrenmänner zu erkennen geben, wenn sie verschiedenen Familien angehören.[33] Gleichwohl sind Mafiosi aufgrund ihres präpotenten Auftretens häufig für die Bevölkerung leicht erkennbar, so auch für andere Ehrenmänner,[34] auch wenn die »Uniform« des Traditionsmafioso – die Coppola (Mütze) und die Lupara (Jagdgewehr mit verkürzten Läufen) – verschwunden ist. Allerdings besteht durchaus die

Gefahr, dass es sich nur um einen Guappo di cartone, also einen »Papiermafioso«, handelt, und so bedarf es eines Dritten, der die beiden Ehrenmänner mit den Worten wie »Chistu è a stissa cosa« (Siz. Der ist dieselbe Sache) vorstellt.[35]

Drastisch wird über die Unzuverlässigkeit der Frauen gedacht, wie aus der Erklärung Calderones hervorgeht:

> Man muss davon ausgehen, dass Frauen in einer bestimmten Weise denken: alle Frauen, auch diejenigen, die Mafiosi geheiratet haben oder aus Mafiafamilien kommen. Wird eine Frau in ihren innersten Gefühlen getroffen, denkt sie nicht mehr vernünftig. Dann gibt es keine Verschwiegenheit mehr und keine Cosa Nostra, gibt es keine Argumente und Regeln, die sie zurückhalten könnten. Völlig verrückt werden die Frauen, wenn man ihre Söhne anrührt, denn es gibt auf der Welt keine größere Zuneigung als die zu ihren Söhnen. (…) Bringen sie ihren Mann um, findet sie sich unter Umständen damit ab, wovon man aber nicht ausgehen kann. Ermorden sie aber ihren Sohn, verliert die Frau den Verstand und kennt keinerlei Regel mehr. (…) Wenn die Frauen etwas wissen, reden sie auch darüber. Früher oder später reden sie.[36]

Tatsächlich ist es immer wieder passiert, dass Mafiafrauen die Cosa Nostra verraten haben. Die Erste war Serafina Battaglia, die sich bereits 1962 an die Justiz wandte, nachdem ihr Ehemann und ihr Sohn während einer Mafiafehde umgebracht worden waren, was zwischen 1964 und 1979 zu einer Reihe von aufsehenerregenden Prozessen führte. Ein jüngeres Beispiel ist das von Piera Aiello (geb. 1967), die nach der Ermordung ihres Ehemannes Nicola Atria im Jahr 1991 gegen die Cosca von Partanna (TP) auszusagen begann. Ihre Schwägerin Rita Atria (1974–1992), die in derselben Sache wegen ihres ermordeten Vater Vito († 1985) und Bruders ausgesagt hatte, machte Schlagzeilen, als sie sich nach der Ermordung des Staatsanwalts Borsellino aus einem Hochhaus in den Tod stürzte. Er war für sie zu einer neuen Vaterfigur geworden.[37]

Aber auch wenn Mafiosi mit ihren Angehörigen nicht über Mafiaangelegenheiten sprechen, wissen diese Bescheid und kennen viele Geheimnisse. Sie profitieren vom Status ihres mafiosen Verwandten, weshalb sich Mafiaehefrauen in ihren jeweiligen Stadtvierteln fast wie kleine »Königinnen« gebärden. Auch die Mafiakinder, die in dem Bewusstsein aufgewachsen, sich dank der Machtfülle ihrer Väter alles erlauben zu können, fallen nicht selten in ein »Delirium der Omnipotenz«.[38]

Eine weitere wichtige Regel lautet, dass Ehrenmänner untereinander die Wahrheit sagen müssen. Mafiosi müssen nicht reden – wenn sie es aber tun, müssen sie die Wahrheit sagen. Daher gilt als wahr, was ein Ehrenmann in Gegenwart von zwei anderen Ehrenmännern gesagt hat. Wer in einer solchen Situation lügt, gilt als Verräter.[39] Der Pflicht zur Ehrlichkeit kommt deshalb eine enorme Bedeutung zu, weil die Cosa Nostra auf richtige Informationen angewiesen ist, will sie Fehlentscheidungen vermeiden. Antonino Calderone erklärte:

> Präzise Informationen sind wichtig. In der Mafia müssen genaue, exakte Informationen zirkulieren. Andernfalls versteht man gar nichts mehr und es entsteht Konfusion (…). Wenn man nicht weiß, wer jemanden umgebracht hat, oder wenn man falsche Informationen erhält, dann kann man sich bei nichts mehr sicher sein. Nicht einmal das Leben ist mehr sicher.[40]

Ein Mafiaaussteiger verdeutlicht, was man in der Cosa Nostra von Wortbrüchigen hält:

> Wenn du dein Wort nicht hältst, ist es uns egal: Es steht jedem frei, ob er ein Mann oder ein Treuloser sein will. Aber wenn du dein Wort nicht halten kannst, darfst du es auch nicht geben. Wehe, wenn du uns was vormachst.[41]

Folglich gilt das Wort eines Ehrenmannes als gleichbedeutend mit einem schriftlichen Vertrag.[42] In Krisensituationen jedoch ist die Verpflichtung zur Ehrlichkeit aufgehoben: Die Corleoneser setzten während des zweiten Mafiakrieges das Mittel der Lüge ganz bewusst ein, um Vorteile über ihre Gegner zu erlangen. Zur Verpflichtung, untereinander ehrlich zu sein, gehört auch, das gegebene Wort zu halten.

Der Verhaltenskodex setzt ferner Anstand gegenüber anderen Ehrenmännern und Respekt vor dem Besitz der anderen voraus – Calderone erklärt hierzu knapp und bündig: »Stehlen ist verboten.«[43] Mit Besitz ist aber nicht nur das materielle Hab und Gut gemeint, sondern dazu zählen auch die weiblichen Angehörigen.[44] Ein Aussteiger erklärte:

> Einem Mann die Frau bumsen ist, wie auf ihn schießen, und man schießt nur auf Feinde oder auf fremde Leute. Auf einen, der ‚dieselbe Sache' ist wie wir, niemals.[45]

Ein weiteres Gebot ist die Pflicht zur Solidarität, zum Vermeiden von Streitigkeiten und zum Bemühen um ein gutes Verhältnis. In Notsituationen sind Ehrenmänner verpflichtet, sich gegenseitig zu helfen.[46] Wird beispielsweise ein Mafioso verhaftet, hat er Anspruch auf die Unterstützung seiner Familie. Diese bezahlt ihm den Anwalt, die Kleidung, den Unterhalt seiner Angehörigen etc. Vor der Einführung verschärfter Haftbedingungen bekamen inhaftierte Mafiosi sogar das Essen bezahlt, da sie grundsätzlich das »Essen des Staates«, also das Gefängnisessen, verweigerten.[47] Falls ein Mafioso bei der Ausübung seiner Pflichten das Leben verliert, finanziert die Cosa Nostra seine Bestattung, was nicht billig ist, da Mafiabeerdigungen zumindest früher fast wie Staatsbegräbnisse ausgerichtet wurden. Die Hinterbliebenen des Verstorbenen haben überdies einen Versorgungsanspruch. Falls nicht genug Geld in der Gemeinschaftskasse ist, um die Ausgaben zu bestreiten, werden Sammlungen durchgeführt, was manche Familien vor ein großes Problem stellt, wie der Boss Giuseppe Graviano einem Mitmafioso erklärte:

> Wir haben 20 Häftlinge, die durch ihre Prozesse ruiniert wurden und die kein Geld haben, um mit der Situation fertig zu werden; unser Bemühen ist, ihnen drei oder vier Wohnungen zu geben, damit sie und ihre Familien eine Zukunft haben.[48]

Wie den folgenden Worten Antonino Calderones zu entnehmen ist, leisten einem polizeilich gesuchten Mafioso nicht nur die Kollegen seiner eigenen, sondern auch die anderer Familien Fluchthilfe:

> Wo auch immer sich ein flüchtiger Uomo d'onore befindet, muss er sich daran erinnern, dass jeder andere Uomo d'onore die Pflicht hat, ihn aufzunehmen und wenn nötig auch in seinem Haus zu behalten.[49]

Dank dieser Regel stehen Ehrenmännern zahllose Unterschlupfmöglichkeiten zur Verfügung, was es natürlicherweise den Strafverfolgungsbehörden erschwert, sie aufzuspüren. Die Solidaritätsregel erstreckt sich auch auf die legalen wirtschaftlichen Aktivitäten von Mafiosi: Hat ein Ehrenmann beispielsweise eine Zementfabrik oder eine Kaffeerösterei, helfen ihm seine Kollegen, seine Produkte zu vermarkten. Solidarität wird überdies hinsichtlich der kollektiven Ehre erwartet: Wird ein Ehrenmann von jemandem beleidigt, wird dies als Affront gegenüber der gesamten Organisation aufgefasst. Alle Ehrenmänner fühlen sich dazu aufgerufen, die Ehre des beleidigten Kollegen wiederherzustellen. Beispielsweise ließ Tano Badalamenti Ende der 1960er-Jahre eine Person nur deshalb durch einen neapolitanischen Camorrista ermorden, weil diese zehn Jahre vorher auf der Pferderennbahn von Agnano (NA) Lucky Luciano geohrfeigt hatte.[50]

Eine weitere Vorschrift ist die Diskretion.[51] Von einem Ehrenmann wird erwartet, in der Öffentlichkeit nicht aufzufallen, bescheiden zu leben bzw. seinen Reichtum nicht zur Schau zu stellen: Er fährt kein teures Auto, trägt keine Designerkleidung oder exklusive Accessoires, frequentiert keine Schicki-Micki-Restaurants und wohnt nicht in Luxusvillen. Mit dem »non dare nell'occhio« (Nicht ins Auge fallen) soll vermieden werden, die Aufmerksamkeit der Behörden auf die Ehrenmänner zu lenken, denn ein Mafioso, der offiziell als Handwerker auftritt, aber mit einem »Luxusschlitten« herumfährt, wäre zwangsläufig verdächtig. Der Boss Tanu Filippone, der zwischen den 1940er- und den 1960er-Jahren die Geschicke der Familie Porta Nuova in Palermo lenkte, ging deshalb grundsätzlich zu Fuß oder benutzte den öffentlichen Bus. Der Mafiaunternehmer Michele Aiello aus Bagheria (PA), einer der größten Steuerzahler Siziliens, fuhr ein kaum mehr verkehrstüchtiges Auto[52] und Bernardo Provenzano lebte vor seiner Verhaftung verkleidet als armer Bauer in einer primitiven Landhütte bei Corleone mit nur einem Bett, einem Heizlüfter, einer elektrischen Schreibmaschine sowie einem kleinen Fernsehgerät.[53] Sizilianische Ehrenmänner lehnen bei ihren Mitgliedern sogar kleine Extravaganzen wie Piercings oder Tattoos ab. Der Umstand, dass Francesco Franzese über ein Tattoo verfügte, machte ihn in den Augen des Bosses Totuccio Lo Piccolo suspekt.[54] Der einzige Luxus, den sich viele Ehrenmänner hingegen leisten, sind schwere Goldketten und teure Armbanduhren, was aber nicht weiter auffällt, weil dies in der gesamten Unterschicht weit verbreitet ist.

Die Kollegen von der amerikanischen Cosa Nostra und der kampanischen Camorra hingegen halten nichts vom Understatement der Sizilianer: Der Chicagoer Boss Alphonse Gabriel (Al) Capone (1899–1947) lebte in den 1920er- und 1930er-Jahren in einer teuren Luxusvilla. Der Chef der Camorra, Raffaele Cutolo, tat es ihm gleich und kaufte sich mit dem Castello Mediceo in Ottaviano (NA) sogar ein echtes Schloss. Auch Lucky Luciano hielt wenig von Bescheidenheit: Er führte seine Geschäfte von einer Suite des edlen New Yorker Waldorf-Astoria aus. Der letzte große New Yorker Boss, John Gotti (1940–2002), wurde wegen seines aufwendigen Lebensstils sogar »Glitter-John« genannt: Gotti trug protzige Diamantringe, 1800-Dollar-Anzüge sowie teure handbemalte Krawatten. Wegen dieser Prahlereien haben die Sizilianer sowohl von den Camorristi als auch von ihren amerikanischen Kollegen keine besonders hohe Meinung. In der Vergangenheit wurden die Guappi[55] aus Neapel so verachtet, dass sich die sizilianischen Ehrenmänner sogar weigerten, überhaupt mit ihnen zu sprechen. Als im Jahr 1909 ein Camorra-Boss seinen sizilianischen Kollegen Vito Cascio Ferro vor dem amerikanischen Polizisten Joe Petrosino warnen wollte (weil er von seinen Cumparielli [Neapol. Gevattern] aus New York gehört hatte, Petrosino wolle in Palermo Untersuchungen anstellen), wurde er nicht einmal empfangen.[56] Ehrenmänner vermeiden auch jede Art von öffentlichen Selbstdarstellungen. Als der zu seinen Lebzeiten berühmte Boss Calò Vizzini von einem Journalisten um ein Foto und Interview gebeten wurde, antwortete er:

> Ein Foto von mir! Warum? Ich bin ein Niemand. Ich bin ein ganz normaler Mann (…). Das ist lustig! Die Leute glauben, dass ich aus Vorsicht wenig sage. Ich sage wenig, weil ich wenig weiß. Ich lebe in einem Dorf, ich fahre selten nach Palermo, ich kenne nur wenige Leute.[57]

John Gotti hingegen hatte kein Problem im Licht der Öffentlichkeit zu stehen. Im Gegenteil genoss er es, ein Medienliebling zu sein, und war hocherfreut, als im Jahr 1986 Andy Warhol (1929–1987) von ihm ein Porträt schuf, das dann das Titelblatt des »Time Magazine« zierte.

Von sizilianischen Ehrenmännern wird außer einem bescheidenen Auftreten auch die Kontrolle ihrer Gefühle erwartet: Sie dürfen nie die Beherrschung verlieren und nicht einmal im Falle einer Beleidigung wütend aufbrausen. Die meisten Mafiabosse treten überaus höflich, teilweise sogar fast unterwürfig auf. Nicht wenige entschuldigen sich sogar dann, wenn sie im Recht sind. Sie handeln gemäß dem Sprichwort »Mieli in mucca e vileno intra cuori« (Siz. Honig auf dem Mund und Gift im Herzen). Mit der Selbstkontrolle verfolgen sie den Zweck, den Gegner in Sicherheit zu wiegen, denn wer in der Öffentlichkeit freundlich zu seinem Widersacher ist, wird schließlich weniger leicht verdächtigt.

Die letzte wichtige Vorschrift ist die Ehrbarkeitsregel. Von einem Ehrenmann wird ein moralisch einwandfreier Lebenswandel verlangt. Drogen, ein exzessiver Alkolkonsum oder eine Spielsucht sowie das Frequentieren von Tavernen, Clubs und Diskotheken sind verboten. Ferner müssen Mafiosi in geordneten familiären Verhältnissen leben. Ein Ehrenmann darf nicht in »wilder Ehe« mit einer Frau zusammenleben, denn eine Ehefrau ist stärker an ihren Mann gebunden als eine Geliebte, die unter Umständen bereit ist, den Mafioso an die Strafverfolgungsbehörden auszuliefen. Man sollte nicht vergessen, dass die unter großem emotionalen Druck stehenden Ehrenmänner ihren Geliebten eher Geheimnisse anvertrauen als ihren Ehefrauen, die es zu schützen und aus der Gefahrenzone herauszuhalten gilt.[58] Bei einer Ehefrau ist überdies ein Verrat weniger zu erwarten, da sie mit dem Ehefrauenstatus – auch ökonomisch betrachtet – viel zu verlieren hätte. Ein Ehrenmann hat also ein guter Ehemann und Familienvater zu sein, wie Leoluca Bagarella erklärte:

> Die Familie ist heilig, am Samstag und am Sonntag geht man nicht aus (…) in Diskotheken geht man nicht (…).[59]

Wenn die eifersüchtige Ehefrau zur Polizei gehen würde, könnte die gesamte Organisation »auffliegen«. Wenn eine Ehe sich als Fehler erweisen sollte, darf ein Ehrenmann seine Frau trotzdem nicht verlassen oder sich gar scheiden lassen.[60] Mafiosi müssen außerdem dafür sorgen, dass ihre Familienangehörigen ein moralisch einwandfreies Leben führen und ihnen nichts »nachgesagt« werden kann. Ein Ehrenmann, der es nicht schafft, seine Angehörigen zu kontrollieren, hat in den Augen seiner Kollegen »verspielt«. Konkret müssen Mafiosi sicherstellen, dass sich ihre weiblichen Angehörigen »ehrbar« verhalten, also die Ehefrauen ihren Männern die Treue halten und die unverheirateten Mädchen ihre Jungfräulichkeit bewahren. Zur Ehrbarkeitsregel gehört auch, wie Calderone aussagte, dass sich sizilianische Ehrenmänner nicht an der Organisation der Prostitution beteiligen:[61]

> Die Mafia organisiert die Prostitution deshalb nicht, weil es eine schmutzige Tätigkeit ist. Könnt ihr euch einen *Uomo d'onore* vorstellen, der von der Zuhälterei lebt, von der Ausbeutung von Frauen? (…) Francesco Rinella zum Beispiel, Bruder zweier *Uomini d'onore*, Sohn und Neffe von *Uomini d'onore*, wurde niemals zur *Cosa Nostra* zugelassen, eben weil es Gerüchte gab, dass er ein ‚Loddel' sei.[62]

Früher scheint die Cosa Nostra das nicht so streng gesehen zu haben, da in ihrer Anfangszeit viele Ehrenmänner am Beginn ihrer Karriere Ricottari (It. Zuhälter) gewesen sind.[63] Die amerikanischen Kollegen hingegen hatten nie ein Problem mit dem Geschäft der Prostitution. Lucky Luciano kontrollierte in zwölf amerikanischen Bundesstaaten einen Ring mit 5000 Prostituierten.[64] Für die Cosa Nostra passt die Prostitution nicht zu dem Image, das sie von sich selbst zeichnet, behauptet sie doch, Frauen zu beschützen. Wie sehr es sich indes bei diesem Grundsatz um ein Lippenbekenntnis handelt, ist daran zu erkennen, dass die Cosa Nostra auch von Zuhältern Schutzgelder verlangt. Überdies sind Mafiosi nie davor zurückgeschreckt, Frauen brutal zu behandeln oder gar zu töten.[65] – Aus Angst vor der Gefährdung des sozialen Konsens lehnten einige Mafiosi anfangs auch den Drogenhandel ab.[66] Beispielsweise soll Vito Atria aus Partanna (TP), der Vater der bereits erwähnten Rita, im November 1985 hauptsächlich wegen seines Widerstands gegen dieses Geschäft getötet worden sein. Die kritischen Stimmen verstummten aber bald, da der Heroinhandel einfach zu lukrativ war.

Verstöße gegen das mafiose Regelwerk sind keine Seltenheit, allerdings werden Abweichler je nach Schwere des Vergehens bestraft. Die Sanktionen reichen von der bloßen Kritik über den Ausschluss bis hin zum Tod. Dabei werden grundsätzlich ranghohe oder besonders wichtige Ehrenmänner mit größerer Nachsicht behandelt, beispielsweise wurde Tano Badalementi, der an der nichtautorisierten Ermordung von Ciccio Madonia beteiligt war, nicht getötet, sondern nur ausgeschlossen. Badalamenti wusste, dass die Cosa Nostra nicht auf ihn verzichten konnte, und soll am Telefon gegenüber einem Kollegen in Bezug auf den Drogenhandel ausgerufen haben, die Lizenz dazu habe nur er.[67] – Zu den häufigsten Normbrüchen zählen Verstöße gegen die Diskretionspflicht, so ließen sich die beiden Bosse Calogero Vizzini und Giuseppe Genco Russo, die richtige Mafiastars geworden waren, immer wieder zu Gesprächen mit Journalisten hinreißen. Dies zog keine schwerwiegenden Strafen nach sich, allerdings wurde über sie »gelästert«, beispielsweise bemerkte Salvatore (Totò) Minore (1923–1982) anlässlich eines Artikels über den nicht besonders gut aussehenden Giuseppe Genco Russo: »Habt ihr unsere Gina Lollobrigida heute in der Zeitung gesehen?«[68] Hielten sich die meisten Ehrenmänner in der Vergangenheit weitgehend an die Diskretionsregel, ist dies bei der jüngeren Generation immer weniger der Fall: Matteo Messina Denaro war bekannt für seine Vorliebe für schnelle Fahrten mit seinem Porsche, Kleidung von Armani und Versace, Ray-Ban-Sonnenbrillen und Rolex-Daytona-Armbanduhren. Auch Totuccio Lo Piccolo und sein Sohn Sandro sahen, als sie sich noch in Freiheit befanden, keinen Anlass, auf exklusive Designermode zu verzichten. Der ebenfalls inhaftierte Nicola Mandalà war sogar ein richtiger Jet-Set-Mafioso: Er machte Urlaub auf den Seychellen, in Miami und Monte Carlo, flog ausschließlich Business Class und stieg grundsätzlich nur in Luxushotels ab.[69] Darüber hinaus konsumierte er genauso wie sein Kollege Gianni Nicchi regelmäßig Kokain, womit er auch noch gegen das Drogenverbot verstieß.

Eine weitere Regel, die häufig gebrochen wird, ist die des moralisch einwandfreien Verhaltens. Eine ganze Reihe von Mafiosi, wie beispielsweise Matteo Messina Denaro und Sandro Lo Piccolo, gelten wegen ihrer vielen Frauengeschichten als ausgesprochene Fimminari (Siz. Weiberhelden).[70] Messina Denaros Vater Francesco war über die diesbezüglichen Eskapaden seines Sohnes so aufgebracht, dass er sogar einen von Matteos Freunden, der seiner Meinung nach seinen Sohn auf die falsche Bahn gebracht hatte, umbringen ließ.[71] Auch mit der Treuepflicht gegenüber der Ehefrau nehmen es viele Mafiosi nicht so genau. Manche scherzen, Totò Riina sei vielleicht der Einzige überhaupt, der seiner Ninetta die Treue gehalten hat. Scappatelle (Seitensprünge) werden meist toleriert, wenn sich der Ehebrecher diskret verhält und der äußere Schein gewahrt bleibt. Wenn die Ehefrau aber wegen einer anderen verlassen wird, drohen ernste Sanktionen: Tommaso Buscetta wurde aus der Cosa Nostra ausgeschlossen, weil er seine Frau verließ und eine andere heiratete.[72] Nicola Mandalà, der mit seiner Dauergeliebten sogar ein Kind hatte, wurde nur deshalb nicht sanktioniert, weil er bei seiner Ehefrau blieb. Francesco Marino Mannoia[73] hingegen, der nicht nur die Treuepflicht gegenüber seiner Ehefrau verletzt hatte, sondern mit seiner Geliebten und dem gemeinsamen Kind sogar zusammenlebte, gehört zu den wenigen, die nicht bestraft wurden, weil er ein besonders fähiger, unverzichtbarer Heroinraffinierer war. – Sollte sich jedoch ein Ehrenmann an die Ehefrau, Tochter oder Schwester eines Kollegen heranmachen, verhält sich die Situation völlig anders: Der Beleidigte hat dann die Pflicht, den Übeltäter zu töten, und muss dazu nicht einmal die Erlaubnis seiner Familie einholen. Calderone berichtete:

> Wehe dem, der sich untersteht, der Tochter oder der Frau eines anderen nachzustellen. Tut er es, ist er ein toter Mann. Sobald herauskommt, dass ein Uomo d'onore die Frau eines anderen belästigt, muss er sterben.[74]

Der New Yorker Boss Joe Bonanno erzählte:

> Wenn ein Mitglied der Familie entdeckte, dass seine Frau mit einem anderen Mitglied der Familie im Bett gewesen war, hatte er das Recht, diesen zu töten. Niemand musste dem Betrogenen sagen, was zu tun war. Er musste dafür auch keine Rechenschaft ablegen. Er tat einfach, was zu tun war.[75]

Auch die weiblichen Angehörigen werden hart bestraft. Die wenigen Ehrenmänner, die ihre ehrlosen Frauen nicht bestrafen, verlieren ihr Ansehen in der Cosa Nostra. Beispielsweise wurde Luigi Saitta aus Catania als Cornuto (Gehörnter) – eines der schlimmsten Schimpfwörter für einen Sizilianer – verhöhnt, weil er seine Ehefrau, die ihm »Hörner aufgesetzt hatte« nicht tötete, sondern nur verließ.[76] Um nicht der Ächtung anheim zu fallen, befehlen Ehrenmänner nicht selten den Tod von Angehörigen, wenn sich diese moralisch inkorrekt verhalten haben. Der Boss Giuseppe Lucchese (geb. 1959), Mitglied von Riinas Todesschwadron, befahl sogar gleich mehrere »Ehrenmorde«.[77] Im März 1983 musste seine Schwester Giuseppina wegen einer außerehelichen Beziehung sterben: Sie war mit ihrem Mann und ihrer vierjährigen Tochter im Auto unterwegs, als Killer zunächst ihren Mann erschossen, der von der Untreue seiner Frau gewusst, aber nichts dagegen unternommen hatte, danach trafen die Kugeln Giuseppina. Bereits im Jahr davor hatte Pino Marchese († 26. Juli 1982) sterben müssen, Giuseppinas Geliebter. Der Vorfall hatte für Aufsehen gesorgt, weil Marchese ein in Palermo recht bekannter Straßensänger gewesen war. Einige Jahre später ließ Lucchiseddu, wie Lucchese genannt wurde, dann auch noch seine Schwägerin, Luisa Provvidenza Grippi[78], ermorden, angeblich weil sie während der Haft ihres Mannes außereheliche Beziehungen unterhalten hatte. Als Grippi eines Tages Ende August 1987 in der palermitanischen Konditorei Alba einkaufte, stürmte ihr Schwager zusammen mit einem Komplizen maskiert in das Lokal und erschoss die Frau vor den Augen ihrer zwölfjährigen Tochter. Auch die erst 25-jährige Lia Pipitone (1958–1983), die Tochter von Antonino Pipitone, musste sterben, weil sie angeblich eine außereheliche Beziehung unterhalten hatte.[79] Am Tag nach ihrer Ermordung stürzte sich ihr Freund vom Balkon seiner Wohnung in den Tod – angeblich nicht freiwillig.

Auf die Verletzung der Gehorsamkeitspflicht steht die Todesstrafe. Nur in seltenen Fällen kommen ungehorsame Ehrenmänner mit einem Ausschluss davon. Einer der Glücklichen war Francesco Di Carlo, der sich geweigert hatte, an der Ermordung einiger seiner Freunde mitzuwirken:

> Die Gründe, die sie mir genannt hatten, waren folgende: Du machst nicht, was man Dir sagt. Du bist gerade in einer Phase, in der Du Dich nicht an die Regeln hältst. (…) Sicher, sie haben mit mir geredet, weil ich sehr eng mit Totuccio Riina und Bernardo Provenzano befreundet war, mehr noch mit Riina. Ansonsten hätte ich ein Ende genommen, das viele andere ereilt hat (…). Ich hatte mich geweigert, drei meiner Freunde

dorthin zu bringen, wo sie ersäuft oder erdrosselt worden wären. Das kann man in der Cosa Nostra nicht machen.[80]

Der Grund, weshalb Di Carlo nicht getötet wurde, dürfte jedoch weniger in seiner Freundschaft mit Riina bestanden haben, sondern ist vermutlich auf seine hervorragenden Kontakte im internationalen Drogenhandel zurückzuführen, auf die die Cosa Nostra nicht verzichten wollte. Auch mit Gaspare Mutolo wurde Nachsicht geübt:[81] Er und einige seiner Kollegen waren damit beauftragt worden, den alten Ehrenmann Vincenzo Nicoletti (1912–?) zu töten. Als das Opfer indes überlebte und mitteilen ließ, es werde sein »Todesurteil« annehmen, wenn dafür seine Angehörigen verschont würden, brachten es Mutolo und seine Kollegen nicht fertig, den alten Mann zu töten, weil sie dessen Mut bewunderten. Ihr Capo, Saro Riccobono, hatte für das Verhalten seiner damals noch jungen Picciotti Verständnis und bestrafte sie nicht. Es wurde sogar auf die Ermordung von Nicoletti selbst verzichtet. – Eine weitere Regel, gegen die immer wieder verstoßen wird, ist das Solidaritätsgebot, wobei es meist um die gemeinsamen Gelder geht. Giuseppe Trinca aus der palermitanischen Familie Villaggio Santa Rosalia, der 2003 Gelder seiner Familie veruntreut hatte, konnte von Glück sagen, dass er zur Strafe nur ausgemustert wurde.[82] Auch mit der Schweigepflicht tun sich viele Ehrenmänner schwer: Immer wieder vertrauen Mafiosi ihren Angehörigen, Geliebten oder – bei Gefängnisaufenthalten – Mithäftlingen Geheimnisse an. Dies wird nicht gern gesehen, scheint aber weitgehend toleriert zu werden. Wenn ein Mafioso aber zum Tragiriaturi (Siz. Einer der Tragödien heraufbeschwört) wird und gegenüber den Strafverfolgungsbehörden auszusagt, hat er sein Leben verwirkt; ist er selbst nicht greifbar, wird die Strafe als Vendetta trasversale (Transversale, querliegende Rache) – eine auf Sippenhaft beruhene Rache – stellvertretend an seinen Angehörigen vollzogen. Derartige Racheakte waren während der Pentiti-Welle in den 1980er- und 1990er-Jahren nahezu an der Tagesordnung und es wurden üblicherweise männliche Verwandte umgebracht. Allerdings wurde vor Frauen und Kindern nicht Halt gemacht: Im Falle des Aussteigers Francesco Marino Mannoia wurden im

Jahr 1989 gleichzeitig die Mutter, Schwester und Tante umgebracht. Eine besonders traurige Berühmtheit erlangte in diesem Kontext der kleine Giuseppe Di Matteo (1981–1996)[83], der Sohn des Mafiaaussteigers Mario Santo (Santino) Di Matteo (»Mezzanasca«, geb. 1954): Der Zwölfjährige wurde im November 1993 entführt, mehrere Jahre lang in dunklen Verliesen versteckt gehalten und misshandelt. Als klar war, dass der Vater sein Geständnis nicht zurücknehmen würde, wurde das Kind im Januar 1996 erdrosselt und die Leiche in Säure aufgelöst. – Außerdem wenden sich meist auch die Verwandten von den »Verrätern« ab. So erklärte der im Gefängnis einsitzende Leonardo Vitale (»Fardazza«, geb. 1955) aus Partinico (PA), als seine Schwester Giusy (geb. 1972) gegen die Cosa Nostra auszusagen begann:

> Ich habe gehört, dass eine ehemalige Blutsverwandte von mir kollaboriert. Wir verleugnen sie lebendig wie auch tot und hoffen, dass sie das möglichst bald sein wird (…). Sie ist ein giftiges Insekt![84]

Die Regel, nicht mit Polizisten zu reden, wurde von den Bossen nie respektiert, allerdings wird dies den Picciotti nicht »auf die Nase gebunden«. Zahlreiche Bosse haben der Polizei oder den Carabinieri als Spitzel zugearbeitet, wobei sie selbstverständlich ihre eigenen Interessen im Auge hatten. Tano Badalamenti unterhielt beste Kontakte mit dem Carabinieri-Oberst Ninni Russo und Saro Riccobono war so eng mit dem Polizisten Bruno Contrada (geb. 1931) bekannt, dass er schon fast den Ruf eines Sbirro (Bulle) hatte. Nicht wenige Supermafiosi verdankten ihre Macht ihren besonderen Beziehungen zur Polizei, der Justiz oder den Geheimdiensten – etwas, was beispielsweise Bernardo Provenzano nachgesagt wurde und wohl auch für Matteo Messina Denaro gilt. Anders lassen sich auch die vielen Jahre, in denen sich einige der großen Bosse relativ frei bewegen konnten, nicht erklären: Provenzano war 43 Jahre flüchtig, bei Messina Denaro waren es 30 Jahre, bei Riina waren es 25 Jahre und Totuccio Lo Piccolo war 24 Jahre auf freiem Fuß. Die Zusammenarbeit mit den Sicherheitskräften bleibt ungeahndet, weil es vor dem Fußvolk und den anderen Bossen meist erfolgreich verheimlicht wird.

3.5 »Geschäft mit dem Verbrechen«

Einer der wenigen wirklich reumütigen Mafiaaussteiger, Leonardo Vitale, brachte in einem an seine Mutter und Schwester gerichteten Brief auf den Punkt, worum es der Cosa Nostra geht:

> Mama, Maria, versteht Ihr, was die Mafia macht? Ihr habt keine Vorstellung davon, welche Verbrechen sie begeht, nur um ihr Ziel, Geld zu verdienen, zu erreichen, nur fieses Geld.[1]

Das Organisationsziel der Cosa Nostra besteht in erster Linie in der ökonomischen Bereicherung. Da die Mafia dieses Ziel mit legalen Wirtschaftsunternehmen teilt, ist häufig von einer »Mafia GmbH« oder »Mafia Holding« die Rede. Was die Cosa Nostra von »sauber« arbeitenden, legalen Wirtschaftsbetrieben unterscheidet, ist der systematische Einsatz illegaler Mittel. Im Verlaufe ihres zweihundertjährigen Bestehens passten sich die mafiosen Clans an die ökonomische Entwicklung und die Gegebenheiten ihres jeweiligen Territoriums an. Die konkreten »Geschäfte« sind so vielfältig, dass sie sich nicht auf einen Nenner bringen lassen. Die einzige Gemeinsamkeit des mafiosen »Business« lautet: Wo Geld zu verdienen ist, ist die Mafia. Dennoch lassen sich vier historische Phasen mit unterschiedlichen Schwerpunkten mafioser Wirtschaftstätigkeiten ausmachen: In der *ruralen Phase* (1820–1950) zählten Diebstahl und Erpressung im Bereich der Landwirtschaft, aber auch Entführungen zu den Hauptaktivitäten der Cosa Nostra. In der *urbanen Phase* (1950–1975) verlagerte sich der Schwerpunkt auf die illegale Bereicherung an staatlich finanzierten Bauprojekten, außerdem auf den Zigarettenhandel, Schutzgelderpressungen und Entführungen. In der *internationalen Phase* (1975–1988) war der Drogenhandel dominant. Seither lassen sich keine besonderen Schwerpunkte mehr feststellen, weshalb die letzte als *diversifizierte Phase* (1988-heute) bezeichnet werden kann. In dieser Periode betreibt die Mafia immer noch Drogenhandel und Schutzgelderpressungen, bereichert sich an öffentlichen Geldern und ist groß ins legale Glücksspiel eingestiegen. Während heute einige Familien immer noch von ihrem in der Zeit des Drogenhandels erzielten enormen Kapital zehren, haben andere Familien hauptsächlich wegen der Versorgung ihrer einsitzenden Kollegen finanzielle Probleme.

Diebstahl und Hehlerei zählen zu den Traditionsgeschäften der Cosa Nostra, wobei sich im Lauf der Zeit nur die gestohlenen Objekte verändert haben. In der ruralen Phase lag der Schwerpunkt auf dem Vieh- und Wasserdiebstahl: Der Viehraub konzentrierte sich auf die Gegend, in der Getreideanbau und Viehwirtschaft dominierte wie in der nebrodischen, madonitischen und sikanischen Bergwelt,[2] wo die Tiere – hauptsächlich Rinder, aber auch Pferde, Maultiere und Esel – nachts geraubt, weit weg getrieben und meist in der Herde eines Gabellotto »versteckt« wurden. Die Opfer wandten sich dann an die Komplizen der Mafiosi, meist Feldhüter, die den Bestohlenen nach einigen Tagen erklärten, dass ihnen die Picciotti gegen eine Mangiata di pasta (Nudelessen), also die Bezahlung einer kleinen Summe, die Tiere zurückgeben würden. Dieses noch heute verbreitete Kidnapping wird als »Cavallo di ritorno« (Zurückkehrendes Pferd) bezeichnet.[3] Nicht zurückgegebene Tiere wurden von einem mafiosen Viehhändler verkauft, schwarz geschlachtet oder ins Ausland geschmuggelt – meist nach Tunesien. – Der Wasserdiebstahl war in der Gegend der palermitanischen Conca d'oro stark verbreitet.[4] Das Wasser befand sich im Besitz der Kommune oder gehörte der Kirche von Monreale, wo die meisten Wasserquellen waren. Fontanieri (Brunnenmeister) verteilten das Wasser gemäß einem Turnussystem über Kanäle an zahlende Plantagenbesitzer, aber nur, wenn sie dafür extra Geld bekamen. Darüber hinaus zweigten sie Wasser illegal ab, um es selbst zu verkaufen. In der urbanen Phase wurde der Vieh- und Wasserdiebstahl unwichtiger, dafür begann die Cosa Nostra, in den großen Städten verstärkt Banken und Postfilialen zu überfallen.[5] Überdies hat der mafiose »Kunst- und Antikendiebstahl«[6] dafür gesorgt, dass Plünderungen der archäologischen Ausgrabungsstätten Siziliens durch Tombaroli (Grabräuber) seit mindestens 80 Jahren an der Tagesordnung sind. Einen besonderen Namen auf diesem Gebiet machte sich die trapanesische Mafia, die mit Giovanni Franco Becchina[7] (geb. 1939) aus Castelvetrano (TP) einen »Experten« für Kunstschmuggel hatte: Becchina, der er es vom Hotelgepäckträger zum Inhaber der Basler Kunstgalerie Antike Kunst Palladion brachte, schaffte bis zu seiner Verhaftung im November 2017 Unmengen an Kunstgegenständen außer Landes und verkaufte sie mit gefälschten Papieren an Auktionshäuser, Galerien und Kunstmuseen. Weit verbreitet ist seit der urbanen Phase außerdem der Diebstahl von Lastwagen, Autos, Motorrädern, Traktoren und sonstigen landwirtschaftlichen Maschinen; das Diebesgut überlässt die Cosa Nostra den Kleinkriminellen, ist aber am Verkaufsgewinn beteiligt.[8] Beispielsweise wurde im Jahr 2015 in Catania eine Bande entdeckt, die in großem Rahmen Autokidnapping betrieb.[9] Für die Rückgabe gestohlener Fahrzeuge, die gemäß der Methode des »zurückkehrenden Pferdes« erfolgt, gibt es feste Tarife: Für einen Lastwagen sind 2500 € zu bezahlen, für Pkws je nach Zustand des Fahrzeugs zwischen 500 und 2000 €.[10]

Entführungen stellen einen weiteren wichtigen Geschäftszweig dar.[11] In der ruralen Phase wurden hauptsächlich einheimische Reisende überfallen, und zwar an unübersichtlichen Stellen wie dem zwischen Palermo und Misilmeri (PA) gelegenen Weiler Purtedda – weshalb Mafiosi von »auf Purtedda gehen« sprachen. Dass der Polizei zwischen 1893 und 1899 alleine in der Gegend von Palermo jährlich zwischen 107 und 193 Entführungen gemeldet wurden, zeigt, wie lukrativ dieses Geschäft war.[12] In der urbanen Phase verlegte die Cosa Nostra dann ihren Schwerpunkt auf die Entführung festländischer Industrieller – eine Tätigkeit, auf die sich der lange in Mailand lebende Luciano Leggio spezialisiert hatte. Das Lösegeld wurde als Startkapital in die Gründung eigener Bauunternehmen gesteckt. Vor ungefähr 40 Jahren ließ die Mafia von Entführungen ab, da sie in der Öffentlichkeit zuviel »Staub aufwirbeln«.

Erpressungen zählen von jeher zu den wichtigsten mafiosen Tätigkeiten.[13] In der ruralen Phase erhielten Reiche »Lettere di scrocco« (Schmarotzerbriefe), in denen ihnen mitgeteilt wurde, welche Summe sie wo hinterlegen sollten, wenn ihnen ihr Leben lieb sei.[14] Erst in der urbanen Phase begann man, von Geschäftsleuten den »Pizzo«[15], Schutzgeld, zu erpressen. Clans in kleinen Gemeinden, in denen es ohnehin nicht viel zu holen gibt, verzichten auf den Pizzo. So verbot der Boss von San Mauro Castelverde (PA), Peppino Farinella, seinen Picciotti explizit, Schutzgeld zu erpressen, das wäre für ihn wie Betteln gewesen.[16] In den Großstädten hingegen werden Schutzgelderpressungen flächendeckend betrieben. Seit den 1950er-Jahren müssen in Palermo alle Geschäftsleute den Pizzo entrichten, während in Catania sich die Cosa Nostra bis in die 1970er-Jahre nur auf die »großen Fische« konzentrierte. Da es beim Schutzgeld nicht nur um Geld, sondern um die Anerkennung der Territoriumskontrolle durch die Cosa Nostra geht, müssen nicht nur Unternehmer und Geschäftsleute Schutzgeld bezahlen, sondern auch Marktstandbesitzer und ambulante Straßenhändler, ja sogar Zuhälter, Hehler und illegale Parkplatzwächter.[17] Ausgenommen sind Betriebe von Polizeiangehörigen, da in ihrem Fall das Risiko einer Anzeige zu groß ist. Auch ausländische Unternehmen bleiben unbehelligt, schlicht weil die Cosa Nostra in ihrem Fall nicht an die Eigentümer herankommt.[18] Das erpresste Geld fließt in die gemeinsame Kasse und dient der Bezahlung der Picciotti sowie dem Unterhalt inhaftierter Mitglieder. Die Vorgehensweise bei der Schutzgelderpressung ist unterschiedlich: Häufig melden sich die Erpresser bei ihren Opfern telefonisch oder stellen sich persönlich vor und behaupten, sie würden eine Sammlung für inhaftierte Gefangene, für das Heiligenfest im Viertel oder den lokalen Fußballclub durchführen.[19] Alternativ erhält das Opfer indirekte Warnhinweise wie zugeklebte Türschlösser oder erlebt eine Häufung von Diebstählen oder Raubüberfällen. Im Falle solcher Avvertimenti (Warnungen) wissen die Opfer, dass die Zeit gekommen ist, sich einen »guten Freund« zu suchen.[20] Gelegentlich stellt sich dieser »Freund« selbst vor und bietet an, mit jemandem zu reden, der für Schutz sorgen könne. Die geforderte Summe ist am Anfang exorbitant hoch, der »Freund«, der selbst im Normalfall kein Mafiamitglied ist, sorgt dann aber für einen Nachlass, so dass manche Opfer tatsächlich glauben, einen guten Handel gemacht zu haben, und dem Pseudofreund dankbar sind.[21] Mafiose Erpresser treten in der Regel höflich auf, schließlich wollen sie sich als Wohltäter darstellen. Der Mafiaboss des palermitanischen Stadtviertels ZEN regte sich deshalb über den nicht umsonst »Pitbull« genannten Domenico Ciaramitaro (geb. 1974) auf, der bei Schutzgelderpressungen Ohrfeigen austeilte und mit der Pistole drohte.[22] Für Bauunternehmer gab es in Palermo ein richtiges »Büro für Pizzoangelegenheiten«, und zwar in den Geschäftsräumen der Baufirma Sicil Concrete des Mafiabosses Masino Cannella im Stadtviertel Settecannoli,[23] und nicht wenige Unternehmer kamen von selbst dorthin, um Schutzgelder zu vereinbaren, was als »Mettersi a posto« (»einverstanden zu sein«) bezeichnet wird. Gemäß einer Studie des Händlerverbandes CONFESERCENTI bezahlten in Palermo im Jahr 2005 kleine Geschäftsleute monatlich zwischen 200 und 500 €; von Geschäftsleuten mit einem guten Standort im Stadtzentrum wurden zwischen 750 und 1000 € verlangt.[24] Am wenigsten bezahlten mit rund 60 € ambulante Straßenverkäufer, während von Bauunternehmern in der Regel drei Prozent des Auftragsvolumens verlangt wurde, was zu Beträgen von bis zu 17.000 € führen konnte. Bei Bauunternehmern wurde das Schutzgeld früher wöchentlich eingetrieben, im Regelfall kommen die Erpresser aber an bestimmten Feiertagen, und zwar Ostern, Ferragosto oder Weihnachten.[25] In Großstädten wie Palermo und Catania bezahlt die überwiegende Mehrheit der Geschäftsleute – die Schätzungen bewegen sich zwischen 80 und 90 % – widerstandslos den Pizzo,[26] denn die meisten Unternehmer betrachten das Schutzgeld als eine Art Versicherung nicht nur gegen Diebstahl, sondern auch gegen potentiell aufmüpfige Arbeitnehmer und sogar gegenüber der Steuerpolizei:

> Der Unternehmer kann der Mafia sagen, schau, da ist dieser Typ, kümmere Dich darum, der macht mir Schwierigkeiten. (…) Das geschieht auch im Falle von Staatsbediensteten, die zur Rechnungsprüfung kommen.[27]

Für die Cosa Nostra ist das Geschäft höchst lohnenswert: Allein in Palermo erwirtschaftet sie mit den Schutzgelderpressungen jährlich rund 175 Mio. €.[28] In manchen Fällen gibt sich die Mafia auch mit Naturalien zufrieden: Beispielsweise musste ein Bäcker im messinesischen Stadtteil Giostra den Mafiosi täglich Brot oder Focaccie schenken; Restaurants werden gezwungen, für Mafiosi kostenlos Hochzeitsfeste oder Taufen auszurichten; in Apotheken, Bekleidungsgeschäften und Supermärkten kaufen sie ein ohne zu bezahlen; Tankstellen müssen sie umsonst bedienen.[29] Die Cosa Nostra verlangt aber nicht nur den Pizzo, sondern zwingt Geschäftsleuten auch Personal auf. Zuerst versorgen Mafiosi sich selbst und ihre Verwandten, danach normale Arbeitslose, um sich auf diese Weise deren Wohlwollen zu sichern. Unternehmern werden ferner Waren und Dienstleistungen aufgenötigt:[30] Antonino

Calderone berichtete, dass die Bars von Catania bereits in den 1920er-Jahren ihr Kühleis von einer Eisfabrik im Besitz eines Mafioso beziehen mussten.[31] Und der – 1992 von der Mafia ermordete – Polizeiinspektor Giovanni Lizzio wunderte sich, warum plötzlich Traditionskaffeemarken aus den Bars von Catania verschwanden und durch eine völlig unbekannte Marke ersetzt wurden;[32] dasselbe geschah im Jahr 2019 in Palermo, wo die Familie Porta Nuova die Bars zwang, den Kaffee von drei Mafiaröstereien zu kaufen.[33] Die Produktpalette der von der Cosa Nostra »geförderten« Waren ist vielfältig und wird selbst ausländischen Supermärkten aufgenötigt. Diese »Förderung« betrifft auch Dienstleistungen wie Reinigungsarbeiten oder Transportdienste.[34] Die Mafia zwingt ferner Unternehmer, ihr die Produkte unter dem Marktpreis zu überlassen, dies betrifft vor allem Agrarunternehmer, die ihre Orangen, Tomaten, Oliven, Artischocken etc. billig an Mafiagroßhändler abgeben müssen.[35]

Ähnlich wie Erpressung ist auch das Glücksspiel eines der Traditionsgeschäfte der Cosa Nostra. Zu den ältesten Varianten zählt die Riffa (Verkauf von Losen), die noch heute auf den Stadtmärkten zu finden ist: Ein Losverkäufer verkauft Nummernlose, nicht ohne vorher mit dem Gewinn – beispielsweise einem Karren voll mit Fisch – über den Markt gezogen zu sein. Die Riffa überlassen die Clans heute dem Popolino (Völkchen), also Mitgliedern der Unterschicht. Auch das in den 1960er- und 1970er-Jahren weit verbreitete Lotto Clandestino (Illegales Lotto), bei dem auf die beim Staatslotto gezogenen Zahlen gewettet wird, findet heute nur noch in den Armenvierteln statt.[36] Illegale Sportwetten, bei denen auf Pferde oder auf Hunde gesetzt wird, erfreuen sich hingegen weiterhin so großer Beliebtheit,[37] dass illegale Pferderennen auf ganz normalen Fahrstraßen beobachtet werden können – in Palermo sogar im Frühjahr 2020 während der covidbedingten Ausgangssperren. (Die Hundekämpfe indes finden hinter verschlossenen Türen statt.) Auf den Pferderennbahnen werden Jockeys, Trainer und Rennstallbesitzer korrumpiert oder bedroht, wodurch einerseits an den Preisgeldern, andererseits an den Wetten verdient wird. Da sich die Pferderennbahn von Palermo unter der Kontrolle des Clans von San Lorenzo-Resuttana befand, musste sie zeitweise sogar geschlossen werden.[38] – Das Casino-Geschäft ist in Italien streng reglementiert, weshalb es nur eine Handvoll offizieller Spielbanken gibt. Die Marktlücke schloss die Cosa Nostra mit der Etablierung illegaler Spielhöllen, darunter einem – heute nicht mehr existenten – exklusiven Etablissement im palermitanischen Opernhaus Teatro Massimo.[39] In Catania managten Nitto Santapaola und Gaetano Corallo nicht nur eine Spielbank, sondern sie boten reichen Spielern sogar Trips im Privatflieger zu den norditalienischen Nobelcasinos und in die Karibik an.[40] Die catanesische Mafia verdiente an dem Geschäft so gut, dass sie sich sogar in die Casinos von Sanremo (IM) und Campione (CO) einkaufen konnte, und Corallo gründete im karibischen St. Martin ein eigenes Casino. Das ganz große Geschäft ging aber erst in den 1990er-Jahren los, als der italienische Staat das Glücksspiel zu liberalisieren begann.[41] Seither ist der Gambling-Sektor explodiert: Alleine im Jahr 2017 gaben die Italiener 101,8 Mrd. € für das Glücksspiel aus.[42] Die Cosa Nostra klinkte sich sofort in den legalen Glücksspielsektor ein, wobei ihr besonderes Interesse den »Mangiasoldi« (Geldfresser) gilt, den auch in Bars zu findenden Spielautomaten.[43] Wenn diese nicht mit der staatlichen Monopolgesellschaft verbunden werden, fließen die Einnahmen direkt in die Taschen der Cosa Nostra.[44] Aber dies ist nur eine der zahlreichen Manipulationsmöglichkeiten im Glücksspielsektor. Darüber hinaus werden bei Sofortlotterien falsche Lose verkauft.[45]

Eine weitere Einnahmequelle ist die Bereicherung an öffentlichen Geldern für Infrastrukturleistungen, Wirtschaftsförderung oder Gesundheitleistungen. Dieses »Geschäft« müssen sich die Mafiosi allerdings mit anderen teilen: Einerseits mit den diese Ressourcen kontrollierenden Politikern, andererseits mit den davon profitierenden Unternehmern. Der Griff in die öffentlichen »Fleischtöpfe« ist bereits für die Zeit nach der Italienischen Einigung dokumentiert.[46] Waren diese Möglichkeiten zunächst begrenzt, wuchsen sie in der urbanen Phase gewaltig an, als der Staat riesige Geldmengen für öffentliche Bauarbeiten bereitstellte. Anfangs »mauschelten« Politiker und Unternehmer die Auftragsvergaben untereinander aus, wobei sie kräftig in die eigene Tasche wirtschafteten. Die Cosa Nostra kassierte nur Schutzgeld und bekam Unteraufträge für ihre eigenen kleinen Baufirmen.[47] Ab Mitte der 1980er-Jahre wurde der sogenannte »Tavulino« (Siz. Tischchen) eingeführt: Angelo Siino[48] organisierte für Aufträge von über hundert Millionen Lire Absprachen zwischen Unternehmern und Politikern, zunächst »arbeitete« Siino nur in der Provinz Palermo, später in ganz Sizilien: Turnusmäßig sollten bestimmte Unternehmen Aufträge erhalten und die Mafia übernahm die Verantwortung dafür, dass die Absprachen von allen eingehalten wurden. Daraufhin erhielt Siino von der Presse den Beinahmen »Minister der öffentlichen Aufträge« der Cosa Nostra. Der Mitarbeiter einer norditalienischen Firma erklärte, das System der illegalen Vergabe öffentlicher Aufträge sei überall in Italien dasselbe, nur in Sizilien gebe es mehr Disziplin, weil dort ab und zu ein Mord geschehe.[49] Das von den Bauunternehmern zu bezahlende Schmiergeld wurde auf Grundlage des Auftragsvolumens nach folgendem Schlüssel verteilt:

2 Prozent (waren) für die Mafia, 2 Prozent für die Andreotti-Gruppe, 0,5 Prozent für die Kontrollorgane.[50]

Die zwei Prozent für die Mafia gingen an die Familie, auf deren Territorium der Bauftrag ausgeführt wurde. Die 0,5 % Schmiergeld flossen an die TAR, also die regionalen Verwaltungsgerichte, sowie den Rechnungshof, und damit an die Kontrollorgane, die die Rechtmäßigkeit der Auftragsvergaben prüften.[51] Später kamen mit der »Riina-Steuer« noch weitere 0,8 % hinzu, die direkt an die Mafiaführungsspitze zu bezahlen waren. Als sich auch norditalienische Unternehmen um öffentliche Großaufträge in Sizilien zu bemühen begannen, wurde der Mafia klar, dass eine hochkarätigere Figur als Siino für die Verhandlungen vonnöten war. Sie übertrug die Aufgabe Filippo Salamone, einem angesehenen agrigentinischen Bauunternehmer,[52] der fortan mit den »Norditalienern« Großaufträge über fünf Milliarden Lire, verhandelte, während Siino nur mehr mit lokalen Unternehmern kleine Aufträge aushandeln durfte. Im Lauf der Zeit kamen noch andere mafiose Verhandlungsführer hinzu, wie der Geometer Pino Lipari und der Bauunternehmer Antonino Buscemi, beide im Unterschied zu Siino und Salamone »echte« Ehrenmänner. Das Tischchen-System funktionierte außerordentlich erfolgreich und Siino brüstete sich damit:

> Alle Ausschreibungen zwischen 100 Millionen und 100 Milliarden waren abgekartet, alle, ohne jede Ausnahme.[53]

In die Krise geriet das Tischchen-System erst, nachdem die Carabinieri im Jahr 1991 ihre Untersuchung »Mafia & Appalti« (Mafia & Öffentliche Aufträge) der Staatsanwaltschaft vorlegten und einige Personen wie Siino und der lokale Vertreter der Udineser Firma Rizzani de Eccher, Giuseppe Li Pera, zu »singen« anfingen. Zu diesem Zeitpunkt war aber das große Geschäft mit den öffentlichen Bauaufträgen ohnehin vorbei, da der Staat ab Anfang der 1990er-Jahre deutlich weniger Mittel für Großbauprojekte zur Verfügung stellte. Zu den letzten großen staatlich geförderten Projekten zählte die Verlegung von Methangasleitungen in zahlreichen sizilianischen Kommunen. Um an diese Gelder zu gelangen, gründete der Mafiapolitiker Vito Ciancimino zusammen mit White-Collar-Kriminellen sogar eigens die Firma Gasdotti Azienda Siciliana.[54] – Da es immer etwas zu bauen oder reparieren gibt, wurden die von der öffentlichen Hand finanzierten Bauprojekte nicht völlig eingestellt. Die DIA-Berichte und unzählige Pressemeldungen zeigen, dass korrupte Unternehmer, Politiker, Beamte und die Cosa Nostra nach wie vor an der Manipulation öffentlicher Bauaufträge gut verdienen.[55] Die Betrügereien laufen allerdings nicht mehr nach dem Tischchen-System ab, sondern wieder dezentral.

Das bessere Geschäft macht die Mafia seit den 1990er-Jahren mit der Müllbeseitigung. Diese Aufgabe vergeben die Kommunen oder von mehreren Kommunen gemeinsam getragene öffentliche Körperschaften meist an private Müllfirmen oder Müllkonsortien.[56] In den letzten Jahrzehnten gründeten viele Clans eigene Müllfirmen bzw. brachten nichtmafiose private sowie die wenigen städtischen Müllbetriebe unter ihre Kontrolle. Die mafiosen Müllfirmen gewinnen die Ausschreibungen sogar dann, wenn sie nicht die formalen Voraussetzungen mitbringen. Der Trick besteht in der künstlichen Schaffung von Müllnotständen, denn wenn ein Notstand vorliegt, können Aufträge an den gesetzlichen Bestimmungen vorbei erteilt werden. Dasselbe gilt für die zumeist privat betriebenen Mülldeponien, die Kompostier- und Kläranlagen, die Straßen- und Strandreinigung, die Schädlingsbekämpfung sowie die Sanierung der bereits vollen Deponien. Unzählige Müllfirmen[57] gerieten in den letzten Jahrzehnten wegen ihrer Mafiosität ins Visier der Strafverfolgungsbehörden. Der Bürgermeister von Adrano (CT), Giuseppe Ferrante, fasste die Situation zusammen:

> Das Müllsystem in Sizilien ist in jeder Hinsicht total oder fast total in der Hand von Verbrecherorganisationen. Ich spreche von den Deponien, die eindeutig in der Hand von Mafia-Strohmännern sind. Ich spreche von einem großen Teil der Firmen. Sie werden von der Mafia kontrolliert bzw. müssen tun, was die Mafia verlangt. Ich weiß das, weil wir regelmäßig Ausschreibungen machen, an denen sich nur eine oder zwei Firmen beteiligen, was bedeutet, dass es Kartellabsprachen gibt. (…) die Kosten haben sich verdreifacht.[58]

Die Ökomafia ist aber nicht nur auf dem Gebiet der Abfallbeseitigung tätig, sondern betreibt darüber hinaus Firmen, die sich auf die Beseitigung von Sonder- und Giftmüll spezialisiert haben. Skrupellose Unternehmer bevorzugen aus Kostengründen Mafiamüllfirmen, die den Müll nicht ordnungsgemäß, sondern in der Landschaft, auf normalen Deponien oder im Meer entsorgen.[59]

Die Mafia betreibt auch in großem Stil EU-Subventionsbetrug.[60] Als Bauern noch durch Ausgleichszahlungen für nicht verkaufte Produkte unterstützt wurden, legten mafiose Firmen Rechnungen für nicht produzierte Orangen, Zitronen etc. vor, womit Millionen erzielt wurden.[61] In den letzten Jahren, als die EU verstärkt die Entwicklung des ländlichen Raums zu fördern begann, beschafften sich Mafiosi, wie die Carabinieri-Operation »Nebrodi« im Jahre 2020 zeigte, Subventionen in Höhe von rund zehn Millionen Euro für angeblich geplante Projekte.[62] Die Cosa Nostra richtete ihre Augen auch sofort auf die europäischen Covid-Hilfsgelder.[63] Aber nicht nur die Europäische Union wird betrogen, sondern auch der italienische Staat. Besonders beliebt ist die Gründung mafioser Scheinfirmen, die auf dem Papier saisonale Landarbeiter beschäftigen, deren Arbeitslosengelder dann die Cosche einstreichen.[64] Eine weitere Betrugsmasche sind überhöhte Abrechnungen seitens der seit Anfang der 1990er-Jahre wie Pilze aus dem Boden geschossenen staatlich akkreditierten Privatkliniken, allen voran die Krebsklinik des Mafiaunternehmers Michele Aiello.[65] Auch im Zusammenhang mit den sowohl von der Europäischen Union als auch vom italienischen Staat geförderten erneuerbaren Energien wird mit betrügerischen Anträgen gearbeitet:[66] Diese ab den 1990er-Jahren vor allem in Süditalien entstandenen Anlagen werden von großen italienischen und internationalen Kolossen gebaut, die aber nicht dazu bereit sind, sich mit korrupten Politikern, Bürokraten sowie der Mafia herumzuschlagen. Diese Arbeit überlassen sie lokalen Faccendieri (Geschäftemachern) oder – vornehmer ausgedrückt – Sviluppatori (Entwicklern). Der wichtigste Geschäftemacher auf dem Gebiet der Windkraftparks in Sizilien war der aus Alcamo stammende »König des Windes«, Vito Nicastri. Der ehemalige Elektriker und Klempner gründete eine Vielzahl von Minigesellschaften, um Politiker und Beamte zu schmieren und die notwendigen behördlichen Genehmigungen einzuholen. Das für den Bau der Anlagen erforderliche Land kaufte er mafiosen Spekulanten ab und traf mit ebenfalls mafiosen lokalen Baufirmen Arrangements für die Bau- und Instandhaltungsarbeiten der Anlagen. Der »Amtsgeschäftsbeschleuniger« Nicastri verkaufte dann das schlüsselfertige »Paket« an die Energieunternehmer – die Cosa Nostra bekam einen Teil des Gewinns. Manche Windkraftparks wie der von Mazara del Vallo (TP) wurden nicht von Geschäftemachern wie Nicastri, sondern direkt von der Cosa Nostra initiiert, wodurch deren Gewinnspanne höher lag. Bis zum Jahr 2008 interessierte sie sich hauptsächlich für Windparkanlagen, danach für große Solaranlagen und seit 2016 für Biogasanlagen.

Eines der großen Geschäfte der urbanen Phase war der illegale Zigarettenhandel, der nach der Schließung des Hafens von Tanger (1960) über den Hafen von Neapel abgewickelt wurde. Die Organisation lag bei sizilianischen Ehrenmännern, die französischen Kriminellen das Geschäft entreißen konnten, auch dank der Hilfe neapolitanischer Camorristi (s. Abschn. 2.5). Dieses Geschäft wurde in der internationalen Phase durch den Drogenhandel ersetzt (s. Abschn. 2.5): Das Opium wurde damals in eigenen Raffinierien in Sizilien in Heroin umgewandelt und hauptsächlich in die USA exportiert, dem wichtigsten Absatzmarkt. In dieser Zeit gelang es der Cosa Nostra, ein enormes Kapital zu akkumulieren, von dem sie noch heute zehrt. Nach der Zerschlagung der großen sizilianischen Drogenringe musste die Mafia ihre Führungsrolle im internationalen Drogenhandel an ausländische Kriminellengruppen sowie die kalabresische 'Ndrangheta abgeben. Dennoch verdient sie, wie die DIA-Berichte der letzten 30 Jahre zeigen, immer noch gut an dem Geschäft, wenn auch heute jede Familie ihr »eigenes Ding« macht: Der Clan Rinzivillo arbeitet mit seiner Zelle in Köln und Karlsruhe vor allem mit türkischen Drogenhändlern zusammen; die ostsizilianischen Clans beziehen ihr »Material« von albanischen und marokkanischen Kriminellen; die trapanesischen und palermitanischen Familien bekommen ihr Kokain direkt aus Südamerika oder von den Kalabresen.[67] Heroinlabors gibt es keine mehr, dafür wird in ganz Sizilien zunehmend mehr Haschisch auf Plantagen angebaut.

Den Wucher überließ die Cosa Nostra nahezu vollständig den Strozzini (Halsabschneidern) bzw. Cravattari (Wucherern).[68] Ähnlich wie die Prostitution betrachtete die Cosa Nostra den Wucher lange Zeit als ehrenrührig. So sagte Giovanni Brusca zu seinem Kollegen Santo Sottile, der sich als Wucherer betätigte:

> Lass' es sein oder ich bringe Dich um. (...) Ich mache Dir alles kaputt, ich breche Dir die Knochen. (...) Ich will keine Wucherer um mich haben.[69]

Die Mafia klinkte sich in das Wuchergeschäft erst ab den frühen 1990er-Jahren ein, als es sich zu lohnen begann, da viele Banken wegen der Wirtschaftskrise in finanzielle Not geraten waren und weniger Kredite vergaben als vorher. Viele kleine Geschäftsleute gerieten in Geldnot und wandten sich an Geldleiher. Damals begannen einige Mafiosi privat Geld zu verleihen, später gründeten sie richtige Kreditgesellschaften. Außerdem halfen sie »normalen« Wucherern gegen Beteiligung, Geld von säumigen Schuldnern einzutreiben. War die Situation für kleine Geschäftsleute bereits vor der Covid-Krise schwierig, so ist sie ab dem Jahr 2020 für viele völlig hoffnungslos geworden.[70] Diese Entwicklung wird sich mangels ausreichender staatlicher Hilfen weiter fortsetzen mit der Konsequenz, dass vor allem im Bereich des Tourismus immer mehr Betriebe in den Besitz der Cosa Nostra gelangen werden.[71]

Während der urbanen Periode setzte ein qualitativer Sprung bei den mafiosen Wirtschaftsaktivitäten ein, der sich in der internationalen Phase noch gewaltig steigerte: Statt wie bisher ihr gewaschenes Geld[72] hauptsächlich in Immobilien oder Land zu investieren und vom akkumulierten Kapital zu leben, begann die Cosa Nostra nun, sich in vielen Bereichen der legalen Wirtschaft unternehmerisch zu betätigen.[73] Sie beschränkt sich dabei nicht nur auf Sizilien und Italien, sondern investiert in ganz Europa und nach dem Fall der Mauer sogar in den jungen Demokratien des Ostens.[74] Diverse Bosse haben in Wirtschaftsbereichen, die wenig Kapital und Know-how erfordern und niedrige Marktbarrieren aufweisen, eigene kleine Unternehmen gegründet, hauptsächlich in der Bauzulieferindustrie, dem Transportwesen, dem Bestattungswesen, dem Müllsektor und der Agrarwirtschaft. Die Cosa Nostra kontrolliert mittlerweile die gesamte Kette von der Produktion von Lebensmitteln, der Verpackung, dem Transport, den Großmärkten bis hin zum Verkauf in den Supermärkten[75]. Selbst bei den Fischmärkten und Fischereiflotten mischt die Mafia mit, die das Meer in Fangzonen unterteilt hat.[76] Auch an großen Einkaufszentren und Wochenmärkten ist die Mafia beteiligt.[77] Praktisch zu 100 % beherrscht die Cosa Nostra die Abfallwirtschaft, von der Beseitigung und Endlagerung des Hausmülls »über den Sonder- bis hin zum Giftmüll«.[78] Außerdem befinden sich viele Bestattungsunternehmen[79] und Tankstellen[80] in den Händen von Mafiosi, ebenso weite Teile des Tourismussektors, in dem die Mafia Hotels, Ferienanlagen, Diskotheken, Strandbäder, Restaurants und Bars besitzt. Auch bei Sanitätsprodukten und im Reinigungsgewerbe[81] ist die Cosa Nostra gut im Geschäft.

Seit der Verabschiedung des Antimafiagesetzes im Jahr 1982 laufen diese Firmen zur Verhinderung von Enteignungen nicht mehr auf die Bosse selbst, sondern auf deren Angehörige.[82] Um »Aufmerksamkeiten« seitens der Polizei zu vermeiden, benutzen Mafiosi für große Firmen allerdings keine Verwandten, sondern »Prestanomi« (Strohmänner), die dann plötzlich vom »Tellerwäscher zum Millionär« aufsteigen.[83] In den letzten Jahrzehnten bevorzugt es die Mafia allerdings, sich in bereits bestehende unbescholtene Unternehmen einzukaufen, wodurch immer mehr Firmen mit mafioser Beteiligung entstehen.[84] Häufig wird den alten, über ein entsprechendes Know-how verfügenden Besitzern die Geschäftsführung überlassen.[85] Meist muss die Cosa Nostra nicht einmal Zwang anwenden, um Unternehmer von einem Joint-Venture zu überzeugen, ist die Zusammenarbeit mit der Mafia doch auch für den

Unternehmer mit Vorteilen verbunden.[86] Auf diese Weise gelang es der Cosa Nostra, bestimmte Marktsegmente nahezu vollständig zu kontrollieren – nicht zuletzt, weil die Konkurrenz mit Gewalt verdrängt wird. Zu den von der Mafia beherrschten Wirtschaftsbereichen zählt die Bauzulieferindustrie[87], das Transportwesen[88] und die Agrarwirtschaft[89].

Schätzungen über die Umsätze und Gewinne der Cosa Nostra sind außerordentlich problematisch.[90] Gemäß einer Untersuchung des Händlerverbandes CONFESERCENTI aus dem Jahr 2008 setzen die vier italienischen Mafiaorganisationen – Cosa Nostra, Camorra, 'Ndrangetha und Sacra Corona Unita – zusammen ungefähr 130 Mrd. € um.[91] Die Haupteinnahmequelle ist der Drogenhandel (59 Mrd.), gefolgt von legalen Wirtschaftstätigkeiten (24,7 Mrd.), Schutzgelderpressungen, Wucher und Überfällen (21,6 Mrd.), Umweltdelikten (16 Mrd.), Delikten im Bereich Landwirtschaft (7,5 Mrd.), öffentlichen Aufträgen (6,5 Mrd.) und dem Glücksspiel (2,2 Mrd.).

3.6 Mord nur im Notfall

Mafiosi bringen die Menschen in ihrem Territorium hauptsächlich mit konsensschaffenden »Maßnahmen«, aber auch mit Korruption und Gewalt zum gewünschten Verhalten. Das Wohlwollen der Bevölkerung sichert sich die Cosa Nostra, indem sie sich als Verfechterin der traditonellen Werte der Gesellschaft präsentiert, für die Aufrechterhaltung der Ordnung sorgt und wertvolle Ressourcen beschafft. Korruption wird hauptsächlich bei Vertretern des Staatsapparates eingesetzt. In Bezug auf die Gewalt steht der Mafia ein ganzes Arsenal des Terrors zur Verfügung, angefangen von Drohungen über Sachbeschädigungen bis hin zum Mord – wenn es gar nicht anders geht.

Um den Konsens der Bevölkerung zu gewinnen, gibt sich die Cosa Nostra als Hüterin der traditionellen sizilianischen Werte wie Familie und Katholizismus. Nicht wenige Menschen sind der Meinung, dass – im Sinne von Banfields »amoralischem Familismus«[1] – fast alles erlaubt ist, um die eigene Familie zu schützen und zu verteidigen. Dies gilt ganz besonders für Frauen und Kinder, die als die schwächsten Mitglieder der Gesellschaft betrachtet werden. Vergewaltiger und Pädophile müssen daher, auch in den Augen der Bevölkerung, mit äußerster Härte zur Rechenschaft gezogen werden, und wenn es den Strafverfolgungsbehörden nicht gelingt, die Übeltäter dingfest zu machen, greift die Cosa Nostra durch und eliminiert die Verbrecher, was ihr den Applaus der Bevölkerung einträgt. Ihre Verbundenheit mit der katholischen Kirche zeigen Mafiosi auf vielfältige Weise, beispielsweise indem sie sich federführend an der Organisation von Heiligenfesten beteiligen,[2] was aber nicht allen Geistlichen recht ist, sodass z. B. der 1993 von der Mafia ermordete palermitanische Priester Pino Puglisi in seiner Pfarrei Brancaccio das Abhalten des Heiligenfestes untersagte, womit er der Cosa Nostra die Legitimation entzog. Mafiosi engagieren sich aber nicht nur bei Heiligenfesten, sondern sorgen auch für das Aufstellen von Heiligenfiguren. So sorgte der Clan des palermitanischen Stadtviertels Kalsa dafür, dass die dortige Piazza Magione mit einer Pater-Pio-Skulptur geschmückt wurde, während der Gedenkstein für den Richter Falcone, der aus diesem Viertel stammte, immer wieder zerstört wurde. Der Mafiaboss von Cerda (PA), Giuseppe (Pino) Rizzo, ließ ebenfalls eine Padre-Pio-Statue aufstellen, und zwar in seinem privaten Garten. Darüber hinaus unterstützen Mafiosi die Kirche und kirchliche Einrichtungen wie Kranken- oder Waisenhäuser auch finanziell.[3]

Um das Wohlwollen der Bevölkerung zu gewinnen, agiert die Mafia auch als Ordnungsinstanz.[4] Der Justiz gelingt es nicht, effektiv für Recht und Ordnung zu sorgen, was unter anderem an ihrem »Schneckentempo« liegt: Zivilprozesse dauern beispielsweise im Schnitt sieben Jahre und drei Monate[5] und es nützt wenig, einen Prozess etwa gegen einen säumigen Schuldner zu gewinnen, wenn dieser am Ende doch nicht bezahlt. Außerdem werden immer wieder Fälle von Korruption bekannt, nicht nur in der Justiz, sondern auch im Polizeiapparat: Beispielsweise flog im Januar 2005 ein Carabinieri-Wachtmeister auf, der in Palermo von Geschäftsleuten Geld oder Wertgegenstände verlangt hatte.[6] Bis vor einigen Jahren war es außerdem an der Tagesordnung, dass Polizisten von der Mafia erpressten Unternehmern rieten, besser keine Anzeige zu erstatten. Auch die Tatsache, dass sich täglich vor den Augen der Polizei kleinere Straftaten abspielen – wie der Handel mit Schwarzmarktzigaretten auf der Straße oder das Erpressen von Schutzgeld durch illegale Parkwächter –, trägt nicht zur Stärkung des Ansehens der Ordnungsorgane bei. Laut aktuellen Meinungsumfragen haben 55 % der Italiener kein Vertrauen in die Justiz[7], 34,5 % kein Vertrauen in die Carabinieri, 31 % kein Vertrauen in die Polizei und 29,6 % kein Vertrauen in die Steuerpolizei.[8] Im Unterschied zum Staat ist die Cosa Nostra in der Lage, Geschädigten schnell und effizient zu ihrem Recht zu verhelfen[9] bzw. Übeltäter zu bestrafen, sowohl bei der Wiederbeschaffung gestohlenen Diebesgutes als auch bei Schuldeneintreibung, beim Rächen von Beleidigungen oder zur Schlichtung von Streitereien.[10] Zahlreiche Bosse waren als Paceri (Siz. Friedensstifter) bekannt, an die sich die Menschen bei Konflikten wenden konnten.

Die Mafia sichert sich das Wohlwollen der Bevölkerung nicht nur durch das Wahrnehmen der Ordnungsfunktion, sondern auch als Vermittlerin bei der Beschaffung wertvoller Ressourcen, in erster Linie Arbeitsplätze, Wohnungen oder Krankenhausbehandlungen. Angesichts einer Arbeitslosenquote von 14,1 %[11] (doppelt so hoch wie im nationalen Durchschnitt) ist die Hilfe der Mafia durchaus willkommen, kontrolliert sie doch zahlreiche Arbeitsplätze sowohl in der Privatwirtschaft als auch im aufgeblähten öffentlichen Sektor.[12] Obwohl Arbeitsplätze beim Staat gemäß Artikel 97 mittels »Concorsi pubblici« (Öffentliche Wettbewerbe) besetzt werden müssen, ist dieser Verfassungsartikel durch nationale und regionale Sondergesetze stark ausgehöhlt, sodass auch Chiamate dirette (Direktberufungen) zugelassen sind.[13] Unzählige Skandale zeigen, dass häufig nicht die geeignetsten Kandidaten die begehrten Stellen erhalten, sondern Raccomandati (Günstlinge), und zwar sowohl bei den nicht kontrollierbaren Direktberufungen als auch bei den häufig manipulierten staatlichen Concorsi.[14] Polizeiliche Abhörungen zeigten, dass beispielsweise der Arzt und Mafiaboss Giuseppe Guttadauro in seiner Wohnung ein »Vermittlungsbüro für Stellen im staatlichen Gesundheitswesen« unterhielt.[15] Die an Guttadauro herangetragenen Bitten leitete der Boss an den ihm eng verbundenen, maßgeblichen Kommunalreferenten für Gesundheit, Domenico (Mimmo) Miceli (geb. 1964), weiter. Müssen sich Mafiosi bei der Vermittlung von Stellen beim Staat an ihre »politischen Freunde« wenden, so haben sie dieses Problem in der Privatwirtschaft nicht. Sie zwingen einfach Unternehmer dazu, das von ihnen empfohlene Personal einzustellen. Mafiosi vergeben auch selbst Jobs, und zwar an Personen aus der Kleinkriminalität, die ihnen Handlangerdienste leisten.

Viele Unterschichtsmitglieder sind nicht in der Lage, auf dem freien Wohnungsmarkt eine Wohnung zu mieten, schlicht weil sie sie nicht bezahlen können. Die verfügbaren Sozialwohnungen reichen aber nicht aus, um die Nachfrage zu decken. Beispielsweise fehlten gemäß einer Untersuchung der Universität Palermo in der Stadt Palermo im Jahr 2011 rund 18.000 Sozialwohnungen,[16] trotzdem hat die Kommune seither kaum neue Sozialwohnungen gebaut. Die Mafia klinkt sich hier ein, indem sie Wohnungssuchenden etwa im palermitanischen Neubaustadtteil ZEN nicht einmal ganz fertiggestellte Sozialwohnungen vermietet oder sogar verkauft![17] Faktisch werden diese Wohnungen von den Wohnungssuchenden – nicht selten handelt es sich um Kleinkriminelle – mit Erlaubnis der Mafia besetzt. Wenn dann diejenigen kommen, denen offiziell vom Istituto Autonomo per le Case Popolari (Autonomes Institut für Sozialwohnungen, IACP) die Wohnungen zugeteilt wurden, werden sie von Mafiosi mit Worten wie »Sunnu i nuostre, un su ri case popolari, su nuostre« (Siz. Das sind unsere, es sind keine Sozialwohnungen, es sind unsere) vertrieben.[18] Selbstverständlich sorgt die Mafia auch für die Versorgung mit Strom und Wasser, indem die staatlichen Netze illegal »angezapft« werden. Umsonst ist dieser Service nicht, die Wohnungsbesetzer müssen den Clans eine Gebühr in Höhe von durchschnittlich 10 € im Monat bezahlen. – Für konfiszierte Immobilien ist die Agenzia Nazionale per l'Amministrazione e la Destinazione dei Beni Sequestrati e Consfiscati alla Criminalità Organizzata (ANBSC) zuständig, die diese Immobilien aber nicht selten »vergisst«,[19] schließlich werden die gerichtlich bestellten Justizverwalter bezahlt, egal, ob sie sich um die konfiszierten Wohnungen kümmern oder nicht. Dies führt dazu, dass die konfiszierten Wohnungen besetzt werden können, so wie die acht einst dem Mafioso Pino Greco gehörenden Wohnungen in Bagheria (PA)[20] oder diverse Villen in einer Seitenstraße der Via Scalea von Palermo.[21] Manchmal werden auch von den rechtmäßigen Besitzern »vergessene« private Immobilien besetzt, die dann durch das im Artikel 1158 des Codice Civile (Bürgerliches Gesetzbuch) geregelte Ersitzungsrecht nach einer gewissen Zeit in den Besitz der Besetzer übergehen. Der Staat geht vor allem dann nicht gegen die Wohnungsbesetzer vor, wenn es sich um Familien mit minderjährigen Kindern, Schwangeren oder Invaliden handelt – und damit hat die Mafia gewonnen!

Mafiosi sind auch in der Lage, schnellere Arzt- bzw. Operationstermine in den Krankenhäusern zu besorgen. Denn eins der größten Probleme des Gesundheitssystems sind die enormen Wartelisten: Auf eine Mammographie muss man durchschnittlich 88 Tage, auf eine Echokardiographie 57,2 Tage und auf eine Darmspiegelung 50 Tage warten, während die Wartezeit bei Operationen zwischen 67 und 105 Tagen beträgt.[22] Wer es sich leisten kann, umgeht die Wartelisten und sucht auf eigene Rechnung einen privat praktizierenden Arzt auf. Diese Option steht den Mitgliedern der Unterschicht nicht zur Verfügung und so wenden sie sich an einen »starken Mann« im Viertel, hat doch die Mafia beste Kontakte zu vielen Krankenhausärzten, schließlich verdanken ihr viele ihren Job. Dementsprechend stellte der ehemalige Generalstaatsanwalt von Palermo, Pietro Grasso (geb. 1945), im Jahr 2003 fest:

> Die Chefärzte, die dazu in der Lage sind, sofort ein Krankenhausbett zu beschaffen, sind Teil eines protegierten Kreises der Cosa Nostra. Ihnen verdanken die Bosse ein beträchtliches Stück ihrer Macht.[23]

Während des covidbedingten Lockdowns von März bis Mai 2020 kam die Mafia auf eine neue Idee, um sich das Wohlwollen der Bevölkerung zu erwerben: Sie verteilte Lebensmittelpakete[24] an die notleidende Bevölkerung, denn Menschen, die vor dem Ausbruch der Epidemie einer Tätigkeit in der Schattenwirtschaft nachgegangen waren, hatten nicht einmal Anspruch auf die ohnehin kargen Unterstützungsleistungen der Lohnausgleichskasse (Cassa integrazione), und »nagten« deshalb wortwörtlich »am Hungertuch«. Aber die Mafia stachelte die Bevölkerung über eine Facebook-Gruppe auch zum Stürmen von (ausländischen) Supermärkten an,[25] folglich füllten einige Familien in einer palermitanischen Lidl-Filiale ihre Einkaufswägen randvoll und gingen an der Kasse vorbei ohne zu bezahlen.

Der Cosa Nostra ist bewusst, wie wichtig es ist, über das Wohlwollen der Bevölkerung zu verfügen. So erklärte der palermitanische Boss Nino Rotolo seinen Picciotti, die Menschen müssten die Cosa Nostra mögen, weil ihr nur dann »keiner einen Dolchstoß versetzen« würde.[26] Sein Kollege Giuseppe Ferro aus Alcamo sah die Situation genauso:

> Die Cosa Nostra hat (…) sich immer bemüht, die Zustimmung zu gewinnen. Sicher nicht durch Ausbeuten oder Brutalität gegenüber der Bevölkerung, sondern vielmehr, indem sie sich bemühte, zu helfen und konkrete Bedürfnisse zu befriedigen. (…) Dies hat der Cosa Nostra die Solidarität und die Unterstützung der Bevölkerung gesichert.[27]

Bis ungefähr Mitte der 1980er-Jahre waren Mafiabosse in aller Öffentlichkeit für Bittsteller ansprechbar. So fand sich Don Tanu Filippone regelmäßig in einer Bar an der palermitanischen Piazza Indipendenza ein, wo sich jeder an ihn wenden konnte. Heute wendet sich die Bevölkerung an Mittelsmänner, von denen sie wissen, dass sie mit Ehrenmännern in Verbindung stehen. Außerdem können Mafiosi sogar über soziale Medien kontaktiert werden, über die sie sich auch ganz offen äußern: Giuseppe Cusimano attackierte auf seiner Facebook-Seite den Journalisten Salvo Palazzolo (geb. 1970), weil dieser über seine Lebensmittelverteilungen im Stadtteil ZEN während des Covid-Lockdowns berichtet hatte.[28] Ein catanesischer Mafioso ging sogar so weit, riesige Plakate anschlagen zu lassen, auf denen er die Taufe seines Sohnes – abgebildet mit einer weißen Coppola – ankündigte.[29] Selbst den flüchtigen Obermafioso Provenzano erreichten, wie zahlreiche Pizzini zeigen, zahlreiche Anfragen um Gefälligkeiten.[30] Viele der erbetenen Freundlichkeiten sind kostenlos. Allerdings besteht seitens der Person, der die Mafia geholfen hat, eine moralische Bringschuld, die vielleicht nicht sofort, aber irgendwann beglichen werden muss. Bei diesen »Gegengefälligkeiten« kann es sich vielleicht nur um die Beschaffung von Informationen handeln, manchmal verlangt die Cosa Nostra aber auch das Begehen von Straftaten, wie das Bereitstellen von falschen Alibis oder das Verstecken von Waffen, Drogen, flüchtigen Ehrenmännern etc.

Da es der Cosa Nostra hervorragend gelingt, sich das Wohlwollen der Bevölkerung zu sichern, verfügt sie in der Bevölkerung über ein beträchtliches Ansehen, ganz besonders in den unteren sozialen Schichten. Beispielsweise beschimpften sich Kinder in den Armenvierteln Palermos während des Maxiprozesses gegenseitig als »Buscetta«, dem angeblich ersten Pentito. Konnte die Mafia bis noch vor einigen Jahrzehnten mit dem stillschweigenden Einverständnis des größten Teils der Bevölkerung rechnen, hat sie wegen der Mordwelle der Corleoneser bei einem Teil der Gesellschaft mittlerweile ihren Status eingebüßt. Viele Mittelschichtsangehörige begannen sich sogar gegen die Cosa Nostra zu engagieren.[31] Als selbst im palermitanischen Stadtteil Brancaccio, einer traditionellen Mafiahochburg, in der vornehmlich Familien der Unterschicht wohnen, weiße Leintücher zum Zeichen des Protestes aus den Fenstern gehängt wurden, war der Boss Giuseppe Graviano fassungslos und sagte zu seinem Picciotto Gaspare Spatuzza: »Aber wie das, auch in unserem Stadtviertel?«[32]

Obwohl die Cosa Nostra weniger beliebt ist als früher, werden ihr nach wie vor zahlreiche Ehrbeweise erbracht. Bosse werden nicht nur mit »Don« angesprochen, sondern wie andere nichtmafiose Respektspersonen auch mit »Vossia« (Siz. Eure Herrschaft, Abkürz. v. Vostra Signoria) oder »Voscenza« (Siz. Eure Exzellenz, Abkürz. v. Vostra eccellenza). Bei der Begrüßung wird ihnen die Hand geküsst, begleitet von der sizilianischen Grußformel »Vasamo i mani« (Ich küsse Euch die Hände). An Festtagen wie Weihnachten werden Ehrenmänner mit Geschenken geradezu überhäuft. Bei Heiligenprozessionen werden Bosse mit »Inchini« (Verbeugungen) geehrt, dabei wird die Statue der Heiligen vor dem Haus eines Mafioso abgesetzt.[33] Dies geschah beispielsweise im Jahr 2004 beim Fest der heiligen Agatha in Catania, wo der Prozessionszug unter dem Balkon des gerade frisch aus der Haft entlassenen Mafioso Giuseppe (Enzo) Mangion (geb. 1959) anhielt.[34] Bei der Prozession zu Ehren der heiligen Barbara im Dezember 2015 in Paternò (CT) hielt die Prozessionsgruppe nicht nur vor dem Haus des inhaftierten Bosses Salvatore Assinnata, sondern es wurde auch noch die Titelmelodie des »Paten« gespielt![35] Im März 2016 gab es bei der Karfreitagsprozession in San Michele di Ganzaria (CT) vor dem Haus der Familie des inhaftierten Bosses Francesco La Rocca einen Inchino. Ein paar Monate später, im Juni 2016, machte die Statue des heiligen Johannes unter dem Balkon der Riinas eine Verbeugung, um der First Lady der Cosa Nostra, Ninetta Bagarella, die Ehre zu erweisen. Bis vor einigen Jahren waren Beerdigungen von Mafiabossen wahre Großereignisse, an denen die gesamte Bevölkerung teilnahm[36]: Die erste spektakuläre Mafiabeerdigung war die von Calogero Vizzini am 13. Juli 1954 in Villalba (CL). Auch bei der Beerdigung von Giuseppe Di Cristina am 1. Juni 1978 in Riesi (CL) begleiteten mehrere tausend Menschen den Trauerzug, die Läden und selbst öffentliche Einrichtungen waren zum Zeichen der Trauer vorübergehend geschlossen. Damit ist es aber seit ein paar Jahren vorbei, weil weder die Polizei noch die Kirche derartige Veranstaltungen mehr erlauben. Und so fanden die Beerdigungen selbst von Riina, Provenzano oder Messina Denaro in kleinstem Familienkreis statt.

In den 1980er-Jahren fanden infolge der Schließung mafioser Baufirmen in Palermo sogar Promafia-Kundgebungen statt. Arbeiter zogen durch die Stadt und riefen: »Viva la Mafia«.[37] Wenn sie von Journalisten nach ihrer Meinung über Mafiosi befragt werden, äußern sich immer noch viele positiv. So erklärten nach der Verhaftung von Provenzano zahlreiche Standbesitzer im palermitanischen Capo-Markt, der Boss sei »eine anständige Person« und sogar Rufe wie »Viva Provenzano« fehlten nicht. Ähnlich äußerte sich eine Nachbarin des Bosses Francesco Bonura, der aus humanitären Gründen während des Covid-Lockdowns im Frühjahr 2020 aus dem Gefängnis nach Hause entlassen worden war: »Er hat hier nie gestört, er ist eine anständige Person.«[38] Wenn Mafiosi aus der Haft in den Hausarrest entlassen werden, finden nicht selten in ihren Stadtvierteln kleine Freudenfeuerwerke statt. Selbst in den sozialen Medien fehlt es nicht an Solidaritätsbekundungen bzw. positiven Kommentaren über Mafiabosse.[39]

Ein weiteres wichtiges Mittel, um Einfluss zu nehmen, ist die Korruption. Dabei handelt es sich um eine eine unsichtbare Methode, die die öffentliche Meinung nicht alarmiert. Bestechungen werden hauptsächlich bei Inhabern öffentlicher Ämter eingesetzt, die Mazzette (Bestechungsgelder), Geschenke oder sonstige geldwerte Leistungen erhalten. In der Regel sind es nicht die Ehrenmänner selbst, die den Bestechungsvorgang einleiten, sondern deren Freunde mit einem »sauberen Gesicht«. Zunächst werden Informationen über die zu korrumpierenden Personen eingeholt und dann wird versucht, sie durch kleine Gefälligkeiten in Abhängigkeit zu bringen. Antonino Calderone erzählte, wie er einen Richter des catanesischen Berufsgerichtes gewinnen konnte:

3 Mafiose Innenansichten

Ich habe ihn um einen Gefallen für einen unserer Leute gebeten, den er mir auch getan hat. Im Gegenzug habe ich ihm seinen Marmorboden reinigen lassen (...). Es war ein Austausch von Gefälligkeiten. (...) Keiner sagte: ‚Ich will Geld'.[40]

Der mafiose Bauunternehmer Carmelo Costanzo brachte einen Teil des Justizapparats von Catania mit einem Schlag unter seine Kontrolle, indem er an der Piazza Santa Maria del Gesù ein Gebäude baute, in dem nur Richter und Staatsanwälte wohnten – selbstverständlich kostenlos.[41] Eine ganze Reihe von Richtern und Staatsanwälten mussten sich bereits für das sogenannte »Aggiustare«, das »Inordnungbringen«, von Prozessen im Sinne der Mafia verantworten, wenn auch die wenigsten belangt wurden.[42] Einer, der Staatsanwalt Domenico Signorino (1943–1992), von dem der Aussteiger Gaspare Mutolo behauptete, dieser habe von dem Boss Saro Riccobono im Jahr 1982 eine Wohnung angenommen, hielt den Druck allerdings nicht aus und schoss sich eine Kugel in den Kopf.[43] Auch verschiedene Polizisten, Carabinieri und Gefängniswärter standen schon auf der Gehaltsliste der Cosa Nostra. So wurde beispielsweise dem Polizeibeamten Vincenzo Di Blasi[44], der bis 2009 bei der Polizeistation nahe des palermitanischen Krankenhauses Buccheri La Ferla gearbeitet hat, von der Staatsanwaltschaft zur Last gelegt, gegen 750 € monatlich Informationen über bevorstehende Polizeirazzien an die Clans Brancaccio und Porta Nuova geliefert. Der »Polizist mit der Zigarre«, wie ihn die Mafiosi nannten, soll die Ehrenmänner außerdem mit Polizeiwesten, -kellen und Blaulichtern versorgt haben. Einige Jahre später wurde bei der Operation »Pedro« nicht nur Mafiosi, sondern mit Matteo Rovetto auch ein Polizist der palermitanischen Kriminalpolizei verhaftet, der den Mafiosi Informationen über laufende Ermittlungen zukommen lassen haben soll.[45] Geradezu berühmt für die Bestechung von Gefängniswärtern war der Capomafia von Villabate, Salvatore (Totò) Montalto (1936–2012), von dem es hieß, er könne sogar »den ewigen Vater im Himmel bestechen.«[46] Verwaltungsbeamte werden ebenfalls geschmiert, hauptsächlich um öffentliche Aufträge zu manipulieren oder Genehmigungen zu »organisieren«; besonders beliebt ist es, Anträge einfach nicht zu bearbeiten. Ein Whistleblower aus dem

Dipartimento Energia (Dezernat für Energie) der Region Sizilien erklärte im Jahr 2013:

> Die Genehmigungsanfragen der Unternehmen wurden nie protokolliert: Sie lagen gestapelt in den Zimmern bis hin zu den Toiletten. Das Chaos war gewollt: Es gab 15.000 bis 16.000 Anträge, die teilweise seit dem Jahr 2006 darauf warteten, gesichtet zu werden. Freunde und Günstlinge aber hatten eine Überholspur.[47]

Die Möglichkeiten, Verwaltungsakte zu beeinflussen, sind zahlreich: Notwendige Dokumente können auf den Ämtern »verloren gehen« oder nicht vorhandene »Haare in der Suppe« gefunden werden, damit ein Unternehmen einen Auftrag oder eine Lizenz nicht erhält. Andererseits lassen sich Genehmigungsverfahren beschleunigen, selbst dann, wenn ein Unternehmen nicht die notwendigen Voraussetzungen mitbringt,[48] etwa das vorgeschriebene Antimafiazertifikat oder den Eintrag in die 2012 eingeführte White List, eine Liste »sauberer Unternehmen«. Ferner können Beamte bei Ausschreibungen Informationen über Kostenvoranschläge von Konkurrenten weitergeben. Im Sommer 2002 führte die Personalverwaltung der Region Sizilien eine Untersuchung durch, um festzustellen, wie viele ihrer Beamten in Strafverfahren verwickelt waren.[49] Dabei stellte sich heraus, dass gegen 32 Spitzenbeamte Korruptionsverfahren liefen, nicht selten unter Beteiligung der Mafia. Mafiosi bestechen aber nicht nur Staatsbedienstete, sondern geben Anwälten, Notaren, Steuerberatern und Journalisten Geld dafür, dass sie gegen ihre Berufsordnungen verstoßen, um ihnen gefällig zu sein.[50] So erklärte Nino Salvo, der mafiose Steuereintreiber aus Salemi (TP), dem Journalisten Bolzoni lachend im Sommer 1983:

> Wissen Sie, was für mich die Zeitungen sind? Sie sind wie Jukeboxen. Sie spielen die Musik, die ich gespielt haben will. Ich werfe die Münzen hinein und suche mir das Lied aus, das ich hören will.[51]

Der ehemalige Präsident der Parlamentarischen Antimafiakommission, Luciano Violante (geb. 1941), erklärte, die Korruption stelle eines der Hauptinstrumente der Mafia dar:

Die große organisierte Kriminalität könnte nicht tonnenweise Kokain und Heroin, kolossale Mengen von Waffen und Sprengstoff in der ganzen Welt vertreiben, Milliarden über Milliarden Geld waschen, ohne in vielen Teilen der Welt Zollbeamte, Angehörige der Polizei, Angestellte oder Eigentümer von Banken, Beamte der verschiedenen öffentlichen Verwaltungen zu korrumpieren.[52]

Die Cosa Nostra bedient sich nicht nur friedlicher Mittel, um Personen zum gewünschten Verhalten zu bringen, sondern auch der Gewalt. Dabei steht ihr ein ganzes Arsenal von »Techniken des Verbrechens« zur Verfügung, die von subtiler bis zu brutaler Gewalt reichen.[53] Oft reicht die bloße Präsenz der Mafia aus, damit sich Personen »richtig« verhalten, fürchten diese doch Gewalt. Sizilianer wissen, dass es für Augenzeugen von Verbrechen nicht opportun ist, sich bei der Polizei zu melden. Aus diesem Grund verhalten sie sich gemäß des Sprichworts: »Cu è orbu, surdu e taci, campa cent' anni in paci« (Siz. Wer taub, blind ist und schweigt, lebt hundert Jahre in Frieden). Und so können Mafiosi bei Tageslicht Morde begehen ohne Zeugenaussagen befürchten zu müssen. Als beispielsweise im August 2017 im palermitanischen Capo-Markt ein mehrfach vorbestrafter Obst- und Gemüsehändler von einem Verwandten des Mafiabosses Tommaso Lo Presti (geb. 1975) erschossen wurde, fand sich kein einziger Zeuge.[54] Personen wie der lombardische Handelsvetreter Pietro Nava (geb. 1949), der im September 1990 an der Schnellstraße Canicatti-Agrigent den Mord an dem Richter Rosario Livatino beobachtete und sich daraufhin sofort bei der Polizei meldete, sind die absolute Ausnahme.[55] Nava bezahlte jedoch einen hohen Preis: Er lebt heute unter einer neuen Identität irgendwo außerhalb Italiens – immer in der Angst vor Rache. – Muss die Mafia deutlicher werden, geschieht dies im ersten Schritt freundlich, etwa indem Unternehmern höflich erklärt wird, wen sie einstellen oder mit wem sie Handel treiben sollen. Auch Richter und Geschworene werden zunächst sehr gesittet um Milde für bestimmte Häftlinge gebeten. Falls den freundlichen Bitten der Cosa Nostra nicht Folge geleistet wird, geht die Cosa Nostra in einem zweiten Schritt zu angedeuteten Drohungen über. Üblicherweise erhält das Opfer einen Brief, einen Anruf oder zwischenzeitlich auch eine Mitteilung über Whatsapp oder auf Facebook. Es wird ihm erklärt, man wisse, welche Schule die Kinder besuchten und wohin die Ehefrau zum Einkaufen gehe. Wenn das nicht ausreicht, verschärft sich der Ton. Ein Unternehmer erzählte:

> Sie sagten mir, wenn ich diese halbe Milliarde nicht bezahlen würde, würden sie meinen Sohn entführen und umbringen. Sie würden ihm den Kopf abgeschlagen und an meine Tür stecken. Sie sagten außerdem, wenn ich die Carabinieri riefe, würden sie uns in die Luft sprengen.[56]

Einem Autohändler, der nicht weiter kostenlos Autos an Mafiosi herausrücken wollte, wurde gesagt:

> Ich schieße Dir in den Kopf (...) ich erwürge Dich mit einem Eisendraht mit meinen eigenen Händen (...) Du bestehst darauf, nicht verstehen zu wollen, dass Du mir die Autos geben musst. Ich bezahle, wann und was ich will, ansonsten kannst Du schließen (...). Ich habe Dir gesagt, wer ich bin und dass ich befehle.[57]

Wenn solche Drohungen nicht ausreichen, greift die Cosa Nostra in einem dritten Schritt zu symbolischer Gewalt:[58] Geschäftsleute finden beispielsweise in den Rollgittern ihrer Läden Projektile oder vor ihrem Ladeneingang einen gefüllten Benzinkanister vor, später wird dann das Benzin – zunächst noch unangezündet – in das Geschäft eingeleitet. Beliebt sind ferner Briefe mit Schrotkugeln, Fotos von Särgen, die Tarotkarte Tod, kleine Metallherzen mit Einschusslöchern, Grabkerzen oder Beerdigungskränze. Gelegentlich erhält das Opfer auch ein Foto seiner selbst mit einer Zielscheibe um das Gesicht herum. Zu den »Klassikern« des mafiosen Psychoterrors gehören tote Tiere wie Vögel oder Mäuse, Schaf- oder Ziegenköpfe, die das Opfer in seinem Auto oder an der Wohnungstür vorfindet. Die Mafia bedroht ihre Opfer nicht nur, sondern greift häufig zur Methode des »Mascariamento« (Siz. Beschmutzung), der Verleumdung,[59] und damit der sozialen Isolation. So berichtete der Journalist Paolo Borrometi (geb. 1983), dass Gerüchte über seinen Vater in Umlauf gesetzt wurden, während von dem Antimafiakämpfer Michele Pantaleone behauptet wurde, er habe nur deshalb etwas gegen den Boss von Villalba (CL), Calogero Vizzini, weil er dessen unehelicher Sohn sei. Über den DC-Kommunalpolitiker Pasquale Almerico verbreitete die Mafia, er sei aufgrund einer Syphiliserkrankung geistesgestört.[60] Dem Antimafiapriester Baldassare Meli († 2020) – der im palermitanischen Stadtviertel Albergheria Armenbetreuung betrieb und dagegen kämpfte, dass mittellose Eltern ihre Kinder an Pädophile verkauften – wurde unterstellt, er vergreife sich selbst an kleinen Kindern.[61] Oder es wird dafür gesorgt, dass Personen, die Mafiosi angezeigt haben, von niemandem in ihrer Nachbarschaft mehr gegrüßt werden.[62] Wenn es sich um Geschäftsleute handelt, werden potenzielle Kunden davon abgehalten, deren Läden weiter zu besuchen. So erzählte die Barbesitzerin Michela Buscemi (geb. 1939) aus Palermo, die nach dem Mord an ihren beiden Brüdern mit der Justiz zusammenarbeitete, dass sich keine Kunden mehr in ihre Kneipe gewagt hätten:

> Ein Kunde erzählte mir, ein Mafiamitläufer habe ihn angesprochen und gefragt, ob er keine Angst habe, in die Bar Del Sole zu gehen, es könnte sein, dass die Besitzer umgebracht würden und er auch.[63]

Auch die Konditorei Scimeca in Caccamo (PA), die sich geweigert hatte, Schutzgeld zu bezahlen, verlor ihre Kundschaft, weil die Mafia im Ort verbreitet hatte, niemand dürfe mehr bei den Infamen einkaufen.[64] Außer in die Isolation treibt die Mafia widerständige Menschen in den Bankrott: Eine Firma in Scordia (CT), die Erdbewegungsarbeiten durchführte und sich weigerte, Mafiosi umsonst Material zur Verfügung zu stellen, bekam keine Aufträge mehr.[65] Einem Bauunternehmer, der nicht mehr weiter den übertreuten Zement einer mafiösen Zementfabrik abnehmen wollte, wurde gesagt: »Wenn Sie den Zement nicht mehr hier kaufen, heißt das, dass sie nirgendwo mehr Zement werden kaufen können.«[66]

Aber nicht nur Geschäftsleute werden isoliert, sondern auch Staatsbeamte wie der palermitanische Oberstaatsanwalt Gaetano Costa, der vor seiner Ermordung entgegen der üblichen Praxis sogar von den ihm unterstellten Staatsanwälten im Stich gelassen wurde, als es darum ging, einen Haftbefehl gegen Rosario Spatola und andere Mafiosi zu unterzeichnen.

In einem vierten Schritt bedient sich die Cosa Nostra der Sachbeschädigungen: So häufen sich in den »unkooperativen« Betrieben plötzlich Diebstähle und Raubüberfälle, Maschinen und Geräte werden zerstört, Obstbäume, Ölbäume oder Weinstöcke abgehackt, Heuscheunen in Brand gesteckt und Getreidefelder vernichtet;[67] Unternehmer müssen häufig Brandanschläge auf ihre Betriebe hinnehmen. Mafiakritischen Politikern, Journalisten und unbeugsamen Bürgern hingegen werden die Autos in Brand gesetzt. Der nächste Schritt ist die physische Gewalt, die sich im Laufe der Zeit steigert. Manche Körperverletzung entsteht durch Verprügeln wie im Falle des palermitanischen Lehrers und Antimafiaaktivisten Paolo Angilleri, der im März 1982 von einem Kommando Jugendlicher zusammengeschlagen wurde:

> Ich nahm gerade die Wohnungsschlüssel, als ich mich plötzlich auf dem Boden wiederfand. Es waren vier, die mit Schlagringen und Stöcken ausgerüstet waren. Über den Gesichtern trugen sie Strumpfmasken. Es waren Ragazzi aus dem Viertel, die ich mit Sicherheit wiedererkannt hätte. Sie hielten mich fest, ich konnte mich nicht mehr bewegen. Ich dachte: Jetzt bin ich tot. Stattdessen flüsterte eine Stimme: Langsam, langsam, schlage ihm nicht dauernd auf den Kopf, sonst bringst Du ihn um. Ich trug aus dem Vorfall einen eingegipsten Arm und drei genähte Wunden davon.[68]

Manche Opfer werden darüber hinaus mit einem Messerschnitt im Gesicht gebrandmarkt.[69] Bei unbeugsamen Geschäftsleuten ist außerdem das Gambizzare, also das In-die-Beine-Schießen, beliebt.

Wenn alle diese Gewaltmaßnahmen nicht zum gewünschten Ergebnis führen, bleibt nur noch als Ultima Ratio das Morden.[70] Bei gesellschaftlich hochstehenden Personen wird zu diesem Mittel nur gegriffen, wenn es gar nicht anders geht. Bei ihrem eigenen Personal und Kleinkriminellen hingegen ist die Mafia in dieser Hinsicht weniger zimperlich. Die bevorzugte Mordmethode war bis in die 1950er-Jahre das Erschießen, und zwar mit der Lupara, also der Schrotflinte. Danach wurde die Lupara von Pistolen und Kalaschnikows ersetzt. Da beim Einsatz von Waffen Schmauchspuren an den Händen zurückbleiben, wird die sogenannte »Lupara bianca«, also das Erdrosseln mit dem anschließenden Verschwindenlassen der Leiche – durch Auflösen in Säure, Verfüttern an Schweine, Einbetonieren oder Versenken in Felsspalten oder im Meer – bevorzugt. Eine besonders brutale Methode, die die Cosa Nostra häufig bei ihren eigenen Leuten anwendet, ist dass »Incapramento«, die Selbststrangulation. Bei dieser Mordmethode wird das Opfer an Händen und Füßen mit einem Strick zusammengebunden. In dem Moment, in dem die Beinmuskeln nachgeben, erdrosselt es sich selbst.[71] Die Cosa Nostra hat eine richtige Kunst daraus gemacht, den Verdacht von den Tätern abzulenken,[72] und zwar indem Personen aus anderen Cosche mit Morden beauftragt werden, die nichts mit den Opfern zu tun haben. Häufig werden die Morde auch als Selbstmorde[73] oder Unfälle[74] getarnt oder es werden falsche Fährten gelegt, damit die Ordnungskräfte nicht der »Mafiaspur« folgen. Manchmal aber will die Cosa Nostra erklären, warum jemand sterben musste. In solchen Fällen hinterlässt sie am Tatort Symbole, die die Urheberschaft der Mafia anzeigen und das Motiv klarstellen.[75] So bedeutet ein Stein im Mund eines Ermordeten, dass die Person zuviel geredet oder gelogen hat. Findet sich der Tote in einem Sack in einem Brunnen, dann hat er Geheimnisse ausgeplaudert. Werden Geldscheine bei dem Ermordeten hinterlassen, bedeutet das, er war korrupt.[76] Ehebrechern – wie dem palermitanischen Sänger Pino Marchese – werden ihre abgeschnittenen Genitalien in den Mund gesteckt. Auch soll der erste Kranz, der bei einer Beerdigung eintrifft, vom Auftraggeber des Mordes stammen. Aus diesem Grund ließ Rita Dalla Chiesa (geb. 1947), die Tochter des von der Mafia ermordenten Generals Carlo Alberto Dalla Chiesa, den zuerst eingetroffenen Kranz bei der Trauerfeier ihres Vaters entfernen – er stammte übrigens vom sizilianischen Regionalpräsidenten Mario D'Acquisto (geb. 1931).[77]

4

Italien – eine mafiose Demokratie?

Formal ist Italien ein demokratisch verfasster Staat, faktisch wird seitens der Politik aber immer wieder so gravierend gegen dessen Regeln verstoßen, dass der in der Tradition der italienischen Realisten[1] stehende Rechtsphilosoph Panfilo Gentile (1889–1971) in seinem 1969 erschienenen polemischen Essay »Democrazie mafiose« von einer »mafiosen Demokratie« spricht.[2] Gentile versteht unter einer mafiosen Demokratie allerdings nicht die Instrumentalisierung krimineller Clans durch die Politik, sondern die in korrupter und klientelistischer Manier agierende »Partitocrazia« (Parteienherrschaft). Dieser Begriff lässt sich aber auch enger fassen: als ein von der Bevölkerung toleriertes, miteinander Verwobensein von der Cosa Nostra mit Politikern unterschiedlicher Ebenen, von Stadt- und Gemeinderäten bis hin zu Parlamentariern und Regierungsmitgliedern.

Die Ursache für die zahlreichen hingenommenen Gesetzesverstöße der Politiker dürfte in langen historischen Prozessen liegen, die dazu führten, dass in weiten Teilen der Bevölkerung jede Kultur einer öffentlichen Moral fehlt. Von Politikern wird überhaupt nicht erwartet, dass sie sich für das Gemeinwohl einsetzen, daher wird deren gesetzeswidriges Verhalten von vielen als unvermeidlich hingenommen. Aus diesem

Grund ist es nicht weiter erstaunlich, dass sich zahlreiche Politiker auch der Cosa Nostra bedienen.

Da die Mafia ihrerseits ohne politischen Schutz überhaupt nicht überlebensfähig wäre, ist sie an der Kollaboration mit Politikern interessiert und bemüht sich bevorzugt um Politiker, die »im Geruch der Macht«[3] stehen – die sich also bereits in wichtigen politischen Ämtern befinden oder zumindest eine Chance darauf haben, solche zu erlangen. Da die Cosa Nostra apolitisch ist, hat sie sowohl mit Politikern der Regierungsparteien – zunächst den Liberalen, dann den Christdemokraten und schließlich der Forza Italia – als auch mit Politikern anderer Parteien zusammengearbeitet, wenn ihr dies von Nutzen war. Da es keine Partei gibt, die gegenüber der Mafia völlig immun gewesen wäre, lässt sich die Existenz einer transversalen Mafiapartei – auf allen politischen Ebenen – konstatieren.

Der wichtigste Dienst der Mafia ist die Unterstützung bei der Erlangung und dem Erhalt der Macht, wobei sie seit der zweiten Hälfte des 19. Jahrhunderts besonders auf das Besorgen Wählerstimmen abzielt. Es versteht sich von selbst, dass die Politiker allerdings nicht schalten und walten könnten, wie es ihnen beliebt, würde der demokratische Staat mit allen seinen Einrichtungen – allen voran der Justiz – die Einhaltung der vorhandenen Gesetze durchsetzen. Dass dies bislang aber nur unzureichend geschehen ist, liegt insbesondere an der politischen Abhängigkeit des Strafverfolgungsapparats.

Die Cosa Nostra benötigt, um ihre eigenen »Geschäfte« realisieren zu können, aber nicht nur Politiker, sondern zahlreiche weitere »Colletti bianchi«, also White-Collar-Kriminelle wie Unternehmer, Bürokraten oder Freiberufler, mit denen sie sich bevorzugt im Verborgenen austauscht. Die wichtigsten »Orte der Begegnung« sind »Logge coperte«, besondere Freimaurerlogen, die wenig mit den »echten« Logen zu tun haben.

Zweifelsohne haben sich die mafiosen Clans unzähliger Straftaten schuldig gemacht, aber eine ganze Reihe von Verbrechen gehen nicht allein auf ihr Konto. Die Verantwortung für viele dieser – bis heute unaufgeklärten – »italienischen Mysterien« liegt bei der »dritten Ebene«, gewissen okkulten Mächten im Staat, in deren Auftrag die Cosa Nostra Verbrechen begeht – was es leicht macht, der Mafia die Schuld zuzuweisen.

4.1 »Der Fisch stinkt vom Kopf her«: Warum Politikern alles erlaubt ist

Als im Jahr 2004 der britische Innenminister David Blunkett (geb. 1947) – einer der angesehensten Minister der Regierung Tony Blairs (geb. 1953) – zurücktreten musste, weil er der philippinischen Babysitterin seiner Geliebten an den Vorschriften vorbei schneller zu einer Aufenthaltsgenehmigung verholfen hatte,[1] löste dies in Italien Fernsehdebatten aus, in denen man sich darüber wunderte, warum sich die Briten wegen einer solchen Lappalie so empörten.[2] In Italien regt sich jedenfalls kaum »öffentlicher Zorn«[3], wenn Politiker ihre persönlichen Interessen verfolgen, sondern dies wird im Gegenteil nicht selten als »Furbizia« (Schlauheit) bewundert. Der »Culto di furbizia« (Pfiffigkeitskult) entwickelte sich sogar zu einer Art »nationaler Tugend«.[4] Auch wenn sich viele Italiener wünschen, dass Politiker und sonstige Vertreter staatlicher Institutionen dem Wohl der Allgemeinheit dienen sollten, glauben sie letzten Endes nicht, dass dies im Bereich des Möglichen liegt. Verstöße gegen das im westlich-demokratischen Gedankengut postulierte Gemeinwohlprinzip liegen deshalb nicht nur innerhalb des Toleranzbereiches, sie werden gewissermaßen als intrinsische Merkmale von Politik aufgefasst. Die Ursache, warum dasselbe Politikerverhalten toleriert wird, das andernorts zu Skandalen[5] führt, liegt darin begründet, dass viele Bürger für sich in Anspruch nehmen, es mit der Einhaltung der Gesetze selbst ebenfalls nicht so genau nehmen zu müssen.

Der Soziologe Luciano Pellicani (1939–2020) stellt fest, es gebe in Italien ein »Phänomen der diffusen Illegalität, an der in verschiedener Art und Weise Millionen von Bürgern teilhaben«.[6] Diese Diagnose einer »schwachen Legalität« wird von vielen seiner Kollegen[7], aber auch von Juristen[8] und dem gewöhnlichen Mann bzw. der Frau auf der Straße geteilt. So konstatiert auch Alberto Rosati, dass:

> (…) die besten Gesetze nichts [nützen], wenn sie nicht der Kultur und dem kollektiven Bewusstsein entsprechen. Es operiert dann die Realität des gesellschaftlichen Lebens, während das legale System inhaltsleer und ohne Wirkkraft bleibt.[9]

In Italien hat sich eine entsprechende Rechtspraxis durchgesetzt und folglich schildert der ehemalige Ermittlungsricher und Staatsanwalt Bruno Tinti (1942–2021) in seinem Buch »Toghe rotte« (Ital. Kaputte Roben) – eine Generalabrechnung mit dem italienischen Justizsystem –, wie zahlreiche Bestimmungen und Rechtsnormen es den Advokaten ermöglichten, Rechtskniffe anzuwenden, um unzählige Zivil- und Strafdelikte ungeahndet bleiben zu lassen.[10] Selbst ein Ehemann, der seine Frau umbringt, könne – bei Anwendung aller juristischen Tricks – mit nur fünf Jahren Gefängnis davonkommen.[11] Es verwundere deshalb nicht, dass in Italien 95 % aller Vergehen straflos blieben, unter anderem:

> (…) alle Straftaten im Bereich Arbeitsschutz, Ökologie, Umweltverschmutzung (…), Korruption, Bilanzfälschung, Steuerbetrug (…); ferner falsche Zeugenaussagen, alle Betrugsdelikte, ob gegenüber dem Staat, öffentlichen Einrichtungen oder der Europäischen Union.[12]

Da die Justiz nur die »Schwachen« verfolge, handele es sich bei 80 % der Gefängnisinsassen[13] in Italien um Nicht-EU-Ausländer und Drogenabhängige, während alle anderen ungeschoren davonkämen.[14] Angesichts dieser Situation ist es nicht weiter erstaunlich, dass – gemäß einer aktuellen Studie des Marktforschungsinstituts Ipsos – 55 % der Italiener kein Vertrauen zur Justiz haben.[15] Wie wenig die Gesetze vor allem bei White-Collar-Vergehen tatsächlich greifen, zeigen nicht nur die weitverbreitete Schwarzarbeit – gemäß den Angaben von ISTAT waren im Jahr 2022 12,5 % der Beschäftigten irregulär beschäftigt[16] – und die enorme Korruption im öffentlichen Bereich[17], sondern auch die Praxis des Steuerbetrugs – Italien gehört diesbezüglich innerhalb der EU zu den Spitzenreitern[18] – sowie die zahllosen, die Küsten verschandelnden Schwarzbauten[19]. Dass diese Steuerbetrügereien und Schwarzbauten im Nachhinein regelmäßig durch »Condoni« (Straferlasse)[20] oder »Sanatorie« (Gültigkeitserklärungen) mit Geldstrafen legalisiert werden, trägt sicherlich nicht zur Förderung der Gesetzestreue bei. Da die Justiz nicht für die Durchsetzung der Gesetze sorgt, werden Vergehen fast als normal betrachtet. Infolge dieses »Defizits einer Kultur der Regeln«[21] verfügen Gesetzesbrecher meist über gar kein Unrechtsbewusstsein und glauben sogar, richtig zu handeln, während diejenigen, die auf die

Einhaltung der Gesetze bestehen, nicht nur als naiv betrachtet, sondern sogar als Abweichler gebrandmarkt werden.

Dass ein Nichtbeachten von Gesetzen nachgerade als rationales Verhalten aufgefasst wird, gilt erst recht im Süden, wo zur mangelnden Orientierung am Gemeinwohl auch noch das Problem der organisierten Kriminalität hinzukommt. Ein dysfunktionaler Staat stärkt die Cosa Nostra, die allerdings – wie zahlreiche mafiose Gruppen in ganz Europa und darüber hinaus zeigen – durchaus auch anderswo existieren kann. Jedoch schafft das Fehlen eines starken Staates im Süden die Voraussetzungen für eine Resignation gegenüber mafioser Gewalt, und Unternehmer zahlen mit Worten wie »Ma tu chi boi fare, tutto il mondo è cosi«[22] (Siz. Aber was willst Du machen, die Welt funktioniert nun einmal so) resigniert Schutzgeld an die Mafia, weil sie mitansehen müssen, dass ihre Erpresser häufig nach kürzester Zeit wieder freikommen. So erzählte beispielsweise ein Geschäftsmann:

> Am Anfang erscheint es Dir wunderbar: ‚Sie wurden verhaftet, perfekt!' Du fühlst Dich gut und sagst: ‚Endlich habe ich mich befreit, die Gerechtigkeit gewinnt immer' – mit 50 Jahren fühlst Du Dich wieder jung! Und dann, nach einer Woche, wendet der Richter den Artikel 7 nicht an! Es handelt sich nicht um eine mafiose Vereinigung. ‚Aber wie das? Es gibt doch Abhörungen! Ich habe sie selbst gehört, ich habe Kopien von ihnen, warum?' Und Du denkst: ‚Also gut, dann prozessieren wir halt!' Wir gehen zum Gericht und nach 23 Tagen gibt es Hausarrest: für mehrfach wegen Überfällen, Erpressungen, Drogenhandel, Drohungen, Körperverletzung Vorbestrafte. Was soll man machen? Sie bekommen Hausarrest und Du einen bitteren Geschmack im Mund. Und dann geht der Prozess los, vor dem Prozess schleudern sie Dir Glückwünsche entgegen, sie haben uns einen Umschlag mit zwei Patronenhülsen geschickt.[23]

Da nun einmal »die Welt so funktioniert«, werden Unternehmer, die es zu Brandanschlägen kommen lassen, von vielen schlicht als »unfähig« betrachtet. Ein betroffener Unternehmer erzählte, ein anderer Unternehmer habe ihm gesagt:

Weißt Du denn nicht, dass es Schutzgelderpressungen gibt? Bis Du nicht dazu in der Lage, Dir einen Kontakt zu besorgen? Schließlich lassen sich solche Dinge vermeiden.[24]

Gleichwohl hat es immer wieder auch innerhalb der Zivilbevölkerung Versuche gegeben, gegen eine solche Missachtung der Gesetze aufzubegehren – auch im Süden, trotz aller Gefahren, die seitens der Mafia drohten. Waren diese Bemühungen zunächst eher noch vereinzelt – man denke etwa an den in Sizilien tätigen Sozialreformer Danilo Dolci (1924–1997)[25] –, entwickelte sich spätestens in den 1980er-Jahren durchaus ein breiteres Staatsbürgerbewusstsein und sogar der Wille, gegen die Mafia vorzugehen, vor allem nach »Schocks«[26] wie spektakulären mafiosen Attentaten. Und so gibt es inzwischen zahlreiche Sozialzentren in den »Quartieri a rischio« (gefährdeten Stadtteilen) oder Initiativen in Schulen, die sich bemühen, das »Territorium« von der Mafia zurückzuerobern und ganz generell eine Kultur der Gesetzestreue zu schaffen.[27] Allerdings stoßen diese immer wieder an Grenzen, wie der Mafioso Pietro Aglieri während einer Befragung im Jahr 1997 dem Staatsanwalt Alfonso Sabella (geb. 1962) treffend erklärte:

> Sehen Sie, Herr Doktor, wenn Ihr in unsere Schulen geht, um über Legalität, Gerechtigkeit, den Respekt gegenüber den Regeln, den zivilen Umgang miteinander zu sprechen, hören Euch unsere Ragazzi zu und folgen Euch. Aber wenn diese Ragazzi dann erwachsen werden und Arbeit suchen, eine Wohnung, wirtschaftliche Hilfen und eine Gesundheitsversorgung, wen finden sie dann? Euch oder uns? Herr Doktor, sie finden uns. Und nur uns.[28]

Und genau aus diesem Grund bleiben alle, die sich an die tatsächlich in der Gesellschaft geltenden Regeln halten, letzten Endes Außenseiter. So wie eine Ärztin in einem großen Krankenhaus in Catania, die an ihrem Arbeitsplatz gemobbt wurde, weil sie sich nicht an einer Geldsammlung für einen wegen Mitgliedschaft in der Mafia vor Gericht stehenden Krankenpfleger beteiligt hatte.[29] Die Abweichlerin war der Meinung, der Delinquent solle nicht auch noch unterstützt werden...

4 Italien – eine mafiose Demokratie? 231

Da also in der Gesellschaft insgesamt die formale Ordnung nur bedingt zu gelten scheint und überdies eine Durchsetzung der Gesetze nicht unbedingt erwartet werden kann, ist nachvollziehbar, dass auch an die Politik keine besonders hohen moralischen Ansprüche gestellt werden. Schließlich sind Regierungen, wie bereits der Soziologe Émile Durkheim (1858–1917) feststellte, nichts weiter als das »Symbol und der lebendige Ausdruck« des in einer Gesellschaft vorhandenen gemeinsamen Bewusstseins.[30] Mit anderen Worten: Regierungen verhalten sich so, wie es den tiefen Gefühlen der Allgemeinheit entspricht. Bereits Max Weber (1864–1920) konstatiert in seinem Fragment einer allgemeinen Parteientheorie[31], dass es in der Natur der Parteien liege, warum auch immer – die Gründe können von ideellen Motiven bis hin zur Erlangung von persönlichen Vorteilen für die Parteiführer und -mitglieder reichen – nach der Erlangung der Macht zu streben, wobei sie zu *allen Mitteln* griffen, die ihnen zur Verfügung stünden und von der Gesellschaft erlaubt werden würden. Dies gelte für die römischen Zirkusparteien der Antike genauso wie für moderne Massenparteien. Zu diesen Machtmitteln könnten selbstverständlich auch Mord und Totschlag, Betrug und Bestechung oder der Einsatz krimineller Gruppen zählen. Der italienische Staat hat weder in den Zeiten der Monarchie noch in denen der Republik seinen Politikern derartige Mittel offiziell zugestanden, was diese aber nicht davon abgehalten hat, sie – teilweise sogar nur schlecht maskiert – zu nutzen. Als Beispiele ließen sich keineswegs nur der Vorfall der Pugnalatori (s. Abschn. 2.1) von Palermo, die Ermordung des garibaldinischen Generals Corrao (s. Abschn. 2.1) oder das Attentat an der Portella della Ginestra (s. Abschn. 2.5) anführen, sondern auch zahlreiche politische Delikte der jüngeren Zeit.

Es stellt sich deshalb die grundlegende Frage: Warum hat sich in einigen Demokratien eine öffentliche Moral herausgebildet, die sich durch eine Einhaltung der formalen Ordnung zum Wohle aller auszeichnet, während in anderen eine partikularistische Moral vorherrscht?[32] Darüber, dass Italien in die zweite Kategorie fällt, scheint allgemein Einigkeit zu bestehen. So beobachtet Pasquale Villari (1827–1917) im Jahr 1883 eine besonders stark ausgeprägte Ich-Orientierung (im Gegensatz zu einer Wir-Orientierung):

In Italien und im Mezzogiorno gibt es eine stärkere Individualität als anderswo und wenig Bereitschaft, sich mit anderen für eine gemeinsame Sache einzusetzen. Es überwiegt das *Ich,* das *Wir* [die Italiener, Anmerk. d. Verf.] hingegen ist schwach. Wir sind gut, wenn Privatinitiative, individuelle Energie gefordert sind; aber sehr viel schlechter, wo die vereinte Kraft vieler für einen nicht persönlichen, sondern gemeinsamen Zweck gefragt ist.[33]

Wie aktuell die nunmehr fast über 150 Jahre alte Aussage des Historikers immer noch ist, bestätigt der Soziologe Fernando (Nando) Dalla Chiesa (geb. 1949), der auch für die Gegenwart in der italienischen Gesellschaft die Dominanz eines »Spirito di parte«[34], also das Gegenteil eines Gemeinschaftsgeistes, diagnostiziert.

Allerdings existieren durchaus regionale Unterschiede, wie Robert D. Putnam (geb. 1941) in seiner klassisch gewordenen Studie über Bürgertraditionen im modernen Italien konstatiert.[35] Laut dem Harvard-Soziologen lasse sich in Nord- und Mittelitalien das Vorhandensein einer gewissen »Civic Culture« (Bürgerkultur) – gemessen an der Anzahl und der Beteiligung von Bürgern in »Associazioni« (Vereinigungen) – feststellen, während diese im Süden komplett fehle. Im Verlaufe der Jahrhunderte hätten sich dank dieser Associazioni in der nord- und mittelitalienischen Gesellschaft horizontale Solidaritäts- und Vertrauensbeziehungen zwischen Nicht-Verwandten herausgebildet, während im Süden die Familie, die häufig mithilfe des »Comparaggio« (Gevatternschaft) künstlich erweitert werde, die einzige horizontale Solidaritätsstruktur geblieben sei. Solidarität und Vertrauen existierten demnach nur innerhalb der Familie, deren Wohl im Vordergrund stehe und mit allen Mitteln verteidigt werde. Schließlich werde – im Sinne des Banfield'schen »amoralischen Familismus«[36] davon ausgegangen, dass alle anderen ebenso handelten. Das Grundproblem Süditaliens bestehe daher im Fehlen von sozialem Vertrauen, das – so Putnam – erst durch die Beteiligung in Associazioni nach und nach aufgebaut und eingeschliffen werde.

Auch der amerikanische Politikwissenschaftler Francis Fukujama (geb. 1952) betont in seiner Vergleichsstudie[37] die enorme Bedeutung von Vertrauen – aufgefasst als Form von »sozialem Kapital« im Sinne

James S. Colemans (1926–1995)[38] – für die Entwicklung von Gesellschaften. Fukujama klassifiziert Italien genauso wie China, Frankreich und Südkorea, als »Familienländer«, in denen sich – im Unterschied zu den USA, Deutschland und Japan – außerhalb der engen Familienbande kein soziales Vertrauen entwickelt habe.

Diese »Familienländer« – so ließe sich mit Durkheim sprechen – sind nicht viel mehr als Aggregate mehr oder weniger gleicher Elemente, die sowohl untereinander als auch zueinander hauptsächlich durch Verwandtschaft verbunden sind.[39] Die Bindung der einzelnen Elemente an die Gesellschaft jedoch ist außerordentlich schwach, da jedes Element auch für sich selbst bestehen kann. In Gesellschaften aber – so Durkheim –, die nicht durch die eben skizzierte »mechanische«, sondern durch eine »organische Solidarität« integriert sind, ist die Situation völlig anders: Die gegenseitige Abhängigkeit der einzelnen Elemente – die aufgrund ihrer unterschiedlichen Funktionen für das Ganze allesamt anders beschaffen sind – ist extrem stark, und so sind die einzelnen Elemente auch viel stärker an die Gesellschaft gebunden. Den Elementen ist deutlich bewusst, dass sie nicht ohne Kooperation existieren könnten, weshalb sie ihren spezifischen Beitrag für das Wohl der Gesamtheit liefern. Erst in arbeitsteiligen, durch »organische Solidarität« integrierte Gesellschaften kann sich ein Anspruch darauf entwickeln, dass der Teil der Gesellschaft, dem die Regierungsgewalt als Spezialaufgabe übertragen wird, dem Wohl des Einzelnen in der Gesamtheit zu dienen und diese zu fördern hat. Übrigens kann die Rousseau'sche Idee vom »Gesellschaftsvertrag«, wonach jeder ein Stück persönlicher Macht zum Wohl der Allgemeinheit abgibt, in Gesellschaften erst entstehen, wenn sie im Sinne Durkheims mittels organischer Solidarität integriert ist.

In der ein oder anderen Form machen alle der eben genannten Autoren historische Prozesse für die Ausbildung von Vertrauen und Solidarität – also: einer öffentlichen Moral – zwischen Nicht-Blutsverwandten verantwortlich. Auf Italien bezogen beruht das Fehlen einer Staatsbürgerkultur für einige auf sehr langwierigen historischen Prozessen, für andere hingegen auf Entwicklungen des 19. Jahrhunderts. Der Ethnologe Christian Giordano (1945–2018) geht am weitesten zurück und identifiziert nicht nur in Italien, sondern im gesamten Mittelmeerraum eine über viele Jahrhunderte sich hinziehende »Überlagerungsgeschichte«:[40]

Fremde Herrscher hätten danach getrachtet, die von ihnen unterworfenen Gesellschaften ökonomisch, politisch und kulturell auszubeuten, wogegen sich diese nicht nur mit Rebellionen, sondern auch mit dem gewaltlosen Aushebeln der von außen auferlegten Regeln gewehrt hätten, und zwar mithilfe personalisierter Sozialbeziehungen wie dem Familismus, Nepotismus, Amizismus oder Klientelismus.[41] Diese Verhaltensstandards hätten sich verfestigt und bestünden bis heute weiter. Putnam hingegen sieht die Wurzeln einer Staatsbürgerkultur in den mittelalterlichen Republiken des italienischen Nordens, wo sich im 12. Jahrhundert in Florenz, Venedig, Bologna, Genua und Mailand Handwerkergilden und ein städtisches Patriziat herausgebildet, während im Süden dagegen die Feudalstrukturen weiterbestanden hätten:[42]

> Im Norden wurden die feudalen Bande persönlicher Abhängigkeit geschwächt; im Süden wurden sie verstärkt. In Norden waren die Menschen Bürger; im Süden waren sie Untertanen.[43]

Carlo Tullio-Altan (1916–2005) und Alberto Rosati indes betonen die Rolle der Entstehung des italienischen Staates, dessen Regionen nicht allmählich kulturell und ökonomisch zusammengewachsen, sondern aufgrund des Willens von politischen Eliten durch militärische Gewalt eilig zusammengefügt worden seien. Danach hätten die neuen Eliten schlicht die Funktion der alten Feudalherren bzw. Machthaber übernommen, was zum Fortbestand der alten Patron-Klient-Strukturen geführt und die Entwicklung horizontaler Vertrauens- und Solidaritätsstrukturen verhindert habe.[44] Beide Autoren messen den Eliten eine große Bedeutung für die Nichtausbildung einer am Gemeinwohl orientierten Staatsbürgergesinnung bei. Tullio-Altan macht außerdem auf die »Genialität des Calvinismus«[45] aufmerksam, der in Mittel- und Nordeuropa bereits ab dem 16. Jahrhundert zu einem »Geist des sozialen Zusammenhalts, basierend auf der strengen Einhaltung derselben Prinzipien«[46], sowie zu einer unternehmerischen, auf diesen Prinzipien insistierenden Elite geführt habe. Im katholischen Süden sei genau dies nicht passiert, sodass die alten »Ideen, Überzeugungen, Vorurteile, Lebensnormen« überlebt hätten.[47] Auch Durkheim macht letztendlich historische Prozesse für die Ausbildung einer gesellschaftlichen Moral, also »Solidarität«, verantwortlich. Im Unterschied zu den eben genannten Autoren geht er in positivistischer Sicht allerdings davon aus, dass die soziale Arbeitsteilung fast automatisch zur Ausbildung einer organischen Solidarität führe, wenn er auch konzediert, dass »Pathologien« vorkommen könnten.[48]

Zusammenfassend lässt sich festhalten, dass Politikern in Italien – wie übrigens auch in vielen anderen Ländern der Welt – zugestanden wird, sich nicht an die gesetzliche Ordnung halten zu müssen, weil sich diese Ordnung trotz aller Veränderungen in der Gesellschaft nie wirklich hat durchsetzen können. Da sich im Verlaufe der Geschichte kein Vertrauen gegenüber Nicht-Verwandten aufgebaut hat und sich keine gegenüber dem Kollektiv gegenüber solidarischen Verhaltensweisen eingeschliffen haben, hat sich auch keine am Gemeinwohl orientierte öffentliche Moral herausgebildet.[49] In Sizilien wird diese Situation noch durch das Vorhandensein der Cosa Nostra verschärft. Es lässt sich zwar seit den 1980er-Jahren ein gewisser Bewusstseinswandel in Teilen der Bevölkerung feststellen, es scheint aber immer noch der Schlüsselsatz aus Giuseppe Tomasi di Lampedusas (1896–1957) Roman »Il Gattopardo« zu gelten: »Wenn wir wollen, dass alles so bleibt wie es ist, dann ist nötig, dass sich alles verändert.«[50] Aus diesem Grund wird allen Gesellschaftsmitgliedern – und so auch Politikern – zugestanden, die eigenen Interessen unter Missachtung der nur formal, aber nicht real geltenden Ordnung durchzusetzen. Da seitens der Politiker zu diesem Zweck auch mafiose Clans eingesetzt werden, lässt sich, wenn auch vielleicht etwas überspitzt, von der Existenz einer »mafiosen Demokratie« sprechen.

4.2 Egal ob weiß, rot oder blau[1], was zählt, ist der »Geruch der Macht«

Der Mafia ist sehr bewusst, dass ihre Macht auf der engen Verbindung zur Politik beruht. So erzählte der Aussteiger Salvatore Cancemi, der Oberboss Totò Riina habe ihm einmal gesagt, ohne Beziehungen zur Macht sei die Mafia nicht mehr als eine »Bande von Schakalen«.[2] Daher bemühte sich die Mafia stets, die Politik unter ihre Kontrolle zu bringen. Dabei hat sie nie parteipolitische Präferenzen gehabt, sondern sich um Politiker jeder politischen Coleur bemüht, sofern diese Macht hatten bzw. Chancen darauf, sie zu erobern. Aus diesem Grund hat sie stets mit Politikern *aller* Parteien zusammengearbeitet. Auch wenn sich ranghohe Ehrenmänner über die einzuschlagende politische Strategie austauschen und gelegentlich Vorgaben machen, entscheiden letztendlich die lokalen Clans, welchen Politikern sie ihre Gunst zukommen lassen. Das wichtigste Auswahlkriterium ist deren Vertrauenswürdigkeit, die selbstverständlich bei Ehrenmännern und deren Verwandten am höchsten ist. Darüber hinaus bemüht sich die Mafia aber auch um organisationsfremde Politiker, da sie selbst nicht über ausreichend qualifiziertes Personal – vor allem für politische Spitzenpositionen – verfügt. Den Clans gelingt es am besten, dort die Politik unter ihre Kontrolle zu bringen, wo sie besonders stark verankert sind, nämlich in Westsizilien. Ihre politischen Beziehungen reichen von der kommunalen Ebene, die sie besonders stark kontrolliert, bis hin zum Parlament und zur Regierung. Da Politiker aller Parteien auf allen politischen Ebenen aus unterschiedlichen Gründen mit der Mafia »verbandelt« sind, ergibt sich das Bild einer transversalen Mafiapartei, einer »Partei der Mafiafreunde«.

Auch wenn die Mafia über keine politische Ausrichtung verfügt, bevorzugt sie dennoch die jeweils regierenden Parteien, weil ihr diese den größten Nutzen bringen können. Der Aussteiger Nino Giuffrè bemerkte deshalb völlig richtig: »Wir haben immer die Schläue besessen, mit den Gewinnern zu sein«.[3]

Als sich nach der Entstehung des italienischen Königreichs die Liberalen als stärkste Partei durchgesetzt hatten, fanden sich die Clans mehrheitlich an deren Seite. Dies gilt besonders nach der Regierungsübernahme des fünffachen Premierministers Giovanni Giolitti im Jahr 1892, dessen Macht sich hauptsächlich auf mafiose Clans und die mit ihnen verbundenen Politiker stützte.[4] Da Giolitti den gesamten Staatsapparat zugunsten »seiner« Politiker einsetzte, wurden Ende des 19. Jahrhunderts in Westsizilien immer mehr Mafiapolitiker[5] ins Parlament gewählt und die Stadt- und Gemeinderäte vieler Kommunen in den Provinzen Palermo[6], Agrigent und Trapani waren so sehr von den Clans beherrscht, dass sie fast als »mafiose Cosche«[7] betrachtet werden können. In Ost- und Teilen Zentralsiziliens, wo es noch keine mafiosen Clans gab, stellte sich die Situation völlig anders dar, weshalb – trotz aller Schikanen des Staatsapparats – sogar ausgesprochene Antimafiapolitiker wie Napoleone Colajanni aus Castrogiovanni (EN) oder Giuseppe De Felice Giuffridda[8] aus Catania den Sprung ins Nationalparlament schafften.

Als sich nach dem »Marsch auf Rom« (1922) die Machtübernahme durch Mussolini abzeichnete, bemühten sich Ehrenmänner bereits ab 1923, der faschistischen Partei beizutreten.[9] Nachdem bei den Wahlen im Jahr 1924 Liberale und Faschisten auf einer gemeinsamen Wahlliste angetreten waren, erfuhr diese sofort mafiose Unterstützung.[10] Die Ehrenmänner wären mit Sicherheit Verbündete Mussolinis geworden, hätte dieser nicht bewusst ihre »Umarmung« gemieden und seinen »eisernen Präfekten« Mori nach Sizilien geschickt, um die Mafia zu bekämpfen. Allen Widrigkeiten zum Trotz scheinen es einige Ehrenmänner dennoch geschafft zu haben, sich mit den Faschisten zu arrangieren und sogar deren Partei beizutreten.[11]

In der Annahme, Sizilien könne ein unabhängiges Land werden, unterstützte die Mafia in der Übergangszeit bis zur Gründung der Republik zunächst die Separatisten, deren Führer Andrea Finocchiaro Aprile 1944 dankbar erklärte:

> Wenn es die Mafia nicht gäbe, dann müsste man sie erfinden. Ich bin ein Freund der Mafiosi, auch wenn ich persönlich gegen Verbrechen und Gewalt bin.[12]

Als sich abzeichnete, dass es kein unabhängiges Sizilien geben würde und die Entwicklung nicht vorherzusehen war, verteilte die Mafia ihre Gunst auf mehrere Parteien: hauptsächlich auf die Liberalen und die sich gerade erst konstituierende Democrazia Cristiana sowie in geringerem Maße auf die Monarchisten.[13]

Sehr bald gelang es jedoch der DC, viele wichtige Mafiabosse auf ihre Seite zu ziehen, was hauptsächlich das Verdienst von Bernardo Mattarella[14] aus Castellammare del Golfo (TP), einem der DC-Pioniere der Nachkriegszeit, gewesen sein soll. Mehr und mehr Bosse wurden Mitglieder der Christdemokraten und bald befanden sich ganze DC-Ortsgruppen in der Hand der Cosa Nostra: So kontrollierte der damals mächtigste Mafiaboss Siziliens, Calogero Vizzini, die Ortsgruppe von Villalba (CL) und der kaum weniger wichtige Capofamiglia Giuseppe Genco Russo die von Mussomeli (CL). – Mafiabeziehungen werden auch den Christdemokraten Calogero Volpe[15] (1910–1976) aus Montedoro (CL), Franco Restivo[16] (1911–1976) aus Palermo sowie Salvatore Aldisio[17] aus Terranova di Sicilia (seit 1927 Gela) (CL) nachgesagt.

Diese DC-Nachkriegspolitiker begannen innerparteilich unwichtiger zu werden, nachdem beim Parteikongress im Jahr 1954 Amintore Fanfani (1908–1999), der Gründer des Parteiflügels Iniziativa Democratica, mit Unterstützung der sizilianischen Delegierten in das Amt des nationalen Parteisekretärs gewählt worden war. Fanfani wollte die DC von der Kirche unabhängig machen und neue Wählerschichten gewinnen, um sie in eine Massenpartei umzuwandeln und damit dem hervorragend organisierten kommunistischen PCI besser Paroli bieten zu können. Um dieses Ziel zu erreichen, hielt er es für unerlässlich, die alten, noch aus der Vorgängerpartei Partito Popolare Italiano stammenden DC-Honoratioren durch eine junge, moderne Funktionärsklasse zu ersetzen. Der Mann, der Fanfanis Politik in Sizilien umsetzte, war der Palermitaner Giovanni Gioia[18]. Unter seiner Ägide übernahmen die »jungen Türken« – häufig aus einfachen Verhältnissen stammende Parvenüs mit mafiosem Hintergrund wie Salvo Lima[19] und Vito Ciancimino[20] – das Kommando in der sizilianischen DC. Ihnen gelang es hervorragend, auch noch die letzten Mafiabosse von den Liberalen und Monarchisten zur DC abzuziehen. So trat beispielsweise der Mafiaboss Vanni Sacco aus Camporeale (PA), der vorher die Liberalen unterstützt hatte, mit seinen 400 Mafiosi der DC bei; desgleichen wechselte auch Gioacchino Pennino senior, der Capomafia des palermitanischen Clans aus dem Stadtteil Brancaccio, von den Liberalen zu den Christdemokraten. Auch Don Paolino Bontate, der mächtige Capo der palermitanischen Familie von Ciaculli, verließ die Monarchisten zugunsten der DC. Der spätere DC-Sekretär Giuseppe Campione (geb. 1935) beschreibt, dass in dieser Zeit die Verbindung der DC mit der Cosa Nostra geradezu organisch wurde:

Die Generation der Honoratioren hatte Beziehungen zur Mafia, aber man achtete darauf, dass die Mafiosi auf der anderen Seite des Tisches sitzen würden. Als dann die Fanfaniani auftauchten – neue Männer ohne Charisma –, änderte sich alles: Die Intimität mit den Mafiosi wurde zum Normalfall.[21]

Die »Fanfaniani« gerieten in Sizilien allerdings ab 1968 ins Hintertreffen, und zwar weil sich der mächtige Salvo Lima nun Giulio Andreottis (1919–2013)[22] Parteiflügel Primavera anschloss – und dabei den größten Teil der sizilianischen Christdemokraten mit sich zog. Auf diese Weise stieg Andreottis einst auf die Region Latium begrenzter, relativ unbedeutender Flügel zu einem der mächtigsten innerhalb der DC auf und setzte in den nachfolgenden Jahrzehnten auf DC-Kongressen die Nominierung vieler seiner Kandidaten für wichtige Regierungsämter durch.[23] Die größte Karriere machte Andreotti selbst, dem es in der Folgezeit sogar siebenmal gelang, das Amt des Premierministers zu besetzen. Auch in Sizilien brachten die »Andreottiani« viele ihrer Kandidaten nicht nur in den Stadt- und Gemeinderäten, Provinzparlamenten sowie im Regional- und Nationalparlament unter, sondern besetzten mit ihnen auch Bürgermeister-, Assessoren- und Ministerämter. Darüber hinaus wurden Schlüsselpositionen in der Verwaltung sowie den staatlich kontrollierten Gesellschaften und Unternehmen mit »Andreottiani« – so wie vorher mit »Fanfaniani« – besetzt.[24] Da die Mafianähe der meisten »Andreottiani« wegen vieler Skandale allgemein bekannt war, sprach der von Mafiosi ermordete Carabinieri-General Carlo Alberto Dalla Chiesa mit gutem Grund davon, es handle sich bei diesem Parteiflügel um »die schmutzigste politische Familie der Insel«.[25] Zu den wichtigsten der belasteten »Andreottiani« zählten Salvo Lima, dessen politischer Ziehsohn Mario D'Acquisto[26] und Francesco Paolo (Franz) Gorgone (1930–1922)[27] aus Palermo, Antonino (Nino) Drago (1924–1998)[28] aus Catania, Raffaele Bevilacqua (1949–2023)[29] aus Barrafranca (EN) und Raimondo Luigi Bruno (Rudy) Maira (geb. 1946)[30] aus San Cataldo (CL) sowie Giuseppe (Pino) Giammarinaro (geb. 1946)[31] aus Salemi (TP). Aber auch vielen »Nicht-Andreottiani« werden Mafiabeziehungen nachgesagt, in erster Linie dem palermitanischen Kommunalpolitiker Vito Ciancimino aus Corleone, der als *der* politische

Vertreter der Corleoneser Mafia gilt und in den 1970er-Jahren nach seiner Trennung von den »Fanfaniani« eine eigene kleine Gruppierung[32] ins Leben rief, sowie dem zur Parteirechten zählenden ehemaligen Verteidigungsminister Attilio Ruffini (1924–2011)[33].

Als auf nationaler Ebene der neue DC-Sekretär Ciriaco De Mita (1928–1922) im Jahr 1982 eine moralische Erneuerung seiner Partei einzuleiten versuchte, hatte dies auch Auswirkungen auf die sizilianische DC: So wurde beim DC-Regionalkongress 1983 in Agrigent[34] erstmals kritisch über die Mafia diskutiert und keiner der »Cianciminiani« gelangte mehr in den Vorstand, womit der umstrittene Don Vito zumindest offiziell »abserviert« war. Außerdem übernahm zwei Jahre später der im Ruf eines »Saubermannes« stehende Calogero (Lillo) Mannino (geb. 1939)[35] aus Sciacca (AG) vom linken Parteiflügel Forze Nuove als neuer Sekretär das Kommando in der sizilianischen DC. Bald aber sollte auch Mannino wegen angeblicher Mafianähe negativ in die Schlagzeilen geraten, genauso wie der von ihm geförderte Senator Vincenzo Inzerillo (geb. 1947)[36] aus Palermo. Weitere »Erneuerer«, gegen die wegen angeblicher Mafiabeziehungen prozessiert wurde, waren der zum linken Moro-Flügel zählende Vincenzino (Enzo) Culicchia (1932–2016)[37] aus Partanna (TP) sowie der ehemalige CISL-Gewerkschaftssekretär und Regionalabgeordnete Francesco Canino (1937–2014)[38] aus Trapani.

Nach dem Zusammenbruch der Ersten Republik (1948–1994) und der darauf folgenden Auflösung der DC – der die Mafia ohnehin nicht mehr zugetan war, nachdem das Urteil des Maxiprozesses im Jahr 1992 rechtskräftig geworden war – ergab sich für die Cosa Nostra erneut eine Phase der Unsicherheit. Nachdem bald Leoluca Bagarellas Projekt der Gründung einer Mafiapartei, der Sicilia Libera, aufgegeben worden war, unterstützten die Clans mehrheitlich die sich gerade etablierende Forza Italia (FI). Immerhin stand mit dem Palermitaner Marcello Dell'Utri einer der »Ihren« hinter dem Projekt und mit dem aus Mailand stammenden Parteichef Silvio Berlusconi unterhielt die Mafia schon seit den 1970er-Jahren »Geschäftsbeziehungen«.[39] Die mafiose Rechnung ging auf, da die FI die Nationalwahlen von 1994 gewann und auch bei den sizilianischen Regional- und Kommunalwahlen hervorragend abschnitt. Da es sich bei vielen FI-Kandidaten um politische Neulinge handelte und die meisten anderen aus den Reihen der sozialistischen Ex-Craxianer kamen, stellte die Unterstützung der FI eine völlige politische Neuorientierung der Mafia dar. Da die Organisatoren der FI bei der Auswahl ihrer Kandidaten auf »saubere« Gesichter geachtet hatten, standen die meisten FI-Politiker zunächst noch nicht im Ruf der Mafianähe. Bald aber gerieten nicht nur subalterne, sondern auch prominente FI-Politiker wegen Mafiabeziehungen in die Schlagzeilen.[40] Dies ist nicht verwunderlich, waren viele der FI-Politiker der Cosa Nostra doch seit langem, beispielsweise als Strafverteidiger oder Finanzexperten, verbunden. Zu den bekanntesten FI-Politikern, die Probleme mit der Justiz bekamen, zählen vor allem der Parteichef Berlusconi und dessen rechte Hand Dell'Utri.

Seit einigen Jahren wird von der »Dritten Republik« (2018 bis heute) gesprochen. Darunter versteht man, dass die einstigen Rechts- bzw. Linksparteienblöcke an Macht eingebüßt haben, und zwar zunächst zugunsten einerseits der von dem Genueser Komiker Beppe Grillo gegründeten und in eine Partei umgewandelten Protestbewegung Movimento 5 Stelle (M5S), andererseits der zwischenzeitlich unter ihrem neuen Vorsitzenden Matteo Salvini landesweit agierenden Lega, der Nachfolgerin der ehemaligen norditalienischen Regionalpartei Lega Nord sowie den postfaschistischen Fratelli d'Italia. Seither besteht bei der Cosa Nostra wieder Unsicherheit, welche Partei sich langfristig durchsetzen wird, weshalb die Clans ihre Gunst wieder auf Politiker aller Parteien verteilen. In den letzten Jahren scheint die Cosa Nostra allerdings Schwierigkeiten zu haben, auf der nationalen Ebene vertrauenswürdige politische Partner zu finden – eine Ausnahme stellt der Genueser Energiepolitiker Paolo Arata (geb. 1950)[41] von der Lega dar –, weshalb sie sich in den letzten Jahren bei den Nationalwahlen etwas zurückgehalten zu haben scheint. Dies gilt nicht für die kommunale Ebene, wo zwischenzeitlich auch Politiker der neuen Parteien wegen Mafiakontakten aufgefallen sind, wie etwa Giacomo Li Destri[42] vom M5S aus Caltavuturo (PA), Antonio Mazzeo[43] (geb. 1989) von der Lega aus Maletto (CT) oder Francesco Lombardo[44] und Mimmo Russo[45] von den Fratelli d'Italia aus Palermo.

Da seit der Gründung der Republik nie eine Partei allein regieren konnte, sondern auf Koalitionspartner oder die Unterstützung einer Minderheitenregierung angewiesen war, hatten auch Politiker kleinerer

Parteien die Chance, ein Stückchen Macht zu ergattern – und damit für die Cosa Nostra interessant zu werden. In der Zeit der Ersten Republik (1948–1994) waren dies hauptsächlich die Republikaner, Liberalen, Sozialdemokraten, aber auch die Sozialisten, die nach ihrem programmatischen Rechtsruck Anfang der 1960er-Jahre (der 1963 zur Aufnahme in die Regierung führte) und besonders in den 1980er-Jahren unter ihrem Parteichef Bettino Craxi attraktiv wurden, da Craxi zwischen 1983 und 1987 sogar Ministerpräsident war. Über Mafiakontakte verfügten alle diese Parteien, und so fielen deswegen etwa bei den Republikanern Aristide Gunnella (1931–2025)[46] aus Mazara del Vallo (TP) und Ignazio Mineo (1924–1984)[47] aus Bagheria (PA), beim sozialdemokratischen PSDI Casimiro Vizzini (1920–2003)[48] aus Palermo und Gianfranco Occhipinti (1948–2011)[49] aus Gela (CL) sowie beim sozialistischen PSI Salvatore (Salvo) Andò[50] (geb. 1945) aus Giarre (CT), Pietro Pizzo (geb. 1940)[51] aus Marsala und Vincenzo (Enzo) Leone (geb. 1940)[52] aus Castelvetrano (TP) negativ auf.

In der Zweiten Republik (1994–2017) erfreuten sich vor allem christdemokratische Splitterparteien der Unterstützung der Cosa Nostra. Dies gilt in erster Linie für die UDC, der es in Sizilien zeitweise gelang, im Regionalparlament nach der FI zur zweitstärksten Partei zu werden.[53] Am stärksten geriet ihr Hauptexponent Salvatore (Totò) Cuffaro[54] aus Raffadali (AG) in die Schlagzeilen, der nicht nur 2008 als amtierender sizilianischer Ministerpräsident zurücktreten, sondern sogar eine mehrjährige Haftstrafe verbüßen musste. Auch zahlreiche Mitglieder von Cuffaros Entourage gerieten in Konflikt mit der Justiz.[55] Auf Cuffaro folgte als Ministerpräsident dessen Parteikollege Raffaele Lombardo (geb. 1950)[56] aus Catania, der sich mit seiner 2005 gegründeten Regionalpartei Movimento per l'Autonomia (MPA) politisch selbstständig machte. Genau wie Cuffaro geriet auch Lombardo nach kurzer Zeit wegen angeblicher Mafiabeziehungen in die Schlagzeilen.

Eine kleine Regionalpartei, deren Politiker ganz besonders wegen ihrer Nähe zur Mafia auffiel, war die 2001 von dem ehemaligen Sozialisten Bartolo Pellegrino (1934–2019)[57] gegründete Nuova Sicilia mit ihrer Führungsfigur Pellegrino und dem Ex-Christdemokraten Nicolò Nicolosi (geb. 1942)[56] aus Corleone sowie dem Bürgermeister von Pantelleria (TP) Alberto Di Marzo (geb. 1951)[59].

4 Italien – eine mafiose Demokratie? 243

Obwohl es Mafiosi untersagt war, die Cosa Nostra bekämpfende Parteien wie den kommunistischen PCI, den sozialistischen PSI oder den faschistischen MSI zu unterstützen[60], hinderte sie dies nicht daran, diese Parteien zu infiltrieren bzw. punktuell mit ihnen zusammenzuarbeiten. So schrieben sich beispielsweise in den 1880er-Jahren Ehrenmänner bei den linken Fasci Siciliani ein, deren Statuten die Aufnahme von Mafiosi ausdrücklich untersagten.[61] In Orten mit starker Mafiapräsenz wie Corleone waren sogar 20 bis 25 % der Fasci-Mitglieder Ehrenmänner.[62] Den Corleoneser Mafiosi, den Fratuzzi, gelang es darüber hinaus, den Führer des dortigen Fascio, Bernardino Verro, zum Ehrenmann zu machen.[63] Manche linksgerichtete Politiker wie den Sozialisten Rosario Garibaldi Bosco scheint die Mafia »gekauft« zu haben – im Falle Boscos mit einem Assessorenposten in der palermitanischen Stadtregierung.[64] In der Nachkriegszeit unterwanderte die Cosa Nostra dann in Provinzen wie Caltanissetta und Agrigent – aber wohl nicht nur dort – einige Ortsgruppen des kommunistischen PCI.[65] Diese Praxis behielt sie bei, als sich der PCI nach dem Fall der Berliner Mauer in Richtung der politischen Mitte bewegte – und sich zunächst Partito Democratico della Sinistra (PDS), dann Democratici di Sinistra (DS) nannte und schließlich im Partito Democratico (PD) aufging. Der prominenteste Ex-Kommunist mit Mafiakontakten ist Vladimiro (Mirello) Crisafulli (geb. 1950)[66]: Der einstige PCI-Provinzchef von Enna wurde am 19. Dezember 2001 im Hotel Garden in Pergusa (EN) von der Polizei dabei gefilmt, wie er mit dem ennesischen Oberboss Raffaele Bevilacqua öffentliche Aufträge verhandelte. Nicht nur linke Politiker[67] fielen wegen ihrer Mafiabeziehungen auf, sondern auch eine Reihe »roter Genossenschaften«[68] bzw. Unternehmer: Spätestens ab 1959 sollen festländische rote Baugenossenschaften wie das Consorzio Ravennate Construzioni, später auch das Consorzio delle Cooperative (CONSCOOP) mit Mafiaclans bzw. Mafiabauunternehmern wie Arturo Cassina »Arrangements« getroffen haben, um in Sizilien arbeiten zu können. So richtig eng scheint die Zusammenarbeit dann in den 1980er-Jahren, der Zeit des »Tavulinu« (Siz. Tischchens) geworden zu sein, als Mafia, Politiker und Unternehmer gemeinsam die Zuteilung öffentlicher Aufträge manipulierten. Der DC-Chef Salvo Lima, der der Meinung war, »Der Topf muss für alle kochen« (Siz. A pignata av'a bugghiri pi tutti), soll laut dem Aussteiger Angelo Siino dafür gesorgt haben, dass rote Genossenschaften und linke Bauunternehmer – darunter die beiden PCI-Finanziers Stefano und Ignazio Potestio[69] aus Polizzi Generosa (PA) – am System der illegalen Auftragsabsprachen beteiligt wurden. Das ist nachvollziehbar, denn auf diese Weise wurde von vornherein Kritik ausgeschaltet. Der »linke« Bauunternehmer Giuseppe Montalbano junior (geb. 1935)[70] fiel überdies dadurch auf, dass er Bosse vom Kaliber eines Totò Riina beherbergte und Mafiosi half, Konfiszierungen zu vermeiden.

Da nach der Republikgründung alle Parteien eine Zusammenarbeit mit dem neofaschistischen MSI ablehnten, blieb er von der Macht ausgeschlossen – und war für die Mafia uninteressant. Aus diesem Grund sind keine mit der Mafia »verbandelten« MSI-Politiker bekannt. Erst der Nachfolgepartei des MSI, der Alleanza Nazionale (AN, seit 2012 Fratelli d'Italia), die sich Mitte der 1990er-Jahre unter ihrem Vorsitzenden Gianfranco Fini von der faschistischen Ideologie lossagte, gelangen Regierungsbeteiligungen. In der Folge wurden auch AN-Politiker von der Mafia hofiert und bekamen – wie der aus Vittoria (RG) stammende Jurist Filiberto Scalone (1929–2018)[71] oder sein Berufskollege Antonio Battaglia (geb. 1951)[72] aus Termini Imerese – Schwierigkeiten mit der Justiz. Selbst ein Lokalpolitiker der Antimafiapartei La Rete, Salvatore (Totò) Petrotto[73] (geb. 1962) aus Racalmuto (AG), geriet in die Schlagzeilen: Petrotto soll nicht nur Geld von der Mafia angenommen, sondern Attentate auf sich selbst inszeniert haben, um als Mafiaopfer Stimmen von Mafiagegnern zu erhalten.

In allen Parteien gab es von jeher Politiker, die gegen eine Kollaboration mit der Cosa Nostra waren, auch bei den besonders belasteten Christdemokraten. So hatte sich der DC-Sekretär von Camporeale (PA) Pasquale Almerico[74] bemüht, die Übernahme seiner Ortsgruppe durch den Mafiaboss Vanni Sacco zu verhindern, woraufhin er bedroht, diffamiert und am Schluss ermordet 1957 wurde; das gleiche Schicksal erlitt der dem linken Flügel der »Morotei« angehörende sizilianische Ministerpräsident Piersanti Mattarella[75]. Der nächste Christdemokrat, der sich um einen Antimafiakurs bemühte, als er 1984 Bürgermeister von Palermo geworden war, war Giuseppe Insalaco[76]. Nachdem seiner Abwahl innerhalb kurzer Zeit begann Insalaco mit der Antimafiakommission zusammenzuarbeiten und seine ehemaligen Parteifreunde zu belasten, was er genauso wie Almerico und Mattarella mit dem Leben bezahlen musste. Auch der palermitanische Christdemokrat Leoluca Orlando[77], ein Weggefährte Piersanti Mattarellas, war kein Mafiafreund, blieb aber noch bis 1990 in der DC, wohl, weil er bis zum Schluss an deren Reformierbarkeit glaubte. Überzeugte Basiskatholiken hingegen schlossen sich der korrupten DC erst gar nicht an, sondern engagierten sich in Bürgergruppen wie der Città per l'Uomo: Sie wurde 1980 in Palermo von den Jesuiten Ennio Pintacuda (1933–2005) und Bartolomeo Sorge (1929–2020) initiiert, um die DC zu spalten.[78] Darüber hinaus gab es an der christdemokratischen Basis immer wieder Versuche, die Kandidaturen belasteter Politiker zu verhindern, wie bei den Regionalwahlen von 1991 die des Mafiabosses Raffaele Bevilacqua in Enna oder die von Giuseppe Giammarinaro in Trapani. Besonders heftig waren die Proteste gegen den mafiosen Kommunalpolitiker Vito Ciancimino in Palermo, gegen den einige seiner Parteikollegen im Jahr 1970 sogar Beschwerde bei der Parteiführung einreichten.

Auch bei den Kommunisten regte sich von Anfang an Widerstand gegen mafiose Infiltrationen. Einer der ersten, der auf das Problem aufmerksam machte und außerdem eine Neuaufnahme der Ermittlungen über das Attentat an der Portella della Ginestra forderte, war Giuseppe Montalbano senior (1895–1989)[79] aus Santa Margherita del Belice (AG) – pikanterweise der Vater des oben erwähnten »linken« Unternehmers Giuseppe Montalbano junior. Da Montalbano senior in seiner Partei auf taube Ohren stieß, verließ er den PCI und zog sich ins Privatleben zurück. Auch der sizilianische PCI-Sekretär Pio La Torre[80] versuchte seine Partei von mafiosen Elementen zu säubern: Er leitete Untersuchungen ein gegen mit der Mafia zusammenarbeitende Genossen in den Ortsgruppen der palermitanischen Kommunen Ficarazzi, Villabate und Bagheria, die zudem mithilfe der von ihnen geleiteten Landwirtschaftsgenossenschaften in großem Stil EU-Betrug begingen. Da der PCI-Sekretär aber 1982 ermordet wurde, kamen die »unsauberen« Genossen ungeschoren davon. Der Umstand, dass La Torre in seiner eigenen Partei Feinde gehabt hatte, führte sogar zur Vermutung einer »Pista interna«[81], also dem Verdacht, dass die Auftraggeber seiner Ermordung aus den eigenen Reihen stammen könnten. Das laue Vorgehen der Parteiführung gegen ihre eigenen problematischen Mitglieder führte an der Basis zu Frustration und dem Austritt vieler Aktivisten, die sich anschließend lieber in der Antimafiabewegung engagierten – zuerst beim Coordinamento Antimafia und später in der Partei La Rete.

Auch bei den Republikanern gab es Personen, die keine mafianahen Politiker in ihren Reihen dulden wollten. So verhinderte der Parteichef Ugo La Malfa (1909–1973) aus »Opportunitätsgründen« jahrelang die Kandidatur Ignazio Mineos aus Bagheria (PA), dem es erst nach dem Tod La Malfas gelang, als Senator aufgestellt und gewählt zu werden.[82]

Dem politischen Verhalten der Mafia lagen, wie bereits angedeutet, durchaus politische Strategien und Grundsatzentscheidungen zugrunde, die in der Mafiaspitze diskutiert bzw. getroffen und anschließend den Clans übermittelt wurden: So wurde während der letzten Phase der faschistischen Diktatur entschieden, die Separatisten zu unterstützen; eine Woche vor den ersten Nationalwahlen nach der Republikgründung (1948) wurde bei einem Gipfeltreffen in Boccadifalco (PA)[83] beschlossen, nur Kandidaten der DC zu wählen; vor den Nationalwahlen von 1987 wurde seitens der »Kuppel« die Parole ausgegeben, die Sozialisten zu wählen; und bei diversen Gipfeltreffen zwischen 1993 und 1994 kam man überein, sich für die Forza Italia zu engagieren. Über diese allgemeinen Strategieübereinkünfte hinaus, die auch die Anweisung, keine Sozialisten, Kommunisten und Faschisten zu wählen, umfasste, mischte sich die Mafiaführung aber nicht in die Kandidatenentscheidungen der Clans ein. (Die einzige Ausnahme bildete die Zeit der Riina-»Diktatur«.)

Das zentrale Kriterium der Cosche bei der Auswahl der Kandidaten war deren Vertrauenswürdigkeit, die natürlich am höchsten bei Ehrenmännern war. So waren die »Lieblingskandidaten« der Clans Söhne, Neffen, Enkel oder Cousins von Mafiosi, die einen angesehenen Beruf – etwa als Arzt oder Anwalt – ergriffen hatten und bei denen dank ihrer persönlichen Klientel damit zu rechnen war, dass sie auch aus eigener Kraft viele Wählerstimmen organisieren würden – nicht selten wurden sie, um dies zu befördern, vor ihrer Kandidatur in eine bedeutende berufliche Position, etwa in einem Krankenhaus oder einer Gesundheitsbehörde, gehievt. Aufgrund ihrer Bildung – einige hatten sogar Eliteschulen besucht – konnten sich die »Politikermafiosi« auf dem gesellschaftlichen Parkett gewandt bewegen. Als in der Regel »reservierte« Ehrenmänner der Cosa Nostra waren sie nicht am kriminellen Alltagsgeschäft beteiligt, wiesen also kein Vorstrafenregister auf und präsentierten sich gut in der Öffentlichkeit. Daher gab der Boss Calogero Vizzini, der in der Nachkriegszeit Bürgermeister von Villalba (CL) war und dem bewusst war, dass mafiose Personen wie er politischen Gegnern eine Angriffsfläche boten, sein Mandat bereits 1946 zugunsten seines Neffen Beniamino Farina auf. Die Mafia war immer schon gezwungen gewesen, zumindest auf den ersten Blick halbwegs »saubere« Kandidaten ins Rennen zu schicken, weil es sich keine Partei leisten konnte, allseits bekannte Kriminelle für politische Ämter vorzuschlagen. Dies gilt erst recht für die Zeit nach der Einführung des Antimafiagesetzes im Jahr 1982.

Es lassen sich vor allem bei den westsizilianischen Christdemokraten zahlreiche Politiker anführen, von denen behauptet wird oder bekannt ist, dass sie Ehrenmänner waren, etwa der Arzt Calogero Volpe[84] aus Montedoro (CL), der Strafverteidiger Raffaele Bevilacqua aus Barrafranca (EN)[85] oder der »Statthalter« Andreottis in Sizilien, der Palermitaner Salvo Lima[86], um nur einige zu nennen.[87] Aber auch Politiker anderer Parteien waren dem Vernehmen nach Mafiosi, zum Beispiel der sozialistische Regionalabgeordnete Enzo Leone[88] aus Castelvetrano (TP), der Sozialdemokrat Casimiro Vizzini[89] aus Palermo, der Republikaner Aristide Gunnella[90] aus Mazara del Vallo (TP) oder der FI-Politiker Giuseppe Nobile[91] aus Favara (AG). Von weiteren mafianahen Politikern heißt es zwar nicht, sie seien selbst Ehrenmänner, dafür aber einige ihrer Verwandten. Verwandte von Mafiosi kommen in Bezug auf Vertrauenswürdigkeit unmittelbar nach den Punciuti (Siz. Gestochene). Zu den Politikern mit mehr oder weniger bekannten Mafiaverwandten zählen der aus Corleone stammende Wirtschaftsberater und ehemalige sizilianische Regionalpräsident Giuseppe Provenzano[92] von der FI und seine Parteikollegen, der palermitanische Arzt und Abgeordnete Francesco Mercadante[93] sowie der erst 2022 ins Amt des Bürgermeisters von Palermo gewählte Roberto Lagalla (geb. 1955)[94]. Lagalla, ein Mediziner aus Bari (Apulien) war viele Jahre lang Rektor der Universität Palermo gewesen. Auch dem linken Bürgermeister Cirò Caravà (1959–

2017) aus Campobello werden mafiose Verwandschaftsbeziehungen nachgesagt.[95]

Hatte die Cosa Nostra ihre Kandidaten ausgewählt, bemühte sie sich, sie innerhalb einer Partei gut zu platzieren. Dies ist ihr bei den Christdemokraten in Westsizilien besonders gut gelungen.[96] Der vielfach als »Buscetta der Politik« bezeichnete Mafiaaussteiger, ehemalige DC-Sekretär des palermitanischen Ortsverbandes Settecanoli sowie Stadtrat Gioacchino Pennino junior beschrieb in seinen Memoiren[97] beispielsweise, wie bei den Mitgliedsausweisen »getrickst« wurde, um bei Nominierungskonferenzen die gewünschten Mehrheiten herzustellen: Häufig wurden Personen – oft ohne deren Wissen – in die lokalen Ortsgruppen eingeschrieben, während die Mitgliedsausweise mafiakritischer Christdemokraten nicht verlängert wurden. Für die fiktiven Mitglieder bezahlte dann die Cosa Nostra die Mitgliedsbeiträge. Viele DC-Ortsgruppen, vor allem die der »Cianciminiani«, zu denen auch Pennino junior gehörte, existierten faktisch nur auf dem Papier. Diese Praktiken veranlassten einige palermitanische Christdemokraten, sich am 17. November 1970 in einem »Libro bianco« (Weißbuch) bei der DC-Führung zu beschweren und die Wiederherstellung der innerparteilichen Demokratie zu fordern:

> In Palermo macht man keine Politik, die Mitgliedsausweise sind falsch, es gibt keine Demokratie, es gibt nur Kommissare, der Umgang mit den Mitgliedsausweisen ist betrügerisch.[98]

Spätestens in den 1980er-Jahren hatte Salvo Lima als Chef der sizilianischen »Andreottiani« aber eine solche Machtposition erreicht, dass es ihm manchmal auch ohne Manipulation gelang, Kandidaturen gegen den Willen der Parteibasis durchzusetzen.[99] Konflikte gab es aber nicht nur zwischen Mafiagegnern und Mafiafreunden, sondern auch zwischen rivalisierenden Mafiapolitikern: So unterstützten vor dem zweiten Mafiakrieg die in Palermo tonangebenden Bosse Bontate, Inzerzillo und Badalamenti den Politiker Salvo Lima, während die Corleoneser Vito Ciancimino den Vorzug gaben. Die Politiker-Händel innerhalb der Cosa Nostra stellten ein so großes Problem dar, dass die Kuppel sogar darüber nachdachte, keine Politiker mehr aufzunehmen.[100]

Da die Mafia nicht über ausreichend eigenes Personal verfügt, um alle sie interessierenden Ämter jenseits der lokalen Ebene zu besetzen, unterstützt sie auch organisationsfremde Politiker. Von einer Reihe von Mafiapolitikern ist bekannt, dass sie nicht einmal über grundlegende politische Fertigkeiten wie Redetalent verfügten. Beispielsweise sollen sowohl Salvo Lima[101] – in seinem Fall wohl auch aufgrund seines Lispelns – als auch Francesco Barbaccia[102] nie in ihrem Leben eine öffentliche Rede gehalten haben. Von Calogero Volpe[103] heißt es, seine Kollegen im Abgeordnetenhaus hätten sich über ihn amüsiert, weil er des Hochitalienischen nicht mächtig gewesen sei, sondern nur Sizilianisch gesprochen habe. Und den »Cianciminiani« im Stadtrat von Palermo wurde nachgesagt, sie hätten nicht einmal gewusst, wann sie bei Abstimmungen die Hand heben sollten, und seien daher auf die Hilfe des mit Vito Cianciminiano befreundeten sozialdemokratischen Stadtrats Giacomo Murana[104] angewiesen gewesen.

Alle diese Politiker sind der Cosa Nostra unterschiedlich stark verbunden, am stärksten natürlich die Ehrenmänner, gefolgt von den organisationsexternen Politikern, mit denen Mafiosi direkte Beziehungen unterhalten, was besonders für Kommunalpolitiker gilt. Die enorme Präsenz von mafianahen und »Mafia-Politikern« auf der kommunalen Ebene führte vor allem in Westsizilien zu zahlreichen Auflösungen von Stadt- und Gemeinderäten wegen mafiöser Infiltrationen, seit es mit dem Gesetz 221/1991 eine entsprechende rechtliche Grundlage gibt.

Auch in den ehemaligen Provinzparlamenten, in der sizilianischen Regionalversammlung sowie im Parlament ist bzw. war die Mafia gut vertreten – mit entsprechenden Folgen: Gegen mehr als 50 % der sizilianischen Regionalabgeordneten wurde zwischen 1991 und 1996 nicht nur wegen Korruption und Amtsmissbrauch, sondern auch wegen Beziehungen zur organisierten Kriminalität ermittelt. Gegen 41 von den damals 90 (heute 70) Abgeordneten wurde ermittelt und 16 kamen in Untersuchungshaft;[105] darunter befanden sich ein Ex-Regionalpräsident, zwei Vizepräsidenten, zehn Ex-Assessoren sowie der Fraktionschef der Christdemokraten. Insgesamt waren die Christdemokraten und Sozialisten am stärksten betroffen, hatten doch 22 ihrer 40 Abgeordneten Probleme mit der Justiz. Darüber hinaus sahen sich im gleichen Zeitraum 34 sizilianische Senatoren und Nationalabgeordnete dem

Vorwurf der Korruption bzw. der Zusammenarbeit mit der Mafia ausgesetzt.[106]

Aber nicht nur sizilianische, sondern auch festländische Politiker unterhalten Beziehungen zur Cosa Nostra, und zwar direkt oder indirekt mit Hilfe von als »Broker« agierenden Mafiapolitikern. Manche unter ihnen wie beispielsweise der Piemonteser Giovanni Giolitti (1842–1928) haben möglicherweise nie persönlich einen Mafioso kennengelernt. Sie können aber insofern durchaus als »Mafiapolitiker« bezeichnet werden, als ihre Macht von Politikern abhing, die ihr politisches Amt mafioser Unterstützung verdankten. Um ihre Macht zu sichern, erwiesen etwa Giolitti oder Andreotti »ihren« mafiosen sizilianischen Politikern ganz bewusst und gegen den Wunsch mancher ihrer Parteikollegen von der Cosa Nostra geforderte Gefälligkeiten. Der sizilianische Priester und Politiker Luigi Sturzo (1871–1959) brachte die Situation folgendermaßen auf den Punkt:

> Die Mafia ist in Sizilien verwurzelt, streckt ihre Fühler aber auch nach Rom aus. Sie durchdringt die Ministerialkabinette und hält sich in den Korridoren des Montecitorio[107] auf. Sie verletzt Amtsgeheimnisse, unterschlägt Dokumente und zwingt Männer, die als Musterbeispiele für Ehrlichkeit gelten, zu unredlichen und gewalttätigen Handlungen.[108]

Wohl auf Druck der Amerikaner ließen sich hochrangige, antikommunistische Politiker der Nachkriegszeit wie Alcide De Gasperi oder Mario Scelba, ohne selbst Mafiafreunde zu sein, auf Kompromisse mit der Mafia ein, die folglich ungestraft reihenweise linke Politiker ermorden konnte. Der sizilianische Christdemokrat Giuseppe Alessi (1905–2009) formulierte die damalige Einstellung vieler seiner Parteikollegen so:

> Wir müssen den Kommunismus stoppen, koste es, was es wolle. Der Kommunismus ist schlimm, der, den ihr nicht kennengelernt habt. Gleich nach dem Krieg war es besser zusammen mit Mafiosi zu regieren als das Land den Kommunisten zu überlassen.«[109]

Der »Fanfaniano« Giovanni Gioia war zwar selbst kein Mitglied der Mafia, ermöglichte aber die mafiose Durchsetzung der sizilianischen

DC und trägt die moralische Schuld für die Ermordung des DC-Sekretärs von Camporeale, Pasquale Almerico. Er hatte sich erfolglos an Gioia um Hilfe gewandt hatte, um die Übernahme seines Ortsverbandes durch die Mafia zu verhindern.[110] Erst recht standen der Cosa Nostra die meisten sozialistischen und kommunistischen Politiker feindlich gegenüber, aber ihnen war klar, dass sie, ohne einen »Pakt mit dem Teufel«[111] zu schließen, persönlich gefährdet und nicht in der Lage gewesen wären, den »roten Genossenschaften« öffentliche Aufträge zu vermitteln. Nur so erklären sich Aussagen wie die des PCI-Funktionärs Michelangelo Russo (1931–2006) – der übrigens Nachfolger von Pio La Torre war! –, man könne bei Firmen schließlich keine Blutgruppenanalyse in bezug auf deren Mafiosität durchführen und es müsse auch den Genossenschaften erlaubt sein, sich neue Märkte zu erschließen.[112] Nicht einmal Silvio Berlusconi dürfte persönlich ein Mafiafreund sein, aber er hatte sich, als Anfang der 1970er-Jahre von ihm Schutzgeld erpresst wurde, an die »Freunde der Freunde« gewandt, nicht an die Polizei; später nahm er wohl auch mafiose Gelder für seine Firma an, womit er in die Fänge der Cosa Nostra geriet.

Abschließend lässt sich feststellen, dass es seit der zweiten Hälfte des 19. Jahrhunderts eine transversale, also parteiübergreifende Mafiapartei gibt, der Politiker unterschiedlicher Parteien und politischer Ebenen direkt oder indirekt angehören. Diese mafiose Transversalpartei wird immer dann aktiv, wenn die Interessen ihrer Mitglieder berührt sind, beispielsweise wenn es der Mafia förderliche Gesetze oder um die Aufhebung der Immunität von Mafiapolitikern geht, die häufig parteiübergreifend abgelehnt wird. Selbstverständlich bekunden die Mitglieder der Transversalpartei Solidarität, wenn gegen eines ihrer Mitglieder ermittelt wird; ohne weiter darüber nachzudenken stellen sie belastete Kollegen wieder bei Wahlen auf und spielen generell das Problem der Mafia herunter. Als gute Patrioten lehnen sie es wie vor über hundert Jahren ab, Sizilien mit der Mafia in Verbindung zu bringen. So lehnte es Gianfranco Miccichè (geb. 1954), dem nachgesagt wurde, er habe sich Kokain in sein Ministerium liefern lassen[113], ab, den palermitanischen Flughafen nach den ermordeten Richtern Falcone und Borsellino zu benennen, weil er einen schlechten Ruf für die Insel befürchtete.[114] Der sizilianische UDC-Ministerpräsident Totò Cuffaro hingegen, unterstützt von dem FI-Senatspräsident Renato Schifani (geb. 1950), empörte sich über eine von dem Fernsehsender RAI3 am 15. Januar 2005 ausgestrahlte Sendung mit dem Titel »La mafia che non spara« (Die Mafia, die nicht schießt), in der es unter anderem um Schutzgeldzahlungen ging.[115] Cuffaro erklärte, er verstehe es, wenn die Sizilianer angesichts solcher Sendungen, die für ein schlechtes Image der Insel sorgten, keine Fernsehgebühren mehr bezahlen würden, und forderte eine »Reparatursendung«, die tatsächlich später von RAI2 ausgestrahlt wurde. Der Clou: Cuffaro wurde später zu einer Gefängnisstrafe verurteilt, weil er Mafiosi begünstigt hatte! Angesichts solcher Heuchelei erscheint die Forderung des Ex-FI-Ministers Pietro Lunardi (geb. 1939) aus Parma, man müsse mit der Mafia zusammenleben[116], aufrichtiger. Hingegen übertrieben ehrlich war der skurrile Vincenzo Lo Giudice, der während seiner Wahlkämpfe ein Luxusauto durch die Straßen fahren ließ, über dessen Lautsprecher die Titelmelodie des Films »Der Pate« plärrte und der sich stets mit: »Erfreut, ich bin Don Vito Corleone« vorstellte.[117] Normalerweise sind die Mitglieder der mafiosen Transversalpartei aber nur untereinander oder in Gesprächen mit Mafiosi offen, bei denen sie sich häufig des mafiosen Jargons bedienen und – wie beispielsweise Bartolo Pellegrini – Polizisten abwertend als »Sbirri« (Bullen) bezeichnen.[118] Nur wenn Politiker rechtskräftig verurteilt werden – was selten genug vorkommt – wollen sie die Mitglieder der mafiosen Transversalpartei nicht gekannt haben.

4.3 Protektion und Begünstigung gegen Unterstützung

Der Mafioso Nino Giuffrè brachte die Beziehung zwischen den mafiosen Clans und Politikern folgendermaßen auf den Punkt:

> Also, ich gebe dir, Politiker, etwas und du gibst mir, Mafioso, etwas. Ich gebe dir Macht und bringe dich nach Rom und du garantierst mir Straffreiheit, erweist mir Gefälligkeiten und verschaffst mir Verdienstmöglichkeiten.[1]

Von Anbeginn ihrer Existenz sicherten einflussreiche Personen Ehrenmännern Schutz vor Strafverfolgung. So berichtete bereits im Jahr 1838 der Intendant (eine Art Vorläufer des Präfekten) von Caltanissetta über eine in Mazzarino (CL) ansässige Verbrecherorganisation namens Sacra Unione. Ihr Anführer, ein für den Richter des Dorfes tätiger Feldhüter und berüchtigter Krimineller, würde von allen einflussreichen Personen im Ort geschützt.[2] Damals war es an der Tagesordnung, dass die Mächtigen – Adelige, Großgrundbesitzer und Kirchenfürsten – Mafiosi Unterschlupf gewährten oder bei Gericht für sie vorsprachen.[3] Die Parlamentarische Untersuchungskommission von 1875 stellte fest, es sei für Mafiosi »außerordentlich einfach sich (...) Straffreiheit« zu sichern, ja sie müssten sich im Unterschied zu normalen Kriminellen nicht einmal verbergen.[4]

An dieser Situation hat sich bis heute nicht viel geändert, wofür sich zahllose Beispiele anführen lassen, vom Staatspräsidenten Giulio Andreotti bis zu diversen Regionalabgeordneten; die »Hilfeleistungen« reichen dabei vom Eingreifen in Gerichtsprozesse bis zur Unterweisung im Simulieren von Krankheiten.[5]

Politiker förderten ebenfalls immer schon die mafiosen Geschäfte. Als nach der Gründung Italiens den Kommunen[6] kollektive Aufgaben zugewiesen wurden, wie die Bereitstellung von Infrastrukturleistungen (Wasser, Beleuchtung, Transport, Abwasser- oder Müllbeseitigung) oder öffentlichen Einrichtungen (Krankenhäusern, Waisen- und Altenheimen, Schlachthäusern, Schulen oder Versorgungseinrichtungen für mittellose Personen), sorgten Politiker dafür, dass die dafür gedachten Gelder an dubiose Personen flossen, mit denen sie unter einer Decke steckten. Wenn Kriminelle gegen die Interessen der Allgemeinheit verstießen – etwa indem sie öffentliches Eigentum wie staatseigenes Land usurpierten oder Grund- und Gewerbesteuern nicht bezahlten –, wurde dies nicht nur toleriert, sondern häufig sogar im Nachhinein legalisiert. Selbstverständlich erhielten Kriminelle von der »Mafia der Rathäuser«[7] bevorzugt Genehmigungen, Lizenzen und Konzessionen genauso wie Arbeitsplätze bei staatlichen Einrichtungen.[8] Stadtratssitzungen waren oft eine Farce, da die Entscheidungen bereits vorher zwischen Politikern und Mafiosi abgesprochen worden waren.[9] In der Konsequenz waren die kommunalen Kassen fast immer leer und die Aufgaben, die der

Zentralstaat den Kommunen zugewiesen hatte, wurden entweder gar nicht oder nur schlecht erfüllt.[10]

Das ist noch heute so, nur dass inzwischen die staatlichen Aufgaben und die öffentlichen Mittel – und damit die Verteilungsmacht der Politik – beträchtlich angewachsen sind. Die Zahl von Politikern, denen Begünstigung mafioser »Geschäfte« vorgeworfen wird, ist nahezu unüberschaubar. Am häufigsten wird Politikern die Manipulation öffentlicher Ausschreibungen[11] zugunsten mafioser Unternehmer zur Last gelegt, aber auch die bevorzugte Zuteilung von Subventionen[12] – häufig an dubiose Genossenschaften. Selbstverständlich sorgen Politiker noch immer dafür, dass Mafiosi an allen Regeln vorbei Genehmigungen[13], Lizenzen[14] und Konzessionen[15] erhalten. Ferner schanzen sie als Aufsichtsratsmitglieder von Banken Mafiosi ungesicherte Kredite[16] zu. Dass die Politiker bei alledem mitverdienen wollen und kräftige Schmiergelder verlangen, beweisen zahllose Korruptionsermittlungen[17].

Weitere Gefälligkeiten sind das Besorgen von falschen Ausweispapieren[18], die Hilfe beim Zurückerlangen von Waffen oder Führerscheinen[19], die Beschaffung von Arbeitsplätzen beim Staat[20] oder in Familienunternehmen[21]. Manchmal bezahlen Politiker Angehörigen von Mafiosi sogar die Fahrtkosten[22] für Gefängnisbesuche!

Im Gegenzug bekommen Politiker von der Mafia Hilfe bei der Erlangung und dem Erhalt von Macht. Wie bereits im zweiten Kapitel dieses Buches ausgeführt, bat der politisch interessierte Teil der gesellschaftlichen Elite in der ersten Hälfte des 19. Jahrhunderts Kriminelle um Unterstützung bei Aufständen, wodurch die Mafia überhaupt erst entstand. Versuche, mit Gewalt einen Regimewechsel herbeizuführen, gab es auch im 20. Jahrhundert, und zwar in Form von Staatsstreichen[23] bzw. politischen Destabilisierungsversuchen.

Zumindest bei einem dieser Umsturzversuche, dem Borghese-Putsch[24], der in der Nacht vom 7. auf den 8. Dezember 1970 stattfand, war die Mafia beteiligt. Der Kontakt zwischen der Mafia und den von dem Rechtsradikalen Junio Valerio Borghese (1906–1974) geführten Putschisten Mafia wurde von den Freimaurern Giovanni Alliata Di Montereale und Carlo Morana hergestellt.[25] Von Alliata Di Montereale heißt es, er habe als reservierter Ehrenmann der palermitanischen Brancaccio-Familie angehört und Morana war der Bruder eines palermitanischen Mafioso. Nachdem sich die damaligen Spitzenmafiosi Pippo Calderone, Giuseppe Di Cristina und Luciano Leggio aufgrund ihrer schlechten Erfahrungen mit Faschisten eher halbherzig zu einer Unterstützung durchgerungen hatten[26], trafen sie sich mit dem »Principe nero« (Schwarzer Fürst) Borghese, der ihnen seinen Plan erläuterte: Nach der Verhaftung des Staatspräsidenten und der Besetzung der Ministerien durch seine Männer in Rom sollte die Cosa Nostra mit einem Kontingent von 1000 bis 2000 Ehrenmännern – erkennbar an einem grünen Armband – in Sizilien die Präfekturen unter Kontrolle bringen. Diejenigen, die sich ihnen dabei in den Weg stellten, sollten sie verhaften. Im Gegenzug wurde der Cosa Nostra zwar keine Generalamnestie, aber eine »Berichtigung« der Strafverfahren inhaftierter Mitglieder angeboten.[27] Auch, wenn man sich am Ende einigte, blieb Calderone bei seiner Weigerung, die Cosa Nostra Verhaftungen vornehmen zu lassen:

> Wir Mafiosi, Leute verhaften? Schauen Sie, solche Sbirri-Sachen machen wir nicht! Wenn wir jemanden umbringen müssen, dann bringen wir ihn um. Aber Personen in den Knast bringen, niemals.[28]

Und so standen in Sizilien in der Putschnacht die Picciotti bereit, zusätzlich zu einer kleinen Gruppe, die nach Rom gereist war. Letzten Endes wurde aus dem Vorhaben aber nichts, weil Borghese den bereits angelaufenen Putsch – das Innenministerium war schon besetzt – nach einem mysteriösen Telefonanruf plötzlich abbrach.

Die Unterstützung der Cosa Nostra wurde nicht nur bei Aufständen und Putschversuchen nachgefragt, sondern im Rahmen von »Strategien der Spannung«[29] auch bei Terroranschlägen mit dem Ziel, autoritäre Maßnahmen oder Regimewechsel vorzubereiten. Die erste derartige Attacke war der bereits erwähnte Vorfall der Pugnalatori von Palermo als am 4. Oktober 1862 in Palermo willkürlich zwölf Personen ermordet wurden, damit die Regierung einen Vorwand zur Abschaffung der Rede- und Pressefreiheit hatte. Auch das Attentat an der Portella della Ginestra am 1. Mai 1947 ist hier zu nennen. Es zielte auf die Provokation eines Bürgerkrieges ab, der das Verbot der kommunistischen Partei gerechtfertigt hätte. An dem Anschlag vom 23. Dezember 1984 auf den Schnellzug 906 im Appenin-Basistunnel zwischen Neapel und Mailand, bei dem 27 Menschen starben und 180 verletzt wurden, war die Cosa Nostra ebenfalls beteiligt.[30] Das Ziel dieses wie weiterer, hauptsächlich von Rechtsradikalen verübten Anschläge bestand nicht nur in der Diffamierung der politischen Linken. Die gesellschaftliche Destabilisierung sollte auch den Boden für autoritäre Regierungen bzw. rechtsgerichtete Regierungsumstürze bereiten.[31] Die letzte Terrorwelle ereignete sich Anfang der 1990er-Jahre und umfasste sowohl die Bombenanschläge auf die Richter Falcone (23.05.1992) und Borsellino (19.09.1993) in Palermo sowie das missglückte Attentat auf den Fernsehjournalisten Maurizio Costanzo (14.05.1993) in Rom. Auch der Anschlag auf die Uffizien in Florenz (27.05.1993) und die Attentate am 27. Juli 1993 auf die Basilika San Giovanni in Laterano, die Kirche San Giorgio al Velabro in Rom und die Galleria d'Arte Moderna in der Via Palestro in Mailand gehörten zu dieser Terrorwelle. Der letzte Anschlag am 31.10.1993 auf eine sich im Viale dei Gladiatori nahe des Olympiastadions von Rom aufhaltende Carabinieri-Einheit missglückte. Alle diese Attentate werden der Cosa Nostra zugeschrieben, wenn auch zahlreiche Indizien vermuten lassen, dass sie im Auftrag Dritter gehandelt hat, die damit erneut einen Regimewechsel einleiten wollten.[32]

Am häufigsten wünschen sich Politiker von der Cosa Nostra aber Unterstützung bei ganz normalen demokratischen Wahlen. Die Bedeutung der Mafia als »Wahlhelferin« ist in den letzten 150 Jahren stark gestiegen, nicht nur wegen der Ausweitung des Wahlrechts (abgeschlossen 1946 mit der Einführung des Frauenwahlrechts), sondern auch wegen der Zunahme der politischen Gremien: So entsenden die Sizilianer seit 1948 nicht nur Vertreter in das Nationalparlament, sondern seit 1947 auch in die Assemblea Regionale Siciliana (Sizilianische Regionalversammlung, ARS), den Landtag. Bis zu ihrer Abschaffung 2008 wählten sie ferner Abgeordnete für die neun Provinzparlamente. In den heute rund 400 Kommunen werden die Sizilianer außerdem zur Wahl von Stadt- und Gemeinderäten und in Städten mit über 250.000 Einwohnern von Stadtbezirksräten an die Urnen gerufen. Im Jahr 1979 kamen noch die Abgeordneten für das Europaparlament hinzu.

Ihre »Tauschgeschäfte« sprechen Politiker und Mafiosi entweder auf höchstem Niveau oder auf lokaler Ebene ab.[33] Bei besonders wichtigen Fragen verhandeln Spitzenmafiosi mit hochrangigen Politikern wie etwa mit Salvo Lima, der lange Zeit *der* »politische Referent«[34] der Cosa Nostra war. Wenn es um lokale Angelegenheiten geht, verhandeln die Clans selbst mit den in ihrem »Territorium« tätigen Politikern. Manche Cosche haben für diese Aufgabe »Spezialisten« abgestellt, im Fall der palermitanischen Familie Croceverde-Ciaculli einen gewissen Salvatore Greco (1927–1999), der nicht umsonst »Senatore« (Senator)[35] genannt wurde. Wenn nun einfache Ehrenmänner eine Gefälligkeit von einem hochrangigen Politiker benötigen, etwa die »Berichtigung« eines Prozesses, dürfen sie sich niemals persönlich an den Politiker wenden, sondern müssen einen von der Kuppel bestimmten hochrangigen Mafioso um Vermittlung bitten.

Der Aussteiger Maurizio Di Gati (geb. 1966), ehemals Provinzrepräsentant der Cosa Nostra in Agrigent, erzählte über die Unterstützung im Wahlkampf:

> Alle Parteiführer wenden sich bei Wahlkämpfen an die Mafia und wollen Unterstützung. Alle. Vom Ex-Bürgermeister Sodano bis zum Senator des Partito Democratico Angelo Capodicasa.[36]

Nachdem sie Kontakt aufgenommen haben, werden die Politiker – so berichtete der Aussteiger Leonardo Messina über die Verfahrensweise der Mafia in der Provinz Caltanissetta – von den Mafiabezirksvorsitzenden eingeladen, um sich vorzustellen.[37] Dabei unterbreiten sie Vorschläge, was sie im Falle ihrer Wahl alles für die Ehrenmänner zu tun gedenken. Früher genügten den Clans solche Versprechungen, aufgrund schlechter Erfahrungen mit Politikern verlangen Mafiosi in letzter Zeit aber zunehmend mehr Geld für ihre Wahlkampfhilfe: So waren beispielsweise an den palermitanischen Brancaccio-Clan für 300 Wählerstimmen 15.000 € zu bezahlen.[38] Die Cosche lassen ihre Gunst meist mehreren Kandidaten[39] zukommen – manchmal sogar aus unterschiedlichen Parteien. Der Mafiaaussteiger Nino Giuffrè erklärte hierzu:

> Man darf nicht an einer Idee hängen, an nur einem Mann, schon gar nicht an einer Partei. Im Gegenteil, man muss einen ganzen Stall von gewinnenden Pferden haben, in Palermo wie in Rom.[40]

Diese Praxis führt gelegentlich zu Konflikten nicht nur zwischen rivalisierenden Kandidaten, sondern auch zwischen verschiedenen Clans. Als etwa der ehemalige UDC-Bürgermeister Armando Savarino († 2019) aus Ravanusa (AG) bei den Regionalwahlen von 2001 seine Tochter Giusy (geb. 1974) ins Rennen schickte, führte dies zu einer Auseinandersetzung mit dem im gleichen Wahlkreis antretenden Vincenzo Lo Giudice, der Angst hatte, die Rivalin könne Stimmen von ihm abziehen. Der Konflikt musste von Calogero Di Caro (geb. 1946), dem Boss von Canicatti, geschlichtet werden.[41] In Catania hingegen stritten sich zwei Clans, die denselben Kandidaten unterstützt hatten, darum, wessen »Eigentum« der Politiker nun sei, also wem er bevorzugt Gefälligkeiten zu erbringen habe.[42]

Im Lauf der Zeit hat sich die Art und Weise, wie sich die Cosa Nostra in Wahlkämpfe einmischt, aufgrund der Rahmenbedingungen verändert: Während der Regierungszeit der Liberalen im 19. und frühen 20. Jahrhundert griff die Mafia vornehmlich zu offener Gewalt, was sich nach dem Zweiten Weltkrieg sogar noch steigerte, als reihenweise Führer der Linksparteien umgebracht wurden. Nachdem sich die Macht der Christdemokraten in der zweiten Hälfte der 1950er-Jahre konsolidiert hatte, begannen Ehrenmänner zu friedlicheren Wahlkampfmethoden überzugehen, wobei sie einen Teil der Wählerstimmen nicht einmal beschaffen mussten, da jeder Clan von vorneherein ein beträchtliches Wählerkontingent zu mobilisieren vermochte: Der Aussteiger Antonino Calderone machte dazu am Beispiel der palermitanischen Familie von Santa Maria di Gesù folgende Rechnung auf[43]: Die Familie besteht aus ungefähr 200 Mitgliedern, und da jedes Mitglied in der Lage ist, mittels Verwandter und Freunde 40 bis 50 Stimmen zu organisieren, verfügt die Familie automatisch über 10.000 Wählerstimmen.[44] Folglich brüstete sich der Capofamiglia des palermitanischen Clans Brancaccio, Giuseppe Guttadauro:

> Ohne mich von zu Hause zu bewegen, habe ich 5.000 Stimmen gesammelt. (...) Mein Bruder Carlo (...) kann das auch – von sieben Stadträten der Forza Italia hat allein er fünf wählen lassen. Sieben hat er in Bagheria wählen lassen (...) mehr sage ich nicht. Er ist dazu in der Lage, einen

Onorevole (Ehrenwerten, also einen Abgeordneten, Anmerk. d. Verf.) zu machen. Sicher, Carlo hat das nicht allein gemacht.[45]

Über diese »eigenen« Stimmen hinaus organisiert die Mafia aber von jeher weitere Wählerstimmen. Eine beliebte Methode der Wahlwerbung waren ab den 1950er-Jahren Spaziergänge, die die Bosse Arm in Arm mit den von ihnen präferierten Politikern in ihren Stadtvierteln bzw. Dörfern unternahmen.[46] Buscetta erzählte:

> Es war wichtig, dass sie zusammen gesehen wurden: Man brauchte keine Wahlversammlungen abzuhalten, Versprechungen zu machen oder Verpflichtungen einzugehen. Die einfache Präsenz in Begleitung durch einen Ehrenmann stellte für die Wähler (…) einen klaren Hinweis dar, dass sie (…) dem Freund des Ehrenmannes ihre Stimme zu geben hatten.[47]

Bei diesen »Präsentationen« ging es nicht nur darum, der Bevölkerung klarzumachen, welche Politiker das Vertrauen der Ehrenmänner genossen, es sollte ihr auch gezeigt werden, wer sich zukünftig ihrer Anliegen annehmen würde, wie der Ex-Mafioso Tullio Cannella erläuterte:

> Es war so, als ob die Leute der Cosa Nostra im Viertel den ganzen Rentnern, Arbeitern (…) ein Geschenk machen und sagen würden: ‚Also, ihr habt gesehen, dass wir genau die Person zu euch auf die Piazza bringen, die sich eurer Probleme annehmen wird, aller Probleme.' Es war eine Art Geschenk.[48]

Waren die Kandidaten vorgestellt, fanden im zweiten Schritt sogenannte »Visite Porta a Porta« (Tür-zu-Tür-Besuche) statt. Dabei gingen allseits bekannte Ehrenmänner, die sogenannten »Zu' Totòs« (Siz. Onkel Totòs), zu den Familien ihres Stadtviertels und überreichten ihnen »Santini« (Kleine Heilige)[49], also Werbezettelchen der zu wählenden Kandidaten. Bedürftige Familien erhielten zusätzlich ein Geschenk, beispielsweise Nudelpackungen, Benzingutscheine oder die Begleichung ihrer Strom-, Versicherungs- oder Telefonrechnungen.[50] Finanzieren mussten diese »Geschenke« natürlich die Kandidaten. Neben den »Wahlkampfgeschenken« wurden den Wählern Versprechungen gemacht, etwa auf die Zuteilung einer Sozialwohnung oder einer Stelle beim Staat. Bis zur Abschaffung der Präferenzstimmen im Jahr 1993 erhielten die Wähler außerdem häufig bestimmte, den Listenplätzen der Kandidaten entsprechende Nummernkombinationen,[51] denn das frühere Wahlsystem erlaubte es, gleichzeitig mehrere Kandidaten einer Liste anzukreuzen. Wenn beispielsweise der zu wählende Kandidat den Listenplatz 50 hatte, war bei allen verteilten Nummernkombinationen die 50 dabei, damit genau dieser Kandidat gewählt werden würde. Da jeder Wähler eine individuelle Nummernfolge zugeteilt bekam, konnten die bei der Auszählung anwesenden mafiosen Wahlhelfer (als Vertreter der Parteien) genau feststellen, ob der Wähler »korrekt« abgestimmt hatte.[52]

Für Stimmenmultiplikatoren wurden außerdem große, von Mafiaunternehmern wie den Cousins Ignazio und Nino Salvo oder dem Baulöwen Rosario Spatola finanzierte Wahlkampfbankette durchgeführt. Solche kostspieligen Veranstaltungen wurden allerdings nicht für »Wald-und-Wiesen-Politiker« organisiert, sondern nur für Spitzenpolitiker. Die Wahlkampfgelage der Salvos in deren Hotel Zagarella in Santa Flavia (PA) für Salvo Lima waren geradezu berühmt. Auch das von Spatola für den Verteidigungsminister Attilio Ruffini[53] in einem Landgut des Capomafia von Roccella organisierte Bankett, an dem hunderte Personen teilnahmen, war legendär.

Neben dem Stimmensammeln erbringen Ehrenmänner ihren Kandidaten zahlreiche weitere Dienste: Sie begleiten Politiker zu ihren Wahlkundgebungen, bewachen deren Wahlkampfstände und -büros oder organisieren das Aufhängen von Wahlplakaten, bezeichnenderweise etwa an Geschäften von flüchtigen Mafiabossen.[54] Gelegentlich setzen Mafiosi auch Symbole ein: Beispielsweise ließen sie bei den Nationalwahlen von 1987, als sozialistisch gewählt werden sollte, auf Balkone Nelken stellen, das Parteisymbol der Sozialisten. Ferner sorgen die Clans am Wahltag für den Transport von Wählern. Früher postierten sie zudem Ehrenmänner vor dem Wahllokal, um nicht nur daran zu erinnern, wie abzustimmen war, sondern auch möglicherweise vorher »durch das Raster« gefallene Personen noch als Wähler zu gewinnen. Wenn diese dann respektvoll grüßend an Ehrenmännern vorbeigingen, antworteten diese:

»Ci pozzu rari un consighiu« (Siz. Darf ich Ihnen einen Rat geben) und empfahlen ihre Kandidaten.

Von jeher versucht die Cosa Nostra die Abstimmungslokale unter ihre Kontrolle zu bringen. Eine wichtige Voraussetzung dafür ist die Kontrolle des Wahlausschusses, wobei den Wahlleitern eine entscheidende Rolle zukommt. Immer wieder werden Wahlleiter unter dem Vorwurf verhaftet, Wählerstimmen gefälscht zu haben.[55] Es genügt aber auch, wenn die Wahlleiter ihre Augen verschließen: So schritten sie beispielsweise in Corleone nicht ein, als sich in den Wahllokalen hunderte plötzlich »erblindeter« Personen von Mafiosi in die Wahlkabinen begleiten ließen.[56] Manchen Wahlleitern fällt auch nicht auf, wenn Immigranten ohne Wahlberechtigung oder längst Verstorbene »wählen« bzw. manche Wähler mehrfach abstimmen. Eine gängige Methode ist seit einigen Jahren auch das Hinausschmuggeln von Stimmzetteln aus dem Wahllokal, um diese auszufüllen und Wählern in die Hand zu drücken, die sie dann im Wahllokal anstelle des neuen abgeben. Für den neuen, unausgefüllten Wahlschein erhalten die Wähler später Geld, wobei der Tarif derzeit bei 50 bis 60 € zu liegen scheint.

Seit den frühen 1990er-Jahren ist die Zeit der gemeinsamen Spaziergänge von Mafiabossen und Politikern und die offene Wählerstimmenwerbung vorbei. Die Gründe liegen einerseits im Maxiprozessurteil (1992), nach dem sich Ehrenmänner nicht mehr so frei wie früher bewegen können, andererseits – und das dürfte noch wichtiger sein – im neuen Artikel 416ter, der den »Scambio elettorale politico-mafioso« (Politisch-mafiosen Wählerstimmentausch)[57] zum Straftatbestand erklärt, was es Politikern erschwert, sich von der Mafia helfen zu lassen. Der Soziologe Antonio La Spina beobachtet völlig richtig: »Für die Politiker wird es extrem riskant, mit Mafiosi zu tun zu haben: Sie riskieren das Ende der Karriere.«[58]

Ausgemerzt ist der »politisch-mafiose Wählerstimmentausch« aber noch lange nicht, allerdings sind inzwischen sowohl Mafiosi als auch Politiker vorsichtiger geworden, das zeigt ein abgehörtes Gespräch zweier Mafiosi aus Trabia (PA), die sich für Nino Mormino engagierten: »Also, dann bewegen wir uns. Aber mit Zurückhaltung, so wie er es verdient, mit viel Ruhe, verstehst du? Andernfalls schaden wir ihm.«[59] – Heute werben allseits bekannte Mafiosi nicht mehr selbst um

Wählerstimmen, sondern setzen Personen ein, deren Nähe zur Mafia noch nicht allgemein bekannt ist.[60] Auch die Politiker wenden sich nicht mehr persönlich an Mafiosi, sondern bitten durch Mittelsmänner um deren Unterstützung.

Seit der weitgehenden Abschaffung der Präferenzstimmen hat sich auch das System der Stimmenkontrolle verändert. Dabei kam der Cosa Nostra der technische Fortschritt bzw. die Digitalisierung zu Hilfe, und zwar in Form der seit 2000 immer stärker verbreiteten Fotohandys. Die Mafiosi verlangen von den Wählern, in der Wahlkabine den ausgefüllten Wahlschein zu fotografieren, und wenn sie so beweisen können, »richtig« abgestimmt zu haben, erhalten sie Geld.[61] Benzingutscheine bzw. das Bezahlen von Rechnungen sind heute beim Stimmenkauf weniger üblich. Die Praxis des »Wahlscheinfotografierens« hat sich so stark verbreitet, dass durch das Gesetz 49/2008 die Mitnahme von Handys in Wahlkabinen untersagt werden musste,[62] allerdings werden immer wieder Wähler in flagranti beim Fotografieren erwischt.[63]

Auch wenn die mafiosen Wahlkampfmethoden in den letzten sechzig Jahren friedlicher geworden sind, heißt das nicht, dass die Cosa Nostra keine Gewalt mehr anwendet. Nach wie vor wird versucht, aussichtsreiche Rivalen der Mafiakandidaten mit Drohbriefen, an Hauseingangstüren platzierten abgeschnittenen Tierköpfen oder Brandanschlägen auf Autos davon abzuhalten, bei Wahlen anzutreten.[64] Während sich einige Kandidaten mit kugelsicheren Westen[65] zu schützen versuchen, geben andere – wie Salvatore Ciaccio, der ehemalige DS-Bürgermeister von Roccamena (PA) – auf: Nachdem das Sommerhaus seiner Familie mit einem Schaufelbagger zerstört worden war, verzichtete Ciaccio im Jahr 2003 auf eine weitere Kandidatur, womit der Weg für seinen Rivalen Giuseppe Salvatore Gambino von der UDC frei war, der später verhaftet wurde.[66] – Wenn es nicht gelingt, ihre Kandidatur zu verhindern, werden erfolgreiche Rivalen manchmal dazu gezwungen, ihr Amt nicht anzutreten. So geschehen im Falle des Christdemokraten Stefano Nastasi, der bei den Kommunalwahlen 1983 in Partanna (TP) deutlich mehr Stimmen als sein Parteikollege Enzo Culicchia erhalten hatte, woraufhin ihm das Bürgermeisteramt zugestanden hätte. Allerdings verzichtete Nastasi, nachdem die Mafia angeblich mit ihm »geredet« hatte.[67]

4 Italien – eine mafiose Demokratie? 263

Welche unangenehmen Folgen die immer noch gängigen Wahlkampfbehinderungen haben können, schildert der DC-Politiker Giuseppe Abbate (geb. 1953) aus Villarosa (EN), der mit dem ebenfalls für die DC antretenden Mafiaboss Raffaele Bevilacqua bei den Regionalwahlen 2001 im gleichen Wahlkreis um Stimmen warb:

> Während der Wahlkampagne herrschte ein Klima der Angst. Meine Wahlplakate und die des Abgeordneten Plumari wurden sofort, nachdem wir sie hatten aufhängen lassen, wieder heruntergerissen. Die Verteilung unserer Wahlzettel wurde behindert. Die Jugendlichen, die ich dafür engagiert hatte, erzählten mir, sie seien eingeschüchtert worden (…) Besonders groß war die Spannung in der Schlussphase des Wahlkampfs: Am Freitag vor den Wahlen fand auf der Piazza von Pietraperzia eine DC-Kundgebung statt, bei der ich als Hauptredner vorgesehen war. Als ich auf die Tribüne stieg, bemerkte ich auf der linken Seite des Marktplatzes Bevilacqua und Liborio Miccicchè (der Capomafia von Pietraperzia, Anmerk. d. Verf.) mit einer Gruppe, auf der rechten Seite den Doktor Sammarco mit seinen Anhängern. Bevilacqua und Sammarco kamen auf die Bühne und verhinderten, dass ich meine laut Programm vorgesehene Redezeit nutzen konnte. Stattdessen sprachen Sammarco und der Advokat Bevilacqua und nahmen nahezu die gesamte Redezeit in Anspruch. Ich, der eine dreiviertel Stunde hätte sprechen sollen, war gezwungen, die Vertreter der sozialistischen oder der sozialdemokratischen Partei, ich weiß es nicht mehr genau, die anschließend ihre Wahlveranstaltung abhielten, noch um fünf Minuten Redezeit zu bitten.[68]

Aber nicht nur die Kandidaten selbst werden schikaniert, sondern auch deren Anhänger. So erzählte Abbate, dass nach der eben beschriebenen Wahlversammlung einige seiner Anhänger körperlich angegriffen und deren Autos am Abend beschädigt worden seien.[69] Die Wähler rivalisierender Kandidaten werden außerdem häufig am Urnengang gehindert. Beispielsweise durften in Caccamo (PA) nur Christdemokraten in den Bus einsteigen, der zum Wahllokal fuhr, während Kommunisten wie Antonio Faso davon abgehalten wurden.[70] Ferner werden nach wie vor politische Rivalen von Mafiakandidaten ermordet: So wurde 1983 in Partanna (TP) der oben genannte DC-Kommunalpolitiker Stefano Nastasi von der Mafia schließlich umgebracht und es wurde gegen seinen innerparteilichen Kontrahenten Enzo Culicchia als Auftraggeber ermittelt.[71] Auch der Widersacher von Bevilacqua, der DC-Politiker Giuseppe Abbate aus Villarosa (EN), hätte umgebracht werden sollen, was dem Clan von Barrafranca (EN) aber von höchster mafioser Seite im letzten Moment untersagt wurde.[72]

Bis vor etwa zehn Jahren gelang es der Cosa Nostra, vor allem in Westsizilien zahlreiche Wählerstimmen zu kontrollieren. Gemäß einer Untersuchung des Forschungsinstituts Eurispes[73] soll es sich um etwa 450.000 und damit ein Zehntel aller Stimmen gehandelt haben. Diese Zahl hält auch der Mafiaaussteiger Giovanni Brusca für realistisch.[74] In letzter Zeit scheint sich die Cosa Nostra allerdings weniger in Wahlen einzumischen, was sich unter anderem daran zeigt, dass heute Mafiahäftlinge kaum mehr ihre Wahlstimme abgeben.[75] Verantwortlich für diese Entwicklung sind vermutlich einerseits die geschwundene Territoriumskontrolle der Clans, andererseits deren Schwierigkeit, vor allem auf nationaler Ebene ausreichend vertrauenswürdige Ansprechpartner zu finden. Da es in der Folge weniger mafiose »Wahlgeschenke« gibt, scheinen Wähler, die früher ihre Stimmen nach dem Motto »Soccu c'è ppi mmia« (Siz. Was kriege ich dafür)[76] verkauften, heute die Mühe der Wahl nicht mehr auf sich zu nehmen. Es fällt auf, dass die in den letzten Jahren in ganz Italien gestiegenene Zahl der Nichtwähler im Süden ungefähr doppelt so hoch wie im Landesdurchschnitt ist.[77] In Sizilien wiederum ist der Nichtwähleranteil im Westen, wo es die größte Mafiadichte gibt, deutlich höher als im Osten.[78]

Mafiosi leisten aber nicht nur Wahlkampfhilfe, sondern werden immer dann aktiv, wenn ihren politischen »Freunden« Gefahr droht. So gab es vor allem im Zeitraum zwischen 1979 und 1992 zahlreiche »Omicidi Eccellenti« (Auserlesene Morde), Morde an gesellschaftlich bedeutenden Personen. Die meisten dieser Morde wurden zwar von Mafiosi ausgeführt, viele aber – schenkt man den Pentiti Glauben – im Auftrag von Politikern. So behauptete der Aussteiger Francesco Di Carlo, die Morde an den christdemokratischen Politikern Michele Reina († 1979) und Piersanti Mattarella († 1980) seien von deren innerparteilichem Kontrahenten Vito Ciancimino in Auftrag gegeben worden, weil die Politiker dessen unsauberen Geschäften im Wege gestanden hätten.[79] Laut Di Carlo wurde der Mord an dem Ermittlungsrichter Rocco Chinnici († 1983) von Nino und Ignazio Salvo befohlen, weil Chinnici gegen die beiden Steuereintreiber und DC-Mäzene habe vorgehen wollen.[80] Und der Pentito Buscetta erzählte, dass der Präfekt von Palermo, Carlo Dalla Chiesa († 1982), sowie der Journalist Mino Pecorelli († 1979) umgebracht worden seien, um Andreotti einen Gefallen zu erweisen.[81]

Das Verhältnis zwischen der Cosa Nostra und den ihr verbundenen Politikern reicht von Loyalität bis zu Verachtung. Einige Mafiosi hatten, vor allem wenn ihnen persönliche Gefälligkeiten erbracht worden waren, ein gutes Verhältnis zu »ihren« Politikern.[82] So soll Antonino Mineo, der Capomafia von Bagheria (PA), eng mit Franco Restivo verbunden gewesen sein, weil dieser Restivo den Soggiorno obbligato (Zwangsaufenthalt) – die gerichtlich auferlegte Verpflichtung, an einem Ort außerhalb Siziliens zu leben – erspart habe.[83] Ja, der mächtige Minister Restivo galt unter den Ehrenmännern sogar als Mineos »Cumpare« (Siz. Gevatter) – was für Neid sorgte. Auch Giuseppe Di Cristina, der Capomafia aus Riesi (CL), hatte ein enges Verhältnis zu einem Politiker, und zwar zu dem Republikaner Aristide Gunnella.[84] Gunella hatte angeblich Di Cristina, der vorher als kleiner Angestellter bei einer Bank in Gela (CL) gearbeitet hatte, einen gutbezahlten Posten bei der staatlichen Schwefelgesellschaft Ente Minerario Siciliano (EMS) verschafft. Kein Wunder also, dass die Republikaner im Einflussbereich Di Cristinas deutlich besser als im übrigen Sizilien abschnitten. In der Zeit, in der Mafiosi noch offene Beziehungen zu Politikern unterhalten konnten, luden sie diese häufig zu Familienfeiern wie Hochzeiten oder Taufen ein, wohl weniger aus Sympathie, als vielmehr, um der Öffentlichkeit ihre guten Beziehungen zu den Mächtigen vor Augen zu führen.[85]

Vielleicht wegen der langen »Zusammenarbeit« mit den Christdemokraten betrachteten sich einige Bosse wie Stefano Bontate als überzeugte DC-Anhänger. Bontate war deshalb sofort einverstanden, als er von den beiden DC-Politikern Rosario Nicoletti (1931–1984) und Salvo Lima gebeten wurde, sich für die Rettung des 1978 von den Roten Brigaden gekidnappten DC-Politikers Aldo Moro einzusetzen.[86] Sogleich wies Bontate seinen in Rom eine Gruppe befehligenden Capodecina Angelo Cosentino an, sich zusammen mit Pippo Calò, der offizieller Repräsentant der Cosa Nostra in der Hauptstadt und unter anderem für die

Kontakte zur Politik zuständig war, um die Befreiung Moros zu kümmern. Gleichzeitig erhielt Tommaso Buscetta den Auftrag, im Gefängnis mit den Roten Brigaden zu verhandeln. Als nichts geschah, berief der aufgebrachte Bontate in Palermo eine Sitzung der Kuppel ein und verlangte von Calò eine Erklärung. Calò, der über ausgezeichnete politische Insiderkenntnisse verfügte, rechtfertigte sich mit den Worten: »Stefano, hast du immer noch nicht verstanden, dass ihn die wichtigsten Männer seiner Partei nicht befreit haben wollen.«[87] Damit war die Angelegenheit für die Cosa Nostra erledigt und Moros Schicksal entschieden. – Ein anderer Mafioso mit festen politischen Überzeugungen war Totò Riina: Er konnte Kommunisten nicht ausstehen! Als dem jungen Riina 1946 von einem Ehrenmann namens Zu Sariddu vorgeschlagen wurde, dem PCI beizutreten, wies er dies empört zurück: »Lasst mich in Ruhe (…) Geht doch ihr und macht auf Kommunisten«.[88]

Bei Konflikten mit Politikern – auch organisationsexternen – setzt die Cosa Nostra oft auf Drohungen oder sogar Gewalt. Dies gilt besonders für Mafiosi, die wie Gioacchino Pennino junior von der Mafia als reine Befehlsempfänger in die Politik geschickt wurden. Als Pennino nicht mehr weiter den innerparteilich der DC isolierten Vito Ciancimino unterstützen wollte, wurde er nach Bagheria (PA) zu einem Treffen mit Bernardo Provenzano zitiert. Pennino berichtet:

> Er (Provenzano, Anmerk. d. Verf.) sagte mir, ich hätte auf meinem Posten zu bleiben. Die Dinge seien gut, so wie sie seien. (…) Am Ende des Treffens, das für mich demütigend war, bedrohte mich Provenzano und sagte, ich solle den Mund halten und keine Rebellion gegen Ciancimino anstacheln.[89]

Am häufigsten drohen Mafiosi damit, den Politikern die Unterstützung zu entziehen. Als sich 1995 nach der Verhaftung seines Sohnes die FI-Politiker seines Wahlkreises Villabate/Bagheria (PA) von Antonino (Nino) Mandalà (geb. 1939) abwandten, erklärte dieser einem Mafiakollegen: »Mein Lieber, ich werde keine Empfehlungen mehr abgeben (…). Hier gibt es für niemanden mehr Stimmen.«[90]

Sogar dem mächtigen Giulio Andreotti wurden angeblich Grenzen aufgezeigt. Der Aussteiger Marino Mannoia berichtete von zwei Treffen zwischen dem Boss Stefano Bontate und Andreotti – einem im September 1979 in Rom, einem anderen im April 1980 in Palermo –, bei denen es um den sizilianischen DC-Ministerpräsidenten Piersanti Mattarella ging.[91] Beim ersten Treffen soll der Boss Andreotti deutlich aufgefordert haben, auf den mafiafeindlichen Mattarella einzuwirken:

> In Sizilien kommandieren wir. Wenn ihr nicht wollt, dass die DC komplett verschwindet, habt ihr zu machen, was wir sagen. Ansonsten entziehen wir euch die Stimmen in Sizilien, Kalabrien und ganz Süditalien. Dann könnt ihr nur noch auf die im Norden zählen, wo alle die Kommunisten wählen.[92]

Als beim zweiten Treffen Andreotti eine Erklärung für die Ermordung Mattarellas verlangt haben soll, kam es angeblich zu einer lautstarken Auseinandersetzung. Bontate soll Andreotti angeschrien haben, er solle sich nicht einfallen lassen, Sondergesetze gegen die Mafia zu machen, weil dies schwere Konsequenzen nach sich ziehen würde.[93]

Wenn die Drohungen nichts bewirken, entzieht die Cosa Nostra den Politikern tatsächlich des Öfteren die Unterstützung wie – laut Leonardo Messina – dem DC-Regionalabgeordneten Antonino (Nino) Cicero (geb. 1938), dem die Cosa Nostra noch bei den Regionalwahlen von 1986 600 Präferenzstimmen besorgt hatte. Der als nicht mehr vertrauenswürdig betrachtete Cicero wurde kurzerhand durch Rudy Maira ersetzt, der fortan der politische Referent der Cosche in der Provinz Caltanissetta war.[94]

Interessanterweise droht die Mafia gelegentlich mit der Bekanntmachung der Mafiabeziehungen von Politikern. So setzte der oben genannte Mafiaboss Nino Mandalà den FI-Senator Enrico La Loggia (geb. 1947)[95] folgendermaßen unter Druck:

> Enrico, Du weißt, wer ich bin und wie mein Verhältnis zu deinem Vater (…) war. Ich bin, genau wie dein Vater, ein Mafioso. Mit deinem Vater habe ich in der Gegend von Villabate mit Hilfe von Turiddu Malta, der damals Capomafia von Vallelunga war, Wählerstimmen organisiert. (…) Jetzt gibt es ihn nicht mehr, aber ich kann immer noch sagen, dass dein Vater ein Mafioso war.[96]

Daraufhin soll La Loggia mit den Worten »Du willst mich ruinieren«[97] in Tränen ausgebrochen sein.[98] Mitunter lancieren Bosse Nachrichten an Politiker, wie beispielsweise Giuseppe Graviano, der im Jahr 2020 während eines Prozesses wiederholt auf persönliche Treffen mit Silvio Berlusconi in Mailand und Investitionen seiner Verwandten in Berlusconis Unternehmen verwies und andeutete, er könne weitere Einzelheiten erzählen.[99] Derartige öffentliche Äußerungen sind aber insofern unnötig, als alle Beteiligten das Erpressungspotential der Cosa Nostra recht genau kennen. Der Boss Raffaele Bevilacqua beschränkte sich deshalb darauf, seiner Familie zu versichern, er habe mit verschiedenen Politikern noch eine Rechnung offen, die froh über sein Schweigen sein könnten.[100] Von Matteo Messina Denaro, der angeblich im Besitz des »Archivs« mit den Geheimnissen des 1993 verhafteten Oberbosses Totò Riina war[101], wird vermutet, dass er nur deshalb unantastbar war und nicht verhaftet werde.

Selten greifen Mafiosi zu Morddrohungen. So soll Salvo Lima mit den Worten gewarnt worden sein: »Entweder du hältst dich an den Pakt oder wir bringen dich und deine Familie um«[102], bevor er im März 1992 tatsächlich ermordet wurde.[103] Zehn Jahre nach dem Tod Limas waren Politiker der Alleanza Nazionale und der Forza Italia, bei denen es sich hauptsächlich um Mafiastrafverteidiger handelte, von derartigen Drohungen betroffen. Die Mafia warf ihnen vor, sich als Abgeordnete nicht für die im Gefängnis unter harten Bedingungen einsitzenden Ehrenmänner eingesetzt zu haben. Der Geheimdienst SISDE betrachtete die Politiker[104] als ernsthaft gefährdet und bot ihnen Schutz an.

Selbst Ohrfeigen[105] scheinen ein beliebtes Mittel von Mafiosi zu sein, um »ihre« Politiker zur Räson zu bringen. Don Paolino Bontate, der Capofamiglia der palermitanischen Familie von Villagrazia, ohrfeigte beispielsweise Ende der 1950er-Jahre in aller Öffentlichkeit den monarchistischen Abgeordneten Ernesto Pivetti (1888–?)[106] im Normannenpalast in Palermo, dem Sitz des Regionalparlaments, da dieser sich geweigert hatte, weiterhin die Regierung des Regionalpräsidenten Silvio Milazzo (1903–1982) zu unterstützen.

Insgesamt haben Mafiosi keine besonders hohe Meinung von Politikern, was verstärkt für die Zeit ab den 1990er-Jahren gilt.[107] Sie halten es für ungerecht, dass immer nur Mafiosi für Straftaten belangt werden, während Politiker meist ungeschoren davonkommen. Ein Aussteiger erklärte:

> Der Politiker ist in meinen Augen schlimmer als der Mafioso. Der Mafioso riskiert etwas, er muss ins Gefängnis gehen und läuft Gefahr, erschossen zu werden. (...) Das passiert dem Politiker nie (...), den ich deshalb nicht ausstehen kann. Ich habe Politiker nie ertragen, obwohl ich selbst, als ich noch jung war, mal Politik gemacht habe. Ich war Stadtrat.[108]

Der Mafioso Simone Castello charakterisierte während eines abgehörten Gesprächs Politiker wie folgt:

> (...) Elende, Elende und nochmal Elende (...) In dem Moment, in dem sie die Position eines Abgeordneten oder Senators bekleiden, glauben sie, Supermänner zu sein.[109]

Den Mafiosi ist bewusst, dass sich Politiker in der besseren Position befinden.[110] Aus diesem Grund zog Tano Badalamenti die Konsequenz: »Wir können keinen Krieg mit dem Staat führen.«[111] Ähnlich äußerte sich der Mafioso Carmelo Amato gegenüber einem Mitmafioso:

> Denk dran, seit es diese Welt gibt, den Staat rührt man nicht an. (...) Man rührt ihn deshalb nicht an, weil er dir, wenn er will, die Eier überstülpt. (...). Leider musst du den Staat in Ruhe lassen, scheiß drauf. Was der Staat machen will, macht er.[112]

Sein Freund, Giuseppe Vaglica sah das genauso und antwortete: »Die Macht haben die.«[113] Tatsächlich sitzen die Politiker am längeren Hebel, schließlich können sie nicht nur strenge Antimafiagesetze erlassen, sondern haben außerdem die Macht über die Justiz und die Polizei sowie über die Geheimdienste. Das gibt ihnen die Möglichkeit, aussagewillige Mafiosi zu verraten, sie umzubringen oder sich »selbstmorden« zu lassen. Der aussagewillige Mafioso Luigi (Gino) Ilardo (1951–1996)[114], der zahlreiche »Geheimnisse« kannte – etwa über die Attentate an Falcone und Borsellino –, wurde, noch bevor er offiziell Kronzeuge werden konnte, verraten – angeblich von Vertretern des

Staates – und postwendend von der Cosa Nostra umgebracht. Gefährliche Zeugen wie die Banditen Salvatore Giuliano oder Gaspare Pisciotta, die die Hintergründe des Attentats an der Portella della Ginestra (1947) kannten, kamen auf mysteriöse Art und Weise ums Leben: Der offiziell bei einem Feuergefecht mit Carabinieri umgekommene Giuliano war bereits tot, als die Carabinieri auf ihn schossen. Pisciotta wurde im palermitanischen Ucciardone-Gefängnis vergiftet, und zwar einen Tag nachdem er gegenüber dem Ermittlungsrichter Pietro Scaglione eine (nicht protokollierte) Aussage gemacht hatte. Der Mafiabankier Michele Sindona[115], der über viele »unsaubere« Geldgeschäfte von Politikern Bescheid wusste, starb am 22. März 1986 nur zwei Tage nach seiner Inhaftierung im Gefängnis an einem mit Zyanid versetzten Espresso. Offiziell soll es sich um einen Selbstmord gehandelt haben, allerdings hatte Sindona, kurz bevor er starb, ausgerufen, man habe ihn vergiftet. Auch von dem zweiten großen Mafiabanker, Roberto Calvi[116], der am 17. Juni 1982 unter der Londoner Black Friars Bridge tot aufgefunden wurde, hieß es lange Zeit, er habe Selbstmord begangen, allerdings ist zwischenzeitlich belegt, dass er ermordet wurde. Als Antonino (Nino) Gioè (1948–1993)[117], der an dem Attentat auf den Richter Falcone beteiligt war, erkennen ließ, er wolle reden, wurde er an seinem Schnürsenkel erhängt in seiner Gefängniszelle aufgefunden. Man vermutet, es habe sich nicht um einen Selbstmord gehandelt. Genau das behauptet jetzt im Berufungsverfahren des Prozesses »Trattativa Mafia-Stato« (Verhandlung Mafia-Staat) Pietro Riggio[118], ein ehemaliger Gefängniswächter und Mafioso aus Caltanissetta. Dieser Pentito, der viele brisante Geheimnisse zu kennen scheint, könnte der nächste Kandidat für einen »Selbstmord« im Gefängnis sein…

4.4 Justiz und Polizei: »Büttel« der Politik?

Obwohl dem staatlichen Strafverfolgungsapparat von Anbeginn das kriminelle Tun der Cosa Nostra bekannt war, ging er nur selten ernsthaft gegen die Mafiosi und die mit ihnen kollaborierenden politischen Hintermänner vor. Dafür gibt es eine Reihe von Gründen. Der wichtigste ist wohl die politische Abhängigkeit von Justiz und Polizei. Dass weite Teile der Politik kein allzu großes Interesse an der Bekämpfung der Mafia haben, liegt angesichts ihrer Verquickung mit der organisierten Kriminalität auf der Hand. Der Strafverfolgungsapparat hat in den letzten hundert Jahren einige Male bewiesen, dass er, wenn er über ausreichende politische Rückendeckung verfügt, der Mafia herbe Schläge versetzen kann. Meist aber wurde und wird auf die Beamten eingewirkt, um Ehrenmänner – und noch viel mehr deren Hintermänner – zu schützen. Beamte hingegen, die pflichtgemäß gegen Mafiosi vorgehen, müssen schlimmstenfalls sogar mit Schikanen rechnen.

Der Soziologe Gaetano Mosca stellt bereits im Jahr 1900 fest, dass die Polizei und Justiz aufgrund von Spionen über die Mafia sehr genau Bescheid wüßten und sich bei Verschwiegenheit das Vertrauen der Öffentlichkeit erworben hätten.[1] Selbst, so Mosca, ein gerade erst in Sizilien eingetroffener und noch unerfahrener Polizist, Richter oder Präfekt könne sich mit einem Blick in die Strafregister schnell einen Überblick verschaffen: Suspekt seien vor allem Verdächtige mit langen Strafregistern, die ständig aus Mangel an Beweisen freigesprochen worden seien. Gelegentlich fänden sich sogar aussagebereite Zeugen, ganz besonders dann, wenn die Bevölkerung den Eindruck habe, ein Beamter wolle tatsächlich durchgreifen.

Heute verfügen Polizei und Justiz dank der technischen Möglichkeiten über viel bessere Ermittlungsmethoden als gegenüber der Vergangenheit, als sie sich noch auf Mafiaspitzel sowie Beobachtungen von Mafiaprozessen, Beerdigungen und Hochzeiten verlassen mussten. Auch die zahlreichen Aussagen von Mafiaaussteigern ab den 1980er-Jahren trugen zum verbesserten Informationsstand der Strafverfolgungsbehörden bei.

Da die Behörden also zu keinem Zeitpunkt im Dunklen tappten, waren sie durchaus in der Lage, gegen die Mafia vorzugehen – dies geschah aber immer erst dann, wenn es politisch gewollt war. Als sich beispielsweise die italienische Regierung angesichts einer grassierenden Kriminalität Ende der 1870er-Jahre zum Handeln gezwungen sah, kam es zu Verhaftungen und ersten erfolgreichen Mafiaprozessen. Erst recht gelang es dem »eisernen Präfekten« Mori – der von Mussolini explizit mit dem Ziel, der Mafia das »Rückgrat zu brechen«, nach Sizilien entsandt worden war –, zumindest das mafiose »Fußvolk« in wenigen

Jahren außer Gefecht zu setzen. Ähnlich verhielt es sich in den 1980er-Jahren, als sich die Regierung angesichts der überhand nehmenden mafiosen Gewalt unter Zugzwang gesetzt sah und der Bevölkerung beweisen musste, dass sie zum Handeln in der Lage war: In kürzester Zeit wurden Hunderte Mafiosi verhaftet, von denen einige auch zu schweren Haftstrafen verurteilt wurden.

Zweifelsohne gelingt es der Mafia auch ohne Hilfe ihrer politischen Freunde bis zu einem gewissen Grad, mit Drohungen, Bestechungen oder »Freundschaften« auf den Strafverfolgungsapparat in ihrem Interesse einzuwirken. Bei dem Mafia-Maxiprozess Mitte der 1980er-Jahre dauerte es beispielsweise geraume Zeit, bis sich endlich ein Richter fand, denn groß war die Angst vor mafioser Gewalt.[2] Und als mit Boris Giuliano († 1979) der erste hochrangige Polizeifunktionär in Palermo ermordet worden war, ließ sich eine Reihe seiner Kollegen versetzen.[3] Als dann innerhalb weniger Monate auch noch der palermitanische Kriminalpolizeichef Ninni Cassarà († 1985), dessen Mitarbeiter Roberto Antiochia († 1985) sowie der Kriminalkommissar Beppe Montana († 1985) ermordet wurden, setzte in der palermitanischen Polizei eine regelrechte »Flucht« ein.

Ein weiterer Grund für die Begünstigung der Mafia ist, dass einige Beamten auf deren »Gehaltsliste« stehen. Inzwischen wurden einige der korrupten Polizisten zu Gefängnisstrafen verurteilt. Zu den bekanntesten zählt der 2007 zu einer zehnjährigen Haftstrafe verurteilte Bruno Contrada[4], der nicht nur Chef der palermitanischen Kriminalpolizei war, sondern auch zu den höchsten Funktionären des Geheimdienstes SISDE zählte. Weniger bekannt ist der Fall von Ignazio D'Antone (1940–2021)[5], dem zur Last gelegt wurde, flüchtige Mafiosi beschützt, Razzien sabotiert und die Arbeit seiner Kollegen behindert zu haben. Auch einigen Richtern wurde vorgeworfen, die Mafia begünstigt zu haben. Der bekannteste Fall ist der des von der Presse »Ammazzasentenze« (Urteilskiller) genannte Corrado Carnevale[6]: Der aus dem sizilianischen Licata (AG) stammende Präsident der ersten Strafkammer des Kassationsgerichts in Rom hatte fast 500 Urteile meist wegen nichtiger Formfehler aufgehoben. Carnevale wurde in der Berufung zu sechs Jahren Haft verurteilt, vom Kassationsgericht aber im Oktober 2002 freigesprochen. Er war aber keineswegs der einzige Richter bzw. Staatsanwalt gegen den ermittelt wurde bzw. wird.[7]

Ein weiterer Grund für das lasche Vorgehen des Strafverfolgungsapparats gegen mafiose Straftäter besteht in Freundschafts- bzw. Verwandtschaftsbeziehungen zu Mafiosi.[8] Einige Staatsanwälte und Richter pflegten freundschaftlichen Umgang mit Ehrenmännern.[9] So unterhielt der bereits erwähnte Kriminalpolizeichef Bruno Contrada enge Beziehungen zu Mafiabossen wie Stefano Bontate und Saro Riccobono.[10] Einen besonderen Namen in dieser Hinsicht machte sich der Generalstaatsanwalt von Palermo, Emanuele Pili, der in den 1950er-Jahren gerne Jagdeinladungen des palermitanischen Bosses Michele Greco auf dessen Gut Favarella folgte.[11] Der Generalstaatswalt Pietro Giammanco (1931–2018)[12] war hingegen nicht nur mit mafianahen Politikern wie Mario D'Acquisto befreundet, sondern auch mit Mafiosi verwandt: Unter Mafiosi galt der Verwandte Enzo Giammanco, den sie den »Neffen des Generalstaatsanwalts« nannten, als wichtiger Kanal, um beim Generalstaatsanwalt ein offenes Ohr zu finden.[13]

Die Hauptursache für die Zurückhaltung von Polizei und Justiz dürfte jedoch der Einfluß »von oben« sein. Schließlich sind Polizei und Justiz in ihrem Handeln nicht frei[14], denn die verschiedenen Polizeikräfte unterstehen direkt der Regierung in Rom[15] und die Präfekten – die den »verlängerten Arm Roms« in den Provinzen bzw. Metropolitanstädten darstellen – sind an die Weisungen des Innenministers gebunden. Selbst die Justiz, die bis 1948 dem Justizministerium unterstand, seitdem aber theoretisch unabhängig ist, ist nicht frei von politischer Bereinflussung. Ein Drittel der Mitglieder ihres für Einstellungen, Beförderungen, Versetzungen und Disziplinarmaßnahmen zuständigen Selbstverwaltungsorgans, des 1958 geschaffenen Obersten Richterrats[16] (Consiglio Superiore della Magistratura, CSM), wird vom Parlament ernannt. Überdies gehören die von der Richterschaft gewählten übrigen zwei Drittel größtenteils »politischen« Richtervereinigungen an, etwa der rechten Magistratura Indipendente, der moderaten Unicost oder der linken Magistratura Democratica.

Ausschlaggebend für die Ernennung von Spitzenbeamten ist vor allem die »Treue« gegenüber bestimmten Ministern – mit den entsprechenden Folgen, wie Mosca bemerkt:

Sie (Minister und Staatssekretäre, Anmerk. d. Verf.) ließen es nicht daran fehlen, diesen (den Präfekten, Polizeipräsidenten, Richtern, Anmerk. d. Verf.) Befehle, Anordnungen zu erteilen und Empfehlungen zu geben, auf deren Grundlage die Gesetze angewandt (...), die Gewalttäter unter Kontrolle gehalten, die öffentliche Ordnung aufrechterhalten, die der Regierung genehmen Abgeordneten unterstützt und die ihr feindlich gesonnenen in ihren Wahlbemühungen behindert werden sollten.[17]

Den »Wünschen« der politischen Vorgesetzten nicht zu entsprechen, auch wenn diese ungesetzmäßig sein sollten, ist wenig karriereförderlich.[18] Dass sich daran nichts geändert hat, zeigen etwa die zahlreichen behinderten, eingestellten oder fehlgelaufenen Ermittlungen[19] oder die trotz erdrückender Beweislast gescheiterten bzw. wegen Nichtigkeiten annullierten Prozesse. Einige Beispiele mögen dies belegen: Die wohl berühmteste »versäumte« Durchsuchung war die der Villa von Totò Riina in der Via Bernini in Palermo.[20] Noch am Tag der Verhaftung Riinas am 15. Januar 1993 stellten die Carabinieri, ohne die Staatsanwaltschaft zu informieren, die Überwachung ein und ließen die Villa 18 Tage lang unbeaufsichtigt, was der Mafia die Gelegenheit verschaffte, das Gebäude nicht nur komplett leer zu räumen und mögliche Beweise verschwinden zu lassen, sondern sogar auch noch die Wände zu streichen! – Es ist auch üblich, dass Beweise auf höchst mysteriöse Weise aus den Wohnungen der Opfer oder von Tatorten verschwinden[21], wodurch naturgemäß die Ermittlungen massiv behindert werden: Nach der Ermordung des Carabinieri-Generals Carlo Alberto Dalla Chiesa waren aus dem Tresor von dessen Villa wichtige Dokumente entfernt worden, die möglicherweise das Motiv seines gewaltsamen Todes geliefert hätten;[22] und nachdem der Richter Giovanni Falcone ermordet worden war, wurden in dessen Büro bzw. Wohnungen sowohl ein elektronisches Notizbuch als auch einige Computer manipuliert.[23] Noch am Tatort des Bombenattentats am 19. Juli 1992 an der Via d'Amelio in Palermo, dem der Staatsanwalt Paolo Borsellino und dessen fünf Leibwächter zum Opfer fielen, wurde aus der intakt gebliebenen Tasche des getöteten Richters vermutlich dessen rotes Notizbüchlein, in dem er seine Erkenntnisse notiert hatte, gestohlen.[24] Und die bekannteste verpatzte Verhaftung war die von Bernardo Provenzano:[25] Dank eines

Mafiaspitzels hatte der Carabinieri-Oberst Michele Riccio erfahren, dass am 31. Oktober 1995 in einem Landhaus bei Mezzojuso (PA) ein Mafiagipfeltreffen mit Provenzano stattfinden würde. Riccio informierte seinen Vorgesetzten Mario Mori, der ihm erklärte, er solle sich heraushalten, da sich Spezialkräfte um die Angelegenheit kümmern würden. Moris »Spezialisten« schossen dann einige Fotos, verzichteten aber auf Verhaftungen. Einen ähnlichen Vorfall hatte es bereits am 6. April 1993 gegeben, als der Oberboss Ostsiziliens, Nitto Santapaola, in Terme Vigliatore (ME) hätte verhaftet werden können, wäre nicht – wiederum von Moris Männern– »gepfuscht« worden.[26]

Aber auch wenn polizeiliche Untersuchungen allen Widrigkeiten zum Trotz erfolgreich abgeschlossen werden, scheitert die Verfolgung von Straftätern nicht selten daran, dass die zuständigen Richter keine Haftbefehle ausstellen bzw. keine Prozesse einleiten. So erzählte ein Polizeibeamter:

> Es gab Ermittlungsrichter, die Berichte, für die viele Wochen und Monate gearbeitet worden war, einfach über Bord warfen. Ehrliche, harte und beschwerliche Arbeit. Es ist gefährlich, wenn man Untersuchungen durchführt. Es ist klar, dass man sich in Gefahr begibt. Du befragst einen (Verdächtigen, Anm. d. Verf.), drehst ihn vielleicht ein bisschen durch den Fleischwolf, indem du laut wirst. Schreibst einen Bericht und bringst ihn dem Richter und der gibt ihn dir zurück, ohne dass er irgendeine Maßnahme ergreift. Wenn der Verdächtige dann sieht, dass ihm nichts passiert, fühlt er sich ermutigt, dir bei der nächsten Befragung ins Gesicht zu lachen (…) im besten Fall.[27]

Für die Einstellung von Ermittlungen mit dem Ziel, Straftäter ungeschoren davonkommen zu lassen, hat sich der Begriff des »Insabbiamento« (It. Im Sande verlaufen lassen) eingeprägt. Eine der bedeutendsten Untersuchungen in diesem Kontext ist die hochbrisante Untersuchung »Mafia & Appalti« (Mafia und öffentliche Aufträge), bei der es um die Zusammenarbeit zwischen Mafia, Politik und Unternehmen – darunter auch norditalienische Großbetriebe wie Raoul Gardinis Ferruzzi-Gruppe – ging (s. Kap. 2.6, Fußnote 50). Der zuständige Oberstaatsanwalt von Palermo, der umstrittene Pietro Giammanco, hielt nichts von dieser Ermittlung und fror sie erst einmal einige Monate ein. Die Anwälte der Verdächtigen erhielten »unter der Hand« das Dossier und konnten so ihre Vorkehrungen treffen. Am Ende wurden von den Verdächtigen nur wenige »kleine Fische« vor Gericht gestellt und verurteilt. Gegenüber allen anderen waren die Ermittlungen im August 1992 eingestellt worden, was durchaus zu heftigen Polemiken führte. Aktuell wird nun gegen zwei der einst Giammanco unterstellten Staatsanwälte, und zwar gegen Giacchino Natoli (geb. 1947) und Giuseppe Pignatone (geb. 1949), wegen Begünstigung der Mafia im Zusammenhang mit einem der Ermittlungssträge von »Mafia & Appalti« ermittelt:[28] Konkret geht es um eine Ermittlung der Staatsanwaltschaft von Massa-Carrara (MS) unter Leitung von Augusto Lama aus dem Jahr 1991 über mafiose Infiltrationen in den toskanischen Marmorsteinbrüchen sowie Geldwäsche. Lama war darüber informiert worden, dass die zur Ferruzzi-Gruppe gehörenden Firmen IMEG (Industria marmi e graniti) und SAM (Apuana marmi) von den palermitanischen Mafiosi Antonino Buscemi und Franco Bonura kontrolliert würden. Lama beauftragte daraufhin die Polizeibehörde von Massa-Carrara mit entsprechenden Ermittlungen. Außerdem wandte er sich zur weiteren Vertiefung der Untersuchung an die Staatsanwaltschaft von Palermo, die diese aber nur zum Schein durchgeführt hat. Bereits im Juni 1992, also nach wenigen Monaten, wurden von den palermitanischen Staatsanwälten nicht nur die Ermittlungen mit der Begründung, es sei nichts strafrechtlich Relevantes festzustellen, eingestellt, sondern darüber hinaus die Vernichtung der Abhörbänder aus Massa-Carrara angeordnet und auch – was sehr ungewöhnlich ist – der handschriftlichen Stichpunkte der Ermittler über die Abhörungen. Den Staatsanwälten Natoli und Pignatone wird heute vorgeworfen, sie hätten – angestiftet von ihrem Vorgesetzten Giammanco – absichtlich den von der toskanischen Untersuchung betroffenen palermitanischen Mafiaunternehmern dazu verholfen, Strafverfahren zu entgehen. Interessant ist, dass sich nach der Ermordung des Richters Giovanni Falcone, dessen Freund Paolo Borsellino der Untersuchung »Mafia & Appalti« annahm. Er kam aber nicht mehr allzu weit, weil er selbst am 19. Juli 1992 ermordet wurde. Es steht nun der Verdacht im Raum, dass die Ermittlung »Mafia & Appalti« eines der Motive seiner Ermordung gewesen sein könnte.

4 Italien – eine mafiose Demokratie?

Häufig werden Ermittlungen ganz bewusst in falsche Richtungen gelenkt, um von den wahren Tätern bzw. Auftraggebern abzulenken. Für dieses Vorgehen hat sich der Begriff des »Depistaggio« (Irreführung) eingebürgert. Solche Irreleitungen kamen bei praktisch allen Attentaten und politischen Morden vor, angefangen vom Attentat an der Portella della Ginestra über die Terroranschläge in der Zeit zwischen 1969 bis Mitte der 1980er-Jahre und erneut Anfang der 1990er-Jahre bis hin zu den meisten Morden an Richtern, Staatsanwälten, Politikern, Polizisten und Journalisten. Es fällt auf, dass an »Depistaggi« häufiger Carabinieri als Polizisten beteiligt waren, was mit deren größerer Nähe zu den Geheimdiensten zusammenhängen dürfte. Aber nicht nur die Polizeikräfte sind an irregeleiteten Ermittlungen beteiligt, sondern auch die Justiz. Zu den eklatantesten Irreführungen in jüngerer Zeit gehört die im Zusammenhang mit dem oben erwähnten Bombenattentat auf den Richter Borsellino.[29] Kurz nach dem Attentat wurde nämlich mit Vincenzo Scarantino (geb. 1965) ein Kleinkrimineller als einer der Täter identifiziert und verurteilt, von dem sich später herausstellte, dass er nichts mit dem Verbrechen zu tun gehabt hatte, sondern von den zuständigen Behörden – hauptsächlich dem Kriminalpolizeichef Arnaldo La Barbera (1942–2002)[30] vermutlich mit Wissen der Staatsanwaltschaft – zu Falschaussagen gebracht worden war.

Der bemerkenswerteste Grund für die Vereitelung von Justizerfolgen ist wohl die Manipulation »von oben«. Die Carabinieri hatten in dem Mordfall des am 16. September 1970 einer Lupara bianca zum Opfer gefallenen Journalisten Mauro Di Mauro in Palermo so abwegig ermittelt, dass sogar die zuständigen Ermittlungsrichter verwundert waren. Parallel hatte aber auch die Polizei Untersuchungen angestellt und stand kurz vor dem entscheidenden Durchbruch. Als die Presse davon berichtete, reiste postwendend der Geheimdienstchef Vito Miceli (1916–1990) nach Palermo, bestellte den Polizeichef, die ermittelnden Polizisten sowie die Carabinieri-Kommandanten inoffiziell in die Villa Boscogrande ein und gab ihnen die Anweisung, »langsam« zu machen – worauf die Ermittlungen zum Stillstand kamen.[31]

Eine weitere Art der Manipulation ist das »Aggiustamento« (»Inordnungbringen«): Unter dem Begriff versteht man, dass auf Richter und Geschworene »eingewirkt« wird, damit sie die Mafiosi freisprechen oder nur zu einer geringen Strafe verurteilen. Eine besonders häufig genutzte Methode ist das Verstreichenlassen von Haftfristen. Beispielsweise brauchte der von der Presse »Schneckenrichter« genannte Edi Pinatti acht Jahre, um zu begründen, warum zwei gelesische Mafiabosse zu 24 Jahren Haft verurteilt worden waren.[32] Ohne die Urteilsbegründung war das Urteil nicht rechtswirksam und die beiden Bosse mussten aufgrund des Verstreichens der Haftfristen freigelassen werden. Manchmal entledigen sich Richter unabwendbaren Verurteilungen aber auch, indem sie Prozesse auf überflüssige Weise hinauszögern. Dies geschah beispielsweise im Fall des Prozesses Basile[33], bei dem die drei Mörder des Carabinieri-Hauptmanns Emanuele Basile (1949–1980) aufgrund der überwältigenden Beweislast eigentlich bereits in erster Instanz hätten verurteilt werden müssen. Der zuständige, unter mafiosem Druck stehende Richter Carlo Aiello forderte stattdessen ein völlig unsinniges geologisches Gutachten an, weil auf den Stiefeln eines der Täter ein während des Prozesses nicht berücksichtigter weißer Schlammfleck entdeckt worden war. Nach 15 Monaten aufwendiger geologischer Untersuchungen, die keine neuen Erkenntnisse bringen konnten, fand dann ein neuer Prozess statt, bei dem der Richter Salvatore Curti Giardina zur großen Überraschung aller die Täter freisprach. Die Ursache für Curti Giardinas »groteske Urteilsbegründung«[34] war seine Entscheidung, den Augenzeugen des Mordes keinen Glauben zu schenken. Aber selbst wenn Mafiosi wie die Mörder Basiles in der Berufung dann doch noch zu lebenslanger Haft verurteilt werden, können die Urteile am Ende vom Kassationsgericht, das die Aufgabe der Überprüfung von Verfahrensfehlern hat, »gekippt« werden. Der »Ammazasentenze« (Urteilskiller) Corrado Carnevale fand selbstverständlich auch in diesem Fall das »Haar in der Suppe«: Die Verteidiger waren nicht über das Datum der Auslosung der Geschworenen für das Berufungsverfahren informiert worden! Wegen dieser völlig irrelevanten Formalität ordnete Carnevale an, der Prozess müsse neu aufgerollt werden.

Wenn aber allen Schwierigkeiten zum Trotz Mafiosi schließlich doch ins Gefängnis kommen, hatten sie dort bis zur Einführung der strengen Haftbedingungen kein allzu schweres Leben, sondern genossen zahlreiche Privilegien. Auch heute noch drückt das Gefängnispersonal häufig »beide Augen zu«, so dass die Mafiosi in der Haft weiter ihre Geschäfte führen können – und sogar, wie 1996 die Brüder Graviano, ihre Frauen schwängern![35] Ohnehin erhalten Mafiosi oft dank dubioser Gutachten[36] Hafterleichterungen oder Hausarrest: Der zu 15 Jahren und sechs Monaten verurteilte Mafiaunternehmer Michele Aiello beispielsweise durfte wegen einer Bohnenallergie seine Strafe zu Hause absitzen,[37] und Pietro Marchese wurde nach nicht einmal zwei Monaten Untersuchungshaft ohne medizinische Untersuchung wegen angeblicher Bauchkoliken in die Freiheit entlassen.[38]

Dennoch hat es immer auf allen Ebenen des Justiz- und Polizeiapparats Beamte[39] gegeben, die aus Unwissenheit, Mitleid mit Mafiaopfern oder moralisch-ethischen Überzeugungen engagiert gegen die Mafia vorgegangen sind und damit häufig dem Widerstand ihrer Vorgesetzten und Drangsalierungen durch Kollegen ausgesetzt waren. Zu ihnen zählt der Kriminalpolizeichef von Trapani, Giuseppe Peri (†1982)[40], der trotz massiven Drucks über ein kriminelles Netz – bestehend aus Rechtsterroristen, Mafiosi und Freimaurern – ermittelte, das u. a. für den mysteriösen Absturz des Alitalia-Flugzeugs am 5. Mai 1973 in Palermo verantwortlich gewesen sein soll. Ein weiterer mutiger Polizist war Ninni Cassarà, der mit gleichgesinnten Kollegen immer die Abwesenheit seines korrupten Vorgesetzten Ignazio D'Antone abwartete, bevor er delikate Polizeioperationen durchführte.[41] Auch Saverio Montalbano war ein integrer Polizist, der keinerlei Probleme hatte, auch gegen die Mächtigen zu ermitteln, weder in seiner Zeit als Chef der trapanesischen Kriminalpolizei, als er im April 1986 das Centro Scontrino, den Sitz mehrerer verbotener Freimaurerlogen, durchsuchen ließ, noch als er in Palermo einen brisanten Bericht über die Hintergründe des 1988 ermordeten Politikers Giuseppe Insalaco anfertigte, obwohl ihn sein Vorgesetzter, der Polizeichef Alessandro Milioni, angewiesen hatte, die Politikernamen sowie den Namen eines Richters zu tilgen.[42] Genauso mutig war der Carabinieri-Oberst Michele Riccio, der verbotenerweise Berichte und Tonbandaufnahmen der Aussagen »seines« Mafiaspitzels Ilardo anfertigte und schließlich sogar seine Vorgesetzten, die die Verhaftung Provenzanos unterbunden hatten, vor Gericht brachte.[43] Selbstverständlich gab es auch innerhalb der Justiz Richter und Staatsanwälte wie etwa Rocco Chinnici oder Gaetano Costa, die allen Widerständen zum Trotz engagiert gegen die Mafia vorgingen. Der Ermittlungsrichter

Chinnici wurde beispielsweise von seinem Kollegen Giovanni Pizzillo, dem späteren Präsidenten des Berufungsgerichts von Palermo, bedrängt, mit seinen öffentlichen Antimafiavorträgen aufzuhören und den ihm unterstellten Ermittlungsrichter Falcone mit einfachen Untersuchungen so »zuzudecken«, dass er keine Zeit mehr habe, Unternehmern die Finanzpolizei ins Haus zu schicken und die sizilianische Wirtschaft kaputt zu machen.[44] Der Generalstaatsanwalt Costa hingegen wurde von allen ihm unterstellten Staatsanwälten allein gelassen, als es darum ging, den Haftbefehl gegen hochgefährliche Mafiosi – darunter Rosario Spatola – zu unterzeichnen.[45] Nicht nur, dass sie ihren Chef allein ließen, sie informierten sogar die Mafiastrafverteidiger, dass ausschließlich Costa für die Haftbefehle verantwortlich sei.

Anerkennung oder gebührenden Dank erfuhren die redlichen Beamten seitens des Staates nicht, stattdessen mussten sie – sofern sie nicht wie Cassarà, Chinnici oder Costa ermordet wurden – erhebliche Schikanen ihrer Vorgesetzten erdulden, vom Entzug der Ermittlungen[46], über Versetzungen[47] bis zu absurd begründeten Disziplinarverfahren und Untersuchungshaft. Haben die mafiafreundlichen Widersacher Erfolg, werden die Beamten daraufhin irgendwann mürbe oder quittieren den Dienst – wie dies etwa Saverio Montalbano tat, der resümierte: »Den Dreck, den ich in den (staatlichen, Anmerk. d. Verf.) Institutionen gesehen habe, fand ich nicht einmal in der Cosa Nostra.«[48]

4.5 »Orte der Begegnung«: Eliteclubs und Geheimlogen

Um ihre Ziele zu erreichen, ist die Cosa Nostra auf Kontakte zu Personen aus der »besseren Gesellschaft« angewiesen – und damit auf »Orte der Begegnung«. Bis Anfang der 1980er-Jahre, als sich Mafiosi noch offen in der Gesellschaft zeigen konnten, dienten hierzu die Salons der »oberen Zehntausend« oder private Zirkel, in denen unverfängliche Freizeitvergnügungen oder geselliges Beisammensein stattfanden. So boten diese Eliteclubs und Salons den Mafiabossen die Gelegenheit, nicht nur wichtige Kontakte zu knüpfen, sondern sich auch einen respektablen Anstrich zu geben. Wenn es aber um die Planung illegaler Projekte ging, reichten die elitären Vereinigungen und Salons nicht aus, es wurden Begegnungsorte im Verborgenen benötigt. Perfekt dafür geeignet waren Freimaurerlogen – nicht die »normalen« Logen, sondern mit den sogenannten Logge coperte (verdeckte Logen), besondere Geheimlogen. Von Anbeginn ihrer Existenz hatte die Mafia punktuell mit Freimaurern zusammengearbeitet, allerdings nur »von außen«. Organisch wurde die Zusammenarbeit erst, als die Cosa Nostra dank ihrer Drogengeschäfte reich geworden war und sich Mafiosi und Freimaurer gegenseitig nützlicher als je zuvor sein konnten. So gab es in der zweiten Hälfte der 1970er-Jahre eine richtige Eintrittswelle von hochrangigen Ehrenmännern in verbotenen Logen.

Zu den beliebtesten Begegnungsorten zwischen Mafiosi und höhergestellten Mitgliedern der Gesellschaft zählten in der Nachkriegszeit bestimmte »Circoli« (Clubs) wie in Palermo der Circolo della Stampa (Presseclub) oder der Circolo di Tiro a Volo (Tontaubenschießverein). Sie verlangten teure Aufnahme- und Mitgliedsgebühren und boten ihren Mitgliedern einen angenehmen Rahmen für das gesellige Zusammensein, verfügten sie doch über edle Bars bzw. Restaurants. Den heute nicht mehr existenten, einst im Opernhaus Teatro Massimo untergebrachten Circolo della Stampa frequentierten keineswegs nur Journalisten, sondern auch viele andere Angehörige der besseren Gesellschaft: »Geschäftsleute, wohlhabende Freiberufler, Bürokraten, Politiker«,[1] und so war er auch bei Ehrenmännern wie Tommaso Buscetta, Stefano Bontate, Gioacchino Pennino senior, Michele Greco und Giuseppe Cerami (1924–1989) sehr beliebt.[2] Der Mafiaaussteiger Gioacchino Pennino junior erzählte über seinen gleichnamigen Onkel, den in den 1950er- und 1960er-Jahren mächtigen Capofamiglia der palermitanischen Brancaccio-Familie:

> (Er) frequentierte die zu der Zeit wichtigsten Salons von Palermo (…), die Circoli, die damals gerade in Mode waren. Alle nannten ihn respektvoll den Commendatore (Ritter, Anmerk. d. Verf.), wohl weil er Träger des Komturkreuzes der Republik war. Tatsächlich war dies sein Spitzname.[3]

Pennino begleitete seinen Onkel häufig und wurde später auch selbst Mitglied im Presseclub, wo er, wie er sagte, wertvolle Bekanntschaften knüpfte.

Im Circolo di Tiro a Volo in Addaura bei Mondello (PA) hingegen verkehrten Mafiosi wie Giuseppe Castellana, Tommaso Buscetta, und Giacchino Pennino senior und Michele Greco[4], der erzählte:

> Dieser Club verfügte über viele Mitglieder, darunter zahlreiche Adelige und bekannte Freiberufler der Stadt. Ich war damals 22 Jahre alt, als ich dort Bekanntschaften zu machen anfing und Freundschaften für das Leben schloss. Ich frequentierte den Zirkel ungefähr 30 Jahre lang, aber alles geht vorbei. (…) Ich pflegte diese Freundschaften (…) immer. Die Beziehungen hörten erst auf, als 1982 ein Haftbefehl gegen mich erlassen wurde.[5]

In Barcellona Pozzo di Gotto (ME) zählt der offiziell Kulturveranstaltungen organisierende Zirkel Corda Fratres[6] zu den exclusiven Clubs, dessen Motor lange Zeit der wegen Mafiakontakten negativ aufgefallene Generalstaatsanwalt von Messina Antonio Franco Cassata[7] war. In dieser »Kulturvereinigung« verkehrten wichtige Mafiosi wie der lokale Boss Giuseppe Gullotti (geb. 1960)[8] sowie der mysteriöse Rosario Pio Cattafi (geb. 1952)[9].

Neben den Clubs boten auch die privaten Salons der oberen Gesellschaftsschichten Mafiosi eine gute Möglichkeit, Freundschaften zu schließen. Die »Salotti buoni« stellen in Italien eine so bedeutende gesellschaftliche Institution dar, dass sogar vom Phänomen des »Salottismo« gesprochen wird.[10] Üblicherweise öffnen dabei Mitglieder der Oberschicht an bestimmten Tagen ihre Häuser für ausgewählte Gäste und bieten neben Speisen und Getränken auch Unterhaltungen wie Musikdarbietungen, Dichterlesungen oder Vernissagen an. Der Begriff »Salotto buono« ist auch eine Metapher für jede Art von häuslichen Zusammenkünften bei Mitgliedern der oberen Schicht. Früher wurden die Salons ganz selbstverständlich von hochrangigen Mafiosi wie Stefano Bontate besucht, denen dort größter Respekt erwiesen wurde.[11] Einige Mafiabosse wie Michele Greco, der auf seinem Gut Favarella gerne

Jagdgesellschaften gab, unterhielten sogar selbst solche Salons. Der Mafiaboss brüstete sich:

> Der Adel begann das Gut Favarella zu frequentieren. Wir gingen dort auf die Jagd (...) und die Ehefrauen gingen spazieren und probierten Mandarinen (...) Es kam seine Exzellenz Pili (der Oberstaatsanwalt Emanuele Pili, Anmerk. d. Verf.) (...) Seine und meine Frau waren gute Freundinnen (...). Die Beamten kamen, um auf die Jagd zu gehen, und die Höheren hatten die Schlüssel zum Gut.[12]

Auch der palermitanische Mafiaboss und Oberarzt Giuseppe Guttadauro empfing bei sich zu Hause bis vor nicht allzu langer Zeit Personen aus der besseren Gesellschaft, hauptsächlich Ärzte und Politiker.

Bis heute haben viele Gastgeber von Salons kein Problem damit, im Ruf der Mafianähe stehende Personen zu empfangen. Dank dieser Kontakte verfestigen sich die Beziehungen zwischen Mafiosi und Mitgliedern der bürgerlichen Gesellschaft und entsprechende Ehen ermöglichen Mafiosi den sozialen Aufstieg.[13] Dies gilt insbesonders für die Großstadt Palermo mit ihrer hohen Mafiadichte, weniger für Catania[14] oder für Orte auf dem Lande. Der Sohn des Mafiapolitikers Vito Ciancimino, Massimo (geb. 1963), der zusammen mit den Söhnen der besseren Gesellschaft Palermos im renommierten Gonzaga-Institut die Schulbank drückte, war bis in jüngster Zeit ein gern gesehener Gast in diesen Salons. Der Redemptoristenpriester und Gründer der katholischen Antimafiazeitschrift Segno, Nino Fasullo, erklärte 2005 im Rahmen einer Tagung zur Rolle der »guten Salons«, dass selbstverständlich nicht alle Salons als mafios einzuschätzen seien; mafiose Salons seien daran zu erkennen, dass dort auf das Wort »Mafia« geradezu allergisch reagiert und sofort das Thema gewechselt werde.[15]

Den später von der Mafia ermordeten Richtern Antonino Saetta, Giangiacomo Ciaccio Montalto und Rosario Livatino war bewusst, dass sie in den Clubs oder »guten Salons« zwangsläufig mit mafiosen Personen zusammentreffen würden, die sich dann berechtigt fühlen könnten, um Gefälligkeiten zu bitten. Aus diesem Grund frequentierten sie keine solchen Einrichtungen, sondern führten ein zurückgezogenes Leben. Als beispielsweise Livatino die Mitgliedschaft bei den Rotariern angetragen wurde, lehnte er mit der Begründung ab, ein Richter müsse unabhängig sein.[16]

Geht es den Mafiosi und deren Hintermännern in den Clubs und Salons um das Knüpfen von Kontakten und die Integration in die »bessere Gesellschaft«, stehen bei der Freimaurerei das Licht der Öffentlichkeit scheuende, nicht selten illegale Aktivitäten im Vordergrund. Genauso wie die Clubs und Salons stellen Freimaurerlogen insofern Eliteorganisationen dar, als dort Prüfungen durchlaufen, Initiationseide abgelegt und nur gesellschaftlich arrivierte Personen aus der Wirtschaft, der Politik, der Justiz, dem Militär, den Geheimdiensten, der Polizei sowie den Medien aufgenommen werden.[17] Die Cosa Nostra interessierte sich selbstverständlich zu keinem Zeitpunkt für die »normale« Freimaurerei.[18] Sie entstand am 24. Juni 1717 in London, als sich die vier dortigen Logen zu einer von einem Großmeister geführten ersten Großloge zusammengeschlossen hatten. Innerhalb kurzer Zeit verbreitete sie sich weltweit; ihre Mitglieder streben mehrheitlich nach persönlicher Vervollkommnung im Rahmen esoterischer Arbeiten.[19] Die Mafia locken die »Logge coperte« (verdeckte Logen)[20], die mit der regulären Freimaurerei zwar die Merkmale der Verschwiegenheit[21] und der brüderlichen Solidarität[22] teilen, nicht aber das Faible für Esoterik, moralische Ansprüche sowie aufklärerisch-humanitäre Ziele. Bei den verdeckten Logen handelt es sich um »profane« Logen, deren Brüdern es ausschließlich um persönliche Karriereförderung, unsaubere Geschäftemacherei sowie illegale politische Manöver geht. Was die verdeckten von den regulären Logen unterscheidet, ist eine ausgeprägte Geheimniskrämerei, was insofern nachvollziehbar ist, als sie – im Unterschied zu den offiziellen Freimaurern – gemäß Artikel 18 der italienischen Verfassung als Geheimgesellschaften verboten sind.[23] Den Brüdern der verdeckten Logen sind manchmal nicht einmal die Mitbrüder bekannt, wohl aber der Großmeister, der sie persönlich aufnimmt und »auf das Schwert«[24] initiiert. Folglich weiß oft nur der Großmeister, wer seiner Loge angehört, er behält – wie es im Freimaurerjargon heißt – seine Mitglieder »im Ohr«.[25] Ein weiteres Merkmal der verdeckten Logen ist, dass sie häufig keinerlei freimaurerische Arbeiten verrichten, also symbolträchtige rituelle Handlungen mit Schurz und Handschuhen.

Die verdeckten Logen stehen mit der offiziellen Freimaurerei[26] aber insofern in Verbindung, als sie in der Regel einer der beiden wichtigsten Großlogen angehören, in denen die Mehrheit der offiziell bekannten ungefähr 30.000[27] italienischen Logenbrüder organisiert sind. Dabei handelt es sich um den Grande Oriente d'Italia (GOI) mit Sitz im römischen Palazzo Giustiniani sowie die Gran Loggia Nazionale d'Italia (auch genannt: Gran Loggia d'Italia degli Alam), die ihren Sitz ebenfalls in Rom hat, einst an der Piazza del Gesù und aktuell im Palazzo Vitelleschi.

Gemäß der 1723 in ihrem ersten Konstitutionenbuch formulierten und »Landmarken« genannten Regeln respektieren Freimaurer die bestehenden Gesetze ihres jeweiligen Landes und mischen sich nicht in politische Angelegenheiten ein, ja, es ist ihnen sogar untersagt, in den Logen tagespolitische Fragen zu diskutieren.[28] In der Realität wird diese Vorschrift aber häufig nicht respektiert, da viele Logen explizit politisch ausgerichtet sind – von progressiv-aufklärerisch bis konservativ-reaktionär.[29] Gerade die italienische Freimaurerei hat sich immer in die Politik eingemischt und war maßgeblich an wichtigen politischen Weichenstellungen beteiligt.

So wurde beispielsweise das Risorgimento, die italienische Einigungsbewegung, hauptsächlich von Freimauern organisiert; alle wichtigen Akteure – von Giuseppe Mazzini, Francesco Crispi, Giuseppe Garibaldi bis hin zu Camillo Benso von Cavour – waren Logenbrüder.[30] Nachdem die Logen während des Faschismus verboten waren, begannen die Freimaurer noch vor Ende des Zweiten Weltkriegs ihre Tätigkeit wiederaufzunehmen. Sie wurden dabei von ihren amerikanischen »Brüdern« unterstützt, wobei dem aus Kalabrien stammenden amerikanischen Pastor Frank Bruno Gigliotti[31] (1896–1975) eine entscheidende Rolle zukam. Wegen Logenbrüdern wie Gigliotti, der sich auch später noch Jahrzehnte lang über Freimaurerkanäle in die italienische Politik einmischen sollte, entwickelte sich innerhalb der italienischen Freimaurerei eine starke proamerikanische und bald auch antikommunistische Strömung. In jedem Fall erleichterten 1943 Freimaurerkontakte die Landung der Amerikaner in Sizilien, waren doch alle beteiligten OSS-Agenten Freimaurer und konnten vor Ort auf die Hilfe von »Brüdern« wie den Fürsten Gianfranco Alliata Di Montereale[32] zählen. Auch bei der Unterzeichnung des Waffenstillstands mit den Alliierten am 3. September 1943 in dem kleinen Städtchen Cassibile (SI) waren Freimaurer beteiligt, allen voran der toskanische General Giuseppe Castellano (1893–1977) sowie dessen »rechte Hand« Vito Guarrasi (1914–1999)[33] – und das, obwohl Guarrasi nur ein kleiner Heereskapitän und Anwalt ohne viel Erfahrung war.[34] Es gibt Stimmen, die behaupten, dass damals in Cassibile ein geheimes Zusatzprotokoll verfasst worden sei, das den Amerikanern zugestand, sich in die italienische Politik einmischen zu dürfen.[35] Als es nach der Befreiung um die Verwaltung Siziliens ging, waren wiederum Freimaurer federführend beteiligt. Sie förderten mit Hilfe einer in der palermitanischen Via Roma 391 ansässigen Loge die Organisation der separatistischen Bewegung.[36] Nach dem Ausbruch des Kalten Krieges wurden über Freimaurerkanäle rechtsgerichtete Terroranschläge und Putschversuche organisiert, wobei anschließend Logenbrüder für die Vertuschung der Auftraggeber und den Schutz der Täter sorgten. Eine wichtige Rolle spielte in diesem Kontext lange Zeit der von Frank Gigliotti unterstützte erzkonservative Fürst Alliata Di Montereale, der nicht nur als einer der Auftraggeber des Attentats an der Portella della Ginestra (1947) genannt wurde, sondern der auch am Borghese-Putsch (1970) beteiligt war. Sein Stern begann zu sinken, als ab den 1970er-Jahren die von dem toskanischen Matratzenhersteller Licio Gelli (1919–2015)[37] geführte Loge Propaganda Due (P2)[38] tonangebend wurde. In dieser mächtigen Loge, die übrigens zum GOI gehörte, war die Crème der Politik, des Militärs, der Geheimdienste, der Wirtschafts-, Finanz- und Medienwelt Mitglied.[39] Unter der Führung der P2 veränderte die antikommunistische politische Freimaurerei in der zweiten Hälfte der 1970er-Jahre ihre Strategie: Sie verzichtete weitgehend auf offene Gewalt und Putschversuche und begann, systematisch die staatlichen Institutionen, die Parteien, Medien und Wirtschaft zu unterwandern, und zwar mit dem in ihrem im »Piano di Rinascita Democratica« (Plan für eine demokratische Erneuerung)[40] formulierten Ziel, eine »autoritäre Wende in der Politik«[41] einzuleiten. An die konkrete Umsetzung[42] ihres Planes, der Errichtung einer Präsidialrepublik sowie der Kontrolle der Parteien, Medien, Gewerkschaften und Justiz, machte sich die P2 spätestens nach 1976, als die Kommunisten bei den Wahlen spektakulär gut abgeschnitten hatten (sie erlangten 34,4 % der

Wählerstimmen⁴³). Vieles spricht dafür, dass der Piano di Rinascita Democratica unter dem P2-Mitglied und späteren Premierminister Silvio Berlusconi weitgehend realisiert worden ist.⁴⁴

Die verdeckten Logen verfolgen aber nicht nur politische Ziele, sondern dienen auch dem persönlichen Vorankommen ihrer Brüder, beispielsweise bei der Erlangung beruflicher Positionen oder politischer Macht, der Realisierung illegaler Geschäfte oder der Vertuschung von Straftaten durch die Beeinflussung von Ermittlungen und Prozessen. Dank der internationalen Ausrichtung der Freimaurerei agieren die Logenbrüder häufig über die jeweiligen Landesgrenzen hinaus und betreiben illegale Finanz-, Waffen-, Erdöl- oder Drogengeschäfte.⁴⁵ Beispielsweise gelang der spektakuläre Aufstieg der beiden Banker Michele Sindona⁴⁶ und Roberto Calvi⁴⁷ in der internationalen Finanzwelt hauptsächlich dank der Unterstützung von Logenbrüdern, insbesondere dem finanziellen Vordenker der P2, Umberto Ortolani (1913–2002)⁴⁸.

Von Anbeginn der Existenz der Cosa Nostra hat es eine Zusammenarbeit zwischen Freimauern und Mafiosi gegeben, wobei sich die Ehrenmänner – abgesehen vom 19. Jahrhundert, als auch viele Kriminelle Mitglieder der Carbonari⁴⁹ waren – lange Zeit weitgehend auf eine punktuelle Zusammenarbeit »von außen« beschränkten: Mafiosi unterstützten die Freimaurer bei politischen Projekten⁵¹ und nahmen als deren »bewaffneter Arm«⁵² an Aufständen, Anschlägen und Putschversuchen teil, wofür sie mit Straffreiheit⁵³ und sonstigen Gefälligkeiten belohnt wurden. Die Situation änderte sich erst in dem Moment, als die Cosa Nostra dank des Drogenhandels reich und nun auch als »Wirtschaftspartner« für die Freimaurer interessant geworden war – schließlich ließen sich deren enorme Gelder für allerlei Geschäfte nutzen.⁵⁴ Dies gilt auch umgekehrt: Für die Cosa Nostra wurden die Logen wichtiger als je zuvor, denn sie benötigte jetzt Experten, um ihr Geld waschen, verwalten und auf gewinnbringende Weise in die legale Wirtschaft investieren zu können.

Einer der Ersten, der sich für ein engeres Zusammenrücken zwischen der Cosa Nostra und der Freimaurerei aussprach, war der palermitanische Boss Stefano Bontate, dessen Schwager Giacomo Vitale (1942–1989?)⁵⁵ ein aktiver Logenbruder war. Der gebildete und gesellschaftlich bestens vernetzte Bontate war ein »Visionär«, der seine

Organisation allmählich von einer Kriminellenbande in eine zumindest dem Anschein nach legal agierende und noch mächtigere Wirtschaftsorganisation umwandeln wollte, wofür er die Logen als geeignetes Mittel betrachtete.[56] Bontate erklärte dem Aussteiger Francesco Di Carlo: »Die Politik halten wir in den Händen, jetzt bemühen wir uns um die Finanzwelt von Mailand.«[57] Bereits Ende der 1960er-Jahre gründete Bontate deshalb mit der mysteriösen »Loge der 300« eine eigene verdeckte Loge, deren Großmeister er war.

So richtig eng wurde die Verbindung zwischen Logenbrüdern und Cosa Nostra aber erst in der zweiten Hälfte der 1970er-Jahre, wobei die Initiative von den Freimaurern ausging.[58] Der Mafiaaussteiger Antonino Calderone erzählte, eine verdeckte Loge[59] habe die zunächst zögernde Cosa-Nostra-Spitze explizit aufgefordert, zwei Ehrenmänner pro Provinz als Mitglieder zu entsenden, wobei sie den Mafiosi ihr Angebot damit schmackhaft machte, dass sie etwa dank der Richter in ihren Reihen viel für die Mafia tun könne.[60] In der Kuppel, dem obersten Entscheidungsorgan der Mafia, wurde die Offerte diskutiert und die alte Regel, dass Mafiosi nicht gleichzeitig Ehrenmänner und Freimaurer sein sollten, um nicht in Loyalitätskonflikte zu kommen, wurde aufgehoben.[61] In der Folge ereignete sich zwischen 1977 und 1980 ein Eintrittsboom von Ehrenmännern in die Logen.[62] Praktisch alle ranghohen Ehrenmänner wurden nun, sofern sie es wie Vitale oder Bontate nicht bereits waren, Logenbrüder, so beispielsweise Michele Greco, Pippo Calderone, Totò Minore, Ciccio Madonia, Agostino Coppola oder Mariano Agate.[63] An der engen Verbindung zwischen Mafia und Freimaurerei änderte sich auch nach dem zweiten Mafiakrieg unter dem Kommando der Corleoneser nichts. Der Mafiaaussteiger Leonardo Messina erklärte, dass auch später noch alle Capi der Cosa Nostra Freimauer gewesen seien.[64] Zu den wichtigsten Logen, in denen Ehrenmänner Mitglieder waren, zählten zunächst Bontates – unter den Corleonesern aufgelöste – Loge der 300, die Armando Diaz[65], die Normanni di Sicilia und später das eng mit der P2 verbundene Centro Attività Massoniche Esoteriche Accettate (CAMEA)[66], das sich bald zu einer der ausgesprochen mächtigen »Mafialogen« entwickeln sollte. Genau in dem Moment, als das Verhältnis zwischen Freimaurern und der Mafia organisch geworden war, wurden kriminelle Steuerberater – wie auf lokaler Ebene in Sizilien Pino Mandalari (geb. 1933) [67] und international die Banker Michele Sindona und Roberto Calvi – wichtig.[68] Jetzt begann die Cosa Nostra über Freimaurerkanäle ihre Gelder über Sizilien hinaus auch auf dem italienischen Festland – wohl hauptsächlich in Rom[69] und Mailand[70] –, aber auch im Ausland zu investieren.

Einige verdeckte Logen, denen Mafiosi angehörten, sind in den letzten vierzig Jahren aufgeflogen: Den Anfang machte im Oktober 1981 in Palermo die von dem Gynäkologen Gaetano Barresi geführte CAMEA, ein Ableger der ligurischen CAMEA, die sich beim Schutz des 1979 nach Sizilien geflohenen bankrotten Bankiers Michele Sindona hervorgetan hatte. Im März 1986 wurde dann in der palermitanischen Via Roma Nummer 391 das Centro Sociologico Italiano[71] entdeckt, eine Tarnorganisation für gleich sechs verbotene Logen, darunter die Armando Diaz und erneut die CAMEA, deren Aktivitäten mangels entsprechender Untersuchungen nie aufgeklärt worden sind. Die Polizei war auf das »Soziologiezentrum« gestoßen, weil sie mit Giovanni Lo Cascio einen Mafioso und Heroinhändler observiert hatte, der Mitglied einer der dortigen Logen war. Im April 1986 traf es dann auch das Centro Studi Scontrino[72] in der Via Carreca Nummer 2 in Trapani, Sitz von gleich sechs verbotenen Logen – Iside, Iside 2, Osiride, Ciullo d'Alcamo, Miriam Cafiero, Hiram – sowie einer mysteriösen siebten Loge C. Die Polizei entdeckte das von dem Philosophielehrer Giovanni (Gianni) Grimaudi († 2012)[73] geleitete Kulturzentrum, nachdem sie einen anonymen Brief zu einem manipulierten Concorso (Öffentlichen Wettbewerb) erhalten hatte. Einige »Brüder« des Centro Scontrino waren in allerlei Straftaten verwickelt, so in Wahlstimmenkauf, illegale Waffen- und Drogengeschäfte, den Mordanschlag auf den Richter Carlo Palermo in Pizzolungo (TP) oder die korrupte Vergabe von öffentlichen Aufträgen in Trapani. Anfang der 1990er-Jahre wurde in dem Städtchen Castelvetrano (TP), wo damals immerhin sechs von insgesamt 19 bekannt gewordenen Logen in der Provinz Trapani ihren Sitz haben[74], die Loge F. Ferrer 908[75] entdeckt, deren Mitglieder im Drogenhandel aktiv waren und wohl auch Morde in Auftrag gegeben hatten. 1992 führte in Mazara del Vallo die Ermittlung »Mafia e Massoneria« (Mafia und Freimaurerei) zur »Operation Ghibli«[76], in deren Rahmen Logenbrüder verhaftet wurden, die versucht hatten, Prozesse zu manipulieren. Im

Rahmen der »Operation Hiram«[77] flog im Juni 2008 eine in den Provinzen Trapani und Agrigent, aber auch auf dem italienischen Festland tätige Loge auf, deren Ziel ebenfalls hauptsächlich im »Inordnungbringen« von Prozessen bestand. Und im Oktober 2009 wurde in Barcellona Pozzo di Gotto das 2004 gegründete Kulturzentrum Ausonia[78] durchsucht, das Sitz dreier verbotener Logen war. Diese von dem AN-Senator Domenico Nania (geb. 1950) geleitete Vereinigung betätigte sich hauptsächlich auf dem Gebiet der illegalen Vergabe öffentlicher Aufträge und hatte Verbindungen zur organisisierten Kriminalität in Barcellona.

Auch wenn die verdeckten Logen den wichtigsten Ort der Begegnung zwischen der Cosa Nostra und dubiosen Personen aus der Gesellschaft darstellen, existieren noch weitere exclusive »Klüngelclubs«, beispielsweise der pseudofreimaurerische Ordine del Santo Sepolcro di Gerusalemme (Grabritterorden)[79], der in der Vergangenheit in Sizilien mehrfach negativ aufgefallen ist.

Die Tatsache, dass bis in die jüngste Zeit[80] verdeckte Logen entdeckt werden, in denen Mafiosi mit Mitgliedern der »besseren Gesellschaft« zusammenarbeiten, zeigt, dass für die Mafia verdeckte Logen nach wie vor höchst attraktiv sind. Auch der letzte große Boss, Messina Denaro, soll sich nicht nur des Schutzes von dubiosen Freimaurern erfreut, sondern sogar selbst eine Loge gegründet haben.[81] Einer der Gründe mag sein, dass im Falle der Entdeckung solcher Logen die Ermittlungen häufig eingestellt oder die Brüder entweder gar nicht oder nur milde bestraft werden.[82]

4.6 Die Mafia als »Blitzableiter« okkulter Mächte

> Ich kenne alle Namen und alle Tatsachen (…), derer sie sich schuldig gemacht haben. Ich weiß. Aber ich habe keine Beweise. (Pasolini)[1].

Für die bis heute unaufgeklärten Morde an gesellschaftlich bedeutenden Personen in Sizilien und auch auf dem Festland wird allein die Cosa Nostra verantwortlich gemacht. Sie war an diesen Verbrechen tatsächlich beteiligt, auch wenn sie kein oder nur ein geringes Interesse hatte. Dieses offensichtliche Fehlen von Motiven, aber auch die Tatumstände, Indizien oder Aussagen von Augenzeugen und Mafiaaussteigern legen nahe, dass sich »Dritte« der Mafia bedient haben könnten. Viele machen für die Aufträge eine häufig als »dritte Ebene« bezeichnete eine okkulte Macht im Staat verantwortlich, die so mächtig sei, dass sie nicht befürchten müsse, zur Verantwortung gezogen zu werden – schließlich gibt es für ihre Existenz nur »pasolinische Beweise«[2]. Angesichts der Tatsache, dass die Verantwortung für zahlreiche politische Delikte ausschließlich der Cosa Nostra »in die Schuhe geschoben« wird, ist nachvollziehbar, dass dem Obermafioso Totò Riina irgendwann »der Kragen platzte« und er beklagte, er wolle nicht ständig als »Blitzableiter« für alle in Italien begangenen Verbrechen herhalten müssen.

Üblicherweise werden Omicidi Eccellenti (Auserlesene Morde) als Präventivschlag oder Racheakt der Cosa Nostra gegenüber ihren Feinden interpretiert. In einigen Fällen mag das vielleicht zutreffen, häufig aber werden selbst von Experten Zweifel gegenüber den offiziellen Verlautbarungen geäußert. So bemerkten der Jurist Giovanni Di Cagno (geb. 1951) und der Ermittlungsrichter Gioacchino Natoli (geb. 1947) zum Mord am Carabinieri-General und Präfekten von Palermo Carlo Alberto Dalla Chiesa, dieser sei möglicherweise »per altro«[3], also aus anderen Gründen, ermordet worden als dem vorgeblichen, nämlich, dass er langfristig der Mafia hätte gefährlich werden können. Der Schriftsteller Sciascia glaubte ebenfalls nicht, dass der Ermittlungsrichter Cesare Terranova von den Corleonesern umgebracht worden sei, weil er ihnen durch seine Arbeit geschadet hätte und dies weiterhin tun würde:

> Ich glaube weder an die kühl vorbereitete ‚Vendetta' wegen Dingen aus der Vergangenheit noch an die Furcht aufgrund der anstehenden Wiederaufnahme der richterlichen Aktivität.[4]

Vor allem aber sind es die Familienangehörigen der Opfer, die sich nicht mit den offiziellen Versionen zufriedengeben, sondern eine Bestrafung der tatsächlich Verantwortlichen fordern. Der Sohn von Carlo Alberto Dalla Chiesa, Nando Dalla Chiesa, erklärte beispielsweise:

Was denke ich über den Mord an meinem Vater? Ich denke, dass es ein politisches Delikt war, entschieden und ausgeführt in Palermo. Weder mich noch meine Familie interessiert, wer die Killer waren, ob sie aus Catania oder aus Bagheria oder aus New York gekommen sind. Uns interessiert, dass die Auftraggeber gefunden und bestraft werden, und diese sind, meiner Meinung nach, innerhalb der Democrazia Cristiana zu suchen.[5]

Da in Bezug auf alle »auserlesenen Morde« sowie politischen Attentate Fragen offen geblieben sind, zählen sie zu den wohl für immer rätselhaft bleibenden »italienischen Mysterien«.[6]

Im Folgenden werden exemplarisch die Morde an Enrico Mattei, Mauro De Mauro, Carlo Alberto Dalla Chiesa und Mino Pecorelli ausführlicher geschildert, weil sie besonders gut zeigen, dass die Mafia an deren Tod kein Interesse gehabt haben kann – dafür aber umso mehr ihre mächtigen »Freunde«.

Enrico Mattei (1906–1962)[7] war der Generaldirektor der staatlichen italienischen Erdölgesellschaft ENI. Sein Ziel war es, Italien auf dem Energiesektor unabhängig zu machen und das Energiemonopol der »sieben Schwestern«, also der wichtigsten internationalen Ölkonzerne (Esso, Shell, BP, Exxon, Chevron, Gulf Oil, Texaco), zu brechen. Dabei schreckte Mattei nicht vor der Zusammenarbeit mit der UdSSR und China zurück und verkündete, Italien müsse zwischen den USA und der UdSSR eine neutrale Position einnehmen und seinen eigenen Weg gehen. Konsequenterweise verhandelte Mattei mit den Erdöl produzierenden Ländern, denen er bessere Konditionen bot als die »sieben Schwestern«. Matteis Aktivitäten waren – mitten im Kalten Krieg – sowohl der amerikanischen Regierung als auch den großen Erdölkonzernen ein Dorn im Auge. – Zwei Tage vor seiner Ermordung wurde Mattei von Graziano Verzotto (1923–2010) zu den ENI-Produktionsstätten in Gagliano Castelferrato (EN) und Gela (CL) in Sizilien gerufen – eine Falle, wie Matteis Bruder Italo vermutete. Der ursprünglich aus Venetien stammende Verzotto lebte seit 1947 in Sizilien, wo er sich politisch in der DC engagierte und darüber hinaus für die Öffentlichkeitsarbeit der ENI zuständig war. Verzotto unterhielt nicht nur beste Geheimdienstkontakte, sondern war auch mit Mafiosi eng verbunden, wie etwa dem mächtigen Boss Giuseppe Di Cristina aus Riesi (CL), dessen Trauzeuge er war. Kurz vor Matteis Rückflug in die Lombardei wurde auf dem catanesischen Flughafen Fontanarossa Matteis Privatflugzeug fachmännisch so manipuliert, dass es am 27. Oktober 1962 beim Landeanflug über dem lombardischen Dorf Bascapè bei Pavia (PV) abstürzte. Mattei, dessen Pilot und ein Journalist starben. Offiziell wurde der Absturz als Unfall bezeichnet. Obwohl von Anfang an Zweifel an der offiziellen Version bestanden, wurden die Ermittlungen erst 1994 wieder aufgenommen, nachdem Mafiaaussteiger wie Tommaso Buscetta erklärt hatten, die Mafia habe an der Ermordung Matteis mitgewirkt: Sie habe der amerikanischen Mafia einen Gefallen erweisen wollen, die ihrerseits von den Erdölkonzernen um die Beseitigung Matteis gebeten worden sei. Konkret sei es der Boss der Familie von Philadelphia Angelo Bruno (1910–1980) gewesen, der im Auftrag der »Commission«, also des obersten Mafiaorgans in den USA, die sizilianischen »Kollegen« um Hilfe bat und ihnen erklärte, der Tod Matteis solle wie ein Unfall aussehen. Mattei wurde vor seinem Rückflug nach Mailand von Verzotto zu einem Jagdausflug mit einigen Mafiosi in der Nähe von Catania eingeladen, wodurch er des Schutzes der Cosa Nostra versichert werden sollte. Beim Anbringen der Bombe am Flugzeug Matteis auf dem Flughafen von Catania scheint tatsächlich kein Mafioso beteiligt gewesen zu sein, denn kein einziger Pentito kannte die diesbezüglichen Details und die Cosa Nostra wäre mit einer solchen Aktion wohl auch technisch überfordert gewesen. Allerdings existieren Spuren von dieser »Operation«: In der Nacht vom 26. auf den 27. Januar 1962 wurden nämlich bei Matteis Flugzeug drei später nicht identifizierte Personen gesehen, einer in der Uniform eines Carabinieres und die anderen beiden in Mechanikeranzügen. Ferner wurde bekannt, dass Matteis Pilot an das Telefon der Flughafenbar gerufen wurde, was der mysteriösen Gruppe die Gelegenheit gegeben hätte, sich am Flugzeug zu schaffen zu machen. – Nach dem Tod Matteis setzte bei der ENI unter ihrem neuen Direktor Eugenio Cefis (1921–2004) ein radikaler Kurswandel ein, mit dem sowohl die amerikanische Regierung als auch die »sieben Schwestern« einverstanden waren.

Mauro De Mauro (1921–1970)[8], einer der fähigsten Journalisten der palermitanischen Tageszeitung L'Ora, war von dem Filmregisseur Francesco Rosi (1922–2015) beauftragt worden, für dessen 1972 erschienenen Film »Il caso Mattei« die beiden letzten Tage im Leben von Enrico Mattei zu rekonstruieren. Am Ende seiner Recherchen sprach De Mauro gegenüber Vertrauten von einem Knüller, der Italien erschüttern werde. – Am Spätabend des 16. September 1970 wurde De Mauro vor seiner Wohnung in der palermitanischen Via delle Magnolie gekidnappt und danach nicht mehr gesehen. Kurze Zeit nach der Entführung wurde die Familie De Mauros mehrfach von Antonino Buttafuoco (1923–2005), einem Steuerberater und MSI-Politiker, aufgesucht, der behauptete, De Mauro lebte noch. In Wirklichkeit aber spionierte Buttafuoco die Familie aus, was ihm einige Monate Untersuchungshaft wegen Beteiligung an einer Entführung eintrug. Bald sprach die Presse von einem mysteriösen »Mister X«, der hinter Buttafuoco stehe und der wahre Auftraggeber des Verbrechens sei. Als »Mister X« wurde schließlich der palermitanische Anwalt Vito Guarrasi (1914–1999) identifiziert, mit dem sich De Mauro einen Monat vor seinem Verschwinden getroffen hatte und der mit Buttafuoco in Kontakt stand. Bei Guarrasi, der übrigens einer der Logen in der palermitanischen Via Roma angehörte, handelt es sich um eine wichtige »graue Eminenz«, deren Name bei nahezu allen brisanten politischen und ökonomischen Vorkommnissen in Sizilien seit 1943 auftauchte – und der bereits im Zusammenhang mit dem Fall Mattei genannt worden war. Bald aber wurden weitergehende Ermittlungen auf Anweisung des Geheimdienstdirektors und P2-Mitgliedes Vito Miceli (1916–1990) eingestellt. – Erst Jahre später machten Pentiti Aussagen zum Verschwinden des Journalisten: 1994 erzählte Buscetta, De Mauro sei von den Männern des damaligen Capos der Familie von Santa Maria di Gesù getötet worden, weil er der Wahrheit über Mattei zu nahe gekommen sei. Im Oktober 1999 bestätigte Gaetano Grado (geb. 1943), dass De Mauro in Bontates Auftrag von drei Mörder entführt, gefoltert und erdrosselt worden sei: von seinem Bruder Antonino Grado, Girolamo (Mimmo) Teresi sowie Emanuele D'Agostino. Francesco Marino Mannoia ergänzte schließlich, die Leiche des Journalisten sei – zusammen mit anderen Opfern der Lupara bianca – Mitte der 1970er-Jahre wegen anstehender Bauarbeiten im Auftrag Guarrasis ausgegraben und in Säure aufgelöst worden.

Mit einem der größten italienischen Mysterien, dem Fall Aldo Moro[9], werden die Morde an Mino Pecorelli und Carlo Alberto Dalla

Chiesa in Verbindung gebracht: Moro war in den 1970er-Jahren innerhalb der DC der maßgebliche Befürworter des von dem PCI-Sekretär Enrico Berlinguer (1922–1984) vorgeschlagenen »historischen Kompromisses«, einer Beteiligung der Kommunisten an der Regierung. In der Zeit des Kalten Krieges waren die Amerikaner, allen voran deren nationaler Sicherheitsberater und spätere Außenminister Henry Kissinger (geb. 1923), mit einer solchen Regierungsbeteiligung nicht einverstanden. Folglich wurde Moro im September 1974 bei einem Staatsbesuch in den USA so massiv bedroht, dass er vorzeitig nach Italien zurückflog und sich eine Weile aus der Politik zurückzog. Moros Frau berichtete, ihrem Mann sei in den USA mit einem schlimmen Ende gedroht worden, sollte er nicht von seinem Plan einer Regierungsbeteiligung der Kommunisten absehen. Dem Druck schließlich doch standhaltend trieb Moro sein politisches Projekt weiter voran, das kurz vor der Realisierung stand, als er am 16. März 1978 von den Brigate Rosse (Roten Brigaden, BR) in der römischen Via Fani entführt wurde. Während seiner 55 Tage währenden Gefangenschaft wurde er vor ein »Volksgericht« gestellt und gezwungen, Fragen zu beantworten; seine Aussagen bilden zusammen mit Moros Briefen das »Memoriale Moro« (Memoiren Moro). Moros Leiche wurde am 9. Mai im Kofferraum eines Autos in der römischen Via Caetani gefunden, womit die Diskussion um den »historischen Kompromiss« beendet war. – Einige Monate später, am 1. Oktober 1978, entdeckten die Carabinieri, denen es unter Führung von General Carlo Alberto Dalla Chiesa gelungen war, mehrere Linksterroristen zu verhaften, in einem BR-Versteck in der Via Montenevoso in Mailand einen Teil des Moro-Dossiers.[10] Der brisantere Teil der Dokumente wurde (angeblich) erst 1990 zufällig von einem Maurer bei Umbauarbeiten in dieser Wohnung gefunden.

Zahlreiche Indizien weisen darauf hin, dass sowohl der Journalist Pecorelli als auch General Dalla Chiesa das vollständige Dossier kannten. Dieses Dossier enthielt explosive Details zu zahlreichen »unsauberen« Geschäften von Politikern, von der illegalen Parteienfinanzierung über Schmiergeldannahmen bis hin zur paramilitärischen Geheimorganisation Gladio. Darüber hinaus scheinen Pecorelli und Dalla Chiesa gewusst zu haben, dass die von P2-Mitgliedern durchsetzten Krisenstäbe der Regierung keinerlei Interesse an einer Befreiung Moros gehabt hatten – wovon übrigens auch Moros Ehefrau überzeugt war, die ein Staatsbegräbnis für ihren Mann verweigerte.

Carmine (Mino) Pecorelli (1928–1979)[11] war der Herausgeber des Sensationsblattes Osservatorio Politico (OP), das immer wieder durch spektakuläre Enthüllungen über politische Skandale auffiel. Auch zum Fall Moro hatte Pecorelli in verschiedenen Artikeln kenntnisreiche Andeutungen gemacht und weitere Enthüllungen angekündigt. Seine Insiderkenntnisse verdankte der Journalist, der übrigens Mitglied der mächtigen Geheimloge P2 war, nicht nur seinen hervorragenden Geheimdienstkontakten, sondern wohl auch Dalla Chiesa, mit dem er sich vor seinem Tod mehrfach getroffen hatte. Pecorelli scheint darüber hinaus über die Veröffentlichung brisanter Informationen zum Italcasse-Skandal, in den der damalige Premierminister Andreotti verwickelt war, mit einigen Andreotti-Getreuen verhandelt zu haben. – Der unbequeme Journalist wurde am Abend des 20. März 1979 in der römischen Via Orazio in der Nähe seiner Redaktion erschossen. Nachdem die Ermittlungen zunächst eingestellt worden waren, wurden sie aufgrund der Aussagen Buscettas 1993 wieder aufgenommen: Buscetta wisse von seinen »Kollegen« Stefano Bontate und Tano Badalamenti, dass Andreotti mithilfe seiner »rechten Hand«, dem römischen Richter und DC-Politiker Claudio Vitalone (1936–2008), die beiden Ehrenmänner und DC-Mäzene Nino und Ignazio Salvo um die Eliminierung Pecorellis gebeten habe. Ziel sei es gewesen, das Bekanntwerden der »Geheimnisse« Moros zu verhindern. Daraufhin habe der Repräsentant der Cosa Nostra in Rom, Pippo Calò, das Verbrechen organisiert und von dem palermitanischen Mafioso Michelangelo La Barbera (geb. 1943) sowie von Massimo Carminati (geb. 1958), einem Neofaschisten und führenden Mitglied der römischen Magliana-Bande, ausführen lassen. Andreotti, Vitalone, Badalamenti, Calò, La Barbera und Carminati wurden daraufhin vor Gericht gestellt: In der ersten Instanz wurden die Angeklagten im September 1999 freigesprochen; das Berufungsgericht in Perugia verurteilte im November 2002 nur Andreotti und Badalamenti, und zwar jeweils zu einer Haftstrafe von 24 Jahren; das Kassationsgericht sprach dann aber im Oktober 2003 alle Angeklagten frei.

Der als »Terroristenjäger« landesweit bekannt gewordene Carabinieri-General Carlo Alberto Dalla Chiesa (1920–1982)[12] wurde im April

1982 zum Präfekten von Palermo nominiert. Dort »überlebte« er gut 100 Tage, in denen er – mangels der von ihm geforderten Vollmachten – der Mafia keinerlei Schaden zufügen konnte. Von Anfang an hatte Dalla Chiesa angekündigt, er gedenke gegen die Hintermänner der Mafia, die er hauptsächlich in der DC-Fraktion Andreottis lokalisierte, vorzugehen. – Am Abend des 3. September 1982 wurde Dalla Chiesa auf dem Nachhauseweg in der palermitanischen Via Carini zusammen mit seiner Frau Emanuela Setti Carraro (1950–1982) und seinem Leibwächter Domenico Russo (1950–1982) erschossen. Noch in der gleichen Nacht verschwanden aus dem Tresor seiner Villa Dokumente, von denen es heißt, es habe sich um die brisanteren Teile des Moro-Dossiers gehandelt. Zugang zu dem Gebäude hatten nur einige von einem Angestellten der Präfektur begleitete Männer gehabt, die dort nach dem Verbrechen angeblich Leintücher holten, um die Leichname abzudecken. Ungewöhnlich war ferner, dass entgegen mafiosen Gepflogenheiten der Mord angekündigt und auch Dalla Chiesas Frau getötet worden war. Da selbst bei den Morden an Piersanti Mattarella und Emanuele Basile die Ehefrauen, die Augenzeuginnen gewesen waren, verschont blieben, ist anzunehmen, dass die Auftraggeber wussten, dass Dalla Chiesas Frau in die »Geheimnisse« ihres Mannes eingeweiht war. Wieder war es Buscetta, der Anfang der 1990er-Jahre erklärte, ihm sei bereits 1983 von Tano Badalamenti anvertraut worden, Dalla Chiesa sei nach Palermo geschickt worden, »um ihn loszuwerden.«[13] Den Auftraggebern sei daran gelegen gewesen, den Verdacht auf die Roten Brigaden zu schieben, weshalb Buscetta von der Mafia den Auftrag erhalten habe, im Gefängnis bei den Linksterroristen nachzufragen, ob diese die Verantwortung für das Delikt übernehmen würden, was allerdings abgelehnt worden sei. Der Mafiaaussteiger und Freimaurer Gioacchino Pennino junior bestätigte die Aussage Buscettas und ergänzte, er wisse von seinen Freimaurerbrüdern, dass der Andreotti nahe stehende Francesco Consentino (1922–1985), ein DC-Abgeordneter und führendes Mitglied der P2, den Mord an Dalla Chiesa in Auftrag gegeben habe.[14] Diverse Mafiosi wunderten sich, warum Dalla Chiesa hatte umgebracht werden müssen. So echauffierte sich Giuseppe Guttadauro in einem abgehörten Telefongespräch gegenüber seinem Kollegen Salvatore Aragona:

Salvatore, hast Du '82 mitgemacht? Wen zum Teufel hat es interessiert, Dalla Chiesa umzulegen (...) Reden wir Klartext (...) Da kommt der daher ohne jede Macht (...) Warum müssen wir immer den Preis bezahlen. (...) Warum haben wir denen diese Gefälligkeit erbringen müssen? (...) Um uns dann durch den Fleischwolf zu drehen und wie gehabt weiterzumachen?[15]

Verurteilt wurden im Jahr 2002 nur die Täter, nämlich der Capo der Familie Acquasanta, Vincenzo (Enzo) Galatolo (geb. 1944), Antonino (Nino) Madonia (geb. 1952) von der Familie Resuttana, Calogero Ganci (geb. 1960) von der Familie Noce sowie dessen Schwager Francesco Paolo Anzelmo (geb. 1957). Andere an dem Attentat Beteiligte wie Pino Greco († 1985) von der Ciaculli-Familie waren nicht mehr am Leben. Die Frage nach den Auftraggebern des Mordes ist bis heute ungeklärt.

Bei den skizzierten Fällen liegt auf der Hand, dass Dritte – wie bei allen politischen Delikten – ein weit größeres Interesse als die Cosa Nostra am Tod der Opfer hatten. Darüber hinaus scheint bei diesen Verbrechen der Cosa Nostra nicht selten von Nicht-Mafiosi eine »helfende Hand« gereicht worden zu sein: Beispielsweise stellt sich die Frage, warum nach 27 Jahren die Überwachung La Torres durch die Geheimdienste genau eine Woche vor dessen Ermordung eingestellt wurde[16]; wie die Mafia an die komplizierte Spezialbombe kam, die erstmals bei dem Attentat auf Rocco Chinnici eingesetzt wurde, und welche Rolle der mysteriöse, mit dem Geheimdienst in Verbindung stehende libanesische Waffen-, Sprengstoff- und Drogenhändler Bou Chebel Ghassan spielte[17]; wieso sich am Ort des Attentats auf den Richter Falcone in Capaci ein Notizzettel mit der Telefonnummer des Geheimdienstagenten Lorenzo Narracci[18] fand; welche Rolle der Geheimdienst spielte, der zur Zeit des Attentats auf den Staatsanwalt Paolo Borsellino ein Büro im Kastell Utveccio[19] unterhielt, von dem aus der Ort des Geschehens perfekt zu kontrollieren war und von wo aus mysteriöse Telefonate geführt wurden. Die Liste der Merkwürdigkeiten ließe sich noch lange fortsetzen.

In Bezug auf diese »Anderen« ist immer wieder von einer »dritten Ebene«[20] die Rede. Die Bezeichnung wurde erstmals während einer

Richtertagung im Juni 1982 in Castelgandolfo (RM) von den Richtern Giovanni Falcone und Giuliano Turone (geb. 1940) in einem Bericht mit dem Titel »Tecniche di indagini in materia di mafia«[21] (Untersuchungstechniken über die Mafia) verwendet, in dem es um verschiedene Arten von Mafiadelikten ging. Etwas vereinfacht ausgedrückt bezeichneten die Richter als erste Ebene kriminelle Aktivitäten, die der Bereicherung dienen (z. B. Schutzgelderpressungen), als zweite Ebene Gewalttaten, die von Mafiosi untereinander begangen werden (z. B. das Begleichen interner Rechnungen), und als dritte Ebene Delikte, die an Außenstehenden wie Vertretern des Staates verübt werden. Die Presse griff die Begriffe auf, gab ihnen allerdings eine neue Bedeutung: In der medialen Berichterstattung wurden die drei Ebenen zu einem aus mehreren Stockwerken bestehenden Haus, in dem sich im ersten Stock die einfachen Mafiosi befinden, im zweiten Stock die Capimafia und im dritten Stock schließlich deren gesellschaftlich hochstehende Hintermänner. Und so wird heute gemeinhin unter der »dritten Ebene« eine okkulte Macht verstanden, die über der Mafia steht und dieser Befehle erteilt. Falcone stritt immer vehement ab, dass es eine solche »Superkuppel« gebe. So erklärte er bei einer internationalen Tagung zum Thema Drogenkriminalität im Juni 1988 in Palermo: »Über den Spitzengremien (der Mafia, Anmerk. d. Verf.) gibt es keinerlei ‚dritte Ebene' (...).«[22] Und in einem Interview gegenüber der französischen Journalistin Marcelle Padovani (geb. 1947) erklärte er im Jahr 1991 sogar, dies sei »die größte Dummheit, die je verbreitet wurde«.[23] Diese Position genauso wie der Umstand, dass er keine Maßnahmen gegen Personen wie etwa den mächtigen Freimaurer und Geldwäscher Riinas Pino Mandalari eingeleitet hatte, führte ihm gegenüber nicht nur zu Zweifeln seitens seines 1983 ermordeten Vorgesetzten, des obersten Ermittlungsrichters Rocco Chinnici[24], sondern trug ihm auch herbe Kritik von Exponenten der Antimafiabewegung[25] ein. Die Kritik verschärfte sich, als Falcone ausgerechnet von dem umstrittenen Justizminister Claudio Martelli[26] – einem Kabinettsmitglied des gleichermaßen kontroversen Premierministers Giulio Andreotti – eine Nominierung als Justizdirektor in Rom annahm. Zweifelsohne hatte Falcone Recht, wenn er sagte, es gebe keine die Cosa Nostra befehligende »Superkuppel«. So erklärte auch der Aussteiger Francesco Di Carlo, die Zusammenarbeit der Mafia mit den Mächtigen laufe üblicherweise folgendermaßen ab:

> Wenn ein Politiker oder eine andere der Cosa Nostra nahe stehende Person zu den Capi geht und sagt (...), da ist einer, der die gemeinsamen Interessen behindert, erzählt er das nicht bloß so, er vertraut ihnen nicht nur eine Schwierigkeit an. Er bittet um Hilfe und welche Art von Hilfe die Cosa Nostra zu leisten vermag, kann man sich denken. Das meine ich, wenn ich sage, dass politische Delikte politische Auftraggeber haben. Niemand sagt der Cosa Nostra, was sie machen soll, die Cosa Nostra nimmt keine Befehle an, allerdings kann ihr ein auszuräumendes Ziel genannt werden.[27]

Dass bei ausschließlich der Mafia angelasteten Verbrechen auch andere Kräfte am Werk waren, sah selbstverständlich auch Falcone, sprach er doch beispielsweise davon, bei dem Attentatsversuch auf ihn im Juni 1989 in Addaura (PA), seien »Menti raffinatissimi« (raffinierte Geister)[28] am Werk gewesen – eine mehr oder weniger unverhüllte Anspielung auf Geheimdienstler. Sein ehemaliger Kollege und heutiger Generalstaatsanwalt des Berufungsgerichts von Palermo Roberto Scarpinato (geb. 1952) erklärte, damals sei es aber völlig unmöglich gewesen, offen zu sagen, dass:

> (...) die Mafia bisweilen als ausführender Arm eines nationalen kriminellen Systems operiert, zu dem die Spitze anderer Machtsysteme gehört. Sie hätten dich für verrückt erklärt. Viele hätten von dir sofort verlangt, die Vor- und Nachnamen zu nennen; Vor- und Nachnamen, von denen Falcone wusste, dass er sie nicht nennen konnte ...[29]

Die Diskussion um die dritte Ebene – internationale Verbindungen berücksichtigend, wird sogar von einer vierten Ebene[30] gesprochen – hält bis heute an. Da diese mysteriöse dritte oder vierte Ebene im Arkanbereich der Macht angesiedelt ist, lässt sich ihre Existenz aber nur schwer fassen. Am ehesten kann sie als ein über Italien hinausreichendes Netz von Mächtigen aus Politik, Wirtschaft, Hochfinanz, Militär, Justiz, Presse und sogar dem Vatikan bezeichnet werden, dessen Elemente sich sporadisch zusammenfinden, um spezifische politische und/oder ökonomische Interessen zu realisieren. Dieses Netzwerk bedient sich illegaler Mittel und nutzt dabei die Cosa Nostra, aber auch andere mafiose Gruppen (wie die'Ndrangheta oder Camorra), Kriminellenorganisationen wie die römische Magliana-Bande[31] sowie Rechtsterroristen. Die Kommunikation scheint hauptsächlich über Freimaurerkanäle zu laufen, während die »Verbrechensregie« besonderen Geheimorganisationen überlassen wird. In diesem Kontext ist häufig die Rede von der paramilitärischen Geheimorganisation Gladio[32] sowie von den »devianten Geheimdiensten«. Darunter sind ein besonderer Machtzirkel innerhalb der italienischen Geheimdienste – von der Presse häufig als »Super-SID«[33] bezeichnet –, zu verstehen, sowie außerhalb der offiziellen Geheimdienste stehende Geheimstrukturen wie der inzwischen »aufgeflogene« Noto Servizio (Bekannter Geheimdienst) bzw. Anello (Ring)[34]. Da nach Aussagen des ehemaligen Staatsanwalts Carlo Palermo, der sich genau mit diesen Verbrechen befasst hatte, hinter dieser okkulten Macht transversale Staatsinteressen steckten, könne sie nie entdeckt werden.[35] Der Mafiaaussteiger und Freimaurer Gioacchino Pennino junior, der ebenfalls darauf verweist, dass in manche Verbrechen Teile des Staates verwickelt gewesen seien, argumentiert, bestimmte Attentate seien aus Gründen einer »imaginären Staatsräson« in Auftrag gegeben worden.[36] Die Beteiligten würden aus Angst schweigen und die Wahrheit könne nie ans Licht kommen. Der Generalstaatsanwalt Roberto Scarpinato ergänzte, Mafiaaussteigern seien gelegentlich schwerwiegende Hinweise entschlüpft, als sie nach dem Fall der Mauer angefangen hätten, über die politischen Delikte zu sprechen. Wenn die Staatsanwälte dann mehr hätten wissen wollten, hätten die Aussteiger geantwortet, die Richter ...

> könnten sich bestimmte Dinge *nicht einmal vorstellen* (sic) und es sei für alle besser, bestimmte Dinge zu vergessen und so zu tun, als habe man nur einen schlimmen Albtraum gehabt.[37]

Im Kontext der Mafia kann mit Antonino (Nino) Di Matteo (geb. 1961), einem der Staatsanwälte bei den Borsellino-Prozessen, festgehalten werden:

> Hinter jedem der auserlesenen Morde steckt eine Interessenkonvergenz von Mafiosi mit anderen Mächten, manchmal mit politisch-institutionellen, manchmal mit Unternehmern oder Finanziers.[38]

Gelegentlich machen auch Mafiosi Andeutungen über die (Mit-)Täterschaft Dritter an Delikten, für die nur Ehrenmänner angeklagt wurden. So erklärte Luciano Leggio in Bezug auf die Morde an dem Richter Cesare Terranova und dem Polizisten Lenin Mancuso, der Staat solle hierbei »in seine eigenen Jackentaschen«[39] schauen. Der catanesische Boss Nitto Santapaola kommentierte eine Fernsehnachricht, in der über die Ermordung Dalla Chiesas berichtet wurde, so: »Als ob die nicht wüssten, dass es nicht allein die Mafia war, die Anweisungen kamen von oben.«[40] Und der Obermafioso Totò Riina wies darauf hin, es seien nicht seine Leute gewesen, die die Dokumente aus dem Safe[41] Dalla Chiesas oder Borsellinos rotes Notizbuch[42] entwendet hätten.

Zur Rechenschaft gezogen werden aber immer nur Mafiosi, die dann, wenn sie nicht mehr gebraucht werden, ihrem Schicksal überlassen werden und darüber hinaus stets als Ausrede herhalten müssen, um »den Deckel zuzumachen« und nicht weiter nach den wahren Verantwortlichen suchen zu müssen.[43] Und so ist nachvollziehbar, dass der Mafia-Oberboss Totò Riina, nachdem er vorher elf Jahre lang geschwiegen hatte, im März 2004 spontan vor dem Geschworengericht von Florenz erklärte:

> Die Wahrheit ist gut für alle, Herr Gerichtspräsident. Sie kann auch gut für mich sein. Aber warum muss man mich für Dinge verurteilen, von denen ich nichts weiß, die ich nicht begangen habe? Ich, Herr Gerichtspräsident, danke dem Gericht dafür, mich angehört zu haben, aber ich habe das Gefühl, die Person zu sein, auf die mit dem Finger gezeigt wird und der gesagt wird: ‚Du bist der Blitzableiter Italiens'. Du musst die Rechnung für alle bezahlen![44]

So lässt sich mit dem Generalstaatsanwalt Roberto Scarpinato resümieren:

4 Italien – eine mafiose Demokratie?

Viele wichtige Momente in der Geschichte der Mafia sind dazu bestimmt, Geheimnisse zu bleiben. Wenn die Mafia nur aus Personen wie Provenzano oder Riina bestünden, könnte alles ans Licht kommen. Aber die Mafia ist eines der vielen komplizierten Räderwerke, die alle zusammen die reale nationale Machtmaschine bilden; eine Maschine, die den Lauf der kollektiven Geschichte schreibt und die manchmal offen, meist aber im Verborgenen agiert. Keiner kann es sich erlauben, manche der von ihm erahnten Geheimnisse dieses obszönen Teils der Geschichte zu enthüllen, ohne zu riskieren, von der geschlossenen und transversalen Reaktion des gesamten Systems vernichtet zu werden.[45]

Mittlerweile scheinen also nicht mehr nur Journalisten, sondern auch Historiker, Staatsanwälte und Richter von der Existenz einer dritten bzw. vierten Ebene überzeugt zu sein – deren nähere Beleuchtung aber wäre ein anderes Thema.

Anmerkungen

1 Einführung

1 *Demos* (2018).

2 *Il Giorno* (21.02.2013, Übersetzg. d. Verf.).

3 *Salvemini* (2000).

4 Es könnten zahllose weitere Politiker genannt werden, gegen die wegen Strafvergehen ermittelt wurde, die angeklagt oder rechtskräftig verurteilt wurden, vgl. *Gomez/Travaglio* (2001).

5 *Transparency International* (2021).

6 *La Repubblica. Cronaca di Palermo* (19.07.2007).

7 *La Repubblica. Cronaca di Palermo* (22.04.2009).

8 Die Position, die Mafia sei eine Gesinnung, wurde zuerst von Pitrè (1841–1916) vertreten, später auch von Hess (1970). Nachzulesen ist Pitrès Argumentation in dem inzwischen separat publizierten Buch »La

Mafia e l'omertà« (Pitrè, 2007), einem zuerst 1889 erschienenen Band von Pitrès fünfundzwanzigbändiger »Biblioteca delle tradizioni popolare«. In dieselbe Kerbe wie Pitrè schlug Avellone, der in einem 1911 erschienenen Buch die wohltätige Natur der Mafia sowie die positive mafiose Gesinnung der Sizilianer pries. Darüber hinaus gab es eine Reihe »interessierter« Personen, die die Bedeutung der Mafia herunterzuspielen und als besondere Form der Kriminalität zu negieren versuchten, dazu zählt Starabba Di Rudini (1839–1908), der Bürgermeister von Palermo, Staatsminister und sogar italienischer Ministerpräsident gewesen war. Als in den 1870er-Jahren die erste große Debatte über das Phänomen der Mafia einsetzte, vertrat Starabba Di Rudini die Auffassung, in der sizilianischen Bevölkerung gäbe es eine positive mafiose Mentalität, welche nur ab und zu in die Kriminalität abgleite, vgl. *Catanzaro* (1991: 6 ff.), *City of Palermo et al.* (2000: o. S.), *Marino* (2002a: 97).

9 Der Niederländer Blok, der in den 1960er-Jahren anthropologische Feldstudien in Zentralsizilien, konkret in dem von ihm Genuardo genannten Dorf Contessa Entellina (PA), durchführte, ist der bekannteste Vertreter dieser Auffassung, vgl. Blok (1974).

10 Gambetta legte im Jahr 1992 seine Untersuchung »La mafia siciliana. Un'industria della protezione privata« vor, in der er die sizilianische organisierte Kriminalität als delinquentes Unternehmen interpretiert. Anschließend wurde sein »Mafia-Bestseller« in verschiedene Sprachen übersetzt, so auch ins Deutsche, vgl. *Gambetta* (1994). Pino Arlacchi vertritt den Standpunkt, dass sich die traditionelle Mafia in der Zeit nach dem Zweiten Weltkrieg in eine Unternehmermafia verwandelt hat, vgl. *Arlacchi* (2007).

11 Zu den verschiedenen Mafialegenden vgl. *Correnti* (1987: 31), *Ciconte* (2017b: 11 ff.), *Messina* (1990: 20 ff.), *Renda* (1998: 24 f.).

12 Zu den Beati Paoli vgl. *Castiglione* (2010), *Ciconte* (2008b: 65 f.), *Giordano* (1992: 405) und vor allem *Renda* (1999).

13 Der Roman von *Natoli* (2010), der die Beati Paoli berühmt gemacht hat, erschien in zwei Bänden auch in deutscher Sprache (1996, 1998).

14 Zur Verschiebung der Wortbedeutung »Mafia« und den ersten schriftlichen Dokumenten vgl. *Catania* (2006: 20), *Catanzaro* (1991: 5), *Ciconte* (2008b: 7 f.; 2017b: 9 f.), *Correnti* (1987: 13, 21, 31), *Cutrera* (1984: 39 ff.), *Falzone* (1987: 109), *Messina* (1990: 18 f., 25 f.), *Pitrè* (2007: 9 f., 12), *Renda* (1998: 24 f., 45).

15 *Pitrè* (2007: 9 f., Übersetzg. d. Verf.).

16 *Rizzotto* (1994).

17 *Bonanno/Lalli* (2003).

18 Das Wort »Cosca« scheint sich aus dem vulgärlateinischen Terminus »Coscla« bzw. dem spätlateinischen »Costula« abzuleiten; zur Etymologie des Wortes »Cosca« im mafiosen Kontext vgl. *Alongi* (1977: 50), *Catanzaro* (1991: 58 f.), *Cuntrera* (1984: 63), *Messina* (1990: 38 f.).

19 Zur 'Ndrangheta vgl. *Ciconte* (1992, 2008a), *Gratteri/Nicaso* (2008), *Forgione* (2009).

20 Zur Camorra vgl. *Sales* (1988), *Barbagallo* (2010), *Paliotti* (2002), *Saviano* (2006).

21 Über die Sacra Corona Unita, die jüngste italienische Mafia-Organisation, liegen bislang nur wenige Untersuchungen vor; einen Einblick bietet *Massari* (1998).

22 *Weber* (1980: 3 ff.).

23 *Bufalino* (1990: 14 f., Übersetzg. d. Verf.).

2 Von den revolutionären Squadre zu den Corleonesern

2.1 Wie banale Banditen zu Mafiosi mutierten

1 Bonfadini-Bericht von 1876 zitiert nach *City of Palermo et al.* (2000: o. S.).

2 Zur politisch-sozialen Entwicklung und den politischen Institutionen Italiens und Siziliens im 19. Jh. vgl. *Alongi* (1977: 27 ff.), *Barone* (1987), *Cavazza* (2000), *Correnti* (1987; 2004), *Chiellino/Marchio/Rongoni* (1995), *Cutrera* (1984: 185 ff.), *Finley et al.* (1989), *Franchetti* (2000), *Hamel* (2011), *Mack Smith* (1969), *Procacci* (1989), *Salvadori* (2000); zur Entstehung der Mafia vgl. *Brancato* (1986), *Catania* (2006), *Catanzaro* (1991), *Ciconte* (2008b), *City of Palermo et al.* (2000), *Falzone* (1987), *Lupo* (1996, 2011) *Marino* (2002a), *Mazzola* (2004), *Mosca* (2002), *Paternà* (2000), *Pezzino* (1994, 1999), *Pantaleone* (2013), *Renda* (1998), *Salvemini* (2000), *Siragusa* (2004).

3 Bis zum Jahr 1812 befanden sich Grund und Boden nahezu ausschließlich in den Händen der Aristokratie und der Kirche, wenn auch ein Teil als öffentliches Land von den Kommunen genutzt wurde. Nach der Verabschiedung der Verfassung von 1812 setzte eine Aufteilung des Bodens ein, und zwar durch den Verkauf adeliger Lehen, die Versteigerung von Kirchengütern und den Verkauf bzw. die Usurpierung von öffentlichem Land. Auf diese Weise steigerte sich zwischen 1820 und 1860 die Anzahl von Bodenbesitzern von nur 2000 auf 20.000. Nicht wenige »Neureiche« erwarben Adelspatente oder heirateten in den hochverschuldeten alten Adel ein. Zur Veränderung der Besitzverhältnisse vgl. *Gambetta* (1994: 115), *Lupo* (1990: 74), *Mack Smith* (1969: 65) und *Pezzino* (1994: 11 f.).

4 Garibaldi wäre es kaum gelungen, die zahlenmäßig und waffentechnisch überlegenen Bourbonen zu besiegen, hätten diese ernsthaft gekämpft. Es halten sich hartnäckige Gerüchte, dass der Bourbonengeneral Francesco Landi (1792–1861) im Vorfeld dazu »überredet« wurde, sich nicht allzu sehr anzustrengen. Offiziell unterstützten

Piemontesen Garibaldi bei seiner Landung in Sizilien nicht, da die Sache hätte schiefgehen können. Einiges spricht aber dafür, dass »hinter den Kulissen« die Piemontesen doch Einfluss nahmen; zum Hintergrund der Landung Garibaldis in Sizilien vgl. *Hausmann* (2005), *Riall* (2007), *Trevelayn* (2021).

5 Zum Einsatz krimineller Banden bei den Volksaufständen von 1820, 1848 und 1860 durch die gesellschaftliche Elite vgl. *Alongi* (1977: 27 ff.), *Brancato* (1986: 55), *Ciconte* (2008b: 241 ff.), *Colajanni* (1984: 41), *Cutrera* (1984: 165 ff.), *Falzone* (1987: 70 ff.), *Finley et al.* (1989: 219 ff.), *Mack Smith* (1969: 69), *Marino* (2002a: 34 f.), *Mazzola* (2004: 15), *Pezzino* (1994: 15 f.), *Renda* (1998: 46).

6 Bonfadini-Bericht von 1876 zitiert nach *City of Palermo et al.* (2000: o. S.).

7 In Ostsizilien überwogen Pachtverträge »a migliora« (zur Verbesserung), welche mit ca. 29 Jahren relativ lange Laufzeiten hatten, sowie Erbpachtverträge, die fast dem Besitz an Boden gleichkamen. In West- und Zentralsizilien hingegen hatten die Bauern meist nur »Mezzadria«-Verträge mit meist kurzen Laufzeiten, die besagten, dass sie oft nicht einmal ein Viertel ihres Ernteertrags behalten durften. Zu den Pacht- und Bodenverhältnissen vgl. *Bascietto* (2005: 110 f.), *Brancato* (1986: 62), *Lupo* (1990: 88 f.). Auch De Felice Giuffrida macht auf den Zusammenhang zwischen schlechteren ökonomischen Bedingungen in West- und Zentralsizilien und der Entstehung der Mafia aufmerksam. Er erklärt, dass sich die »Geographie der Wirtschaft« und die »Geographie der Mafia« entsprächen und die Mafia dort stark sei, wo es den Bauern am schlechtesten gehe (2014: 32 f.).

8 Nicht nur das Phänomen der Mafia war nach der Italienischen Einigung explodiert, sondern auch der Brigantismus und die »normale« Kriminalität. Bei Briganten und Kriminellen handelt es sich um »Outlaws«, also gesetzlich gesuchte Verbrecher. Dies gilt nicht für Mafiosi, welche sich üblicherweise mit einer »bürgerlichen Maske« tarnen. Zum Brigantismus allgemein vgl. *Hobsbawm* (1979).

9 *Marino* (2002a: 35, Übersetzg. d. Verf.).

10 *Marino* (1997: 10), *Pantaleone* (2013: 13), *Renda* (1998: 47).

11 *Colajanni* (1984: 41, Übersetzg. d. Verf.).

12 *Cutrera* (1984: 174, Übersetzg. d. Verf.).

13 Bonfadini-Bericht von 1876 zitiert nach *City of Palermo et al.* (2000: o. S.).

14 *Renda* (1998: 48, Übersetzg. d. Verf.).

15 *Falzone* (1984: 72).

16 *Ciconte* (2008b: 56, Übersetzg. d. Verf.).

17 *Renda* (1998: 11).

18 *Renda* (1998: 41).

19 Zu den wichtigsten Mafiagruppen in der zweiten Hälfte des 19. Jh.s zählten die Società degli Stuppagghieri von Monreale (PA), die Società dei Terziari di S. Francesco di Assisi von Uditore (PA), die Associazione dei Mugnai e della Posa in Palermo, der Amoroso-Clan vom Viertel Orto Botanico in Palermo, die Oblonica Cosca von Girgenti (seit 1927 Agrigent), die Scattiolosa von Sciacca (AG), die Scagghiuna von Enna, die Scaglione von Castrogiovanni, die Bande Fontana Nuova von Misilmeri (PA), die Fratuzzi von Bagheria (PA), die Fratellanza von Favara (PA), die Zubbio von Villabate (PA) und die Portella von Castelbuono (PA). Zu den verschiedenen Mafiaclans vgl. *Ciconte* (2008b: 114), *City of Palermo et al.* (2000: o. S.). Der Polizeibeamte Antonio Cutrera verfasste Ende des 19. Jh.s eine Studie über die sizilianische Mafia und fertigte eine Karte an, in die er die diversen Clans einzeichnete. Sie zeigt deutlich, dass die Schwerpunkte der Mafia in West- und Zentralsizilien lagen (1984: 113 f.).

20 Unter der Pachtvariante »in gabella« wird verstanden, dass ein Großgrundbesitzer seinen gesamten Boden einem Großpächter verpachtet, der ihm im Voraus den Pachtzins entrichtet. Der Großpächter bearbeitet das Land nicht selbst, sondern beschränkt sich darauf, den Grund an viele kleine Einzelpächter weiterzuverpachten, und zwar in der Regel mit Mezzadria-Pachtverträgen. Da die meisten adeligen Großgrundbesitzer ab dem 17. Jh. als Absentisten fernab von ihren Gütern in den Städten lebten, konnten sie sich nicht selbst um ihre Güter kümmern. Aus diesem Grund setzte sich die Vertragsform der Gabella immer mehr durch, und zwar vor allem in Gebieten des großflächigen Hartweizenanbaus, wo sich die Aristokraten mit außerordentlich vielen Kleinpächtern hätten herumschlagen müssen. Dort war spätestens ab dem 18. Jh. die Gabella zur bevorzugten Pachtform geworden, was zur Folge hatte, dass sich im 19. Jh. eine Klasse der Gabellotti herausbildete. Anfang des 20. Jh.s kontrollierten die Gabellotti praktisch das gesamte Land, welches in Latifundienwirtschaft organisiert war. In der Provinz Caltanissetta waren dies 42 % der landwirtschaftlich nutzbaren Fläche, in der Provinz Palermo 35 %, in der Provinz Agrigent 31 % und in der Provinz Trapani immerhin noch 20 %. In einzelnen Kommunen lagen die Prozentzahlen noch deutlich höher: So bestanden etwa 55 % des Landes im Gebiet der Kommune Corleone aus Latifundien, in Santo Stefano Quisquina waren es 72 % und in Villalba sogar 75 % (*Renda* 1998: 191 f.). Die Pachtform der Gabella gab es praktisch dort nie, wo auch kleinere Flächen ertragreich bewirtschaftet werden konnten, was dann der Fall war, wenn Zitrusgewächse angebaut werden konnten. Agrumengrundstücke wurden in ganz Sizilien mit Hilfe von Verwaltern oder Direktpächtern bewirtschaftet. Eine Ausnahme scheinen nur die sog. Giardini – kleine Gartengrundstücke – der Conca d'Oro von Palermo gebildet zu haben, wo sich gelegentlich auch die Pachtform der Gabella fand. Die Hauptarbeit der Gabellotti bestand darin, von den Unterpächtern den Pachtzins einzutreiben und für Ordnung im ihnen unterstehenden Gebiet zu sorgen, wofür sie bewaffnete Campieri (Feldhüter) einsetzten. Da die Gabellotti einerseits die Großgrundbesitzer übervorteilten, andererseits die Bauern ausnutzten, schafften sie es in der Regel nach gewisser Zeit, selbst zu Grundbesitzern aufzusteigen. Zur Pachtform der Gabella und den Gabellotti vgl. *Brancato* (1986: 62), *Finley* et al. (1989: 162 f.), *Marino* (2002a: 86): *Lupo* (1990: 116).

21 Zur Situation in Sizilien nach der Machtübernahme der »Piemontesen« vgl. *Hamel* (2011: 87 ff.), *Ciconti* (2008b: 242 ff.), *Mack Smith* (1969: 744), *Mazzola* (2004: 16).

22 Unter einer Parteiung wird, in Abgrenzung zu den modernen Massenparteien, ein Honoratiorenzirkel verstanden. Nach der Entstehung der italienischen Monarchie gab es, wie damals in ganz Europa üblich, nur Parteiungen, welche sich dann zu Allianzen zusammenfanden.

23 Zum Vorfall der Pugnalatori vgl. *Ciconte* (2017b: 31), *Correnti* (1987: 37), *Falzone* (1987: 114 f.), *Marino* (2002a: 39 f.), *Santino* (2017: 56 ff.), *Sciascia* (2003), *Siragusa* (2004: 195).

24 *Ciconte* (2017b: 32), *Correnti* (1987: 37; 2004: 338), *Falzone* (1987: 119 ff.), *Hamel* (2011: 101 ff.), *Marino* (2002a: 47 ff.), *Paternà* (2000: 29 f.), *Santino* (2017:65 ff.).

25 *Finley et al.* (1989: 239).

26 *Catanzaro* (1991: 98 f.), *Ciconte* (2008b: 248 ff.; 2017b: 33 ff.), *Correnti* (2004: 341), *Falzone* (1987: 71), *Franchetti* (2000: 41 ff., 46 ff.), *Marino* (2002a: 55), *Lupo* (1996: 71), *Mosca* (2002: 41, 45 f.), *Pezzino* (1999: 19 ff.), *Renda* (1998: 87 f.), *Ruta* (2011: 18).

27 *City of Palermo et al.* (2000: o. S., Übersetzg. d. Verf.).

28 *Catanzaro* (1991: 109).

29 Der Begriff »Transformismus« ist insofern negativ besetzt, als diese Zusammenarbeit häufig mit persönlichen Gefälligkeiten, Korruption und Klientelismus verbunden war. Zum Transformismus vgl. *Salvadori* (2000: 443, 1613).

30 Zur Politik der Regierung der historischen Linken nach ihrer Machtübernahme vgl. *Marino* (2002a: 53, 58, 65 ff.), *Mosca* (2002: 50 f.), *Mazzola* (2004: 17), *Paternà* (2000: 31), *Renda* (1998: 94, 109 ff., 116, 119).

31 *Siragusa* (2004: 92, Übersetzg. d. Verf.).

32 *Marino* (2002a: 59, Übersetzg. d. Verf.).

33 *Ciconte* (2017b: 38 ff.), *Cutrera* (1984: 132 ff.), *Santino* (2017: 237 ff.).

2.2 Die Mafia wird zum »Wahlhelfer«
1 Zur Entwicklung des Wahlrechts vgl. *Barone* (1987: 27, 279, 284) *Cavazza* (2000: 76 ff.).

2 Bei der Wahlrechtsreform von 1882 wurde das Wahlalter von 25 auf 21 Jahre gesenkt, die Steuer, die bezahlt werden musste, um wahlberechtigt zu sein, wurde von 40 auf 19,80 Lire reduziert und zur Überprüfung der Fähigkeiten des Lesens und Schreibens musste eine Schriftprobe vorgelegt werden, vgl. *Barone* (1987: 279).

3 Folgende Tabelle zeigt die Entwicklung der Wahlberechtigten in Sizilien in der Zeit von 1882 bis 1912:

Provinz	Wahlberechtigte 1882	Wahlberechtigte 1912
Agrigent	17.402	97.467
Caltanissetta*	13.186	79.079
Catania	34.976	178.513
Messina	25.054	134.145
Palermo	39.043	196.604
Syrakus**	18.186	106.305
Trapani	18.666	90.607
Total	166.513	888.720

Quelle: *Barone* (1987: 284)
*Inklusive der erst 1926 gegründeten heutigen Provinz Enna
**Inklusive der erst 1927 gegründeten heutigen Provinz Ragusa

4 Ursprünglich stellte die Provinzebene nur eine staatliche Verwaltungseinheit dar, welche von einem zentral eingesetzten und dem Innenministerium unterstehenden Präfekten geleitet wurde. Ab 1888 wurde, zusätzlich zur weiter bestehenden Provinzpräfektur, die Provinz als von der Bevölkerung gewählte politische Einheit geschaffen, und zwar mit der Zuständigkeit für – mehr oder weniger – dieselben öffentlichen Aufgaben, die auch von den Kommunen erbracht werden mussten; zu diesen zählten beispielsweise das Gesundheitswesen oder die Errichtung von Schulen. Die Provinzen sollten dabei vor allem solche Aufgaben übernehmen, die einzelne Gemeinden allein nur schwer hätten erfüllen können, bzw. solche, die mehrere Gemeinden betrafen. Zur politischen Ebene der »Provinzen« vgl. *Urbani* (1997: 629 f.). – Die Ausweitung des Wahlrechts auf diesen beiden unteren Ebenen des Staatsaufbaus verzögerte sich, weil noch das Kommunalwahlgesetz aus dem Jahr 1865 in Kraft war. Nach diesem war nur wahlberechtigt, wer entweder einen bestimmten Titel aufzuweisen hatte – etwa als Staatsbeamter, Militärangehöriger, Lehrer, Buchhalter, Geometer oder Mitglied eines der freien Berufe war – oder wer eine bestimmte Steuersumme entrichtete. Aus diesem Grund durften im Jahr 1887 nur 130.628 Sizilianer an den Kommunalwahlen teilnehmen, was etwa der Hälfte der Wähler bei den Nationalwahlen entsprach. Die Situation änderte sich mit einem Gesetz aus dem Jahr 1889, das die Provinz- und die Kommunalwahlgesetzgebung neu regelte. Jetzt durfte wählen, wer lesen und schreiben konnte und wer mindestens 5 Lire Steuern abführte, was einer Senkung des Steuerzensus gleichkam, vgl. *Barone* (1987: 280).

5 Zu den damaligen politischen Parteien vgl. *Salvadori* (2000).

6 Zu den Fasci Siciliani vgl. *Ciconte* (2017b: 61 ff.), *De Felice Giuffrida* (2014: 29), *Hamel* (2011: 112 ff.), *Lupo* (1990: 169), *Marino* (2002a: 71 f.), *Renda* (1977), *Santino* (2000: 23–86; 2017: 278 ff.).

7 Mit »Non expedit« (Lat. Es ist nicht ratsam) forderte Papst Pius IX. (1846–1878) die italienischen Katholiken auf, sich nicht am politischen Leben zu beteiligen. Katholiken durften sich – außer bei Kommunal-

wahlen – weder als Kandidaten aufstellen lassen noch wählen gehen. Angesichts der »sozialistischen Gefahr« wurde aber bereits 1913 ein Wahlbündnis zwischen katholischen Wählern und politisch gemäßigten Kandidaten zugelassen. Aus eben diesem Grund wurde »Non expedit« vor den Nationalwahlen 1919 aufgehoben, vgl. *Hampel* (1997: 533) und *Mack Smith* (1969: 151).

8 *Barone* (1987: 281).

9 *Barone* (1987: 281).

10 *Meloni* (1984: 739).

11 *Colajanni* (1984: 82, Übersetzg. d. Verf.).

12 Zur Nutzung von Mafiaclans durch Parlamentskandidaten im Wahlkampf vgl. die Untersuchung »Il Ministro della Malavita« (2000) des süditalienischen Historikers und späteren Harvard-Professors Gaetano Salvemini (1873–1957), der als Kandidat der sozialistischen Partei als Augenzeuge eigene Erfahrungen sammeln konnte. – Mit dem »Minister der Verbrecherwelt« war Giovanni Giolitti gemeint.

13 *Marino* (2002a: 99, Übersetzg. d. Verf.).

14 *Marino* (2002a: 58).

15 *City of Palermo et al.* (2000: o. S.).

16 *Salvemini* (2000: 30, Übersetzg. d. Verf.).

17 *Mosca* (2002: 45 ff.).

18 Zum Fall Notarbartolo vgl. *Barone* (1987: 307 ff.), *Butera* (1993: 36 ff.), *Catania* (2006: 20 ff.), *Catanzaro* (1991: 130), *Ceruso* (2008: 15–27), *Ciconte* (2008a: 91; 2017b: 55 f.; 2019), *De Felice Giuffrida* (2014: 37, 42 ff.), *Lupo* (1990: 129; 1996a: 103 ff.; 2011), *Marino*

(2002a: 68, 81 f., 130 ff.), *Mosca* (2002: 57 ff.), *Notarbartolo* (1994), *Paternà* (2000: 36 ff.).

19 Der Skandal um die Banca Romana im Jahr 1893 war einer der größten Bankenskandale der italienischen Geschichte überhaupt: Die Banca Romana hatte als Emissionsbank die Aufgabe, Geldnoten zu produzieren. Der Direktor der Bank, ein aus einfachsten Verhältnissen stammender Halbanalphabet aus dem Latium namens Tanlongo, ließ bei der beauftragten Druckerei in London Geldnoten doppelt drucken, d. h., er produzierte Falschgeld. Dieses Geld verteilte er an seine politischen Freunde, so v. a. an Giovanni Giolitti, aber auch an dessen Rivalen Francesco Crispi. Als einem Bankangestellten auffiel, dass manche Geldnoten dieselben Matrikelnummern aufwiesen, flog der Betrug auf. Eine Untersuchung gegen Tanlongo ergab, dass verschiedene Politiker involviert waren. Da die Presse den Fall publik machte, musste Giolitti als Ministerpräsident zurücktreten und wurde sogar zu einer Gefängnisstrafe verurteilt, der er sich durch eine vorübergehende Flucht ins Ausland entzog. In der Folge des Skandals entstand im August 1893 die italienische Zentralbank Banca d'Italia, die sich die enormen Goldreserven der süditalienischen Banken Banco di Sicilia und Banco di Napoli, die ebenfalls Emissionsbanken gewesen waren, aneignete. Zum Skandal um die Banca Romana vgl. *Butera* (1993: 51 f.), *Mack Smith* (1969: 245 ff.), *Mosca* (2002: 60), *Procacci* (1983: 312), *Scarpinato* (2009: 90), *Salvadori* (2000: 691).

20 Der Römer Sangiorgi war der erste Polizeipräsident, der in einem fast 500 Seiten umfassenden Bericht die erste detaillierte Beschreibung der palermitanischen Mafiaclans vorlegte, vgl. *Lupo* (2011).

21 Zum Fall Petrosino vgl. *Catania* (2006: 36 ff., 61), *Ceruso* (2008: 28–36), *Ciconte* (2017b: 62), *Mosca* (2002: 52), *Pezzino* (1999: 94), *Tenti* (2006: 56 ff.). Über hundert Jahre nach der Ermordung von Petrosino wurde die Identität seines Mörders rein zufällig bei einer polizeilichen Abhörung doch noch bekannt: Der Mafioso Domenico Palazzotto brüstete sich damit, dass sein Großonkel Paolo Palazzotto den

Polizisten im Auftrag des Mafiabosses Vito Cascio Ferro umgebracht habe, vgl. *Polizia Penitenziaria* (2014).

22 *Correnti* (2004: 338).

23 Den Auftakt bildete mit der 1876 publizierten Arbeit »Condizioni politiche e amminstrative della Sicilia« das erschütternde Ergebnis einer Untersuchung des toskanischen Privatgelehrten Franchetti (1847–1917) über die politischen Verhältnisse in Sizilien. Im Jahr 1886 erschien dann mit »La maffia nei suoi fattori e nelle sue manifestazioni: studio sulle classi pericolose della Sicilia«, geschrieben von dem sizilianischen Polizeibeamten und späteren Polizeipräsidenten von Rom und Bologna Alongi (1858–1939), die erste sich explizit mit dem Phänomen der Mafia befassende Arbeit. Im Jahr 1900 wurden gleich drei Untersuchungen zum Thema »Mafia und Politik« publiziert: der Essay »Che cosa è la Mafia« des sizilianischen Soziologen Mosca (1858–1921); »Nel regno della mafia dai Borboni ai Sabaudi«, verfasst von dem sizilianischen Arzt, Kriminalsoziologen und Politiker Colajanni (1847–1921); außerdem »La mala vita di Palermo. La mafia e i mafiosi« von Cutrera, einem Polizisten, der sich als Geheimagent in die Mafia eingeschlichen und einen höchst detaillierten Bericht über die Clans von Palermo vorgelegt hatte. 1909 publizierte der apulische Historiker Salvemini (1873–1957) mit »Il ministro della malavita. Notizie e documenti sulle elezioni giolittiane nell'Italia meridonale« nicht nur eine Anklageschrift gegen den Ministerpräsidenten Giolitti, sondern vor allem eine Beschreibung der verschiedenen Arten von Wahlkampfeinmischung seitens der Mafia und des Staatsapparats. 1913 legte schließlich der sizilianische Soziologe Bruccoleri das Buch »La Sicilia d'oggi« vor, in dem es ebenfalls um die Praktiken von Mafiapolitikern geht.

24 *Elliot* (2001: 15 ff. Übersetzg. d. Verf.).

25 *City of Palermo et al.* (2000: o. S.).

26 *Salvemini* (2000: 126, 129).

27 Zum Einsatz des Staatsapparats unter Giolitti zugunsten seiner Mafiapolitiker vgl. *Catanzaro* (1991: 118, 121 f.), *Colajanni* (1984: 87, 89), *Marino* (2002a: 95), *Salvemini* (2000: 84, 147).

28 *Salvemini* (2000: 130 f., Übersetzg. d. Verf.).

29 Bolton King zitiert nach *Catanzaro* (1991: 128, Übersetzg. d. Verf.).

30 *Colajanni* (1984: 88).

31 *Colajanni* (1984: 80).

32 *Correnti* (2004: 338).

2.3 Unterdrückung im Faschismus?

1 Ausführlicher zur politischen Situation nach 1919 vgl. *Correnti* (2004: 607 f.), *Mack Smith* (1969: 483 ff.).

2 Zur Machtergreifung durch die Faschisten vgl. *Correnti* (2004: 607 f.), *Mack Smith* (1969: 480 f., 541 ff., 551, 555 ff.).

3 Die Bezeichnung »Aventin-Sezession« war eine Anspielung auf eine Episode, die sich im 5. Jh. v. Chr. in Rom abgespielt haben soll: Die Plebejer protestierten gegen die Patrizier, indem sie sich auf den Aventinhügel zurückzogen.

4 So wurde der erste Fascio di Combattimento (Kampfbund) in Sizilien, gegründet im November 1919 in Ragusa Ibla, von einem nur Sechzehnjährigen ins Leben gerufen. Auch der im April 1920 entstandene Fascio von Catania hatte mit einem Universitätsstudenten einen sehr jungen Gründer. Zu den wichtigsten faschismusfreundlichen Intellektuellen zählen die Schriftsteller Giovanni Verga (1840–1922)

und Luigi Pirandello (1867–1936), der Historiker und Archäologe Biagio Pace (1889–1955), der Rechtsphilosoph Orazio Condorelli (1897–1969) und der Pädagoge Giovanni Gentile (1875–1944). Zur Unterstützung der Faschisten in Sizilien vgl. *Correnti* (2004: 608 f.), *Duggan* (1986: 13), *Finley et al.* (1989: 264).

5 Zur Haltung der Agrarelite vgl. *Finley* et al. (1989: 263 f.), *Mack Smith* (1969: 482 ff., 501, 559), *Marino* (2002a: 126).

6 Zur Situation der Mafia im Faschismus vgl. *Basile* (2010), *Ciconte* (2008b: 108 ff.; 2017b: 70 ff.), *Duggan* (1986: 24 f.), *Pantaleone* (2013: 35 ff.).

7 Arrigo Petacco zitiert nach *Marino* (2002b: 108, Übersetzg. d. Verf.). Zu dem Vorfall vgl. *Catania* (2006: 116 ff.), *Pantaleone* (2013: 41 f.).

8 Zu den Aktivitäten von Mori in Sizilien und den Mafia-Schauprozessen vgl. *Basile* (2010: 5 f.), *Catanzaro* (1999: 47), *Duggan* (1986), *Lupo* (1996: 178 ff.), *Marino* (2002a: 108, 129 ff.), *Olla* (2003: 97 ff.), *Pantaleone* (2013: 40 ff.), *Pezzino* (1999: 43 f.), *Renda* (1998: 208 ff.), *Siragusa* (2004: 46, 49 ff.).

9 Erste mafiose Gruppen entstanden in den USA bereits in 1870er-Jahren, und zwar zuerst in New Orleans. So richtig entwickelte sich die amerikanische Cosa Nostra aber erst Ende des 19. Jh.s, als aufgrund einer schweren Wirtschaftskrise Tausende Süditaliener in die USA auswanderten und in den Städten mit einem hohen italienischen Immigrantenanteil Ghettos, die »Little Italies«, enstanden. In diesen »Little Italies« bildeten sich recht schnell ein oder zwei mafiose Clans. Eine Ausnahme war New York mit seiner besonders großen italienischen Gemeinde, wo sich in den 1920er-Jahren bereits fünf mafiose Familien entwickelt hatten, weshalb New York zu *der* amerikanischen Mafiametropole avancierte – und dies immer blieb. Anfangs hatte die Cosa Nostra noch Probleme, sich zu behaupten – vor allem gegenüber den irischen Kriminellenclans –, nach dem Ende der Prohibition

(1933) hatte sie es jedoch geschafft, sich einen prominenten Platz in der amerikanischen Unterwelt zu erobern. Zur Entstehung der Cosa Nostra in den USA vgl. *Bonanno/Lalli* (2003: 84 f.), *Catania* (2006: 31 ff., 145 ff.), *Ciconte* (2017b: 66 ff.), *Lupo* (1990: 125 ff.; 2008), *Marino* (2002b: 92 ff.; 100 ff.; 153 ff.), *Raab* (2009).

10 *Marino* (2002a: 132, Übersetzg. d. Verf.).

11 Der Terminus »Scassapagghiaru« (Siz. Getreidegarbeneinbrecher) leitet sich davon ab, dass Getreidegarben bzw. Heuschober sehr leicht aufzubrechen sind. Unter einem Scassapagghiaru wird dementsprechend ein Einbrecher verstanden, welcher über keine besonderen kriminellen Fertigkeiten verfügt.

12 Zur gesellschaftlichen Elite im Faschismus und ihrem Verhalten vgl. *Brancato* (1986: 237 f.), *Duggan* (1986), *Finley et al.* (1989: 271), *Marino* (2002a: 127 f., 142 ff.), *Salvadori* (2000: 1156).

13 *Correnti* (1987: 46, Übersetzg. d. Verf.).

14 *Marino* (2002a: 128, Übersetzg. d. Verf.).

2.4 Amerikanische »Wiederaufbauhilfe«

1 Zur Operation »Husky« vgl. *Caselli/Lo Forte* (2020: XX), *Costanzo* (2006: 18 ff.), *Correnti* (2004: 612).

2 *Costanzo* (2006: 19 f., 163).

3 *Costanzo* (2006: 152).

4 Viele Historiker wie Marino oder Correnti, aber auch Journalisten wie Li Vigni oder Zeitzeugen wie Pantaleone sind sich sicher, dass sich die Amerikaner bei der Landung und nachfolgenden militärischen

Besetzung Siziliens von der Mafia haben helfen lassen. Andere wie Pezzino hingegen bezweifeln, dass ein richtiggehender »Pakt« zwischen amerikanischen Behörden und der Cosa Nostra existiert habe, wenn sie auch nicht bestreiten, dass es entsprechende Kontakte gegeben hat. In die Richtung »Pakt« weist der Öffentlichkeit zugänglich gemachtes Geheimdienstmaterial, das die Historiker Casarubbea und Tranfaglia durchgesehen haben. Casarubbea gründete in Partinico mit »Non solo Portella« ein entsprechendes Geheimdienstdokumenten-Archiv, vgl. *Casarubbea* (2005), *Correnti* (1987: 46), *Li Vigni* (2014: 29 ff.), *Marino* (2002a: 146; 2002b: 177 ff.), *Pantaleone* (2013: 48–63), *Pezzino* (1999: 49), *Pinotti* (2007: 115), *Tranfaglia* (2004; 2011). Viele Dokumente belegen die Zusammenarbeit von amerikanischen Geheimdiensten – konkret dem Office of Naval Intelligence (ONI) sowie dem erst 1942 gegründeten CIA-Vorläufer Office of Strategic Services (OSS) – und der Mafia. Siehe dazu: *Costanzo* (2006) und *Tranfaglia* (2004). Außerdem liegt filmisches Archivmaterial eines Kameramanns des amerikanischen Militärs vor, das ebenfalls in diese Richtung deutet. Der entsprechende Ausschnitt findet sich in dem Dokumentarfilm »I Padrini« von Roberto Olla, gedreht unter wissenschaftlicher Beratung des Historikers Marino im Februar 2002 von RAI 3.

5 Zur »Operation Underworld« vgl. *Bonanno/Lalli* (2003: 165), *Costanzo* (2006: 61 ff., 181), *Marino* (2002b: 146, 177 ff.).

6 Zur Hilfe der Mafia bei der Befreiung Siziliens vgl. *Ciconte* (2008b: 285 ff.), *City of Palermo et al.* (2000: o. S.), *Lupo* (1996: 192 f.), *Marino* (2002a: 146), *Santino* (1997: 11).

7 Zum Allied Military Government in Sizilien und der Lage nach der Befreiung vom Faschismus vgl. *City of Palermo et al.* (2000: o. S.), *Costanzo* (2006: 155, 159, 165 ff., 179 f.), *Li Vigni* (2014: 11 ff.), *Lupo* (1996: 198), *Mangiameli* (1987: 486, 501, 510 ff., 550), *Marino* (2002b: 148 ff., 158, 182 ff., 195 ff.. 253 f., 282 ff.), *Renda* (1998: 234 ff.; 241 ff.), *Stille* (1999: 27).

8 Zur separatistischen Bewegung vgl. *Ciconte* (2008b: 289 ff., 2017b: 79 f.), *Mangiameli* (1987: 520), *Marino* (1979; 2002a: 145 ff., 152 ff.), *Li Vigni* (2014: 13 ff.), *Lupo* (1996: 193), *Pantaleone* (2013: 64 ff.).

9 In dieser Lobschrift heißt es: »Das sizilianische Latifundium ist (…) der Mythos von Ceres und Proserpina. Es hat seine Wurzeln in der Geschichte der Menschheit und Tausend Jahren der Aristokratie (…). Glorie dem sizilianischen Latifundium! (…) Das Latifundium ist eine große Quelle an Reichtum, welche die Sizilianer an dem Tag ausschöpfen werden, an dem sie die ökonomischen Ressourcen des Landes für die Insel selbst nutzen können.« *Marino* (2002a: 145, Übersetzg. d. Verf.).

10 Zu den Übergangsregierungen und Parteien vgl. *Hausmann* (2002: 22 ff.), *Mack Smith* (1969: 645, 717 ff., 731), *Salvadori* (2000: 434 ff., 1024 f., 1201 ff., 1217 ff.), *Tranfaglia* (2004: XIIff.; 2008: 31 ff.).

11 Bereits als sich das Ende des Faschismus abzeichnete, hatten sich die demokratischen Parteien wieder zu konstituieren begonnen – obwohl es bis 1943 in den befreiten Gebieten Italiens noch ein Parteienverbot gab –, so der kommunistische PCI, der sozialistische PSI, der liberalsozialistische Partito d'Azione (PDA), der liberale PLI und – als Nachfolgepartei des PPI Don Luigi Sturzos – die Democrazia Cristiana (DC). Der PCI hatte sich zwischenzeitlich in eine sowjethörige Organisation verwandelt, vor allem weil zum einen die Sowjetunion Finanzhilfen geleistet und vielen PCI-Führern während des Faschismus Exil gewährt hatte, zum anderen die Parteiführung von Antonio Gramsci (1981–1937) zu Palmiro Togliatti (1893–1964) gewechselt war. Als sich die Befreiung Italiens abzuzeichnen begann, entwickelte Togliatti zusammen mit seinen russischen Freunden eine Parteistrategie: Statt einer Revolution war die Bekämpfung des Klassenfeindes von innen vorgesehen, womit ein befürchtetes PCI-Verbot vermieden werden sollte. Der PCI hielt zwar nach wie vor an der radikalen Rhetorik fest, verhielt sich in der Praxis aber moderat und kompromissbereit bis zur taktischen Aufgabe von Grundsatzpositionen. – Auch der im Jahr 1942 wiedererstandene sozialistische PSI hatte sich im Vergleich

zur vorfaschistischen Zeit verändert: Seine Anhängerschaft hatte zugenommen, v. a. weil viele »Genossen« aus dem PCI mit Stalins Politik nicht einverstanden waren und den PCI deshalb verlassen hatten bzw. ausgeschlossen worden waren. Dieser Zulauf führte nun zur programmatischen Radikalisierung des PSI. Der ab 1943 vom Generalsekretär Pietro Nenni (1891–1980) geführte PSI verstand sich wie der PCI als Arbeiter- und Klassenpartei, war jedoch weit radikaler als der PCI und kaum bereit, Grundsatzpositionen aus machtstrategischen Gründen aufzugeben. Trotz aller Distanz gegenüber dem PCI hielt der PSI dennoch an dem ursprünglich gegen die Mussolini-Diktatur gerichteten, schon 1934 mit den Kommunisten geschlossenen Aktionsbündnis fest. – Der erst 1942 gegründete Partito d'Azione (PDA) war aus dem antifaschistischen Widerstand hervorgegangen, stellte keine Arbeiter-, sondern eine bürgerliche Intellektuellenpartei dar und wurde von Ferrucio Parri, einem der wichtigsten Partisanenführer, geführt. Programmatisch war der PDA zwischen radikalen Linksliberalismus und Sozialismus angesiedelt. Er lehnte die Monarchie vehement ab und forderte eine Republik. Ganz ähnlich wie der PSI hielt der PDA in der politischen Praxis äußerst rigide an seinen politischen Positionen fest und war zu keinerlei Kompromissen bereit. Sein Ziel, sich als dritte Kraft zwischen den Christdemokraten und den Linksparteien zu etablieren, erreichte er indes nicht und blieb eher ein kleiner Intellektuellenzirkel. – Der liberale PLI wurde im Jahre 1942 wiedergegründet und begann nun, sich als antifaschistische Partei zu gebärden, obwohl er Mussolini letztlich zur Machtübernahme verholfen hatte. Als Parteivorsitzenden gewann der PLI im Jahr 1942 den renommierten Philosophen Benedetto Croce (1866–1952). Programmatisch blieb die Partei wie ihr vorfaschistischer Vorgänger laizistisch-liberal und konservativ ausgerichtet und entwickelte sich im Lauf der Zeit zu einer ausgesprochenen Rechtspartei, liebäugelte er doch nach dem Ende des Faschismus mit der Monarchie als zukünftiger Regierungsform. Seine bereits in vorfaschistischer Zeit sehr schwache Parteiorganisation veränderte sich nicht, sodass der PLI weiterhin eine kleine Honoratiorenpartei blieb. – Die Democrazia Cristiana (DC) wurde 1942 als Nachfolgepartei des Partito Popolare Italiano gegründet. Vorsitzender wurde Alcide De Gasperi (1881–1954), der 1924 Nachfolger von Don Luigi Sturzos im PPI wurde, da dieser

1924 ins Exil gegangen war und sich dort noch immer aufhielt. Die antikommunistisch und proamerikanisch ausgerichtete DC wollte zu einer Volkspartei werden, in der alle sozialen Schichten Platz finden sollten, was ihr auch gelang, obwohl die soziale Komponente in Programmatik und Praxis weniger stark als beim PPI entwickelt war. Selbstverständlich blieb die DC eine katholisch ausgerichtete Partei, und zwar deutlich stärker als der PPI, so dass sie im Falle von Differenzen mit dem Vatikan stets nachgab, war sie doch von dessen Unterstützung zur Gewinnung von Wählerstimmen abhängig. – Zu den Nachkriegsparteien vgl. *Salvadori* (2000).

12 Der erste Hochkommissar war der ehemalige Präfekt von Palermo und Liberaldemokrat Francesco Musotto (1889–1961), der dieses Amt aber nur fünf Monate lang inne hatte und von dem Christdemokraten Aldisio abgelöst wurde. Mussottos Aufgaben waren begrenzt und hatten sich nur auf die Koordination der Tätigkeiten der verschiedenen Präfekturen in den Provinzen beschränkt. Siehe zu den verschiedenen Hochkommissaren und ihren Aufgaben vgl. *Mangiameli* (1987: 533).

13 Zur Erlangung der sizilianischen Regionalautonomie und Radikalisierung der separatistischen Bewegung vgl. *Casarrubea* (2001: 131), *Lupo* (1996: 193), *Mangiameli* (1987: 521 ff., 533 ff., 551 ff., 569 ff.), *Marino* (2002a: 151 ff.), *Renda* (1998: 339).

2.5 Von der Agrarmafia zur städtischen Mafia
1 Zur Mafia der Großpächter vgl. *Blok* (1974), zur Schwefelminenmafia: *Dickie* (2005: 69 ff.) und zur Mafia der Agrumengärten: *Lupo* (1990).

2 Zu den Gullo-Dekreten und der Herausbildung der Bauernbewegung vgl. *Bevilacqua* (2005: 133), *Casarrubea* (2002: 76), *Ciconte* (2017b: 81 f.), *Giordano* (1992: 95 f.), *La Torre* (2002: 31 ff., 76 ff.), *Mangiameli* (1987: 564 f.), *Marino* (2002a: 164 f.), *Montalbano* (2012), *Pantaleone* (2013: 114 ff.), *Renda* (1998: 295 ff.), *Santino* (2000: 139 ff.).

3 Am 2./3. Juni fanden gleichzeitig ein Referendum über die zukünftige Staatsform sowie Wahlen zu einer verfassungsgebenden Versammlung statt. König Umbert II. (1904–1983), dessen Vater Viktor Emanuel III. wegen seines Verhaltens im Faschismus unpopulär geworden und zurückgetreten war, reiste durch Italien und warb für die Monarchie. Unterstützt wurde er dabei vom PLI und den Monarchisten, also genau den Gruppen, in denen sich der radikale Teil der Separatistenbewegung zu sammeln begann. Vorsichtshalber bot deren Anführer, Graf Tasca, König Umbert auch an, König eines unabhängigen Siziliens zu werden, falls beim Referendum die Republik siegen sollte. Der König lehnte dies aber ab. Alle anderen Parteien mit Ausnahme der DC waren für die Einführung der Republik. Die DC hielt sich aus dieser Frage heraus und gab keine Wahlempfehlung ab, weil sie ihre konservativen Anhänger nicht verärgern wollte. Am Ende fiel die Entscheidung mit 13 zu 11 Mio. Stimmen relativ knapp für die Republik aus. Der Umstand, dass die Monarchie im Süden besser als im Norden abschnitt, zeigt, dass die Agrarbourgeoisie des Mezzogiorno immer noch einen erheblichen Einfluss hatte. In Sizilien scheint sie diesen aber stark eingebüßt zu haben, da sich dort nur 705.949 Wahlberechtigte für die Monarchie entschieden, während eine Mehrheit von 1.292.100 für die Republik stimmte. Zum Referendum und den Wahlen zur verfassungsgebenden Versammlung vgl. *Mack Smith* (1969: 573 f., 730), *Marino* (2002a: 162 f.).

4 *Casarrubea* (2002: 78), *Romano* (2002: 140).

5 Zu den Gewalttaten gegen linke Politiker und Bauernführer vgl. *Caruso* (2005: 621 ff.), *Casarrubea* (2002: 88 ff.; 2005: 94 f., 195 ff.), *Ceruso* (2008: 50–66), *Ciconte* (2017b: 82), *La Torre* (2002: 55), *Li Causi* (2008: 53 ff.), *Mangiameli* (1987: 579), *Marino* (2002a: 165 ff.; 2015b: 465 ff.), *Paternostro* (1992), *Renda* (1998: 309 ff.), *Vaiana* (2015: 194 ff.).

6 Vor allem Giuseppe Casarubbeas (1946–2015) minutiöse Rekonstruktion des Attentats an der Portella della Ginestra legt nahe, dass die Gewalttat vom amerikanischen Geheimdienst sowie der italienischen

Regierung ausging: Die politische Situation in Sizilien soll die Grenzen des Vertrags von Jalta überschritten haben, weshalb das weitere Fortkommen des linken Volksblocks verhindert werden musste. An der praktischen Durchführung waren subversive neofaschistische und monarchistische Gruppen sowie die Mafia beteiligt, mit denen Giuliano – genauso wie mit Geheimdienstlern, amerikanischen Spionen oder »informierten« Polizisten – regen Umgang pflegte. Wichtig scheint eine neofaschistische, vom amerikanischen Geheimdienst finanzierte Fronte Antibolscevio mit Sitz in der Via dell'Orologio in Palermo gewesen zu sein. Eine Schlüsselrolle bei dem Vorfall spielte der in Giulianos Bande eingeschleuste »Fra Diavolo« (Bruder Teufel) genannte Salvatore Ferreri (1923–1947) aus Alcamo. Im Unterschied zu Giuliano wusste Ferreri wohl von Anfang an, worum es bei dem Attentat an der Portella eigentlich ging – nämlich um ein gegen die politische Linke gerichtetes terroristisches Staatsattentat. Giuliano hingegen scheint geglaubt zu haben, er solle bei der Kundgebung nur den als Hauptredner vorgesehenen Kommunistenführer Li Causi entführen, wofür er dann mit einer Amnestie bzw. der Ausreise in die USA oder nach Brasilien belohnt werden würde. Zum Attentat an der Portella della Ginestra vgl. *Amato* (2017: 41 ff.), *Casarrubea* (2001; 2002; 2005; 2009), *Ciconte* (2008b: 295 ff.; 2017b: 82 ff.), *Imposimato* (2012: 21 ff.), *Li Causi* (2007), *Lucarelli* (2002: 3–24) *Lupo* (1996: 195 f.), *Mangiameli* (1987: 578), *Marino* (2002a: 180; 2015b: 253 ff.), *Messina* (2014: 111 ff.), *Nicastro* (2006: 57), *Pantaleone* (2013: 141 ff.), *Renda* (2002), *Ruta* (2013), *Tranfaglia* (2004: 114; 2008: 42 ff.). Sehenswert ist auch Paolo Benvenutis im Jahr 2003 gedrehter Film »Segreti di Stato«.

7 Als Erste starben am 27. Juni 1947 mit Salvatore Ferreri und dessen unmittelbarem Kreis – seinem Vater Vito, Antonio Coraci, den Brüdern Salvatore und Fedele Pianelli – einige Mitglieder von Giulianos Bande, die höchstwahrscheinlich Polizeispitzel waren. Sie kamen interessanterweise in Alcamo (TP) um, wo sie sich in Polizeigewahrsam befunden hatten. Danach wurde Salvatore Giuliano selbst getötet, und zwar offiziell in einem Feuergefecht mit Carabinieri im Innenhof der Casa De Maria in der Via Mannone 54 in Castelvetrano (TP). Diese Version wurde aber sofort von Journalisten entlarvt, vor allem von

Tommaso Besozzi vom L'Europeo in seinem berühmt gewordenen Artikel »Di sicuro c'è solo che è morto« (Sicher ist nur, dass er tot ist). Der im Dienst des Carabiniere-Oberst Ugo Luca stehende und an der Schießerei beteiligte Carabiniere-Hauptmann Antonio Perenze musste zugeben, dass der behauptete Schusswechsel nicht stattgefunden hatte. Tatsächlich scheint Giuliano, der im Haus des für den Capomafia von Castelvetrano Giuseppe Marotta tätigen Anwalts Gregorio De Maria Unterschlupf gefunden hatte, am 4. Juli 1950 beim Abendessen mit einem Schlafmittel betäubt und anschließend getötet worden zu sein. (Unklar ist, wer ihn umbrachte, hier sind verschiedene Namen im Gespräch, so Giulianos Cousin Pisciotta, der Bandit Nunzio Badalamenti und der Mafioso Luciano Leggio.) Danach wurde der Tote in seinem Zimmer in aller Eile – nicht einmal vollständig angezogen – von Antonio Perenze und zwei weiteren Carabinieri in den Innenhof von De Marias Haus gebracht, wo sie in der Nacht des 5. Juli gegen 3 Uhr auf den Toten schossen, um ein Feuergefecht zu fingieren. Vier Jahre nach der Ermordung Giulianos traf es seinen Cousin Pisciotta: Dieser scheint sich Hoffnungen gemacht zu haben, dass er, wenn er schweige oder nur erzähle, was ihm gesagt werde, amnestiert würde. Als er aber am 3. Mai 1952 in Viterbo (VT) zu schwerer Haftstrafe verurteilt wurde, rief er voller Wut im Gerichtssaal aus, Mafia, Banditen und Carabinieri seien wie die Dreieinigkeit aus Gottvater, Sohn und Heiligem Geist und er werde jetzt »auspacken«. Kurz vor seiner Berufungsverhandlung verlangte der sich im Ucciardone-Gefängnis von Palermo in Haft befindliche Pisciotta am 6. Februar 1954 nach einem Staatsanwalt, um eine Aussage zu machen. Es kam der gerade diensthabende Pietro Scaglione, der aber keinen Protokollanten mitgebracht hatte. Scaglione unterhielt sich lange mit Pisciotta und versprach, er würde mit einem Protokollanten wiederkommen, um Pisciottas Aussage aufschreiben zu lassen. Dazu kam es aber nicht mehr, weil Pisciotta am Morgen des 9. Februar 1954 im Gefängnis mit Strychnin vergiftet wurde, vgl. zu den Morden an Ferreri, Giuliano und Pisciotta: *Amato* (2017: 54 ff.), *Casarrubea* (2001: 140 ff.; 2002: 69, 218, 223, 237 ff., 241 ff., 252; 2005: 145 f., 177 ff.), *Ceruso* (2018: 77), *Giornale di Sicilia* (01.05.2001), *Lucarelli* (2002: 3 ff.), *Mangiameli* (1987: 578), *Tranfaglia* (2008: 57 f.).

8 Verschwunden sind erstens – wohl aus dem Haus des Advokaten Gregorio De Maria, in dem Giuliano ermordet worden war – das dritte Memorandum, in dem Giuliano alles aufgeschrieben hatte, was er über den Vorfall an der Portella wusste, zweitens die 14 Hefte von Pisciotta, in denen dieser die Hintergründe des Attentats festgehalten hatte, und drittens der gesamte Inhalt des Faszikels 29/CS aus dem Jahr 1950 – nur der Deckel des einst im Tresor des Staatsarchivs aufbewahrten Faszikels mit der Aufschrift »Dichiarazine di Pisciotta Gaspare sulla morte di Giuliano« (Erklärung von Pisciotta Gaspare über den Tod von Giuliano) ist übrig geblieben, obwohl nach der Aufhebung des Staatsgeheimnisses bezüglich einiger der die Portella della Ginestra betreffenden Dokumente im Jahr 1998 dieser Faszikel der Öffentlichkeit hätte zugänglich sein müssen, vgl. *Casarrubea* (2002: 222 f., 226 ff., 237), *La Repubblica* (07.11.2000).

9 Nicht nur für Giuseppe Casarrubea (1946–2015) steht fest, dass mit dem Attentat an der Portella della Ginestra ein Bürgerkrieg provoziert werden sollte, sondern auch für *Marino* (2002a: 124, 180), *Sanfilippo* (2008: 55) und *Tranfaglia* (2004: 114). Vielleicht aus genau demselben Grund wurde ein Jahr später, am 14. Juli 1948, von dem sizilianischen Fanatiker Antonio Pallante in Rom ein Attentat auf den Führer der kommunistischen Partei Palmiro Togliatti verübt, bei dem dieser schwer verletzt wurde. Tatsächlich brachen im ganzen Land Unruhen aus, die Togliatti aber, so bald er wieder handeln konnte, sofort zum Stillstand brachte. Es scheint, als habe auch Togliatti an eine bewusste Provokation mit dem Ziel des Verbots seiner Partei geglaubt, vgl. *Hausmann* (2002: 47).

10 Schon vor dem eigentlichen Beginn des Kalten Krieges, der offiziell mit der Verkündung der Truman-Doktrin am 12. März 1947 einsetzte, wurde von den Amerikanern zuerst in Italien – später auch in anderen westeuropäischen Staaten – ein geheimes antikommunistisches Stay-behind-Netzwerk aufgebaut. Zweck dieses Netzes war im Falle einer sowjetischen Invasion in Europa, die Sowjets »hinter den Linien« bekämpfen zu können. Aufgenommen wurden in dieses Netzwerk ausgewiesene Antikommunisten, sehr häufig Ex-Faschisten, denen nach

dem Krieg unter anderem mithilfe des Vatikans über die sogenannte »Via dei conventi« zur Flucht nach Argentinien verholfen worden war. In Italien gehörte dem rechtsextremen Netz beispielsweise der berüchtige Fürst Junio Valerio Borghese an, der während der Zeit der faschistischen »Republik von Salò« (1943–1945) Führer der militärischen Eliteeinheit X^{a}MAS war. Zahlreiche ehemalige Mitglieder der X^{a}MAS wurden für ihre Taten nicht belangt, sondern ganz bewusst in das Netz integriert. So hatte beispielsweise James Jesus Angleton, der Chef des amerikanischen Geheimdienstes, 1945 erklärt: »Es ist notwendig, Borghese zu retten« (*Messina* 2014: 94). In Italien hatte das Netzwerk den Decknamen »Gladio«. 1956 wurde Gladio dank einer Übereinkunft zwischen den Geheimdiensten CIA und SIFAR in eine offizielle Nato-Organisation erhoben, allerdings ohne das italienische Parlament zu informieren. Obwohl die Sowjets nirgendwo in Westeuropa einmarschierten, blieben die paramilitärischen Geheimarmeen weiter bestehen und griffen immer dann in die internen Angelegenheiten verschiedener westeuropäischer Staaten ein, wenn dort die Machtübernahme von Linksparteien drohte. Sein Hauptlager befand sich nahe des Dorfes Alghero auf Sardinien, aber auch anderswo im Land gab es Trainingslager, so etwa in Sizilien das Centro Scorpione bei Trapani. Gladio führte – in Zusammenarbeit mit dem militärischen Geheimdienst und rechtsextremistischen Organisationen wie Ordine Nuova – im Rahmen der Operation »Demagnetize« eine Reihe von Terroranschlägen durch, um im Rahmen einer »Strategie der Spannung« Unruhe in der Bevölkerung auszulösen und die Gewalttaten den linksterroristischen Roten Brigaden »in die Schuhe zu schieben«, ja die politische Linke insgesamt zu diskreditieren. Anschläge, die mit Gladio in Zusammenhang gebracht werden, sind das Massaker an der Piazza Fontana in Mailand (1969), das Bombenattentat von Peteano (1972), das Attentat an der Piazza della Loggia in Brescia (1974), der Bombenanschlag auf den Italicus-Express-Zug von Rom nach München (1974) und schließlich der Anschlag im Bahnhof von Bologna (1980). Das Gladio-Netz scheint aber auch an rechtsgerichteten Putschversuchen beteiligt gewesen sein, dem »Piano Solo«-Putsch (1964) des Generals Giovanni De Lorenzo (1907–1973) und dem »Tora Tora«-Staatsstreich (1970) von Junio Valerio Borghese. Diese Putschversuche fanden immer genau dann statt, wenn die Linken parlamentarisch zu stark zu werden drohten. Vieles spricht auch für eine Beteiligung von Gladio an der Ermordung des christdemokratischen Politikers Aldo Moro (1916–1978), der sich für eine Regierungsbeteiligung der Kommunisten eingesetzt hatte. Die Existenz der letztendlich vom amerikanischen Geheimdienst gesteuerten paramilitärischen Armee war nur wenigen Personen bekannt, so dem Premierminister, dem Staatspräsidenten sowie dem Verteidigungs- und dem Innenminister. Ein Politiker, der häufig als Aktivist von Gladio genannt wird, ist Francesco Cossiga (1928–2010). Dank der Ermittlungen des venezianischen Richters Felice Casson (geb. 1953), der den Bombenanschlag von Peteano untersuchte, flog Gladio 1984 auf. Einige Jahre später (1988) wurde die Commissione Parlamentare d'Inchiesta sul Terrorismo in Italia e sulle Cause della Mancata Individuazione dei Responsabili delle Stragi (Parlamentarische Untersuchungskommission über Terrorismus in Italien und die Gründe, weshalb die Verantwortlichen für die Attentate nicht identifiziert werden konnten) konstituiert, die die genannten Fälle untersuchte. Befragt von dieser Kommission musste Premierminister Andreotti schließlich am 3. August 1990 die Existenz von Gladio zugeben und noch im gleichen Jahr verurteilte das Europaparlament die Schaffung derartiger Strukturen scharf. Im Februar 1992 wurden die Ermittlungen zum Fall Gladio eingestellt, vgl. *Amato* (2017: 97 ff.), *Cipriani* (1993: 5), *Dickie* (2020: 440 ff.), *Ganser* (2008: 21–74., 111–169), *Imposimato* (2012: 9–254), *Nicastro* (2006: 56 f.), *Palermo* (1996: 83), *Pinotti* (2007: 87 f., 127).

11 *Casarrubea* (2001: 132 f., 164 ff.; 2002: 103 f.; 2005: 154, 239).

12 *Casarrubea* (2002: 90, 102; 2005: 300), *La Russa* (2002: 89 ff.).

13 Der Kommunistenführer Pio La Torre, der selbst 18 Monate im Gefängnis saß, lässt in seinen Erinnerungen zahlreiche Zeitzeugen zu Wort kommen, die die erlebten Schikanen beschreiben, vgl. *La Torre* (2002: 49 f., 111–190).

14 *Hausmann* (2002: 46), *Mack Smith* (1969: 732 f.), *Paternostro* (2015: 311).

15 Zum Attentat von Melissa und seinen Folgen vgl. *Bevilacqua* (2005: 135), *La Torre* (2002: 32), *Mack Smith* (1969: 736 f.).

16 Zur Agrarreform vgl. *Bevilacqua* (2005: 133 ff.), *Ciconte* (2017b: 95), *Giordano* (1992: 96 ff., 110), *Lupo* (1996: 198), *Marino* (2002a: 202 ff.).

17 Zur Cassa per il Mezzogiorno und den Infrastruktur- und Industrialisierungsbemühungen vgl. *Bevilacqua* (2005: 140 ff.), *Ciconte* (2008b: 306 f.), *Giordano* (1992: 159 ff.), *Mack Smith* (1969: 745).

18 Zur Mafia und dem Baugeschäft vgl. *Angelini et al.* (1987: 61 ff.), *Arlacchi* (2007: 89, 95, 99, 112 f., 119, 122, 130), *Ciconte* (2008b: 304 ff.; 2017b: 95 f.), *Di Cagno/Natoli* (2004: 16), *Fantò* (1999: 41 ff., 132), *Tranfaglia* (2001: 127 f.).

19 Ein »Assessore« ist ein Mitglied der Stadt-, Provinz- oder Regionalregierung, also eine Art »Minister« einer Lokalregierung.

20 Zum Verhältnis der Mafia und der Politik ab den 1950er-Jahren vgl. *Casarrubea* (2005: 151), *Fantò* (1999: 51), *Forgione* (2004: 123), *Lupo* (1996: 198 f.), *Paternà* (2000: 71), *Renda* (1998: 343 f., 349 f., 355 f.), *Turone* (1985: 28).

21 Zu den mafiosen Steuereinnehmern Ignazio und Nino Salvo vgl. *Caruso* (2017: 513 ff.), *Deaglio* (1993: 150 ff.), *Galluzzo/La Licata/ Lodato* (1986: 134 ff.), *La Repubblica* (11.04.1993), *Stajano* (1986: 313 ff.), *Stille* (1999: 40, 72 f., 76 f.).

22 *Renda* (1998: 354, Übersetzg. d. Verf.).

23 *Billitteri* (2008: 91 f.), *Bolzoni* (2012: 28).

24 *Nicastro* (2006: 24).

25 *Billitteri* (2008: 82).

26 Zum illegalen Zigarettenhandel vgl. *Ciconte* (2008b: 178 ff.; 2017b: 97 f.), *Lodato* (1999: 70), *Sales* (1988: 130 ff.; 2015: 388 ff., 344).

27 Zum Drogenhandel vgl. Antimafiaduemila (07.11.2024), *Arlacchi* (2007: 185 ff.), *Ciconte* (2008b: 174 ff.; 2017b: 97 f.), *Caruso* (2005: 163 ff., 195, 377, 462 f.), *City of Palermo et al.* (2000: o. S.), *Di Cagno/Natoli* (1994: 25), *Galluzzo/La Licata/Lodato* (1986: 301 ff.), *La Repubblica* (07.03.2004), *Morosini* (2009: 74 ff.), *Nicastro* (2005: 50, 54), *Sales* (2015: 327 ff.), *Santino/La Fiura* (1993: 140 ff., 179 f., 219 f., 223).

28 An dem Treffen nahmen von amerikanischer Seite unter anderem Lucky Luciano und Joe Bonanno teil, die sizilianische Delegation wurde geführt von Giuseppe Genco Russo, der den verstorbenen Calogero Vizzini in der Rolle des wichtigsten Mafiabosses abgelöst hatte, vgl. *La Repubblica. Cronaca di Palermo* (07.03.2004), *Nicastro* (2005: 49 ff.).

29 *Longrigg* (1998: S. 173 f.).

30 Zur Geldwäsche der Drogengelder vgl. *Angelini et al.* (1987: 77 ff., 83), *Butera* (1993: 111 f.), *Centorrino* (1995: 60), *Correnti* (1987: 51), *Fantò* (1999: 19), *Tranfaglia* (2008: 133 ff.).

31 Häufig wird der Boss in der Literatur als »Liggio« bezeichnet, was auf einen Schreibfehler zurückzuführen ist.

32 »Rote Primel« ist in Italien ein geflügeltes Wort für schwer auffindbare Personen. Es geht zurück auf den Protagonisten des populären fiktiven Historienromans »The scarlet pimpernel« der britisch-ungarischen Baronin Emma Orczy (1865–1947). In dem Roman ist »Scharlachrote Pimpernelle« der geheime Deckname des ein Doppelleben führenden Romanhelden Percy Blakeney. – Zu Leggio vgl. *Beccaria/Turone* (2018).

33 Um die verschiedenen Grecos auseinanderhalten zu können, wurden vielen von ihnen Spitznamen verpasst. Salvatore scheint seinen

Spitznamen »Ciaschiteddu« seinem etwas vogelähnlichen Gesicht verdankt zu haben.

34 Zum ersten Mafiakrieg vgl. *Arlacchi* (2019: 123 ff.), *Bellavia/Palazzolo* (2004: 156), *Caruso* (2005: 146 ff., 196 ff.), *Ciconte* (2017b: 100 ff.), *City of Palermo et al.* (2000: o. S.), *Di Cagno/Natoli* (1998: 17), *Stajano* (1986: 96), *Caruso* (2005: 148–159), *Marino* (2002a: 244 f.), *Dino* (2008: 294 ff.), *Renda* (1998: 372 ff.).

35 Die erste Parlamentarische Antimafiakommission, die von den Linksparteien schon lange gefordert worden war, wurde am 20.12.1962 durch das Gesetz Nr. 1720 etabliert. In der Kommission waren Repräsentanten aller politischen Parteien gemäß deren parlamentarischen Stärke vertreten. Ihre Arbeit nahm die Kommission erst im Juli 1963 auf, und zwar anlässlich des Ciaculli-Massakers. Die Untersuchungen der Kommission dauerten von 1963 bis 1976, wobei das wichtigste Ergebnis war, dass nun auch offiziell zugegeben wurde, dass die Mafia existiert. Da sich die Kommission nicht auf einen Bericht einigen konnte, wurden am Ende drei Abschlussberichte vorgelegt: der von Carraro unterzeichnete Mehrheitsbericht und zwei Minderheitenberichte: einer der Kommunisten, unterzeichnet von La Torre, und einer von der politischen Rechten, unterzeichnet von Angelo Nicosia. Zur ersten Parlamentarischen Antimafiakommission vgl. *Ciconte* (2017b: 101), *Renda* (1998: 361 ff.) Zur Arbeit dieser und auch der späteren Antimafiakommissionen siehe: *Migliore* (2014: 324 ff.), *Trafaglia* (2008: 75 ff.).

36 Zu den Prozessen von Catanzaro und Bari vgl. *Ciconte* (2017b: 102 ff.), *Paternà* (2000: 78 ff.).

2.6 Gewalttätiges Intermezzo der Corleoneser
1 Zum zweiten Mafiakrieg vgl. *Caruso* (2005: 209 ff., 231 ff., 340 ff.), *Di Cagno/Natoli* (2004: 31 ff.), *Dino* (2008: 296 ff.; 2011: 140 ff.), *Galluzzo/La Licata/Lodato* (1986: 194 ff.), *Marino* (2002a: 252 f.), *Morosini* (2009: 47), *Lodato* (1999: 48 ff.), *Paoli* (2003: 94 ff., 141 ff.), *Paternò* (2000: 82 ff.), *Vitale/Costanzo* (2009: 23 ff., 101).

2 Zur Biographie Riinas vgl. *Bolzoni/D'Avanzo* (2007), *Martorana/ Nigrelli* (2009).

3 Einige Journalisten vermuten, dass Leggio von Riina an die Justiz verraten wurde, vgl. *Bolzoni/D'Avanzo* (2018: 13).

4 Zu den Entführungen vgl. *Caruso* (2005: 220, 226 f., 256, 633 f.), *Ceruso* (2008: 84 ff.), *Di Cagno/Natoli* (2004: 25).

5 Beispielsweise das für die Freilassung von Giuseppe Vasallo erhaltene Geld behielten die Corleoneser nicht selbst, sondern verteilten es an »bedürftige« Mafiafamilien, vgl. *Caruso* (2005: 227).

6 Zur »Riina-Diktatur« vgl. *Di Cagno/Natoli* (2004: 31 ff.), *Ceruso* (2008: 120), *Dino* (2002: 176 ff.; 2011: 53 ff.), *Paoli* (2003: 136 ff.), *Vitale/Costanzo* (2009: 101 f., 116).

7 *Dino* (2002: 180, Übersetzg. d. Verf.).

8 In Bezug auf mafiakritische Recherchen tat sich die Zeitung L'Ora hervor. Im Jahr 1960 musste sie sogar den Mord an einem ihrer Mitarbeiter, Cosimo Cristina (1935–1960), hinnehmen. Der junge Journalist hatte die Machenschaften der Familien von Caccamo (PA) und Termini Imerese (PA) publik gemacht und stand kurz davor, auch über deren mächtige Hintermänner zu berichten, vgl. *Mirone* (1999: 11–34).

9 Zu De Mauro vgl. *Antimafia Duemila* (16.09.2019), *Billitteri* (2008: 104 ff.), *Bolzoni* (2012: 76 f.), *Caruso* (2005: 214 f.), *Ceruso* (2008: 144 ff.), *Li Vigni* (1995: 96 ff.), *Lucarelli* (2002: 83 ff.), *Mirrone* (1999: 35 ff.), *Nicastro* (2006), *Palazzolo* (2010: 281 f.), *Viviano* (2009).

10 Zu Scaglione vgl. *Billitteri* (2008: 111 ff.), *Caruso* (2005: 36, 185 ff., 207 f., 221 ff.), *Ceruso* (2008: 68), *Di Lello* (1994: 155 f.), *Guida Sicilia* (22.10.2010), *La Torre* (2002: 64 f., 73), *Li Vigni* (1995:

96 ff.), *Nicastro* (2006: 80 ff.), *Sanfilippo* (2008: 210 ff.), *Viviano* (2009: 38 f., 113, 119).

11 Zu Russo vgl. *Billitteri* (2008: 177 ff.), *Caruso* (2005: 271 ff.), *Ceruso* (2008: 83 ff.), *Nicastro* (2006: 12, 84 ff.), *Palazzolo* (2010: 216 ff.), *Vitale/Costanzo* (2009: 51 f.), *Viviano* (2009: 108 f.).

12 Zu Impastato vgl. *Borrometi* (2023: 70 ff.), *Ceruso* (2008: 123 ff.), *Caruso* (2005: 284 f.), *De Rosa/Galesi* (2013: 51 ff.), *Mirone* (1999: 120 ff.), *Palazzolo* (2010: 3 ff.), *Russo Spena* (2001), *Tranfaglia* (2008: 127 f.) und den Film von Marco Tullio Giordana »I cento passi« (2000).

13 Zu Francese vgl. *Billitteri* (2008: 192 f.), *Caruso* (2005: 290 f.), *Ceruso* (2008: 97 ff.), *Mirone* (1999: 151 ff.), *Palazzolo* (2010: 16 ff.).

14 Zu Reina vgl. *Billitteri* (2008: 194), *Ceruso* (2008: 159 ff.), *Caruso* (2005: 292 ff.), *Palazzolo* (2010: 29 ff.).

15 Zu Giuliano vgl. *Billiteri* (2008), *Ceruso* (2008: 87 ff.), *Li Vigni* (1995: 158 ff.), *Viviano* (2008: 118).

16 Zu Terranova und Mancuso vgl. *Caruso* (2005: 301 ff.), *Ceruso* (2008: 69 ff.), *Li Vigni* (1995: 185 ff.), *Palazzolo* (2010: 47 ff.) und den Film von Pasquale Scimeca »Il Giudice e il Boss« (2024).

17 Zu Mattarella vgl. *Bellavia* (2010: 240 ff.), *Bolzoni* (2012: 50, 159 ff.), *Borrometi* (2023: 77 ff.), *Caruso* (2005: 310 ff.), *Ceruso* (2008: 163, 166), *Di Giovacchino* (2015: 327 ff.), *Li Vigni* (1995: 208 ff.), *Lo Bianco*/Rizza (2018), *Paoli* (2003: 201), *Palazzolo* (2010: 54 ff.).

18 Zu Basile vgl. *Billitteri* (2008: 209) *Bolzoni* (2012: 163 ff.), *Bolzoni/D'Avanzo* (2018: 27 ff.), *Caruso* (2005: 319 ff.), *Ceruso* (2008: 89 ff.).

19 Zu Costa vgl. *Ceruso* (2008: 72 ff.), *Li Vigni* (1995: 228 ff.), *Palazzolo* (2010: 67 ff.).

20 Zu Ievoella vgl. *Ceruso* (2008: 92).

21 Zu La Torre vgl. *Bolzoni* (2012: 11 ff.), *Ceruso* (2008: 169 ff.), *Caruso* (2005: 360 f.), *Li Vigni* (1995: 256 ff.), *Rizzo* (2003), *Palazzolo* (2010: 91 ff.).

22 Zu Giaccone vgl. *Ceruso* (2008: 120 ff.), *Caruso* (2005: 357), *Palazzolo* (2010: 99 ff.), *Li Vigni* (1995: 271 f.).

23 Zu Dalla Chiesa vgl. *Bolzoni* (2012: 59 ff.), *Ceruso* (2008: 37–49), *Caruso* (2005: 361 ff.), *Dalla Chiesa* (1984), *Galluzzo/La Licata/Lodato* (1986: 210 ff.), *Li Vigni* (1995: 282 ff.), *Palazzolo/Prestipino* (2007: 290), *Palazzolo* (2010: 105 ff.), *Stajano* (1986: 221 ff.), *Vitale/Costanzo* (2009: 101).

24 Zur Antimafiabewegung vgl. *Bestler* (2001), *Santino* (2000: 251 ff.), *Schneider/Schneider* (2009: 137 ff.).

25 Berühmt wurde Pappalardos Rede für das Zitat des römischen Geschichtsschreibers Titus Livius: »Dum Romae consulitur, Saguntum expugnatur« (Lat. Während man in Rom diskutiert, wird Sagunt eingenommen.). Mit diesem Verweis wollte Pappalardo ausdrücken, dass die aktuellen römischen Politiker genauso wenig handelten wie die im alten Rom, als während des Zweiten Punischen Krieges Hannibal Sagunt einnahm. Für seine deutlichen Worte wurde Pappalardo von den im Ucciardone-Gefängnis einsitzenden Häftlingen dadurch bestraft, dass niemand an seiner traditionellen Weihnachtsmesse in der Haftanstalt teilnahm, vgl. *Ceruso* (2007: 154 ff.), *Ciconte* (2008b: 223 ff.), *Sales* (2010: 304 ff.), *Sanfilippo* (2008: 374, 378).

26 Bereits in der Zeit des Faschismus enthielt das Strafgesetzbuch einen Artikel 416, der die Mitgliedschaft in kriminellen Vereinigungen verbot. Im Jahr 1982 wurde dieser Artikel – der aktuelle Artikel 416bis – ergänzt, so dass seither explizit die Mitgliedschaft in der Mafia verboten ist: »Wer Mitglied einer mafiosen Vereinigung von drei oder mehr Personen ist, wird mit drei bis sechs Jahren Haft bestraft.« Zitiert nach

Billitteri (2008: 117 f., Übersetzg. d. Verf.). Zum Inhalt des Rognoni-La-Torre-Gesetzes und vor allem zu den neu geschaffenen Möglichkeiten der Konfiszierung mafiosen Vermögens vgl. *La Spina* (2005: 59 f.).

27 Zu Zucchetto vgl. *Ceruso* (2008: 92), *Caruso* (2005: 366 ff.).

28 Zu Ciaccio Montalto vgl. *Ceruso* (2008: 190), *Caruso* (2005: 374 ff.), *Li Vigni* (1995: 316 ff.).

29 Zu D'Aleo vgl. *Caruso* (2005: 380), *Ceruso* (2009: 91), *Bolzoni* (2012: 169 f.).

30 Zu Chinnici vgl. *Billitteri:* (2008: 176), *Ceruso* (2008: 75 ff.), *Caruso* (2005: 380 ff.), *Li Vigni* (1995: 310 ff.), *Palazzolo* (2010: 115 ff.), *Zingales* (2006a).

31 Zu Buscetta vgl. *Arlacchi* (2019), *Biagi* (1986), *Bolzoni* (2012: 127 ff.), *Caruso* (2005: 236 f., 390 ff.).

32 In Bezug auf De Gennaro wurde gelegentlich der Verdacht laut, es handle sich um einen mächtigen »Puppenspieler«: So behauptete im Juni 1989 der anonyme Briefeschreiber Corvo, De Gennaro habe den Mafiaaussteiger Totuccio Contorno als Staatskiller genutzt. Massimo, der Sohn des Mafiapolitikers Vito Ciancimino, erklärte im August 2010 in einem Interview und später vor Gericht, er wisse von seinem Vater, dass dieser mittels eines mysteriösen Geheimdienstlers namens Signor Gross alias Signor Franco bzw. Carlo, mit De Gennaro in Verbindung gestanden haben soll. Den Behauptungen des Corvo wurde nicht nachgegangen und Massimo Ciancimino wegen Verleumdung verurteilt. Auch der ehemalige Premierminister und Staatspräsident Francesco Cossiga (1928–2010) scheint in Bezug auf De Gennaro einige Zweifel gehabt zu haben, den er einen Helfershelfer der Amerikaner nannte, wenn er sich dafür auch später entschuldigte, vgl. *Torrealta* (2011: 222 ff.).

33 Der erste im 20. Jh. bekannt gewordene Aussteiger war der Arzt Melchiorre Allegra (1881–1951) aus Gibellina (TP). Allegra verließ seinen Clan im Jahr 1937 wegen fehlender Unterstützung bei einem Mordvorwurf. Allegra wandte sich an die Polizei von Alcamo (TP), aber seine detaillierte Aussage wurde ignoriert. Zu Allegra vgl. *Ceruso* (2008: 113 ff., 260 ff.), *Viviano* (2009: 15, 128 ff.). – Der zweite Pentito war Leonardo (Leuccio) Vitale aus Altarella di Baida (PA), der mit 17 Jahren wieder seinen Willen von seinem Onkel Titta, dem Capofamiglia von Altarella, zum Beitritt gezwungen worden war und von Anfang an moralische Schwierigkeiten hatte. Aufgrund einer religiösen Bewusstseinskrise meldete er sich 1973 im Polizeihauptquartier von Palermo. Er gestand seine eigenen Verbrechen, beschuldigte über 40 Mafiosi – darunter die Buscemi von Passo di Rigano, die Marcianò von Boccadifalco, die Motisi und Rotolo von Pagliarelli, die Sansone von Uditore, den Fürsten Vanni Calvello di San Vincenzo –, schilderte den Organisationsaufbau der Cosa Nostra, ging auf deren wirtschaftliche Aktivitäten ein und berichtete über den Aufstieg der Corleoneser. Vitale nannte außerdem die Namen von politischen Hintermännern der Mafia, z. B. Vito Ciancimino, Giuseppe Trapani und Francesco Barbaccia. Ein langer Polizeibericht ging an den damaligen Chef der Staatsanwaltschaft, Giovanni Pizzillo, der den Fall dem Ermittlungsrichter Aldo Rizzo übergab. In der Untersuchungshaft verschlechterte sich aufgrund von Elektroschockbehandlungen Vitales ohnehin kritischer Zustand. Letzten Endes wurde er für geistesgestört erklärt und in die psychiatrische Klinik des Gefängnisses von Barcellona Pozzo di Gotto (ME) eingeliefert. Die Richter verurteilten zwar Vitale für seine eigenen Verbrechen, sahen aber keinen Grund, Untersuchungen gegen die genannten Mafiosi oder Politiker einzuleiten. Erst nach Buscettas Geständnis wurde Vitale – einer der wenigen »echten« Pentiti – 1984 aus der Gefängnisklinik entlassen – und eine Woche später von der Mafia umgebracht. Zu Vitale vgl. *Billitteri* (2008: 131 ff.), *Caruso* (2005: 233 f., 238 ff.), *Ceruso* (2008: 128 ff.), *De Rosa/Galesi* (2013: 48), *Dino* (2002: 97 f.), *Galluzzo/La Licata/Lodato* (1986: 53 ff.), *Lo Verso* (2017: 36 ff.).

34 Ciancimino hatte bereits 1982 seine politischen Ämter bei einem DC-Kongress verloren. Die Salvo gaben 1982 ihre Steuereintreibungsfirma aufgrund von drastisch reduzierten Provisionen in Folge einer Steuerreform auf, vgl. *Deaglio* (1993: 150 ff.), *Di Lello* (1994: 194 ff.).

35 Zum Maxiprozess vgl. *Angelini et al.* (1987), *Caruso* (2005: 416 ff., 448), *Cassarà* (2020: 162), *Ciconte* (2008b: 331 f.; 2017b: 145 ff.), *Di Lello* (1994: 208), *Vitale/Costanzo* (2009: 90).

36 1985 konkurrierte Borsellino, der Jüngste der drei, mit Giuseppe Alcamo und Giuseppe Prinzivalli um das Amt des Oberstaatsanwalts in Marsala. Gegen das übliche Anciennitätsprinzip entschied sich der CSM im Dezember 1986 für Borsellino, vgl. *Bolzoni* (2012: 179), *Ceruso* (2008: 201), *Caruso* (2005: 443 f.), *Monti* (1996: 12 ff.).

37 Die Bezeichnung »Quaquaraquà« stammt aus Sciascias Roman »Il Giorno della Civetta«, in dem der Mafiaboss Don Mariano Arena die Menschen in fünf Kategorien einteilt: Männer, halbe Männer, Männchen, »Arschficker« und – als schlimmste Gruppe die Quaquaraquàs, also die Schnatterer, vgl. *Sciascia* (1993: 93).

38 Zu Fava vgl. *Ceruso* (2008: 146 ff.), *Caruso* (2005: 401 ff.), *De Riccardis* (2017: 21 ff.), *Mirone* (1999: 169 ff.).

39 Zu Palermo vgl. *Caruso* (2005: 407 f.).

40 Zu Montana vgl. *Ceruso* (2008: 92 f.), *Caruso* (2005: 409 f.).

41 Zu Cassarà vgl. *Ceruso* (2008: 93 ff.), *Caruso* (2005: 411 ff.), *Palazzolo* (2010: 123 ff.).

42 Zu Antiochia vgl. *Ceruso* (2008: 93, 95).

43 Zu Calderone vgl. *Arlacchi* (1995).

44 Laut Angaben des italienischen Innenministeriums standen am 31. Dezember 1996 1273 Personen unter Kronzeugenschutz, davon waren 35 % sizilianische Mafiosi, vgl. *Paoli* (2003: 99). – Nicht nur die Cosa Nostra wandte sich gegen die Pentiti, sondern sogar die eigenen Angehörigen: Beispielsweise wurde das Grab Salvatore Giuffrès zerstört oder Giovanna Cannova, die Mutter der »Verräterin« Rita Atria, zerschlug das Foto ihrer Tochter auf deren Grab mit einem Hammer, vgl. *Dino* (2011: 275). Viele Ehefrauen, Schwestern und Töchter von Mafiosi sagten sich von Verwandten, die der Mafia den Rücken gekehrt hatten, los. So erklärte etwa Giuseppina Mandarano, die Ehefrau des Aussteigers Marco Favaloro, öffentlich: »Mein Ehemann ist tot«, zitiert nach *Madeo* (1997 (zuerst erschienen 1994): 140, Übersetzg. d. Verf.). – Zur Pentiti-Welle und der Vendetta trasversale vgl. *Dino* (2002: 220 ff.; 2006), *Gruppo Abele* (2005), *Morosini* (2009: 177 ff.), *Vitale/ Costanzo* (2009: 105 f.).

45 Unter dem Begriff »Garantismo« wird eine Rechtsauffassung verstanden, nach der die verfassungsmäßigen Rechte der Angeklagten im Vordergrund stehen, um die Gefahr einer Verurteilung Unschuldiger zu vermeiden. Es wird häufig über das Vorliegen eines »Ipergarantismo« polemisiert, worunter zu verstehen ist, dass Schuldige quasi wegen Kommafehlern in den Prozessakten oder der Urteilsbegründung freigesprochen werden.

46 In Palermo bekam der PSI bei den Wahlen zum Abgeordnetenhaus 16,44 % (bei den Wahlen von 1983 nur 9,8 %) und für den Senat 15,2 % (1983 nur 9,29 %). Am stärksten war die Stimmenverschiebung in den traditionell von der Cosa Nostra kontrollierten Stadtteilen Palermos sowie Mafiahochburgen wie dem Städtchen San Giuseppe Jato (PA); auch im palermitanischen Ucciardone-Gefängnis wurde erstmals sozialistisch gewählt, vgl. *Dino* (2011: 71 ff.), *Caruso* (2005: 444 f.), *Ciconte* (2008b: 332 f.), *Li Vigni* (1995: 380), *Morosini* (2009: 58), *Montanaro/Ruotolo* (1995: 847 ff.).

47 *Billitteri* (2008: 203), *Caruso* (2005: 386 ff., 412, 462 ff.).

48 Wenngleich den Corleonesern ein Dominieren des Heroinhandels nicht gelang, waren sie doch erfolgreich im Kokaingeschäft tätig, wobei sie ihre Drogen von den kolumbianischen Kartellen bezogen, die weltweit 70 % des für den Export bestimmten Kokains produzieren. Den mit den Corleonesern verbündeten Familien Galatolo und Madonia aus den palermitanischen Stadtteilen Acquasanta bzw. Resuttana gelang es 1987 quasi einen »Exklusivvertrag« mit dem Medellin-Clan auszuhandeln. Der Medellin-Clan war bis zum Tod Pablo Escobars († 1993) das wichtigste kolumbianische Kartell. Nach den internationalen Operationen »Sea Port« (1990) und »Green Ice« (1992) begann aber auch das Kokain-Geschäft ins Stocken zu geraten, vgl. *Caruso* (2005: 466 f.), *La Repubblica* (23.02.1990), *Paoli* (2003: 210, 215 f.), *The Independent* (29.09.1992), *Santino/La Fiura* (1993: 183, 222).

49 *Amato* (2017: 415 ff.), *Caruso* (2005: 445, 456 ff.), *Dalla Chiesa* (2010: 84 ff.).

50 Der 900 Seiten umfassende Bericht »Mafia & Appalti« wurde im Februar 1991 von den Carabinieri unter Leitung von Mario Mori und Giuseppe De Donno der Staatsanwaltschaft von Palermo, konkret Giovanni Falcone, vorgelegt. Nach Falcones Weggang nach Rom landete der Bericht bei Oberstaatsanwalt Pietro Giammanco und seinen Mitarbeitern Guido Lo Forte und Giuseppe Pignatone, die die Ermittlungen gegenüber den Großunternehmern und Politikern einstellten. Der verurteilte Geometer Li Pera wandte sich empört mit schweren Vorwürfen gegen die palermitanischen Richter an den catanesischen Staatsanwalt Felice Lima, was damit endete, dass Lima der Fall wegen eines Formfehlers entzogen wurde, vgl. *Amato* (2017: 415 ff.), *Caruso* (2005: 490 ff., 655), *Dalla Chiesa* (2010: 84 ff.), *Di Giovacchino* (2015: 238 ff.), *Mori/De Donno* (2023), *La Repubblica* (30.10.1992), *Palazzolo/Prestipino* (2007: 17 f.).

51 Von Vermögensbeschlagnahmungen waren beispielsweise die Bauunternehmer Gianni Ienna, Vincenzo Piazza, Gaetano Sansone, Francesco Pecora und Francesco Paolo Sbeglia betroffen. Einige von ihnen hatten eine wahre Karriere »vom Tellerwäscher zum Millionär«

gemacht, so Ienna, der in den 1960er-Jahren noch als Schreiner gearbeitet hatte oder Piazza, der Laufbursche in einer Autowerkstatt gewesen war, vgl. *Caruso* (2005: 582), *Santino* (2001).

52 Zu Insalaco vgl. *Caruso* (2005: 451 f.), *Cassarà* (2020: 228 ff.), *Palazzolo* (2010: 151 ff.), *Sanfilippo* (2008: 391), *Santino* (1997: 59 f., 90 f.), *Stancanelli* (2016).

53 Zu Mondo vgl. *Caruso* (2005: 453 f.).

54 Zu Saetta vgl. *Bolzoni* (1992: 190), *Ceruso* (2008: 187), *Caruso* (2005: 428 f.), *Ceruso* (2008: 187), *Vitale/Costanzo* (2009: 90).

55 Zu Rostagno vgl. *Di Giovacchino* (2015: 42 ff., 304 ff.), *Mirone* (1999: 254 ff.), *Palazzolo* (2010: 145 ff.).

56 Das Centro Scorpione war das letzte Gladio-Zentrum, das in Italien entstand. Es war in den Jahren zwischen 1987 und 1990 aktiv, als sich in Sizilien zahlreiche mysteriöse Verbrechen wie etwa das Addaura-Attentat ereigneten. Bis heute ist unklar, welche Aufgaben das Zentrum hatte, allerdings behaupten einige Pentiti, dass die zum Centro Scorpione gehörende Flugzeuglandepiste in Casteluzzo (TP) – das Centro Scorpione verfügte über ein Flugzeug, das Radargeräte nicht erkennen konnten – für Waffenhandel- und Drogengeschäfte genutzt worden sein soll. Der Leiter des Centro Scorpione, der Geheimdienstler Vincenzo Li Causi (1952–1993), kam im November 1993 bei einer UNO-Militäroperation unter ungeklärten Umständen ums Leben. Zum Centro Scorpione vgl. *Camera dei Deputati/Senato della Repubblica* (1993: 101 f., 123 ff.), *De Lutiis* (2010: 371 ff.), *Di Girolamo* (2011: 496 ff.), *Genchi* (2009: 129), *Uccello/Amadore* (2009: 123).

57 Zum Addaura-Attentat vgl. *Bolzoni* (2012: 145), *Caruso* (2005: 380, 471 ff.), *Di Giovacchino* (2015: 48 f.), *Imposimato* (2012: 257 ff.).

58 Zu Agostino vgl. *Caruso* (2005: 474), *Di Giovacchino* (2015: 52 ff.), *Palazzolo* (2010: 166 ff.), *Palermo Today* (30.01.2025).

In seinem Bemühen, die Mörder seines Sohnes doch noch zu finden, entschied Vincenzo Agostino (1937–2024) seine bereits langen weißen Haupt- und Barthaare so lange nicht abzuschneiden, bis die Verantwortlichen zur Rechenschaft gezogen werden würden. Auf diese Weise wurde er zu einer Art »Antimafia-Ikone« in Palermo.

59 Zu Piazza vgl. *Caruso* (2005: 474), *Di Giovacchino* (2015: 52 f.), *Palazzolo* (2010: 174 ff.).

60 Zu Livatino vgl. *Caruso* (2005: 486), *Ceruso* (2008: 185 ff.), *Dalla Chiesa* (1992), *Di Lorenzo* (2000).

61 Zu Scopelliti vgl. *Caruso* (2005: 493 f.), *Di Giovacchino* (2015: 23 ff.), *Palazzolo* (2010: 205 ff.).

62 Zu Grassi vgl. *Caruso* (2005: 494), *Capri/Maisano Grassi* (2011), *Ceruso* (2008: 238 ff., 253 f.), *Bellavia/De Lucia* (2009: 49), *Ravveduto* (2012).

63 Zu Guazzelli vgl. *Caruso* (2005: 498 f.), *Riccio/Vinci* (2024: 350 f.), *Ruscica* (2015: 15 f.), *Torrealta/Mottola* (2012: 151 ff.).

64 Zu Lizzio vgl. *Ardita* (2015: 128 ff.), *Borrometi* (2023: 235), *Caruso* (2005: 526 f.).

65 Zu Alfano vgl. *Ceruso* (2008: 137), *Mirone* (1999: 220 ff.).

66 Zu Puglisi vgl. *Anfossi* (1994), *Ceruso* (2007: 180 ff., 2008: 211 ff.), *Deliziosi* (2001), *De Riccardis* (2017: 176 ff., 193 f.), *Lodato* (1994: 131 ff.).

67 Zur Arbeit des Richter-Pools unter Leitung von Antonino Caponetto, der diesen etwas mehr als vier Jahre lang führte, vgl. *Bolzoni* (2012: 126 ff.), *Caponnetto* (1992), *Ceruso* (2008: 67 ff.); zur Demontierung des Richter-Pools unter Meli vgl. *Ceruso* (2008: 202), *Bolzoni* (2012: 144, 188), *Caruso* (2005: 454).

68 Im Jahr 1988 wurde die Strafprozessordnung, der bis dahin der Codice Rocco aus dem Jahr 1930 zugrunde lag, grundlegend reformiert, so dass das ursprünglich inquisitorische durch das akkusatorische Verfahrensprinzip ersetzt wurde. Im Zuge der Reform wurde das Amt des Untersuchungsrichters (Giudice Istruttore) abgeschafft und durch das des GIP (Giudice per le Indagini Preliminari = Richter für Voruntersuchungen) ersetzt. Der »Giudice Istruttore« hatte sehr weitreichende Kompetenzen – so konnte er beispielsweise im Verborgenen ermitteln und Verhaftungen vornehmen lassen –, die des GIP hingegen beschränken sich auf die Prüfung, ob entsprechend der gesetzlichen Vorgaben ermittelt wurde. Vor der Reform hatten Untersuchungsrichter ähnlich weitgehende Ermittlungskompetenzen wie Staatsanwälte. Zur Strafprozessordnung vgl. *Maiwald* (2009: 169 ff.).

69 Zur reduzierten Arbeit der palermitanischen Kriminalpolizei vgl. *Caruso* (2005: 591), *Bolzoni* (2012: 190), *La Repubblica* (02.08.1988; 18.10.1988).

70 Die Bezeichnung »Corvo« (Rabe) bezieht sich auf Georges Clouzots Film »Le Corbeau« (1943), in dem mit »der Rabe« unterzeichnete anonyme Briefe eine kleine französische Stadt in Aufruhr versetzen. Zum Fall »Corvo« in Palermo vgl. *Caruso* (2005: 472 ff., 509), *Di Giovacchino* (2015: 49 f.) *Hausmann* (2002: 152), *Lodato* (1999: 63, 178), *Monti* (1996: 118 ff.), *Mori/De Donno* (2023: 105 f.), *Palazzolo* (2010: 158 ff.), *Viviano* (2008: 82 ff.).

71 Zu Orlandos Anschuldigungen gegenüber der palermitanischen Staatsanwaltschaft am 24. Mai 1990 in der Fernsehsendung Sammarcanda vgl. *Caruso* (2005: 488), *Monti* (1996: 140 ff.), *Mori/De Donno* (2023: 85).

72 Zum Berufungsverfahren des Maxiprozesses und den nachfolgenden Haftentlassungen vgl. *Caruso* (2005: 655).

73 Zu den Folgen des Mauerfalls für das politische System Italiens vgl. *Caruso* (2005: 530), *Hausmann* (2002: 147 ff.), *Seisselberg* (1993: 512 ff.), *Stille* (2007: 30), *Wollner* (2010: 364 ff.).

74 *Stille* (2007: 30, Übersetzg. d. Verf.).

75 *Dalla Chiesa* (2010: 100).

76 Die Rete ging im Januar 1991 aus der Antimafiabewegung hervor. Zum Führungskreis gehörten der zwischenzeitlich aus der DC ausgetretene palermitanische Bürgermeister Leoluca Orlando sowie Söhne von prominenten Mafiaopfern wie Carmine Mancuso, Nando Dalla Chiesa und Claudio Fava, außerdem Alfredo Galasso und Diego Novelli. Wenige Monate nach ihrer Gründung erreichte die Rete bei den Regionalwahlen 7,3 % und in Palermo sogar 26 % der Stimmen, womit sie in der Hauptstadt zur zweitstärksten Partei nach der DC wurde. Ihr Erfolgskurs setzte sich bei den Nationalwahlen im Februar 1992 fort und so konnte sie zwölf ihrer Abgeordneten ins Parlament und drei in den Senat entsenden. Bei den Kommunalwahlen von 1992/93 wurden Kandidaten der Rete zu Bürgermeistern gewählt, sogar in Mafiahochburgen wie Corleone (PA) und San Giuseppe Jato (PA). Die Erfolgssträhne riss erst bei den Nationalwahlen von 1994 ab. Spätestens jetzt traten im Führungszirkel Konflikte auf, so dass am Ende fast nur noch Orlando und seine Getreuen übrig blieben. Ende der 1990er-Jahre löste die Partei sich auf, vgl. *Bestler* (2001).

77 Zu Tangentopoli vgl. *Amato* (2017: 119 ff.), *Caruso* (2005: 501), *Paoli* (2003: 205), *Tranfaglia* (2008: 102 ff.), *Wollner* (2010: 377 ff.).

78 Zur Verschärfung der Antimafia-Gesetze der Jahre 1991 und 1992 vgl. *Dalla Chiesa* (2010: 68), *Maiwald* (2009: 177), *Tescaroli* (2001: 124 ff.).

79 Zu den Hintergründen des Kassationsgerichtsurteils, dem Urteil selbst und seinen Folgen vgl. *Amato* (2017: 198 ff.), *Bolzoni* (2012: 155), *Caruso* (2005: 497, 499 f.), *Di Giovacchino* (2015: 85 ff.), *Li Vigni* (1995: 331 ff.).

80 Zu Falcone vgl. *Amato* (2017: 305 ff.), *Bolzoni* (2012: 107 ff.), *Caruso* (2005: 501 ff.), *Ciconte/Torre* (2019), *Di Giovacchino* (2015:

93 ff.), *Li Vigni* (1995: 361 ff.), *Lodato* (1999), *Tescaroli* (2001, 2011), *Vitale/Costanzo* (2009: 104 f.).

81 Zu Borsellino vgl. *Amato* (2017: 322 ff.), *Bolzoni* (2012: 159 ff.), *Caruso* (2005: 506 ff.), Ceruso (2023), *Ceruso* (2023), *Di Giovacchino* (2015: 111 ff.), *Galluzzo/La Licata/Lodato* (1986: 21–40), *Li Vigni* (1995: 401 ff.), *Lo Bianco/Rizza* (2007).

82 Zu den Repressionsmaßnahmen des Staates nach den Attentaten auf Falcone und Borsellino vgl. *Ceruso* (2008: 204), *Ciconte* (2017b: 149), *La Spina* (2005: 69, 72 ff.), *Vitale/Costanzo* (2009: 116).

83 *Dino* (2011: 58, Übersetzg. d. Verf.).

84 *Dino* (2002: 181, Übersetzg. d. Verf.).

85 *Dino* (2011: 78, Übersetzg. d. Verf.).

86 *Dino* (2011: 91 ff.).

87 Zum Verschwinden von Beweisen und dem Legen falscher Spuren vgl. *Amato* (2017: 334 ff.), *Bellavia/Palazzolo* (2002), *Bolzoni* (2012: 207), *Caruso* (2005: 510 ff.), *Ceruso* (2023), *Dalla Chiesa* (2010: 88 f.), *Di Giovacchino* (2015: 33, 257 ff.), *Genchi* (2009: 118 ff.), *Palazzolo* (2010: 186 ff., 193 ff.), *Torrealta/Mottola* (2012: 212 ff.), *Viviano/Ziniti* (2010).

88 Zu den Anschlägen auf dem italienischen Festland und ihrem Hintergrund vgl. *Caruso* (2005: 552 ff.), *Dalla Chiesa* (2010: 94), *Di Giovacchino* (2015: 42 ff.), *Paoli* (2003: 207).

89 Zur »Trattativa«, den Verhandlungen zwischen Staat und Mafia vgl. *Adnkronos* (07.02.2020), *Amato* (2017: 380 ff.), *Biondo/Ranucci* (2009), *Bolzoni* (2012: 205), *Corriere della Sera* (23.09.2021), *Caruso* (2005: 532 ff.), *Ciancimino/La Licata* (2010), *Ciconte* (2008b: 342 ff.), *Dalla Chiesa* (2010: 88), *Di Giovacchino* (2015: 153 ff.), *Dino* (2002:

264 ff.; 2011: 80, 93 ff.), *Dino* (2011: 101 f.), *Lodato/Scarpinato* (2008: 288 ff.), *Macaluso* (1999: 117 f.), *Palazzolo/Prestipino* (2007: 17 f.), *Paoli* (2003: 207), *Ruscica* (2015), *Torrealta* (2002), *Torrealta/Mottola* (2012), *Travaglio* (2014), (*Veltri/Travaglio* (2001: 54 ff., 66 ff.).

90 Im Forderungskatalog Riinas, dem »Papello«, waren folgende zwölf Forderungen aufgelistet:

1. Revision des Maxiprozesses.
2. Aufhebung des Art. 41bis der Gefängnishaftordnung.
3. Revision des Antimafiagesetzes Rognoni-La Torre.
4. Reform des Kronzeugengesetzes.
5. Vergünstigungen für Mafiahäftlinge, wenn sie sich von der Cosa Nostra lossagen, ähnlich wie bei Terroristen.
6. Hausarrest für Mafiahäftlinge im Alter ab 70 Jahren.
7. Schließung der Hochsicherheitsgefängnisse.
8. Verlegung von Mafiosi in die Nähe der Wohnorte ihrer Angehörigen.
9. Keine Zensur der Post von Angehörigen von Mafiahäftlingen.
10. Verbesserung der Kontaktmöglichkeiten zu den Angehörigen von Mafiahäftlingen.
11. Verhaftung nur bei Straftaten, in denen der Täter in flagranti erwischt wird.
12. Günstigere Benzinsteuer in Sizilien, ähnlich wie im Aosta-Tal. (Diese Forderung erklärt sich vermutlich damit, dass viele Mafiosi Tankstellenbetreiber waren.)

Zum »Papello« vgl. *Amato* (2017: 380), *Caruso* (2005: 531), *Dalla Chiesa* (2010: 91 f.), *Dino* 2011: 98).

91 *Dino* (2011: 91 ff.).

92 *Torrealta* (2002: 193, Übersetzg. d. Verf.).

93 *Dino* (2011: 94 f.).

94 Zur mysteriösen Verhaftung von Riina vgl. *Abbate* (2020: 92 ff.), *Caruso* (2005: 537 ff.), *Di Giovacchino* (2015: 243 ff.) *Dino* (2011: 78 ff., 101 f.), *Torrealta* (2009: 232 f.), *Vitale/Costanzo* (2009: 120 f.).

95 Zahlreiche Mafiosi – darunter der engere Kreis von Riina und wohl auch der Oberboss selbst – waren davon überzeugt, dass Riina von Provenzano und Ciancimino verraten wurde, vgl. *Dino* (2011: 84 ff.), *Lo Bianco/Rizza* (2006: 61 ff.), *Vitale/Costanzo* (2009: 120, 122, 124).

96 *Torrealta* (2009: 232 ff.)

2.7 Die Mafia geht »in Deckung«

1 Zur Situation in der Cosa Nostra nach Riinas Verhaftung vgl. *Bellavia/Palazzolo* (2004: 24 ff., 65, 73, 145 ff.), *Ceruso* (2013: 77 ff.), *Caruso* (2005: 607), *Ciconte* (2008b: 357 ff.; 2017b: 151), *Di Cagno/Natoli* (2004: 52 ff., 65 ff., 97 f., 117), *Dino* (2002: 183 ff.; 2011: 114), *Direzione Investigativa Antimafia. Relazioni Semestrali (1992–2023)*, *Morosini* (2009: 35, 61 f., 69 f.), *La Spina* (2005: 86), *Palazzolo/Prestipino* (2007: 17, 22), *Vitale/Costanzo* (2009: 123, 133, 144), *Zingales* (2006b).

2 Zu Provenzano vgl. *Lo Bianco/Rizza* (2007), *Di Cagno/Natoli* (2004: 117, 120), *Diario* (20.11.2003: 16 ff.), *Dino* (2002: 187 ff.; 2011: 74, 117), *Forgione* (2004: 68), *Longrigg* (2008), *Morosini* (2009: 35), *Oliva/Palazzolo* (2001; 2006), *Palazzolo/Prestipino* (2007: 47, 74 ff.).

3 *Bellavia/Palazzolo* (2004: 75, Übersetzg. d. Verf.).

4 *Di Cagno/Natoli* (2004: 53, Übersetzg. d. Verf.). Zu der Strategie, die in dem bekannten sizilianischen Sprichwort zum Ausdruck kommt, hatte die Mafia auch in der Zeit des »eisernen Präfekten« Mori während des Faschismus gegriffen.

5 *Di Cagno/Natoli* (2004: 64, Übersetzg. d. Verf.).

6 Zum Konflikt zwischen Lo Piccolo und Rotolo vgl. *Dino* (2011: 127, 147 ff.), *Giornale di Sicilia* (07.11.2007), *Marannano* (2008), *Morosini* (2009: 37, 44 ff., 69).

7 *Ceruso* (2013: 77, Übersetzg. d. Verf.).

8 *Di Cagno/Natoli* (2004: 103, Übersetzg. d. Verf.).

9 *Grasso* (1997: 23), *La Spina* (2005: 124 ff., 134 f.). Nach Capo d'Orlando entstanden auch in anderen Städten Antiracketorganisationen, und zwar in Catania, Scordia und Giarre (CT), Leonforte (EN), S. Agata di Militello, Patti, Brolo, Torregrotta, Terme Vigliatore und Messina (ME), Modica und Pozzallo (RG), Syrakus, Augusta, Avola, Carlentini, Francoforte, Pachino, Palazzolo Acreide, Sortino, Floridia (SI).

10 *Ceruso* (2008: 235 ff., 255 f.), *Uccello/Amadore* (2009: 28 ff.).

11 *La Repubblica. Cronaca di Palermo* (08.11.2007). Im Rahmen der Antimafiaaktiviäten von Unternehmern richtete der damalige Präsident der Handelskammer von Palermo, Roberto Helg, in seiner Organisation einen besonderen Schalter für Legalität ein und machte sich mit Reden in Schulen einen Namen, dass das Bezahlen des Schutzgeldes angezeigt werden müsse. Pikant ist nur, dass Helg kurze Zeit später verhaftet wurde, weil er – Helg war auch Vizepräsident der Flughafengesellschaft GESAP von Palermo – von dem Konditor Santi Palizzolo, der im Flughafengebäude ein Ladengeschäft hatte, 100.000 € Schmiergeld für die Verlängerung seiner Konzession verlangt hatte, vgl. *De Riccardis* (2017: 38 ff.).

12 Die Familie Conticello hatte jahrelang Schutzgeld bezahlt. Als die Erpresser aber im Jahr 2005 einen Betrag in Höhe von 50.000 € verlangten, erstattete Vincenzo Conticello Anzeige. Die Ehrenmänner vom Clan der Kalsa, einem Stadtviertel in Palermo, wurden daraufhin

gefasst und verurteilt. Die Familie Conticello wurde eine gewisse Zeit lang unter Polizeischutz gestellt, am Ende aber gab sie auf: Sie verkaufte ihr Lokal im Jahre 2013 an die Buchhandelskette Feltrinelli. Zum Fall Conticello vgl. *Bellavia/De Lucia* (2009: 146 ff.), *La Repubblica. Cronaca di Palermo* (19.09.2007), *Savatteri* (2018: 18 ff.), *Uccello/Amadore* (2009: 40 ff.).

13 *Ceruso* (2008: 238). Die Mafia ist heute mit Antimafiarhetorik nicht nur einverstanden, sie verdient sogar mit, wie bei einem Vorfall im Jahr 2011 in Palermo bekannt wurde: Als ein Team des privaten Fernsehsenders Canale 5 in Palermo eine Folge der Sendung »Squadra Antimafia 3« abdrehte, half die Familie Porta Nuova nicht nur dabei Komparsen zu finden, sondern verkaufte auch die Verpflegung an die Filmleute. Der Boss Calogero Lo Presti brüstete sich sogar damit, dass alle an der Sache gut verdient hätten, vgl. *De Riccardis* (2017: 17 ff.).

14 *Di Cagno/Natoli* (2004: 63).

15 Zu diesen Gewalttaten zählte im Oktober 1998 in Caccamo (PA) der Mord an dem der katholischen Gewerkschaftsbewegung entstammenden Lokalpolitiker Domenci Geraci (1954–1998). Dieser hatte die mafiose Unterwanderung der Stadtverwaltung angeprangert und war als Bürgermeisterkandidat angetreten. Ferner sind lokale Mafiafehden zu nennen wie das »Massaker des hl. Basilius« im Januar 1999 in Vittoria (RG), bei dem Mafiosi fünf Mitglieder der rivalisierenden Stidda erschossen. Auch bei der in diesen Jahren stattfindenden Mordkette in dem Landstädtchen Belmonte Mezzagno (PA) handelte es sich um eine Auseinandersetzung zwischen lokalen Clans. Dasselbe gilt für den Mord an dem Mafiaunternehmer Carmelo Milioti, der im August 2003 in einem Friseursalon in Favara (AG) erschossen wurde. Darüber hinaus gab es verschiedene mafiose »Drohgebärden« wie etwa im Frühjahr 1999 den Brandanschlag auf das Stadttheater von Favara (AG), durch den eine öffentliche Debatte zum Thema Mafia verhindert werden sollte, vgl. *Caruso* (2005: 383).

16 *La Repubblica* (03.12.2007).

17 Giusy Vitale war die bekannteste »Mafiosa«. Aber auch eine Reihe anderer Frauen begannen eine aktive Rolle in der Cosa Nostra spielen: so Maria Teresa Cammarata, die für ihren inhaftierten Bruder die Mafiafamilie von Riesi (CL) so gut leitete, dass sie sogar für deren Boss gehalten wurde. Nunzia Graviano (geb. 1968) hingegen verwaltete für ihre inhaftierten Brüder die Finanzen der Brancaccio-Familie. Carmela Iuculano (geb. 1973) aus Cerda fungierte nicht nur als »Postbotin«, sondern gab auch die Befehle ihres im Gefängnis sitzenden Mannes Pino Rizzo weiter. Maria Concetta Bevilacqua aus Barrafranca (EN) nutzte ihre Position als Rechtsanwältin, um die Befehle ihres inhaftierten Vaters, des Mafiabosses Raffaele Bevilacqua, nach Außen weiterzugeben. Andere Mafiafrauen, wie Grazia Santapaola, eine Cousine von Nitto Santapaola, oder Rosalia Di Trapani, die Ehefrau von Salvatore Lo Piccolo, oder Leonarda (Nella) Furnari, die Tochter eines Bosses aus Castelvetrano, mischten im Tagesgeschäft mit und überwachten den Ablauf der Schutzgelderpressungen, vgl. *Cerati* (2009), *Di Cagno/Natoli* (2004: 70 f.), *Dino* (2011: 236), *MeridioNews* (22.06.2020; 03.07.2020), *Palazzolo/Prestipino* (2007: 176 ff.), *Schwabeneder* (2014: 14 ff., 36 ff., 52 ff.), *Siebert* (1997: 137–218), *Vitale/Costanzo* (2009).

18 Zu Franzese vgl. *Giornale di Sicilia* (01.12.2007), *Marannano* (2008: 14).

19 Zur Kommunikation mit Hilfe der Pizzini vgl. *Bellavia/Palazzolo* (2004: 19), *Di Cagno/Natoli* (2004: 63 f.), *Morosini* (2009: 36), *Palazzolo/Prestipino* (2007).

20 Zur Operation »Cupola« vgl. *Di Cagno/Natoli* (2004: 98).

21 Zur Abschaffung der staatlichen Wirtschaftsförderungsagentur vgl. *Paoli* (2003: 210).

22 Zur Methanisierung vgl. *Macaluso* (2009: 391 ff.).

23 Zum Thema Mafia und erneuerbare Energien vgl. *Cardella* (2009), *Di Girolamo* (2012: 110 ff.), *Macaluso* (2016: 97 ff.).

24 Zum Thema Mafia und Müll vgl. *Direzione Investigativa Antimafia* (2019, 1° Semestre: 580–660), *Centorrino* (1998: 15 f.), *Legambiente* (2010: 57 ff., 84 ff., 149 ff., 154 ff., 166 ff.)

25 *Direzione Investigativa Antimafia* (2019, 1° Semestre: 580, Übersetzg. d. Verf.).

26 Zur mafiosen Infiltration des Gesundheitswesens vgl. *Bianchi/Nerazzini* (2005), *Dino* (2016: 39 ff.), *Di Cagno/Natoli* (2004: 105), *Gomez/Travaglio* (2006: 525), *Morosoni* (2009: 163 ff.).

27 *Gomez/Travaglio* (2006: 525, Übersetzg. d. Verf.).

28 Bei der Operation »Atena« im Frühjahr 2019 stellte sich heraus, dass verschiedene Mafiosi des Clans Porta Nuova in das Sightseeing-Busunternehmen ProntoBus Sicilia investiert hatten, vgl. *MeridioNews* (14.03.2019).

29 Zu dem mafiosen Tourismusunternehmer Carmelo Patti vgl. *Di Girolamo* (2012: 47 ff.), *TG 24 Sky* (24.11.2018).

30 Zur mafiosen Infiltration des legalen Glücksspiels sowie der Rolle von Gaetano und Francesco Corallo vgl. *Arlacchi* (2019: 82 f.), *Il Sicilia* (13.12.2016), *La Sicilia* (13.12.2016).

31 Zu den Aktivitäten der Mafia im Bereich der Einkaufszentren und Supermärkte und den mafiosen »Supermarktkönigen« Grigoli und Scuto vgl. *Abbate* (2020: 152 ff.), *Arcidiacono* (2015: 52 f.), *Avola* (2015: 98 f.), *Di Girolamo* (2011: 303 ff., 310 ff.), *Legambiente* (2010: 34, 316 ff., 321 f.), *Il Fatto Quotidiano* (24.09.2013), *Uccello/Amandore* (2009: 184 f.).

32 Zur Zunahme der Schutzgelderpressungen vgl. *Di Cagno/Natoli* (2004: 88).

33 Zur Zunahme der Wuchergeschäfte vgl. *Arcidiacono* (2015: 64 f.), *Centorrino* (1995: 47 ff.), *Giornale di Sicilia* (25.04.2006).

34 Spätestens ab 2003 wollten einige Mafiafamilien das Drogengeschäft wieder stärker selbst in die Hand nehmen. Und so flogen diverse Mafiosi – vor allem von den Familien Passo di Rigano und Villabate – in die USA, um Beziehungen zu Frank Cali (1965–2019), einem wichtigen Mitglied des New Yorker Gambino-Clans, aufzunehmen. Aus dem Geschäft wurde nichts, weil die Protagonisten im Februar 2008 bei der Polizeioperation »Old Bridge« und erneut im Juli 2019 bei der Operation »New Connection« verhaftet wurden, vgl. *Ceruso* (2013: 89), *Dino* (2002: 147), *Morosini* (2009: 79), *Palazzolo/Prestipino* (2007: 17).

35 *Dino* (2011: 62), *Palazzolo/Prestipino* (2007: 132 ff.).

36 Zur Suche nach neuen politischen Ansprechpartnern nach dem Zusammenbruch der Ersten Republik vgl. *Amato* (2017: 206 ff.), *Bellavia/Palazzolo* (2004: 75), *Caruso* (2005: 557, 563 ff.), *Dalla Chiesa* (2010: 101 f.), *Dino* (2011: 106 ff.), *Morosini* (2009: 152), *Paoli* (2003: 207), *Palazzolo/Prestipino* (2007: 273), *Veltri/Travaglio* (2001: 53 f.).

37 *Dino* (2011: 106, Übersetzg. d. Verf.). Die Idee der Sicilia Libera wurde zwar innerhalb der Mafia von Bagarella verfochten, ausgegangen war sie aber von Freimaurern. Damals wurden hauptsächlich in Freimaurerkreisen in ganz Süditalien separatistische Ideen diskutiert und ähnliche Projekte wie das der Sicilia Libera zu realisieren versucht, vgl. *Abbate/Gomez* (2007: 215), *Ciconte* (2008b: 349 ff.), *Messina* (2014: 320 ff.), *Paoli* (2003: 207).

38 *Palazzolo/Prestipino* (2007: 273, Übersetzg. d. Verf.).

39 Zur Parteienentwicklung in der Zweiten Republik vgl. *Di Giovacchino* (2015: 280 ff.), *Grosse/Trautmann* (1997: 30 ff.), *Trautmann*

(1995: 234–269), *Veltri/Travaglio* (2001: 70–99.), *Ullrich* (2009: 669 ff.), *Wollner* (2010: 387 ff.).

40 Zu den Regierungen der Zweiten Republik vgl. *Wollner* (2010: 387 ff.).

41 *Dino* (2011: 113, Übersetzg. d. Verf.).

42 *Adnkronos* (07.02.2020), *La Repubblica* (07.02.2020), *Lodato* (2017: 832), *Santino* (1997: 230 f.), *Turone* (1985: 91 f.), *Veltri/Travaglio* (2001: 11, 25 f., 30 ff., 39 ff., 54 ff., 66 ff., 91–181).

43 Der ehemalige sizilianische PCI-Funktionär Emanuele Macaluso (1924–1921) merkte an, dass die Politiker, die in den 1990er-Jahren wegen ihrer Mafiabeziehungen vor Gericht gestellt wurden, sich genauso wie viele andere vor ihnen auch verhalten hätten, die Regierungsverantwortung getragen hatten. Mit der gleichen Berechtigung hätte auch gegen De Gasperi, Scelba, Fanfani, Moro, Rumor und sogar Piersanti Mattarella prozessiert werden können. Aber nun hatten sich eben nach dem Fall der Mauer die politischen Vorzeichen verändert, vgl. *Macaluso* (1999: 92 ff.).

44 Zwischen 1991 und 2008 wurden allein in der Provinz Palermo 23 Stadt- und Gemeinderäte wegen mafioser Infiltrationen aufgelöst, in der Provinz Catania waren es neun, in den Provinzen Caltanissetta, Agrigent und Trapani jeweils fünf, in Messina zwei und in Enna eine. Bis 2019 waren es dann fast 70 Kommunen, die – einige sogar mehrfach – aufgelöst und unter kommissarische Verwaltung gestellt worden waren, vgl. *Direzione Investigativa Antimafia. Relazioni Semestrali (1992–2023)*, *Trocchia* (2009: 130).

45 *Di Matteo* (2015: 45).

46 So hatte sich beispielsweise in Villabate (PA) der Mafiapolitiker Francesco Campanella für das Abhalten eines Antimafiatages stark gemacht. Im Rahmen dieser Veranstaltung wurde im Mai 2003 dem

Schauspieler Raul Bova, der in einer Fernsehserie den »Capitano Ultimo« verkörpert hatte, also den Carabiniere, der Riina verhaftet hatte, die Ehrenbürgerschaft der Stadt verliehen, vgl. *De Riccardis* (2017: 15 ff.), *Palazzolo/Prestipino* (2007: 104). – In Campobello di Mazara (TP) hingegen machte sich der im Dezember 2011 wegen Zusammenarbeit mit der Mafia verhaftete PD-Bürgermeister Ciro Caravà wegen seiner Antimafiareden einen Namen – und die Mafiosi amüsierten sich: »Minchia, neulich abends sprach er im Fernsehen (…) Minchia, wer ihn nicht kennt, nichts weiß und ihn reden hört (…) Hurensohn.« (*Di Girolamo* 2012: 135, Übersetzg. d. Verf.). Selbstverständlich entschuldigte sich Caravà bei den Mafiosi für seine Reden. Zu Caravàs »Antimafiaaktivitäten« vgl. *Di Girolamo* (2012: 128 ff.), *I Siciliani* (Jan. 2012). – Die erste Amtshandlung des, von verurteilten Mafiapolitikern wie Salvatore Cuffaro und Marcello Dell'Utri unterstützten und im Juni 2022 zum Bürgermeister von Palermo gewählten Roberto Lagalla war die Niederlegung eines Kranzes am Monument für die Opfer der Mafia an der Piazza XIII Vittime in Palermo. Gegen diese Geste protestierten junge Leute mit Spruchbändern auf denen zu lesen war: »Bürgermeister Lagalla: Bevor Sie an die Opfer der Mafia erinnern, distanzieren Sie sich von Männern, die wegen Unterstützung der Mafia verurteilt worden sind.« (Übersetzg. d. Verf.). Lagalla hatte sich nicht von Cuffaro und Dell'Utri distanziert, wenn ihm auch persönlich keine Zusammenarbeit vorgeworfen wird, vgl. *Antimafia Duemila* (21.06.2022).

47 Gemäß dem neuen Kronzeugengesetz 45/2001 müssen beispielsweise Mafiosi nun ein Viertel ihrer Strafe absitzen. Außerdem müssen sie alles, was sie wissen, innerhalb von 180 Tagen ausgesagt haben. Spätere Aussagen dürfen nicht mehr als Beweismittel genutzt werden. Wenn sie etwas vergessen haben und später ergänzen, werden sie bestraft. So geschehen am 15. Juni 2010 im Fall von Gaspare Spatuzza, der im Juni 2010 aus dem Schutzprogramm genommen wurde, weil er nach den 180 Tagen weitere Aussagen gemacht hatte. Der damalige Oberstaatsanwalt von Palermo, Pietro Grasso, kommentierte das neue Gesetz mit den Worten: »Wenn ich ein Mafioso wäre, würde ich mit diesem Gesetz nicht mehr aussagen« (*Dalla Chiesa*, 2010: 120, Übersetzg. d. Verf.). In der Folge ging die Anzahl der Pentiti deutlich zurück.

Problematisch ist ferner, dass der für den Zeugenschutz zuständige Servizio Centrale Protezione (Zentraler Schutzdienst) unter chronischem Personalmangel leidet, weshalb er die Kronzeugen nicht effektiv überwachen kann. In der Folge wurden einige Mafiaaussteiger wieder kriminell. Zu den Gesetzen und Verordnungen, dank derer sich die Lage der Cosa Nostra wieder verbesserte, vgl. *Dalla Chiesa* (2010: 120, 124, 157 ff.), *Di Cagno/Natoli* (2004: 99 ff.), *Dino* (2002: 273), Maiwald (2009: 172), *La Spina* (2005: 62 ff., 95), *Paoli* (2003: 209), *Palazzolo/Prestipino* (2007: 66).

48 *Di Cagno/Natoli* (2004: 103, Übersetzg. d. Verf.).

49 Zur Milderung der harten Haftbedingen vgl. *Dalla Chiesa* (2010: 158 ff.).

50 *La Repubblica* (21.05.2002) zitiert nach *Dalla Chiesa* (2010: 158 f.).

Vor der Einführung der strengen Haftbedingungen veranstalteten Mafiosi im palermitanischen Ucciardone-Gefängnis Bankette, bei denen sie Dom Perignon tranken und mit frisch angeliefertem Hummer aus dem Restaurant Cuccagna um sich warfen, vgl. *Bellavia/Palazzolo* (2004: 95).

51 Zu den Protesten gegen den Artikel 41bis vgl. *Bellavia/Palazzolo* (2004: 119 ff., 121, 132 ff.), *Dalla Chiesa* (2010: 160), *Di Cagno/Natoli* (2004: 117 ff.), *Di Giovacchino* (2015: 59 ff.), *Palazzolo/Prestipino* (2007: 27).

52 *Bellavia/Palazzolo* (2004: 120, Übersetzg. d Verf.).

53 *La Repubblica* (18.07.2002).

54 *Bellavia/Palazzaolo* (2004: 137, Übersetzg. d. Verf.).

55 *Bellavia/Palazzaolo* (2004: 137).

56 *Dalla Chiesa* (2010: 161, Übersetzg. d. Verf.).

57 Zum Vorschlag der Lossagung von der Cosa Nostra vgl. *Bellavia/ Palazzolo* (2004: 123 ff.), *Di Cagno/Natoli* (2004: 113), *Dino* (2002: 271 ff.), *La Spina* (2005: 87), *Messina* (2005: 43).

58 Zur Situation in der Cosa Nostra nach der Verhaftung von Provenzano vgl. *Palazzolo/Prestipino* (2007: 265), *Ciconte* (2008b: 361 ff.), *Dino* (2011: 151 f.).

59 Zu den Versuchen der Wiedergründung der Provinzkommission in der Nach-Provenano-Zeit vgl. *Antimafia Duemila* (16.08.2008), *Antimafia Duemila* (04.12.2018), *Ceruso* (2013: 82), *TP 24* (29.11.2011), TP 24 (29.11.2018).

60 *Giornale di Sicilia* (20.04.2020). Inzwischen sitzt Bonura wieder im Gefängnis, da er sich nach seiner Freilassung gleich wieder seinen alten »Geschäften« zugewandt hat, vgl. *Il Fatto Quotidiano* (29.01.2025).

61 *Palazzolo/Prestipino* (2007: 284 ff.).

62 Matteo Messina Denaro (1962–2023) war der mächtigste Mafiaboss in der Provinz Trapani. Der letzte bedeutende »Corleoneser« befand sich seit 1993 auf der Flucht. Am 16. Januar 2023 wurde er von den ROS, einer Spezialeinheit der Carabinieri, in der Privatklinik La Maddalena in Palermo verhaftet, in der er sich unter dem Namen Andrea Bonafede wegen seines Darmkrebses gerade einer Chemotherapie-Sitzung unterzog. Dass seine Verhaftung unmittelbar bevorstünde, war bereits am 5. November 2022 von dem Mafia-Insider Salvatore Baiardo (geb. 1958) in einem Interview mit dem Journalisten Massimo Giletti (geb. 1962) in der Sendung »Fantasmi di Mafia« der TV Show »Non è l'Arena« des Privatsenders La7 angekündigt worden. Bei Baiardo handelt es sich um einen verurteilten Mafiafreund, der den mächtigen Brüdern Giuseppe und Filippo Graviano, den Bossen der palermitanischen Brancaccio-Familie, während ihrer Flucht geholfen hatte. Als

Vertrauter und »Sprecher« der Graviano-Brüder hatte Baiardo während dieses Interviews folgende Aussage gemacht: »Die einzige Hoffnung für die Brüder Graviano (und das wünsche ich mir wirklich für sie, weil sie jung sind) ist, dass die lebenslange Haft abgeschafft wird. Da ist auch die neue Regierung und wer weiß, ob sie nicht ein kleines Geschenk erhält. Nehmen wir an, ein Matteo Messina Denaro ist sehr krank und verhandelt darüber, sich zu stellen, um eine Aufsehen erregende Verhaftung möglich zu machen? Und wenn er dann verhaftet ist, kommt ein anderer, der zu lebenslanger Haft verurteilt ist, aus dem Gefängnis frei ohne dass das großes Aufsehen erregen würde« (*Baiardo/Maiorano* 2024: 52, Übersetzg. d. Verf.). Angesichts solcher Ankündigungen verwundert es nicht, dass der Bruder des ermordeten Richters Paolo Borsellino, Salvatore Borsellino (geb. 1942), den Verdacht äußerte, bei der Verhaftung von Messina Denaro könne es sich um eine weitere Trattativa (Übereinkommen) zwischen Teilen des italienischen Staates und der Mafia handeln. Diese Trattativa könne beinhalten, dass der Ergastolo ostativo, also die lebenslange Haft für Mafiosi, die nie ihr Schweigen gebrochen haben (praktisch eine Haft ohne Möglichkeit vorzeitig entlassen zu werden) abgeschafft werden würde. Und genau diese Frage wird von Politikern debattiert, auch weil sowohl der Europäische Gerichtshof für Menschenrechte als auch das italienische Verfassungsgericht den Ergastolo ostativo als Verletzung der Menschenrechte betrachtet. Wenn der Ergastolo ostativo abgeschafft würde, könnten Mafiosi wie die sich seit 1994 in Haft befindlichen Graviano-Brüder aus dem Gefängnis entlassen werden. In jedem Fall starb Messina Denaro nur wenige Monate nach seiner Verhaftung im Gefängnis von Aquila (AQ) am 25. September 2025. Zur Verhaftung von Messina Denaro vgl. *Antimafia Duemila* (16.01.2024), *Avvenire* (17.01.2023), *Baiardo/Maiorano* (2024), *La7* (05.11.2022), *Deaglio* (2022: 26, 186 ff.), *Rainews* (16.01.2023), *Reski* (21.01.2023).

63 *Di Cagno/Natoli* (2004: 55, Übersetzg. d. Verf.).

64 *Amadore* (2007: 14 f., 71), *Caruso* (2005: 251), *Macaluso* (2009: 393 f.), *Oliva/Palazzolo* (2006: 56 ff.).

65 *Dino* (2009: 249), *Di Cagno/Natoli* (2004: 116).

66 *Macaluso* (2009: 401 ff., 413).

67 Zu Schotte, Labocetta und Fini vgl. *NL Times* (11.03.2016), *Il Fatto Quotidiano* (13.12.2016).

68 *Giornale di Sicilia* (11.02.2025), *La Repubblica. Cronaca di Palermo* (13.02.2025).

3 Mafiose Innenansichten

3.1 Vom Uomo d'onore bis zum Capo dei Capi
1 *Alongi* (1977), Cutrera (1984), *Lupo* (2011).

2 Zum Organisationsaufbau der Cosa Nostra vgl. *Arlacchi* (2019: 86 ff.), *Bilitteri* (2008: 94 f., 113, 159 f.), *Catino* (2019: 153 ff.), *Ciconte* (2008b: 114 ff.), *Dino* (2002: 65 ff., 196; 2011: 117 ff.), *Galluzzo/La Licata/Lodato* (1986: 45 ff.), *La Spina* (2005: 36 ff.), *Marannano* (2008: 28), *Maresa/Pepino* (2018, 2013), *Morosini* (2009: 27 ff., 58 f.), *Mosca* (2002: 23, 26 ff., 44, 54), *Paoli* (2003: 53 ff.), *Stajano* (1986: 40 ff.).

3 *Direzione Investigativa Antimafia* (2° Semestre 2023: 145, 146, 152, 155, 158, 163, 165, 167, 173, 175, 177, 179). In den Angaben der DIA sind neben den Clans der Cosa Nostra auch zahlreiche andere Verbrechergruppen enthalten wie die Stidda; autonome Banden wie der Clan Cappello; Vasallengruppen der catanesischen Santapaola-Familie sowie mit der 'Ndrangheta verbundene Clans in Messina. Rechnet man diese Gruppen heraus, ergeben sich 168 »echte« Mafia-Cosche. Ihre Zahl scheint in den letzten Jahrzehnten relativ stabil geblieben zu sein: So soll es Mitte der 1980er-Jahre auch schon 150 Mafiaclans gegeben haben (*Stajano* 1986: 41); in den frühen 1990er-Jahren sollen es bereits

142 gewesen sein (*Messina* 1990: 37), im Jahr 1995 dann 181 (*Renda* 1998: 411 f.; *Santino* 1998: 106) und 1999 schließlich 179 (*Dino* 2002: 67 f.).

4 Zur Unterscheidung zwischen »Province babbe« und »Province sperte«, also dummen und schlauen Provinzen, vgl. *Bufalino* (1990: 18), *Borrometi* (2018: 25 ff.).

5 In dem Städtchen Barcellona Pozzo di Gotto (ME) gab es vor der Gründung der ersten Mafiafamilie »normale« Verbrecherbanden. Für deren Transformation in eine Mafiafamilie war Anfang der 1990er-Jahre der Ehrenmann Giuseppe (Pippo) Gullotti (geb. 1960) verantwortlich, der die Tochter eines der alten Verbrecherbosse, Francesco (Ciccio) Rugolo, geheiratet hatte, vgl. *Mirone* (1999: 222 ff.). – Die Familie von Catania wurde von einigen palermitanischen Mafiosi namens Tagliavia ins Leben gerufen, die sich in den 1920er-Jahren in Catania niedergelassen hatten. Einer ihrer ersten Capi war mit Antonio Saitta – übrigens der Onkel der Brüder Giuseppe und Antonino Calderone – aber ein Catanese. Saitta, der sich aufgrund eines Haftbefehls auf der Flucht in den Madonien versteckt hatte, war von der Familie von Gangi (PA) zum Ehrenmann gekürt worden. Als er nach Catania zurückkehrte, wurde Saitta das Kommando über die damals aus ungefähr zehn Personen bestehende Familie angetragen. – Die Cosca von Ramacca (CT) wurde von Ehrenmännern aus Palma di Montechiaro (AG) gegründet. Ihr historischer Capofamiglia war Calogero Conti, vgl. *Arcidiaconi* (2016: 29), *Arlacchi* (1995: 15, 24). Die Familie von Caltagirone (CT) initiierte Francesco (Ciccio) La Rocca (geb. 1938), der bereits in den 1960er-Jahren vom Capofamiglia aus Ramacca (CT) in die Cosa Nostra aufgenommen worden war, vgl. *Arcidiacono* (2015: 29), *Ardita* (2015: 19), *Arlacchi* (1995: 236), *Parlamente* (31.10.2018). – Die Familie von Vittoria (RG) wurde von Francesco Piscopo (geb. 1944) aus Gela gegründet und ist bis heute eng mit der Mafia von Gela verbunden, vgl. *Borrometi* (2018: 34 ff., 43 ff.), *Caccamo* (2010), *Direzione Investigativa Antimafia* (1° Semestre 2019: 129).

6 Von den zahlreichen Mafiosi, die sich während ihrer Flucht in der Provinz Ragusa aufhielten, zählt Gaspare Gambino, der Enkel des New Yorker Mafiabosses Joseph Gambino, zu den bekanntesten, vgl. *Caccamo* (2010: 7), *Liberainformazione* (14.07.2010).

7 Beispielsweise kauften die mafiosen Steuereinnehmer aus Salemi (TP) Nino und Ignazio Salvo in der Provinz Ragusa in der Gegend zwischen Acate, Vittoria und Gela riesige Flächen auf, die sie für den Agrumen- und Weinanbau sowie Treibhauskulturen nutzten. Tano Badalamenti aus Cinisi (PA) hingegen legte sich in Pozzallo und Ragusa zwei Metallverabeitungsbetriebe zu, vgl. *Caccamo* (2010: 6).

8 Der Ehrenmann Cirasa aus Vittoria war für die Mafia ein wichtiger Verbindungsmann im Bereich des Zigaretten- und Antiquitätenschmuggels, vgl. *Caccamo* (2010: 4), *Liberainformazione* (14.07.2010).

9 Zunächst kümmerte sich Giovanni Tamburello, der langjährige Capomafia von Mistretta, im Auftrag der Cosa Nostra um deren Angelegenheiten in der Provinz Messina. Später wurde Michelangelo Alfano, ein Ehrenmann der Familie von Bagheria, als Mafiarepräsentant nach Messina geschickt. Alfano trat in Messina offiziell als Unternehmer und »Sportsfreund« auf, war er doch eine gewisse Zeit Präsident des messinesischen Fußballvereins, vgl. *Anselmo/Antoci* (2019: 105).

10 *Giornale di Sicilia* (17.06.2009, Übersetzg. d. Verf.). Tatsächlich verbrachte Messina Denaro seine letzten Lebensjahre in »seinem« Territorium, konkret in Campobello di Mazara (TP), wo er sich völlig frei bewegen konnte..

11 Mit dem Gesetz Nr. 575 wurde 1965 der Soggiorno obligato (Zwangsaufenthalt) von sozial gefährlichen Personen weit weg von ihrer Heimat eingeführt. Diese Maßnahme wurde 1988 abgeschafft, da sie in den betroffenen Kommunen häufig Proteste ausgelöst hatte. Außerdem hatte sich herausgestellt, dass Zwangsaufenthalte zur Ausbreitung der Mafia in Gegenden geführt hatten, die vorher von dem Phänomen

nicht betroffen gewesen waren, vgl. *Ciconte* (2008b: 186 ff.; 2017b: 106 ff.), *Dalla Chiesa* (2010: 218), *La Spina* (2005: 59).

12 Leggio hatte vor seiner Verhaftung lange Zeit in Mailand, Provenzano in Bagheria (PA) und Riina in Mazara del Vallo und Palermo gelebt.

13 Die »Entprovinzialisierung« der Cosa Nostra geht nicht nur auf die Zwangsaufenthalte zurück, sondern vor allem auf die Emigration. Schon Ende des 19. Jh.s waren Mafiosi nach Übersee – vor allem in die USA und nach Argentinien – ausgewandert; ab den 1950er-Jahren ließen sich viele Ehrenmänner in Norditalien und zahlreichen Ländern Europas nieder. Als sich die Geschäfte der Cosa Nostra zu internationalisieren begannen, war es den schon lange in ihrer neuen Heimat lebenden Mafiosi ein Leichtes, dort neue Clans aufzubauen, vgl. *Ciconte* (2008b: 171 ff.).

14 Das beste Beispiel sind die Cherry-Hill-Mafiosi aus dem palermitanischen Passo di Rigano oder Sal Catalano und seine hauptsächlich aus Castellammare del Golfo (TP) stammenden Zips, die wegen des Drogengeschäfts in die USA ausgewandert waren. Sal Catalano kehrte übrigens nach einer 25jährigen Haftstrafe in den USA wieder nach Sizilien zurück, wo er sich in Ciminna (PA) niederließ. Da er seinen kriminellen Geschäften aber weiter nachging, wurde er 2024 erneut verhaftet, vgl. *Antimafia Duemila* (07.11.2024).

15 Zum Zweck der Geldwäsche ließen sich Mitglieder des Cuntrera-Caruana-Clans der Familie aus Siculiana (AG) schon Ende der 1950er-Jahre in Kanada und Venezuela sowie Vito Roberto Palazzolo (geb. 1947) von der Familie aus Partinico (PA) in den 1980er-Jahren in Südafrika nieder. Der »Kassierer« der Cosa Nostra genannte Pippo Calò von der palermitanischen Familie Porta Nuova ließ sich dauerhaft in Rom nieder. In der italienischen Hauptstadt ging Calò Geldwäschegeschäften nach und fungierte als Kontaktmann zu den Geheimdiensten und zur Politik. Außerdem arbeitete er eng mit der berüchtigten römischen Magliana-Bande zusammen.

16 Zu den Mafiaclans auf dem italienischen Festland vgl. *Ciconte* (2008b: 184 ff., 189 ff.), *Direzione Investigativa Antimafia* (1° Semestre 2023: 8–141, 181–188).

17 Schwerpunkte der Cosa Nostra in Deutschland sind Mannheim (Familie Emmanuello aus Gela), Köln (Familien Licata und Favara), Spiesen-Elversberg (Familie Siculiana), Nürnberg (Clan Nardo-Aparo-Trigila), Wuppertal (Familie Niscemi) und Hamburg. Vor kurzem wurde außerdem in Karlsruhe eine Zelle der Mafiafamilie Rinzivillo aus Gela (CL) entdeckt. Auch sizilianische Unternehmer, die in Deutschland Aufträge ausführen, sind von der Mafia betroffen: So wurden einem Bauunternehmer aus Licata (AG) für einen in Deutschland ausgeführten Bauauftrag vom Clan seiner Heimatstadt 5000 € Schutzgeld abgepresst, vgl. *Direzione investigativa antimafia* (1° Semestre 2019: 98, 106), *Forgione* (2009b: 126 ff.). Zur Mafia in Deutschland siehe auch die Fernsehsendung »Die Mafia in Deutschland – Gut getarnt und unterschätzt« aus der Reihe Planet Wissen.

18 Zu den mafiosen Gruppen im außereuropäischen Ausland vgl. *Direzione Investigativa Antimafia* (1° Semestre 2019: 473–506), *Forgione* (2009b: 126 ff.).

19 *Mosca* (2001: 26, Übersetzg. d. Verf.).

20 *Schenirer* (1998: 52).

21 *Mosca* (2002: 28, Übersetzg. d. Verf.).

22 Synonyme für Vice Rappresentante sind Vice Capo (Stellvertretendes Oberhaupt) oder Sottocapo (Unteroberhaupt).

23 *Gruppo Abele* (2005: 184, Übersetzg. d. Verf.).

24 *Anonymus* (1989: 105).

25 Zu den berühmtesten Mafiadynastien zählen in Palermo die Greco und die Bontate, in San Giuseppe Jato die Brusca und in Catania die Saitta-Calderone. Der Historiker Vittorio Coco hat für die Gegend der Piana dei Colli in Palermo, der die heutigen Stadtviertel San Lorenzo und Resuttana entsprechen, Genealogien von sieben Mafiafamilien eruiert, wobei er Stammbäume fand, die bis in die fünfte Generation zurückreichen, vgl. *Coco* (2013: 162 ff.).

26 *Hess* (1988: 66).

27 *La Repubblica* (10.12.2000).

28 *Paoli* (2003: 2).

29 Im 19. Jh. scheinen die meisten Familien nur zwischen zehn und fünfzehn Mitglieder gehabt zu haben, allerdings gab es auch damals schon einige Riesen-Cosche wie die von Favara (AG), vgl. *Mosca* (2002: 13).

30 In der Provinz Trapani waren es 982 Mafiosi, in der Provinz Agrigent 461 und in der Provinz Caltanissetta 272. In Ostsizilien war die Cosa Nostra mit deutlich weniger Ehrenmännern vertreten: In der Provinz Catania gab es 135, in der Provinz Enna nur 40 und die Schlusslichter bildeten die Provinzen Messina mit 19 und Syrakus mit nur drei Ehrenmännern. In der Provinz Ragusa waren damals keine Mafiosi bekannt, vgl. *La Repubblica* (10.12.2000).

31 Die Strafverfolgungsbehörden haben aufgrund von Kronzeugenaussagen und Abhörungen eine recht gute Vorstellung von den Mitgliederzahlen der Cosa Nostra, auch wenn die Zahlen immer nur eine Schätzung sein können. Laut dem Journalisten Attilio Bolzoni gibt es ein im Sicherheitsraum der palermitanischen Staatsanwaltschaft aufbewahrtes geheimes Verzeichnis mit »Personalbögen« von polizeibekannten Ehrenmännern (*La Repubblica*, 10.12.2000). Sich auf dieses Verzeichnis berufend, erklärte Bolzoni, im Jahr 2000 habe es in Sizilien 5192 Mafiosi gegeben. In einer jüngeren Buchveröffentlichung nennt

Bolzoni mit 5113 Mitgliedern die fast gleiche Zahl, vgl. *Bolzoni* (2010: 15). Laut Angaben der DIA und der Direzione Centrale della Polizia Criminale verfügte die Cosa Nostra am 31.12.1995 über circa 5400 und am 31.12.1997 über circa 5500 Mafiosi, vgl. *Violante* (1998b: 267) Mit anderen Worten: Es gab in den letzten Jahrzehnten einen Mitgliederschwund, der sich aber auf nicht mehr als höchstens 300 Personen beläuft. Gemäß einer Schätzung der DIA verfügten Ende 1996 alle vier italienischen Mafiaorganisationen zusammen über 20.857 Mitglieder, vgl. *La Spina* (2005: 82).

32 *Anonymus* (1989: 125).

33 *Salemi* (1993: 106, Übersetzg. d. Verf.).

34 *Mosca* (2002: 27).

35 *Dino* (2002: 197, Übersetzg. d. Verf.).

36 Calvi zitiert nach *Schenirer* (1998: 61, Übersetzg. d. Verf.).

37 *Morosini* (2009: 78).

38 *SOS Impresa* (2011: 36, 39).

39 *Dino* (2002: 111).

40 *Gli speciali di I LOVE Sicilia* (Dez. 2007a: 58).

41 *La Repubblica. Cronaca di Palermo* (15.02.2004).

42 *Dino* (2016: 69 f.).

43 Der Anlass für den Konflikt war, dass der Brunnenmeister aus Monreale, Felice Marchese, der zunächst den Giardinieri angehört hatte, eines Tages zu dem neu gegründeten Clan der Stuppaghieri übergelaufen war. In der Folge gab er das von ihm kontrollierte Wasser

nicht mehr an die Giardinieri, sondern an deren Rivalen ab. Diese Beleidigung konnten sich die Giardinieri nicht gefallen lassen, weshalb sie Marchese im Jahr 1874 umbrachten. Dieser Mord zog eine Reihe von weiteren Morden auf beiden Seiten nach sich und zählte zu den blutigsten Fehden des 19. Jahrhunderts. Die Situation beruhigte sich erst, nachdem die Stuppagghieri einen großen Teil der Giardinieri eliminiert hatten, wodurch es ihnen gelungen war, die unangefochtene Hegemonie über das Gebiet von Monreale und dessen Anrainergemeinden zu erlangen, vgl. *City of Palermo et al.* (2000: o. S.), *Crisantino* (2000: 67 ff.), *Lupo* (1990: 56).

44 *Billitteri* (2008: 94 f.).

45 *Ceruso* (2008: 212), *Ciconte* (2008b: 368 ff.), *Forgione* (2009: 126 ff.), *Gratteri/Nicaso* (2008: 123 ff.).

46 *Arlacchi* (1995: 48 ff.).

47 Die acht Bezirke in der Stadt Palermo sind: Porta Nuova mit vier Familien (Porta Nuova, Borgo Vecchio, Kalsa, Palermo-Centro); Passo di Rigano-Bocca di Falco mit drei Familien (Passo di Rigano-Bocca di Falco, Uditore, Torretta); San Lorenzo-Tommaso Natale mit acht Familien (Pallavicino-ZEN, Partanna-Mondello, San Lorenzo, Tommaso Natale-Marinella, Capaci-Isola delle Femmine, Carini, Cinisi, Terrasini); Resuttana mit vier Familien (Acquasanta, Arenella, Resuttana, Vergine Maria); Noce mit drei Familien (Noce, Malaspina-Cruillas, Altarello Di Baida), Pagliarelli mit fünf Familien (Pagliarelli, Borgo Molara, Corso Calatafimi, Rocca-Mezzomonreale, Villaggio Santa Rosalia), Ciaculli mit vier Familien (Ciaculli, Brancaccio, Corso dei Mille, Roccella) und schließlich Villagrazia-Santa Maria di Gesù mit zwei Familien (Villagrazia, Santa Maria di Gesù), vgl. *Direzione Investigativa Antimafia* (2° Semestre 2023: 146).

48 Die acht Bezirke in der Provinz Agrigent sind: der Bezirk Belice mit fünf Familien (Santa Margherita Belice, Menfi, Montevago, Sambuca di Sicilia, Sciacca), der Bezirk Santa Elisabetta mit sechs Familien

(Santa Elisabetta, Aragona-Comitini, Casteltermini, Raffadali, San Biagio Platani, Sant'Angelo Muxaro), der Bezirk Cianciana mit sechs Familien (Cianciana, Alessandria della Rocca, Bivona, Cammarata, San Giovanni Gemini, Santo Stefano Quisquina), der Bezirk Canicatti mit sieben Familien (Canicatti, Campobello di Licata, Castrofilippo, Grotte, Licata, Racalmuto, Ravanusa), der Bezirk Agrigent mit sieben Familien (Agrigent, Favara, Lampedusa-Linosa, Joppolo Giancaxio, Porto Empedocle, Realmonte, Siciliana), der Bezirk Burgio mit acht Familien (Burgio, Calamonaci, Caltabellotta, Cattolica Eraclea, Lucca Sicula, Montallegro, Ribera, Villafranca Sicula) und schließlich der Bezirk Palma di Montechiaro mit drei Familien (Palma di Montechiaro, Camastra, Naro), vgl. *Direzione Investigativa Antimafia* (2° Semester 2023: 155).

49 Die sieben Bezirke in der Provinz Palermo sind: Partinico mit fünf Familien (Partinico, Balestrate-Trappeto, Borgetto, Giardinello, Montelepre); Bagheria mit fünf Familien (Bagheria, Altavilla Milicia, Casteldaccia, Ficarazzi, Villabate); Misilmeri-Belmonte Mezzagno mit vier Familien (Misilmeri, Belmonte Mezzagno, Bolognetta, Villafrati-Cefalà Diana); San Mauro Castelverde mit sechs Familien (San Mauro Castelverde, Gangi, Lascari, Isnello, Polizzi Generosa; zu diesem Mandamento gehört auch die Familie von Mistretta, obwohl die Kommune in der Provinz Messina liegt); Trabia mit 14 Familien (Trabia, Baucina, Caccamo, Caltavuturo, Castronovo di Sicilia, Cerda, Cimina, Montemaggiore Belsito, Roccapalumba, Sciara, Termini Imerese, Valledolmo, Ventimiglia di Sicilia, Vicari); San Giuseppe Jato mit 7 Familien (San Giuseppe Jato, Altofonte, Camporeale, Monreale, Piana degli Albanesi, San Cipirello, Santa Cristina Gela) und schließlich Corleone mit 9 Familien (Corleone, Chiusa Sclafani, Godrano, Lercara Friddi, Marineo, Mezzojuso, Palazzo Adriano, Prizzi, Roccamena), vgl. *Direzione Investigativa Antimafia* (2° Semester 2023: 145).

50 Die vier Bezirke in der auch »Vallone« genannten Provinz Caltanissetta sind: der Bezirk Mussomeli mit vier Familien (Campofranco-Sutera, Montedoro-Milena-Bompensiere, Serradifalco, Mussomeli), der Bezirk Vallelunga Pratameno mit fünf Familien (Caltanissetta,

San Cataldo, Vallelunga Pratameno, Marianopoli, Resuttano), der Bezirk Riesi mit drei Familien (Riesi-Butera, Mazzarino, Sommatino und Delia) und der Bezirk Gela mit drei Familien (Niscemi, Emmanuello, Rinzivillo), vgl. *Direzione Investigativa Antimafia* (2° Semestre 2023: 158).

51 Die vier Bezirke in der Provinz Trapani sind: der Bezirk Trapani mit vier Familien (Trapani, Custonaci, Paceco, Valderice; zur Familie von Trapani gehört seit jüngstem auch die neu gegründete Cosca auf der Insel Favignana), der Bezirk Castelvetrano mit sechs Familien (Castelvetrano, Campobello di Mazara, Gibellina, Partanna, Salaparuta-Poggioreale, Santa Ninfa), der Bezirk Mazara del Vallo mit vier Familien (Mazara del Vallo, Marsala, Salemi, Vita) und der Bezirk Alcamo mit drei Familien (Alcamo, Calatafimi, Castellammare del Golfo), vgl. *Direzione Investigativa Antimafia* (2° Semestre 2023: 152).

52 In der Provinz Enna gibt es die fünf Familien Villarosa, Calascibetta, Enna, Pietraperzia und Barrafranca, vgl. *Direzione Investigativa Antimafia* (2° Semestre 2023: 163).

53 In der Provinz Catania gibt es die Familie von Catania, die Familie von Caltagirone sowie die Familie von Ramacca. Die von Nitto Santapaola geführte Riesenfamilie von Catania beherrscht mit ihren zahlreichen, relativ autonom agierenden Untergruppen nicht nur einen großen Teil der Stadt Catania, sondern auch weite Teile der Provinz. Ferner kontrolliert sie über Vasallengruppen den größten Teil der Provinz Syrakus. In der Stadt Messina unterhält sie mit dem Clan Romeo eine ihr zwar unterstellte, aber weitgehend autonom tätige Zelle – schließlich ist der mit Concetta Santapaola verheiratete Clan-Chef, Francesco Romeo, der Schwager von Nitto Santapaola. – Die Familie von Caltagirone kontrolliert nicht nur die Stadt Caltagirone, sondern auch deren Nachbargemeinden. Ihr inzwischen verstorbener Boss, Francesco La Rocca (1942–2020), lebte übrigens nicht in Caltagirone, sondern in dem Nachbarort San Michele di Ganzaria. – Die Familie von Ramacca, die eine gewisse Zeit nicht mehr aktiv war, kontrolliert auch die Kommune Palagonia, vgl. *Direzione Investigativa Antimafia* (2° Semestre 2023: 165 ff.).

54 Die beiden Familien in der Provinz Messina sind die Familie von Barcellona Pozzo di Gotto sowie die Familie von Mistretta. Ähnlich wie im Falle der Familie von Catania besteht die große Familie von Barcellona Pozzo di Gotto aus relativ autonom agierenden Untergruppen, konkret handelt es sich um vier Gruppen, nämlich die der für die Stadt Barcellona Pozzo di Gotto zuständigen »Barcellonesi«, die Mazzarà Sant' Andrea beherrschenden »Mazzaroti«, die Gruppe von Terme Vigliatore sowie die Gruppe von Milazzo. Aufgrund ihrer geographischen Nähe zu San Mauro Castelverde ist die Familie von Mistretta dem palermitanischen Bezirk San Mauro Castelverde angegliedert, obwohl Mistretta in der Provinz Messina liegt. Bei dem einzigen Mafiaclan in der Stadt Messina, dem Clan Romeo, handelt es sich – wie bereits erwähnt – um eine Zelle des catanesischen Clans Santapaola, vgl. *Direzione Investigativa Antimafia* (2° Semestre 2023: 177, 179).

55 Die einzige Mafiafamilie in der Provinz Ragusa ist die Familie Piscopo. Sie agiert in den Städten Vittoria, Comiso und Acate, vgl. *Direzione Investigativa Antimafia* (2° Semestre 2023: 175).

56 Die amerikanischen Bosse Lucky Luciano und Joe Bonanno sollen ihre sizilianischen Kollegen bei dem Gipfeltreffen im Oktober 1957 im palermitanischen Hotel Delle vom Nutzen eines solchen zentralen Absprache- und Koordinationsgremiums überzeugt haben, das in der amerikanischen Cosa Nostra bereits im Jahr 1931 eingeführt worden war. Die »Amerikaner« hatten ihre – sie nannten sie auf Englisch – »Commission« nach den blutigen Auseinandersetzungen zwischen den New Yorker Familien im Rahmen des sogenannten Castellammarese-Krieges (1929–1931) gegründet, und zwar mit dem Ziel, Auseinandersetzungen zukünftig friedlich am Verhandlungstisch zu lösen, vgl. *Marino* (2002b: 166 ff.). Auch wenn die Anregung zur Gründung der heutigen Kuppel von den »Amerikanern« kam, scheint es wegen der großen Zahl von Familien in der Provinz Palermo bereits im 19. Jh. eine gewisse Zeitlang einen Vorläufer dieses Gremiums gegeben zu haben: Der Vorsitzende war ein gewisser Francesco Siino, der aber im Jahr 1897 wegen Konflikten mit einigen besonders ambitionierten Capifamiglia wie Antonino Giammona und Giuseppe Bonura mit den Worten »Also gut, wenn Ihr

mich nicht so respektiert, wie es sein soll, macht jede Gruppe wieder, was sie will« zurücktrat. Danach scheint es bis zur Neugründung der Kuppel im Jahre 1958 kein derartiges Organ mehr gegeben zu haben, vgl. *Lupo* (2011: 63, Übersetzg. d. Verf.).

57 *Sales* (1988: 133).

58 *Dino* (2002: 66 f., Übersetzg. d. Verf.).

59 Zum Brigantismus in Sizilien vgl. *Alongi* (1977: 62 ff.), *Catanzaro* (1991: 33 ff.), *Ciconte* (2008b: 76 ff.), *Hamel* (2011: 93 f.), *Hobsbawm* (1979: 28 ff.), *Mangiameli* (1987: 37), *Marino* (2002a: 39 ff., 52, 65 f.), *Mazzola* (2004: 17, 66), *Mosca* (2002: 39).

60 Zu den catanesischen Banden vgl. *Arlacchi* (1995: 67), *Arcidiacono* (30 ff.), *Ardita* (22 ff.), *Catania News* (18.06.2024), *Direzione Investigativa Antimafia* (1° Semestre 2023: 164 ff.), *La Sicilia* (19.06.2024). Darüber hinaus beruhen meine diesbezüglichen Ausführungen auf zahlreichen Gesprächen mit Carmelo Garozzo, dem dafür herzlich gedankt sei.

61 Der Name »Cursoti« stammt von der Gegend Catanias, in der die Gruppe entstanden ist, nämlich dem Antico Corso in Catania. Zu diesem Viertel zählen die Piazza Dante mit dem ehemaligen Benediktinerkloster sowie die Gegend um die Krankenhäuser Vittorio Emanuele und Garibaldi sowie um das Spedalieri-Gymnasium. Zu den Führungspersönlichkeiten der Cursoti zählten neben Miano und Garozzo auch Antonino Puglisi (»Nino'a savasta«), Santo Mazzei (»'U Carcagnusu«), Alfio Ferlito und Salvatore Pillera (»Turi Cachiti«).

62 Der Spitzname »I mussi di ficurinia« (Siz. Kaktusfeigenschnauzen) soll sich, so wird kolportiert, vom »Stachelbart« einer Tante Laudanis ableiten.

63 Der Spitzname »Ceusi« (Siz. Maulbeeren) kommt angeblich daher, dass Mitglieder der Piacenti-Familie ursprünglich als ambulante Maulbeerverkäufer gearbeitet haben.

64 Der Clan Cappello ging aus dem Clan Pillera hervor. Der Ex-Cursoto Salvatore Pillera war zusammen mit seinem ebenfalls den Cursoti entstammenden Freund Alfio Ferlito von Pippo Calderone, dem damaligen Capofamiglia der catanesischen Cosa Nostra-Familie, in die Mafia aufgenommen worden. Nachdem Calderone 1982 im Auftrag von Nitto Santapaola ermordet worden war, gab es zwischen dem neuen Capo Santapaola und den Ex-Cursoti Spannungen. Um es kurz zu machen: Santapaola ließ Ferlito im Jahr 1982 umbringen, woraufhin Pillera die Cosa Nostra verließ und eine eigene Bande ins Leben rief. Dieser gehörte der ambitionierte Turi Cappello (geb. 1959) an, der seinen Boss Pillera bald verriet und selbst die Führung übernahm. Obwohl Cappello heute mit einer lebenslangen Haftstrafe im Gefängnis sitzt, hat er keine Probleme, seinen Clan zu führen, der heute hauptsächlich die im Westen Catanias gelegenen Neubaustadtviertel Monte Po und Nesima kontrolliert. Mit Cappello sind die von den Brüdern Ignazio und Concetto Bonaccorsi geführten Carateddi verbündet, die als militärischer Flügel der Gruppe Cappello operieren. Darüber hinaus kontrollieren die Carateddi »ihr« Stadtviertel Fortino, also die Gegend um die Porta Garibaldi.

65 Viele der historischen Banden Catanias existieren nicht mehr bwz. sind bedeutungslos geworden: Die Malpassoti lösten sich Anfang der 1990er-Jahre auf, nachdem ihr Anführer Pulvirenti verhaftet und zum Pentito geworden war. Der Clan Puntina war faktisch ausgelöscht, nachdem die Söhne seines Gründers Giuseppe (Pippo) Di Mauro umgebracht worden waren: Claudio im Jahr 1990 in Rom und sein Bruder Salvatore im Jahr 1993 in seiner Anwaltskanzlei in Catania. Von den einst so mächtigen Cursoti sind nur einige Drogendealer übriggeblieben, die hauptsächlich in den Neubauvierteln Nesima, Librino und San Giorgio ihr Unwesen treiben. Nach wie vor hingegen existieren die ursprünglich aus dem Viertel San Cristoforo stammenden Laudani. Sie haben heute ihre Operationsbasis in dem an der nordöstlichen Peripherie Catanias gelegenen Viertel Canalicchio, das sie genauso wie das catanesische Hinterland – darunter die Ätnastädtchen San Giovanni la Punta, Tremestieri, Viagrande und Zafferana Etnea – kontrollieren. Die Laudani waren immer schon im Fleischhandel aktiv gewesen, war ihr

Gründer Sebastiano Laudano doch einst ein Ziegenhirte gewesen. Sie eröffneten deshalb in Canalicchio zwei Fleischereien und kontrollieren angeblich seit geraumer Zeit den Fleischmarkt Catanias. Auch den von der Familie Piacenti geführten Clan der Ceusi gibt es noch, wenn er auch keine wichtige Rolle mehr spielt. Die Ceusi, die aus einer Bande von Wucherern heraus entstanden sind, haben ihre Operationsbasis in dem im Nordosten Catanias gelegenen Stadtteil Picanello. Zu ihren Hauptaktivitäten zählen heute illegale Pferderennen und Wettgeschäfte. Die Gruppe Mazzei, deren Boss Santo Mazzei auf Druck der Corleoneser im Jahr 1991 in die Mafiafamilie von Catania aufgenommen wurde, ist, obwohl ihr Chef selbst ein Ehrenmann ist, völlig autonom. Mit Hilfe von Untergruppen kontrolliert die Bande Teile von Catania, darüber hinaus die Ätnastädtchen Bronte, Maletto und Maniace und sogar den Mormina-Clan in dem ragusanischen Städtchen Scicli. Den Mazzei unterstehen ferner die Tuppi, die in Motta S. Anastasia sowie Misterbianco agieren. Die den Mazzei zuzurechnende Gruppe Lineri – Lineri ist ein Ortsteil von Misterbianco – ist auf das Drogendealen spezialisiert. Weitere Banden in der Provinz Catania sind der in der Gegend von Scordia aktive Clan Sciuto-Tigna sowie die in Adrano und Paternò operierende Gruppe Toscano-Mazzaglia-Tomasello, vgl. *Direzione Investigativa Antimafia* (1° Semestre 2019: 114 ff., 2° Semestre 2023: 164 ff.).

66 Angeblich geht die Gründung des syrakusanischen Clans auf Ursos Leseleidenschaft zurück: 'U Prufissuri (Siz. Der Professor), wie Agostino Urso genannt wurde, soll während seiner Haft im Gefängnis von Augusta (SR) ein Buch über die amerikanische »Mano nera« gelesen haben, was ihn zur Gründung seines Clans inspiriert haben soll, vgl. *Siracusa Live* (09.11.2020). Bei dem charismatischen Urso († 1992) handelte es sich um den Sohn des Kleinkriminellen Gaetano Urso (‚u zu Tanu'), der im (im Palazzo Benventanno an der Piazza Duomo von Ortygia untergebrachten) Circolo Pro Patria eine illegale Spielhölle betrieb. Ursos Bande agierte ähnlich einer Mafiagruppe, verfügte aber nicht über die üblichen mafiosen »Werte«. Beispielsweise gehörte das Erpressen von Schutzgeldern von Prostituierten zu einer der Haupteinnahmequellen dieser Bande. Bald gesellten sich zum Clan Urso zwei weitere Banden hinzu, und zwar die Gruppe von Salvatore (Totuccio)

Belfiore († 1992) sowie die von Salvatore Schiavone geführten Santa Panagia. Die Gruppe Belfiore war mit dem catanesischen Santapaola-Clan verbündet und rivalisierte mit dem Clan Urso, was zu blutigen Auseinandersetzungen führte. Diese kamen erst zum Stillstand kamen als Nitto Santapaola den Streithähnen einen Friedensschluss aufzwang. Bei der Gruppe Santa Panagia handelt es sich insofern um eine Abspaltung vom Clan Urso, als Salvatore Schiavone ursprünglich zu Ursos Männern gehörte. Das »Erbe« des Clans Schiavone trat später insofern teilweise die Gruppe Nardo-Aparo-Trigila an, als sie viele der Männer Schiavones übernahm, vgl. *Migliore* (2014: 24 f., 34 f., 58 ff., 78, 84, 140 f., 170, 175, 217 f., 220 f., 256, 295).

67 Der wichtigste Clan ist heute der die im Norden der Provinz gelegenen Städte Lentini, Augusta, Carlentini und Francofonte beherrschende Clan Nardo. Das Gebiet der Stadt Syrakus teilen sich der aus Ursos Bande hervorgegangene Clan Bottaro-Attanasio, der die Altstadtinsel Ortygia kontrolliert, während die Gruppe der Santa Panagia das syrakusanische Festland unsicher macht. Die Städtchen Solarino und Floridia werden von Nunzio Salafias Clan Aparo beherrscht. Die Stadt Noto hingegen kontrolliert die Trigilia-Bande, die Unterstützung von einigen Mitgliedern der Netiner Caminanti erhält. Die Caminanti sind eine etwa 2500 Personen zählende, von den Sinti und Roma zu unterscheidende sizilianische Nomadengruppe, die seit den 1950er-Jahren ihr Winterquartier in Noto hat. Ursprünglich arbeiteten die Caminanti als fahrende Scherenschleifer, Klempner, Schuster, Trödelhändler oder Schirm- und Ballverkäufer. Seit ihre Fertigkeiten nicht mehr nachgefragt werden, haben sich einige Caminanti auf kleinere Straftaten wie Diebstahl und Betrug verlegt und arbeiten dem Clan Trigilia zu. Zu den jüngsten mafiosen Banden, die sich in der Provinz Syrakus gebildet haben, zählen die Linguanti aus Cassibile, die Crapula aus Avola sowie die Giuliano aus Pachino. Zu den Verbrechergruppen in der Provinz Syrakus vgl. *Borrometi* (2018: 111 ff.), *Direzione Investigativa Antimafia* (2019, 2° Semestre: 190 ff.), *Siracusa Live* (09.11.2020). Zu den Caminanti vgl. *Borrometi* (2018: 155), *La Repubblica* (30.06.2018), *Migliore* (2014), *Rizza* (Oktober 2018).

68 So gibt es in dem Nebrodenstädtchen Tortorici (ME) gleich drei Clans: Den ersten Clan initiierte Vincenzo Bontempo Scavo, auf ihn folgte der von Orlando Galati Giordano, von dem sich mit den Batanesi eine dritte Gruppe abspaltete. Wegen der »offiziellen« Berufe vieler ihrer Mitglieder werden die Clans von Tortorici häufig als »Schäfermafia« bezeichnet, vgl. *Anselmo/Antoci* (2019: 91, 108).

69 In dem ragusanischen Städtchen Scicli entstand mit der von Franco Mormina (»Franco u' Trinchiti«) geführten Mormina-Bande ein krimineller Clan, der wegen seiner Haupttätigkeit – die Bande kontrolliert die Müllabfuhr – oft als »Müllmafia von Scicli« bezeichnet wird, vgl. *Borrometi* (2018: 59 ff.).

70 Zwischen der 'Ndrangheta und der Cosa Nostra existieren zahlreiche Gemeinsamkeiten: Die beiden Organisationen teilen das Regelwerk, die Art der Geschäfte, die enge Verflechtung mit der Politik, aber es gibt auch Unterschiede: So spielen bei den 'Ndrine Blutsbande eine deutlich größere Rolle als bei den mafiosen Cosche. Die engen Verwandtschaftsbeziehungen der Mitglieder untereinander sind der Hauptgrund dafür, daß die kalabresische Mafia nicht viele Aussteiger zu verzeichnen hat. Das macht sie in der internationalen Verbrecherwelt zu einem besonders vertrauenswürdigen »Geschäftspartner«, weshalb sich die 'Ndrangheta auch an die Spitze des Drogenhandels setzen konnte. Auch der Organisationsaufbau der 'Ndrangheta unterscheidet sich von dem der Mafia: Ursprünglich war sie mit ihren 'Ndrine als Basiseinheiten, die sich zu den mafiosen Bezirken vergleichbaren »Locali« zusammenschlossen, rein horizontal organisiert. Erst im Jahr 1991 gründeten die 'Ndrangheta-Gruppen in der Provinz Reggio Calabria mit der »Provincia« (Provinz) eine Art zentrale Kommandostruktur – nicht unähnlich der Kuppel der Cosa Nostra. Über eine solche Struktur verfügen aber nur die Gruppen in der Provinz Reggio Calabria, wo es besonders viele 'Ndrine und Locali gibt. Darüber hinaus entwickelte sich in den 1970er-Jahren innerhalb der 'Ndrangheta mit der »Santa« eine überaus geheime, eng mit der verbotenen Freimaurerei verbundene Eliteeinheit – der sizilianischen Cosa Nostra ist ein derartiges Organ fremd. Weitere Unterschiede zur Mafia sind die bei der 'Ndrangheta

stärker ausgefeilte Ritualistik sowie das komplizierte Rangsystem der 'Ndrangheta: Ein 'Ndranghesta fängt als Picciotto an und steigt im Lauf der Zeit zum Camorrista, Sgarrista, Santista, Vangelo etc. auf. Ferner hat die 'Ndrangheta deutlich mehr Mitglieder als die Cosa Nostra: Alleine in der Provinz Reggio Calabria, der kalabresischen 'Ndrangheta-Hochburg, zählte die Organisation im Jahr 2000 fast 7400 Mitglieder. Weil die 'Ndranghetisti für Kalabrien schlicht zu viele geworden sind, begann die Organisation bereits ab den 1970er-Jahren ganz bewusst außerhalb ihrer Herkunftsregion 'Ndrine zu gründen. Die 'Ndrangheta ist heute stärker als jede andere italienische Mafiaorganisation im Ausland präsent – ganz besonders in Deutschland, wo sie über 300 Pizzerien unterhalten soll und – besonders stark in Ostdeutschland – in die legale Wirtschaft investierte, vgl. *Gratteri/Nicaso* (2008: 8, 11, 24, 65 ff., 89, 233 ff.), *Ciconte* (1992, 2008a: 15, 19, 47 ff., 62 ff., 90 f., 97 ff., 108 f., 112, 123 ff., 2017b: 121 ff., 159 ff.), *Forgione* (2009), *La Rosa* (2013: 24 ff.).

71 Zu den Clans in der Provinz Messina vgl. *Direzione Investigativa Antimafia* (2019, 2° Semestre: 205, 208 ff.), *La Rosa* (2013: 24 ff., 76 ff., 256 f., 296 f.), *Mazzeo* (2002).

72 Die wichtigsten dieser 'ndranghetaähnlichen Gruppen sind heute die Clans Ventura-Ferrante (Stadtteil Camaro), Lo Duca (Stadtteil Provinciale), Spartà-Pellegrino (Stadtteil Santa Lucia sopra Contesse), Galli-Tibia (Stadtteil Giostra), Mancuso (Stadtteil Gravitelli) und die Aspri-Trovato (Stadtteil Mangialupi), vgl. *Direzione Investigativa Antimafia* (2019, 2° Semestre: 205, 208 ff., 2023 2° Semestre: 176).

73 Zur Stidda vgl. *Bascietto* (2005), *Borrometi* (2018: 51 ff.), *Ceruso* (2008: 188 f.), *Direzione Investigativa Antimafia* (2019, 2° Semestre: 155 f., 158 f., 174 f.), *Kliez* (1998), *Martorana/Nigrelli* (1993: 71 ff.), *Paoli* (2003: 231), *Palazzolo/Prestipino* (2007:17).

74 Da in der Stidda viele ehemalige Mafiosi organisiert sind, ähnelt ihre Organisationsstruktur stark der der Mafia. Allerdings ist die Stidda weniger selektiv in der Auswahl ihrer Mitglieder: Nicht wenige

Stiddari waren ursprünglich Handtaschendiebe, außerdem sind viele drogenabhängig, was bei der Cosa Nostra verpönt ist. Auffallend ist ferner das jugendliche Alter vieler Stiddari, viele sind erst zwischen elf und 15 Jahre alt. Die Stidda rekrutiert gerne Kinder und Jugendliche, schließlich können »Baby-Killer« im Falle einer Verurteilung nicht genauso schwer wie Erwachsene bestraft werden. Aufgrund der schlechteren »Qualität« ihrer Mitglieder gibt es bei der Stidda mehr Aussteiger als bei der Cosa Nostra. Ein weiterer Unterschied ist, dass die Stidda die Prostitution organisiert, was die Mafia aus moralischen Gründen ablehnt. Und schließlich sind die Stidda-Clans deutlich größer als die der Cosa Nostra – der Clan der Dominante-Carbonaro beispielsweise verfügt über rund 500 Mitglieder.

75 Am stärksten ist die Stidda heute in den Provinzen Caltanissetta und Ragusa: Die Gegend von Gela (CL) wird gleich von drei Banden – den Cavallo, Fiorisi und Sanfilippo di Mazzarino – kontrolliert; über die ragusanischen Städte Vittoria, Comiso und Acate hingegen »herrscht« der mächtige Clan der Dominante-Carbonaro. Aber auch in der Provinz Agrigent gibt es viele Stidda-Gruppen, so in Bivona, Canicatti, Campobello di Licata, Camastra, Favara, Naro, Palma di Montechiaro, Porto Empedocle und Racalmuto.

76 Zur nigerianischen Mafia vgl. *Direzione Investigativa Antimafia* (2019, 1° Semestre: 91, 451 ff., 2023, 1° Semestre: 49 ff.), ferner das Schwerpunktkapitel »Focus. Criminalità organizzata Nigeriana in Italia« des zweiten Halbjahres-Berichts der DIA von 2018 (2018, 2° Semestre: 506–542), außerdem *Ciconte* (2017b: 131 f., 139) sowie den unter dem Pseudonym I.M.D. veröffentlichten Insiderbericht eines palermitanischen Polizeibeamten (I.M.D. 2019).

77 *Istat* (31.12.2019).

78 Entstanden sind die Clans in ihrer Heimat Nigeria, wo Anfang der 1950er-Jahre ursprünglich studentische Hilfsorganisationen bald zu außerhalb der Universitäten agierenden Mafiagruppen degenerierten und zahlenmäßig explodierten. Organisatorisch ähneln

die nigerianischen Clans der sizilianischen Mafia: Sie verfügen über einen hierarchischen Organisationsaufbau, Inititationsrituale, ein festes Regelwerk, eine gemeinsame Kasse und »verdienen« ihr Einkommen durch kriminelle Aktivitäten. Ihre bevorzugten Waffen sind Macheten und Glasflaschen. Was sie von der Cosa Nostra unterscheidet, ist die starke rituelle Komponente, vor allem Voodoo-Praktiken. Die Clans kontrollieren ihr jeweiliges Territorium, indem sie von der nigerianischen Bevölkerung – Besitzern von Kramerläden oder »Connection Houses«, also Gaststätten oft mit angeschlossenem Bordell, ferner Friseuren, Parkplatzwächtern etc. – Schutzgeld verlangen. Zu ihren Hauptgeschäften zählt die Organisation der illegalen Einwanderung von jungen Frauen zum Zweck der Zwangsprostitution, die in Nigeria von sogenannten »Mamans« angeworben werben. Bei einer Maman handelt es sich normalerweise um eine ältere ehemalige Prostituierte, die meist aus der Gegend um Benin-Stadt stammende, meist minderjährige Mädchen selektiert und mittels eines Arbeitsversprechens in italienischen Bars oder Friseursalons nach Europa lockt. Noch in der Heimat werden die Mädchen durch ein JuJu-Ritual, das ein »Baba-Loa« genannter Priester zelebriert, psychisch unter Druck gesetzt, die von der Maman vorgestreckten Reisekosten – zwischen 50.000 und 100.000 € – zurückzubezahlen. Aufgrund des Zauberrituals sind die Mädchen fest davon überzeugt, dass der Baba-Loa im Falle ihrer Eidbrüchigkeit Geister wie den schrecklichen »Hogou« freisetzen würde, was nicht nur ihren eigenen Tod, sondern auch den ihrer Verwandten bewirken würde. In mehreren Etappen erreichen die Mädchen dann mit Hilfe von meist arabischen »Connection men« Libyen, wo sie in Internierungscamps landen, aber bald von libyschen Helfern »freigekauft« und auf Flüchtlingsboote gesetzt werden. Gerettet von internationalen Hilfsbooten, kommen sie zunächst für kurze Zeit in einem italienischen Flüchtlingslager unter. Von dort geht es mittels anderer Helfer weiter zu der ihnen schon in der Heimat zugewiesenen Maman in Italien, die sie zur Prostitution zwingt und der sie ihr Geld abgeben. Die Nigerianerinnen haben innerhalb der italienischen Prostituierten die niedrigsten Tarife und verdienen selten mehr als 20 € pro »Dienstleistung«. Das so verdiente Geld fließt dann, wenn die Maman dem »Black Bra«, dem weiblichen Zweig eines Kultes angehört, direkt in die Taschen des Clans, alternativ bezahlt sie Schutzgeld. Den Mädchen bleiben für ihren persönlichen Unterhalt oft nicht mehr als 40 € im Monat. Darüber hinaus betreiben die nigerianischen Clans Drogenhandel sowie in geringerem Maß Internetbetrügereien, Dokumenten-, Scheckkarten- und Geldfälschung. Der größte Teil des so verdienten Geldes fließt mittels eines »Hawala« genannten informellen Geldtransfersystems zu den Mutterorganisationen der Clans nach Nigeria zurück, vgl. *Becucci/Garosi* (2008: 37, 70 ff.), *Direzione Investigativa Antimafia* (2019, 2° Semestre: 618), *I.M.D.* (2019: 49 ff., 96, 121 ff.).

79 Vasallengruppen der catanesischen Cosa Nostra-Familie in der Provinz Catania sind der in Adrano, Biancavilla und Paternò agierende Clan Toscano-Mazzaglia-Tomasello; der die Städte Giarre, Fiumefreddo und Castiglione di Sicilia beherrschende Clan Oliveri sowie der Clan Pruiti in dem Ätnastädtchen Bronte. Die Vasallenclans der Familie Santapaola in der Provinz Syrakus sind der Clan Nardo, der Lentini, Augusta, Carlentini und Francofonte kontrolliert; außerdem die in Solarino und Floridio agierende Gruppe Aparo, die den Norden der Stadt Syrakus beherrschende Gruppe Santa Panagia; die Bande Trigilia aus Noto; die Gruppe Crapulo aus Avola sowie der Clan Linguante aus Cassibile.

80 *Borrometi* (2018: 151).

81 Als beispielsweise die Frage anstand, wer den neu gegründeten Clan von Noto führen solle, berieten sich Santapaola und der syrakusanische Kartell-Chef Nardo. Am Ende wurde der von Nardo vorgeschlagene Giuseppe Trigilia ausgewählt, vgl. *Borrometi:* (2018: 151).

82 So musste die Jugendbande von Agostino Trombetta und Giovanni Ciaramitari, die sich Ende der 1980er-Jahre im Osten Palermos erfolgreich auf Lastwagenüberfälle spezialisiert hatte, die gesamte gestohlene Ladung dem jeweiligen Mafiaclan, auf dessen Territorium sie gerade tätig gewesen war, überlassen. Dafür erhielten die Jugendlichen die Hälfte des Verkaufserlöses, vgl. *Dino* (2002: 93 f.).

83 *Paoli* (2003: 160).

84 I.M.D. (2019: 129).

85 Zum Umgang der Mafia mit Dieben und Kleinkriminellen vgl. *Lodato* (1999: 72 f.). Beispiele für Morde an jungen Kleinkriminellen finden sich bei: *Dino* 2002: (93 f.), *Salemi* (1993: 112 ff., 137 ff.), *Siebert* (1997: 257 f., 262). Besonders dramatisch war der Fall von vier jugendlichen Handtaschendieben im Alter zwischen 13 und 15 Jahren, die im Sommer 1976 in dem catanesischen Viertel San Cristoforo der Mutter des Bosses Nitto Santapaola die Handtasche entrissen, woraufhin die alte Dame hinfiel und sich den Arm brach. Santapaola ließ die Jungen entführen, zwei Tage und Nächte in einen Stall bei Mazzarino (CL) einsperren, schließlich erdrosseln und in einen Brunnen werfen, wobei einer der Jungen noch lebte, vgl. *Arlacchi* (1995: 247 ff.), *Scalia* (2006).

3.2 Vom Habenichts zur Respektsperson
1 Im Jahr 2022 lebten 24 % der sizilianischen Bevölkerung in relativer Armut, vgl. *Quotidiano di Sicilia* (26.10.2023).

2 *Collettiva* (21.06.2024).

3 *Mosca* (2002: 27, Übersetzg. d. Verf.).

4 *Scafetta* (2003: 39, Übersetzg. d. Verf.).

5 *Scarpinato* (1998: 80, Übersetzg. d. Verf.).

6 *Dino* (2002: 75, Übersetzg. d. Verf.).

7 *Gruppo Abele* (2005: 179 ff.) Die Untersuchung der Gruppe Abele basiert auf einer Befragung von Aussteigern verschiedener

süditalienischer Mafiaorganisationen. Sie stellt einen der wenigen Versuche einer Sozialstrukturanalyse dar, allerdings ist die Datenbasis zu gering, um Verallgemeinerungen zuzulassen. Die zwischenzeitlich zahlreich vorliegenden Aussteiger-Autobiographien lassen allerdings vermuten, dass das Gros der Mafiosi heute genauso wie früher aus der Unterschicht stammt, vgl. *Arlacchi* (2019: 41 ff.). Allerdings waren immer auch Angehörige anderer sozialer Schichten in der Cosa Nostra organisiert, weshalb manche Forscher von einem Interklassen-Phänomen sprechen, vgl. *Ciconte* (2008b: 39). Sales ergänzt, dass die frühen Mafiosi, über deren Berufe es mehr Material gibt – er verweist auf ein Verzeichnis von 1400 Mafiosi in der Provinz Agrigent aus dem Jahr 1890 –, fast ausschließlich aus der Unterschicht kamen. Die Mafia hätte erst später einen Interklassen-Charakter angenommen, wobei die Aufsteiger aus der Unterschicht in ihrem Benehmen und Auftreten stets ihrer Herkunftsschicht verpflichtet geblieben wären, vgl. *Sales* (2015: 160 ff.).

8 *Lupo* (1990: 106).

9 *Catanzaro* (1991: 16 ff., 49 ff.), *Mosca* (2002: 13), Hess (1970: 50), *Mangiameli* (1987: 76 ff.), *Marino* (2002a: 35; 2002b: 23 f.).

10 *Gabrielli* (1989: 694).

11 Die Bedeutung des »Caporalato« sank gegen Ende des 19. und Anfang des 20. Jh.s, hauptsächlich aufgrund von Massenemigration und dem Engagement sozialistischer Organisationen. Heute ist diese Art von »Arbeitsvermittlung« verboten, wird aber immer noch praktiziert, hauptsächlich während der Erntezeiten. Ausgebeutet werden vor allem Personen, die sich ohne Arbeitsgenehmigung im Land aufhalten und dementsprechend keinen Schutz genießen wie illegale Einwanderer, vgl. *Lupo* (1990: 94 ff., 202), *Palmisano* (2017).

12 *Lupo* (1990: 102).

13 Mit Sensali werden noch heute Makler bzw. Vermittler bezeichnet, wobei der Begriff häufig »nicht ganz saubere Geschäfte« bezeichnet, vgl. *Gabrielli* (1989: 3457).

14 *Alongi* (1977: 106), *Lupo* (1990: 10, 105 ff.).

15 Der Begriff »Camorra« leitet sich wahrscheinlich von einem volkstümlichen Spiel des 18. Jh.s namens Morra ab, das auf der Straße und in Lokalen gespielt wurde. Betreiber von Lokalen, in denen die Morra praktiziert wurde, mussten dem Leiter des Spiels – dem Capo der Morra – eine Schutzgebühr entrichten. Dieser sorgte dann für die Vermeidung von Streitigkeiten. Genau in dieser Wortbedeutung, nämlich als Abgabe für Schutz, taucht der Begriff Camorra bereits im Jahr 1735 in einem offiziellen Dokument des Königtums Neapel auf. »Prendersi la camorra« bedeutete, einen illegalen Verdienst durch die Androhung von Gewalt zu erpressen. Auf diese Weise wurde der Begriff Camorra eine in ganz Süditalien verwendete Bezeichnung von Schutzgelderpressungen, vgl. *Pitrè* (2007: 11), *Sales* (1988: 10, 29 ff.), *Savio* (2006: 74).

16 *Lupo* (1990: 107, 177).

17 *Crisantino* (2000: 139 ff.), *Franchetti* (2000: 8 ff.), *Nania* (2000: 49 f.).

18 *Paoli* (2003: 149), *Sales* (2015: 162), *Viviano* (2009: 132).

19 *Catanzaro* (1991: 17).

20 *Viviano* (2009: 127).

21 Zu den Mafiaärzten vgl. *Ceruso* (2008: 107 ff.), *De Rosa/Galesi* (2013: 183, 189 f.), *La Repubblica* (31.01.2001).

22 *Bolzoni* (2012: 176), *La Repubblica* (15.03.1986).

23 *La Repubblica* (13.12.1991).

24 Zu den Mafiapriestern und mafianahen Klerikern vgl. *Ceruso* (2007: 64 ff.), *Ciconte* (2008b: 205 ff.), *Sales* (2010: 79 ff., 108 f., 159 ff.), *Santino* (2017: 132 ff.).

25 *Ceruso* (2007: 76 ff.), *Ciconte* (2008b: 208 f.), *Dino* (2002: 90), *Messina* (2005: 130 f.).

26 *Ceruso* (2007: 96 ff.).

27 *Di Cagno/Natoli* (2004: 62).

28 *Marino* (2002b: 31 ff.), *Viviano* (2009: S. 132 f., S. 145, S. 147).

29 *Pennino* (2006: 124).

30 *Bellavia* (2010: 183 ff., 233, 260 ff.; 2016: 40), *La Repubblica* (17.04.1996).

31 *Renda* (1999: 75 f., Übersetzg. d. Verf.).

32 *Borrometi* (2018: 145 ff.) *Dino* (2002: 194 f.).

33 *La Repubblica* (10.12.2000).

3.3 Weg in die Cosa Nostra
1 *Arlacchi* (2019: 59).

2 *Bonanno/Lalli* (2003: 163).

3 *Bonanno/Lalli* (2003: 161 ff.).

4 *Abbate* (2020: 38 ff.).

5 Zum mediterranen Kodex von Ehre und Schande vgl. *Giordano* (1992: 344–373, 1994).

6 *Anonymus* (1989: 110), *Di Cagno/Natoli* (2004: 22).

7 *Mosca* (2002: 5 ff., 25).

8 *Bascietto* (2005: 29, Übersetzg. d. Verf.).

9 *Arlacchi* (1995: 237).

10 *Dino* (2002: 130).

11 Der Schriftsteller Leonardo Sciascia weist darauf hin, dass die Frauen des Südens keineswegs schwache und unterdrückte Wesen sind. Viele Tragödien im Mezzogiorno gingen auf Frauen zurück, die die Männer ihrer Familien zu Gewalttaten anstachelten, vgl. *Sciascia* (1979: 14).

12 *Gruppo Abele* (2005: 187).

13 Die Bezeichnung »Padre padrone« hat sich nach dem Erscheinen des gleichnamigen autobiographischen Romans des Sarden Gavino Ledda (geb. 1938) im Jahr 1975 geradezu zum geflügelten Wort für patriarchalische, autoritäre Vaterfiguren entwickelt, vgl. *Ledda* (2002).

14 Gespräch mit Girolamo Lo Verso, Ordinarius für Psychologie, am 21.02.2008 an der Universität Palermo im Rahmen einer sozialwissenschaftlichen Exkursion der Universität Regensburg, vgl. *Trum* (2008).

15 *Gruppo Abele* (2005: 186 f., Übersetzg. d. Verf.).

16 *Gruppo Abele* (2005: 187, Übersetzg. d. Verf.).

17 *Lo Verso* (2003: 21).

18 *Lo Verso* (2003: 19 ff.).

19 *Dino* (2002: 240), *La Repubblica* (08.06.1996).

20 *Arlacchi* (2019: 35), *Pennino* (2006: 144 f.).

21 *Di Cagno/Natoli* (2004: 22).

22 *Anonymous* (1989: 48).

23 *Siebert* (1997: 26).

24 *Salemi* (1993: 106, Übersetzg. d. Verf.).

25 *Bellavia/Palazzolo* (2004: 42 f., Übersetzg. d. Verf.).

26 Zum Initiationsritual vgl. *Arlacchi* (1995: 66 ff.), *Biagi* (1986: 94), *Calvi* (1986: 83 ff.), *Di Cagno/Natoli* (2004: 24), *Cancemi/Bonsignore* (2002: 26), *Catino* (2019: 65 ff.), *Ciconte* (2017b: 53 ff.), *Dino* (2002: 83 ff.), *Lodato* (1999: 33 ff.), *Scafetta* (2003: 49 f.), *Schenirer* (1998: 25), *Vitale/Costanzo* (2009:56 f.).

27 Beim Tocco handelt es sich um ein vor allem im 19. Jahrhundert in sizilianischen und süditalienischen Tavernen verbreitetes Gesellschaftsspiel: Die Teilnehmer strecken dabei gleichzeitig auf Kommando ihre Fäuste in die Mitte, wobei die Faust geschlossen bleiben oder ein Finger bzw. mehrere Finger geöffnet sein können. Die Faust steht für 0, ein Finger für einen Punkt, zwei Finger für zwei Punkte usw. Nachdem die Summe feststeht, werden die Personen in der Runde abgezählt, bis die errechnete Zahl auf eine Person fällt, vgl. *Pitrè* (2007: 30 ff.).

28 *City of Palermo et al.*. (2000: o. S., Übersetzg. d. Verf.).

29 *Dino* (2002: 85, Übersetzg. der Verf.).

30 *Cagno/Natoli* (1994: 23), *Dino* (2002: 85 ff.), *Siebert* (1997: 28, 41).

31 Zur Religiosität von Mafiosi vgl. *Bellavia/Palazzolo* (2004: 125, 146, 186 f.), *Ceruso* (2007: 35 ff.), *Dino* (2002: 122, 124 ff., 170; 2008c), *Sales* (2010: 25 ff.).

32 *Ciconte* (2008b: 233), *Dino* (2002: 126).

33 *Bellavia/Palazzolo* (2004: 187, Übersetzg. d. Verf.).

34 In der Anfangszeit der Cosa Nostra nutzten Mafiaclans, die Untergruppen hatten, noch Erkennungszeichen. Bei den Stuppagghieri war es beispielsweise eine Wollmütze mit einem weißen Streifen. Da sich solche Erkennungszeichen bald als zu gefährlich erwiesen, wurden sie durch Frage- und Antwort-Motti ersetzt, beispielsweise:

- Frage: *Vi ruole u scagghiuni?* (= Tut Euch der Eckzahn weh?).
- Antwort: *Mi ruole.* (= Er tut mir weh).
- Frage: *Come vi maritarunu?* (= Wie seid Ihr verheiratet worden?).
- Antwort: *Cu stuppagghiu.* (= Mit dem Korken). (*City of Palermo et al.* (2000: o. S., Übersetzg. d. Verf.).
- Die Tatsache, dass üblicherweise nach dem Eckzahn, dem Zahn, mit dem Raubtiere ihre Beute reißen, gefragt wird, ist nicht zufällig. Im Kriminellenjargon bedeutet »avi scagghiuni« (Siz. Eckzähne haben) einer Verbrecherorganisation anzugehören. Aber auch Nicht-Kriminelle benutzen den Ausdruck. Wenn Sizilianer sagen, jemand habe Eckzähne, wollen sie damit ausdrücken, dass es sich um eine gerissene Person handelt, vgl. *City of Palermo et al.* (2000: o. S., Übersetzg. d. Verf.), *Crisantino* (2000: 84 ff.).

35 Zum Initiationsritual in der Freimaurerei vgl. *Dickie* (2020: 25 ff.), *Rainieri* (2000: 27, 150, 152, 160), *Reinalter* (2000: 34 f., 41, 126).

36 Zu Geheimgesellschaften und der Funktion ihrer Rituale siehe den Essay »Das Geheimnis und geheime Gesellschaften« in Simmels »Formen der Vergesellschaftung« (1908: 337–402).

37 Auch bei der von Raffaele Cutolo gegründeten neapolitanischen Nuova Camorra Organizzata hieß der Initiationsritus »Taufe«, was damit zusammenhängt, dass sich Cutolo die 'Ndrangheta zum Vorbild nahm. Auch bei der apulischen Sacra Corona Unità wird der Initiationsritus »Taufe« genannt, vgl. *Sciarrone* (2006: 132 f.).

38 *Lo Verso* (2003: 21, Übersetzg. d. Verf.).

39 *Dino* (2002: 87, Übersctzg. d. Verf.).

40 *La Sicilia* (23.06.2020).

41 *Cutrera* (1984: 58, Übersetzg. d. Verf.).

42 *Dino* (2002: 79 f.).

43 *Mosca* (2002: 28, Übersetzg. d. Verf.).

44 *Lo Verso* (1998b: 28 f.; 2003: 23 f.).

45 *Dino* (2002: 77).

46 *Dino* (2002: 77).

47 *Siebert* (1997: 45).

48 Filippo Di Forti (1982: 50) zitiert nach *Siebert* (1997: 71).

49 Antonio Zagari (1992: 49) zitiert nach *Siebert* (1997: 71).

50 Gespräch mit Girolamo Lo Verso, Ordinarius für Psychologie, am 21.02.2008 an der Universität Palermo im Rahmen einer sozialwissenschaftlichen Exkursion der Universität Regensburg, vgl. *Trum* (2008).

51 *Siebert* (1997: 72 f.)

3.4 Der Codice d'onore – das Regelwerk

1 Zum mafiosen Verhaltenskodex vgl. *Arlacchi* (2019: 91 ff.), *Calvi* (1986: 101 ff.), *Catanzaro* (1991: 61 ff.), *Catino* (2019: 234 ff.), *Dino* (2002: 131 ff.), *Lodato* (1999: 33, 67 f.), *Marannaro* (2008: 25 f.), *Stajano* (1986: 45 ff.), *Vitale/Costanzo* (2009:55 f.).

2 Nicht umsonst hieß das Verhaltensregelwerk der Bella Società Riformata, der 1820 gegründeten ersten Camorra-Organisation Neapels, »Frieno« (Neapol. Zügel, Bremse), vgl. *Ciconte* (2008b: 66), *Sales* (1988: 45, 71).

3 Für die Zeit nach der Italienischen Einigung sind für die mafiosen Clans so klare und eindeutige Verhaltensregeln nachgewiesen, dass ein Polizeipräfekt 1865 schrieb, die Mafia hätte »sogar Statuten«, vgl. *Pezzino* (1999: 18, Übersetzg. d. Verf.). Eine Beobachtung, die der toskanische Gelehrte Leopoldo Franchetti im Rahmen seiner Privatuntersuchung in Sizilien im Jahr 1876 voll und ganz bestätigte, vgl. *Franchetti* (2000: 8). Statuten gab es aber nicht erst nach der Italienischen Einigung, sondern sie waren bereits mit den ersten mafiosen Gruppen entstanden. Und Salvatore Facella erzählte, dass in der Zeit des Faschismus ein Mafiaanwalt ein schriftliches Statut der Mafia verfasst habe. Auch Leonardo Messina hatte von einer »Mafiabibel« gehört, die der Boss Giuseppe Di Cristina in den 1970er-Jahren seinem Freund Calogero Giambarresi und dieser dann an einen gewissen Totò Rizza aus Caltanissetta weitergereicht haben soll. Diese Statuten wurden aber nie gefunden, vgl. *Messina* (2005: 36 f.).

4 *Paliotti* (2002: 230), *Sales* (1988: 45, 71), *Sciarrone* (2006: 132).

5 *Dino* (2002: 133).

6 *Arlacchi* (1995: 88).

7 In dem Regelkatalog Lo Piccolos waren folgende Vorschriften aufgelistet:
1. Man darf sich nicht selbst einem unserer Freunde vorstellen, dies muss ein Dritter tun.
2. Man schaut nicht die Ehefrauen unserer Freunde an.
3. Man geht keine Freundschaften (Comparati) mit Polizisten (Sbirri) ein.
4. Man frequentiert weder Tavernen noch Circoli.
5. Man muss in jedem Augenblick der Cosa Nostra zur Verfügung stehen, auch wenn die Ehefrau gerade dabei sein sollte, zu entbinden.
6. Man respektiert kategorisch Verabredungen.
7. Man bringt den Ehefrauen Respekt bei.
8. Wenn man gefragt wird, muss man die Wahrheit sagen.
9. Man darf sich nicht Gelder anderer (Ehrenmänner) und anderer Familien aneignen.
10. Der Cosa Nostra darf nicht beitreten, wer einen Verwandten bei den Sicherheitskräften hat; weiter wer Personen in der Familie hat, die die Gefühlswerte verraten haben; ferner, wer sich schlecht verhält und die moralischen Werte nicht achtet.

Vgl. *La Repubblica* (08.11.2007, Übersetzg. d. Verf.).

8 *La Repubblica* (08.11.2007).

9 *Dino* (2002: 87 f., Übersetzg. d. Verf.).

10 *Siebert* (1997: 42).

11 *Anonymus* (1989: 48).

12 Der Baccàgghiu war seit der Bourbonenzeit in der gesamten Verbrecherwelt Süditaliens weit verbreitet und wurde auch von Dieben, Zuhältern, Prostituierten etc. benutzt. Noch heute bedeutet das Verb »baccàgghiari« bzw. »parrari a baccàgghiu« so viel wie »in Rätseln sprechen«, vgl. *Correnti* (1987: 77 ff.), *Messina* (1990: 18, 37), *Paternò* (2000), *Sales* (1988: 84).

13 *Arlacchi* (2019: 91 ff.).

14 *Dino* (2002: 202).

15 *Anonymus* (1988: 141).

16 *Arlacchi* (1995: 177).

17 *Dino* (2002: 202, Übersetzg. d. Verf.).

18 *Dino* (2002: 229 f.).

19 *Lo Coco* (1999: 45), *Siebert* (1997: 106).

20 *Giornale di Sicilia* (21.03.2009).

21 *Giornale di Sicilia* (21.03.2009).

22 Zur »Omertà« vgl. *Ciconte* (2008b: 47 ff.), *Sales* (2015: 233 ff.), *Bestler* (2003), *Di Cagno/Natoli* (2004: 21), *Migliore* (2014: 166).

23 Das Wort »Omiltà« leitet sich vermutlich von Omu (Siz. Mann) bzw. Omineità (Siz. Mannsein) ab, vgl. *Pitrè* (2007: 14).

24 *Di Cagno/Natoli* (2004: 21).

25 *Salemi* (1993: 121, Übersetzg. d. Verf.). Scarantino war zwar nur ein Kleinkrimineller mit mafiosen Verwandtschaftsbeziehungen, verhielt

sich gegenüber der Polizei aber genau so, wie dies von Mafiosi erwartet wird.

26 *Giornale di Sicilia* (17.10.2000, Übersetzg. d. Verf.).

27 *Viviano* (2008: 10, Übersetzg. d. Verf.).

28 *Caruso* (2005: 422), *Lodato* (1999: 64).

29 *Di Cagno/Natoli* (2004: 21).

30 *Corriere della Sera* (30.10.2017).

31 *Arlacchi* (1995: 69).

32 *Farrell* (1997: 74).

33 *Arlacchi* (1995: 175).

34 *Mosca* (2002: 55 f.).

35 *Gambetta* (2009: 189 f.).

36 *Arlacchi* (1995: 175).

37 Zu Piera Aiello und Rita Atria vgl. *Aiello/Lucentinti* (2012), *Madeo* (1997 (zuerst erschienen 1994): 207 ff.), *Rizza* (1994).

38 *Saviano* (2006: 69).

39 *Anonymus* (1989: 111).

40 *Arlacchi* (1995: 36).

41 *Anonymus* (1989: 110 f.).

42 *Gambetta* (1994: 175).

43 *Arlacchi* (1995: 69).

44 *Di Cagno/Natoli* (2004: 21).

45 *Anonymus* (1989: 110, Übersetzg. d. Verf.).

46 *Arlacchi* (1995: 69, 98), *Di Cagno/Natoli* (2004: 21), *Gambetta* (1994: 102).

47 *Paoli* (2003: 126).

48 *SOS Impresa* (2011: 38, Übersetzg. d. Verf.).

49 *Arlacchi* (1995: 69).

50 *Arlacchi* (1995: 39).

51 *Di Cagno/Natoli* (2004: 21).

52 *Abbate/Gomez* (2007: 21).

53 *Lo Bianco/Rizza* (2006: 39 f.).

54 S. *Gli speciali di I LOVE Sicilia* (Dez. 2007b).

55 Unter einem Guappo wird ein Gentleman-Verbrecher verstanden. Da es vor allem die neapolitanischen Camorristi liebten, sich in der Öffentlichkeit mit lauten Zumpate (Neapol. Messerduellen), eleganter Kleidung, dicken Goldketten und teuren Füllfederhaltern zu exhibieren, werden sie häufig abwertend als Guappi bezeichnet, vgl. *Sales* (1988: 30 ff.).

56 *Sales* (1988: 130).

57 *Paoli* (2003: 111, Übersetzg. d. Verf.).

58 *Dino* (2002: 203).

59 *Dino* (2002: 218, Übersetzg. d. Verf.).

60 *Di Cagno/Natoli* (2004: 21).

61 *Di Cagno/Natoli* (2004: 21).

62 *Arlacchi* (1995: 17).

63 *Cutrera* (1984: 9 ff.).

64 *La Repubblica* (08.11.2007).

65 Luciano Leggio setzte, wohl aufgrund seiner sadistischen Veranlagung, Vergewaltigungen bewusst als Mittel zur Demütigung von Gegnern ein. So ließ er im Jahr 1973 nicht nur die Lebensgefährtin seines Rivalen Damiano Caruso töten, sondern vergewaltigte auch die gemeinsame Tochter des Paares, bevor er sie umbrachte, vgl. *Longrigg* (1998: 13). Auch Ciconte betont, dass die Mafia nie vor Gewalt gegenüber Frauen und Kindern zurückschreckte, vgl. *Ciconte* (2008b: 20).

66 Auch die Camorra kannte eine solche Grundsatzdiskussion. Beispielsweise wandte sich der Chef der in den 1970er-Jahren mächtigen Nuova Camorra Organizzata, Raffaele Cutolo, vehement gegen die Organisation des Heroinhandels.

67 *Messina* (2005: 47).

68 *Arlacchi* (1995: 42).

69 *Abbate/Gomez* (2007: 16).

70 *Abbate* (2020: 119 ff.), *Marannano* (2008: 81 ff.).

71 *Abbate* (2020: 25 ff.).

72 *Madeo* (1997: 44).

73 *Dino* (2002: 203).

74 *Arlacchi* (1995: 69).

75 *Bonanno/Lalli* (2003: 154).

76 *Arlacchi* (1995: 30 f.).

77 *Cordaro/Palazzolo* (2012: 116 f.).

78 *Cordaro/Palazzolo* (2012: 114 ff.).

79 *La Repubblica* (23.06.2016).

80 *Dino* (2002: 100, Übersetzg. d. Verf.).

81 *Vinci* (2013: 58 ff.).

82 *La Repubblica* (31.05.2007).

83 *Abbate* (2020: 84 ff.), *Dino* (2002: 220 ff.), *Monticciolo/Vasile* (2007), *Lodato* (1999: 144 ff.), *Vitale/Costanzo* (2009: 115, 139).

84 *Vitale/Costanzo* (2009: 17, Übersetzg. d. Verf.).

3.5 Das »Geschäft mit dem Verbrechen«
1 *Ceruso* (2008: 130 f.).

2 Zum Viehraub vgl. *Alongi* (1977: 82 ff.), *Ciconte* (2008b: 45 ff.), *Cutrera* (1984: 97 ff.), *Lupo* (2011: 120 f.), *Mosca* (2002: 38 f.), *Siragusa* (2004: 36 ff., 51).

3 Zur Methode des »Cavallo di ritorno« vgl. *Arcidiacono* (2015: 50), *De Riccardis* (2017: 46 ff.), *Lodato* (1999: 72 f.), *SOS Impresa* (2011: 61 f.).

4 Zur Mafia der Wasserhüter vgl. *Barone* (1987: 338 f.), *Alongi* (1977: 106), *Corso* (2005), *Crisantino* (2000: 51 ff.), *Cutrera* (1984: 134 ff.), *Lupo* (1990: 178). Auch heute noch gelingt es der Mafia, die wertvolle Ressource Wasser zu kontrollieren, vgl. *Antimafia Duemila* (22.02.2009).

5 *Ardita* (2015: 128).

6 *Ceschi* (2019), *Legambiente* (2010: 37, 335 ff.).

7 Zu Becchina vgl. *Abbate* (2020: 32 ff.), *Il Sole 24 Ore* (15.11.2017).

8 *Avola* (2016. 93 f.), *SOS Impresa* (2011: 61 f.).

9 *Palidda* (2016: 148).

10 *SOS Impresa* (2011: 61).

11 Zu Entführungen vgl. *Arlacchi* (1983: 107), *Cutrera* (1984: 74 ff., 104 f.), *Fantò* (1999: 43 f.), *Lupo* (2011: 121), *Siragusa* (2004: 52), *Vitale/Costanzo* (2009: 50 f.).

12 *Cutrera* (1984: 75).

13 Zu Schutzgelderpressungen vgl. *Arcidiacono/Avola/Palidda* (2016), *Ardita* (2015: 129), *Arlacchi* (1995: 25), *Ciconte* (2008b: 163 ff.), *Dino* (2002: 90, 106 ff.), *Lodato* (1999: 76 ff.), *Morosini* (2009: 93 ff.), *Palazzolo/Prestipino* (2007: 218 ff.), *SOS Impresa* (2011: 54 ff., 80).

14 Zwischen 1893 und 1899 wurden der Polizei allein in Palermo jährlich zwischen 19 und 42 solcher Briefe gemeldet. Zu den Schmarotzerbriefen vgl. *Cutrera* (1984: 65 ff.), *Lupo* (2011: 74, 79 f.), *Siragusa* (2004: 52).

15 Das sizilianische Wort »Pizzu« – auf Italienisch »Pizzo« – bedeutete eigentlich »Spitzbart« bzw. »Kinnbart«. Die neue Wortbedeutung »Schutzgeld« leitet sich von der Redewendung »Fatici vagnari u pizzu« (Siz. Lasst uns den Schnabel baden) ab. Damit wird ausgedrückt, dass für erhaltene Gefälligkeiten zum Dank ein Getränk angeboten werden muss. Synonym wird häufig von der »messa a posto« (Sich einverstanden erklären) gesprochen, vgl. *Avola* (2016: 75), *Correnti* (1987: 48), *Dino* (2002: 104), *Mancino* (2008: 88 f.).

16 *Paoli* (2003: 169).

17 *La Repubblica. Cronaca di Palermo* (15.02.2004).

18 *Del Bene* (2009: 305).

19 Zur Vorgehensweise bei Schutzgelderpressungen vgl. *Avola* (2016: 72 ff.), *Grasso/Varano* (2002), *Migliore* (2014: 42 ff.), *SOS Impresa* (2011: 55, 60, 75).

20 Zumindest sizilianische Geschäftsleute wissen, was es mit diesen Warnhinweisen auf sich hat. Die chinesischen Ladenbesitzer in Palermo wussten anfangs nicht, was die zugeklebten Türschlösser zu bedeuten hatten. Als sie dann Bescheid wussten, bezahlten auch sie den Pizzo, vgl. *Bellavia/De Lucia* (2009: 49), *Morosini* (2009: 93 ff.).

21 *Avola* (2016: 73 f.), *Migliore* (2014: 42 f.).

22 S. *Gli speciali di I LOVE Sicilia* (Dezember 2007c: 48).

23 *Bellavia/Palazzolo* (2004: 55).

24 *La Repubblica. Cronaca di Palermo* (17.12.2005).
Die 2007 beschlagnahmten Geschäftsbücher des Clans Resuttana-San Lorenzo weisen etwas andere Zahlen auf: Gemäß diesen Büchern bezahlten die Boutiquen im Stadtzentrum von Palermo monatlich zwischen 750 und 1000 €, die Supermärkte 1.000 und die Bauunternehmer 10.000 €, vgl. S. *Gli speciali di I LOVE Sicilia* (Dezember 2007a).

25 Zu den Zahlungsmodalitäten des Pizzo vgl. *Avola* (2016: 106).

26 *La Repubblica. Cronaca di Palermo* (17.12.2005).
Laut dem Händlerverband CONFESERCENTI bezahlen in Sizilien 70 % der Geschäftsleute Schutzgeld, was rund 50.000 Personen entspricht. In den Städten Palermo, Trapani, Agrigent, Caltanissetta, Catania und Messina sind es sogar zwischen 80 und 90 %, vgl. *SOS Impresa* (2011: 65).

27 *Ceruso* (2008: 233 f., Übersetzg. d. Verf.).

28 Zu diesem Ergebnis gelangte eine im Auftrag der Fondazione Rocco Chinnici durchgeführte Studie, vgl. *Milano Finanza* (23.06.2007).

29 Zu den Zahlungen des Pizzo in Form von Naturalien oder Dienstleistungen vgl. *Arcidiacono* (2015: 49), *Avola* (2016: 107 ff.), *Palidda* (2006: 168), *SOS Impresa* (2011: 60).

30 Zum Aufzwingen von Waren bzw. Dienstleistungen vgl. *Avola* (2016: 111 ff.).

31 *Arlacchi* (1995: 25).

32 *Ardita* (2015: 129 ff.).

33 *Palermo Today* (12.03.2019).

34 Pizzerien und Bäckereien müssen ihr Mehl von bestimmten Mühlen kaufen, Ladenbesitzer ihre Papiertüten von einer bestimmten Verpackungsfirma, Baufirmen ihren Zement von einer bestimmten Fabrik etc. Auch ausländische Supermärkte müssen ihre Frischwaren Lieferanten beziehen, die ihnen von den Cosche vorgeschrieben wurden. Die lokalen Bereichsleiter könnten ihren Vorgesetzten gegenüber zwar keine Schutzgeldzahlungen rechtfertigen, aber Frischwaren müssen sie ja von irgendwoher beziehen. Was für Waren gilt, trifft auch für Dienstleistungen wie Reinigungsarbeiten oder Transporte zu, vgl. *Arcidiacono* (2015: 51, 53), *Ardita* (2015: 174), *Avola* (2016: 111 f.), *Borrometi* (2018: 130), *L'Espresso* (20.11.2014), *Live Sicilia Catania* (30.05.2020), *TP 24* (15.05.2020), *Uccello/Amadore* (2009: 186 f.).

35 *Avola* (2016: 80 f.), *SOS Impresa* (2011: 275).

36 *MeridioNews* (21.07.2019).

37 *Giornale di Sicilia* (21.12.2016; 01.05.2020), *Legambiente* (2010: 243 ff.), *La Repubblica* (06.06.1998), *SOS Impresa* (2011: 340 ff.).

38 *Giornale di Sicilia* (12.12.2018), *SOS Impresa* (2011: 342 f.).

39 *MeridioNews* (15.02.2020), *Pennino* (2006: 141).

40 *Ardita* (2020: 13), *L'Espresso* (02.10.2017).

41 Zur Liberalisierung des Glücksspiels vgl. *Il Fatto Quotidiano* (05.03.2017), *SOS Impresa* (2011: 62, 319 ff.).

42 Am beliebtesten sind beim legalen Glücksspiel die Spielautomaten (48,5 %), gefolgt von Kartenspielen (16,3 %), Sportwetten (10,1 %), Sonderziehungen (9,1 %) und Lotto (7,1 %). Die verbleibenden

9,1 % verteilen sich auf Bingo und Online-Sportwetten, vgl. *Lenius* (30.01.2019).

43 In den letzten Jahren flogen immer wieder Mafiaclans wegen illegaler Glücksspielgeschäfte auf. Der letzte Fall wurde im Juni 2020 im Rahmen der Polizeioperation »All-in« bekannt. Ein gewisser Salvatore Rubino aus Palermo hatte sich als Strohmann der palermitanischen Porta Nuova-Familie vom Großkonzessionär SNAITECH Lizenzen für 82 Wettbüros in ganz Italien beschafft. Diverse palermitanische Mafiafamilien investierten in diese Büros, mit denen sie legal und illegal enorme Geldsummen erwirtschafteten, vgl. *Di Girolamo* (2012: 89 ff.), *Direzione Investigativa Antimafia. Relazioni Semestrali* (1992–2019), *MeridioNews* (08.05.2020).

44 Dabei geht die Mafia so vor, dass Strohmänner von den gut zehn Großkonzessionären der staatlichen Monopolgesellschaft AAMS (später ADM) Unterlizenzen besorgen und die Clans vor Ort das Aufstellen der Slot- und Videolotterie-Spielautomaten organisieren. – Der wichtigste Großkonzessionär für Spielautomaten war übrigens Francesco Corallo, Sohn des catanesischen Mafioso Gaetano, der das Geschäft seines Vaters in großem Rahmen fortführte. Francesco Corallo ergatterte 2004 mit seiner mysteriösen Offshore-Firma Atlantis-Bplus eine der insgesamt zehn von der staatlichen Monopolgesellschaft vergebenen Konzessionen. Mit dieser Lizenz kontrollierte der im Dezember 2016 wegen verschiedener Vergehen – darunter Steuerbetrug in Millionenhöhe – verhaftete »König der Spielautomaten« rund ein Drittel der Automaten, vgl. *La Sicilia* (13.12.2016).

45 *Avola* (2016: 95 f.), *SOS Impresa* (2011: 319 ff., 324 f., 344).

46 *Barone* (1997: 250 ff.), *Marino* (2002a: 93 ff.; 2002b: 41), *Siragusa* (2004: 161).

47 Zur Vergabepraxis bei öffentlichen Bauaufträgen vgl. *Bellavia/Palazzolo* (2004: 64 ff.), *Centorrino* (1995: 84), *Della Porta/Vannucci*

(2007: 182 ff.), *Dino* (2002: 59 ff.), *Morosini* (2009: 129 ff., 165 ff.), *Sales* (2015: 361 ff.), Vannucci (2012: 220 ff.), *SOS Impresa* (2011: 62 ff.), *Vitale/Costanzo* (2009: 109).

48 Der aus San Giuseppe Jato (PA) stammende Siino gehörte nicht der Mafia an, kam aber mütterlicherseits aus einer mafiosen Herkunftsfamilie. Einer Erwerbstätigkeit musste er nie nachgehen, einerseits weil seine Familie wohlhabend war, andererseits weil er mit Carmela Bertolino eine der Erbinnen einer Destillerie geheiratet hatte. Und so konnte sich Siina seinem Hobby, nämlich Autowettrennen, hingeben. Ferner stand er dem Boss Stefano Bontate bei dessen Geschäftsreisen als Fahrer zur Verfügung, vgl. *Galasso/Siino* (2017), *Avola* (2016: 85 ff.).

49 *Vannucci* (2012: 222).

50 *Vannucci* (2012: 224, Übersetzg. d. Verf.).

51 Anfangs wurden keine Schmiergelder an die für die Kontrolle der Auftragsvergaben zuständigen Gerichte bezahlt. Siino berichtete über die Gerichte, sie seien aber dann: »irgendwann (…) aufgewacht, und dachten, machen wir Witze hier? Alle fressen mit und wir? Die Kontrollkommissionen, der TAR, auch der Rechnungshof. Alle. Keiner ausgenommen. Sie haben alle am großen Essen teilgenommen.« (*Vannucci* 2012: 226, Übersetzg. d. Verf.). – Die bestochenen Beamten »erfanden« stets einen Grund, warum ein nicht an den illegalen Absprachen beteiligtes Unternehmen einen Auftrag nicht hatte bekommen können, falls dieses vor Gericht zog.

52 Filippo Salamone, der Inhaber der Baufirma Impresem, war anfangs ein Opfer gewesen, und zwar der Stidda. Er wandte sich an die Mafia um Hilfe, womit eine Zusammenarbeit zum gegenseitigen Nutzen einsetzte. Salamone, dessen Bruder Fabio in Agrigent als Ermittlungsrichter tätig gewesen war, war kein Mitglied der Mafia, sondern nur ein »Mitarbeiter von außen«, vgl. *Bellavia/Palazzolo* (2004: 66 ff.).

53 Staatsanwaltschaft von Palermo zitiert nach *Vannucci* (2012: 225, Übersetzg. d. Verf.).

54 Zu den Betrugsmethoden bei der Methanisierung Sizilens vgl. *Macaluso* (2009: 391 ff.).

55 *Direzione Investigativa Antimafia. Relazioni Semestrali (1992–2013).*

56 Zur Müllmafia vgl. *Camera dei Deputati/Senato della Repubblica. Commissione Parlamentare di Inchiesta sulle Attività Illecite Connesse al Ciclo dei Rifiuti e su Illeciti Ambientali ad esse Correlati* (19.07.2016), *Direzione Investigativa Antimafia,* Sonderkapitel »Mafia & Rifiuto« (1° Semestre 2019: 580–660), *Legambiente* (2010: 57 ff., 84 ff., 149 ff.).

57 Zu diesen Müllfirmen zählen unter anderem das Konsortium Coinres, die Firmen Aimeri Ambiente, Altecon, Messinaambiente, Ofelia Ambiente, Sicilia Ambiente, Terre dei Fenici, die Kooperativen Lex und Alkantara.

58 *Camera dei Deputati/Senato della Repubblica. Commissione Parlamentare di Inchiesta sulle Attività Illecite Connesse al Ciclo dei Rifiuti e su Illeciti Ambientali ad esse Correlati* (2016: 249 f., Übersetzg. d. Verf.).

59 Zahlreiche Beispiele belegen die illegale Entsorgung von Sonder- und Giftmüll: So wurden in der Gegend von Barcellona Pozzo di Gotto (ME) 8000 t Sondermüll der Fruchtsaftfirma Candifrucht in der freien Natur vergraben; in der Gegend von Alcamo (TP) wurde radioaktiver sowie Giftmüll in – bis heute nicht gefundenen – Gruben entsorgt bzw. im Meer versenkt; Sondermüll, der beim Bau einer Gaspipeline zwischen Sizilien und Libyen angefallen war, wurde dank gefälschter Begleitpapiere als Hausmüll auf der Deponie von Alcamo endgelagert; Marmorsondermüll der Steinbrüche von Custonaci (TP) wurde unaufbereitet in den Salinen von Trapani entsorgt; in der Kompostieranlage von Passo Martino (CT) wurde Giftmüll endgelagert; in der Gegend von Acate (RG) und Vittoria (RG) wurde Gift- und Sonder-

müll in freier Landschaft entsorgt; der Plastikmüll der Treibhäuser in der Provinz Ragusa wurde ebenfalls in freier Natur vergraben und mit Asphalt und Zement bedeckt; auf einer Deponie bei Camastra (AG) wurde vom italienischen Festland importierter Giftmüll als Siedlungsmüll deklariert endgelagert; Abwässer werden überall auf der Insel trotz bestehender Kläranlagen häufig ungeklärt in Flüsse oder das Meer geleitet oder – wie im Falle der nicht funktionierenden Kläranlage von Siculiana (AG) – ins öffentliche Abwasserkanalsystem. Zu den wichtigsten Operationen gegen die Ökomafia zählen die Operationen »Trash« in Palermo und Trapani (1996), »Pecunia non olet« in Modica (2004), »Munda Mundis« in Gela (2007), »Bonifica Pasquasia« in Enna (2014), »Ermes II« (2016) und »Scrigno« (2019) in Trapani, »Le Piramidi« in Melilli (2017), »Piazza Pulita« in Noto (2017), »Ghost Trash« in Vittoria (2017), »Garbage Affair« in Catania (2018), »Eclipse« in Rosolini (2019) und »Plastic Free« in Ragusa sowie Catania (2019), vgl. *Direzione Investigativa Antimafia*, Sonderkapitel »Mafia & Rifiuto« (1° Semestre 2019: 580–660), *Legambiente* (2010: 57 ff., 84 ff., 149 ff.).

60 *SOS Impresa* (2011: 369).

61 Zum Betrug bei EU-Agrarsubventionen vgl. *Angelini et al.* (1987: 57), *Centorrino* (1995: 121), *Fantò* (1999: 17).

62 Die im Februar 2020 durchgeführte Carabinieri-Operation »Nebrodi«, bei der wegen Betrugs gegen die Europäische Union gegen knapp 200 Personen ermittelt worden war und 94 Personen verhaftet wurden, löste ein enormes Medienecho aus: Die beiden Clans Batanesi und Bontempo Scavo aus dem 6000-Seelen-Bergdorf Tortorici (ME), die jahrelang miteinander im Konflikt gelegen hatten, vergaßen ihren Streit und taten sich zusammen, um gemeinsam an europäische Hilfsgelder heranzukommen. Sie wurden dabei von Beamten der Centri Commerciali Agricoli (CCA) unterstützt, darunter Emanuele Galati Sardo, dem Bürgermeister von Tortorici. Die Beamten hatten Zugang zu Datenbanken, die Informationen darüber enthielten, für welche Grundstücke noch keine Anträge bei der staatlichen Agenzia per le Erogazioni in Agricoltura (AGEA) eingereicht worden waren. Die Eigen-

tümer dieser Grundstücke wurden mit Drohungen dazu gezwungen, ihr Land Strohmännern der Mafia zu überlassen. Letztere beantragten dann für – teilweise nur auf dem Papier existierende Projekte – Fördergelder, wobei die Rechtmäßigkeit der Anträge von den CCA's bestätigt worden war. Die Sache flog deshalb auf, weil eines der Opfer, der Landwirt Ignazio Di Vincenzo, 2017 Anzeige erstattet hatte – alle anderen Opfer hatten aus Angst geschwiegen. Zur Operation »Nebrodi« vgl. *Anselmo/Antoci* (2019), *De Riccardis* (2017: 167 ff.), *Il Fatto Quotidiano* (16.01.2020).

63 Siehe dazu den Bericht der DIA über die Auswirkungen der Covid-Krise auf die organisierte Kriminalität, als auch der Antimafiadachverband Libera, vgl. *Direzione Investigativa Antimafia* (2019, 2° Semestre: 15, 113 f.), *Libera* (November 2020).

64 *SOS Impresa* (2011: 282).

65 *SOS Impresa* (2011: 369).

66 Zu den wichtigsten Untersuchungen im Zusammenhang mit der mafiosen Infiltration bei den erneuerbaren Energien zählen die Operationen »Broken Wings« (2009), »Eolo« (2009), »Mandamento« (2012) und »Hermes 2« (2016), vgl. *Abbate* (2020: 101, 215 ff.), *Cardella* (2009), *Checchi/Polo* (23.07.2019), *Il Sole 24 Ore* (12.03.2011; 11.01.2013), *I Siciliani* (März 2013), *Legambiente* (2010: 260 ff.), *L'Espresso* (10.04.2008; 09.09.2013), *MeridioNews* (26.04.2019), *SOS Impresa* (2011: 79 f.).

67 *Direzione Investigativa Antimafia. Relazioni Semestrali (1992–2023).*

68 Zum Wuchergeschäft vgl. *Arcidiacono* (2015: 43), *Avola* (2016: 126 ff.), *Centorrino* (1995: 47 ff.), *Grasso* (1996), *Grasso/Varano* (2002: 89 ff.), *Palidda* (2016: 159 f.), *SOS Impresa* (2011: 203 ff.).

69 *Lodato* (1999: 69, Übersetzg. d. Verf.).

70 *Quotidiano di Sicilia* (06.06.2020).

71 *Direzione Investigativa Antimafia, Speciale Covid* (2019, 2° Semestre: 12–27).

72 Für die Geldwäsche bediente sich die Cosa Nostra immer »Experten« wie anfangs die Banker Sindona und Calvi, später Steuerrechtsexperten wie Ghiron und Provenzano und vieler anderer mehr. Zu den Techniken der Geldwäsche, wie beispielsweise über Briefkastenfirmen oder internationale Offshore-Gesellschaften, vgl. *Bernarsconi* (1999: 45 ff.), *Di Girolamo* (2012: 97 ff.), *Pansa* (1998: 90 ff.).

73 *SOS Impresa* (2011: 21, 268 ff.).

74 *Bellavia/Pazzolo* (2004: 172 f.).

75 *SOS Impresa* (2011: 291 ff.).

76 *SOS Impresa* (2011: 305 ff.), *Gambetta* (1994: 279 ff.), *Legambiente* (2010: 360 f.).

77 *SOS Impresa* (2011: 296 ff.), *Legambiente* (2010: 34, 315 ff.).

78 *Borrometi* (2018: 96 ff.), *Camera dei Deputati/Senato della Repubblica. Commissione Parlamentare di Inchiesta sulle Attività Illecite Connesse al Ciclo dei Rifiuti e su Illeciti Ambientali ad esse Correlati* (19.07.2016), *Direzione Investigativa Antimafia,* Sonderkapitel »Mafia & Rifiuto« (1° Semestre 2019: 580–660), *Centorrino* (1998: 15 f.), *Legambiente* (2010: 57 ff., 84 ff., 149 ff., 154 ff., 166 ff.).

79 Zu den mafiosen Bestattungsunternehmen vgl. *Avola* (2016: 97, 99, 105), *Billiteri* (2008: 125), *Borrometi* (2018: 121), *Live Sicilia* (15.02.2016), *Pantaleone* (1978: 123 ff.).

80 Zu den Tankstellen vgl. *Macaluso* (2016: 99), *SOS Impresa* (2011: 367).

81 *SOS Impresa* (2011: 275).

82 *Angelini et al.* (1987: 71), *Fantò* (1999: 61).

83 *Arcidiacono* (2015: 53), *Fantò* (1999: 66 ff.), *Morosini* (2009: 121 ff.).

84 *Bellavia/Palazzolo* (2004: 53), *Fantò* (1999: 111 ff.), *SOS Impresa* (2011: 268).

85 *Fantò* (1999: 67 f.).

86 *Avola* (2016: 90 f.).

87 *Arlacchi* (1983: 144, 122, 130), *Angelini et al.* (1987: 61, 64 ff., 69), *Fantò* (1999: 45 ff.). *Legambiente* (2010: 224 ff., 280 ff.).

88 *Avola* (2016: 95), *Borrometi* (2018: 94 ff.), *SOS Impresa* (2011: 274).

89 *Assemblea Regionale Siciliana. Commissione Parlamentare d'Inchiesta e Vigilanza sul Fenomeno della Mafia e della Corruzione in Sicilia* (2019), *Borrometi* (2018: 17 ff., 79 ff., 89 ff., 105), *Bascietto* (2005: 116 ff.), *Legambiente* (2010: 356 ff., 359 f.), *SOS Impresa* (2011: 274, 288, 291 ff.).

90 *Centorrino* (1998: 7 ff.), *Fantò* (1999: 14 f.).

91 *Corriere della Sera* (11.11.2008).

3.6 Mord nur im Notfall

1 Edward C. Banfield entwickelte nach einer Feldstudie im Jahr 1954 in dem Dorf Chiaramonte in der Basilicata – von Banfield Montegrano genannt – das Konzept des »amoralischen Familismus«, er meint damit, dass jegliches Verhalten, das der eigenen Familie hilft, insofern gerechtfertigt ist, als sich alle anderen genauso verhalten würden. Das Zustandekommen dieses amoralischen Familismus erklärte der amerikanische Politikwissenschaftler mit einem besonderen Ethos, der die Menschen von Montegrano prägen würde, vgl. *Banfield* (1967: 103–152). Zum »amoralischen Familismus vgl. auch die Kritiken von *La Spina* (2005: 187), *Sales* (2015: 214 ff.).

2 *Barcellona, Rossana/Sardella, Teresa* (o. J.), *La Repubblica* (01.02.2008).

3 So stiftete beispielsweise Giuseppe Genco Russo aus Mussomeli (CL) seiner Pfarrgemeinde, Bruderschaften, katholischen Konventen, Waisenhäusern und Krankenhäusern Geld und bezahlte bei religiösen Festen Armenbankette. Frank Coppola unterstützte das kirchliche Waisenhaus seines Heimatortes Partinico (PA) und Jimmy Quarasano stiftete – ebenfalls in Partinico – Geld für den Wiederaufbau einer Kirche. Cesare Manzella engagierte sich für das kirchliche Waisenhaus in Cinisi (PA), vgl. *Dino* (2002: 15, 24).

4 *Di Cagno/Natoli* (2004: 21).

5 *Vannucci* (2012: 224).

6 *Giornale di Sicilia* (12.01.2005), *La Repubblica. Cronaca di Palermo* (12.01.2005).

7 *Sondaggi BiDiMedia* (27.06.2019).

8 *InfoDifesa* (30.01.2020).

9 Eine Ordnungsinstanz ist aber unverzichtbar, wie sogar der Mafiaboss Calogero Vizzini feststellte: »In jeder Gesellschaft muss es eine Kategorie von Personen geben, die die Dinge (...) wieder in Ordnung bringt.« (*Arlacchi* 1983: 51, Übersetzg. d. Verf.).

10 *Palazzolo/Prestipino* (2007: 148 ff.).

11 *Banca d'Italia* (07.11.2024).

12 Mit rund 270.000 Arbeitnehmern (Stand 2019) sind 20 % aller sizilianischen Erwerbstätigen beim Staat beschäftigt, während dies in Italien nur 14 % und in Deutschland gar nur 10 % sind. In Sizilien arbeiten alleine 14.921 Personen (Stand 2017) in der riesigen Regionalbürokratie, die fünfmal mehr Beschäftigte als die Lombardei aufweist, obwohl Letztere doppelt so viele Einwohner hat. Die übrigen Staatsbediensteten sind in den Kommunen (44.000 Beschäftigte, Stand 2019), den zahlreichen öffentlichen Körperschaften, ferner Privatbetrieben mit staatlicher Beteiligung, den Universitäten und Schulen, den öffentlichen Krankenhäusern und Gesundheitsämtern, dem Justiz- und Polizeiapparat etc. beschäftigt. Zu den Festangestellten kommen noch Tausende der sogenannten »Precari« hinzu, zeitlich befristet im öffentlichen Dienst Beschäftigte wie ein großer Teil der Forstarbeiter, ferner Personal im Bereich der sogenannten Lavori Socialmente Utili (soziale Tätigkeiten, meist im sozialen oder Umweltbereich). Indirekt zählen auch viele Kooperativen zum Staatssektor, nämlich die, die nur gegründet wurden, um öffentliche Mittel abzuschöpfen und mit »echten« Genossenschaften nichts zu tun haben, vgl. *Ansa Sicilia* (19.08.2019), *Arlacchi* (1983: 90 ff.), *La Spina* (2005: 173 f.), *Quotidiano di Sicilia* (13.09.2019), *TP 24* (24.08.2019).

13 Trotz des Verfassungsartikels 97 wurden in der Vergangenheit zahlreiche Stellen beim Staat nicht durch Auswahlverfahren besetzt, woran sich bis heute nichts geändert hat: So wurden in den letzten Jahren Tausende ehemals zeitlich befristet beschäftigte Arbeitnehmer, die sich ihre staatlich finanzierten Stellen dank klientelistischer Praktiken »organisiert« hatten, mittels Direktberufungen in die Regio-

nal- und Kommunalverwaltungen fest übernommen. Darüber hinaus wurden seit Anfang des Jahres 2000 Ärztestellen direkt besetzt. Auch die lukrativen Beraterpositionen werden rein im Ermessen von Politikern vergeben. Mit der Legge Regionale 8/2018 werden solche Direktbesetzungen zukünftig noch weiter erleichtert. Diese Art der Stellenbesetzung beim Staat hat zur Folge, dass die öffentlich Beschäftigten häufig schlecht qualifiziert sind, vgl. *Ansa Sicilia* (19.08.2019), *Associazione G.B. Vighenzi* (15.03.2019), *I Nuovi Vespri* (03.09.2019), *Il Sole 24 Ore* (26.10.2017), *La Spina* (2005: 174) *Live Sicilia* (20.08.2019).

14 Eines der jüngsten Beispiele lieferte 2019 die Universität Catania. Bei der Untersuchung »Università bandita« stellte sich heraus, dass Universitätsmitarbeiter zahlreiche Concorsi manipuliert hatte, in denen es um die Besetzung von Professoren- und Dozentenstellen ebenso wie um Arbeitsplätze in der Verwaltung ging, vgl. *La Repubblica* (28.06.2019). Was für die Universitäten gilt, trifft auch für Ärztestellen in Krankenhäusern zu. So schrieb beispielsweise Antonello Giarratano, Professor für Anästhesie und Reanimation in Palermo, in einem offenen Brief an den Gesundheitsassessor Siziliens, dass Ärztestellen nicht nach Eignung, sondern aufgrund von Beziehungen besetzt werden würden, vgl. *Insanitas* (21.07.2020).

15 *Bellavia/Palazzolo* (2014: 181).

16 *Centro Impastato* (2015).

17 *Corriere della Sera* (13.02.2013), *SOS Impresa* (2011: 74).

18 *Giornale di Sicilia* (14.02.2013).

19 *Corriere della Sera* (14.01.2020), *Dagospia* (23.10.2015), *De Riccardis* (2017: 152 ff.), *La Spina* (2005: 76, 94), *Live Sicilia* (29.03.2018).

20 *De Riccardis* (2017: 165 ff.), *Giornale di Sicilia* (03.12.2018), *La Spina* (2005: 94), *La Voce di Bagheria* (28.11.2018).

21 *La Repubblica* (20.07.2020).

22 Zu den Wartezeiten für medizinische Untersuchungen und Operationen in Krankenhäusern vgl. *Giornale di Sicilia* (06.05.2019), *Il Fatto Quotidiano* (06.04.2016).

23 *Giornale di Sicilia* (27.06.2003: 3, Übersetzg. d. Verf.).

24 Als dann Mafiosi in Vierteln wie in Palermo dem ZEN, dem CEP (Centro Edilizia Popolare) oder der Kalsa Nahrungsmittel austeilten, war die Dankbarkeit riesig, vgl. *Il Fatto Quotidiano* (08.04.2020).

25 *Il Sicilia* (30.03.2020), *Palermo Today* (28.03.2020).

26 *Palazzolo/Prestipino* (2007: 117, Übersetzg. d. Verf.).

27 *Dino* (2002: 90, Übersetzg. d. Verf.).

28 *Il Fatto Quotidiano* (08.04.2020).

29 *Ciconte* (2017a: 171).

30 *Palazzolo/Prestipino* (2007: 148 ff.).

31 *Ramella/Trigilia* (1997: 35 f.).

32 *Dino* (2016: 215, Übersetzg. d. Verf.).

33 *Bolognari* (2017: 68 ff.), *De Riccardis* (2017: 198 ff.), *Palumbo* (2020: 48).

34 *Dino* (2002: 27 ff.).

35 *Bolognari* (2017: 70), *Corriere della Sera* (03.12.2015).

36 *La Spina* (2005: 205), *Palidda* (2016: 165), *Sanfilippo* (2008: 145).

37 *Bolzoni* (2012: 134), *Messina* (2005: 129).

38 *La Repubblica* (07.05.2020, Übersetzg. d. Verf.).

39 *Il Fatto Quotidiano* (08.04.2020).

40 Caldarola zitiert nach *Schenirer* (1998: 49, Übersetzg. d. Verf.).

41 *Bolzoni/D'Avanzo* (2018: 21).

42 Zur Korruption im sizilianischen Justizwesen vgl. *Ardita* (2015: 72 ff.), *Billitteri* (2008: 151, 212 f.), *Bolzoni* (2012: 180 f.), *Bolzoni/D'Avanzo* (2018: 111 ff., 126 ff., 162 ff., 179 f.), *Borrometi* (2018: 137 ff., 146), *Il Giornale* (09.08.2024), *La Repubblica* (19.10.1993; 22.09.1994), *Morosini* (2009: 174), *Nicastro* (2006: 49, 106 ff.), *Palazzolo/Prestipino* (2007: 20 ff., 207, 278 ff., 297 f.).

43 *Bolzoni/D'Avanzo* (2018: 21 f.).

44 *Antimafia Duemila* (22.06.2020), *Giornale di Sicilia* (23.05.2009; 31.10.2009).

45 *De Riccardis* (2017: 19), *Il Fatto Quotidiano* (14.12.2011).

46 *Bellavia/Palazzolo* (2004: 95, Übersetzg. d. Verf.).

47 *Il Sole 24 Ore* (11.01.2013, Übersetzg. d. Verf.).

48 *Centorrino* (1995: 44), *La Spina* (2005: 67 f.).

49 *Bellavia/Palazzolo* (2004: 109).

50 Beispiele für Freiberufler im Dienste der Mafia, die gegen ihre Berufsordnungen verstießen, um der Mafia zu helfen, finden sich bei: *Amadore* (2007), *Bolzoni/D'Avanzo* (2018: 23, 102 ff.).

51 *Bolzoni* (2012: 34, Übersetzg. d. Verf.).

52 *Violante* (1998: X, Übersetzg. d. Verf.).

53 *Mosca* (2002: 31).

54 *Palermo Today* (27.08.2017).

55 *Pinotti/Tescaroli* (2008: 26 f.), *La Repubblica* (08.04.1992).

56 *Arcidiacono* (2015: 54, Übersetzg. d. Verf.).

57 *Avola* (2016: 108, Übersetzg. d. Verf.).

58 Zu den mafiosen Drohgebärden vgl. *Di Cagno/Natoli* (2004: 97), *Legambiente* (2010: 353), *Schenirer* (1998: 38), *SOS Impresa* (2011: 78).

59 *Borrometi* (2018: 165 ff., 223), *Dino* (2002: 154).

60 *Ceruso* (2008: 159).

61 *Lodato* (1994: 99 ff.), *TP 24* (30.06.2020).

62 *Palidda* (2016: 192).

63 *La Repubblica* zitiert nach *Siebert* (1997: 260).

64 *Ceruso* (2008: 238).

65 *Palidda* (2016: 194).

66 *Avola* (2016: 114, Übersetzg. d. Verf.).

67 *Mosca* (2002: 34 f., 37 f.), *Siragusa* (2004: 44).

68 *Salemi* (1993: 116, Übersetzg. d. Verf.).

69 *Schenirer* (1998: 58).

70 In der ruralen Phase scheinen einige Clans gegen Bezahlung gemordet zu haben: Zwischen 50 und 500 Lire kostete ein Mord, vgl. *Alongi* (1977: 108). – In den USA existierte in den 1930er-Jahren sogar eine von dem New Yorker Mafioso Albert Anastasia und seinem Kollegen Lepke Buchalter aus der jüdischen Kosher Mafia gegründete Auftragskillergesellschaft, die sich pro Mord zwischen 1000 und 5000 US$ bezahlen ließ. Die von der Presse »Murder Incorporated« genannte Gesellschaft wurde durch den Film »Murder inc.« (1960) sogar berühmt, vgl. *Turkus/Feder* (1951).

71 *Bolzoni* (2012: 68), *Correnti* (1987: 53), *Messina* (1990: 16).

72 *Alongi* (1977: 108 ff.).

73 *Borrometi* (2018: 165 f.).

74 *Bolzoni/D'Avanzo* (2018: 53).

75 *Ciconte* (2017b: 101), *Correnti* (1987: 53), *Rizza* (1994: 60).

76 So geschehen im Fall des 1992 in Catania ermordeten untadeligen Polizeibeamten Giovanni Lizzio, vgl. *Dino* (2002: 154).

77 *Bolzoni* (2012: 99), *Schenirer* (1998: 43).

4 Italien – eine mafiose Demokratie?

1 Zu den wichtigsten italienischen Realisten zählen Vilfredo Pareto (1848–1923), Gaetano Mosca (1858–1941) und auch der in Italien lehrende Deutsche Robert Michels (1876–1936).

2 *Gentile* (2005).

3 *Marino* (2002a: 58).

4.1 »Der Fisch stinkt vom Kopf her«: Warum Politikern alles erlaubt ist

1 *The Guardian* (15.12.2004).

2 So geschehen in einer Folge der von Giuliano Ferrara geleiteten Fernsehreihe »L'Infedele«.

3 *Durkheim* (1999: 153).

4 *Leccese* (2018: 36, Übersetzg. d. Verf.).

5 Käsler verweist darauf, dass es bei politischen Skandalen »um den Geltungsanspruch von Normen geht, die durch den Skandal als ‚verletzt' definiert werden.« (1991: 13).

6 *Pellicani* (1995: 43).

7 *Arcidiacono* (2015: 60), *Avola* (2016: 92), *La Spina* (2005: 158 ff., 172 ff., 180 ff., 201 ff.).

8 *Colombo* (2008: 11 ff., 126 ff.).

9 *Rosati* (2014: 61).

10 *Tinti* (2007).

11 *Tinti* (2007: 97 ff.).

12 *Tinti* (2007: 114, Übersetzg. d. Verf.).

13 *Tinti* (2007: 167).

14 Das Phänomen, dass Unterschichtsangehörige seitens der Justiz stärker als Mitglieder der Mittel- und Oberschicht verfolgt werden, trifft allerdings – wie spätestens seit Sutherlands klassischer Studie zur White-Collar-Criminality bekannt ist – auch für viele andere Länder zu, vgl. *Sutherland* (1940).

15 *Gazzetta di Parma* (01.06.2020).

16 *ISTAT* (18.10.2024), *La Repubblica* (14.10.2020), *La Spina* (2005: 163 ff.).

17 Eine Untersuchung der Autorità Nazionale Anticorruzione (ANAC) bestätigt die starke Verbreitung der Korruption im öffentlichen Bereich. An erster Stelle betrifft dies die Vergabe von öffentlichen Aufträgen, vor allem im Bereich der Bau- und Müllwirtschaft und des Gesundheitswesens (74 %); darauf folgen Stellenbesetzungen im öffentlichen Sektor mittels Direktvergaben oder manipulierter staatlicher Wettbewerbe; und schließlich Verwaltungs- und Justizverfahren sowie Baugenehmigungen (26 %). Verantwortlich sind Politiker und Verwaltungsbeamte, die für ihre »Bevorzugungen« hauptsächlich mit Geld (48 %), Arbeitsplätzen (13 %) und Beraterverträgen (13 %), aber auch mit kostenlosen Restaurantessen, Hotelübernachtungen, Bauarbeiten, Reparaturen, Reinigungsdiensten, Tischler-, Gärtner- und Malerarbeiten und sogar sexuellen Dienstleistungen entlohnt werden. Am stärksten ist die Korruption in Süditalien verbreitet, wobei Sizilien Spitzenreiter ist, und zwar hauptsächlich auf der kommunalen Ebene, vgl. *ANAC* (17.10.2019), *Brioschi* (2004: 149 ff.), *Fondazione Res* (2017), *Vannucci* (2012). Auch internationale Organisationen

wie Transparency International oder die Weltbank weisen auf das erschreckende Ausmaß der Korruption in Italien hin, vgl. *Transparency International* (2025), *World Bank* (2020). – Wie gefährlich es für Beamte sein kann, ehrlich ihre Arbeit zu verrichten, zeigen die Fälle von Giovanni Bonsignore (1931–1990) und Filippo Basile (1961–1999), zwei Beamten des sizilianischen Assessorato all'Agricoltura (Landwirtschaftsministeriums): Bonsignore hatte eine interne Untersuchung über die illegale Vergabe von Fördermitteln an ein Landwirtschaftskonsortium in Catania sowie die mafiose Genossenschaft Il Gattopardo von Palma di Montechiaro (AG) durch seinen Kollegen Nino Sprio († 2016) angestellt. Sprio, der nicht nur in seinem Heimatort Raffadali (AG) bestens mit der Mafia vernetzt, sondern auch noch Vizepräsident der Genossenschaft Il Gattopardo war, heuerte kurzerhand den Mafiakiller Ignazio Giliberti an und ließ Bonsignore umbringen. Einige Jahre später führte der Personalchef des Landwirtschaftsministeriums, Filippo Basile, im Auftrag der regionalen Antimafiakommission eine Untersuchung über belastete Beamte durch, in der der Name von Sprio auftauchte, und leitete, als Sprio 1998 rechtskräftig wegen Betrug verurteilt worden war, dessen Entlassung ein. Sprio rächte sich, indem er Basile – genau wie vorher Bonsignore – von Giliberti ermorden ließ, vgl. *Bellavia/Palazzolo* (2004: 112 ff.), *Ceruso* (2008: 181 f.), *Forgione* (2004: 134 ff.).

18 *Il Sole 24 Ore* (05.09.2017).

19 Zum Phänomen der Schwarzbauten in Italien vgl. *La Spina* (2005: 173, 176 f.), *Legambiente* (2010: 32 ff., 189 ff., 280 ff.). Wie schwer es vor allem in Sizilien ist, gegen Schwarzbauten vorzugehen, zeigt der Fall von Angelo Cambiano, dem Bürgermeister von Licata (AG): Er beauftragte den zuständigen technischen Leiter der Kommune, den Ingenieur Vincenzo Ortega mit dem Abriss von 190 der etwa 350 Schwarzbauten in Licata. Daraufhin mussten sowohl Cambiano als auch Ortega Drohungen und Sachbeschädigungen hinnehmen: Cambiano wurden zwei Häuser in Brand gesteckt und er wurde verprügelt; Ortegas Hunde wurden vergiftet, sein Auto wurde in die Luft gesprengt. Schließlich sprach der Stadtrat Cambiano Mitte

2017 das Misstrauen aus und zwang ihn zum Rücktritt, Ortega hingegen wurde suspendiert, beide erhielten Personenschutz, vgl. *Il Fatto Quotitiano* (16.09.2019).

20 Zur Praxis der »Condoni« vgl. *La Spina* (2005: 173, 208).

21 *Rosati* (2014: 55, Übersetzg. d. Verf.).

22 *Palidda* (2016: 148, Übersetzg. d. Verf.).

23 *Palidda* (2016: 197, Übersetzg. d. Verf.).

24 *Palidda* (2016: 148, Übersetzg. d. Verf.).

25 *Giordano* (1992: 206 ff.).

26 *La Spina* (2005: 121).

27 Es entstand in den 1980er-Jahren in der Bevölkerung nicht nur eine starke Antimafiabewegung, sondern es entwickelte sich auch eine Antimafia-Gesinnung. Seither gibt es beispielsweise in den Schulen Bemühungen, Kindern und Jugendlichen eine staatsbürgerliche Haltung beizubringen. Für viele Sizilianer sind berühmte Mafiaopfer wie Falcone oder Borsellino geradezu Helden. Allerdings fällt auf, dass die Antimafia-Aktiviäten Zyklen unterworfen sind, sie häufen sich nach großen Attentaten, gehen dann aber wieder zurück bzw. werden komplett eingestellt. Die heute mit Abstand wichtigste Antimafiaorganisation ist der 1995 von der römischen Lehrerin Saveria Antiochia, der Mutter des 1985 in Palermo ermordeten Polizeibeamten Roberto Antiochia, zusammen mit dem Turiner Priester Don Luigi Ciotti (geb. 1947) gegründete Antimafiadachverband Libera, vgl. *Bestler* (2001), *La Spina* (2005: 117 ff., 139 ff., 145 ff., 151, 206, 212).

28 *Abbate* (2020: 184, Übersetzg. d. Verf.).

29 *Palidda* (2016: 153).

30 *Durkheim* (1999: 133).

31 *Weber* (1980: 167 ff.).

32 Siehe zur Thematik »Partikularismus versus Gemeinwohl« vgl. *Giordano* (1992: 369 ff.).

33 Villari zitiert nach *Tullio-Altan* (2000: 9, Übersetzg. d. Verf.).

34 *Dalla Chiesa* (2010: 260).

35 *Putnam* (1993).

36 *Banfield* (1967).

37 Fukujama definiert Vertrauen als eine Verhaltenserwartung, die sich erst dann herausbilden kann, wenn die Gesellschaftsmitglieder kooperativ handeln und dieselben moralischen Normen teilen. Er konstatiert: »Die Gruppe muss in ihrer Gesamtheit gesellschaftsförderliche Normen teilen, bevor sich ein allgemeines Vertrauen einstellen kann.« (*Fukujama* 1996: 27, Übersetzg. d. Verf.). In dieser Hinsicht würden sich Gesellschaften unterscheiden, wobei ein Mehr oder Weniger an Vertrauen enorme Konsequenzen auf der Makroebene habe.

38 Mit seinem theoretischen Konstrukt des »sozialen Kapitals« gelingt es Coleman, die »Gesellschaft« in die individualistische Rational-Choice-Theory einzubeziehen: Individuen seien nicht nur rationale Kosten-Nutzen-Maximierer, sondern eingebettet in Gruppen, in denen soziales Kapital aufgebaut werde, welches für den Einzelnen eine wichtige Ressource darstelle. Soziales Kapital entstehe also – im Unterschied zu physischem Kapital (z. B. Maschinen, Werkzeuge) und humanem Kapital (individuellen Fähigkeiten und Fertigkeiten, z. B. Bildung) – erst im Verkehr mit anderen Individuen, wobei Coleman von verschiedenen Formen sozialen Kapitals ausgeht; hierzu zählen Verpflichtungen und Erwartungen, die von der Vertrauenswürdigkeit der

sozialen Umgebung abhängen, die verfügbaren Informationskanäle innerhalb der Gruppe sowie von Sanktionen begleitete Normen, vgl. *Coleman* (1988).

39 *Durkheim* (1992: 118–184).

40 *Giordano* (1992: 15–22, 472–512).

41 *Giordano* (1992: 368–456).

42 *Putnam* (1993: 121 ff.).

43 *Putnam* (1993: 130, Übersetzg. d. Verf.).

44 *Rosati* (77 ff., 85 ff., 97 ff.), Tullio-Altan (2000: 26 ff., 35 ff.).

45 *Tullio-Altan* (2000: 14, Übersetzg. d. Verf.).

46 *Tullio-Altan* (2000: 14, Übersetzg. d. Verf.).

47 *Tullio-Altan* (2000: 10).

48 *Durkheim* (1992: 421–465).

47 *Putnam* (1993: 121 ff.).

49 Es bedürfte einer intensiveren historischen Forschung, um genaueren Ursachen für die Nichtherausbildung einer am Gemeinwohl orientierten öffentlichen Moral herauszufinden.

50 *Tomasi di Lampedusa* (1994: 35).

4.2 Egal ob weiß, rot oder blau, was zählt, ist der »Geruch der Macht«

1 Weiß war die Parteifarbe der Christdemokraten, Rot die der Kommunisten und Blau die der Forza Italia Berlusconis.

2 *Di Matteo* (2015: 20, Übersetzg. d. Verf.).

3 *Bellavia/Palazzolo* (2004: 77 f., Übersetzg. d. Verf.).

4 *Pezzino* (1999: 36).

5 *Renda* (1998: 131, 134).

6 *Marino* (2002a: 97 ff.).

7 *Marino* (2002a: 97, Übersetzg. d. Verf.).

8 De Felice Giuffrida, der nicht nur Abgeordneter, sondern auch Bürgermeister von Catania war, gelang es sogar, in seiner Stadt mit der Einrichtung einer kommunalen Brotbackanstalt ein sozialistisches Experiment durchzuführen. Es ging darum, die Brotpreise niedrig zu halten. In Palermo, wo eine mafiose Müllerbande den Brotpreis künstlich hoch hielt, wäre dies völlig undenkbar gewesen, vgl. *Michels-Lindner* (1909: 77 ff.).

9 *Duggan* (1986: 9, 12).

10 *Viviano* (2009: 138).

11 *Duggan* (1986: 14).

12 *Catanzaro* (1991: 11, Übersetzg. d. Verf.).

13 *Lupo* (1996: 198 f.), *Turone* (1985: 28), *Tranfaglia* (2001: 203 f.).

14 Der aus einer bescheidenen Seemannsfamilie des Fischerstädtchens Castellammare del Golfo (TP) stammende Jurist Mattarella betätigte sich in jungen Jahren in der katholischen Laienorganisation Azione Cattolica sowie dem christdemokratischen Partito Popolare. Anfang der 1940er-Jahre war er einer der wichtigsten Initiatoren der Democrazia Cristiana in Sizilien. Nachdem Mattarella 1944 und 1945 der Übergangsregierung als Staatssekretär angehört hatte, wurde er immer wieder in das Nationalparlament gewählt und gehörte mehreren Regierungen als Minister an. Mehrere Mafiaaussteiger beschrieben Mattarella als zentralen Verbindungsmann zwischen der Cosa Nostra und der DC und behaupteten, Mattarella habe in den frühen 1940er-Jahren zahlreiche Mafiabosse für seine Partei gewonnen und ihnen im Ausgleich diverse Gefälligkeiten erwiesen. Bei dem Prozess in Viterbo gegen die Bande von Salvatore Giuliano wurde Mattarella als einer der Auftraggeber des Attentats an der Portella della Ginestra genannt. Mattarella sah sich ab diesem Moment ständigen Angriffen wegen Mafianähe ausgesetzt, beispielsweise seitens der Zeitung L'Ora, des englischen Schriftstellers Gavin Maxwell sowie der Antimafiaaktivisten Michele Pantaleone und Danilo Dolci. Obwohl Mattarella gegen seine Widersacher stets erfolgreich juristisch vorging, blieb das Mafia-Image an ihm haften, vgl. *Bellavia* (2010: 241 ff.), *Bonanno/Lalli* (2003: 196), *Caruso* (2005: 103), *Casarrubea* (2002: 258), *Messina* (2014: 116 f.), *Montanaro/Ruotolo* (1995: 104, 734), *Nicastro* (2004: 68 ff.).

15 Volpe stammte aus einer mittellosen Familie des Bauerndorfes Montedoro (CL), die ihm trotzdem ein Medizinstudium finanzierte. Nach dem Beitritt zur DC 1946 gab Volpe den Arztberuf auf und widmete sich seiner politischen Karriere: Er war 30 Jahre lang Abgeordneter, Bürgermeister von Montedoro und gehörte als Staatssekretär verschiedenen Regierungen an. Über Volpes Mafianähe – vor allem zu den Bossen Genco Russo und Luciano Leggio –, berichtete immer wieder die Presse, vgl. *Caruso* (2005: 103 f.), *Bellavia* (2010: 62, 242), *Nicastro* (2004: 83 ff.), *Pumilia* (1998: 263 f.), *Sanfilippo* (2008: 231), *Tranfaglia* (2001: 203, 243).

16 Restivo, der Sohn eines angesehenen Juraprofessors und Politikers, war selbst lange Professor der Rechtswissenschaften. Als Mitglied der DC bekleidete er zwischen 1949 und 1955 das Amt des sizilianischen Ministerpräsidenten. In den 1960er- und frühen 1970er-Jahren gehörte er verschiedenen Nationalregierungen als Minister an. Nachdem innerparteilich die »Fanfaniani« die Macht übernommen hatten, wurde Restivo mit einem Ministerposten in Rom abgefunden. Verschiedene Mafiaaussteiger behaupteten, Restivo habe enge Beziehungen zu dem Capofamiglia von Bagheria, Antonino Mineo, aber auch zu dem palermitanischen Mafioso Salvatore Greco (Il Senatore) unterhalten, vgl. *Arlacchi* (2019: 99), *Caruso* (2005: 105), *Montanaro/Ruotolo* (1995: 120, 822), *Stancanelli* (2016: 32), *Torrealta* (2011: 32 ff.).

17 Der Jurist Aldisio stammte aus einer wohlhabenden Großgrundbesitzerfamilie, wurde 1921 erstmals für den Partito Popolare ins Parlament gewählt, bekleidete nach der Niederlage der Faschisten in der Provinz Caltanissetta das Präfektenamt, war Hochkommissar für Sizilien und hatte später während der Zeit der Übergangsregierungen diverse Ministerpositionen inne. In der Nachkriegszeit wurde Aldisio mehrfach in das Abgeordnetenhaus sowie den Senat gewählt. Aldisio soll den Boss Genco Russo beschützt und Freundschaften zu Mafiosi unterhalten haben, vgl. *Caruso* (2005: 105), *Ceruso* (2007: 105 f.), *Finley et al.* (1989: 286), *Montanaro/Ruotolo* (1995: 800), *Sanfilippo* (2008: 132 ff.), *Turone* (1985: 93).

18 Der Jurist Gioia war mit dem Industriellen Filippo Pecoraino sowie den Schiffseignern und adeligen Großgrundbesitzern Tagliavia verwandt. Sein innerparteilicher Aufstieg begann Anfang der 1950er-Jahre, als er in das Amt des palermitanischen DC-Provinzsekretärs gewählt worden war. Ohne selbst ein Mafiafreund zu sein, förderte Gioia nicht nur den massenhaften Beitritt von Ehrenmännern zu seiner Partei, sondern unterstützte auch die Karrieren von Mafiapolitikern wie Lima und Ciancimino. Gioas politischer Stern begann 1968 zu sinken, als ihn einer seiner Getreuen, nämlich Lima, zugunsten Andreottis verließ, vgl. *Bolzoni* (2012: 79), *Ceruso* (2007: 90, 158 f.), *Lupo* (1998: 198),

Nicastro (2004: 88 ff.), *Pumilia* (1998: 240 ff.), *Tranfaglia* (2001: 216), *Turone* (1985: 54).

19 Lima, der Sohn eines Archivars, studierte Jura und arbeitete eine Zeitlang als Angestellter beim Banco di Sicilia. Zunächst leitete er DC-Sportgruppen, bevor er, von Gioia gefördert, 1958 zum Bürgermeister von Palermo und später ins Abgeordnetenhaus gewählt wurde. Unter dem Bürgermeister Lima ereignete sich der »Sacco di Palermo« (Plünderung von Palermo), eine korrupte Bauspekulation, an der die Mafia und Lima gewaltig mitverdienten. 1968 zum Parteiflügel von Andreotti gewechselt, bekleidete er auf nationaler Ebene ab 1974 das Amt eines Staatssekretärs. Zahlreiche Ex-Mafiosi berichteten, Lima sei der zentrale politische Ansprechpartner der Cosa Nostra und Verbindungsmann zu Giulio Andreotti gewesen. Limas engste politische Vertrauten waren allesamt Ehrenmänner, seine Freunde die mafiosen Steuereintreiber Nino und Ignazio Salvo. Außerdem pflegte er Umgang mit Bossen wie Salvatore La Barbera, Tommaso Buscetta und Stefano Bontate. Lima hatte zwar dem alten Mafiaadel nahegestanden, arrangierte sich nach dem zweiten Mafiakrieg aber dann auch mit den Corleonesern. Da über Limas Mafianähe immer mehr in der Öffentlichkeit geredet wurde, wurde er für seine Partei allmählich zum Problem und deshalb 1979 ins Europaparlament »weggelobt«. Da es ihm nicht gelang, die Ergebnisse des Maxiprozesses zu »berichtigen«, wurde er am 12. März 1992 vor seiner Villa in Mondello (PA) erschossen, vgl. *Bolzoni* (2012: 77 f., 137), *Camera dei Deputati/Senato della Repubblica* (1993: 67 ff.), *Caruso* (1995: 106), *Cassarà* (2020), *Ceruso* (2007: 103), *Montanaro/Ruotolo* (1995: 55, 103, 797, 829 ff.), *Nicastro* (2006: 39 f.), *Paoli* (2003: 242), *Tranfaglia* (2001: 217 f.), *Vetri/Travaglio* (2001: 29), *Vitale/Costanzo* (2009: 207).

20 Nach erfolglosem Studium der Ingenieurs- und Rechtswissenschaften arbeitete Ciancimino, der Sohn eines mittellosen Barbiers aus Corleone, im Büro von Bernardo Mattarella, damals Staatssekretär für Transportwesen. Dank seiner Beziehungen zu Mattarella bekam Ciancimino trotz fehlender Voraussetzungen eine Lizenz für den Transport

von Eisenbahnwaggons in Palermo und konnte die Unternehmerlaufbahn einschlagen. 1956 wurde er erstmals in den Stadtrat Palermos gewählt und schloss sich den »Fanfaniani« an. Unter Bürgermeister Lima erhielt Ciancimino 1959 das Amt des Assessors für öffentliche Arbeiten, dass er als einer der Hauptprotagonisten des »Sacco di Palermo« skrupellos zur persönlichen Bereicherung und Begünstigung seiner Mafiafreunde ausnutzte. Ciancimino hatte von Jugend an enge Kontakte zur Mafia, konkret dem Clan von Corleone. Als der korrupte Ciancimino im Herbst 1970 Bürgermeister von Palermo wurde, brach ein Sturm der Entrüstung aus und er musste zurücktreten, behielt aber seinen politischen Einfluss. Nachdem er für die »Fanfaniani« untragbar wurde, gründete Ciancimino 1976 eine eigene kleine DC-Gruppe, die bei Bedarf mit anderen Flügeln wie Limas »Andreottiani« zusammenrückte. Auf dem DC-Regionalparteitag von 1983 wurde Ciancimino offiziell innerparteilich entmachtet, konnte aber über seine Vertrauensleute weiterhin politisch mitmischen, bis er beim Maxiprozess unter Anklage gestellt wurde und 1985 seinen Parteiausweis zurückgeben musste. Ciancimino wurde beim Maxiprozess zu einer mehrjährigen Haftstrafe verurteilt, musste sie allerdings nicht absitzen, sondern wurde aus gesundheitlichen Gründen nur unter Hausarrest gestellt. Anfang der 1990er-Jahr geriet Ciancimino erneut in die Schlagzeilen, und zwar im Zusammenhang mit der Trattativa, den Verhandlungen zwischen Staat und Mafia. Ciancimino soll dabei die Corleoneser vertreten haben, vgl. *Abbate/Gomez* (2007: 201 ff., 213), *Billitteri* (2008: 75), *Bolzoni* (2012: 28), *Caruso* (2017: 267 ff.), *Cassarà* (2020: 17), *Ciancimino/Licata* (2010), *Ciconte* (2008b: 161), *Dino* (2011: 19 ff.), *Montanaro/Ruotolo* (1995: 797, 809, 820 ff., 833 ff., 900), *Nicastro* (2004: 40, 91 f.), *Pennino* (2006: 155 ff.), *Pumilia* (1998: 88), *Sanfilippo* (2008: 226 ff.), *Sisti* (2007), *Tranfaglia* (2001: 104, 116 ff.), *Turone* (1985: 73 ff.).

21 *Stancanelli* (2016: 21, Übersetzg. d. Verf.).

22 Die politische Karriere des Römers Andreotti, der sich bereits während seines Jurastudiums in einer katholischen Studentenorganisation sowie der DC-Jugendorganisation engagiert hatte, begann

als Staatssekretär unter Alcide De Gasperi. Ab 1948 gehörte Andreotti ununterbrochen dem Abgeordnetenhaus an, wobei er ab 1954 diverse Ministerposten – vor allem den des Verteidigungs- und Außenministers – bekleidete. 1954 gründete er mit »Primavera« einen eigenen Parteiflügel, der aber lange auf die Region Latium beschränkt blieb und bei DC-Kongressen unbedeutend blieb. Dies änderte sich 1968, als sich der sizilianische DC-Führer Lima Andreottis rechtem Flügel anschloss, sodass Andreotti ab 1972 sieben Mal Ministerpräsident zu werden vermochte. Andreotti musste fortan nicht nur Mafiapolitiker fördern, sondern sich sogar persönlich mit Bossen treffen und ihnen Gefälligkeiten erweisen. In der Folge entwickelte sich der DC-Flügel Andreottis in Sizilien zu einer Art mafiosen Cosca. 1993 begann die von Gian Carlo Caselli (geb. 1939) geführte palermitanische Staatsanwaltschaft gegen Andreotti wegen Concorso Esterno in Associazione Mafiosa (Zusammenarbeit mit der Mafia) zu ermitteln. Am 26. September wurde der Andreotti-Prozess eröffnet, der im Oktober 1999 mit einem Freispruch endete. Im Berufungsverfahren wurde zwar im Mai 2003 Andreottis Zusammenarbeit mit der Mafia von den 1970er-Jahren bis 1980 festgestellt, blieb aber wegen Verjährung folgenlos. Zwei Episoden erachtete das Gericht dabei als besonders relevant: Zwei Treffen zwischen Andreotti und dem über den sizilianischen DC-Ministerpräsidenten Piersanti Mattarella verärgerten Stefano Bontate im Sommer 1979 und im April 1980, wobei Andreotti beim zweiten Treffen vom Mafiaboss Bontate Aufklärung über den Mord an Mattarella verlangte. Bei dieser Zusammenkunft soll es zu einer lautstarken Auseinandersetzung gekommen sein, bei der Bontate Andreotti erklärt haben soll, dass in Sizilien die Mafia kommandiere und dass er nicht auf die Idee kommen solle, nach dem Tod von Mattarella Spezialgesetze zu erlassen. Neben den Treffen mit Bontate sah das Gericht es als erwiesen an, dass Andreotti für die »Berichtigung« eines Urteils im Falle der Mafiabosse Filippo und Vincenzo Rimi aus Alcamo (TP) gesorgt und außerdem Beziehungen zu den Cousins Salvo und – nach dem zweiten Mafiakrieg – zu den Corleonesern unterhalten habe. Letztendlich kam das Berufungsgericht jedoch zu dem Ergebnis, dass für die Zeit nach 1980 eine Zusammenarbeit zwischen Andreotti und der Mafia nicht zweifelsfrei nachgewiesen werden könne, weshalb Andreotti aus Mangel an Beweisen freigesprochen wurde. Das Kassationsgericht bestätigte im Oktober 2004 das Urteil des Berufungsverfahrens, womit der 1991 zum Ehrensenator ernannte Andreotti ungeschoren davonkam. Der Prozess in Palermo war nicht der einzige, bei dem sich Andreotti wegen Mafiabeziehungen verantworten musste: Bereits 1993 hatte die römische Staatsanwaltschaft Ermittlungen gegen Andreotti eingeleitet, nachdem der Mafiaaussteiger Buscetta erklärt hatte, Andreotti habe die Mafia mit dem Mord an dem Journalisten Mino Pecorelli († 1979) beauftragt, der über brisante Informationen zu Andreotti verfügt habe. Der in Perugia im April 1996 eröffnete Prozess endete im September 1999 mit einem Freispruch, im Berufungsverfahren hingegen wurde Andreotti zu 24 Jahren Haft verurteilt und das Kassationsgericht schließlich sprach Andreotti 2003 aus Mangel an Beweisen frei, vgl. *Cassarà* (2020: 153 ff.), *Ceruso* (2008: 152 ff.), *Maestri* (2014), *Minna* (2002), *Montanaro/Ruotolo* (1995: 106 f., 123, 152 ff., 758 ff., 832, 883 ff.), *Stancanelli* (2016: 60).

23 *Montanaro/Ruotolo* (1995: 831).

24 *Montanaro/Ruotolo* (1995: 808, 842).

25 *Montanaro/Ruotolo* (1995: 78 f., Übersetzg. d. Verf.).

26 Der treue Gefolgsmann Limas, mächtigster »Andreottiano« in Westsizilien und Jurist D'Acquisto begann als Bürgermeister von Mezzojuso (PA), bekleidete zwischen 1980 und 1982 das Amt des sizilianischen Regionalpräsidenten, wurde anschließend ins Abgeordnetenhaus gewählt und gehörte mehrfach als Staatssekretär unterschiedlichen Regierungen an. D'Acquistos Mafianähe war allgemein bekannt, weshalb er bei Beerdigungsfeiern von Mafiaopfern regelmäßig ausgepfiffen wurde. Dem Clan von Vicari (PA) soll er besonders nahe gestanden und dem Boss sogar als Trauzeuge für dessen Sohn gedient haben. Mafiaaussteiger sagten aus, D'Acquisto habe häufig Mafiosi bei sich Zuhause empfangen und ihnen unzählige Gefälligkeiten erwiesen, vgl. *La Repubblica* (02.09.1988), *Montanaro/Ruotolo* (1995: 826, 900).

27 Der palermitanische Arzt Gorgone war 1981 zunächst Regionalabgeordneter, ab 1987 mehrfach Assessor der Regionalregierung. Er geriet wegen seiner Mafiabeziehungen Mitte der 1990er-Jahre in die Mühlen der Justiz, habe er sich doch von den Mafiafamilien Altofonte (PA) und Cerda (PA) Wahlstimmen organisieren lassen und sich dafür mit der Zuteilung öffentlicher Aufträge revanchiert. Gorgone wurde als erster sizilianischer Politiker überhaupt in allen Instanzen verurteilt und musste 2002 tatsächlich ins Gefängnis, um eine siebenjährige Haftstrafe abzusitzen. Dies blieb für Gorgone insofern unverständlich, als er sich nicht anders als viele seiner Parteikollegen verhalten hatte, vgl. *Cassarà* (2020: 32), *La Repubblica* (15.11.2002), *Live Sicilia* (02.02.2014), *Lodato/Travaglio* (2005: 295), *Pinotti/Tescaroli* (2008: 235 f.)

28 Der catanesische Ingenieur Drago wurde in den 1950er-Jahren zum Abgeordneten der Regionalversammlung, 1958 zum Provinzpräsidenten von Catania, 1964 zum Bürgermeister von Catania und zwischen 1972 und 1983 wiederholt in das Abgeordnetenhaus bzw. in den Senat gewählt. Als Staatssekretär gehörte er mehreren Regierungen an. Zunächst »Fanfaniano«, später Anführer der »Andreottiani« in Ostsizilien, war Drago nicht nur eng mit den »Cavalieri di Catania«, also den dortigen Mafiabauunternehmern verbunden, sondern auch mit dem Mafiaclan von Nitto Santapaola. 1993 geriet Drago im Zusammenhang mit dem Umbau der ehemaligen Schwefelraffinerie am catanesischen Viale Africa zu einem Kulturzentrum in Untersuchungshaft. Nachdem Drago zunächst zu vier Jahren Haft verurteilt worden war, wurde er am Ende freigesprochen. Drago zog sich, nachdem sein politischer Vertrauensmann Paolo Arena, der DC-Sekretär von Misterbianco (CT), 1991 vom Tuppi-Clan ermordet worden war, aus der Politik zurück, vgl. *Ardita* (2015: 84), *Camera dei Deputati/Senato della Repubblica* (1993: 112 ff.), *Montanaro/Ruotolo* (1995: 896 ff.).

29 Ende der 1980er-Jahre in den Provinzvorstand der DC von Enna und 1990 in das ennesische Provinzparlament gewählt, setzte der Strafverteidiger Bevilacqua – unterstützt von Lima und der nationalen Parteiführung – gegen den ausdrücklichen Willen der Parteibasis seine

Kandidatur für das Regionalparlament 1991 durch. Teile der Parteibasis wandten sich gegen Bevilacqua, weil er allseits als Mafiaboss von Barrafranca (EN) bekannt war. Nicht bekannt war, dass Bevilacqua darüber hinaus als Bezirksrepräsentant auch noch der höchste Mafiaboss in der gesamten Provinz Enna war. Im November 1992 wurde Bevilaqua wegen Mitgliedschaft in der Mafia, Bieterabsprachen und Erpressung zu elfeinhalb Jahren Haft verurteilt, wegen eines Formfehlers in der Berufung freigesprochen. Im Juli 2003 wurde Bevilacqua erneut verhaftet und zu 13 Jahren und sieben Monaten, 2009 schließlich zu lebenslanger Haft verurteilt, weil er 2003 den Unternehmer Domencio Calcagano aus Valguarnera (EN) hatte ermorden lassen. Bereits im Mai 2018 durfte der Boss dank eines medizinischen Gutachtens das Gefängnis verlassen und wurde unter Hausarrest gestellt, vgl. *Amadore* (2007: 18 f.), *Giornale di Sicilia* (01.07.2020), *Montanaro/Ruotolo* (1995: 886 ff.).

30 Der Jurist Maira stammte aus einer Politikerfamilie, war in den 1980er-Jahren Mitglied des Stadtrats und Bürgermeister von Caltanissetta und wurde 1981 in das Regionalparlament und 1992 in das Abgeordnetenhaus gewählt. Bereits im November 1992 stellte die Staatsanwaltschaft den Antrag auf Aufhebung der Immunität. Ihm wurde zur Last gelegt, in Caltanissetta Stadtratsentscheidungen im Sinne der Cosa Nostra beeinflusst, sich um die Versetzung des der Mafia lästigen Kriminalpolizeichefs von Caltanissetta, Carmelo Casabona, bemüht und von der Mafia Stimmen gekauft zu haben. Das Gericht hielt den Wahlbetrug zwar für wahrscheinlich, das Vergehen war aber bereits verjährt. Maira geriet außerdem im Zusammenhang mit dem tödlichen Attentat auf den Richter Falcone in die Schlagzeilen: Er wurde verdächtigt, der »Maulwurf« gewesen zu sein, der Falcone in Rom ausspionierte und das Todeskommando über dessen Ankunft in Palermo informierte. Gleichwohl setzte Maira nach der Auflösung der DC seine politische Karriere zunächst beim PPI und später in diversen christdemokratischen Splitterparteien wie der UDC fort, vgl. *Camera dei Deputati/Senato della Repubblica* (1993: 12 ff.), *Martorana/Nigrelli* (1993: 87 ff.), *Montanaro/Ruotolo* (1995: 897 ff.), *La Repubblica* (04.02.1993), *Riccio/Vinci* (2024: 346, 350), *Tranfaglia* (2001: 310).

31 Der Schreiner Giammarinaro war eine Weile in Deutschland als Gastarbeiter tätig, kehrte 1969 in seinen Heimatort Salemi zurück und gründete zusammen mit dem Ingenieur Ignazio Lo Presti, dem Schwager des ebenfalls aus Salemi stammenden mafiosen Steuereintreibers und DC-Mäzens Nino Salvo, ein Baugeschäft und trat in die DC ein. Dank seiner politischen Beziehungen wurde Giammarinaro 1976 Präsident des Vittorio-Emanuele-II-Krankenhauses von Salemi und später Mitglied des Direktoriums der Gesundheitsbehörde USL 4 von Mazara del Vallo, so dass er weite Teile des Gesundheitswesens der Provinz Trapani beherrschen und mit illegal angeeigneten öffentlichen Mitteln sowie Strohmännern ein aus medizinischen Labors, Bau- und Dienstleistungsunternehmen bestehendes Wirtschaftsimperium aufbauen konnte. Von Anfang an pflegte Giammarinaro einen offenen Umgang mit Mafiosi. Erst 1988 gelang es seinen innerparteilichen Gegnern, Giammarinaro aus dem DC-Provinzvorstand von Trapani zu entfernen. Auch die Polizei hielt Giammarinaro für gefährlich, beschränkte sich aber darauf, ihm 1990 den Waffenschein zu entziehen. 1990 rief Giammarinaro in Absprache mit den Cousins Salvo und Lima in der Provinz Trapani den Andreotti-Flügel ins Leben und trat 1991 bei den Wahlen zum Regionalparlament an. Premierminister Andreotti unterstützte »seinen« Kandidaten bei dessen spektakulärer Wahlkampfschlussveranstaltung in der Sporthalle Palagranata in Trapani, der mit 109.261 Präferenzstimmen (46 % aller Stimmen) als »Recordman« der DC in das Regionalparlament gewählt wurde (*Montanaro/Ruotolo:* 1995: 891). 1994 erhielt er zwei Haftbefehle und es wurde ihm das politische Mandat entzogen. Giammarinaro floh daraufhin zunächst nach Tunesien und dann nach Slowenien. Nachdem er ein mildes Urteil ausgehandelt hatte, kehrte er 1996 nach Sizilien zurück und stellte sich der Justiz. Er zahlte einen Teil der veruntreuten Gelder zurück und wurde aus Mangel an Beweisen freigesprochen, jedoch unter polizeiliche Aufsicht gestellt. Dennoch war er weiterhin politisch tätig, trat 2001 erneut für das Regionalparlament an (für die christdemokratische Liste Biancofiore) und da er selbst nicht mehr präsentabel war, machte er seinen Einfluss geltend: Beispielsweise lancierte er 2008 in Salemi den umstrittenen Kunsthistoriker Vittorio Sgarbi (geb. 1952) aus Ferrara (FE) als Bürgermeisterkandidaten, der auf die Ratschläge Giammarinaros hörte,

weshalb die Kommune 2012 wegen mafioser Infiltration aufgelöst wurde. Vorher aber war Sgarbi, der durch seine skurrilen Einfälle immer wieder für Schlagzeilen sorgte und der erklärt hatte, Giammarinaro werde unrechtmäßig verfolgt, die Mafia gebe es sowieso nicht mehr, beleidigt zurückgetreten, vgl. *Di Girolamo* (2012: 121 ff.), *Gomez/Travaglio* (2001: 485 ff.), *Il Fatto Quotidiano* (23.03.2012), *Montanaro/Ruotolo* (1995: 175 ff., 891 ff.).

32 Zu den »Cianciminiani« zählten zahlreiche Ehrenmänner, darunter Stadträte, Senatoren und Nationalabgeordnete wie der Anwalt Giuseppe Cerami (1924–1989) von der Familie von Brancaccio-Conte Federico, der Arzt Francesco Barbaccia (1922–2010) von der Familie von Cinisi (PA) oder Arzt Gioacchino Pennino von der Familie Brancaccio, vgl. *Montanaro/Ruotolo* (1995: 800 ff.).

33 Der aus Mantua (MN) stammende Jurist Ruffini war Neffe des palermitanischen Erzbischofs Ernesto Ruffini (1888–1967) und seit 1945 Mitglied der DC, wirkte ab 1955 als Anwalt in Palermo (wo die Cousins Salvo mit ihrem Steuereintreibungsbüro zu seinen wichtigsten Klienten zählten) und trat 1963 erstmals bei den Parlamentswahlen an. Er wurde anschließend immer wieder gewählt, gehörte als Staatssekretär, Transport- und Verteidigungsminister verschiedenen Regierungen an, hatte indes keine Hemmungen, sich öffentlich mit Mafiosi zu zeigen oder sich von ihnen unterstützen zu lassen, und spielte wie sein Onkel Ernesto (der die Mafia für eine Erfindung der Kommunisten hielt und sogar den Clan der mafiosen Kapuzinerbrüder aus Mazzarino (CL) verteidigt hatte) stets das Problem der Mafia als Diffamierung Siziliens herunter, vgl. *Ceruso* (2007: 64 ff., 144 ff.), *Deaglio* (1993: 152), *Romano* (2002: 443 ff.), *Sales* (2010: 96 ff.), *Stancanelli* (2016: 65).

34 Zum DC-Regionalkongress 1983 in Agrigent vgl. *Pennino* (2006: 153), *Stancanelli* (2016: 67).

35 Der Jurist Mannino wurde 1961 in den Stadtrat von Sciacca, 1971 in die Regionalversammlung sowie ab 1976 wiederholt in das

Nationalparlament gewählt und war Regionalassessor, Staatssekretär und Minister verschiedener Regierungen. Obwohl der Ex-Mafioso Rosario Spatola (1949–2008) aus Campobello di Mazara (TP) Mannino belastet hatte, wurden die ruhenden Ermittlungen erst wiederaufgenommen, als 1994 auch der palermitanische Mafiapolitiker Gioacchino Pennino gegen Mannino auszusagen begann. In dem im November 1995 beginnenden Prozess wurde ihm vorgeworfen, seit den 1970er-Jahren mit der Stidda sowie den mafiosen Cosche aus Agrigent zusammengearbeitet zu haben: Für Unterstützung im Wahlkampf soll er sich mit zugeschanzten öffentlichen Aufträgen oder Stellen revanchiert haben. Als sizilianischer Finanzassessor half er den mafiosen Steuereintreibern Salvo. 2001 wurde Mannino freigesprochen, weil in den Augen der Richter die Beweise dafür, dass Mannino der Cosa Nostra Gefälligkeiten erwiesen hätte, unzureichend waren. Zwar wurde Mannino in der Berufung 2004 zu einer Haftstrafe von fünf Jahren und vier Monaten verurteilt, aber dieses Urteil hob das Kassationsgericht 2005 wegen Fehler in der Urteilsbegründung auf und der Freispruch im zweiten Berufungsverfahren 2008 wurde 2010 vom Kassationsgericht bestätigt. Die langjährigen Prozesse hatten Manninos politischer Karriere in keiner Weise geschadet: Bereits 2006 stieg er wieder in die Politik ein und wurde für die christdemokratische UDC in den Senat gewählt, vgl. *Cassarà* (2020: 232 ff.), *Gomez/Travaglio* (2006: 554 ff.), *Forgione* (2004: 81), *Giornale di Sicilia* (12.05.2004), *La Repubblica. Cronaca di Palermo* (28.04.2009), *Montanaro/Ruotolo* (1995: 843 ff.), *Riccio/Vinci* (2024: 350 f.), *Santino* (1997: 159 ff.).

36 Inzerillo, ein einst bei der Bahn beschäftigter Landvermesser, war politischer Ziehsohn des DC-Senators Giuseppe Cerami. 1980 wurde er erstmals in den palermitanischen Stadtrat gewählt und ab 1983 gehörte er als Assessor verschiedenen Stadtregierungen an; 1990 brachte er es sogar für kurze Zeit zum stellvertretenden Bürgermeister. Der Übertritt zu den Parteilinken im Jahre 1990 verhalf ihm 1992 zum Amt des Senators, allerdings begannen seine Probleme kurze Zeit später, als diverse Pentiti auf den erheblichen Einfluss Michele Gravianos, des Capofamiglia des Brancaccio-Clans, auf Inzerillo hinwiesen. Inzerillo soll von verschiedenen Bauunternehmern Schmiergelder entgegengenommen

sowie mit Hilfe des Notars und Freimaurers Pietro Ferrao Richter zu bestechen versucht haben. Sein Name wurde im Zusammenhang mit den Attentaten auf die Richter Falcone und Borsellino genannt. Die Ermittlungen gegen Inzerillo wurden aber immer eingestellt. 2004 hob ein Berufungsurteil die 2000 wegen Zusammenarbeit mit der Mafia verhängte Haftstrafe von acht Jahren wieder auf, allerdings wurde im Januar 2011 Inzerillo vom Kassationsgericht dann doch noch zu fünf Jahren und vier Monaten Haft verurteilt. Wegen guter Führung durfte er das Gefängnis aber bereits 2012 vorzeitig verlassen, vgl. *Giornale di Sicilia* (17.11.2009), *Gomez/Travaglio* (2006: 636), *La Repubblica* (22.11.2000; 14.01.2011), *La Repubblica. Cronaca di Palermo* (04.12.2004), *Montanaro/Ruotolo* (1995: 844, 846), *Palermo Today* (01.08.2012), *Paoli* (2003: 194), *19 Luglio 1992* (13.01.2011).

37 Der studierte Pädagoge Culicchia war ab 1962 dreißig Jahre lang Bürgermeister seines Heimatorts Partanna (TP) und führte darüber hinaus zwischen 1965 und 1973 die DC in Trapani als Provinzsekretär. 1976 wurde Culicchia erstmals in die sizilianische Regionalversammlung, 1992 auch in das Abgeordnetenhaus gewählt und wurde zudem Assessor der sizilianischen Regionalregierung. Nachdem Piera Aiello, Rita Atria sowie der Mafiaaussteiger Rosario Spatola aus Campobello di Mazara gegen ihn ausgesagt hatten, musste für einen Prozess erst seine Immunität aufgehoben werden: Culicchia soll der Accardo-Cosca von Partanna und affilierten Mafiaunternehmern sowie -genossenschaften geholfen haben, sich nach dem Belice-Erdbeben (1968) an öffentlichen Geldern zu bereichern; außerdem soll er Drogengelder des Clans von Castelvetrano entgegengenommen und eine diesbezügliche Geldwäsche bei der Vatikanbank befördert haben. Vor allem aber wurde Culicchia vorgeworfen, den Mord an seinem innerparteilichen Rivalen, dem partannesischen Stadtrat Stefano Nastasi († 1983), veranlasst zu haben. Das Verfahren wegen des Mordvorwurfs wurde im Februar 1996 eingestellt, von den übrigen Vorwürfen wurde er 1997 in erster Instanz freigesprochen, ein Urteil, das 2000 in der Berufung bestätigt wurde. Daraufhin kandidierte Culicchia 2001 als Mitglied der Margherita für die Regionalversammlung und wurde in Partanna 2003 erneut zum Bürgermeister gewählt, zwischen 2008 und 2012 schaffte er

es dann auch noch, auf der Liste MPA des Ex-Christdemokraten Raffaele Lombardo zum Provinzpräsidenten von Trapani gewählt zu werden, vgl. *Antimafia Duemila* (26.07.2014), *Camera dei Deputati/Senato della Repubblica* (1993: 13 ff., 33 f.), *Corriere della Sera* (25.06.1992), *La Repubblica* (09.05.1992), *Pinotti* (2007: 577 ff.), Rizza (1994: 26 ff.), *Tranfaglia* (2001: 311).

38 Canino war seit 1981 mehrfach Abgeordneter der Regionalversammlung und bekleidete wiederholt Assessorenämter in der Regionalregierung. Nach der Auflösung der DC gehörte er als angebliches Mitglied der verbotenen Loge Iside 2 zu den Protagonisten der von Freimaurerkreisen und dem Mafioso Leoluca Bagarella geförderten Partei Sicilia Libera. Nachdem diverse Ex-Mafiosi ausgesagt hatten, Canino befände sich »in den Händen« des trapanesischen Bosses Vincenzo Virga, wurde er aus dem Regionalparlament ausgeschlossen, 1998 verhaftet und u. a. der Zusammenarbeit mit der Mafia, Manipulation öffentlicher Aufträge und Beamtenbestechung angeklagt. Canino starb kurz vor Prozessende, wäre aber zu einer Haftstrafe verurteilt worden, vgl. *Camera dei Deputati/Senato della Repubblica* (1993: 61), *La Repubblica* (03.03.2014), *Pinotti* (2007: 560, 564).

39 Berlusconi und Dell'Utri kannten sich vom Jurastudium in Mailand. Als die Mafia von dem jungen Mailänder Bauunternehmer Berlusconi in den 1970er-Jahren Schutzgelder forderte, holte er 1974 seinen palermitanischen Freund Dell'Utri als Sekretär nach Mailand. Dieser hatte nach dem Studium zunächst in Rom für das Sportzentrum Elis, einer Einrichtung des katholischen Opus Dei gearbeitet, 1967 in Palermo den Fußballverein Athletic Club Bacigalupo gegründet und ab 1970 bei der Bank Sicilcassa gearbeitet. Im Fußballclub schloss Dell'Utri vor allem mit Gaetano (Tanino) Cinà von der Familie Malaspina Freundschaft, der sein wichtigster Ansprechpartner in der Cosa Nostra blieb. In Mailand arrangierte Dell'Utri im Firmensitz von Berlusconis Baufirma Edilnord 1974 ein Treffen zwischen Berlusconi und den Mafiabossen Stefano Bontate, Tanino Cinà, Mimmo Teresi und Francesco Di Carlo, womit die Zusammenarbeit Berlusconis mit der Mafia begann. Auf Bontates Betreiben wurde Vittorio Mangano

(1940–2000) von der palermitanischen Familie Porta Nuova im Juli 1974 Leibwächter Berlusconis, fungierte aber offiziell als Verwalter von Berlusconis Villa Arcore. Berlusconi revanchierte sich mit regelmäßigen Geldzahlungen an die Cosa Nostra und angeblicher Geldwäsche. Zwischen 1975 und 1979 scheinen zahlreiche palermitanische Ehrenmänner wie Stefano Bontate, Michele Graviano und Giovanni Pullarà in Berlusconis Baufirmen investiert zu haben, wie der Mafioso Giuseppe Graviano, der Mafiaaussteiger Francesco Di Carlo sowie Filippo Alberto Rapisarda, ein Finanzier, der selbst mafiose Drogengelder gewaschen hatte, behaupteten. Berlusconi gelang es nie, die Herkunft seines unternehmerischen Startkapitals überzeugend zu erklären. Als der Leibwächter Mangano 1974 vorübergehend verhaftet wurde, musste er die Villa Arcore verlassen und Berlusconi brach den Kontakt zu Dell'Utri ab, wenn auch die Zahlungen an die Cosa Nostra weiterhin flossen. Sich nach neuen »Beschützern« umsehend, fand Berlusconi diese in Licio Gellis Geheimloge P2, der er 1978 beitrat. Mit der Hilfe Gellis erhielt Berlusconi enorm hohe ungesicherte Bankkredite. – Marcello Dell'Utri und dessen Zwillingsbruder Alberto hingegen nahmen – vermittelt durch den Mafioso Tanino Cinà – eine Tätigkeit bei dem in Mailand lebenden sizilianischen Finanzier und Drogengeldwäscher Filippo Alberto Rapisarda († 2011) auf. Dell'Utris Bindung an die Cosa Nostra verstärkte sich. Anfang der 1980er-Jahre kehrte Dell'Utri auf Wunsch der Cosa Nostra zu Berlusconi nach Mailand zurück. In diesen Jahren baute der von seinem Freund und Trauzeugen Bettino Craxi protegierte Berlusconi, nicht ohne gegen geltende Gesetze zu verstoßen, seinen Medienkonzern Fininvest auf und Dell'Ultri wurde Leiter von dessen Werbeagentur Publitalia. Totò Riina, der sich nach dem Maxiprozess nach neuen politischen Bündnispartner umsah, hoffte, über Berlusconi eine Beziehung zu Craxi aufzubauen, weshalb er die den Druck auf Berlusconi verstärkenden Brandanschläge Nitto Santapaolas ab 1990 auf die Lager des Berlusconi-Unternehmens Standa in Catania gut hieß. Als Berlusconi nach dem Tangentopoli-Skandal in ernste Schwierigkeiten geraten war – sein Beschützer Craxi war verurteilt worden und nach Tunesien geflohen und sein Konzern Fininvest stand kurz vor der Pleite –, schlugen ihm seine engsten Mitarbeiter – Dell'Utri, Cesare Previti (1934–2022) und Giuliano Ferrara (geb. 1952)

– vor, die Flucht nach vorne anzutreten und selbst in die Politik einzusteigen. Berlusconi beriet sich u. a. mit dem Medienexperten Fedele Confalonieri (geb. 1937), dem ehemaligen Direktor der römischen Tageszeitung »Tempo« Gianni Letta (geb. 1935) sowie mit dem Politikwissenschaftler Giuliano Urbani (geb. 1937) und 1993 beschloss er tatsächlich, eine neue Partei zu gründen: die Forza Italia. Im März 1994 schnitt sie bei den vorgezogenen Nationalwahlen so gut ab, dass Berlusconi italienischer Ministerpräsident wurde. Die Cosa Nostra hatte sich im Wahlkampf massiv für die FI-Kandidaten eingesetzt und so viele FI-Clubs gegründet, dass einige der Clubs schließen mussten, um der FI nicht von vornherein den Ruf als Mafiapartei zu verschaffen. Das Mafia-Image hatte die FI, deren Kandidaten eine ganze Reihe von Mafiastrafverteidigern umfassten, aber doch recht bald. Gegen Dell'Utri wie auch gegen Berlusconi wurde wegen Zusammenarbeit mit der Mafia prozessiert, wobei das Verfahren gegen Berlusconi im März 1997 eingestellt wurde, während Dell'Utri nach einer Vielzahl von Prozessen im Mai 2014 rechtskräftig vom Kassationsgericht zu sieben Jahren Haft verurteilt wurde. Kurz vor der Urteilsbekanntgabe flüchtete Dell'Utri, wurde aber bald darauf in Beirut verhaftet und nach Italien ausgeliefert. Er konnte jedoch aus gesundheitlichen Gründen bereits im Juli 2018 das Gefängnis vorzeitig verlassen wurde unter Hausarrest gestellt. Noch aber sind nicht alle Mafiaprozesse gegen Dell'Utri abgeschlossen, vgl. *Abbate/Gomez* (2007: 180 ff., 214 ff., 224 ff.), *Bellavia* (2010: 206–217, 364), *Caruso* (2017: 518 ff.), *Forgione* (2004: 50 ff.), *Gomez/Travaglio* (2001: 19 ff., 84 ff.; 2005; 2006: 125 ff., 248 ff.), *Il Fatto Quotidiano* (07.02.2020; 14.02.2020), *Kaos* (2005: 5–10, 850–857), *Pinotti* (2007: 569 ff.), *Santino* (1997: 227 ff.), *Stille* (2006), *Tranfaglia* (2008: 101, 116 ff.), *Ursetta* (2013: 55 ff.), *Veltri/Travaglio* (2001).

40 So wurde der aus Corleone stammende Finanzexperte Giuseppe Provenzano (geb. 1946), zwischen 1996 und 1998 sizilianischer Regionalpräsident, im Mai 2009 vom Kassationsgericht rechtskräftig zu drei Jahren Haft wegen Unterschlagung öffentlicher Gelder verurteilt. 1984 war er unter dem Vorwurf, für Saveria Benedetta Palazzolo, der Frau des Bosses Bernardo Provenzano, Gelder verwaltet zu haben, verhaftet worden. Er war aber bereits in der Voruntersuchung 1989

freigesprochen worden, da er angeblich nicht gewusst hatte, woher die Millionen der mittellosen Hemdenmacherin gestammt hatten, vgl. *Abbate/Gomez* (2007: 154 ff.), *Bellavia* (2010: 49 ff.), *Forgione* (2004: 53 ff.), *Il Fatto Quotidiano* (07.02.2013). – Auch der einer reichen trapanesischen Unternehmerdynastie entstammende Jurist D'Ali (geb. 1951), der FI-Senator und trapanesischer Provinzpräsident war und verschiedenen Berlusconi-Regierungen als Staatssekretär angehörte, wurde der Zusammenarbeit mit der Mafia beschuldigt. Allerdings wurde 2013 und in der Berufung 2016 Verjährung bzw. mangelnde Beweislast festgestellt. Als »sozial gefährliche« Person wurde er jedoch zeitweise unter Hausarrest gestellt. Das Kassationsgericht hob den Freispruch letzendlich aber dann auf und ordnete ein neues Berufungsverfahren an, bei dem D'Ali im Juli 2021 zu sechs Jahren Haft verurteilt wurde. Dieses Urteil wurde im Dezember 2022 rechtskräftig und D'Ali musste ins Gefängnis, vgl. Abbate (2020: 149 f.), *ANSA* (22.07.2021), *Il Fatto Quotidiano* (13.12.2022), L'Espresso (20.03.2008), *Forgione* (2004: 61 ff.), *Uccello/Amadore* (2009: 108). – Ebenfalls Probleme mit der Justiz bekam der aus Canicatti (AG) stammende und ab 1996 mehrfach in das Abgeordnetenhaus gewählte ehemalige Direktor der Sicilcassa von Termini Imerese Gaspare Giudice wegen mafioser Wählerstimmenorganisation, betrügerischen Bankrotts, Geldwäsche und Erpressung. Allerdings lehnte das Abgeordnetenhaus in einer transversalen Abstimmung ab, dass Giudice in Untersuchungshaft genommen werden konnte. In erster Instanz wurde Giudice im April 2007 freigesprochen, eine Berufungsverhandlung fand wegen des vorzeitigen Todes von Giudice nicht mehr statt, vgl. *Abbate/Gomez* (2007: 47 ff.), *Caminita Altervista* (23.01.2021), *Gomez/Travaglio* (2001: 357 f.), *L'Espresso* (20.03.2008). – Auch dem 2001 erstmals in das Abgeordnetenhaus gewählten Mafiastrafverteidiger Mormino aus Palermo wurde nachgesagt, sich von der Mafia Wählerstimmen organisieren zu lassen und sich im Parlament für die Interessen der Cosa Nostra einzusetzen. Der Oberboss Provenzano hatte große Hoffnungen, Mormino könne als Abgeordneter die juristischen Probleme der Mafia lösen. Es hieß ferner, Mormino habe von Mafiosi Geld genommen, um Prozesse »in Ordnung zu bringen«. Alle Ermittlungen gegen Mormino wurden frühzeitig eingestellt, vgl. *Abbate/Gomez* (2007: 258 ff.), *Caminita Altervista* (23.01.2021),

Trocchia (2009: 154). – Der Arzt und Besitzer zahlreicher medizinischer Labors, Giuseppe Nobile aus Favara (AG), Mitglied des agrigentinischen FI-Provinzvorstandes und Abgeordneter des Provinzparlaments von Agrigent, wurde 2002 verhaftet, als er an einem Mafiagipfeltreffen teilnahm. Nobile wurde wegen diverser Vergehen 2013 zu acht Jahren und acht Monaten Haft verurteilt, vgl. *Abbate/Gomez* (2007: 175), *Agrigento TV* (23.02.2013), *La Repubblica* (15.07.2002; 16.07.2002). – Der palermitanische Jurist Carlo Vizzini (geb. 1947), Sohn und politischer Erbe des PSDI-Politikers Casimiro Vizzini, wechselte 1998 zur FI. Er gehörte seit 1976 dem Abgeordnetenhaus an und war Staatssekretär sowie Minister verschiedener Regierungen. Als Parteisekretär der PSDI war er in den Tangentopoli-Skandal verwickelt, wurde wegen der Annahme von Schmiergeldern in erster Instanz verurteilt und in der Berufung aber freigesprochen, da das Vergehen verjährt war. Aufgrund von Aussagen des Sohnes des Mafiapolitikers Vito Ciancimino, Massimo, wurde 2009 gegen Vizzini wegen Korruption und Begünstigung der Mafia ermittelt. Da aber das Parlament die Nutzung von abgehörten Telefongesprächen zwischen Vizzini und Lapis, dem Verwalter der Gasfirma, nicht gestattet hatte, wurde die Untersuchung im Juli 2014 eingestellt, vgl. *Gomez/Travaglio* (2006: 636). *Il Fatto Quotidiano* (20.10.2011), *La Repubblica* (11.06.2009). – Der Strafverteidiger Francesco Musotto (geb. 1947) enstammte einer Politiker- und Großgrundbesitzerfamilie und kam vom PSI 1994 in die FI. Musotto war Stadtrat von Cefalù (PA), Regionalabgeordneter, Provinzpräsident von Palermo sowie Europaabgeordneter. Nachdem er im November 1995 mit seinem Bruder Cesare wegen des Verdachts auf Verstecken flüchtiger Mafiosi verhaftet wurde, legte er sein Amt als Provinzpräsident nieder und wurde erstinstanzlich, im Berufungsverfahren und vom Kassationsgericht freigesprochen. Sein Bruder Cesare indes wurde 1998 zu viereinhalb Jahren Haft verurteilt (die in der Berufung 1999 auf fünf Jahre reduziert wurde), vgl. *Caselli/Lo Forte* (2020: 9), *La Repubblica* (05.04.1998; 07.04.2001), *Lodato/Travaglio* (2005: 295), *Santino* (1997: 232). – Der aus Prizzi (PA) stammende Giovanni Mercadante (geb. 1947), Oberarzt an der palermitanischen Krebsklinik Maurizio Ascoli und Universitätsdozent für Radiologie, saß in den 1990er-Jahren für die FI im Stadtrat von Palermo und 2001 sowie erneut 2006 in der sizilianischen Regionalversammlung. Gegen Mercadante war immer wieder ermittelt, aber die Untersuchungen waren eingestellt worden. 2006 jedoch wurde er u. a. beschuldigt, seine berufliche Position ausgenutzt zu haben, um flüchtige Mafiosi zu behandeln, politischer Ansprechpartner diverser Ehrenmänner gewesen zu sein und Wahlkampfhilfe von der Cosa Nostra gegen Gefälligkeiten wie der Manipulation von Stellenbesetzungen im Krankenhaus angenommen zu haben. Einige Mafiosi behaupteten sogar, Mercadante habe seinen mafiosen Cousin Cannella darum gebeten, den Liebhaber seiner Ehefrau Agnese ermorden zu lassen, den Unternehmer Enzo D'Amico. Dies untersagte aber der Obermafioso Provenzano – schließlich handelte es sich bei D'Amico um den Neffen seines Finanzberaters und Vertrauten Pino Lipari. Die ursprüngliche Verurteilung zu zehn Jahren und acht Monaten Haft von 2009 wurde nach wiederholten Berufungsverfahren vom Kassationsgericht endgültig bestätigt, vgl. *Abbate/Gomez* (2007: 271 ff.), *Adnkronos* (10.07.2006), *Bellavia* (2010: 53), *La Repubblica* (03.05.2009; 08.04.2015). – Giuseppe (Pino) Firrarello (geb. 1939) war für die DC Stadtrat und Bürgermeister in Bronte (CT) und ab 1986 Mitglied der Regionalversammlung. In der Regionalregierung bekleidete er mehrfach Assessorenämter, 1996 gelang ihm für die CDU der Sprung in den Senat. 1999 trat Firrarello zur FI über, für die er seither verschiedene politische Ämter bekleidete. 1999 wurden Ermittlungen gegen Firrarello wegen des Verdachts auf Zusammenarbeit mit der Mafia sowie Bieterabsprachen und Schmiergeldannahme im Zusammenhang mit dem Bau des Garibaldi-Krankenhauses von Catania eingeleitet. Da der Senat der Staatsanwaltschaft die Aufhebung der Immunität verweigerte, blieb Firrarello die Untersuchungshaft erspart. Das erstinstanzliche Urteil von zwei Jahren Haft von 2007 wurde 2012 in der Berufung aufgehoben, weil das Vergehen zwischenzeitlich verjährt war. Firrarello war trotzdem bis 2018 Bürgermeister von Bronte, vgl. *Forgione* (2004: 91), *Gomez/Travaglio* (2006: 701 f.), *L'Espresso* (20.03.2008). – Firrarellos Schwiegersohn, Giuseppe Castiglione (geb. 1963) saß für die DC zwischen 1989 und 1992 im Stadtrat von Bronte, für die CDU 1996 in der Regionalversammlung, gehörte der Regionalregierung als Assessor an und trat 2000 in die FI ein, für die er später in das Europaparlament gewählt wurde. 2008 erlangte er das Amt des catanesischen Provinzpräsidenten und wurde 2013 in das Abgeordnetenhaus gewählt. Als Staatssekretär gehörte er mehreren Regierungen an. In erster Instanz wurde Castiglione 1999 wegen Bieterabsprachen – allerdings ohne den erschwerenden Zusatz der Begünstigung der Mafia – zu zehn Monaten Haft verurteilt, dann aber in der Berufung 2004 freigesprochen. Der Freispruch wurde 2005 vom Kassationsgericht bestätigt. 2015 wurde ihm vorgeworfen, den Auftrag zur Verwaltung des Flüchtlingscamps C.A.R.A. von Mineo (CT) unrechtmäßig an zu diesem Zweck gegründete Genossenschaften vergeben und dafür Wahlstimmen erhalten zu haben, vgl. *Bellavia* (2004: 110 f.), *Gomez/Travaglio* (2006: 701 f.), *La Repubblica* (13.11.2004), *L'Espresso* (20.03.2008), *Sicilia Network* (16.05.2016).

41 Der Genueser Unternehmer, einstige FI-Abgeordnete und spätere Lega-Umweltexperte Arata geriet 2019 in Untersuchungshaft. Ihm wurde vorgeworfen, mit dem mafiosen sizilianischen »Windparkkönig« Vito Nicastri unsaubere Geschäfte gemacht und Beamte der sizilianischen Regionalverwaltung bestochen zu haben. Arata soll ferner auf seinen Parteifreund Armando Siri (geb. 1971), Staatssekretär für Infrastruktur, eingewirkt haben, um einen Beamten in einer für die Geschäfte Aratas wichtigen Schlüsselposition unterzubringen, vgl. *Il Foglio* (12.06.2019), *Il Post* (14.06.2019), *La Repubblica* (12.06.2019).

42 Dem Bauunternehmer Li Destri, der 2017 bei den Regionalparlamentswahlen erfolglos für das M5S kandidiert hatte, wurde vorgeworfen, kostenlos Bauarbeiten für einen Mafioso ausgeführt und Schutzgeld bezahlt zu haben. Li Destri, der Cousin des gleichnamigen, wegen Mitgliedschaft in der Mafia angeklagten Giacomo Li Destri (geb. 1966), war von seiner Partei als Modellunternehmer herausgestellt worden, hatte er doch die von Abgeordneten des M5S finanzierte »Straße der Ehrlichkeit« gebaut, eine Umgehungsstraße der streckenweise wegen eines Pfeilereinsturzes nicht mehr befahrbaren Autobahn Palermo-Catania, vgl. *La Repubblica* (31.10.2017).

43 Der Lega-Stadtrat Mazzeo, der 2014 für das Europaparlament und 2018 in Maletta als Bürgermeister kandidiert hatte, geriet in die

Schlagzeilen, weil er sich während seines Wahlkampfes von dem Mafioso Salvatore Gulino, mit dem er entfernt verwandt ist, begleiten ließ, vgl. *Corriere Etneo* (18.07.2019).

44 Der Stadtratskandidat der Fratelli d'Italia, Francesco Lombardo, wurde im Juni 2022 verhaftet, weil er sich an einen Mafiaboss gewandt haben soll, um Wahlstimmen zu kaufen, vgl. *La Stampa* (10.06.2022).

45 Dem ehemaligen Stadtrat Mimmo Russo wurde Zusammenarbeit mit der Mafia, insbesondere Stimmenkauf vorgeworfen, weshalb er im April 2024 verhaftet wurde, *Il Sole 24 Ore* (09.04.2024).

46 Der Jurist Gunnella war Mitglied des Aufsichtsrats und Präsident der sizilianischen Schwefelminengesellschaft sowie ab 1968 langjähriges Mitglied des Parlaments und als Staatssekretär sowie Minister mehrfach Mitglied der Regierung. Obwohl über den Führer der sizilianischen Republikaner viele Jahre wegen Mafianähe geredet wurde, wurden die Ermittlungen wegen des Verdachts der Zusammenarbeit bzw. Mitgliedschaft in der Mafia 1996 eingestellt. Wegen des Vorwurfs des Wählerstimmenkaufs von der Mafia erhielt Gunnella 1993 eine zweijährige Haftsstrafe, die er aufgrund einer Amnestie aber nicht antreten musste. Schließlich geriet Gunnella doch noch wegen Annahme von Schmiergeldern im Zusammenhang mit dem Bau des Ancipa-Staudamms im Juli 1993 für einige Monate in Untersuchungshaft. In der ersten Instanz wurde er freigesprochen, im Berufungsverfahren 2005 aber zu einer, später vom Kassationsgericht bestätigten, zweijährige Haftstrafe, verurteilt. Diese Verurteilung wurde aber wegen der Verjährung des Delikts nicht wirksam, vgl. *Bellavia* (2010: 58), *Caruso* (2005: 272), *Help Consumatori* (07.12.2006), *La Repubblica* (20.10.1991; 30.07.1993; 25.02.2004; 12.08.2006), *Progetto San Francesco* (06.12.2020), *Tranfaglia* (2001: 235).

47 Ignazio Mineo, PRI-Lokalsekretär von Bagheria, wurde 1979 trotz seiner mafiosen Verwandtschaft – sein Bruder Francesco gehörte dem örtlichen Mafiaclan an – in den Senat gewählt. Gegen Ignazio Mineo war wegen unsauberer Immobilien- und Baugeschäften

ermittelt worden. Zu einem Prozess kam es aber nicht, da Mineo 1984 erschossen wurde, wobei Tatumstände auf ein Mafiaverbrechen hinweisen, vgl. *La Repubblica* (20.09.1984), *Montanaro/Ruotolo* (1995: 831, 900).

48 Casimiro Vizzini, der Vater von Carlo, war zusammen mit Saragat einer der Initiatoren des 1947 als Rechtsabspaltung vom PSI gegründeten sozialdemokratischen Partito Socialista dei Lavoratori Italiani (ab 1951 Partito Socialista Democratico Italiano). Vizzini war Kommunalpolitiker, u. a. Assessor in Palermo, bevor er 1958 in das Abgeordnetenhaus gewählt wurde, dem er bis 1968 angehörte. Vizzini hatte keine Probleme mit der Justiz, allerdings behauptete in den 1990er-Jahren der Pentito Francesco Di Carlo, dass Vizzini ein Ehrenmann gewesen sei, vgl. *Bellavia* (2010: 246).

49 Der Ökonom Occhipinti aus einer Politikerfamilie aus Gela (CL) war zunächst als Stadtrat in Caltanissetta, in den frühen 1980er-Jahren für die Sozialdemokraten Mitglied des Provinzparlaments von Caltanissetta (in der dortigen Regierung bekleidete er ab 1982 das Amt eines Assessors) und 1992 Mitglied des Abgeordnetenhauses. Occhipinti wurde die manipulierte Vergabe von öffentlichen Aufträgen gegen Wählerstimmen zur Last gelegt. Er wurde wegen der Zusammenarbeit mit der Cosa Nostra sowohl in erster Instanz als auch 1998 in der Berufung zu acht Jahren Haft verurteilt. Nach dem Schiedsspruch des Kassationsgerichts wurde das Urteil im April 2005 rechtswirksam. Tatsächlich wurde Occhipinti wegen Zusammenarbeit mit der Mafia nur zu vier Jahren Haft verurteilt, weil der Korruptionsvorwurf zwischenzeitlich verjährt war, vgl. *Camera dei Deputati/Senato della Repubblica* (1993: 12 ff.), *Martorana/Nigrelli* (1993: 87, 91 f.), *Pinotti/Tescaroli* (2008: 231 ff.), *Riccio/Vinci* (2024: 350), *Tranfaglia* (2001: 310 f.).

50 Der »Craxianer« und Jurist Andò war in den 1970er-Jahren Stadtrat in Giarre (CT), ab 1979 dann wie sein Vater auch Bürgermeister sowie mehrfach Mitglied des Abgeordnetenhauses und 1992 Verteidigungsminister. Während der Mani-Pulite-Untersuchungen wurde Andò verhaftet und unter Hausarrest gestellt. Vom Vorwurf des

Stimmenkaufs wurde Andò im Juni 2000 aus Mangel an Beweisen freigesprochen. Wegen Schmiergeldannahmen wurde er zunächst verurteilt, der Schuldspruch wurde aber im September 1999 wegen Verjährung zurückgenommen. 2004 bestätigte das Kassationsgericht diese Entscheidung. 2005 wurde Andò gleichwohl Rektor der Universität von Enna, vgl. *ANSA* (15.01.2010), *La Repubblica* (16.10.2011), *Riccio/Vinci* (2024: 350, 353 f.), *Trocchia* (2009: 33 f.).

51 Der Jurist Pietro Pizzo, Sohn eines ehemaligen PSI-Bürgermeisters von Marsala, war ab 1979 wiederholt Mitglied der Regionalversammlung, Assessor der Regionalregierung und 1987 Senator. Darüber hinaus bekleidete er kurze Zeit das Amt des Bürgermeisters von Marsala. Für ein Verfahren wegen Amtsmissbrauchs und Antikenhehlerei erteilte der Senat 1993 keine Erlaubnis. Im April 2004 wurde Pizzo wegen Wählerstimmenkaufs verhaftet und 2007 in erster Instanz zu vier Jahren Haft verurteilt. In der Berufung wurde er im April 2009 freigesprochen, zwar nicht vom eindeutigen Wählerstimmenkauf, sondern vom Vorwurf der Zusammenarbeit mit der Mafia. Das Kassationsgericht ordnete im November 2011 die Wiederholung des Berufungsverfahrens an, da Pizzo nicht für das richtige Delikt verteilt worden war. Im zweiten Berufungsverfahren wurde Pizzo dann 2012 aufgrund der Verjährung des Delikts freigesprochen, vgl. *La Repubblica* (23.01.2002), *Liberainformazione* (02.08.2010), *TP 24* (30.03.2012).

52 Der Lehrer Enzo Leone wurde ab 1986 wiederholt in die Regionalversammlung gewählt, zwischen 1989 und 1991 gehörte er als Assessor der Regionalregierung an. Bereits in den frühen 1990er-Jahren wurde gegen ihn wegen des Verdachts auf verschiedene Straftaten ermittelt, darunter Zusammenarbeit mit der Mafia, Wählerstimmenkauf, Korruption sowie unrechtmäßige Zuteilung öffentlicher Mittel an fingierte Jugendgenossenschaften. Leone wurde verhaftet und im Februar 1994 vom Ministerpräsidenten Carlo Azeglio Ciampi (1920–2016) sogar seines Amtes enthoben – ein bis dahin einmaliger Vorgang in Italien! Danach gelang es Leone allerdings fast immer, Haftstrafen zu entgehen. – Im Dezember 2018 geriet der damals fast 80-jährige Leone erneut in die Schlagzeilen: Es wird vermutet, er gehöre zum

Beschützerkreis des flüchtigen Bosses Matteo Messina Denaro, vgl. *Giornale di Sicilia* (12.12.2018b), *Il Circolaccio* (18.09.2018), *La Repubblica* (02.10.1994; 19.10.2000).

53 Während die UDC in Italien nur zwischen 3 und 5 % der Wählerstimmen erhielt, erreichte sie 2003 bei ihrem ersten Antritt bei den Provinzwahlen in Sizilien fast 20 %. Und auch bei den Regionalwahlen gelang es ihr, zur zweitstärksten Partei nach der FI zu werden: Die FI verfügte über 23 der ingesamt 90 Abgeordneten, die UDC lag mit 20 Abgeordneten fast gleichauf, vgl. *Forgione* (2004: 86 f.).

54 Der politische Ziehsohn Calogero Manninos und Radiologe Cuffaro war bereits 1980 für die DC Mitglied des Stadtrats seines Heimatortes Raffadali (AG) und ab 1991 Abgeordneter der Regionalversammlung. Nach der Auflösung der DC war Cuffaro Mitglied verschiedener DC-Splitterparteien und mehrere Male Assessor der Regionalregierung, bevor er erstmals 2001 – und erneut 2006 – zum Regionalpräsidenten gewählt wurde. Cuffaro, den die Presse Vasa-Vasa (Siz. Küsse, Küsse) nannte, beherrschte die Politik in Patron-Klient-Manier so meisterhaft, dass sein Politik-Stil »Cuffarismo« genannt wurde. Trotz zahlreicher Anschuldigungen wegen angeblicher Mafianähe, Schmiergeldannahme oder Beeinflussung von Ausschreibungen und Stellenbesetzungen wurde gegen Cuffaro erst ab 2003 ermittelt, und zwar im Rahmen der Untersuchungen »Ghiacco 2« (Eis) und »Talpe in Procura« (Maulwürfe in der Staatsanwaltschaft): Cuffaro wurde die Weitergabe von vertraulicher Information an Mafiosi in zwei Fällen zur Last gelegt. Cuffaro wurde im Januar 2008 in erster Instanz wegen der Enthüllung von Amtsgeheimnissen und Begünstigung zu einer Haftstrafe von fünf Jahren verurteilt. Außerdem wurde ihm verboten, zukünftig politische Ämter zu bekleiden. Dennoch feierte Cuffaro das Urteil, indem er Cannoli verteilte, weil die Richter den erschwerenden Zusatz, die Mafia begünstigt zu haben, hatten fallen lassen. Aufgrund von Protesten trat Cuffaro von seinem Amt zurück, obwohl ihm die Regionalversammlung das Vertrauen ausgesprochen hatte. In der Berufung wurde Cuffaro dann im Januar 2010 zu einer siebenjährigen Haftstrafe verurteilt, diesmal mit dem Zusatz der Begünstigung der

Mafia. Dieses Urteil wurde im Januar 2011 vom Kassationsgericht bestätigt, woraufhin Cuffaro seine Haftstrafe antreten musste, aber das Gefängnis bereits im Dezember 2015 wieder verlassen durfte, vgl. *Abbate/Gomez* (2007: 163 ff.), *Bellavia/Palazzolo* (2004: 87 ff.), *Caruso* (2017: 540 ff.), *Ciconte* (2008b: 339), *Foresta* (2006), *Forgione* (2004: 87, 169 ff.), *Giornale di Sicilia* (27.06.2003b, 06.11.2003), *Gomez/Travaglio* (2006: 524 ff.), *La Repubblica* (25.11.2005; 13.12.2005), *Ursetta* (2013: 89 ff.).

55 Francesco Saverio Romano (geb. 1964), UDC-Politiker und politischer Ziehsohn Cuffaros, war 1990 Mitglied des palermitanischen Provinzparlaments, als Assessor Mitglied der Provinzregierung, mehrere Jahre Präsident des IRCAC, einer regionalen Kreditanstalt, und seit 2001 mehrfach Mitglied des Abgeordnetenhauses. Als Staatssekretär und Minister war er an verschiedenen Regierungen beteiligt. Wegen Zusammenarbeit mit der Mafia, Korruption, Entgegennahme von Schmiergeldern und Betrugs (jüngst auch im Zusammenhang mit Covid-Masken und -schutzanzügen) wurde gegen ihn ermittelt. Die Untersuchungen wurden stets eingestellt, vgl. *Abbate/Gomez* (2007: 57 ff.), *Forgione* (2004: 174), *Giornale di Sicilia* (13.12.2005b), *Palermo Today* (04.03.2021), *Rizzo* (2011: 26 f.). – Der frühere Sozialdemokrat und spätere UDC-Politiker sowie ehemalige Buchhalter Vincenzo Lo Giudice (1936–2024) aus Canicatti (AG) war Bürgermeister von Canicatti (AG), ab 1991 mehrfach Mitglied der Regionalversammlung und als Assessor Mitglied der Regionalregierung. Gegen den im März 2004 verhafteten Politiker wurde wegen unrechtmäßiger Zuteilung von Lizenzen, öffentlicher Mittel und Aufträge an Mafiaunternehmer, Schmiergeldannahme, Wahlbetrugs, Bedrohung politischer Gegner oder Beeinflussung eines Geschworenen ermittelt. Ferner soll Lo Giudice, als auf den Euro umgestellt wurde, einen Mafiaunternehmer darum gebeten haben, sein gehortetes Schmiergeld in Höhe von 500 Mio. Lire umzutauschen. Interessanterweise hatte er bei abgehörten Gesprächen Mafiajargon verwendet: Er hatte Polizisten »Sbirri« genannt, die man »auseinandernehmen und Stück für Stück zerlegen« müsse (*Forgione* 2004: 155, Übersetzg. d. Verf.). Mafiosi hingegen waren für ihn »unsere Freunde mit dem Knüppel« (*Trocchia* 2009: 238, Übersetzg. d. Verf.).

Im Februar 2008 wurde Lo Giudice wegen Zusammenarbeit mit der Mafia zu 16 Jahren Haft verurteilt. Das Urteil wurde in der Berufung 2009 auf elf Jahre und vier Monate reduziert und vom Kassationsgericht dann auf zehn Jahre festgesetzt. Bereits 2013 wurde er wieder in die Freiheit entlassen, als sozial gefährliche Person aber unter Hausarrest gestellt, vgl. *Abbate/Gomez* (2007: 166 f.), *Amadore* (2007: 18 ff.), *Forgione* (2004: 155), *La Repubblica* (25.11.2005), *Trocchia* (2009: 237 ff., 345). – Bei dem aus Sambuca di Sicilia (AG) stammenden und beim palermitanischen Policlinico beschäftigten Arzt Domenico (Mimmo) Miceli (geb. 1964) handelt es sich um einen Kommunalpolitiker und engen Vertrauten von Cuffaro. Miceli war erstmals 1993 in den Stadtrat von Palermo gewählt worden, bekleidete später in der palermitanischen Stadtregierung das Amt des Gesundheitsassessors und war der Verbindungsmann des Mafiabosses Guttadauro zur Politik, vor allem zu dem sizilianischen Ministerpräsidenten Totò Cuffaro: In der Wohnung des Mafiabosses erhielt Miceli Anweisungen, welche Ärzte in den palermitanischen Krankenhäusern einzustellen und welche Kandidaten in politische Ämter gewählt werden sollten. Vertrauliche Informationen, die Miceli von Cuffaro über Ermittlungen erhielt, wurden umgehend an den Mafiaboss weitergeleitet. Im Juni 2003 wurde Miceli verhaftet und im Dezember 2005 wegen Zusammenarbeit mit der Mafia zu einer Haftstrafe von acht Jahren verurteilt. 2012 wurde das Urteil rechtswirksam, wobei die Strafe auf sechs Jahre und sechs Monate reduziert wurde. Nach nur zwei Jahren wurde er, der übrigens nie zur Aufklärung der ihm vorgeworfenen Delikte beigetragen hatte, bereits wieder in die Freiheit entlassen, wenn auch unter Auflagen, vgl. *Abbate/Gomez* (2007: 250 ff.), *Antimafia Duemila* (03.11.2011b), *Live Sicilia* (28.07.2004), *La Repubblica. Cronaca di Palermo* (12.03.2004). – Der aus Vicari (PA) stammende Arzt Antonino (Nino) Dina (geb.1957) war in den 1980er-Jahren Stadtrat in Vicari und ab 2001 mehrfach Mitglied der Regionalversammlung. Gegen ihn wurde im Mai 2009 im Rahmen der Carabinieri-Operation »EOS« gegen den palermitanischen Resuttana-Clan und im Zusammenhang mit der Untersuchung »Talpe in Procura«, die zum Rücktritt von Cuffaro geführt hatte, ermittelt. Im Oktober 2017 wurde Dino wegen angeblicher Mafiabeziehungen für eineinhalb Jahre als sozial gefährliche Person unter Aufsicht gestellt. Im März 2019 wurde er dann wegen Wahlbetrugs doch noch zu acht Monaten Haft verurteilt, vgl. *La Repubblica. Cronaca di Palermo* (15.05.2009; 17.05.2009), *La Repubblica* (17.10.2017; 26.03.2019). – Der aus einer Politikerfamilie in Marsala stammende Kulturunternehmer David Costa (geb. 1966) war ab 1996 mehrfach Mitglied der Regionalversammlung und als Assessor ab 2001 auch an der Regionalregierung beteiligt. Mit der Justiz bekam er Probleme im Rahmen der 2001 durchgeführten Operation »Peronospera«, bei der es um die Verbindung zwischen Mafia und Politik in der Provinz Trapani ging, und im November 2005 warf die Staatsanwaltschaft Costa empfangene Wahlkampfhilfe, Begünstigung mafioser Genossenschaften und Kreditbeschaffung für einen Mafioso vor. Costa wurde vom Vorwurf der Zusammenarbeit mit der Mafia sowohl in der ersten Instanz als auch in der Berufung zunächst freigesprochen, das Kassationsgericht ordnete aber 2012 die Wiederholung des Berufungsverfahrens an, in dem Costa dann 2013 zu drei Jahren und acht Monaten Haft – später vom Kassationsgericht bestätigt – verurteilt wurde, vgl. *Adnkronos* (12.02.2014), *La Repubblica* (15.11.2005; 11.03.2006; 20.12.2006), *La Repubblica. Cronaca di Palermo* (22.12.2005). – Auch der Kollege Costas, der aus Alcamo (TP) stammende, erstmals 2001 und erneut 2006 in die Regionalversammlung gewählte, Onofrio (Norino) Fratello (geb. 1963) geriet im Rahmen der Operation »Peronospera« ins Visier der Justiz: Dem Abgeordneten mit einem Abschluss in Wirtschaftswissenschaften wurde vorgeworfen, sich von der Mafia gegen Gefälligkeiten Wahlstimmen organisiert haben zu lassen. Wie im Falle von Costa verzichtete der marsalesische Boss Bonafede bei Fratello auf Geldzahlungen. Fratello wurde zur Last gelegt, für die Vergabe von öffentlichen Aufträgen an Mafiafirmen, vor allem an fingierte Genossenschaften gesorgt zu haben. Der »König der Genossenschaften«, wie die Presse Fratello nannte, war einer der wenigen Politiker, der seine Vergehen gestand. In der Folge wurde Fratello wegen Zusammenarbeit mit der Mafia verurteilt, konnte aber mit eineinhalb Jahren Haft eine milde Strafe aushandeln, die außerdem ausgesetzt wurde. Einige Jahre später entdeckte Fratello das »Geschäft mit den Flüchtlingen«: Über Strohmänner gründete er erneut fingierte Genossenschaften, die sich offiziell um die Unterbringung und Versorgung vor allem unbegleiteter jugendlicher Flüchtinge hätten kümmern sollen, während er und seine Freunde die dafür vorgesehenen öffentlichen Mittel einstrichen. Wegen dieser Betrügereien wurde Fratello 2018 erneut verhaftet, vgl. *Amadore* (2007: 94 f.), *La Repubblica* (25.11.2005; 11.03.2006; 24.11.2006; 05.07.2018). – Der aus Solarino (SR) stammende Arzt Giuseppe (Pippo) Gianni (geb. 1947) war in den 1980er-Jahren als DC-Kommunalpolitiker Mitglied im Stadtrat, 1984 erstmals Bürgermeister von Priolo Gargallo (SR), ab 1991 wiederholt Mitglied der Regionalversammlung und 2001 schließlich Mitglied des Abgeordnetenhauses. Als Assessor war er auch an der Regionalregierung beteiligt. Wegen angeblicher Mafiakontakte wurde er beispielsweise 1980 zusammen mit Mitgliedern des Mafiaclans von Raffadali (AG) aufgrund des Verdachts auf Drogenhandel verhaftet, was aber ohne Folgen blieb. In den 1990er-Jahren sagte der Ex-Mafioso Marino Mannoia aus, Gianni sei einer der Ärzte gewesen, die Mafiosi geholfen hätten: »Es war genau dieser Arzt, der uns lehrte Krankheiten zu simulieren. Wenn man beispielsweise Bananen isst und gleichzeitig Eisenpillen schluckt, ist der Stuhlgang wie bei einem aufgebrochenen Magengeschwür. Eine intravenöse Injektion mit Kamille ruft hohes Fieber, Erbrechen und Krämpfe hervor. Abmagerungspillen provozieren Veränderungen des Herzschlags« (*De Rosa/Galesi* 2013: 188 f., Übersetzg. d. Verf.). Darüber hinaus wurde gegen den Politiker auch wegen Korruption ermittelt. 1994 wurde Gianni wegen Amtsmissbrauchs verhaftet und in erster Instanz zu drei Jahren Haft verurteilt, letztendlich aber freigesprochen. Trotz allem ist Gianni heute Bürgermeister von Priolo, vgl. *Corriere della Sera* (04.04.2014), *De Rosa/Galesi* (2013: 188 f.), *La Sicilia* (24.07.2014). – Der palermitanische Arzt Antonio (Antonello) Antinoro (geb. 1960) bekleidete seit 2001 zahlreiche Ämter: Er war Regional-, National- und Europaparlamentsabgeordneter sowie als Assessor Mitglied der sizilianischen Regionalregierung. 2010 wurde er in erster Instanz wegen Wählerstimmenkaufs zu zwei Jahren Haft verurteilt, was in der Berufung 2013 durch den Zusatz der Zusammenarbeit mit der Mafia verschärft wurde, sodass Antinoro zu sechs Jahren Haft verurteilt wurde. Das Kassationsgericht ordnete aber die Wiederholung des Berufungsverfahrens an und im April 2016 wurde er freigesprochen, was das Kassationsgericht 2017 bestätigte, vgl. *La Repubblica. Cronaca di Palermo* (15.05.2009; 16.05.2009; 17.05.2009), *La Repubblica*

(28.03.2017). – Salvatore Cintola (1941–2010), ein Sprachwissenschaftler, war in den 1980er-Jahren Kommunalpolitiker in Partinico (PA), später Provinz- und Regionalabgeordneter sowie Assessor der Regionalregierung und Senator. Er war Mitglied bei den Republikanern, der Sicilia Libera, den Sozialdemokraten und Sozialisten, bevor er bei der UDC landete. Gegen ihn wurde mehrfach wegen verschiedener Vergehen ermittelt, so wegen Zusammenarbeit mit dem Clan von Partinico, Wahlbetrugs, Manipulation öffentlicher Aufträge, Schmiergeldannahme, Drogenhandel, Amtsunterschlagung. Aller Untersuchungen wurden eingestellt, vgl. *L'Espresso* (20.03.2008), *La Repubblica* (25.11.2005). – Francesco Campanella (geb. 1972) aus Villabate (PA) war 1994 Mitglied des Stadtrats von Villabate, später Stadtratsvorsitzender und 2000 Nationalsekretär der Jugendorganisation der UDEUR, der Vorgängerpartei der UDC. Campanella, der entfernte Mafiaverwandtschaften hat, wurde zur Last gelegt, als Angestellter der Filiale der Bank Credito Siciliano in Villabate circa eine Million Euro von Kundenkonten abgezweigt und einen Ausweis für den flüchtigen Oberboss Bernardo Provenzano gefälscht zu haben (mit dem dieser im Juni und Oktober 2003 nach Frankreich reiste, wo er sich auf Kosten der italienischen Krankenkasse als »Signor Troia« nahe Marseille an der Prostata operieren ließ). 2006 wurde Campanella, der sich stets als Antimafiapolitiker präsentiert hatte, verhaftet und begann, mit der Justiz zusammenzuarbeiten und zahlreiche Politiker zu belasten. 2007 wurde er in erster Instanz mit eineinhalb Jahren Haft zu einer milden Strafe verurteilt. Im Berufungsverfahren 2010 bekam er dann eine Strafe von sieben Jahren auferlegt, vgl. *Abbate/Gomez* (2007: 9 ff., 93), *Adnkronos* (06.11.2007), *Bellavia* (2010: 247 f.), *De Rosa/Galesi* (2013: 20 f.), *Di Girolamo* (2012: 148 f.), *La Repubblica. Cronaca di Palermo* (22.12.2005b), *Messina* (2014: 358 ff.), *Morosino* (2009: 25), *Palazzolo/Prestipino* (2007: 103 ff., 245). – Der aus der Gegend von Neapel stammende Antonio Borzacchelli (geb. 1961) war ehemaliger Carabineri-Wachtmeister und 2001, gewählt auf der Liste Biancofiore Totò Cuffaros, Mitglied der Regionalversammlung. Im Rahmen der Untersuchung »Talpe in Procura« wurde Borzacchelli im Februar 2004 wegen Erpressung verhaftet. Zeugen sagten aus, Borzachelli habe sein als Carabiniere gewonnenes Wissen sowie seine Kontakte im Justizapparat benutzt, um von dem Gesundheitsunternehmer Michele Aiello nicht nur Geld, sondern darüber hinaus eine Villa und Anteile an dessen Krebsklinik zu verlangen. Borzachelli, der zu den Vorwürfen schwieg, wurde 2008 in der ersten Instanz wegen Amtsmissbrauch zu zehn Jahren Haft verurteilt, später aber freigesprochen, vgl. *Abbate/Gomez* (67 ff.), *Giornale di Sicilia* (29.03.2008), *La Repubblica* (25.11.2005), *Palermo Today* (03.07.2013).

56 Der catanesische Arzt Lombardo war Ende der 1970er-Jahre für die DC Mitglied des Stadtrats von Catania und 1986 der Regionalversammlung. Nach der Auflösung der DC war er in diversen christdemokratischen Splitterparteien aktiv, bis er 2005 seine Regionalpartei MPA ins Leben rief. Er bekleidete zahlreiche politische Ämter: Provinzpräsident in Catania, Europaabgeordneter und schließlich von 2008 bis 2012 sizilianischer Ministerpräsident. Lombardo war seit den 1990er-Jahren in zahlreiche Untersuchungen wegen Manipulationen bei Stellenbesetzungen und Beförderungen im öffentlichen Dienst, wegen eines Schmiergeldskandals und mafiöser Wählerstimmenbeschaffung verwickelt. 2012 wurde er schließlich wegen Zusammenarbeit mit der Mafia angeklagt und musste – wie sein Vorgänger Cuffaro – vom Amt des Ministerpräsidenten zurücktreten. Zu der Anklage war es im Rahmen der »Operation Iblis« gekommen, in deren Mittelpunkt die unrechtmäßige Vergabe öffentlicher Aufträge sowie die Genehmigungen von Einkaufszentren standen. Im Februar 2014 wurde der Politiker wegen Begünstigung der Mafia und Stimmenkaufs in erster Instanz zu sechs Jahren und acht Monaten Haft verurteilt. In der Berufung wurde Lombardo vom Vorwurf der Zusammenarbeit mit der Mafia freigesprochen, aber wegen Stimmenkaufs zu zwei Jahren Haft verurteilt. Das Kassationsgericht ordnete ein neues Berufungsverfahren an, das 2023 mit einem Freispruch endete, vgl. *Caruso* (2017: 531 ff.), *Di Girolamo* (2012: 142 ff.), *Il Fatto Quotidiano* (17.03.2023), *La Sicilia* (16.03.2021).

57 Die politische Karriere des aus Trapani stammenden Geometers Bartolo Pellegrino begann im PSI, für den er in den Stadtrat von Trapani und ab 1971 mehrfach in die Regionalversammlung gewählt

wurde. Nach dem Zusammenbruch der Ersten Republik wechselte er wiederholt seine Parteizugehörigkeit, bis er mit Nuova Sicilia seine eigene Partei ins Leben rief. Pellegrino war als Umweltassessor und stellvertretender Ministerpräsident auch an der Regionalregierung beteiligt. Aufgrund der zahlreichen Schwarzbauten, die Pellegrino nachträglich genehmigte, galt er vielen als »Leader« der Schwarzbauer. 2003 war Pellegrino zum Rücktritt als Assessor gezwungen, weil ein abgehörtes Telefongespräch mit einem Mafioso aus Monreale öffentlich wurde, bei dem der Politiker Mafiaaussteiger als »Infame« und Polizisten als »Sbirri« bezeichnet hatte. Außerdem soll er Mafiosi, die er im Regionalparlament empfangen haben soll, Tipps gegeben haben, wie sie ihr konfisziertes Eigentum zurückerhalten könnten. Pellegrino wurde 2007 wegen des Verdachts auf Zusammenarbeit mit der Mafia verhaftet. Er bekam zunächst Hausarrest auferlegt, wurde aber später in allen Instanzen freigesprochen, vgl. *Forgione* (2004: 92 ff.), *Bellavia/Palazzolo* (2004: 102 ff.), *Uccello/Amadore* (2009: 119 ff.).

58 Die zweite Führungspersönlichkeit der Nuova Sicilia war der aus Bisacquino (PA) stammende, ehemalige Regionalbeamte Nicolò (Ciccio) Nicolosi. Er war ursprünglich in der DC aktiv gewesen, für die er ab 1986 in die Regionalversammlung gewählt wurde. Als Assessor war er an der Regionalregierung beteiligt gewesen. Nachdem er 2001 in das Abgeordnetenhaus gewählt worden war, eroberte er 2002 – und erneut 2018 – das Bürgermeisteramt von Corleone. Nicolosi, der nur einmal 1992 verhaftet und anschließend freigesprochen worden war, geriet in die Schlagzeilen, weil seine erste Amtshandlung als neuer Bürgermeister von Corleone darin bestanden hatte, den Strafverteidiger der Familie Riina, Nino Di Lorenzo, zum Assessor für Kultur und Tourismus zu ernennen. Die Empörung war so groß, dass Di Lorenzo nach nur einem Tag zurücktreten musste. Außerdem hatte Nicolosi während seines Wahlkampfes immer wieder betont, dass die Kinder von Mafiabossen, dieselben Rechte wie alle anderen haben müssten. Nachdem bekannt geworden war, dass sich Nicolosi und einige Assessoren gegen Covid hatten impfen lassen, obwohl sie noch nicht an der Reihe gewesen waren, trat er im März 2021 von seinem Bürgermeisteramt zurück, vgl. *Forgione* (2004: 104 ff.), *Palermo Today* (08.03.2021).

59 Der ehemalige Bankangestellte Alberto Di Marzo begann seine politische Tätigkeit im neofaschistischen MSI, bevor er zum PSI und später zur Nuova Sicilia wechselte. Ab 1994 eroberte er mehrfach das Bürgermeisteramt von Pantelleria. Die Schwierigkeiten Di Marzos mit der Justiz begannen 2002, als er unter der Anschuldigung zusammen mit Mafiosi von Unternehmern Schutzgeld erpresst zu haben verhaftet wurde. Di Marzo wurde außerdem der illegale Besitz von Schusswaffen zur Last gelegt. In der ersten Instanz wurde er zu dreieinhalb Jahren Haft verurteilt, in der Berufung aber freigesprochen, weil die Richter die Auffassung vertraten, er habe nur aus Angst mit der Mafia zusammengearbeitet. Das Kassationsgericht bestätigte den Freispruch. 2010 gelang ihm mit knapp 63 % der Wählerstimmen die Wiederwahl zum Bürgermeister, aber bereits 2012 wurde er erneut wegen Korruption verhaftet. Er soll von einem Unternehmer Geld für die Einstellung von dessen Sohn als technischer Leiter der Kommune verlangt haben. Di Marzo wurde zunächst unter Hausarrest gestellt. Er gab sein Vergehen zu und handelte eine nur eineinhalbjährige Haftstrafe aus, die er nicht einmal absitzen musste, vgl. *Bellavia/Palazzolo* (2004: 100 ff.), *Di Girolamo* (2012: 153 f.), *Forgione* (2004: 110 ff.), *TP 24* (08.10.2015).

60 Beispielsweise hatte der Aussteiger Buscetta erklärte, es sei erlaubt gewesen, Politiker aller moderaten Parteien (Christdemokraten, Monarchisten, Liberale, Republikaner) zu wählen, nicht aber Kommunisten, Sozialisten und Faschisten, vgl. *Dino* (2002: 121).

61 *Blok* (1974: 124 f.), *Catanzaro* (1991: 134 f.), *Lupo* 1990: 161).

62 *Marino* (2002a: 76).

63 Verro, der später einer der wichtigsten sozialistischen Bauernführer werden sollte, erkannte seinen Fehler aber bald und trat wieder aus der Mafia aus. Als er dann in Corleone für das Amt des Bürgermeisters kandidierte, wurde er von der Mafia ermordet, vgl. *Dickie* (2005: 155 ff.), *Marino* (2002a: 77), *Renda* (1998): 187 ff.).

64 Zu Bosco vgl. *Lupo* (1990: 170 f.).

65 *Sanfilippo* (2008: 39).

66 Crisafulli, der nur einen Hauptsschulabschluss besaß, arbeitete sich innerhalb des PCI hoch: Er hatte seine politische Karriere mit dem Verteilen von Flugblättern bei den traditionellen Unità-Festen des PCI begonnen, bevor er es zum Funktionär des linken Bauernverbandes Confederazione Italiana Agricoltori und zum Präsidenten der CONF-COLTIVATORI brachte. Nachdem er zunächst Provinzabgeordneter in Enna war, wurde Crisafulli ab 1991 wiederholt in die Regionalversammlung gewählt. Als Assessor war er auch an der Regionalregierung beteiligt. Unter der Führung von Crisafulli, schaffte es der PCI (und dessen Nachfolgeorganisationen) zu einer in der Provinz Enna außerordentlich mächtigen Partei zu werden, die dort ähnliche Wahlerfolge wie in der »roten« Emilia-Romagna feierte. Crisafulli und der Mafiaboss Bevilacqua kannten sich seit den 1980er-Jahren aus ihrer gemeinsamen Zeit im Provinzparlament von Enna, in das Bevilacqua für die DC gewählt worden war. Die Polizei stieß rein zufällig auf Crisafulli, weil sie das Hotel Garden in Pergusa wegen Schutzgeldpressungen mit Hilfe von Wanzen und Videokameras überwacht hatte. Auf diese Weise gelang es ihr ein 24-minütiges Gespräch zwischen Crisafulli und Bevilacqua aufzuzeichnen, bei dem es um die Verteilung öffentlicher Aufträge, Schmiergelder sowie die Einstellung von Personal ging. Die beiden gingen außerordentlich vertraulich miteinander um – sie begrüßten und verabschiedeten sich mit Wangenküsschen –, wobei Bevilacqua derjenige war, der Bitten äußerte, Crisafulli hingegen erklärte, wie verfahren werden würde. Kritik seitens des Bosses blockte der Politiker mit »Fatti i cazzi tuoi« (Kümmere Dich um Deinen eigenen Dreck, *Forgione* 2004: 181, Übersetzg. d. Verf.) ab. Crisafulli wusste, mit wem er es zu tun hatte, auch weil Bevilacqua zum Zeitpunkt des Treffens unter Hausarrest gestanden war. Es kam zwar zu Ermittlungen gegenüber Crisafulli, den Bevilacqua des Öfteren angerufen und der auch Vertreter des Bosses in seinem Büro empfangen hatte, diese wurden aber 2004 eingestellt. Die überwiegende Mehrheit seiner Parteifreunde wie seiner Wähler verhielten sich gegenüber dem »roten Baron« wie Crisafulli

genannt wurde, als der Vorfall 2003 öffentlich bekannt wurde, solidarisch. Es kam sogar zu richtigen Solidaritätsveranstaltungen. Auch nahm Crisafullis Karriere keinen Schaden, 2006 wurde er in das Abgeordnetenhaus und 2008 in den Senat gewählt, vgl. *Abbate/Gomez* (2007: 141 ff.), *Arnone* (2009: 181 ff.), *Bascietto* (2005: 56 ff.), *Bellavia/Palazzolo* (2004: 111 f.), *L'Espresso* (20.03.2008), *Forgione* (2004: 180 ff.), *Gomez/Travaglio* (2006: 411 ff.), *La Repubblica. Cronaca di Palermo* (26.07.2003).

67 Vor allem waren es Kommunalpolitiker des PCI und seiner Nachfolgeparteien, die wegen Mafiaverbindungen Ärger mit der Justiz bekamen: Zu ihnen zählt der DS-Bürgermeister von Campobello di Licata (AG), Calogero Gueli (1938–2011), der seine Stadt in eine richtige Mafiahochburg verwandelt hatte: Gueli ließ sich von der Mafia im Wahlkampf unterstützen, wofür er sich mit der Zuteilung von öffentlichen Aufträgen an Mafiafirmen revanchierte. Darüber hinaus bereicherte er sich auch selbst, indem er die familieneigene Firma Anaconda begünstigte. Gueli wurde im Juni 2006 verhaftet und im Dezember 2007 wegen Zusammenarbeit mit der Mafia zu drei Jahren und vier Monaten Haft verurteilt, in der Berufung erlangte er einen Freispruch. Das Kassationsgericht verurteilt ihn zwar, aber zu diesem Zeitpunkt war er bereits verstorben. Während seiner Auseinandersetzungen mit der Justiz war Gueli von wichtigen Parteifunktionären wie Angelo Capodicasa (geb. 1949) Solidarität erwiesen worden. Einen seiner schärfsten innerparteilichen Kritiker hingegen, Giuseppe Arnone (geb. 1960), verschmähte Gueli mit Hassgedichten. Anlässlich der Beerdigung Guelis, zu der zahlreiche PD-Funktionäre erschienen waren und bei der die städtische Blaskapelle aufspielte, wurde sogar die traditionelle Muttergottes-Prozession verlegt, um nicht mit der Beerdigungsfeier zu kollidieren, vgl. *Arnone* (2009: 221 ff.), *Di Girolamo* (2012: 138 f.), *La Repubblica* (07.11.2012), *Trocchia* (2009: 233 ff.). – Auch der linke Bürgermeister von Campobello di Mazara (TP), Cirò Caravà (1959–2017) machte wegen seiner Mafiabeziehungen von sich reden. Caravà, der wegen kleinerer Delikte ein Vorstrafenregister aufwies, wurde in den 1990er-Jahren in den Stadtrat von Campobello gewählt und war ab 2006 Bürgermeister der Stadt. Caravà präsentierte

sich in der Öffentlichkeit als Antimafiapolitiker. Er hatte nicht nur in seinem Bürgermeisterzimmer Fotos der ermordeten Richter Falcone und Borsellino hängen, sondern fiel vor allem durch seine leidenschaftliche Antimafiarhetorik auf, für die er sich anschließend bei den Ehrenmännern entschuldigte. Caravà ließ sich von der Mafia im Wahlkampf unterstützen und sorgte nicht nur dafür, dass kommunale Aufträge an Mafiafirmen gingen, sondern erwies überhaupt Mafiosi unzählige Gefälligkeiten. Mafiosi wandten sich auch wegen Kleinigkeiten an Caravà, einmal beispielsweise verlangte ein Krimineller, der wegen Falschparkens einen Strafzettel erhalten hatte, dass Caravà für die Versetzung der Schutzpolizistin sorgen müsse. Im Dezember 2012 wurde Caravà wegen Zusammenarbeit mit der Mafia verhaftet. In der ersten Instanz wurde er freigesprochen, in der Berufung aber dann zu neun Jahren Haft verurteilt. Das Kassationsgericht sprach ihn dann aber 2016 frei, vgl. *Di Girolamo* (2012: 128 ff.) – Zwei linke Mafiafreunde waren Antonino (Nino) Fontana und Simone Castello aus Villabate (PA): Die beiden Landarbeitersöhne entstammen Familien mit kommunistischer Tradition und begannen sich bereits früh in der Gewerkschaftsbewegung und beim PCI zu engagieren. Beide gelangten in die Vorstände von dem PCI nahe stehenden, Agrumen produzierenden Landwirtschaftsgenossenschaften. Die unzertrennlichen Freunde wurden außerdem Teilhaber der Immobiliengesellschaft SALPA, die sich auch erfolgreich im Ausland betätigte. Während Fontana auf lokaler Ebene politische Karriere machte und Bürgermeister von Villabate wurde, scheint Castello nach seiner Heirat mit einer Mineo aus Bagheria (PA) der Cosa Nostra beigetreten zu sein. Castello nahm an Mafiagipfeltreffen bei und war einer der wichtigsten Vertrauten Giuseppe Provenzanos, für den er sich als »Briefträger« betätigte und dessen Pizzini weiterleitete. Der sich als Antimafiapolitiker gebärdende Fontana wurde unter der Anschuldigung der Zusammenarbeit mit der Cosa Nostra verhaftet, kam am Ende aber aufgrund einer Amnestie frei. Castello musste zahlreiche Verhaftungen und Prozesse über sich ergehen lassen, die mal mit Freisprüchen und mal mit Verurteilungen endeten, vgl. *Abbate/Gomez* (2007: 97 ff., 111 ff.), *La Repubblica* (01.09.2014), *TP 24* (05.02.2021). – Einer der jüngsten Fälle eines linken Politikers, der wegen Mafiabeziehungen ins Gerede kam, ist der ehemalige Stadtrat von Erice (TP) und seit 2006 mehrfach in die Regionalversammlung gewählte PD-Politiker Paolo Ruggirello (geb. 1966) aus Trapani. Ruggirello, einer der wichtigsten PD-Politiker in der Provinz Trapani, geriet im März 2019 in die Mühlen der Justiz im Rahmen der von der Staatsanwaltschaft von Palermo und den Carabinieri gemeinsam durchgeführten Operation »Scrigno«, bei der es unter anderem um mafiose Wahlstimmenorganisation ging. Ruggirello wurde verhaftet, weil er sich angeblich von der Mafiafamilie von Trapani bei den Regionalwahlen von 2017 Wahlstimmen organisieren ließ und bürokratische Prozesse für Mafiosi beschleunigte. Da sich Ruggirello in der Untersuchungshaft mit Covid angesteckt hatte, wurde er im Juli 2020 in den Hausarrest entlassen, vgl. *Antimafia Duemila* (18.10.2019), *La Repubblica* (17.02.2020), *Trapani Oggi* (02.02.2021).

68 Es war schon lange über die Verwicklung der roten Genossenschaften mit der Mafia geredet worden. Der Skandal explodierte, als der »Minister der öffentlichen Arbeiten«, Angelo Siino, auszupacken begann. Es scheint, dass sich innerhalb der Mafia Riina stets gegen und Provenzano für die Beteiligung der roten Genossenschaften am Tavolino ausgesprochen hatte. Letztendlich setzte sich Provenzano durch und Riina konnte nur in Corleone verhindern, dass Aufträge an die »Roten« gingen. Nach der Bekanntwerdung der Beteiligung roter Genossenschaften an der illegalen Auftragsvergabe – es heißt die »linken« Politiker hätten untereinander um die Schmiergelder gestritten – kam es zu Ermittlungen gegen zahlreiche linke Genossenschaftsfunktionäre und Politiker, darunter der Regionalabgeordnete, Assessor und Vizepräsident der Region Sizilien Giovanni (Gianni) Parisi (1935–2019) oder der Bürgermeister von Caltavuturo und Regionalabgeordnete Domenico Giannopolo (geb. 1956). Zu den roten Genossenschaften und ihrer Zusammenarbeit mit der Mafia vgl. *Abbate/Gomez* (2007: 103 ff.), *Bellavia/Palazzolo* (2004: 69 ff.), *Il Manifesto* (23.09.2000; 23.09.2000b), *Isola Pulita* (21.09.2000), *Sales* (2015: 361, 367), *Sanfilippo* (2008: 438), *Santino* (21.09.2000), *Stancanelli* (2016: 94, 204 ff., 221 f.).

69 Zu den ersten »linken« Unternehmern, die Lima am System des Tavolino beteiligte, zählten die aus den Madonien stammenden Brüder

Potestio, die nicht einmal Schmiergeld an die Mafia bezahlen mussten, was den Capomafia von Polizzi Generosa (PA), Vincenzo Maranto, empörte. Zu den Potestio vgl. *Abbate/Gomez* (2007: 125 ff., 136 ff.), *Alkemia* (o. J.), *Isola Pulita* (21.09.2000).

70 Der aus Santa Margherita di Belice (AG) stammende Ingenieur und Immobilienunternehmer Giuseppe Montalbano junior (geb. 1935) wurde 2001 wegen Zusammenarbeit mit der Mafia verhaftet. Er wurde beschuldigt, flüchtige Mafiosi wie Totò Riina beherbergt, seine Ferienanlage Torre Macauda in Sciacca (AG) für Mafiatreffen zur Verfügung gestellt, mafioses Geld gewaschen und darüber hinaus geholfen zu haben, Konfiszierungen mafiosen Besitzes zu verhindern. Nachdem Riina verhaftet worden war, ging Montalbano zur Polizei und erklärte, bei der Vermietung einer Villa an Riina dessen wahre Identität nicht gekannt zu haben. Montalbano wurde wegen Zusammenarbeit mit der Mafia und Geldwäsche 2014 rechtskräftig zu sieben Jahren Haft verurteilt. Pikanterweise handelt es sich bei ihm um den Sohn des Juristen und PCI-Funktionärs Giuseppe Montalbano senior (1898–1989), der zeitlebens engagiert gegen die Mafia gekämpft hatte. Zu Montalbano junior vgl. *Abbate/Gomez* (2007: 146 ff.), *Dagospia* (10.10.2015)

71 Scalone, eine der historischen Führungspersonen des MSI in Sizilien, bekleidete verschiedene politische Ämter in Sizilien, bevor er 1994 für die Alleanza Nazionale in den Senat gewählt wurde. Scalone wurde von der Staatsanwaltschaft, die sich auf Aussagen von Mafiaaussteigern und Abhörungen stützte, vorgeworfen, sich als Finanzberater des palermitanischen Brancaccio-Clans betätigt, Einfluss auf Prozesse genommen und im Wahlkampf Unterstützung von der Mafia angenommen zu haben. Beispielsweise war Scalone 1994 abgehört worden, als er sich gerade bei dem Mafiasteuerberater Pino Mandalari für die Unterstützung im Wahlkampf bedankt hatte. Scalone, verbrachte kurze Zeit in der Untersuchungshaft, wurde dann aber nur unter Hausarrest gestellt. In der ersten Instanz wurde der Politiker zu neun Jahren Haft verurteilt, in der Berufung aber freigesprochen, was 2004 das Kassationsgericht bestätigte, vgl. *Giornale di Sicilia* (06.03.2004), *Il Giornale* (27.11.2018), *Paoli* (2003: 213).

72 Battaglia war ab 1993 mehrfach für die AN in den Senat gewählt worden. Der Aussteiger Nino Giuffrè hatte ausgesagt, dass Battaglia – der übrigens kurze Zeit als Strafverteidiger Leoluca Bagarella vertreten hatte –, von der Mafia im Wahlkampf unterstützt worden sei, weil sich diese von ihm versprochen habe, er würde sich als Senator für die Lösung der rechtlichen Probleme der Cosa Nostra einsetzen. Die Untersuchung gegen Battaglia wurde allerdings eingestellt, vgl. *Caminita Altervista* (23.01.2020).

73 Der Lehrer und Journalist Petrotto betätigte sich zunächst in den 1990er-Jahren in der Rete. Als es in dieser Zeit zu Attentaten gegen den Lokalpolitiker kam, war der Mafiaboss von Racalmuto, Maurizio Di Gati, erstaunt und fragte innerhalb der Mafia und Stidda nach, wer etwas wüßte. Nachdem ihm niemand Auskunft geben konnte, fragte der Boss Petrotto, der ihm gegenüber angeblich zugab, die Attentate inszeniert zu haben, um seinen Wahlerfolg innerhalb der Antimafiasympathisanten zu befördern. Gegenüber der Justiz machte Petrotto allerdings keine solchen Angaben und die Ermittlungen wurden eingestellt. Petrotto, dem es 1993 erstmals gelungen war, in Racalmuto zum Bürgermeister gewählt zu werden, hatte dieses Amt bis 2002 und erneut zwischen 2007 und 2011 inne. 2011 wurde die Kommune wegen mafioser Infiltrationen aufgelöst. Petrotto war bereits 2009 verhaftet worden und musste sich wegen verschiedener Vergehen, darunter Drogenhandel, Amtsmissbrauch, Schmiergeldannahme und Zusammenarbeit mit der Mafia verantworten. Er wurde zunächst zu vier Jahren Haft verurteilt, vom Kassationsgericht am Ende dann aber freigesprochen, vgl. *Di Girolamo* (2012: 140 f.), *Giornale di Sicilia* (21.06.2011).

74 Als Almerico plötzlich rund 400 Mitgliedsanträge erreichten, war ihm sofort bewusst, dass es sich um einen Versuch des lokalen Mafiabosses, Giovanni (Vanni) Sacco handelte die DC-Ortsgruppe zu unterwandern und er verweigerte die Ausstellung der Parteiausweise. Darüber hinaus wandte er sich an den sizilianischen Parteisekretär Giovanni Gioia um Hilfe. In einem Dossier argumentierte Almerico, dass Mafiosi nicht in eine Partei passten, die vom christlichen Gedankengut

geleitet sei. Gioia antwortete ihm, die Partei brauche Bündnispartner, weshalb man Kompromisse machen müsse. Da sich Almerico der Anweisung »von oben« widersetzte, enthob ihn Gioia seines Amtes, setzte einen kommissarischen Sekretär ein und stellte die Mitgliedsausweise für die Mafiosi selbst aus. Der widerspenstige Almerico wurde dann am Abend des 26. April 1957 auf der Piazza von Camporeale erschossen. Der Mafiaboss Sacco musste sich zwar vor Gericht für diesen Mord verantworten, wurde aber freigesprochen. Die Zeitungen L'Ora und Paese Sera veröffentlichten 1958 das Dossier, das Almerico an Gioia geschickt hatte, woraufhin eine heftige Kritik an Gioia einsetzte. Der Kommunistenchef Girolamo Li Causi und der Antimafiaschriftsteller Michele Pantaleone beschuldigten Gioia, die moralische Schuld am Tod Almericos zu tragen. Pantaleone und dessen Verleger Einaudi wurden daraufhin von Gioia wegen Verleumdung verklagt. Nach über dreißig Sitzungen sprach ein Turiner Gericht 1977 Pantaleone frei, woraufhin die Repubblica titelte: »Gioia ist ein Mafioso. Dies öffentlich zu erklären, stellt keine Straftat dar.« (*Turone* 1985: 55, Übersetzg. d. Verf.). Zu Almerico vgl. *Cassarà* (2020: 61 ff.), *Ceruso* (2008: 158 f.), *Lupo* (1996: 198), *Nicastro* (2004: 93 ff.), *Pantaleone* (2013: 129 ff.), *Sanfilippo* (2008: 103), *Turone* (1985: 54 f.), *Tranfaglia* (2001: 205).

75 Bei Piersanti Mattarella handelte es sich um einen Sohn des wegen angeblicher Mafiabeziehungen belasteten DC-Politikers Bernardo Mattarella. Wie sein Vater engagierte sich auch Piersanti in der DC. In den 1960er-Jahren gehörte er zunächst dem Stadtrat von Palermo an und ab 1967 wurde er mehrfach in die Regionalversammlung gewählt. Nachdem er bereits Regionalassessor gewesen war, wurde Mattarella 1978 zum sizilianischen Ministerpräsidenten gewählt. Obwohl er ursprünglich aus dem DC-Establishment kam und angeblich gute Kontakte nicht nur zu den Cousins Salvo, sondern sogar zu Stefano Bontate gehabt haben soll, wandte er sich bald gegen den mafiosen Filz in seiner Partei. Der Mafiaaussteiger Francesco Di Carlo vermutete, dass er damit den Verdacht habe entkräften wollen, er könne irgendetwas mit der Mafia zu tun haben. Er bemühte sich, vor allem als Ministerpräsident, um einen sauberen Kurs und leitete Untersuchungen über illegale Auftragsvergaben sowie korrupte Beamte ein. Darüber hinaus

signalisierte er – gemäß der Politik seines Flügelchefs Aldo Moro – gegenüber den Kommunisten Gesprächsbereitschaft. Für viele seiner Parteikollegen – allen voran Lima und Ciancimino – begann Mattarella immer mehr zum Problem zu werden. Da sich der Druck auf ihn verstärkte, suchte Mattarella bei der Parteispitze um Unterstützung für seinen Säuberungskurs nach. Zu diesem Zweck traf er sich Ende Oktober 1979 in Rom mit dem Innenminister Virginio Rognoni (1924–2022). Von diesem Treffen kehrte er desillusioniert und besorgt nach Palermo zurück und vertraute seiner Kabinettschefin Maria Grazia Trizzino an: »Wenn mir etwas Schlimmes passieren sollte, erinnern sie sich dieser Begegnung mit Minister Rognoni« (*Li Vigni* 1995: 223, Übersetzg. d. Verf.). Gut zwei Monate später wurde Mattarella erschossen, vgl. *Bellavia* (2010: 240 ff.), *Li Vigni* (1995: 208 ff.), *Stancanelli* (2016: 63), *Turone* (2019: 138).

76 Insalaco, der Sohn eines Carabiniere aus San Giuseppe Jato (PA), begann seine politische Karriere als »Portaborse« (Taschenträger) von Franco Restivo. Als solcher gehörte er zum belasteten DC-Establishment und kannte viele schmutzige Geheimnisse. Nachdem Insalaco im April 1984 zum Bürgermeister Palermos gewählt worden war, machte er eine Kehrtwende und begann plötzlich als Antimafiabürgermeister aufzutreten. Er konnte sich dementsprechend nicht lange im Amt halten und wurde bereits nach wenigen Monaten, im Juli desselben Jahres, abgewählt. Seinen Antimafiakurs behielt er danach bei, arbeitete mit der Parlamentarischen Antimafiakommission zusammen und denunzierte die unsauberen Machenschaften seiner Kollegen, aber auch der von Graf Arturo Cassina geführte Grabritterorden wurde als Schutznetz der korrupten Mächtigen dargestellt. Bevor er ermordet wurde verfasste Insalaco ein Dossier, übertitelt mit »Vertraulich. Nur unter ungewöhnlichen Umständen zu öffnen«. In dieser denkwürdigen Schrift lieferte der Politiker eine Beschreibung einer völlig korrupten Stadt, in der sich Politiker, Richter und Polizisten gegenseitig unlautere Gefälligkeiten erwiesen. Insalaco hinterließ außerdem eine Liste mit den Namen der »Guten« und der »Bösen«, wobei sich in den Reihen der Letzteren diejenigen finden lassen, denen sein Tod zweifelsohne gelegen kam, vgl. *Stancanelli* (2016: 138, 145, 174, 214, 238 f.).

77 Ähnlich wie Piersanti Mattarella entstammte auch der Jurist Orlando dem Establishment: Sein Vater, der Jurist Salvatore Orlando Cascio, hatte zu den Vertrauenspersonen Bernardo Mattarellas gehört, weshalb er im Minderheitenbericht der Antimafiakommission im Zusammenhang mit dem Misserfolg der Agrarreform wörtlich genannt wird. Wie Piersanti Mattarella zählte Leoluca Orlando zum Kreis der DC-Erneuerer. Orlando schrieb über sich selbst: »Ich wurde Christdemokrat (…) wegen Piersanti. Vielleicht habe ich die DC wegen meiner Angewohnheit gewählt, mit der Welt, der ich auf die eine oder andere Weise entstamme, von innen zu brechen«. Wegen ihrer Väter wurde der sozialistische Politiker Claudio Martelli nicht müde, Mattarella und Orlando als »mafiose Erben« zu attackieren. Staatsanwalt Alberto Di Pisa (1943–2022) ging sogar noch weiter und beschuldigte Orlando in seiner Funktion als Bürgermeister nichts gegen mafiose Machenschaften bei der Vergabe öffentlicher Aufträge in Palermo unternommen zu haben, obwohl er Bescheid gewusst hätte. (*Li Vigni* 1995: 210, Übersetzg. d. Verf.). Zu Orlando und seinem familiären Hintergrund vgl. *Camera dei Deputati/Senato della Repubblica* (1976: 576), *Caruso* (2017: 525 ff.), *Cassarà* (2020: 25 f.), *Mori/De Donno* (2023: 98 ff.), *Nicastro* (2004: 73), *Sanfilippo* (2008: 412, 419).

78 Zur Città per l'Uomo vgl. *Cassarà* (2020: 240), *Stancanelli* (2016: 75 f.).

79 Der Jurist Montalbano war zunächst im PSI aktiv, den er in den frühen 1920er-Jahren zugunsten des neugegründeten PCI verließ. Nachdem er ab 1925 in der Provinz Agrigent das Amt des PCI-Sekretärs bekleidet hatte, musste der Antifaschist Montalbano seine politischen Aktivitäten »zurückfahren«. Nach dem Ende des Faschismus begann er sich aber sogleich wieder im PCI zu engagieren und gehörte nicht nur der nationalen Parteiführung, sondern in der Funktion eines Staatssekretärs auch der Übergangsregierung an; später war er außerdem Regionalabgeordneter und Bürgermeister von Santa Margherita del Belice. Montalbano zählte – zusammen mit Li Causi – zu den Kommunisten, denen im Unterschied zu vielen anderen »Genossen« der Kampf gegen die Mafia ein Anliegen war, wenn beide auch unterschied-

liche Strategien verfolgten: Li Causi vertrat die Ansicht, man könne vor allem junge Mafiosi noch umerziehen, wovon Montalbano nicht ausging. Montalbano, der zwischen 1945 und 1956 auch der Kontrollkommission des PCI angehörte, war sich darüber hinaus bewusst, dass Mafiosi auch seine Partei zu unterwandern versuchten. Er denunzierte das Antimafia-Engagement der politischen Linken – inklusive des PCI – als rein rhetorisch, weshalb er 1959 enttäuscht aus seiner Partei austrat. Seiner politischen Gesinnung blieb er weiterhin treu, beschränkte sich aber nun darauf, Bücher gegen die Mafia zu schreiben, vgl. *Abbate/ Gomez* (2007: 146 ff.), *Nicastro* (2004: 123 ff.).

80 La Torre, der als Abgeordneter seit den frühen 1960er-Jahren viele Jahre dem Parlament, der Parlamentarischen Antimafiakommission sowie der nationalen PCI-Führung angehört hatte, kehrte 1981 nach Sizilien zurück, um dort als Regionalsekretär seine Partei zu führen. Eine Reihe von Genossen wie Paolo Serra oder Vincenzo Ceruso denunzierten beim Parteichef Personen wie den palermitanischen Stadtrat Antonino Mortillaro (von dem später bekannt wurde, dass er ein Ehrenmann des Clans Palermo-Centro war), vor allem aber die Zustände in Ortsverbänden wie Bagheria, Ficarazzi und Villabate, wo linke Genossenschaftsführer und PCI-Kommunalpolitiker mit Mafiosi gemeinsame Sache machten. La Torre war über den Zustand seiner Partei beunruhigt und erklärte gegenüber Freunden, er habe im sizilianischen PCI »eine Atmosphäre der Nachlässigkeit, der Schlampigkeit und Verwahrlosung« (*Abbate/Gomez* 2007: 103, Übersetzg. d. Verf.) vorgefunden. Er leitete umgehend eine Untersuchung ein, die, wäre La Torre nicht umgebracht worden, mit Sicherheit zu Disziplinarmaßnahmen bzw. dem Ausschluss der belasteten Genossen geführt hatte. Diese Untersuchung wurde zwar nach La Torres Tod fortgeführt, ausgeschlossen wurden aber nicht die mafiosen Genossen, sondern – wegen »politisch und moralisch unwürdigen Verhaltens (*Abbate/Gomez* 2007: 103, Übersetzg. d. Verf.) – diejenigen, die sich über sie beschwert hatten, darunter Paolo Serra, vgl. *Abbate/Gomez* (2007: 103 ff.).

81 Zur »Pista interna« vgl. *Abbate/Gomez* (2007: 105 f.), *Bolzoni* (2012: 49 f.), *Li Vigni* (1995: 262 ff.).

82 *Montanaro/Ruotolo* (1995: 831, 900).

83 Nach dem Treffen in Boccadifalco fuhren von Palermo Mafiosi mit 42 Autos in die Dörfer Westsiziliens und zogen von mafiosen Wahlhelfern alle Wahlzettel mit den Symbolen der Separatisten und Liberalen ein und gaben ihnen stattdessen DC-Wahlkampfmaterial. Diese Operation, die als Operation »Villa Marasà« bekannt wurde, trug Früchte: Der Führer der Liberalen, Finocchiaro Aprile, sowie der der Liberalen, Romano Battaglia, wurden nicht mehr gewählt, dafür erhöhte sich die Stimmenanzahl der DC um 156 % im Vergleich zu den vorangegangenen Regionalwahlen. Beispielsweise in Montelepre, einer ehemaligen Hochburg der Separatisten, gewannen plötzlich haushoch die Christdemokraten, vgl. *Pantaleone* (2013: 221).

84 Der Antimafiaaktivist Danilo Dolci (1924–1997) behauptete, nicht nur Calogero Volpe, einer der in der Nachkriegszeit wichtigsten DC-Politiker in der Provinz Caltanissetta, sei seit 1944 ein Ehrenmann gewesen, sondern auch schon dessen Vater (seit 1911) sowie Onkel Santo. Laut Dolci nahm Calogero Volpe als Vertreter des Clans von Montedoro an den Mafiatreffen des damals wichtigsten Bosses in Sizilien, Calogero Vizzini, teil, vgl. *Nicastro* (2004: 87).

85 Bevilacqua, war nicht nur Capofamiglia von Barrafranca (EN), sondern sogar der von Provenzano gewünschte Provinzrepräsentant der Cosa Nostra in Enna. Bei dem Boss, der u. a. als Auftraggeber eines Mordes zu einer lebenslangen Haftstrafe verurteilt wurde, steht die Mitgliedschaft in der Mafia außer Frage.

86 Zahlreiche Pentiti, darunter Buscetta und Marino Mannoia, behaupteten Lima sei – genauso wie bereits sein Vater Vincenzo – ein Ehrenmann gewesen. Sie stimmen darüber ein, dass Vincenzo Lima der Familie Palermo-Centro angehört haben soll. Bei Salvo Lima behaupteten die einen, er habe zur Familie Malaspina gehört, die anderen,

er sei Mitglied der Familie vom Viale Lazio gewesen. In jedem Fall soll es sich bei ihm um einen reservierten Ehrenmann gehandelt haben, vgl. *Caruso* (2005: 106), *La Repubblica* (11.04.1993), *Montanaro/Ruotolo* (1995: 103), *Veltri/Travaglio* (2001: 29), *Vitale/Costanzo* (2009: 107). Auch ein großer Teil der Entourage Limas, darunter seine Vertrauenspersonen wie der palermitanische Kommmunalassessor Ferdinando Brandaleone (*Pennino* 2006: 117 f.), das Mitglied des DC-Provinzvorstands Francesco Mineo aus Bagheria (*Montanaro/Rutotolo* 1995: 831, 900) oder der palermitanische Stadtrat Giuseppe Trapani sollen der Cosa Nostra angehört haben. Letzterer soll in der Familie Porta Nuova sogar das Amt des Beraters bekleidet haben (*La Repubblica* 11.04.1993, *Montanaro/Ruotolo* 1995: 122, *Sanfilippo* 2008: 139).

87 Zahlreichen Christdemokraten wird nachgesagt, sie seien Ehrenmänner gewesen: Zu ihnen gehört Bernardo Mattarella. Der Mafiaaussteiger Francesco Di Carlo erklärte, Mattarella sei ihm offiziell als Ehrenmann vorgestellt worden: »Bernardo Mattarella, der Vater von Piersanti, war seit den 1950ern Mitglied der Familie von Castellammare del Golfo. In seiner Jugend war er Freund eines der Magaddino und, wie mir Nicola Buccellato erzählte, war es dieser Magaddino, der ihn in die Cosa Nostra eingeführt hat.« (*Bellavia* 2010: 241, Übersetzg. d. Verf.) Der von den Magaddino geführte Clan von Castellammare war übrigens eng mit dem New Yorker Boss Joe Bonanno verbunden, der sich damit rühmte, bei einem Italienaufenthalt von dem damaligen Minister Mattarella begrüßt worden zu sein (*Bonanno/Lalli* (2003: 196). – Von den DC-Mäzenen aus Salemi, den Cousins Ignazio und Nino Salvo, weiß man, dass sie aus mafiosen Herkunftsfamilien stammten und Ehrenmänner waren, vgl. *Cassarà* (2020: 221), *La Repubblica* (11.04.1993), *Montanaro/Ruotolo* (1995: 899 f.). – Von Vito Ciancimino ist bekannt, dass er von Jugend an eng mit dem Corleoneser Clan verbunden war. Dementsprechend ist nicht verwunderlich, dass praktisch seine gesamte Entourage aus Ehrenmännern bestand. Zu ihr zählte der palermitanische Jurist Giuseppe Cerami (1924–1989), der zunächst Stadtrat in Palermo und später Senator war. Cerami soll der Familie von Santa Maria di Gesù angehört haben (*La Repubblica* 11.04.1993; *Montanaro/Ruotolo* 1995: 119, 800, 844 f.); ferner der aus Godrano (PA)

stammende Arzt Francesco Barbaccia (1922–2010), der Stadtrat in Palermo und später mehrfach Mitglied des Abgeordnetenhauses war. Barbaccia, der der Cosa Nostra als Gefängnisarzt im Ucciardone viele Gefälligkeiten erbrachte, gehörte zum Clan von Cinisi (PA) (*Montanaro/ Ruotolo* 1995: 120 f., 800; *Pennino* 2006: 142; *Santino* 1997: 22). Auch der »Cianciminiano« Gioacchino Pennino war ein Ehrenmann, der aus einer mafiosen Herkunftsfamilie stammte. Der Arzt Pennino gehörte lange Zeit dem palermitanischen Stadtrat an. Bereits sein Großvater war Mafioso gewesen und sein Onkel, der ebenfalls Gioacchino Pennino hieß, zählte als Capomafia der Familie des Brancaccio zu den einflussreichsten Bossen Palermos (*Abbate/Gomez* 2007: 204 f., 213; *Pennino* 2006; *Pinotti* 2007: 545 ff.; *Stancanelli* (2016: 79 ff.). – Der Mafiaaussteiger Rosario Spatola aus Campobello di Mazara (TP) behauptete, der Abgeordnete und DC-Bürgermeister Partannas, Enzo Culicchia, habe als Ehrenmann dem Clan von Partanna angehört (*Antimafia Duemila* 26.07.2014). – Auch von Giuseppe Giammarinaro, dem Zögling der Cousins Salvo, hieß es, er sei ein Mafioso gewesen. Der Ex-Mafioso Rosario Spatola erklärte: »Nachdem was ich von Rocco Curatolo, Capodecina der Familie von Marsala, über Giuseppe Giammarinaro weiß, ist er ein Ehremann (*Montanaro/Ruotolo* 1995: 894; Übersetzg. d. Verf.). – Eine ganze Reihe von Mafiaaussteiger – darunter Gioacchino Pennino, Giovanni Drago, Salvatore Cancemi und Vincenzo Sinacori – erzählten, der palermitanische DC-Stadtrat und Senator Vincenzo Inzerillo sei Mitglied der Mafiafamilie von Brancaccio-Ciaculli gewesen. Beispielsweise erklärte Gioacchino Pennino: »Ich persönlich weiss, dass Inzerillo ein ‚Ehrenmann' der Familie Ciaculli war.« (*Montanaro/Ruotolo* 1995: 844, Übersetzg. d. Verf.), vgl. *Bellavia* (2010: 245), *La Repubblica. Cronaca di Palermo* (04.12.2004; 22.11.2005), *Montanaro/Ruotolo* (1995: 844, 846).

88 Der Mafiaaussteiger Vincenzo Calcara (geb. 1956) erklärte, Leone sei Mitglied seiner eigenen Mafiafamilie, nämlich der von Castelvetrano, gewesen, vgl. *Antimafia Duemila* (17.12.2007).

89 Der Ex-Mafioso Francesco Di Carlo sagte über Casimiro Vizzini: »So viel ich weiß, war er ein Ehrenmann der Familie Porta Nuova«, vgl. Bellavia (2010, 246, Übersetzg. d. Verf.).

90 Auch der Republikaner Aristide Gunnella, so der Aussteiger Rosario Spatola, war angeblich ein Ehrenmann gewesen, vgl. *La Repubblica* (20.10.1991).

91 Von Nobile ist sicher bekannt, dass er ein Ehrenmann ist. Als Schwiegersohn des alten, von Stiddari ermordeten Capofamiglia von Favara, Gioacchino Capodici, war Nobile dessen Nachfolge angetreten. Außerdem wurde er im Juli 2002 bei einem Mafiagipfeltreffen in Santa Margherita di Belice in flagranti erwischt, vgl. *Abbate/Gomez* (2007: 175), *La Repubblica* (15.07.2002; 16.07.2002). – Auch von seinem Parteikollegen Gaspare Giudice behaupteten Mafiaaussteiger, er sei ein Ehrenmann gewesen, vgl. *Abbate/Gomez* (2007: 47). – Ob auch Berlusconis rechte Hand, Marcello Dell'Utri der Mafia angehörte, ist unklar. Der Aussteiger Francesco Di Carlo erklärte, Stefano Bontate habe beabsichtigt, Dell'Utri in seine Familie aufzunehmen. Er wisse nicht, ob dies tatsächlich geschehen sei, glaube aber schon, vgl. *Bellavia* (2010: 213, 215).

92 Der Mafiaaussteiger Di Carlo erzählte, der Vater Giuseppe Provenzanos, Sebastiano Provenzano, ein reicher Grundbesitzer, sei ein reservierter Ehrenmann gewesen. Bereits in den 1960er- und 1970er-Jahren habe er mit Mariuccio Brusca, dem Bruder des Capofamiglia von San Giuseppe Jato (PA), Bernardo Brusca, gemeinsam Viehgeschäfte gemacht. Sebastiano Provenzano soll ferner mit dem Boss Bernardo Provenzano bekannt gewesen sein, auch wenn sie trotz des gemeinsamen Nachnamens nicht verwandt waren. In jedem Fall soll es Sebastiano Provenzano gewesen sein, der seinen Sohn mit Saveria Benedetta Palazzolo, der Frau von Bernardo Provenzano zusammenbrachte, um sich um die Gelder des Bosses zu kümmern, vgl. *Abbate/Gomez* (2007: 154 ff.), *Bellavia* (2010: 49 f.).

93 Mercadante stammte mütterlicherseits aus einer mafiosen Herkunftsfamilie, den Cannella. Diese Familie beherrschte seit Generationen das Städtchen Prizzi. Mercadantes Cousin, Masino Cannella, war dort der lokale Capofamiglia, vgl. *Abbate/Gomez* (2007: 271).

94 Lagallas Frau, Maria Paola Ferro, ist die Nichte von Antonio Ferro (1927–1996), dem einstigen Capofamiglia des Clans von Canicattì (AG) und »starken Mann« der Cosa Nostra in der Provinz Agrigent in den 1970er-Jahren. Darüber hinaus wurde Lagalla während seines Bürgermeisterwahlkampfs offen von Salvatore Cuffaro und Marcello Dell'Utri unterstützt, die beide als verurteilte Mafiapolitiker einige Jahre im Gefängnis verbringen mussten, vgl. *Domani* (21.05.2022), *Il Fatto Quotidiano* (21.05.2022), *Reuters* (25.05.2022).

95 Caravàs Vater, der übrigens umgebracht wurde, soll ein Ehrenmann gewesen sein, vgl. *Di Girolamo* (2012: 129).

96 Zur Beeinflussung innerparteilicher Entscheidungsprozesse vgl. *Cassarà* (2020: 13, 68 f.), *Montanaro/Ruotolo* (1995: 791 ff.), *Sanfilippo* (2008: 226 ff.).

97 *Pennino* (2006).

98 *Stancanelli* (2016: 43, Übersetzg. d. Verf.), zum »Libro bianco« vgl. *Cassarà* (2020: 162).

99 So geschehen bei den Regionalwahlen von 1991 im Falle der Kandidatur Raffaele Bevilacquas in der Provinz Enna und der von Giuseppe Giammarinaro in der Provinz Trapani, vgl. *Amadore* (2007: 18 f.), *Montanaro/Ruotolo* (1995: 175 f., 886 ff.).

100 *Bellavia* (2010: 245).

101 *Ceruso* (2007: 103).

102 *Montanaro/Ruotolo* (1995: 120).

103 *Pumilia* (1998: 263).

104 *La Repubblica* (21.07.1990).

105 *Forgione* (2004: 48 ff.).

106 *Forgione* (2004: 49).

107 Der Sitz der Abgeordnetenkammer des Parlaments befindet sich auf dem Montecitorio-Hügel in Rom, weshalb oft nur von »Montecitorio« gesprochen wird.

108 Luigi Sturzo zitiert nach *Renda* (2002: 167).

109 *Stancanelli* (2016: 21, Übersetzg. d. Verf.).

110 *Nicastro* (2004: 89 ff.).

111 *Marino* (2002a: 80, Übersetzg. d. Verf.).

112 *Sanfilippo* (2008: 438), *Santino* (1997: 91).

113 *L'Espresso* (09.05.2013).

114 *Il Fatto Quotidiano* (18.09.2012).

115 *Guida Sicilia* (17.01.2005), *La Repubblica* (18.01.2005).

116 *La Repubblica* (24.08.2001).

117 *La Repubblica* (25.11.2005, Übersetzg. d. Verf.).

118 *Forgione* (2004: 101).

4.3 Protektion und Begünstigung gegen Unterstützung

1 *Bellavia/Palazzolo* (2004: 77, Übersetzg. d. Verf.).

2 *Renda* (1998: 47 f.).

3 *City of Palermo et al.* (2000: o. S.).

4 Bonfadini-Bericht von 1876 zitiert nach *City of Palermo et al.* (2000: o. S.)

Daran änderte sich auch einige Jahrzehnte später nichts und so sind dem Bericht des Polizeichefs Farias aus dem Jahr 1898 eine Reihe von Namen von Abgeordneten zu entnehmen, die Mafiosi geschützt haben, vgl. *City of Palermo et al.* (2000: o. S.).

5 So sollen sich Giulio Andreotti und Salvo Andò bemüht haben, Prozesse im Sinne der Mafia zu »berichtigen«; Franco Restivo soll Mafiosi vor Zwangsaufenthalten bewahrt haben; Totò Cuffaro wurde verurteilt, weil er ihm zugetragene Ermittlungsergebnisse an einen Mafiaboss weitergeben ließ; Rudy Maira und Antonino D'Ali wurde zur Last gelegt, sich angeblich um die Versetzung unbequemer Beamter bemüht zu haben; Pippo Gianni soll inhaftierten Mafiosi beigebracht haben, erfolgreich Krankheiten zu simulieren; Bartolo Pellegrino soll Mafiosi erklärt haben, wie sie wieder an ihr konfisziertes Eigentum kämen; Francesco Musotto wurde vorgeworfen, flüchtige Mafiosi versteckt zu haben. Die Liste ließe sich fortsetzen. (Die Quellennachweise finden sich in den Anmerkungen zu den einzelnen Politikern).

6 *Barone* (1987: 250 ff.), *Marino* (2002a: 95), *Siragusa* (2004: 161).

7 *Marino* (2002a: 93 ff., Übersetzg. d. Verf.).

8 *Marino* (2002a: 95, 2002b: 41).

9 *Marino* (2002a: 94).

10 Als beispielsweise in Ravanusa (AG) nach vielen Verzögerungen wegen ständiger technischer Fehler das Aquädukt endlich fertig gestellt worden war, ereignete sich genau bei der Einweihung ein Erdrutsch, woraufhin die aufgebrachten Einwohner die Stadträte verfolgten, denen nichts anderes übrig blieb, als sich in die Felder zu flüchten, vgl. *Barone* (1987: 255). Zur kommunalen Misswirtschaft vgl. *Barone* (1987: 251 ff.), *Marino* (2002a: 93 ff.).

11 Zahllosen Politikern wird die Begünstigung von Mafiosi bei Ausschreibungen nachgesagt, wobei nicht nur Großaufträge betroffen sind, sondern auch kleinste kommunale Aufträge wie im Fall der Gemeinde Cerda (PA), wo der Auftrag Essen für Zivildienstleistende bereitzustellen, an das Restaurant der Tochter des lokalen Bosses ging, vgl. *Trocchia* (2009: 251). Zu den Politikern, denen vorgeworfen wurde, Aufträge für die Mafia manipuliert zu haben, zählen Franco Restivo, Franz Gorgone, Bartolo Pellegrino, Nino Drago, Raffaele Lombardo, Francesco Canino, Giuseppe Castiglione, Giuseppe Firrarello, Gianfranco Occhipinti, Vladimiro Crisafulli, David Costa, Onofrio Fratello, Calogero Gueli etc. (Die Quellennachweise finden sich in den Anmerkungen zu den einzelnen Politikern).

12 Für Genossenschaften, die dank des Artikels 45 der Verfassung besonders förderungswürdig sind, werden immer wieder Finanzmittel zur Verfügung gestellt. Wenn gerade wieder ein Programm aufgelegt wurde, werden von Politikern und Mafiosi (oder anderen fragwürdigen Personen) häufig Kooperativen ad hoc gegründet, die Mittel abschöpfen und untereinander verteilen. Die Scheinkooperativen stellen in dem Moment, wo es keine öffentlichen Mittel mehr gibt, ihren Betrieb wieder ein. Politiker, die im Zusammenhang mit mafiosen Genossenschaften ins Gerede kamen vor allem Onofrio Fratello, aber auch Enzo Culicchia und Salvatore Cintola.

13 Besonders häufig verschaffen Politiker mafianahen Firmen Baugenehmigungen, in letzter Zeit verstärkt für Einkaufszentren. Dabei kommt es durchaus zu Konflikten, wenn gleichzeitig mehrere Mafiafamilien in der gleichen Gegend um eine Genehmigung rivalisieren

wie dies beispielsweise im Falle der Familien Brancaccio und der Familie Villabate geschah (*Abbate/Gomez* 2007: 88 ff.). In solchen Fällen ist entscheidend, wer über die besseren politischen Kontakte verfügt. Eine Reihe von Politikern kam wegen der Erteilung von Baugenehmigungen für Einkaufszentren ins Gerede wie Totò Cuffaro (*Giornale di Sicilia* 13.12.2005), Vincenzo Lo Giudice (*Trocchia* 2009: 239) oder Raffaele Lombardo (*Di Girolamo* 2012: 144).

14 Beispiele sind die Lizenz für den Transport von Eisenbahnwaggons, die Vito Ciancimino dank der Fürsprache von Bernardo Mattarella erhielt, vgl. *Abbate/Gomez* (2007: 201 ff., 213), *Billitteri* (2008: 75), *Bolzoni* (2012: 28), *Cassarà* (2020: 17), *Ciancimino /Licata* (2010), *Dino* (2011: 19 ff.), *Montanaro/Ruotolo* (1995: 797, 809, 820 ff., 833 ff., 900), *Nicastro* (2004: 40, 91 f.), *Pennino* (2006: 155 ff.), *Pumilia* (1998: 88), *Sanfilippo* (2008: 226 ff.), *Stancanelli* (2016: 41), *Tranfaglia* (2001: 104, 116 ff.), *Turone* (1985: 73 ff.) oder die Buttereinfuhrlizenz, die Tommaso Buscetta der Abgeordneten Margherita Bontade (1900–1992) verdankte, vgl. *Arlacchi* (2019: 101).

15 Die wohl mit Abstand lukrativste Konzession, die der Steuereintreibung, sicherten sich von den 1950er- bis die 1980er-Jahre dank ihrer politischen Freunde die mafiosen Cousins Salvo, vgl. *Deaglio* (1993: 151 ff.).

16 So soll beispielsweise David Costa mitgeholfen haben, dass sein Jugendfreund und mutmaßlicher Mafioso, Davide Mannirà, beim Banco di Sicilia einen Kredit in Höhe von 300.000 € erhielt, vgl. *La Repubblica* (20.12.2006).

17 Zahlreiche Politiker gerieten in den Verdacht, Schmiergelder angenommen zu haben, so Carlo Vizzini, Totò Cuffaro, Salvatore Cintola und Francesco Saverio Romano, vgl. *Il Fatto Quotidiano* (20.10.2011), *La Repubblica* (11.06.2009); Raffaele Lombardo, vgl. *Di Girolamo* (2012: 145) oder Bartolo Pellegrino, vgl. *Forgione* (2004: 120), *Uccello/Amadore* (2009: 119 ff.), *Bellavia/Palazzolo* (2004: 102 ff.).

18 Der bekannteste Fall ist zweifelsohne der von Francesco Campanella, der dem Boss Bernardo Provenzano falsche Ausweispapiere besorgte, damit dieser zweimal unter falschem Namen nach Frankreich reisen konnte, um sich dort – auf Kosten des italienischen Gesundheitssystems – operieren zu lassen, vgl. *Abbate/Gomez* (2007, 9 ff., 93 f.), *Di Girolamo* (2012: 148 f.).

19 Zahlreiche Pentiti, darunter Leonardo Messina, berichteten, dass Politiker vorbestraften Mafiosi geholfen haben, ihre Waffen- und Führerscheine zurückzuerhalten, vgl. *Camera dei Deputati/Senato della Repubblica* (1993b: 554).

20 So wurde beispielsweise Calogero Mannino beschuldigt, dem Mafioso Nino Mortillaro an den Regeln vorbei eine Arbeitsstelle im Landwirtschaftsministerium beschafft zu haben, *Gomez/Travaglio* (2006: 560).

21 So beschäftigte die Familie des Senators Antonino D'Ali den Capomafia Francesco Messina Denaro als Verwalter einiger ihrer Ländereien, ferner dessen Sohn Salvatore bei der familieneigenen Banca Sicula und schließlich dessen anderen Sohn Matteo Messina Denaro als Hilfsarbeiter in der Landwirtschaft, vgl. *Abbate* (2020: 149 f.), *Forgione* (2004: 61 ff.).

22 Der Bürgermeister von Campobello di Mazara, Ciro Caravà, erstattete der Ehefrau Biagia des Capomafia seiner Stadt, Nunzio Spezia, die Fahrtkosten nach Neapel, wo ihr Mann im Gefängnis saß, vgl. *Di Girolamo* (2012: 134).

23 Dies waren Mussolinis »Marsch auf Rom« (1922) und in der Nachkriegszeit die rechtsgerichteten Putschversuche »Piano Solo« (1964), »Tora Tora«, auch genannt »Notte dell'Immacolata« oder »Golpe Borghese« (1970), »Rosa dei Venti« (1973) sowie der »Golpe bianco«, vgl. *Ceruso* (2018: 10 f.), *Cipriani* (1993: 38, 94), *Giannuli* (2018: 472 ff., 559 ff.), *Imposimato* (2012: 16 ff.).

24 Der Borghese-Putsch, wie auch die anderen Putschversuche der Nachkriegszeit, hatte das Ziel, eine Regierungsbeteiligung der Kommunisten zu verhindern. Konkret vorgesehen waren die Verhaftung des Präsidenten Saragat, des Polizeichefs Vicari, die Besetzung von Ministerien und der Fernsehanstalt RAI sowie die Deportation führender linker Politiker. An der Organisation waren neben Borghese, Aktivisten rechtsradikaler Organisationen wie dem Fronte Nazionale und der Avanguardia Nazionale, die Freimaurerloge P2, hohe Militär- und Geheimdienstangehörige, aber auch kriminelle Geheimorganisationen wie der Noto Servizio beteiligt. Die Putschisten rekrutierten ferner Mafiosi und 'Ndranghetisti sowie zahlreiche Forstarbeiter – insgesamt soll es sich um ungefähr 20.000 Personen gehandelt haben. Als der Putschversuch bereits relativ weit gediehen war – die Männer des Neofaschisten Stefano Delle Chiaie hatten bereits mit 50 Personen das Innenministerium besetzt –, erhielt Borghese plötzlich einen mysteriösen Anruf – manche meinen von Licio Gelli, andere glauben von dem CIA-Agenten Edward Fendwich –, woraufhin der Putsch abgebrochen wurde. Zum Borghese-Putsch vgl. *Arlacchi* (1995: 107 ff.), *Arcuri* (2004: 8 f., 34 ff., 50 ff.), *Bellavia* (2010: 61 f.), *Ceruso* (2018: 22, 134 ff.), *Ciconte* (2008b: 318 ff.; 2017b: 116), *Cipriani* (1993: 9, 94 f.), *Giannuli* 2018: 346 ff., 354), *Guarino/Raugei* (2006: 65), *Leccese* (2018: 36), *Messina* (2014: 132 ff.), *Pinotti* (2007: 89).

25 *Pinotti* (2007: 89, 545), *Pennino* (2006: 125).

26 Die Beratungen, zu denen auch im Ausland lebende Mafiosi wie Tommaso Buscetta und Salvatore (Cicchiteddu) Greco gebeten worden waren, fanden in Ramacca (CT) sowie in der Wohnung Calderones in der catanesischen Via Etnea statt. Luciano Leggio behauptete später, er sei gegen die Teilnahme am Putsch gewesen, weil er die Errichtung einer Diktatur in Italien abgelehnt habe. Danach reisten die Spitzenmafiosi zu einem persönlichen Treffen mit Borghese nach Rom, vgl. *Arcuri* (2004: 50 f.).

27 Der Mafia ging es vor allem um die Freilassung des in ihren Kreisen höchst angesehenen Capofamiglia von Alcamo, Vincenzo Rimi

(1902–1975) sowie dessen Sohn Filippo. Die beiden waren aufgrund der Aussagen von Serafina Battaglia (1919–2004), der ersten Mafiawitwe, die mit der Justiz zusammengearbeitet hatte, zu lebenslanger Haft verurteilt worden, vgl. *Arcuri* (2004: 53), *De Rosa/Galesi* (2013: 53 f.)

28 *Arcuri* (2004: 54 f., Übersetzg. d. Verf.).

29 Die Bezeichnung »Strategie der Spannung« tauchte erstmals am 7. Dezember 1969 in einem Artikel von Leslie Finer im *The Guardian* auf, in dem es darum ging, dass in Italien ein Staatsstreich geplant sei, ähnlich dem der Generäle in Griechenland, vgl. *Dickie* (2020: 440 f.), *Giannuli* (2018: 11), *Imposimato* (2012: 21), *Pennino* (2006: 134 ff.), *Turone* (2019: 257 ff.).

30 Wegen dieses »Weihnachtsattentats« wurde u. a. der Repräsentant der Cosa Nostra in Rom, Pippo Calò, zu einer lebenslangen Haftstrafe verurteilt, vgl. *Ceruso* (2018: 22, 59).

31 Zwischen 1960 und 1974 gab es zehn große und 1.500 weitere Attentate, bei denen über 4.000 Menschen getötet und über 35.000 verletzt wurden. Die bekanntesten Anschläge waren das Bombenattentat auf die Banca Nazionale dell'Agricoltura an der Piazza Fontana in Mailand (12.12.1969), bei dem 13 Menschen starben und 84 verletzt wurden; der Bombenanschlag in Peteano di Sagrado in der Provinz Gorizia nahe Triest (31.05.1973), bei dem eine Autobombe drei Carabinieri tötete; der Bombenanschlag auf die Teilnehmer einer antifaschistischen Kundgebung an der Piazza della Loggia in Brescia (28.05.1974), der neun Menschen das Leben kostete und bei dem 90 Personen verletzt wurden; das Bombenattentat auf den Schnellzug Italicus im Appenin-Basis-Tunnel bei San Benedetto Val di Sambro nahe Bologna am 4. August 1974, bei dem zwölf Menschen starben und 84 verletzt wurden; das Bombenattentat am Bahnhof von Bologna (02.02.1980), der 85 Menschen das Leben kostete und bei dem 200 verletzt wurden und schließlich das Attentat auf den Schnellzug 904 (23.12.1994) im Appenin-Basis-Tunnel bei dem 27 Menschen starben

und 180 verletzt wurden, vgl. *Ceruso* (2018: 22, 159 ff.), *Cipriani* (1993: 150 ff.), *Dickie* (2020: 413 ff.), *Giannuli* (2018: 7, 319 ff., 374 ff.), *Imposimato* (2012: 53 ff., 183 ff.), *Turone* (2019: 231 ff., 282 ff.).

32 Es fällt auf, dass bei allen Anschlägen die Ermittlungen behindert bzw. in falsche Richtungen gelenkt wurden. Bis heute wurden weder die Auftraggeber noch – bis auf wenige Ausnahmen – die Täter belangt, vgl. *Ceruso* (2018: 16 ff.), *Giannuli* (2018: 559).

33 *Bellavia/Palazzolo* (2004: 78), *Trocchia* (2009: 154).

34 *La Spina* (2016: 13).

35 Bei Salvatore Greco handelte es sich um den Bruder von Michele Greco. Die beiden hatten sich organisationsintern die Aufgaben aufgeteilt: Michele, der Chef der Mafiakuppel, kümmerte sich um die Angelegenheiten der Cosa Nostra; Salvatore, der übrigens DC-Sekretär im palermitanischen Stadtteil Ciaculli war, hielt den Kontakt zur Politik. Viele seiner politischen Besprechungen hielt der »Senator« im familieneigenen Gut Favarella ab, vgl. *Stancanelli* (2016: 78 f.).

36 *Di Girolamo* (2012: 138, Übersetzg. d. Verf.).

37 *Martorana/Nigrelli* (1993: 86).

38 *La Repubblica* (17.02.2013).

39 Bei den Regionalwahlen 2001 unterstützte die von Natale Bonafede geführte Familie von Marsala angeblich gleichzeitig Francesco Pizzo (1940) vom Nuovo PSI sowie David Costa und Onofrio Fratello von der UDC. Bei den Regionalwahlen von 2008 soll der palermitanische Resuttana-Clan gleichzeitig Antonio Antinoro und Nino Dina, beide von der UDC, unterstützt haben, vgl. *Giornale di Sicilia* (20.05.2009, 05.08.2010), *La Repubblica* (17.02.2013), *TP 24* (05.08.2010).

40 *Bellavia/Palazzolo* (2004: 81, Übersetzg. d. Verf.).

41 *Agrigento Oggi* (06.10.2017), *L'Espresso* (20.03.2008).

42 *Camera dei Deputati/Senato della Repubblica* (1993: 66).

43 *Dino* (2002: 121).

44 Der Ex-Mafioso Enzo Brusca erzählte, in seinem 8.000-Einwohner- Dorf San Giuseppe Jato (PA) kontrolliere die Mafia aus eigener Kraft 1.000 Wählerstimmen, vgl. *La Repubblica* (17.02.2013).

45 *Bellavia/Palazzolo* (2004: 93, Übersetzg. d. Verf.).

46 *Bellavia/Palazzolo* (2004: 74), *Borrometi* (2018: 193).

47 *Dino* (2002: 120, Übersetzg. d. Verf.).

48 *Dino* (2002: 120 f., Übersetzg. d. Verf.).

49 Mit »Santini« sind normalerweise Schutzheiligenbildchen bezeichnet. Da die »Santini Elettorali« (Heilige Wahlkarten) diesen ähneln, wird für sie dasselbe Wort benutzt. Nicht umsonst existiert das sich auf Politiker beziehende Sprichwort: »Senza santi non si va in paradiso« (Ohne Schutzheilige kommt man nicht in den Himmel). Zur Praxis des »fare girare la santina« (Die Heilige in Umlauf bringen) vgl. *Bellavia/Palazzolo* (2004: 74).

50 Derartige Wahlgeschenke sind in ganz Süditalien üblich und auch nicht-mafiose Galoppini (Laufburschen) greifen zu dieser Methode. Zu Berühmtheit gelangte der ehemalige neapolitanische Bürgermeister Achille Lauro (1887–1982), der während seiner Wahlkämpfe einzelne Schuhe an seine Wähler verschenken ließ – den zweiten Schuh bekamen sie nach der Wahl, wenn sie richtig gewählt hatten, vgl. *Il Sole 24 Ore* (04.02.2013). – Zahlreiche Kabarettisten nehmen diese Art des Wahlkampfs auf die Schippe: So ist noch heute der Satz des von

dem Komiker Raffaele Sabato in den 1980er-Jahren erfundenen Figur des Sindaco Isidoro (Bürgermeister Isidoro) »Case popolari per tutti« (Sozialwohnungen für alle) in Palermo ein geflügeltes Wort. Noch berühmter ist der von dem Kabarettisten Antonio Albanese geschaffene »Onorevole« (Abgeordneter) Cetto Laqualunque«, der dem Bürgermeister Isidoro in Nichts nachsteht, vgl. beispielsweise den Sketch »Comizio« (Ital. Wahlkampf) auf YouTube.

51 Bei einigen Wahlen (Senat, Europaparlament) gab es Einer- und bei anderen (Abgeordnetenhaus, Regional- und Provinzparlamente, Stadt- und Gemeinderäte, Stadtteilräte) Mehrpersonenwahlkreise. Im Falle der Einerwahlkreise trat pro Partei ein Kandidat an, im Falle von Mehrpersonenwahlkreisen waren es mehrere Kandidaten auf verschiedenen Listen. Bei den Wahlen zum Abgeordnetenhaus, dem Regionalparlament sowie in Kommunen mit über 15.000 Einwohnern konnte der Wähler durch multiple Präferenzstimmen Kandidaten innerhalb der Listen »vorwählen«. Nur bei kleinen Kommunen gab es keine Präferenzstimmen, die Listen waren »blockiert«. Die Anzahl der Präferenzstimmen war unterschiedlich, so zum Beispiel hatten die Wähler bei den Wahlen zum Abgeordnetenhaus immer vier Stimmen, bei den Kommunen war die Zahl abhängig von der Größe der Kommune. Die Präferenzstimmen, die der Wähler nutzen konnte oder nicht – er konnte auch nur die Liste wählen –, führten dazu, dass die Positionierung der Kandidaten auf der Liste unwichtig war, konnte doch auch der letzte Kandidat auf der Liste, falls er genug Präferenzstimmen erhielt, ohne Probleme »vorgewählt« werden. Durch nach einem Referendum im Jahre 1991 erzwungene Abschaffung bzw. die Reduktion der Präferenzstimmen auf eine Stimme, gibt es für die Mafia weniger Möglichkeiten auf die Wahlchancen von Kandidaten einzuwirken, beeinflussen kann sie die Wahlen aber dennoch: So können beispielsweise in Einerwahlkreisen, in denen der Kandidat, der die einfache Mehrheit erreicht, siegt, die von den Mafiosi kontrollierten Stimmenpakete entscheidend sein. Ähnlich verhält es sich bei Listenwahlen im Falle von Kandidaten, die einen zwar aussichtsreichen, aber nicht sicheren Listenplatz haben, vgl. *La Spina* (2016: 32 f.). – Die Präferenzstimmen wurden bei der durch ein Referendum erzwungenen Wahlreform von 1993

abgeschafft mit der Konsequenz, dass diese einst sehr verbreitete Art von Wahlstimmenkontrolle unmöglich gemacht wurde. Zum italienischen Wahlsystem vgl. *Chiellino, Carmine/Marchio/Rongoni* (1989: 145 ff.), *Ullrich* (2009: 660 ff.).

52 Manchmal aber, so bei den Wahlen von 1987, beschränkten sich einige Mafiosi darauf, die zu wählenden Präferenznummern in einer Bar, die einem Mafioso gehörte, auszuhängen, vgl. *Sanfilippo* (2008: 417).

53 *Monanaro/Ruotolo* (1995: 824), *Stancanelli* (2016: 65), *Stille* (1999: 51).

54 L'*Espresso* (20.03.2008).

55 So wurden beispielsweise in Palermo zwei Wahlleiter verhaftet, weil sie bei den Kommunalwahlen im Mai 2007 angeblich mehrere hundert Wahlstimmen zugunsten dreier Kandidaten der Forza Italia gefälscht hatten, vgl. *La Repubblica* (28.03.2008).

56 Michele Pantaleone schildert beispielsweise den Fall einer Frau, die – ausgestattet mit einem Attest des lokalen Mafiabosses und Arztes Michele Navarra – von einem Mafioso begleitet ins Wahllokal kam. Der im Wahllokal anwesende Vertreter der Kommunisten, der die Frau kannte, sagte zu ihr: »Du bist doch überhaupt nicht blind (…), gestern haben wir noch zusammen Erbsen geerntet«. Er beschwerte sich beim Wahlleiter gegen die Anwesenheit des »Helfers« der angeblich Blinden, vgl. *Pantaleone* (2013: 126).

57 Mit der Verabschiedung des Gesetzes 356 wurde 1992 der Artikel 416ter in das Strafgesetz eingeführt, der den Kauf von Wählerstimmen verbietet. Da sich bald herausstellte, dass sich nur schwer nachweisen lässt, dass Geld geflossen ist, wurde der Artikel 416ter im Jahre 2014 durch das Gesetz 62 dergestalt modifiziert, dass seitdem auch andere Gefälligkeiten wie etwa die unrechtmäßige Zuteilung öffentlicher Aufträge oder die Beschaffung von Arbeitsplätzen an den geltenden Regeln

vorbei strafbar sind. Politiker, die gegen das Gesetz verstoßen, können seither mit zwischen vier und zehn Jahren Haft bestraft werden, vgl. *Amarelli* (2014), *Bellavia/Palazzolo* (2004: 74), *La Spina* (2016: 35 f.), *Trocchia* (2009: 155).

58 *La Spina* (2016: 32, Übersetzg. d. Verf.).

59 L'*Espresso* (20.03.2008, Übersetzg. d. Verf.).

60 So engagierte sich beispielsweise in Marsala bei den Regionalwahlen von 2001 ein Schutzpolizist als Stimmenorganisator für den dortigen Mafiaclan. Bei den Regionalwahlen von 2008 war ein unbescholtener Angestellter für den palermitanischen Clan San Lorenzo-Resuttana als Wahlstimmenorganisator tätig, vgl. *Giornale di Sicilia* (19.10.2005), *La Repubblica* (14.05.2009).

61 *Il Fatto Nisseno* (06.10.2020), *Il Sicilia* (26.03.2019), *La Spina* (2016: 31).

62 *Di Girolamo* (2012: 148).

63 *La Sicilia* (14.04.2008).

64 *Trocchia* (2009: 12, 162).

65 *Trocchia* (2009: 162).

66 *Trocchia* (2009: 226 f.).

67 Zu Nastasi vgl. *Antimafia Duemila* (26.07.2014), *Camera dei Deputati/Senato della Repubblica* (1993: 33 f.), *Corriere della Sera* (25.06.1992), *La Repubblica* (09.05.1992), *Pinotti* (2007: 577 ff.), *Rizza* (1994: 26 ff.).

68 *Montanaro/Ruotolo* (1995: 890, Übersetzg. d. Verf.).

69 *La Repubblica. Cronaca di Palermo* (27.07.2003), *Montanaro/Ruotolo* (1995: 890).

70 *Bellavia/Palazzolo* (2004: 76 f.), *Di Cagno/Natoli* (2004: 27).

71 *La Repubblica* (09.05.1992).

72 *Montanaro/Ruotolo* (1995: 890).

73 *Messina* (2005: 38).

74 *Bellavia/Palazzolo* (2004: 74).

75 *La Repubblica* (17.02.2013), *La Spina* (2016: 34).

76 *Di Girolamo* (2012: 148).

77 Die Zahl der Nichtwähler stieg in den letzten Jahrzehnten in Italien stark an, besonders im Süden, wo sie in der Regel ungefähr doppelt so hoch wie im Landesdurchschnitt war. In Sizilien verweigerten bei den Regionalwahlen von 2012 mit 47,75 % mehr als die Hälfte aller Wahlberechtigten den Urnengang. Nicht zuletzt aus diesem Grund gelang es bei dieser Wahl der bis zu diesem Zeitpunkt wenig bekannten Protestpartei M5Stelle zur stärksten Partei auf der Insel zu werden. Der Trend zur Wahlenthaltung setzte sich weiter fort: Bei den Regionalwahlen von 2017 stimmten mit 46,8 % sogar noch weniger Wahlberechtigte ab. Bei den als weniger wichtig betrachteten Europawahlen lag 2014 die Wahlbeteiligung in Sizilien sogar nur bei 42,9 %, vgl. *Cerruto* (2012), *Emanuele* (2017), *La Spina* (2016: 33 f.).

78 Da auffällt, dass die Wahlbeteiligung in Westsizilien ca. 10 % geringer als im Osten ist, lässt sich mutmaßen, dass das Nichtorganisieren von Stimmen seitens der im Westen besonders stark verankerten Clans zum dramatischen Anstieg der Wahlenthaltung und damit verbunden zum Erfolg von Protestparteien beigetragen haben könnte, vgl. *Emanuele* (2017), *La Spina* (2016: 33 f.).

79 *Bellavia* (2010: 240 ff.).

80 *Bellavia* (2010: 241).

81 *La Repubblica* (13.04.1993).

82 Beispielsweise hatte der Capomafia von Trabia (PA), Salvatore Rinella, beste Beziehungen zu dem später verhafteten FI-Bürgermeister seiner Stadt, Giuseppe Di Vittorio. In einem abgehörten Gespräch erklärte er einem Mitmafioso: »Er ist vor allem ein Freund«, *Trocchia* (2009: 152, Übersetzg. d. Verf.).

83 *Arlacchi* (2019: 99), *Caruso* (2005: 105), *Montanaro/Ruotolo* (1995: 120, 822), *Stancanelli* (2016: 32).

84 *Bellavia* (2010: 58), *Caruso* (2005: 272), *Tranfaglia* (2001: 235).

85 Besonders bekannt wurde der Fall von Calogero Mannino, der bei der Hochzeit des Sohnes von Leonardo Caruana, des Mafiabosses von Siculiana (AG), als Trauzeuge fungierte – wenn auch für die Braut, vgl. *Gomez/Travaglio* (2006: 554).

86 *Montanaro/Ruotolo* (1995: 44 ff., 53).

87 *Montanaro/Ruotolo* (1995: 45, Übersetzg. d. Verf.).

88 *Di Matteo* (2015: 72, Übersetzg. d. Verf.).

89 *Montanaro/Ruotolo* (1995: 835, Übersetzg. d. Verf.). Zu dem Vorfall vgl. *Abbate/Gomez* (2007: 213), *Forgione* (2004: 36).

90 *Antimafia Duemila* (03.11.2011, Übersetzg. d. Verf.).

91 Zu den Treffen Andreottis mit Mafiosi in Palermo vgl.: *Gomez/Travaglio* (2001: 19 ff.; 2006: 640 ff.), *La Repubblica* (13.04.1993),

Montanaro/Ruotolo (1995: 106 f., 123), *Tranfaglia* (2008: 114), *Ursetta* (2013: 17 ff.).

92 *Tranfaglia* (2008: 114, Übersetzg. d. Verf.).

93 *Tranfaglia* (2008: 114).

94 *Martorana/Nigrelli* (1993: 87).

95 Enrico La Loggia entstammt einer agrigentinischen Politikerfamilie: Bereits sein Großvater Enrico La Loggia (1872–1960) war politisch bei den moderaten Sozialisten aktiv gewesen und gilt, da er das sizilianische Autonomiestatut mitverfasste, als einer der Gründungsväter der Region. Enricos Vater Giuseppe La Loggia (1911–1994) hingegen war Christdemokrat und bekleidete zwischen 1956 und 1958 das Amt der Regionalpräsidenten, außerdem war er mehrfach Nationalabgeordneter. Enrico La Loggia selbst, übrigens der Schwager von Attilio Ruffini, begann seine politische Karriere in den 1980er-Jahren als DC-Stadtrat in Palermo. 1994 trat er der Forza Italia bei, für die er mehrfach in den Senat gewählt wurde.

96 *Abbate/Gomez* (2007: 69, Übersetzg. d. Verf.).

97 *Abbate/Gomez* (2007: 73, Übersetzg. d. Verf.)

98 Zu dem Vorfall vgl. *Abbate/Gomez* (2007: 69 ff., 81 ff.).

99 *Il Fatto Quotidiano* (07.02.2020; 14.02.2020).

100 *Il Fatto Quotidiano* (05.07.2020).

101 *Abbate* (2020: 98 ff.), *Di Matteo* (2015: 15).

102 *Montanaro/Ruotolo* (1995: 40, Übersetzg d. Verf.).

103 Nicht nur Lima erhielt in diesen Jahren Drohungen, sondern alle Politiker, die wegen der Nichtberichtigung des Maxiprozessurteils von der Mafia als Verräter betrachtet wurden, so Calogero Mannino, Carlo Vizzini und Giulio Andreotti, vgl. *La Repubblica* (08.10.2014).

104 Zu den bedrohten Politikern zählten Antonio Battaglia (AN), Giuseppe Bongiorno (AN), Enzo Fragalà (AN), Nino Mormino (FI), Cesare Previti (FI), Francesco Savero Romano (UDC) und Marcello Dell'Utri (FI), vgl. *Abbate/Gomez* (2007: 266), *Caminata Altervista* (23.01.2020).

105 Der catanesische DC-Chef Antonino Drago »kassierte« von dem Boss Agatino Francesco Ferlito inmitten einer DC-Wahlveranstaltung eine Ohrfeige, weil er sich in der Öffentlichkeit von der Cosa Nostra distanziert und bezweifelt hatte, dass diese seiner Partei 6000 Wählerstimmen organisiert habe. Und der Mafiaaussteiger Leonardo Messina erzählte, auch er habe sich gelegentlich gezwungen gesehen, Politiker zu ohrfeigen, vgl. *Montanaro/Ruotolo* (1995: 37), *Arlacchi* (1995: 220), *Camera die Deputati/Senato della Repubblica* (1993b: 553).

106 *Pumilia* (1998: 42), *Sanfilippo* (2008: 103).

107 *Lo Verso/Lo Coco* (2003: 140 f.).

108 *Lo Verso/Lo Coco* (2003: 141, Übersetzg. d. Verf.).

109 *Palazzolo/Prestipino* (2007: 66, Übersetzg. d. Verf.).

110 Der Aussteiger Giovanni Brusca (1957) wies darauf hin, was Personen wie Riina erwarte, wenn sie für Politiker gefährliche Aussagen machen würden: »Wenn es gut geht, nehmen sie ihn und werfen ihn auf den Müll. Wenn es schlecht für ihn ausgeht, erklären sie ihn für verrückt oder bringen ihn um.« *Lodato* (1999: 122 f., Übersetzg. d. Verf.).

111 *Lodato/Scarpinato* (2008: 226, Übersetzg. d. Verf.).

112 *Bellavia/Palazzolo* (2004: 25, Übersetzg. d. Verf.).

113 *Bellavia/Palazzolo* (2004: 25, Übersetzg. d. Verf.)

114 Der aus Catania stammende Ilardo war kein einfacher Mafioso, sondern der stellvertretende Bezirksrepräsentant der Provinz Caltanissetta, außerdem der Cousin von Piddu Madonia, dem dortigen Obermafioso. Ilardo kannte die Hintergründe zahlreicher politischer Morde und Attentate, außerdem wusste er über dubiose Mitglieder des Strafverfolgungsapparates Bescheid wie den als Faccia del mostro (Monstergesicht) bekannt gewordenen Polizeibeamten Giovanni Aiello (1946–2017). Da sich Ilardo entschlossen hatte, aus der Mafia auszusteigen, arbeitete er zwischen 1994 und 1996, heimlich mit dem Carabinieri-Oberst Michele Riccio zusammen. Kurz bevor Ilardo in das Kronzeugenprogramm aufgenommen worden wäre, kam es am 2. Mai 1996 in Rom zu einem Treffen zwischen Ilardo, Riccio, dem Carabinieri-Kommandanten Mario Mori sowie den Staatsanwälten Giovanni Tinebra (1941–2017), Gian Carlo Caselli und Teresa Principato. Bei diesem nicht protokollierten Treffen erklärte Ilardo, Mori wisse ganz genau, dass an vielen Verbrechen, die der Mafia angelastet würden, in Wirklichkeit der Staat die Verantwortung trage. Unmittelbar nach diesem Treffen scheint ein Maulwurf – viele vermuten aus dem Justizpalast von Caltanissetta – catanesische Mafiosi vom »Verrat« Ilardos unterrichtet zu haben, der postwendend wenige Tage später, am 10. Mai 1996, in Catania erschossen wurde, vgl. *Antimafia Duemila* (08.07.2019; 14.12.2020), *Biondo/Ranucci* (2009: 9–73, 233, 251–258, 273–277, 287–325), *Borrometi* (2023: 149 ff., 311–324), *Il Circolaccio* (14.06.2019, *Riccio/Vinci* 2024: 329 ff.).

115 *La Repubblica* (04.11.1986).

116 Der Mailänder Banker Calvi wurde am 18. Juni 1982 erhängt unter der Londoner Black Friar Bridge gefunden. Nach ungewöhnlich oberflächlichen Untersuchungen seitens der britischen Behörden wurde ein Selbstmord festgestellt. Dank der Bemühungen von Calvis Familie wurden aber 1983 die Ermittlungen wieder aufgenommen. Und im

März 2007 stellte ein römisches Gericht zweifelsfrei fest, dass er umgebracht worden war. Beteiligt an der Tat scheinen nicht nur Mafiosi, Camorristi und Mitglieder der Magliana-Bande, sondern auch Geheimdienstler gewesen zu sein. Calvi hatte bereits in der Zeit seiner Untersuchungshaft wegen Devisenvergehen Aussagen über seine Schmiergeldzahlungen an die Parteien gemacht und gedroht, noch mehr erzählen zu wollen. Hätte er seine Geheimnisse ausgeplaudert, wäre dies für seine alten Freunde von der Geheimloge P2, die geschmierten Parteien, die Geheimdienste sowie den Vatikan, mit dem zusammen er Geldwäschegeschäfte betrieben hatte, ein Desaster gewesen, vgl. *Il Fatto Quotidiano* (10.11.2016), *Willan* (2008).

117 Gioè, ein Ehrenmann der Familie von Altofonte (PA), war der Cousin des in London lebenden Gentleman-Mafioso Franceso Di Carlo. Wegen Drogengeschäften war Di Carlo in Großbritannien zu einer 25jährigen Haftstrafe verurteilt worden. In der Zeit nach dem Addaura-Attentat und vor den Morden an Falcone und Borsellino, bekam Di Carlo im nordenglischen Gefängnis Full Sutton zwei oder drei Besuche von italienischen und ausländischen Geheimdienstlern. Diese baten, so Di Carlo, um die Hilfe der Cosa Nostra bei der Eliminierung des Richters Falcone, woraufhin Di Carlo sie an seinen Cousin Nino Gioè verwies. Di Carlo, der in der Vergangenheit selbst Geheimdienstkontakte gehabt und nach eigenen Aussagen mit dem Geheimdienstchef Giuseppe Santovito (1918–1984) sogar befreundet gewesen war, warnte seinen Cousin: »Die Geheimdienste, ja, sie erweisen dir Gefälligkeiten, aber im richtigen Moment servieren sie dich dann ab, das war immer so.« (*Palazzolo* 2010: 179, Übersetzg. d. Verf.) Laut Di Carlo wurde Gioè vom Geheimdienst kontaktiert, der ihm daraufhin stolz erzählte: »Die haben halb Italien in der Hand, da können wir viele Sachen machen« (*Di Giovacchino* 2015: 62, Übersetzg. d. Verf.) – 1992 begann sich Gioè mit dem Neofaschisten, Antikendieb und Killer Paolo Bellini (geb. 1953) zu treffen, den er 1981 im Gefängnis von Sciacca (AG) kennengelernt hatte. Angeblich bat Bellini Gioiè um Hilfe bei der Wiederbeschaffung von Krediten in Sizilien und machte ihm außerdem das Angebot, bei den Carabinieri um Hafterleichterungen für Mafiosi nachzufragen, wenn ihm die Cosa Nostra helfen würde, gestohlene

Kunstgegenstände wiederzubeschaffen, die er im Auftrag der Carabinieri suche. Ferner soll Bellini der Mafia die Idee in den Kopf gesetzt haben, Kulturgüter auf dem italienischen Festland zu bombardieren, was dann 1993 auch geschehen ist. Was genau Bellini in der Zeit, in der die Attentate auf die Richter Falcone und Borsellino stattfanden, in Sizilien gemacht hat, ist bis heute unklar. – Von Gioè weiß man, dass er einer der Täter des tödlichen Anschlags am 23. Juli 1992 auf den Richter Falcone war. Nach dem Attentat versteckten sich Gioè und ein weiterer der Täter, Gioacchino La Barbera (geb. 1959), in einer Wohnung in der palermitanischen Via Ughetti 17, wo sie abgehört wurden, wie sie über das »Attentatuni« (Siz. Großes Attentat) redeten. Am 19. März 1993 wurde Gioè verhaftet und scheint sich bald entschlossen zu haben, ein Geständnis abzulegen. Dazu kam es aber nicht mehr, weil Gioè in der Nacht vom 28. auf den 27. Juli 1993 in seiner Zelle im römischen Rebibbia-Gefängnis starb. Er wurde mit seinen Schnürsenkeln am Fenster seiner Zelle erhängt aufgefunden und es hieß sofort, er habe Selbstmord begangen. An der Selbstmordversion gab es von Anfang an Zweifel, weshalb eine Untersuchung eingeleitet wurde, die aber ohne Ergebnis blieb. Inzwischen erklärte der ehemalige Gefängniswärter und Mafioso Pietro Riggio, Gioè sei von einer Gefängnispolizei-Spezialgruppe umgebracht worden. Seit langem ist die Rede von dem sogenannten »Protocollo Farfalla« (Schmetterlingsprotokoll), dank dessen sich Geheimdienstlern ungehindert in den Gefängnissen bewegen können, ohne dass dies aufgezeichnet werden würde, vgl. *Abbate* (2020: 116 f.), *Antimafia Duemila* (26.10.2020), *Bellavia* (2010: 323–346; 2016: 147–156), *Biondo/Ranucci* (2009: 143 ff.), *Borrometi* (2023: 94–114, 279–287, 298 ff.), *Di Giovacchino* (2015: 56–77), *Genchi* (2009: 110, 114), *Messina* (2014: 351 f.), *Palazzolo* (2010: 178 ff.), *Ruscica* (2015: 178 ff.), *Tescaroli* (2001: 81 ff.), *Torrealta* (2002: 121–150), *Vitale/Costanzo* (2009: 105 f.).

118 Riggio war seit 1990 Gefängnispolizist, im Jahr 2000 trat er der Mafiafamilie von Caltanissetta bei. Er wurde erstmals 1998 und erneut 2004 verhaftet, seit Juli 2008 ist er Kronzeuge. Seither hat er in verschiedenen Prozessen vor allem über Verbrechen, bei denen Vertreter des Staates beteiligt waren, ausgesagt. Vor der Mafia habe er keine

Angst, erklärte Riggio, sehr wohl aber vor Vertretern des Staates, die ihn bedroht hätten, vgl. *Antimafia Duemila* (26.10.2020), *Giornale di Sicilia* (18.12.2020), *Progetto San Francesco* (21.12.2020), *Word News* (21.11.2020).

4.4 Justiz und Polizei: »Büttel« der Politik?

1 *Mosca* (2002: 40 f.).

2 Rund zehn Richter, die aufgefordert worden waren, den Vorsitz zu übernehmen, lehnten dies unter verschiedenen Vorwänden – von Krankheit bis hin zu familiären Problemen – ab. Am Schluss erklärte sich der Richter Alfonso Giordano (1928–2021) bereit, der nicht einmal ein Strafrechtsexperte war, vgl. *Bolzoni* (2012: 133), *Bolzoni/D'Avanzo* (2018: 97).

3 *Billitteri* (2008: 211).

4 Der aus Neapel stammende Contrada trat 1958 in den Polizeidienst ein und kam 1962 nach Palermo, wo er 1973 Chef der palermitanischen Kriminalpolizei sowie 1976 der Criminalpol für Westsizilien wurde. 1982 trat er in den SISDE ein, wo er zunächst für Geheimdienstzentren Siziliens und Sardiniens zuständig war, bevor er 1986 zum Leiter der dritten SISDE-Abteilung in Rom wurde, und damit zu einem der obersten Geheimdienstfunktionäre Italiens aufstieg. 1982 war er ferner vorübergehend auch Kabinettschef des Antimafiahochkommissars Emanuele De Francesco (1921–2011). 1987 leitete Contrada innerhalb des SISDE eine Spezialgruppe, die für die Suche flüchtiger Terroristen und Mafiosi zuständig war. Über Contrada war seit langem »geredet« worden: Eine Reihe von Polizisten hatte ihm gegenüber Vorbehalte und immer wieder hatten Pentiti ausgesagt, zwischen Contrada und der Mafia herrsche bestes Einvernehmen. Erst als der Aussteiger Gaspare Mutolo gegenüber dem Richter Borsellino im Juli 1992 über Contrada auszusagen begonnen hatte, wurden Ermittlungen

eingeleitet und Contrada am 24. Dezember 1992 verhaftet. Pikanterweise hatte er vorher noch die Ermittlungen zu den Bombenattentaten auf die Richter Falcone und Borsellino koordiniert! Im April 1994 wurde Contrada vor Gericht gestellt und beschuldigt, Ermittlungen in falsche Richtungen gelenkt zu haben, Mafiosi vor anstehenden Verhaftungen gewarnt, ihnen Vergünstigungen wie die Rückgabe von Waffen- und Führerscheinen gewährt sowie Zeugen bedroht zu haben. Im April 1996 wurde er erstinstanzlich zu zehn Jahren Haft verurteilt, 2001 in der Berufung freigesprochen. Allerdings ordnete das Kassationsgericht eine Wiederholung des Berufungsverfahrens an und Contrada wurde dann 2006 erneut zu zehn Jahren Haft verurteilt, ein Urteil, das das Kassationsgericht 2007 bestätigte. Bereits 2008 wurde er aber bereits aus dem Gefängnis entlassen und nur unter Hausarrest gestellt, vgl. *Billitteri* (2008: 85), *Genchi* (2009: 105 f.), *Torrealta* (2011: 299–361), *Ursetta* (2013: 39 ff.).

5 Der aus Catania stammenden D'Antone war zunächst Chef der Kriminalpolizei in Palermo gewesen, anschließend der Criminalpol von Westsizilien. In den 1990er-Jahren wurde gegen ihn ermittelt, weil er in den 1980er-Jahren flüchtige Mafiosi begünstigt und die Arbeit seiner Kollegen behindert hatte. So hatte er Polizeirazzien sabotiert wie in der Weihnachtsnacht 1983 bei der Taufe eines Enkels des Bosses Pietro Vernengo in der palermitanischen Magione-Kirche oder bei einer Mafiahochzeit am 14. Januar 1984 im Hotel Costaverde in Cefalù (PA). In Polizeikreisen hieß es lange bevor D'Antone tatsächlich verhaftet wurde, er habe aufgrund seiner Spielleidenschaft finanzielle Probleme und sei nicht vertrauenswürdig. D'Antone wurde in allen Instanzen verurteilt. Nachdem die verhängte Haftstrafe von acht Jahren 2004 rechtswirksam geworden war, wurde er erneut verhaftet und musste ins Gefängnis, aus dem er erst 2012 wieder entlassen wurde, vgl. *Antimafia Duemila* (05.04.2021), *Di Matteo* (2015: 95 ff.), *Dino* (2008c: 81 ff.), *Genchi* (2009: 105 f.), *La Repubblica* (08.06.2012), *Palazzolo* (2010: 234 ff.), *Ursetta* (2013: 41).

6 Zu Carnevale vgl. *Bolzoni* (2012: 152 f.), *Bolzoni/D'Avanzo* (2018: 23, 126 ff., 127 ff., 179 ff.), *Lodato/Travaglio* (2005: 268 ff.).

7 Auch Giuseppe Prinzivalli (1931–2011), ein ehemaliger Gerichtspräsident und Staatsanwalt, musste sich vor Gericht verantworten: Der Ex-Mafioso Salvatore Cancemi hatte über ihn ausgesagt, er habe von den Ehrenmännern »una burza chiena di piccioli« (Siz. einen Koffer voller Geld) (*La Repubblica* (10.10.1995, Übersetzg. d. Verf.) sowie Immobilien erhalten. Prinzivalli kam ungeschoren davon, weil seine Vergehen nach dem Abschluss seiner Prozesse verjährt waren, vgl. *Bolzoni* (2012: 180 f.), *Di Matteo* (2015: 83 ff.), *Giornale di Sicilia* (15.07.2005), *Zingales* (2002: 210). – Zahlreiche weitere Richter und Staatsanwälte wie Carlo Aiello, Olindo Canali, Domenico Mollica, Salvatore Curti Giardina, Pasquale Barreca, Francesco D'Antoni und Carmelo Conti mussten sich vor Gericht wegen des Vorwurfs der Begünstigung der Mafia verantworten, sie wurden aber allesamt nicht verurteilt, vgl. *Antimafia Duemila* (21.04.2013), *Bolzoni/D'Avanzo* (2018), *Il Fatto Quotidiano* (17.05.2024), *Messina* (2005: 134), *La Repubblica* (19.10.1993; 22.09.1994), *Zingales* (2002: 210, 218). – Der Staatsanwalt Francesco Scozzari, den der ermordete Richter Rocco Chinnici einen »Knecht der Mafia« genannt hatten, wusste zu verhindern, dass gegen ihn vorgegangen wurde: Nachdem der Oberste Richterrat Scozzaris Versetzung angeordnet und ein Disziplinarverfahren eingeleitet hatte, reichte Scozzari seine Demission ein, wodurch das Verfahren gestoppt wurde, vgl. *Chinnici* (1981/83: Tagebuchblatt 3 v. 15.12.1981), *L'Unita* (11.09.1983). – Der Staatsanwalt Domenico Signorino († 1992), von dem der Mafiaaussteiger Gaspare Mutolo behauptet hatte, er sei bestochen gewesen, wählte einen drastischeren Ausweg, indem er sich erschoss, vgl. *L'Unita* (04.12.1992). – Aktuell wird gegen die Staatsanwälte Gioacchino Natoli und Giuseppe Pignatone wegen Begünstigung der Mafia ermittelt, vgl. *Il Fatto Quotidiano* (01.08.2024), *Progetto San Francesco* (02.08.2024).

8 *Mosca* (2002: 43).

9 So ist von dem Staatsanwalt Olindo Canali bekannt, dass er freundschaftliche Beziehungen zu dem mutmaßlichen Regenten der Mafiafamilie von Barcellona, dem Arzt Salvatore Rugolo, unterhielt, vgl. *Gazzetta del*

Sud (02.10.2018), *La Repubblica* (28.12.2008), *Schinella* (27.07.2019), *Uccello/Amadore* (2009: 137). – Giovanni Pizzillo, der Präsident des palermitanischen Berufungsgerichtes hingegen hatte beste Beziehungen zu dem mafiosen Steuereintreiber Nino Salvo. Darüber hinaus genoss er in der Kriminellenwelt seines Herkunftsdorfes Collesano (PA) laut dem dortigen Carabiniere-Wachtmeister Vincenzo Bucca höchstes Ansehen, vgl. *La Licata* (2002: 61 f.). – Auch der palermitanische Generalstaatsanwalt Vincenzo Pajno soll mit den Salvos befreundet gewesen sein, vgl.: *Cipriani* (1993: 33), *Chinnici* (1981/83: Tagebuchblatt v. 26.11.1982). – Von Staatsanwalt Giuseppe Pignatone wird behauptet, er habe – wie schon vorher sein Vater Francesco, der Präsident der mächtigen Ente Siciliano per la promozione industriale (ESPI), – Mafiapolitikern und Mafiosi nahegestanden, vgl. *Il Giornale* (09.08.2024), *Il Fatto Quotidiano* (09.08.2024), *Mori/De Donno* (2023: 123).

10 *Antimafia* (06.01.2008), *Billitteri* (2008: 151).

11 *La Repubblica* (27.07.1988), *Viviano* (2008: 41).

12 *Bellavia/Palazzolo* (2002: 22), *Bolzoni* (2012: 144 f.), *La Repubblica* (29.05.1993), *La Repubblica – Blog* (07.24.2017), *Live Sicilia* (15.12.2011), *Montanaro/Ruotolo* (1995: 831, 860).

13 Auch der Staatsanwalt Francesco Messineo (1946) ist mit einem mutmaßlichen Ehrenmann verwandt, wurde aber nie beschuldigt, die Mafia begünstigt zu haben. Allerdings war Messineo gezwungen, sich wegen seines in Mafiaprozesse verwickelten Schwagers, Sergio Maria Sacco, gelegentlich aus Ermittlungen herauszuhalten, damit kein Befangenheitsverdacht aufkommen konnte, vgl. *La Repubblica* (15.03.2009), *La Stampa* (16.03.2009), *19 Luglio 1992* (14.06.2002; (14.12.2015).

14 *Catanzaro* (1991: 117 f.).

15 Die Staatspolizei (Polizia di Stato) untersteht dem Innenminister, die auch Polizeiaufgaben erfüllenden Carabinieri dem Verteidigungsminister, die Gefängnispolizei (Polizia Penitenziaria) dem Justizminister

und die Finanzpolizei (Guardia di Finanza) dem Wirtschafts- und Finanzminister.

16 *Bin/Pitruzella* (2000: 281 ff.), *Folliero* (1997: 243 f.).

17 *Mosca* (2002: 51, Übersetzg. d. Verf.).

18 *Marino* (2002a: 91), *Mosca* (2002: 52).

19 So untersagte beispielsweise der Staatsanwalt von Gela, Angelo Ventura († 2007), den Carabinieri im Wohnhaus und Auto von Giovanna Santoro, der Ehefrau des Mafiabosses Piddu Madonia, Wanzen zu installieren, und zwar weil dies »unmoralisch und hinterhältig« sei, vgl. *Bascietto* (2005: 101), *La Repubblica* (04.07.1992), *Corriere di Gela* (22.09.2017).

20 Riina lebte vor seiner Verhaftung unter falscher Identität mit seiner Familie in einer Villa in der palermitanischen Via Bernini 54. Der Carabinieri-Hauptmann Sergio De Caprio ließ noch am Nachmittag des Tages von Riinas Verhaftung das Fahrzeug, mit dem der Villenkomplex überwacht wurde, abziehen. Die Staatsanwaltschaft wurde glauben gemacht, es werde weiterhin überwacht. 19 Tage später explodierte ein Skandal, als der Vorfall bekannt wurde. Gegen De Caprio und seinen Vorgesetzten Mario Mori kam es wegen der versäumten Überwachung und Untersuchung der Riina-Villa zum Prozess, bei dem sich die beiden damit verteidigten, es habe schlicht ein Missverständnis zwischen Carabinieri und Staatsanwaltschaft vorgelegen. De Caprio und Mori wurden freigesprochen, nicht wenige interpretierten den Vorfall aber so, dass bei der versäumten Durchsuchung der Villa vielleicht die »Staatsräson« eine Rolle gespielt haben könnte. Vgl. *Abbate* (2020: 92 ff.), *Abbate/Gomez* (2007: 201 ff.), *Ciconte* (2008b: 430 ff.), *Pinotti* (2007: 606).

21 Gelegentlich werden Beweise auch absichtlich falsch abgelegt, so dass sie entweder nie oder erst dann auftauchen, wenn es für Ermittlungen zu spät ist. Häufig scheitern Ermittlungen ferner an »Maul-

würfen«, die Informationen an Mafiosi oder deren Verteidiger weitergeben, wodurch diese die Möglichkeit haben, Maßnahmen zu ergreifen, um sich zu schützen. Beispielsweise fiel der Ermittlungsbericht der Untersuchung »Mafia & Appalti«, den der Carabiniere Giuseppe De Donno der Staatsanwaltschaft von Palermo übergeben hatte, in die Hände der betroffenen Politiker und Mafiosi, vgl. *Macaluso* (1999: 93 ff.), *Palazzolo/Prestipino* (2007: 278 ff., 287 f.).

22 Viele vermuten, dass es sich bei den verschwundenen Dokumenten um das Moro-Dossier gehandelt habe. Antonietta Setti Carraro, die Mutter der Ehefrau Dalla Chiesas sagte am 15. April 1992 aus, ihre Tochter Emanuela habe ihr von diesen Dokumenten, die Dalla Chiesa in einem Versteck der Roten Brigaden fand, erzählt: »Sie hat mir gesagt, der ehrenwerte Andreotti habe ihn (Dalla Chiesa, Anmerk. d. Verf.) nach diesen Papieren gefragt (…) nur einen Teil habe er Andreotti gegeben (…). Ein Teil dieser Papiere, oder alle, daran erinnere ich mich nicht genau, hat der General für sich behalten« (*Montanaro/Ruotolo* 1995: 158, Übersetzg. d. Verf.). Zum Verschwinden der Dokumente aus Dalla Chiesas Tresor in dessen Residenz Villa Pajno, vgl. *Di Matteo* (2015: 10), *La Repubblica* (13.04.1993), *Lodato/Scarpinato* (2008: 235 ff.), *Montanaro/Ruotolo* (1995: 158 f.), *Pinotti* (2007: 55, 590).

23 Nach Falcones Tod wurden dessen Büro und Wohnung in Rom und in Palermo versiegelt. Unbekannte verschafften sich dennoch Zugang zu den elektronischen Notizbüchern, den Laptops sowie dem Computer des ermordeten Richters und lasen, überschrieben und löschten Daten. Zwei Informatikexperten, der palermitanische Polizeikommissar Gioacchino Genchi (geb. 1960) sowie der Elektronikingenieur Luciano Petrini, der für die auch für den Geheimdienst arbeitende Softwarefirma Computer Micro Image tätig war, untersuchten die Geräte. Nachdem Petrini im Januar 1996 in Caltanissetta ausgesagt hatte, wurde er im Mai 1996 erschlagen in seiner Wohnung in Rom aufgefunden. Es hieß, es habe sich um einen Mord in Homosexuellenkreisen gehandelt und die Ermittlungen wurden bald eingestellt. Genchi, der die meisten der gelöschten bzw. überschriebenen Daten wiederherstellen konnte, war geraten worden, Stillschweigen

über seine Erkenntnisse zu wahren. Er übermittelte seine Erkenntnisse dennoch der Staatsanwaltschaft, woraufhin er nach Norditalien versetzt wurde und fortan für die Sicherheit bei Fußballspielen und Demonstrationen zuständig war. Genchi schied zwischenzeitlich aus dem Polizeidienst aus und machte seine Erkenntnisse in dem Buch »Il Caso Genchi« öffentlich. Nach Genchi enthielt vor allem Falcones altes elektronisches Casio-Notizbuch, in dem der Richter Treffen, Telefonnummern und Erkenntnisse festgehalten hatte, zahlreiche interessante Details, die möglicherweise Hinweise auf die Hintergründe seiner Ermordung geben: So ein geheimes Treffen Falcones am 16. Dezember 1991 im Gefängnis von Spoleto mit dem Mafioso Gaspare Mutolo und eines Ende April 1992 mit Buscetta in den USA. Laut Genchi ist außerdem aufschlussreich, dass Falcone mit zahlreichen – später wegen ihrer Mafiaverbindungen angeklagten – Politikern in enger Verbindung stand und sich – obwohl er als Justizdirektor dafür nicht mehr zuständig war – weiterhin mit brisanten Untersuchungen wie »Mafia & Appalti« sowie der Geheimorganisation Gladio beschäftigte, vgl. *Bolzoni* (2012: 157), *Di Giovacchino* (2015: 109 f.), *Genchi* (2009: 78 ff., 91 ff.), *Italy Flash* (12.05.2020), *Palazzolo* (2010: 187 ff.), *Pinotti* (2007: 590, 607), *Viviano/Ziniti* (2010: 9).

24 Borsellino trennte sich nie von seinem roten Notizbuch. Borsellinos Frau Agnese hatte am Nachmittag des 19. Juli 1992, am Tag des Bombenattentats in der palermitanischen Via d'Amelio, dem Borsellino und seine fünf Leibwächter zum Opfer fielen, ihren Mann das Notizbuch in seine Ledertasche stecken sehen. Diese Tasche, die sich in Borsellinos panzerglasgesichertem Auto befand, blieb bei dem Attentat intakt. Nachdem gegen 17 Uhr die Bombe explodiert war, wurde um 17.30 Uhr der junge Carabinieri-Hauptmann Giovanni Arcangioli zufällig von dem Fotoreporter Franco Lannino mit Borsellinos Ledertasche in der Hand fotografiert. Lanninos Foto wurde zum Ausgangspunkt einer Untersuchung gegen Arcangioli: Zunächst erklärte der Carabiniere, er habe die Tasche ungeöffnet dem ehemaligen Staatsanwalt und PRI-Senator Giuseppe Ayala (geb. 1945) gegeben. Später sagte er, er habe die Tasche zusammen mit Ayala geöffnet, aber es habe sich dort kein Notizbuch befunden. Anschließend habe er die Tasche einem

Carabiniere gegeben, an dessen Namen er sich nicht erinnere. Offiziell taucht Borsellinos Ledertasche dann in einem Bericht der Kriminalpolizei von 18.30 Uhr auf, in dem ihr Inhalt aufgelistet ist – von dem roten Notizbuch ist nicht die Rede. Viele sind der Überzeugung, dass der Mord an Borsellino sinnlos gewesen wäre, wäre nicht auch das rote Notizbuch verschwunden … Die Auftraggeber des Diebstahls des Notizbuches scheinen über dessen explosiven Inhalt informiert gewesen zu sein. Viele sind der Überzeugung, Geheimdienstler hätten das rote Notizbuch verschwinden lassen, darunter auch der Obermafioso Riina. Zum Verschwinden des roten Notizbuches vgl. *Ceruso* (2023), *Di Giovacchino* (2015: 142 ff.), *Di Matteo* 2015: 10), *Lo Bianco/Rizza* (2007: 8 ff.), *Genchi* (2009: 84 f.), *Palazzolo* (2010: 193 f.), *Pinotti* (2007: 583 f.), *Viviano/Ziniti* (2010: 45 ff.).

25 Zur verpatzten Verhaftung Provenzano in Mezzojuso vgl. *Bellavia/Palazzolo* (2004: 24 ff.), *Biondo/Ranucci* (2009: 60 ff.), *Borrometi* (2023: 313ff,), *Dino* (2011: 261), *Palazzolo/Prestipino* 2007: 20 ff., 265 f.f), *Riccio/Vinci* (2024: 378 ff.).

26 *Antimafia Duemila* (03.05.2011), *Il Fatto Quotidiano* (19.01.2015), *MeridioNews* (20.07.2018).

27 *Billitteri* (2008: 175, Übersetzg. d. Verf.).

28 Zu den Vorwürfen gegenüber Natoli und Pignatone vgl. *Borrometi* (2023), *Il Dubbio* (28.11.2024), *Il Fatto Quotidiano* (03.07.2024), *Il Giornale* (31.07.2024, 09.08.2024), *Il Riformista* (02.08.2024), *La Repubblica. Cronaca di Palermo* (19.07.2024, 24.07.2024), *La Sicilia* (18.01.2024), *Live Sicilia* (28.07.2024).

29 Die für Untersuchungen über das Attentat in der Via d'Amelio zuständigen Beamten, der SISDE-Funktionär Bruno Contrada sowie der – verdeckt ebenfalls für den Geheimdienst tätige – Leiter der Kriminalpolizei Arnaldo La Barbera, ermittelten sofort in Richtung einer auf Autodiebstähle, Zigaretten- und Drogendealen spezialisierten Kleinkriminellenbande aus dem palermitanischen Stadtteil Guadagna.

Geführt wurde diese Bande von Vincenzo Scarantino, einem psychisch labilen Halbanalphabeten, dessen einzige Verbindung zur Mafia sein Schwager Salvatore Profeta (1945–2018) war, ein Mitglied der von Pietro Aglieri geführten Familie Santa Maria di Gesù. Scarantino wurde im September 1992 verhaftet und ein Jahr später dazu gebracht, sich selbst als Organisator des Attentats zu bezichtigen, obschon er sich anfangs – weinend und sich den Kopf an der Zellenwand blutig schlagend und einen Selbstmordversuch unternehmend – gegen die Falschaussage gewehrt hatte. Der Staatsanwältin Ilda Boccassini, die sich nach Sizilien versetzen lassen hatte, um zu den Ermittlungen über das Borsellino-Attentat beitragen zu können, war bereits 1994 klar, dass Scarantino nicht hinter dem Attentat hatte stecken können. Sie verdeutlichte ihren Standpunkt dem Oberstaatsanwalt von Caltanissetta Giovanni Tinebra (1941–2017), der sich nicht von der eingeschlagenen Ermittlungsrichtung abbringen ließ, weshalb sich Boccassini nach Mailand zurückversetzen ließ. Im September 1997 erklärte Scarantinos Frau Rosaria Basile öffentlich, ihr Mann sei gefoltert worden, um eine Falschaussage zu machen. Kurz vor dem Ende des ersten Prozesses zog Scarantino 1998 mit folgenden Worten seine Aussage zurück: »Sie haben mich gefoltert, sie sagten mir, sie würden mich mit Aids infizieren, sie taten mir Würmer in die Suppe. Alles, was ich ausgesagt habe, ist gelogen. La Barbera sagte: du wirst der neue Buscetta sein, eine andere Identität bekommen und viel Geld« (*Di Giovacchino* 2015: 141, Übersetzg. d. Verf.). Seine Aussagen wären ihm »eingeflüstert« worden und er hätte sie vor den Gerichtsverhandlungen auswendig lernen müssen. Scarantino erklärte, es seien die Polizeibeamten Vincenzo Ricciardi, Mario Bo, Salvatore La Barbera, aber auch die Staatsanwälte Giovanni Tinebra und Annamaria Palma gewesen, die ihn zum Lügen gebracht bzw. immer wieder, wenn er die Wahrheit hatte sagen wollen, gestoppt hätten. Die Wahrheit kam 2008 heraus, als der Ex-Mafioso Gaspare Spatuzza auszusagen begann: Spatuzza, ein Mitglied der von Giuseppe Graviano geführten Brancaccio-Familie, war an dem Borsellino-Attentat beteiligt gewesen, beispielsweise hatte er den FIAT 126 gestohlen, in dem die Autobombe versteckt war. Spatuzza erzählte u. a., eine ihm nicht bekannte Person, kein Mafioso, sondern seiner Meinung nach ein Geheimdienstler, sei dabei gewesen, als die Bombe in dem FIAT untergebracht wurde. – Nach Spatuzzas Aussage kam es mit dem vierten Borsellino-Prozess, dem Prozess »Borsellino quater«, zu einer Neuaufnahme des Verfahrens. 18 Jahre lang hatten die Lügen Scarantinos verhindert, dass die Wahrheit ans Licht kam und dafür gesorgt, dass Unschuldige im Gefängnis saßen. Wäre nicht in die falsche Richtung ermittelt worden, wäre wahrscheinlich früher das Augenmerk auf die wahrscheinliche Beteiligung der Geheimdienste und des Brancaccio-Clans mit seinen engen politischen Verbindungen gefallen, was vermutlich verhindert werden sollte, vgl. *Borrometi* (2023: 214–228), *De Rosa/Galesi* (2013: 73 ff.), *Di Giovacchino* (2015: 130 ff.), *Genchi* (2009: 86 ff., 116, 118–125), *Montanaro* (2013: 93 ff., 146 ff.).

30 Zu La Barbera vgl. *Giornale di Sicilia* (09.01.2024), *Borrometi* (2023: 218, 227), *Torrealta* (2011: 169–181).

31 *Billitteri* (2009: 109), *Nicastro* (2006: 48 f.), *Viviano* (2009: 106 ff.).

32 *Ceruso* (2008: 180 f.).

33 Zu den Basile-Prozessen, die ein gutes Beispiel für das erfolgreiche »Aggiustamento« von Justizverfahren darstellen, vgl. *Bolzoni* (2012: 168, 191), *Bolzoni/D'Avanzo* 2018: 27 ff., 70), *Di Matteo* (2015: 78 ff.).

34 *Bolzoni/D'Avanzo* (2018: 70, Übersetzg. d. Verf.)

35 *Abbate* (2020: 118, 239, 244), *Bellavia/De Lucia* (2009: 174), *Bellavia/Palazzolo* (2004: 146 f.), *Baiardo/Maiorano* (2024: 42).

36 Immer wieder wird gegen Ärzte, die Mafiosi helfen, ihre Haftstrafe durch Krankenhausaufenthalte oder Hausarreste zu ersetzen, wegen falscher Gutachten ermittelt. Beispielsweise wurden beim Maxiprozess 40 Angeklagte »aus gesundheitlichen Gründen« aus der Untersuchungshaft in den Hausarrest entlassen. Für ihre Gutachten erhalten die korrupten Ärzte Geld oder – im Falle von Krankenhausärzten – Beförderungen, vgl. *De Rosa/Galesi* (2013: 10 f., 185 ff., 212 ff., 243 ff.).

37 *Corriere della Sera* (05.09.2012), *De Rosa/Galesi* (2013: 28).

38 *Billitteri* (2008: 24, 206 f.)

39 *Mosca* (2002: 52).

40 Im Rahmen seiner zwischen 1976 und 1977 durchgeführten Ermittlungen identifizierte der Polizeibeamte ein mächtiges kriminelles Netz, das er nicht nur für zahlreiche Entführungen und Morde, sondern auch für den mysteriösen Flugzeugabsturz am 5. Mai 1972 in Palermo verantwortlich machte. Offiziell hieß es, das Flugzeug sei aufgrund eines Pilotenfehlers mit der Montagna Longa kollidiert, woraufhin es abstürzte und seine 115 Insassen in den Tod riss. Allerdings hatten Augenzeugen gesehen, wie das Flugzeug vor dem Aufprall in der Luft explodiert war. Das Unglück ereignete sich genau zwei Tage vor den Nationalwahlen 1972, und damit in einer Periode, in der Italien durch zahlreiche rechtsradikale Terroranschläge erschüttert wurde. – Peri verfasste einen 34-seitigen Bericht, den »Rapporto Peri«, und verschickte ihn 1977 an sieben Staatsanwaltschaften (Marsala, Trapani, Palermo, Agrigent, Tarent, Mailand, Turin) – keine leitete Untersuchungen ein. Stattdessen wurde der unbeugsame Peri, der für seine Ermittlungen teilweise sogar Urlaub genommen hatte und der der »dritten Ebene« zu nahe gekommen sein dürfte, von seinen Vorgesetzten als einer, der »phantasiere« angegriffen. Peri wurde seiner Position enthoben, degradiert und strafversetzt, vgl. *Caruso* (2017: 555 ff.), *Il Circolaccio* (03.01.2020), *Peri* (o. J.), *Palermo Today* (05.05.2017).

41 *Palazzolo* (2010: 119, 235).

42 Nachdem Montalbano das Centro Scontrino durchsuchen ließ, wurde er von dem trapanesischen Polizeipräsidenten Mario Gonzales unter dem Vorwand, unrechtmäßig ein panzerglasgesichertes Dienstfahrtzeug benutzt zu haben, vom Dienst suspendiert. Anschließend wurde er nach Palermo versetzt, um die gefährliche Stelle seines ermordeten Kollegen Ninni Cassarà einzunehmen, die niemand haben wollte. Nachdem er sich in Palermo wegen seines Ermittlungsberichts

zum Mord an Insalaco unbeliebt gemacht hatte, wurde er erneut versetzt und zwar diesmal ins weit von seiner Heimatstadt Palermo – und damit seiner Familie – gelegene Ragusa, wo ihm nur noch Verwaltungsaufgaben zugeteilt wurden. Montalbano wusste, dass er damit hatte bestraft werden sollen und erklärte: »Die haben etwas gegen mich, weil ich mich geweigert habe, den Bericht über Insalaco aufzuweichen.« (*Stancanelli* 2016: 239, Übersetzg. d. Verf.). Entnervt gab er auf und schied freiwillig aus dem Polizeidienst aus, vgl. *La Repubblica* (02.08.1988; 08.05.1988), *Palermo* (1996: 94 f.), *Pinotti* (2007: 559 ff.), *Stancanelli* (2016: 238 f.), *Uccello/Amadore* (2009: 106 f.).

43 Nachdem Riccio seine Vorgesetzten angezeigt hatte, erreichte im März 1997 ein anonymer Brief u. a. die Staatsanwaltschaft von Genua, in dem Riccio diverser Vergehen beschuldigt wurde. Der Carabiniere wurde daraufhin im Juni 1997 verhaftet. Nach zahlreichen Prozessen, bei denen ihm zur Last gelegt worden war, in den 1980er-Jahren ein Carabinieri-Kommando nicht korrekt geleitet zu haben, wurde Riccio 2011 rechtskräftig zu vier Jahren und zehn Monaten Haft verurteilt, womit die Karriere des unbequemen Beamten beendet war, vgl. *Antimafia Duemila* (11.03.2011), *Riccio/Vinci* (2024: 399 ff.).

44 *Bolzoni* 2012: 111, 124). *Li Vigni* (1995: 315).

45 *Di Matteo* (2015: 86). *Li Vigni* (1995: 252).

46 Mit dem Gesetzesdekret N. 206 wurde 2006 innerhalb der Staatsanwaltschaft das hierarchische Prinzip eingeführt, wonach Staatsanwälte den Anweisungen des ihnen vorgesetzten Oberstaatsanwalts zu folgen haben, der ihnen ihre Fälle jederzeit wieder wegnehmen kann, vgl. *Maiwald* (2009: 175 f.).

47 Nicht nur unbequeme Polizisten und Staatsanwälte werden versetzt, wenn sie der Mafia und deren Freunden in die Quere kommen, sondern – wie der Fall von Fulvio Sodano, der zwischen 2000 und 2003 Präfekt von Trapani war zeigt – auch hohe Verwaltungsbeamte, vgl. *Uccello/Amadore* (2009: 99 ff.).

48 *Il Giornale* (29.09.2013, Übersetzg. d. Verf.)

4.5 »Orte der Begegnung«: Geheimlogen und andere Eliteclubs

1 *Dino* (2002: 53, Übersetzg. d. Verf.).

2 *MeriodioNews* (15.02.2020), *Pennino* (2006: 141), *Viviano* (2009: 22, 25).

3 *Dino* (2002: 54, Übersetzg. d. Verf.).

4 *Montanaro/Ruotolo* (1995: 800), *Pennino* (2006: 142).

5 *Dino* (2002: 55; Übersetzg. d. Verf.).

6 Bei der Vereinigung Corda Fratres (Herz der Brüder) handelt es sich um eine Ende des 19. Jh.s in Turin entstandene Studentenverbindung. Die Corda Fratres gehört keinem Freimaurerorden an, die Ähnlichkeiten sind aber unverkennbar, weshalb nicht selten von einer »Pseudofreimaurerorganisation« gesprochen wird. In Sizilien spielte die Vereinigung vor allem an der Universität Messina eine gewisse Rolle, an der viele Mitglieder ihres 1944 in Barcellona Pozzo di Gotto gegründeten Ablegers studiert hatten, vgl. *Antimafia* (03.05.2011), *Messina* (2014: 355 ff.), *La Repubblica* (24.03.2013), *Uccello/Amadore* (2009: 128 f.).

7 Cassata wird – genauso wie dem von ihm protegierten Staatsanwalt Olindo Canali – die moralische Schuld am Selbstmord von Adolfo Parmaliana (1958–2008) gegeben. Der Chemieprofessor an der Universität Messina und lokaler DS-Sekretär von Terme Vigliatore (ME) hatte die unsauberen Geschäfte des von Bürgermeister Bartolo Cipriano geführten Stadtrats von Terme Vigliatore denunziert, was folgenlos blieb. Die zuständige Staatsanwaltschaft leitete keine Ermittlungen ein, stattdessen wurde Parmigliana wegen Diffamierung verfolgt. Erst nachdem

die Carabinieri von Barcellona Pozzo di Gotto den 200-seitigen Bericht »Tsunami« vorgelegt hatten, wurde noch im gleichen Jahr die Kommune wegen mafioser Infiltrationen aufgelöst. Die Staatsanwaltschaft hielt aber weiterhin ihre schützende Hand über die korrupten Politiker, kein Wunder, scheinen doch Cassata und Canali nicht nur mit den belasteten Politikern, sondern auch mit der lokalen Mafia verbandelt gewesen zu sein. So war beispielsweise Cassata im September 1994 von zwei Carabinieri dabei beobachtet worden, wie er sich auf der Straße mit Venerina Rugolo unterhielt, der Frau des lokalen Mafiabosses Pino Gullotta. Anschließend machte er auf die Carabinieri Druck, sein Gespräch mit Rugola aus ihrem Arbeitsbericht zu streichen. Gegen Canali, dessen Freundschaft mit Venera Rugolos Bruder Salvatore bekannt war, wurde später ermittelt, weil er Geld von der Mafia angenommen haben soll. Parmaliana geriet immer stärker – sogar in seiner eigenen Partei – in die Isolation. Am Ende war er so verzweifelt, dass er am 2. Oktober 2008 von einer Autobahnüberführung in den Tod sprang. In seinem Abschiedsbrief erhob Parmaliana schwere Anschuldigungen gegenüber Cassata und Canali: »Die Richterschaft von Barcellona und Messina will mich an den Pranger stellen, will mich demütigen, delegitimieren, sie verfolgt mich, weil ich es gewagt habe, meine Pflicht als ehrlicher Bürger zu erfüllen (…). Ich erlaube diesen Subjekten nicht, meine Würde (…) zu beleidigen« (I Siciliani, 15.07.2016, Übersetzg. d. Verf.). Für diesen Brief rächte sich Cassata, indem er 2009 ein anonymes Dossier verbreitete, in dem er Parmaliana weiter diffamierte. Wegen dieses Dossiers wurde Cassata 2016 rechtskräftig verurteilt, wenn auch nur zu einer Geldstrafe von 800 €. Bevor der CSM Maßnahmen gegen ihn einleiten konnte, verließ er 2013 die Richterschaft freiwillig, vgl. *Antimafia Duemila* (03.05.2011; 15.07.2016), *Gazzetta del Sud* (02.10.2018), *Caruso* (2017: 628 ff.), *I Siciliani* (15.07.2016), *Quotidiano L'Informazione* (19.07.2015), *Uccello/Amadore* (2009: 137 ff.).

8 Der Juraabsolvent Gullotti (»L'avvocaticchio« = das Anwältchen) war der Capofamiglia der Cosca von Barcellona Pozzo di Gotto. 1999 wurde er als Auftraggeber des Mordes an dem Journalisten Beppe Alfano zu einer lebenslangen Haftstrafe verurteilt. Gullotti soll Giovanni

Brusca die Fernbedienung gebracht haben, mit der bei dem Attentat am 23. Juli 1992 in Capaci die Bombe gezündet wurde; *La Repubblica* (24.03.2013), *Messina* (214: 357), *Uccello/Amadore* (2009: 128 f.).

9 Der aus Barcellona Pozzo di Gotto stammende Jurist Cattafi ist kein gewöhnlicher Mafioso: Als er in den 1970er-Jahren an der Universität Messina Jura studierte, frequentierte er rechtsradikale Kreise, später stand er mit Geheimdienstlern sowie Freimaurerlogen wie der P2 in Verbindung. Er gehörte nicht nur der Cosca Barcellonas an, sondern soll auch die rechte Hand von Nitto Santapaola, dem Capofamiglia des Clans von Catania, gewesen sein. Cattafi, gegen den wegen zahlreicher Verbrechen wie Mitgliedschaft in der Mafia, Entführungen, Beteiligung an den Richterattentaten von 1992 und vor allem internationalem Waffenhandel ermittelt worden war, gilt als zentraler Verbindungsmann zwischen Cosa Nostra, Freimaurerei und Geheimdiensten. Er wurde 2013 wegen Mitgliedschaft in der Mafia zu zwölf Jahren Haft verurteilt. In der Berufung wurde das Urteil 2015 auf sieben Jahre abgemildert. 2017 ordnete das Kassationsgericht die Wiederholung des Berufungsverfahrens an, das bis heute nicht abgeschlossen ist. Cattafi ist der einzige Mafioso, der nach Verurteilung in der ersten Instanz und anschließender Berufung auf freien Fuß gesetzt wurde. Bislang wurden die Verhandlungen des zweiten Berufungsverfahrens immer wieder vertagt, aber 2022 wurde Cattafi vom Kassationsgericht dann rechtsgültig zu sechs Jahren Haft verurteilt. Inzwischen ist er wieder auf freiem Fuß, wenn er auch als »sozial gefährlich« unter Bewachung steht, vgl. Borrometi (2023: 338ff.), *Il Fatto Quotidiano* (19.01.2021, 17.05.2023), *I Siciliani* (März 2015), *La Repubblica* (24.03.2013), *Messina* (2014: 338 ff.), *Stampa Libera* (07.12.2024), *Uccello/Amadore* (2009: 128).

10 *Groppi* (2005).

11 *Dino* (2002: 56), *Salemi* (1993: 91).

12 *Dino* (2002, 56, Übersetzg. d. Verf.).

13 *Uccello/Amadore* (2009: 108).

14 Die Unternehmerin und Gründerin der ersten catanesischen Antiracketorganisation, Pia Giulia Nucci, stellte fest: »In Palermo trifft man in den Salons nahezu unvermeidbar auf Mafiosi, da dort besonders viele Politiker und Unternehmer eng mit der Mafia verbunden sind. In Catania ist das deutlich weniger der Fall. Wir Catanesen mussten uns immer auf die eigenen Füße stellen und konnten uns nie auf Politiker verlassen, die in Catania weniger als in der Hauptstadt zu verteilen haben.« Persönliches Gespräch mit Pia Giulia Nuccio am 23.09.2005.

15 *La Repubblica. Cronaca di Palermo* (29.05.2005).

16 *Ceruso* (2008: 185 f.).

17 Zur elitären Sozialstruktur der Freimaurerlogen vgl. *Dickie* (2020: 77 ff.), *Pinotti* (2007: 14 f.).

18 Zur Geschichte der Freimaurerei vgl. *Dickie* (2020: 62), *Rainieri* (2000), *Reinalter* (2000: 9 ff.).

19 Dazu zählen mit Symbolen und Bildern verbundene rituelle Handlungen, bei denen die Brüder die Freimaurerabzeichen, einen Schurz und weiße Handschuhe, tragen, vgl. *Dickie* (2020: 15 ff.), *Rainieri* (2000: 143 ff.), *Reinalter* (2000: 32 ff.).

20 Zu den verdeckten Logen vgl. *Dickie* (2020: 426 ff.), *Leccese* (2018: 21 ff.).

21 *Dickie* (2020: 18, 25 f.), *Rainieri* (2000: 94).

22 *Dickie* (2020: 20), *Reinalter* (2000: 43).

23 Der Artikel 18 der republikanischen Verfassung verbietet zwar die Freimaurerei nicht explizit, Geheimgesellschaften allerdings schon. Nach dem P2-Skandal wurde mit dem Gesetz 17/1982, dem Anselmi-Gesetz, eine neue Rechtsnorm erlassen, nach der die Mitgliedschaft in Geheimgesellschaften mit zwei Jahren, die Leitung einer solchen

Organisation mit zwischen einem und fünf Jahren Haft bestraft wird, vgl. *Dickie* (2020: 412 f.), *Leccese* (2018: 27).

24 *Dickie* (2020: 426).

25 *Dickie* (2020: 427).

26 Nachdem 1732 in Florenz die erste Freimaurerloge Italiens entstanden war, folgten bald weitere Logen nach. Sie schlossen sich 1805 zur ersten Großloge zusammen, dem Grande Oriente d'Italia (GOI, Großorient von Italien). Diese hatte ihren Sitz zunächst in Florenz, ab 1870 dann im Palazzo Giustiniani in Rom. 1908 entstand als konservative Abspaltung vom GOI mit der Gran Loggia d'Italia degli Alam eine zweite Großloge. Ihr historischer Sitz befindet sich im Palazzo Vitalleschi an der Piazza del Gesù in Rom. 1951 wurde mit der Serenissima Gran Loggia d'Italia eine dritte und 1993 mit der Gran Loggia Regolare d'Italia (als Abspaltung vom GOI) noch eine vierte Großloge ins Leben gerufen. Die mit Abstand wichtigsten Großlogen blieben aber der GOI und die Gran Loggia d'Italia degli Alam. Die zwei später entstandenen Großlogen verfügen über deutlich weniger Mitglieder. Mit Ausnahme der Gran Loggia d'Italia degli Alam, die seit 1956 auch Frauen aufnimmt, handelt es sich bei den Großlogen um reine Männerbünde. Zu den italienischen Großlogen vgl. *Dickie* (2020: 413 ff.), *Leccese* (2018: 29 ff.), *Messina* (2014: 15, 19 f.), *Pinotti* (2007: 9 ff., 80, 185, 264 f.), *Rainieri* (2000: 30, 40, 78 f., 107 f.).

27 *Pinotti* (2007: 15).

28 Dickie (2020: 17, 68 ff.), *Rainieri* (2000: 28, 93 f.).

29 *Rainieri* (2000: 15 f.), *Renda* (1999: 79).

30 *Marino* (1998: 50), *Rainieri* (2000: 85, 107 f.).

31 Gigliotti war 1928 in die USA emigriert, wo er zunächst als Pastor wirkte, bevor er sich im OSS und später in der CIA als Agent be-

tätigte. Ferner führte er das American Committee for Italian Democracy, das von den rechtsextremen Sons of Italy unterstützt wurde, die eine wichtige Rolle bei der Vorbereitung der Invasion in Italien spielten. Vor allem aber war Gigliotti Freimaurer: Er gehörte der dubiosen Loge Garibaldi an, in der viele amerikanische Mafiosi eingeschrieben waren, sowie einer Loge aus Kalifornien. Gigliotti wirkte federführend am Wiederaufbau der italienischen Freimaurerei mit – so verschaffte er dem GOI wieder seinen alten Sitz im Palazzo Giustiniani – und sorgte für deren antikommunistische Ausrichtung. Als zentraler Verbindungsmann zwischen dem CIA und der italienischen Politik hatte Gigliotti in allen italienischen Logen Vertrauensleute – darunter Giovanni Alliata Di Montereale – sitzen, über die er bis in die 1970er-Jahre in die italienische Politik eingriff. Übrigens soll Gigliotti hinter der Abspaltung von Saragats PRLI vom PSI gestanden haben, durch die die Sozialisten stark geschwächt wurden. Erst nach dem Aufstieg der P2 begann er an Bedeutung zu verlieren, als seine Rolle von Licio Gelli übernommen wurde, vgl. *Guarino/Raugei* (2006: 46 f.), *Messina* (2014: 88, 126, 129), *Palermo* (1996: 27, 48, 83 ff.).

32 Alliata Di Montereale wurde im brasilianischen Rio De Janeiro, wo seine Familie enorme Ländereien besaß, geboren. Nach Kriegsende begann sich der Fürst zunächst in der separatistischen Bewegung und dann in der monarchistischen Partei zu betätigen, für die er 1946 zunächst in den Stadtrat von Palermo, 1947 in die Regionalversammlung und ab 1948 wiederholt in das Abgeordnetenhaus gewählt wurde. Seine eigentliche Passion galt aber der Freimaurerei, der er sich schon als junger Mann angeschlossen hatte. Gefördert wurde er von seinen amerikanischen Freunden, nicht nur von Gigliotto, sondern auch von Konteradmiral Ellery Stone, dem Chef der Alliierten Kontrollkommission für Italien. In den 1950er-Jahren brachte es der Fürst zum Souveränen Großkommandeur des Obersten Rates des schottischen Ritus – eines elitären Hochgradsystems, das seine Mitglieder aus den Reihen der Meister anderer Logen rekrutiert. Darüber hinaus mischte er bei verschiedenen »normalen« Logen mit und war spätestens in den 1970er-Jahren auch Mitglied der P2. Ferner stand er mit zahlreichen dubiosen Logen in Sizilien in Verbindung. Von Gioacchino Pennino

senior als reservierter Ehrenmann in die Familie des Brancaccio aufgenommen, soll der Fürst der zentrale Kontaktmann der Cosa Nostra zur Freimaurerei gewesen sein. Der rechtsradikale Fürst mischte sich mithilfe seiner Freimaurerkanäle auf ungesetzliche Weise in die Politik ein: Er gilt als einer der Auftraggeber des Attentas an der Portella della Ginestra, war am Borghese-Putsch beteiligt und auch im Moro-Dossier taucht sein Name auf. Nach dem Borghese-Putsch-Versuch entzog sich Alliata Di Montereale seiner Verhaftung durch Flucht nach Malta. Auch die von Agostino Cordova geführte Staatsanwaltschaft von Palmi (RC) ermittelte im Rahmen einer Untersuchug über verbotene Freimaureraktivitäten gegen Allitata di Montereale. Sie stellte 1994 ein Haftbefehl aus, woraufhin er unter Hausarrest gestellt wurde und kurze Zeit später verstarb, vgl. *Caruso* (2017: 499 ff.), *Cipriani* (1993: 38), *Messina* (2014: 116 f., 130 f.), *Palermo* (1996: 30, 87 f.), *Pennino* (2006: 124 f.), *Pinotti* (2007: 89, 98 f., 545 ff.).

33 Guarrasi, der vielen als Verbindungsmann zwischen Freimaurerei, Politik, Wirtschaft und Mafia gilt, stieg in Sizilien in der Nachkriegszeit innerhalb kürzester Zeit zu einer mächtigen »grauen Eminenz« in Wirtschaft und Politik auf. Es wird behauptet, er sei in viele brisante Vorkommnisse wie etwa den Fall Enrico Mattei oder das Verschwinden des Journalisten Mauro De Mauro verwickelt gewesen, weshalb sich auch die Parlamentarische Antimafia-Untersuchungskommission von 1976 mit ihm beschäftigte, vgl. *Bartolocceli/D'Ayala* (2012), *Casarrubea* (2001: 133), *City of Palermo* et al. (2000: o. S.), *Costanzo* (2006: 205), *Marino* (2002a: 156).

34 *Marino* (2002a: 156), *Messina* (2014: 92).

35 *Cipriani* (1993: 5 f.).

36 In dieser Loge in der Via Roma 391 waren u. a. der amerikanische Konsul Alfred Tyrell Nester (1898–1966), der General Giuseppe Castellano sowie damals schon Vito Guarrasi eingeschrieben, vgl. *Marino* (2002a: 155 f.), *Messina* (2014: 90 ff., 123).

37 Gelli entstammte einer bescheidenen Müllersfamilie aus dem toskanischen Pistoia (PT). Als Faschist der ersten Stunde meldete er sich im Zweiten Weltkrieg als Freiwilliger. Tätig für den faschistischen Geheimdienst agierte Gelli als Verbindungsoffizier zu Göhrings Waffen-SS. Nach seiner Festnahme im September 1945 lieferte er dem in Italien von James Jesus Angleton geführten amerikanischen Geheimdienst Informationen, wodurch er wieder frei kam und für den amerikanischen Geheimdienst zu arbeiten begann. Nach dem Krieg schlug sich Gelli zunächst als Schwarzmarkthändler durch, bevor er 1948 einen kleinen Laden eröffnete. Ende der 1950er-Jahre gründete er eine Matratzenfabrik. In dieser Zeit knüpfte Gelli politische Kontakte dank seiner 1958 begonnenen Tätigkeit als Sekretär für den christdemokratischen Abgeordneten Romolo Diecedue (1900–1975). Wie gut seine politischen Verbindungen waren, zeigt die Tatsache, dass Andreotti persönlich 28. März 1965 an der Einweihung von Gellis Matratzenfabrik in Frosinone (FR) teilgenommen hat. Spätestens Anfang der 1960er-Jahre trat Gelli außerdem der zum GOI gehörenden Loge Domenico Romagnosi in Rom bei. Gefördert von dem damaligen GOI-Großmeister Giordano Gamberini (1915–2003) wechselte er 1966 zur Loge P2. Gellis Aufstieg innerhalb der P2 folgte kurze Zeit später unter dem neuen GOI-Großmeister, dem Sozialisten Lino Salvini (1925–1982), der ihn zunächst zum Organisationssekretär der P2 ernannte, bevor Gelli 1974 schließlich deren Großmeister wurde. Darüber hinaus hatte er enge Beziehungen zu südamerikanischen Militärregimes, besonders zu Juan Perón (1895–1974). So war er ab 1972 Argentiniens Wirtschaftsberater für Italien-Angelegenheiten und ab 1973 Honorarkonsul. Nach dem Verbot der P2 im Jahre 1982 floh Gelli in die Schweiz, wo er wenige Monate später im September verhaftet wurde, als er gerade versucht hatte, in einer Bank unter falschem Namen Millionen Dollar abzuheben. Nach nur elf Monaten Untersuchungshaft floh Gelli im August 1983 aus dem Genfer Gefängnis Champ-Dollon und setzte sich nach Südamerika ab. Nachdem er 1988 in die Schweiz zurückgekehrt war, wurde er nach Italien ausgeliefert und musste sich der Justiz stellen. Gelli wurde in vielen Prozessen zahlreicher Verbrechen beschuldigt, darunter politische Verschwörung, Waffenhandel, Korruption, Erpressung, Behinderung der

Justiz, Verleumdung, Beteiligung an rechtsterroristischen Anschlägen, Beihilfe zur Ermordung des Bankiers Roberto Calvi, betrügerischem Bankrott im Zusammenhang mit dem Banco Ambrosiano, Zusammenarbeit mit der Mafia etc. Gelli, der sich nur 1988 wenige Tage in italienischer Untersuchungshaft befunden hatte, wurde bei seinen Verfahren entweder freigesprochen oder zu geringen Strafen verurteilt. Ins Gefängnis musste er nie, stattdessen erhielt er aus gesundheitlichen Gründen Hausarrest, den er in seiner Villa Wanda in Castiglion Fibocchi bei Arezzo verbrachte, vgl. *Dickie* (2020: 421 ff., 440 ff.), *Guarino/Raugei* (2006), *Messina* (2014: 185 ff.), *Palermo* (1996: 87 f.), *Pinotti* (2007: 25 ff., 88, 115, 129, 691), *Tranfaglia* (2008: 146 ff.).

38 Die Vorgängerin der P2 war die 1875 gegründete Loge Propaganda Massonica. Die zur Großloge GOI zählende Loge wurde nach dem Zweiten Weltkrieg mit dem Zusatz »Due« (zwei), also »Propaganda Due« (P2) wiedergegründet. Sie war zunächst weitgehend inaktiv und begann erst ab 1966 wieder an Bedeutung zu gewinnen, als innerhalb der supergeheimen Loge Hod eine Gruppe Gelli-P2 entstand, die vor allem Militär- und Geheimdienstangehörige für die P2 rekrutierte. Gelli scheint damals in den Besitz des SIFAR-Archivs gelangt zu sein, das er nicht nur nutzte, um mit Hilfe von Erpressungen Einfluss auf das politische Geschehen zu nehmen, sondern auch um Logenbrüder zu gewinnen. Bei dem SIFAR-Archiv handelt es sich um Karteikarten mit pikanten Informationen über 157.000 Personen des öffentlichen Lebens – hauptsächlich aus den Kreisen der politischen Linken –, die von dem Chef des Geheimdiensts SIFAR General Giovanni De Lorenzo (1907–1973) in den 1950er-Jahren gesammelt worden waren. Die P2 wurde ab den 1970er-Jahren immer mächtiger, wobei sich im GOI durchaus Widerstand gegen die atypische Loge regte: Alle P2-Mitglieder waren von Gelli »auf das Schwert« initiiert worden. Sie kannten sich häufig nicht untereinander, da es keine Treffen gab und auch keine typisch freimaurerischen »Arbeiten« durchgeführt wurden. Außerdem galt nicht das übliche Territorialprinzip, wonach Logen an bestimmte Orte gebunden sind, stattdessen gründete die P2 spätestens ab 1977 regionale Logen und breitete sich im ganzen Land aus. Sie war an zahlreichen unsauberen Machenschaften im Land beteiligt, wobei es ihr stets gelang,

Täter und Auftraggeber zu verschleiern. Entdeckt wurde die P2 von den Mailänder Untersuchungsrichtern Giuliano Turone (geb. 1940) und Gerardo Colombo (geb. 1946) im Rahmen ihrer Untersuchungen über Michele Sindona. Die Richter ließen im März 1981 Gellis Anwesen bei Arezzo von der Steuerpolizei durchsuchen, die dabei die (wohl unvollständige) Mitgliederliste fand. 1982 wurde die P2 verboten und es wurde eine von Tina Anselmi (1927–2016) geführte Parlamentarische Untersuchungskommission eingesetzt. Die integre Christdemokratin Anselmi gelangte abschließend zu der Erkenntnis, dass nicht alle Vorgänge restlos hatten aufgedeckt werden können. Sie entwickelte das Bild einer umgekehrten Doppelpyramide, nach dem Gellis P2 die untere Pyramide sei, während die obere Pyramide nie bekannt wurde. Dementsprechend wird vermutet, der wahre »Puppenspieler« sei nicht Gelli gewesen, sondern Giulio Andreotti und Francesco Cosentino hätten an der Spitze der oberen Pyramide gestanden. Außerdem glauben viele, die P2 habe nie zu existieren aufgehört. Zur P2 vgl. *Cipriani* (1993: 126 f.), *De Lutiis* (2010: 61 ff.), *Dickie* (2020: 413, 417 ff., 443 f.), *Guarino/ Raugei* (2006: 57, 104 ff., 269 ff.), *Messina* (2014: 181, 187 f.), *Pinotti* (2007: 87 f.), *Turone* (2019: 17 ff.).

39 Laut der von der Finanzpolizei aufgefundenen Mitgliederliste gehörten der P2 zum Zeitpunkt ihrer Entdeckung 926 Personen an, darunter viele Politiker – so drei amtierende Minister, rund 40 Abgeordnete und ein Parteisekretär -, über 100 ranghohe Angehörige des Militärs und der verschiedenen Polizeikräfte, alle Geheimdienst-Chefs, zahlreiche hohe Bürokraten, ferner Industrielle, Unternehmer und Banker, Richter, Staatsanwälte und Advokaten, mehrere Verleger, Zeitungsherausgeber sowie knapp 30 Journalisten. Auch Angehörige des Vatikans und der Mafiaorganisationen sowie Rechtsterroristen waren in der Loge eingeschrieben. Zu den bekanntesten »Piduisti« zählen Silvio Berlusconi, Herzog Viktor Emanuel von Savoyen (geb. 1937), der Sohn des letzten italienischen Königs, der Journalist Maurizio Costanzo (geb. 1938), die Banker Michele Sindona und Roberto Calvi, der Politiker und Putschist Edgardo Sogno (1915–2000) und auch der Fürst Alliata Di Montereale fehlte nicht. Da die P2 in den 1970er-Jahren angeblich aber über 2000 Mitglieder gehabt hatte, scheint es sich bei den bekannt

gewordenen Mitgliedern nur um die »Spitze des Eisbergs« zu handeln, vgl. *Cipriani* (1993: 40), *Dickie* (2020: 419), *Messina* 2014: 177).

40 Der zwischen 1974 und 1975 formulierte Plan beinhaltet einen Strategiewechsel innerhalb der antikommunistisch ausgerichteten Freimaurerei: Ausgehend von der Hypothese, dass sich in Italien im Falle einer Regierungsbeteiligung der Kommunisten nur schwer ein Putsch nach chilenischer Art durchführen und ein Militärregime etablieren lasse, wurde in mehreren Treffen – so in der amerikanischen Botschaft in Rom und in Montecarlo – beschlossen, einen »dauerhaften Putsch« durchzuführen und durch die Unterwanderung der Institutionen einen Parallelstaat zu schaffen. Formuliert wurde der »Plan für eine demokratische Erneuerung« angeblich von Francesco Cosentino (1922–1985), einem wenig bekannten Christdemokraten und gefunden wurde das Dokument 1981 am römischen Flughafen Fiumicino – schlecht versteckt in einem Koffer von Gellis Tochter Maria Grazia, vgl. *Cipriani* (1993: 58 f.), *Dickie* (2020: 436 ff.), *Guarino/Raugei* (2006: 59), *Messina* (2014: 179 f.), *Palermo* (1996: 87, 91), *Pinotti* (2007: 120), *Turone* (2019: 34, 40 ff.).

41 *Dickie* (2020: 436).

42 Konkret bemühte sich die P2 mittels Korruption, wofür sie zwischen 30 und 40 Mrd. Lire angesetzt hatte, aber auch Erpressung circa 40 Vertrauensleute in den Schaltstellen der Politik, Wirtschaft und Gesellschaft unterzubringen. Als ersten Schritt brachte sie Ende der 1970er-Jahre die Verlagsgruppe Rizzoli-Corriere della Sera unter ihre Kontrolle; dann wurden in der Politik vertrauenswürdige Personen ausgewählt und es flossen große Summen an die Parteien, damit diese die programmatischen Ziele des P2 umsetzen würden. Der PSI, für den die P2 aufgrund ihrer Vorbehalte gegenüber Teilen der DC (v. a. Aldo Moro), eine Vorliebe entwickelt hatte, hatte beispielsweise von dem Banco Ambrosiano sieben Millionen Dollar auf ein Schweizer Konto, später als »Conto Protezione« (Schutzkonto) bekannt geworden, überwiesen bekommen. Außerdem wurde zwischen 1978 und 1980 innerhalb der Geheimdienste mit dem Super-SISMI, in dem sich

Geheimdienstler, P2-Mitglieder und ranghohe Mafiosi tummelten, eine Parallelstruktur aufgebaut, vgl. *Cipriani* (1993: 58 ff., 65, 71, 78), *Guarino/Raugei* (2006: 59), *Palermo* (1996: 91 f.), *Pinotti* (2007: 120).

43 *Pinotti* (2007: 120).

44 *Cipriani* (1993: 15), *Guarino/Raugei* (2006: 103), *Pinotti* (2007: 120).

45 *Cipriani* (1993: 147 ff.), *Lecchese* (2018: 22), *Palermo* (1996: 8, 16 ff., 28 f., 37, 82), *Pinotti* (2007: 592).

46 Der in Patti (ME) aufgewachsene Michele Sindona stammte aus einfachen Verhältnissen – sein Vater war ein auf Grabkränze spezialisierter Blumenhändler –, weshalb er neben seinem, 1942 abgeschlossenen Jurastudium jobben musste. Der Umstand, dass der gerade einmal 23jährige bei den hauptsächlich von Freimaurern geführten Waffenstillstandsverhandlungen in Cassibile (SR) dabei war, legt nahe, dass sich Sindona wohl schon früh in diesen Kreisen bewegte. Nach Kriegsende zog er in die italienische Finanzmetropole Mailand, wo er sich zunächst als Steueranwalt betätigte, bevor er 1961 mit der Banca Privata Finanziaria sein erstes Kreditinstitut erwarb. Einige Zeit später begann Sindona dank seiner guten Beziehung zu Kardinal Giovanni Battista Montini (1867–1978), dem Erzbischof von Mailand (und späteren Papst Paul VI.), mit der nicht der italienischen Bankenaufsicht unterstehenden Vatikanbank IOR zusammenzuarbeiten, was den illegalen Geldtransfer ins Ausland und die Geldwäsche erleichtert hat. Nicht umsonst soll der spätere Direktor der Bank, der aus der Gegend von Chicago stammende Bischof Paul Casimir Marcinkus (1922–2006) erklärt haben: »Von Ave Marias allein läuft die Kirche nicht« (*Yallop* 1984: 127). Bald gelang es Sindona, eine international agierende Holding aufzubauen. In jenen Jahren machte Fürst Alliata Di Montereale, gleichzeitig Freimaurer und Mafioso, Sindona mit dem mächtigen palermitanischen Boss Stefano Bontate bekannt, der dank des hervorragend laufenden Heroingeschäfts einen fähigen Geldwäscher suchte und mit Sindona dann fand. Aber nicht nur mit palermitanischen

Drogenbaronen wie Bontate machte Sindona Geschäfte, sondern auch mit deren amerikanischen Kollegen, vor allem der New Yorker Gambino-Familie. Vielleicht auch aus diesem Grund erwarb er die Mehrheitsanteile der New Yorker Franklin National Bank. Da Sindona seinen Aufstieg in die internationale Finanzwelt illegalen Manövern – von der illegalen Kapitalausfuhr über die Geldwäsche für die Mafia bis hin zur Spekulation mit Geldern der Sparer – bewerkstelligte, war er auf politischen Schutz angewiesen, weshalb er in den 1970er-Jahren der P2 beitrat und deren Projekte mitfinanzierte. Darüber hinaus bezuschusste Sindona die Democrazia Cristiana – es ist die Rede von rund zwei Milliarden Lire. Diese Gelder fehlten seiner Banca Privata Finanziaria irgendwann und auch ein großzügiger Kredit des Banco di Roma konnte das Loch nicht stopfen. Aus diesem Grund begann die für die Bankenaufsicht zuständige Banca d'Italia, die Zentralbank, gegen Sindona zu ermitteln. Sindonas Freimaurerfeunde entwickelten einen Rettungsplan für Sindonas Bank, dem sich die Zentralbank allerdings entgegenstellte. Diese beauftragte 1974 Giorgio Ambrosoli (1933–1979) Sindonas bankrotte Bank »abzuwickeln«. Sindona setzte sich zwischenzeitlich sicherheitshalber in die USA ab, wo er von Andreotti noch als »Retter der Lira« gerühmt wurde. Der unbestechliche Ambrosoli musste, als er die Banca Privata Finanziaria auflöste, massive anonyme Telefondrohungen hinnehmen, ließ sich aber nicht abhalten. Die Telefonanrufe hatte übrigens Bontates Schwager Giacomo Vitale, ein Mafioso und Freimaurer, gemacht. Da Sindona vor allem Ambrosoli für seinen Ärger verantwortlich machte, heuerte er kurzerhand den italoamerikanischen Killer William Joseph Aricò an, der Ambrosoli am Abend des 11. Juli 1979 vor dessen Wohnhaus in Mailand erschoss. (Aricò kam später unter mysteriösen Umständen ums Leben). Zwischenzeitlich wurde für Sindona auch in den USA der Boden zu heiß, weil auch die Franklin Bank vor dem betrügerischen Bankrott stand. Er setzte sich deshalb – eine Entführung fingierend – im August 1979 nach Sizilien ab, wo er beschützt von Mafiosi und Freimaurer drei Monate blieb, bevor er wieder in die USA zurückkehrte. 1980 wurde Sindona in den USA wegen verschiedener Finanzdelikte verurteilt. 1984 folgte die Auslieferung nach Italien, wo er nicht nur wegen seiner Betrügereien, sondern 1986 auch wegen des Mordes an Ambrosoli zu einer lebenslangen Haftstrafe verurteilt wurde. Hätte Sindona, der viele schmutzige Geheimnisse kannte, in Haft geredet, wäre das für seine ehemaligen Freunde gefährlich geworden – und so erlitt er im Hochsicherheitsgefängnis von Voghera (PV) einen mysteriösen Gifttod. Zu Sindona vgl. *Cipriani* (1993: 21 ff., 95), *Dickie* (2020: 416 ff., 422), *Guarino/Raugei* (2006: 111 ff.), *Leccese* (2018: 25 ff.), *Lodato/Scarpinato* (2008: 242), *Messina* (2014: 136 f., 144 ff.), *Pinotti* (2007: 122 f., 547, 550 ff.), *Stajano* (1991), *Tranfaglia* (2008: 133 ff.).

47 Der Fall des Mailänder Bankiers Roberto Calvi ähnelt dem Sindonas: Calvi war seit 1971 Generaldirektor und seit 1975 Präsident des sich mehrheitlich im Besitz der Vatikanbank befindenden, zunächst unbedeutenden Mailänder Banco Ambrosiano. Er sicherte seiner Bank, für die er ein Netz von Filialen im Ausland und zahlreiche Offshore-Gesellschaften und Briefkastenfirmen in Steuerparadiesen aufbaute, durch die selben illegalen Manöver wie Sindona einen Platz in der internationalen Finanzwelt. Anfangs hatte Calvi eng mit Sindona zusammengearbeitet, der ihm zahlreiche »Tricks« beibrachte. Das Verhältnis der beiden verschlechterte sich erst, als Sindona Calvi erfolglos um Hilfe für seine ins Schleudern geratene Banca Privata Finanziaria gebeten hatte. Mit Hilfe Sindonas hatte Calvi außerdem Kontakte zur Loge P2, der er gegen 1975 beitrat, sowie zu Politikern geknüpft, um sich des notwendigen politischen Schutzes für seine illegalen Finanztransaktionen zu versichern. Darüber hinaus betätigte sich auch Calvi als Geldwäscher für die Mafia, allerdings weniger für die alten palermitanischen Drogenbarone, als für die Corleoneser. Der Grund, warum der Banco Ambrosiano bankrot ging und ihm am Ende 300 Mio. $ fehlten, war, dass Calvi diverse kostspielige »Projekte« seiner Beschützer finanzieren und außerdem enorme Schmiergelder an die Parteien bezahlen musste. Zu den wichtigsten Projekten zählten die Unterstützung der Solidarnosc in Polen, Hilfen für diverse südamerikanische Militärdiktaturen – darunter auch die Unterstützung Argentiniens im Falkland-Krieg gegen Großbritannien – sowie der Kauf des Verlagshauses Rizzoli-Corriere della Sera. Im Mai 1981 geriet er unter dem Vorwurf der illegalen Kapitalausfuhr ins Ausland in Untersuchungshaft, die aber später in Hausarrest umgewandelt wurde. Calvi versuchte bis zum Schluss verzweifelt,

den Banco Ambrosiano zu retten, wobei er vor allem auf Finanzhilfen des Opus Dei setzte. Er scheint nach London gelockt worden zu sein, wo er 1982 ermordet wurde. Zum Fall Calvi vgl.: *Cipriani* (1993: 15, 78 ff.), *Dickie* (2020: 420 ff.), *Guarino/Raugei* (2006: 111 ff.), *Lodato/ Scarpinato* (2008: 242), *Messina* (2014: 209 ff.), *Pennino* (2006: 127), *Palermo* (1996: 136 ff., 148 ff.), *Pinotti* (2005; 2007: 41 f., 123, 543 ff., 555 ff.), *Tranfaglia* (2008: 143 ff.), *Willan* (2008).

48 Der eng mit der Vatikanbank verbundene römische Unternehmer Ortolani gilt als der zweite Mann nach Gelli in der P2, vor allem aber als deren »Finanzgehirn«, vgl. *Turone* (2019: 13, 146).

49 Zur Carboneria und deren Zusammenarbeit mit der Mafia vgl. *Dickie* (2020: 91, 137–167), *Leccese* (2018: 8 f.).

51 Die wichtigsten politischen Freimaurer-Projekte im 20. Jh., an denen die Cosa Nostra nur bedingt oder gar nicht interessiert war, sie aber dennoch unterstützte, waren das Attentat an der Portella della Ginestra und der Borghese-Putsch, vgl. *Cipriani* (1993: 9), *Leccese* (2018: 36), *Pinotti* (2007: 89).

52 *Messina* (2014: 30).

53 Zahlreiche Pentiti berichteten von Hilfen, die sie von Freimaurern erhalten hatten: So erzählte Buscetta, dass der Ausgang des im Dezember 1968 abgeschlossenen ersten großen Mafiaprozesses des 20. Jh.s, der »Prozess der 114«, von Freimaurern beeinflusst worden sei. Außerdem habe ihm ein bei den Freimaurern organisierter Direktor des Ucciardone-Gefängnisses nicht nur Fluchthilfe angeboten, sondern auch ein Versteck bei ihm Zuhause. Mutolo hingegen schilderte, dass der in der P2 eingeschriebene Psychiater Franco Ferracuti (1927–1992) Gutachten verfasste, die zu unrechtmäßigen Hafterleichterungen für Mafiosi führten, vgl. *Camera dei Deputati/Senato della Repubblica* (1993: 63), *De Rosa/Galesi* (2013: 134), *Zingales* (2002: 62).

54 *Leccese* (2018: 21 f.).

55 Vitale, ein Angestellter der sizilianischen Schwefelminengesellschaft, gehörte zunächst einer Loge des GOI und später der CAMEA an. Gleichzeitig war der mit Rosa Bontate verheiratete Vitale Mitglied der von seinem Schwager Stefano geführten Cosca von Villagrazia. Es scheint Vitale gewesen zu sein, der Bontate vom Nutzen der Freimaurerei überzeugte. Nach Sindonas Flucht aus New York war es vor allem Vitale, der sich 1979 in Sizilien um ihn kümmerte. Vitale war auch derjenige, der den »Abwickler« des Banco Ambrosiano, Giorgio Ambrosoli, telefonisch bedrohte. Als seine Verwicklung in den Fall Sindona-Ambrosoli bekannt wurde, wurde Vitale 1981 verhaftet und verurteilt, kam aber schon nach vier Jahren wieder frei. 1989 verschwand er spurlos. Es wird vermutet, dass er ein Opfer der Lupara bianca geworden ist, vgl. *Beccaria* (14.11.2013), *Messina* (2014: 174), *Pinotti* (2007: 568).

56 Bontate sah sich nicht als Krimineller, sondern als Wirtschaftsmanager und träumte davon, mit den Männern der »besseren Gesellschaft« auf Du und Du kommunizieren zu können. Aus diesem Grund engagierte er sich bereits lange vor den meisten anderen Spitzenmafiosi in der Freimaurerei. Es heißt, er habe in Palermo eine mit einer Genueser Loge – vermutlich der CAMEA – verbundene »Loge der 300« gegründet, deren Großmeister im 33. Grad er gewesen sein soll. Laut dem Mafiaaussteiger Siino gehörten dieser geheimnisvollen Loge nicht nur Mafiosi wie die Cousins Salvo, Totò Greco (Il Senatore), der Bauunternehmer Rosario Spatola, sondern auch Männer aus der Politik und den staatlichen Institutionen an. Die Loge der 300 soll später von Provenzano aufgelöst worden sein, vgl. *Messina* (2014: 238 ff.), *Pennino* (2006: 121), *Pinotti* (2007: 567 f.).

57 *Pinotti* (2007: 569, Übersetzg. d. Verf.).

58 *Cipriani* (1993: 40), *Messina* (2014: 245), *Pennino* (2006: 123), *Riccio/Vinci* (2024: 363 ff.).

59 Es ist unbekannt, auf welche Loge sich Calderone bezieht, es könnte die Armando Diaz oder die CAMEA gewesen sein.

60 *Ceruso* (2007: 107).

61 *Pinotti* (2007: 568).

62 *Cipriani* (1993: 40), *Leccese* (2018: 22), *Palermo* (1996: 32), *Pinotti* (2007: 576).

63 *Cipriani* (1993: 41).

64 *Messina* (2014: 30).

65 *Cipriani* (1993: 41), *Pennino* (2006: 122, 132).

66 Die 1958 von dem aus Neapel stammenden Arzt Aldo Vitale gegründete und als Großmeister geführte CAMEA hatte ihren Hauptsitz in einer profanisierten anglikanischen Kirche im ligurischen Santa Margherita Ligure (GE). In Sizilien, wo sie von dem Gynäkologen Michele Barresi geführt wurde, soll sie zwei Ableger gehabt haben. Die eng mit der P2 verbundene CAMEA scheint eine ausgesprochene Mafialoge gewesen zu sein: Beispielsweise erzählte der Mafiaaussteiger Siino, er sei in Santa Margherita Ligure (GE) dem Banker Roberto Calvi begegnet und Großmeister Aldo Vitale habe ihm erklärt, das sei der Mann, der »unsere Gelder verwaltet« (*Pinotti* 2007: 545). Die CAMEA schützte Michele Sindona nach seiner Flucht aus New York in Sizilien, weshalb Großmeister Barresi wegen Beihilfe zu einer fingierten Entführung 1981 auch verhaftet wurde. Nicht nur Barresi, sondern auch zahlreiche Mitglieder der CAMEA hatten Sindona damals geholfen, so Bontates Schwager Vitale oder der sikuloamerikanische Arzt Joseph Miceli Crimi, der Sindona sogar ins Bein schoss, um die Entführung glaubhafter zu machen, vgl. *Cipriani* (1993: 41), *Il Circolaccio* (22.12.2018), *La Repubblica* (15.04.1993), *Leccese* (2018: 22 ff.), *Messina* (2014: 233), *Pennino* (2006: 121 ff.), *Pinotti* (2007: 569).

67 Mandalari, ein seit 1954 zunächst im Referat für öffentliche Arbeiten der sizilianischen Regionalverwaltung beschäftigter Buchhalter, betätigte sich später als selbstständiger Steuerberater, wobei seine Klien-

ten hauptsächlich Mafiosi, vor allem Corleoneser, waren. Darüber hinaus war Mandalari politisch engagiert, zuerst bei den Monarchisten, dann im neofaschistischen MSI und im Wahlkampf von 1994 unterstützte er vor allem Kandidaten der FI, aber auch der AN. Mehr als der Politik galt seine Passion jedoch der Freimaurerei, der er sich bereits 1954 angeschlossen haben soll. Mandalari, einer der wichtigsten Freimaurer Siziliens überhaupt, scheint mindestens sechs verschiedenen Logen – teilweise als Großmeister – angehört zu haben. Seine Logen nutzte er für zahlreiche unsaubere Geschäfte: So gründete er viele Gesellschaften zur Geldwäsche wie beispielsweise 1974 die angebliche Fischvermarktungsgesellschaft Stella d'Oriente in Mazara di Vallo (TP). Mit Hilfe dieser Gesellschaften wurde Geld aus dem Drogenhandel, aber auch aus Entführungen gewaschen. In Bezug auf die Gelder aus Entführungen arbeitete Mandalari mit dem als Mittelsmann zwischen Opfern und Erpressern fungierenden Mafiapriester Agostino Coppola zusammen, den er 1968 persönlich in eine Loge aufgenommen haben soll. Mandalari nutzte seine Logen auch, um »Brüder« in wichtige Richterpositionen zu hieven, beispielsweise setzte er sich in den 1970er-Jahren beim damaligen Justizminister Oronzo Reale (1902–1976) für die Ernennung von Giovanni Pizzilli zum Generalstaatsanwalt von Palermo ein. Außerdem soll er laut dem Mafiaaussteiger Salvatore Cancemi 600 Mio. Lire für die Korruption von Richtern ausgegeben haben. Gegen Mandalari wurde seit 1974 ermittelt. Gelegentlich geriet er in Untersuchungshaft, die Untersuchungen wurden aber immer bald eingestellt. 1991 wurde Mandalari dann wegen Geldwäsche für die Mafia zu zwei Jahren Haft verurteilt. Im Dezember 1994 erneut verhaftet, wurde er danach in mehreren Prozessen zu 15 Jahren Haft verurteilt, aber bereits 2003 konnte er das Gefängnis wegen guter Führung vorzeitig entlassen, vgl. *Abbate/Gomez* (2007: 211 f., 288 ff.), *Bellavia* (2010: 51), *Cipriani* (1993: 39), *Giornale di Sicilia* (14.08.1974), *L'Unità* (14.12.1994), *MeridioNews* (23.12.2017), *Messina* (2014: 250, 285 ff.), *Uccello/Amadore* (2009: 114).

68 *Pinotti* (2007: 547).

69 *Pinotti* (2007: 592).

70 *Pinotti* (2007: 569), *Veltri/Travaglio* (2001: 44, 79, 93 ff.).

71 Bei der Durchsuchung des »Soziologiezentrums« in der Via Roma entdeckte die Polizei die Logen Palermo, Lux, Garibaldi, Armando Diaz, Concordia und CAMEA (in der Via La Lumia gab es mit der Orion di CAMEA noch eine zweite CAMEA-Loge) und beschlagnahmte deren Mitgliederlisten. Es stellte sich heraus, dass zu den 2032 Logenbrüdern unbescholtene Personen aus der »besseren« Gesellschaft zählten, aber auch viele, deren Namen im Zusammenhang mit Straftaten genannt worden waren, darüber hinaus fanden sich unter den »Brüdern« zahlreiche Spitzenmafiosi. Logenmitglieder waren u. a. sechs Richter, darunter Michele Mezzatesta, der Präsident des Konkursgerichts, Anwälte wie Vito Guarrasi und der Mafiastrafverteidiger Alessandro Bonsignore, Unternehmer wie die Steuereintreiber Salvo, Freiberufler wie die Steuerberater Pino Mandalari, Nino Buttafuoco oder die Ärzte Michele Barresi und Joseph Miceli Crimi, ferner auch der Herausgeber des Giornale di Sicilia, Federico Ardizzone sowie viele Journalisten. Der Kriminalbeamte Bruno Contrada soll in der Loge Armando Diaz eingeschrieben gewesen sein, was er aber immer bestritt. Zu den mafiosen Logenbrüdern zählten Michele (Il Papa) und Salvatore (Il Senatore) Greco, Giacomo Vitale und Angelo Siino. Die Logen in der Via Roma hätten sehr viel früher entdeckt werden können, bestanden sie doch bereits in der Nachkriegszeit. Der Zeitungsherausgeber Ardizzone rechtfertigte seine Mitgliedschaft beispielsweise mit dem Umstand, dass damals nur über die Amerikaner und Engländer Papier und Druckerschwärze zu bekommen gewesen seien, von denen viele – wie der amerikanische Konsul Nester – Freimaurer gewesen waren. Dem Geheimdienst jedenfalls, der ein Stockwerk über dem »Soziologiezentrum« ein Büro gehabt hatte, dürfte die Existenz der Freimauerlogen lange vor ihrer Entdeckung bekannt gewesen sein. Nachdem die Logen bekannt geworden waren, zogen die Geheimdienstler übrigens aus, vgl. *Abbate/Gomez* (2007: 211 f.), *Camera dei Deputati/Senato della Repubblica* (1993: 60), *Cipriani* (1993: 31), *Il Circolaccio* (22.12.2018), *La Repubblica* (07.03.1986; 19.08.1992; 15.04.1993), *Messina* (2014: 233 ff., 245, 251), *Palazzolo* (2005: 108), *Pennino* (2006: 123).

72 Bei der Durchsuchung des Centro Scontrino entdeckte die von Saverio Montalbano geführte trapanesische Kriminalpolizei die Mitgliederlisten der Logen des Centro Scontrino. Unter den 200 Brüdern fanden sich Politiker wie der christdemokratische Regionalabgeordnete Francesco Canino, hohe Verwaltungsbeamte, Vertreter von Banken, der stellvertretende Polizeichef Giuseppe Varchi sowie zahlreiche Mafiabosse, darunter der Bezirksrepräsentant von Mazara del Vallo Mariano Agate, der Capofamiglia von Campobello di Mazara Natale L'Ala, der Capofamiglia von Alcamo Antonio Melodia oder der Capofamiglia von Castelammare del Golfo Mariano Asaro. Die Logen, von denen die Iside 2 (reserviert für Ortsfremde) von besonders großer Bedeutung war, kontrollierten das gesamte politische und wirtschaftliche Leben in Trapani – bis hin zum Flughafen Trapani-Birgi. So stellten beispielsweise 1980 die Logenbrüder Giovanni Bertoglio und Andrea Barraco sicher, dass Andreottis Privatflugzeug dort ohne Registrierung landen konnte, damit sich dieser heimlich mit Mafiosi treffen konnte. Die trapanesischen Logen waren ferner eng mit der P2 verbunden, so war Gellis Anwalt Augusto Sinagra häufig bei ihnen zu Gast. Es fällt auf, dass die mysteriöse Loge C ihre Tätigkeit im Mai 1981, also kurz nach der Entdeckung der P2, aufnahm. Auch palermitanische Freimaurer wie Pino Mandalari und der Fürst Alliata Di Montereale pflegten enge Kontakte mit ihren trapanesischen Brüdern. Der DC-Politiker Lillo Mannino war ihnen ebenfalls gewogen, verschaffte er dem Centro Scontrino doch einen beträchtlichen Zuschuss der Region Sizilien. Zahlreiche Logenbrüder hatten hervorragende Geschäftskontakte ins Ausland, vor allem nach Osteuropa und dort hauptsächlich nach Bulgarien. Aber auch Beziehungen zu Libyen scheinen bestanden zu haben. So hatte im gleichen Gebäude, im dem das Centro Scontrino untergebracht war, auch die von Muammar al-Gaddafi (1942–2011) gesponserte und dem catanesischen Anwalt Michele Papa als Präsident geleitete Associazione Musulmani d'Italia ihren Sitz, vgl. *Cipriani* (1993: 35 ff.), *La Repubblica* (19.08.1992; 15.04.1993), *Palazzolo* (2005: 108), *Palermo* (1996: 28 f., 81, 93 ff.), *Pinotti* (2007: 559 ff., 563 ff.), *Messina* (2014: 248), *Uccello/Amadore* (2009: 113).

73 *La Repubblica* (06.06.2013), *Palermo* (1996: 93).

74 *Abbate* (2020: 145 ff.).

75 Zu den Mitgliedern der Loge Ferrer soll der Lehrer und Ex-DC-Bürgermeister Castelvetranos Antonio Vaccarino (geb. 1943) gezählt haben, angeblich war er sogar deren Großmeister. Vincenzo Calcara, ein Mafioso der Familie von Castelvetrano, beschuldigte Vaccarino, nicht nur ein Ehrenmann seiner Cosca gewesen zu sein, sondern auch Morde in Auftrag gegeben zu haben, konkret an zwei Kriminellen, die seine Familie – Inhaber eines Kinos – um Schutzgeld erpresst hätten sowie den an Vaccarinos Vorgänger als Bürgermeister, Vito Lipari. Calcara sagte aus, Freimaurerkontakte seien für den Drogenhandel eingesetzt worden und Vaccarcino habe ihm erzählt, die Freimaurerei sei eine große Sache, »größer als wir das sind« (*Pinotti* 2007: 585, Übersetzg. d. Verf.). Die Beschuldigungen blieben ohne Folgen, da Calcara nicht geglaubt wurde. Vaccarino, der einen engen Briefkontakt mit dem flüchtigen Obermafioso Matteo Messina Denaro unterhielt, außerdem unter dem Decknamen »Svetonio« für den Geheimdienst tätig war, wurde im April 2019 wegen der Enthüllung von Amtsgeheimnissen und Begünstigung der Mafia in Untersuchungshaft genommen, vgl. *Abbate* (2020: 163 ff.), *Antimafia Duemila* (09.01.2020), *Cipriani* (1993: 136), *Pinotti* (2007: 577 ff.),

76 Ausgangspunkt der »Operation Ghiblis«, in deren Rahmen es 1993 zu zahlreichen Verhaftungen kam, war die im Sommer 1992 von dem Kriminalpolizeichef von Mazara del Vallo Rino Germanà (geb. 1950) durchgeführte Ermittlung »Mafia und Freimaurerei«. Germanà, der mit viel Glück im September 1992 einem mafiosen Mordanschlag entging, indem er sich unter die Badenden der Strandpromenade von Mazara mischte, hatte ein Freimaurerernetz entdeckt, dass sich um Mafiaprozesse beim Kassationsgericht in Rom, dem Berufungsgericht in Palermo und dem Geschworenengericht in Turin »kümmerte«. Die Schlüsselfigur der Untersuchung war der aus Castelvetrano stammende Notar und Freimaurer Pietro Ferrara, der eng mit den Corleonesern verbunden war. In einem abgehörten Gespräch sagte Ferrara beispielsweise, Totò Riina sei wie für ihn »wie ein Vater«. Neben Ferrara waren aber auch zahlreiche andere Personen ins Visier der Justiz geraten wie

der Richter am römischen Kassationsgerichts Paolino Dell'Anno, der palermitanische DC-Senator Vincenzo Inzerillo, der ehemalige DC-Bürgermeister von Mazara Gaspare Bocina, der Bruder des Mafiabosses von Mazara Giovanbattista Agate, der Bauunternehmer Paolo Lombardino, der Rechtsanwalt Gaetano Buscemi sowie zwei Polizisten des Kommissariats von Mazara, Letztere weil sie Informationen über die Ermittlungen von Germanà weitergaben, vgl. *Abbate* (2020: 74 ff.), *Bolzoni/D'Avanzo* (2007: 102 ff.), *La Repubblica* (21.12.1993; 29.12.1993), *Il Circolaccio* (05.12.2017), *Ruscica* (2015: 74 ff.).

77 Die Operation »Hiram« nahm ihren Ausgang in der Provinz Trapani, weitete sich aber schnell auf das italienische Festland aus. Im Mittelpunkt der Operation stand eine von dem aus Orvieto (TR) stammenden und gut in politischen und Gerichtskreisen vernetzten Geschäftemacher Rodolfo Grancini geführte Freimauergruppe. Deren Ziel war die Verschleppung von Prozessen (um für ihre »Kunden« eine Verjährung zu erreichen), die schnellere Prozessrevision oder die Umwandlung von Haftstrafen in Hausarrest. Freimaurerbrüder, darunter zahlreiche mit der Mafia verbundene sizilianische Unternehmer, wandten sich an Grancini, um gegen Bezahlung Mafiaprozesse zu »berichtigen«. Dank eines Angestellten des Kassationsgerichts, der das dortige Computersystem manipulierte und für das Verschwinden von Prozessbenachrichtigungen, teilweise sogar ganzen Gerichtsakten sorgte, konnten Prozesse nicht eingeleitet werden, so dass die Vergehen irgendwann verjährt waren. Wenn es doch zu Prozessen kam, bemühte sich ein von Grancini bezahlter Jesuitenpater mit Empfehlungsbriefen an Richter um wohlwollende Urteile für Angeklagte, die er überhaupt nicht kannte, vgl. *Antimafia Duemila* (17.06.2008), *Giornale di Sicilia* (18.06.2008; 20.06.2008; 05.07.2008), *Il Giornale* (17.06.2008), *Uccello/Amadore* (2009: 114 f.).

78 *I Siciliani* (März 2015), *Messina* (2014: 352 f.).

79 Die Ursprünge des Ordens der Ritter vom Heiligen Grab zu Jerusalem gegen auf die Zeit der Kreuzzüge zurück, als Pilger ins Heilige Land ehrenhalber zu Rittern des heiligen Grabs geschlagen wurden. Der

heutige Orden entstand 1868 als ein vom Papst anerkannter katholischer Laienorden. Ziel ist die Förderung der christlichen Einrichtungen im Heiligen Land und die Stärkung der christlichen Lebensführung, wozu sich die Ritter und Damen (auch Frauen sind zugelassen) regelmäßig in ihren Komtureien zu Einkehrtagen treffen. Neue Mitglieder werden vom Orden ausgewählt und in einer feierlichen Zeremonie zum Ritter bzw. zur Dame geschlagen. Der von einem Kardinal-Großmeister geführte Orden hat seinen Sitz in Rom und ist in vielen Ländern der Welt präsent. Besonders stark ist er in Italien und dort wiederum in Sizilien, wo er in den 1960er-Jahren unter der Ägide des konservativen palermitanischen Erzbischofs Ernesto Ruffini und noch mehr in den 1980er-Jahren vor allem in Palermo unter dem mehrfach in Mafiaermittlungen involvierten Erzbischof von Monreale Salvatore Cassisa (1921–2015) einen großen Aufschwung erlebte. Dem Orden traten damals zahlreiche Personen des öffentlichen Lebens bei, darunter Generäle, Präfekten, Polizeichefs (darunter Bruno Contrada), Richter und Staatsanwälte, Unternehmer, Bankdirektoren und Politiker. Unter seinem langjährigen dortigen Statthalter, dem Mafiaunternehmer Arturo Cassina, der den Orden in Sizilien seit 1981 führte, nahm dieser immer mehr die Züge einer pseudofreimaurerischen Vereinigung an. Ins Gerede kam er vor allem durch das von dem ermordeten palermitanischen Ex-Bürgermeister Insalaco hinterlassene Dossier, in dem Insalaco die palermitanischen Grabritter unsauberer Machenschaften bezichtigte. Nach der Veröffentlichung dieses Dossiers musste Cassina – wohl im Auftrag des Großmeisters des Grabritterordens, Maximilien de Fürstenberg (1904–1988) – sein Amt als Statthalter aufgeben. Aber nicht nur Insalaco äußerte sich negativ über die Grabritter. Der Mafiaaussteiger Vincenzo Calcara erzählte beispielsweise, dass der Mafiaclan von Castelvetrano über Grabritterkanäle mafiose Drogengelder gewaschen habe, vgl. *Ceruso* (2008: 226), *Cipriani* (1993: 111 ff.), *La Repubblica* (01.03.1988; 30.12.1992; 14.11.1993), *Li Vigni* (1995: 249), *Stancanelli* (2016: 142 ff.), *Pinotti* (2007: 577 ff., 587 f.), *Riccio/Vinci* (2024: 240 f.).

80 So wurde beispielsweise erst 2019 in Palermo die von dem Regionalbeamten Lucio Lutri als Großmeister geführte neue Loge

»Pensiero e Azione« (Gedanke und Tat) entdeckt, die mit der Mafiafamilie von Licata (AG) zusammenarbeitete, vgl. *Agrigento Notizie* (18.06.2020), *La Repubblica* (31.07.2019).
81 Antimafiaduemila (16.01.2023, 16.02.2023)

82 In Palermo verliefen sowohl die Ermittlungen gegen die CAMEA als auch die gegen die Logen in der Via Roma im Sand. Der Präsident des trapanesischen Centro Scontrino Gianni Grimaudi sowie sein Stellvertreter Natale Torregrossa allerdings wurden wegen Verstoßes gegen das seit 1982 gültige Anselmi-Gesetz, das die Gründung und Leitung von Geheimgesellschaften untersagt, im Juni 1993 bestraft, wenn auch nur milde: Grimaudi bekam drei und Torregrossa zwei Jahre Haft auferlegt. Diese Gerichtsentscheidung war insofern bedeutend, als es erstmals in Italien zu Verurteilungen gegen Freimaurer gekommen war, vgl. *Cipriano* (1993: 34 f.), *La Repubblica* (06.06.2013), *Pinotti* (2017: 565).

4.6 Die Mafia als »Blitzableiter« okkulter Mächte
1 Dieser berühmt gewordene Satz des Regisseurs und Publizisten Pier Paolo Pasolini (1922–1975) entstammt einem im Corriere della Sera publizierten Artikel, in dem Pasolini die politische Klasse für viele der spektakulären Straftaten während der »bleiernen Zeit« der rechtsradikalen Bombenattentate und Staatsstreiche verantwortlich machte, vgl. *Corriere della Sera* (14.11.1974).

2 *Cipriani* (1993: 220).

3 *Di Cagno/Natoli* (2004: 34).

4 *Sciascia* (1989: 15, Übersetzg. d. Verf.).

5 *Dalla Chiesa* (1984: 231, Übersetzg. d. Verf.).

6 Einigen dieser »Misteri italiani« ging der Journalist Carlo Lucarelli in einer zwischen 1998 und 2012 von den Sendern Rai 2 und Rai 3

ausgestrahlten Fernsehserie – zuerst unter dem Titel »Misteri in Blu«, dann »Blu Notte«, dann »Blu Notte – Misteri Italiani« und schließlich »Lucarelli Racconta« – nach, vgl. *Lucarelli* (2002).

7 Zum Fall Mattei vgl. *Arlacchi* (2019: 86 ff.), *Amato* (2017: 99 ff.), *Lucarelli* (2002: 103 ff.), *Marino* (2014), *Migliore* (2014: 193 ff.), *Palermo* (1996: 177), *Pennino* (2006: 137 ff.).

8 Zum Fall De Mauro vgl. *Antimafia Duemila* (16.09.2019), *Bellavia* (2010: 66), *Billitteri* (2008: 104 ff.), *Bolzoni* (2012: 76 f.), *Caruso* (2005: 214 f.), *Ceruso* (2008: 144 ff.), *Mirrone* (1999: 35 ff.), *Nicastro* (2006), *Palazzolo* (2010: 281 f.), *Sanfilippo* (2008: 206 ff.), *Viviano* (2009).

9 Bis heute sind bezüglich Moros Entführung viele Fragen offen geblieben: Beispielsweise spricht einiges dafür, dass die Rotbrigadisten Moro nicht alleine entführt, sondern möglicherweise Hilfe hatten. Die Krisenstäbe der Regierung, allesamt in der Hand von »Piduisti«, Mitgliedern der Geheimloge P2, scheinen das Versteck von Moro gekannt, ihn aber absichtlich nicht befreit zu haben, stattdessen beschränkten sie sich auf die Durchführung sinnloser, aber öffentlichkeitswirksamen Straßenblockaden. Die Regierung ließ sich außerdem nicht auf Verhandlungen mit den Roten Brigaden zur Freilassung Moros ein, wie es 1981 im Falle des Christdemokraten Ciro Cirillos (1921–2017) taten. Auffällig ist ferner, dass außer Mario Moretti (geb. 1946) kaum ein Rotbrigadist den Inhalt des Dossiers Moro sowie die Umstände seiner Gefangenschaft und Ermordung kannte. Viele vermuten, dass die Roten Brigaden instrumentalisiert worden seien. Nach der Verhaftung der historischen Anführer Renato Curcio (geb. 1941) und Alberto Franchesini (geb. 1947) im Jahr 1974 scheinen Provokateure bei den Roten Brigaden eingeschleust worden zu sein, wodurch sie sich unter Führung von Moretti radikalisierten. Moros Familie und ihm selbst war bewusst, dass er sterben sollte. Da sie seinen christdemokratischen Parteifreunden, allen voran Andreotti, die Verantwortung für seinen Tod gab, verweigerte die Familie Moro deren Anwesenheit bei seinem Begräbnis. Moro selbst hatte vor seinem Tod bestimmt: »Ich bitte, dass an meiner

Beerdigung weder Staatsvertreter noch Leute meiner Partei teilnehmen« (*Flamigni* 2003: 321, Übersetzg. d. Verf.). Nach Moros Tod war keine Rede mehr von einer Regierungsbeteiligung der Kommunisten, stattdessen setzte die Zeit der DC-PSI-Regierungen ein. Zum Fall Moro vgl. *Ciconte* (2008b: 327 f.), *Cipriani* (1993: 19), *De Lutiis* (2007: 5 ff., 67 ff., 125 ff.), *Flamigni* (2003), *Ganser* (2008: 135 ff.), *Stancanelli* (2016: 60 f.), *Tranfaglia* (2008: 90 ff.), *Turone* (2019: 51 ff.).

10 Zum Moro-Dossier und seiner Entdeckung vgl. *Flamigni* (2003: 363 ff.), *Montanaro/Ruotolo* (1995: 468), *Turone* (2019: 53 ff.).

11 Zum Fall Pecorelli vgl. *Cipriani* (1993: 20 f., 83), *Dickie* (2020: 441), *Fagiolo* (2019), *Flamigni* (2003: 81), *Montanaro/Ruotolo* (1995: 469 ff., 482), *Turone* (2019: 103 ff.).

12 Zum Fall Dalla Chiesa vgl. *Dalla Chiesa* (1984: 231), *Di Matteo* (2015: 10), *La Repubblica* (13.04.1993), *Lodato/Scarpinato* (2008: 235 ff.), *Montanaro/Ruotolo* (1995: 158 f.).

13 *Montanaro/Ruotolo* (1995: 116, Übersetzg. d. Verf.).

14 *Il Fatto Quotidiano* (04.04.2017).

15 *Palazzolo/Prestipino* (2007: 289, Übersetzg. d. Verf.).

16 *Bolzoni* (2012: 58).

17 *Li Vigni* (1995: 326 ff.).

18 *Bellavia* (2016: 162), *Di Giovacchino* (2015: 107 f.), *Genchi* (2009: 139), *Il Fatto Quotidiano* (06.08.2020), *Biondo/Ranucci* (2009: 272 f.).

19 *Di Giovacchino* (2015: 144 ff.), *Genchi* (2009: 136 ff.).

20 Zur dritten Ebene vgl. *Bellavia/Palazzolo* (2004: 73, 93 ff.), *Cipriani* (1993: 95 f.), *Dino* (2008b: 542 ff.), *Forgione* (2004: 45), *Pepino* (2009: 267 ff.), *Santino* (1994: 137 ff.).

21 *Falcone/Turone* (1982: 221 ff.).

22 *Dino* (2008b: 545, Übersetzg. d. Verf.).

23 *Falcone/Padovani* (1992: 160).

24 Der Freimaurer und Steuerberater Pino Mandalari war am 28. Februar 1983 wegen des Verdachts auf Geldwäsche für die Mafia in Untersuchungshaft genommen worden. Zur Verwunderung Chinnicis setzte ihn Falcone im Juni aus Mangel an Beweisen mit der Erklärung, in einem Rechtsstaat brauche es für Verhaftungen zunächst erst einmal Beweise, wieder auf freien Fuß. Chinnici schrieb in seinem Tagebuch: »Aber früher hat er sich bei Dutzenden anderer Beschuldigten nicht so verhalten. Hat das etwas mit der Intervention des ehrenwerten Pastorino oder anderer geheimer Kräfte zu tun?« (*Chinnici* 1981/83: *Tagebuch-Eintrag v.* 21.06.1983, Übersetzg. d. Verf.). Kurz vorher hatte sich Falcone nämlich mit dem christdemokratischen Senator und Mitglied der Parlamentarischen Antimafiakommission Carlo Pastorino (1925–2011) getroffen, während sich die Kommission in Palermo aufhielt. Bevor er zu diesem Treffen ging, hatte er noch zu Chinnici gesagt, er würde ihm Bericht erstatten. Chinnici notierte in seinem Tagebuch: »Nichts habe ich erfahren« (*Tagebuch-Eintrag v.* 17.06.1983, Übersetzg. d. Verf.). Bei dem Genueser Börsenmakler und ehemaligen Tourismusminister Pastorino handelte es sich, wie den Akten der P2-Untersuchungskommission zu entnehmen ist, um ein Mitglied der zur CAMEA gehörenden verdeckten Genueser Loge Hod (*Camera dei Deputati/Senato della Repubblica* 1985: 429). Nach dem Treffen Falcones mit dem Freimaurer Pastorino scheint Chinnici Falcone nicht mehr so bedingungslos vertraut zu haben wie vorher, nicht nur wegen seltsamer Haftentlassungen, sondern – wie Chinnici in seinem Tagebuch notiert – auch wegen Falcones streng vertraulicher Treffen mit Richtern und Polizisten und weil er bei sich zu Hause Prozessakten im Original und

in Kopie aufbewahrte. Chinnici schloss: »Seit sechs Monaten mache ich keine Tagebucheintragungen mehr. Vielleicht habe ich einen Fehler gemacht, weil sich die Dinge weiterentwickeln und da gab es einige. Sie betreffen vor allem G. Falcone« (*Tagebuch-Eintrag v.* 17.06.1983, Übersetzg. d. Verf.). Zu Chinnicis Zweifeln an Falcone vgl. *Cipriani* (1993: 32).

25 Am 11. September 1991 hatten die Vorstandsmitglieder der Antimafiapartei La Rete Alfredo Galasso, Carmine Mancuso und Leoluca Orlando in einem Schreiben an den CSM Falcone beschuldigt, nicht gegen die Hintermänner der Mafia ermittelt zu haben, vgl. den Wortlaut des Dokuments in: *Monti* (1996: 154–173).

26 Martelli, die rechte Hand Craxis, war in der Vergangenheit mehrfach ins Gerede gekommen, so im Zusammenhang der Wahlen von 1987, bei denen Martelli beschuldigt worden war, dass er sich von der Mafia hat Wahlstimmen organisieren lassen. Wegen seiner Beteiligung am »Conto Protezione« (Schutzkonto), dem Luganer Nummernkonto des PSI, auf das die P2 den Sozialisten sieben Millionen Dollar überwiesen hatte, war Martelli zu einer Haftstrafe von achteinhalb Jahren verurteilt worden, die er aber wegen Verjährung nicht absitzen musste. Und schließlich wurde er 2002 auch noch als ein in den 1970er-Jahren unter dem Decknamen »Marte-Uranio« dem P2-Mitglied und General Gian Adelio Maletti direkt unterstellter Geheimdienstagent bekannt, vgl. *Cipriani* (2002: 71 ff.), *La Repubblica* (04.02.2002; 27.02.2003).

27 *Bellavia* (2010: 238, Übersetzg. d. Verf.).

28 *Palazzolo* (2010: 165).

29 *Lodato/Scarpinato* (2008: 180 f., Übersetzg. d. Verf.).

30 Zur »vierten Ebene« vgl. *Palermo* (1996), *Torrealta* (2011).

31 *Abbate* (2017: 48 ff.), *Camuso* (2012).

32 Zu Gladio siehe Fußnote 10, Abschn. 2.5.

33 Mit Super-SID bzw. Super-SISDI wird eine angeblich Ende der 1970er-Jahre unter dem Geheimdienstchef und P2-Mitglied General Giuseppe Santovito (1918–1984) entstandene, informelle Parallelstruktur innerhalb des offiziellen Militärgeheimdienstes bezeichnet. Im Super-SID sollen nicht nur Geheimdienstagenten, sondern auch Zivilisten – u. a. aus den Reihen der P2 und verschiedenen Kriminellenorganisationen – aktiv gewesen sein, vgl. *La Repubblica* (15.11.2000), *Palermo* (1996: 92).

34 Der »bekannte Dienst« bzw. »Ring« wurde im November 1996 zufällig entdeckt und zwar von dem Historiker Aldo Giannuli (geb. 1952), der als Gerichtsgutachter für den Mailänder Ermittlungsrichter Guido Salvino (geb. 1953) tätig war. Salvino befasste sich damals mit rechtsterroristischen Anschlägen. Giannuli fand in der römischen Via Appia 132 ein vergessenes Archiv des dem Innenministerium zugehörigen Ufficio Affari Riservati (Büro für vertrauliche Angelegenheiten) mit Akten, die sich auf den Anello bezogen. Die Geheimorganisation wurde gegen Ende des Zweiten Weltkriegs auf Initiative des faschistischen Geheimdienstchefs General Mario Roatta (1887–1968) gegründet, und zwar wohl für »Schmutzarbeiten«. Die Geheimorganisation, deren Mitglieder aus der rechtsradikalen Szene kamen, war in der Nachkriegszeit in zahlreiche unsaubere Machenschaften verwickelt gewesen. Zuerst war der »bekannte Dienst« von einem Agenten polnischer Herkunft namens Otimsky und später von Alberto Titta (1921–1981) geführt worden, vgl. *De Lutiis* (2007: 136 ff.), *Giannuli* (2018: 340 ff.), *Limiti* (2019).

35 *Palermo* (1996: 183).

36 *Pennino* (2006: 136).

37 *Lodato/Scarpinato* (2008: 183, Übersetzung d. Verf.).

38 *Di Matteo* (2015: 116, Übersetzg. d. Verf.).

39 *Li Vigni* (1995: 206, Übersetzg. d. Verf.).

40 *Lodato/Scarpinato* (2008: 237, Übersetzung d. Verf.)

41 Riina erklärte zum Verschwinden der Dokumente aus Dalla Chiesas Tresor wörtlich: »Diese Carabinieri, diese internationalen Carabinieri, diese Spione waren das.« *Di Matteo* (2015: 10. Übersetzg. d. Verf.).

42 Über das Verschwinden von Borsellinos Notizbuch sagte Riina: »Die Geheimdienste haben das rote Notizbuch genommen.« *Di Matteo* (2015: 10, Übersetzg. d. Verf.).

43 *Lodato/Scarpinato* (2008: 14).

44 *Travaglio* (2004: 49, Übersetzg. d. Verf.). Zur Mafia als »Blitzableiter Italiens« vgl. *Abbate* (2020: 112), *Bellavia* (2016: 250), *Giornale di Sicilia* (08.06.2017), *Lodato/Scarpinato* (2008: 14, 235).

45 *Lodato/Scarpinato* (2008: 179, Übersetzg. d. Verf.).

Glossar

Amici di l'amici (Siz.) »Freunde der Freunde«; Personen, die mit der Mafia zusammenarbeiten ohne ihr anzugehören.
Aggiustamento (It.) »In Ordnung bringen«; Einwirken auf Richter und Geschworene, um Prozessergebnisse zu beeinflussen.
Appalto (It.) »Öffentlicher Auftrag«.
Avvertimento (It.) »Warnung«.
Avvicinamento (It.) »Annäherung«; Probezeit vor der Aufnahme in die Cosa Nostra.
Baccàgghiu (Siz.) »Sprechen in Rätseln«; Geheimsprache der süditalienischen Verbrechersubkultur.
Camorra (It.) Mafiaorganisation in Kampanien.
Cane sciolto (It.) »Streunender Hund«; Kleinkrimineller im Verbrecherjargon.
Capo dei capi (It.) »Boss der Bosse«; ranghöchster Mafioso Siziliens.
Capomandamento (It.) »Bezirkschef«; Vorsitzenden eines aus mehreren, benachbarten Familien bestehenden Mafiabezirks.
Capo Squadra (It.) »Gruppenführer«.
Capodecina (It.) »Zehnergruppenführer«; Anführer einer Untergruppe eines Mafiaclans.
Capofamiglia (It.) »Familienoberhaupt«; Vorsitzender eines Mafiaclans.
Carcere duro (It.) »hartes Gefängnis«; strenge Haftbedingungen.

Cassa per il Mezzogiorno (It.) »Südkasse«; staatliche Einrichtung zur Entwicklungsförderung in Süditalien.
Cavaliere del lavoro (It.) »Ritter der Arbeit«; Ehrentitel für Personen aus der Welt der Arbeit.
Cavallo di ritorno (It.) »Zurückkehrendes Pferd«; Vieh- oder Fahrzeug-Kidnapping.
Colletti bianchi (It.) »Weiße Kragen«; Mitglieder der oberen Gesellschaftsschichten.
Combinazione (It.) »Kombination«, Mafiajargon für den Moment der Aufnahme in die Cosa Nostra im Rahmen des Initiationsrituals.
Concorso pubblico (It.) »Öffentlicher Wettbewerb«; Stellenvergaben beim Staat mittels öffentlicher Prüfverfahren.
Condono (It.) »Straferlass«.
Consigliere (It.) »Berater«.
Coppola (It.) »Kappe, Mütze«, traditionelle sizilianische Männerkopfbedeckung.
Cornuto (It.). »Gehörnter«; betrogener Ehemann.
Cosa Nostra (It.) »Unsere Sache«; Name der sizilianischen und der amerikanischen Mafia.
Cosca (It.) Lokale Mafiagruppe.
Cravattaro (It.) »Würger«; Umgangssprache für Wucherer.
Comparaggio (It.) »Gevatternschaft«.
Cumpari (Siz.) »Gevatter«; vertrauliche Anrede, die familiäre Verbundenheit ausdrücken soll.
Cumparatu (Siz.) »Gevatternschaft«.
Cursoti (Siz.) Bezeichnung für eine Kriminellenbande, die sich von der Straße ableitet, in der diese Gruppe zunächst aktiv war, nämlich dem »Antico Corso« (Siz.'U Cursu) von Catania.
Cupola (It.) »Kuppel«, Palermitanische Provinzkommission.
Depistaggio (It.) »Irreführung«; absichtliche Fehlleitung von Ermittlungen.
Disassociazione (It.) »Lossagung«; juristisches Konzept, um Terroristen zur Preisgabe von Informationen gegen Hafterleichterungen zu bewegen.
Faccendiere (It.) »Geschäftemacher«.
Faida (It.) »Fehde«; gewalttätiger Konflikt zweier Mafiagruppen.
Famiglia (It.) »Familie«; Bezeichnung für einen lokalen Mafiaclan.
Favuri (Siz.) »Gefälligkeit(en)«.
Favore (It.) »Gefälligkeit«.
Ferragosto (It.) »Maria Himmelfahrt« (15. August).
Feudo (It.) »Lehen«; Bezeichnung, die in Süditalien auch nach der Abschaffung des Feudalismus zur Bezeichnung von Großbesitz benutzt wird.

Fimminaru (Siz.) »Weiberheld«
Fratellanza (It.) »Bruderschaft«
Fratuzzu (Siz. Brüderchen)
Furbizia (It.) »Schlauheit«
Gabellotto (Siz.) »Großpächter«
Galantuomo (It.) »Ehrenmann«
Gambizzare (It.) »In die Beine schießen«
Guappo (It.) »Bandit«; häufig benutzt für neapolitanische Camorrista.
Incapramento (It.) »Selbststrangulation«.
Inchino (It.) »Verbeugung«; Anhalten einer religiösen Prozessionsgruppe vor dem Wohnhaus von Personen, um Ehre zu erweisen.
Insabbiamento (It.) »Im Sande verlaufen lassen«; Bezeichnung für die bewusste Vertuschung von Straftaten.
Lettera di scrocco (It.) »Schmarotzerbrief«; Lösegelderpressungsbrief.
Loggia coperta (It.) »Verdeckte Loge«; verbotene Freimaurerloge.
Lupara (It.) »Abgesägte Schrotflinte«.
Lupara bianca (It.) »Weiße Schrotflinte«; Mord, bei dem die Leiche des Opfers nicht aufgefunden wird.
Mammasantissima (It.) »Allerheiligste Mutter«; andere Bezeichnung für Capofamiglia (Vorsitzender eines Mafiaclans).
Mandanti occulti (It.) »Heimliche Auftraggeber«.
Mani pulite (It.) »Saubere Hände«; staatsanwaltschaftliche Schmiergeldermittlungen in der ersten Hälfte der 1990er-Jahre.
Mano nera (It.) »Schwarze Hand«; frühe New Yorker Mafia.
Mascariamento (Siz.) »Beschmutzung«; Rufmord an Mafiaopfern.
Mattanza (Siz.) »Gemetzel«; aus der Thunfischfängerei stammende Bezeichnung für blutige Auseinandersetzungen.
Mazzetta (It.) »Bestechungsgeld«.
Mazziere (It.) » Knüppelschläger«.
Mettersi a posto (It.) »Einverstanden sein«; Einverständnis von Unternehmern, der Mafia Schutzgeld zu bezahlen.
Mezzogiorno (It.) »Mittag«; gleichzeitig Bezeichnung für Süditalien, Sardinien und Sizilien (Synonym: Meridione).
'Ndrangheta (It.) Mafiaorganisation in Kalabrien.
'Ndrina (It.) Lokaler Clan der 'Ndrangheta.
Notabile (It.) »Prominenz«.
Nuddo ammiscatu cu niente (Siz.) »Niemand vermischt mit nichts«; Bezeichnung für eine mittellose Person.

Nullatenente (It.) »Habenichts«.
'Ntisu (Siz.) »Derjenige, auf den gehört wird«; Mafioso.
Omertà (It.) »Schweigepflicht«.
Omicidio Eccellente (It.) »Auserlesener, exzellenter Mord«; Mord an einer gesellschaftlich hochstehenden Person.
Onorata Società (It.) »Ehrenwerte Gesellschaft«; Eigenbezeichnung der sizilianischen Mafia.
Paceri (Siz.) »Friedensstifter«; prestigeträchtige Person, meist ein Mafioso, die zwischen zwei Streitparteien Frieden stiften kann.
Padrino (It.) »Pate«.
Papello (It.) »Verzeichnis«; Forderungskatalag der Mafia an den Staat, um die Gewalttaten der frühen 1990er-Jahre zu beenden.
Partitocrazia (It.) »Parteienherrschaft«.
Pentito (It.) »Reumütiger«; Mafiaaussteiger, die als Kronzeugen mit der Justiz zusammenarbeiten.
Piaciri (Siz.) »Gefälligkeit(en)«.
Picciotto (Siz.) »Junge«; Bezeichnung allgemein für junge Männer, die auch häufig für Mafiosi genutzt wird.
Pizzinu (Siz.) »Zettel«.
Pizzo (Ital.) »Schutzgeld«.
Pizzu (Siz.) »Schutzgeld«.
Prestanome (It.) »Strohmann«.
Punciutu (Siz.) »Gestochener«; Bezeichnung für Mafiosi, die sich aus dem Aufnahmeritual ableitet, bei dem Initianden in den Finger gestochen werden.
Raccomandato (It.) »Günstling«.
Ricottaro (It.) »Ricottahersteller«; in der Umgangssprache Zuhälter.
Riffa (It.) »Verlosung«.
Risorgimento (It.) »Wiedergeburt/Wiederauferstehung«; Bezeichnung für die italienische Einigungsbewegung.
Sacco di Palermo (It.) »Plünderung von Palermo«; Bezeichnung für die Zerstörung des Umlands von Palermo während des Baubooms der 1960-er und 1970er-Jahre
Sacra Corona Unita (It.) Mafiaorganisation in Apulien.
Sanatoria (It.) »Gültigkeitserklärung«; nachträgliche Genehmigung von Schwarzbauten gegen die Bezahlung einer Geldstrafe.
Santino (It.) »Kleiner Heiliger«; Heiligenbildchen oder Wahlkampfzettel.
Sbirro (It.) wörtlich »Spitzel/Häscher«; häufig abwertend im Sinne von »Bulle« für Polizisten und Carabinieri benutzt.

Scappatella (It.) »Seitensprung«.
Scappati (It.) »Davongelaufene/Geflüchtete«; die Verlierer des zweiten Mafiakrieges, die hauptsächlich in die USA ausgewandert sind.
Scassapagghiara (Siz.) »Getreidegarbeneinbrecher«; mafioses Fußvolk.
Sgarro (Siz.) »Unkorrektheit«.
Squadra (It.) »Gruppe«.
Squadra mobile (It.) »Kriminalpolizei«.
Soggiorno obbligato (It.) »Zwangsaufenthalt«, gerichtlich auferlegte Verpflichtung, an einem Ort außerhalb Siziliens zu leben
Sottocapo (It.) »Unterchef«; stellvertretender Vorsitzender eines Mafiaclans (Synonym von »Vice Rappresentante«).
Stidda (Siz.) »Stern«; mafiaähnliche Organisation in den Provinzen Agrigent, Caltanissetta und Ragusa.
Strozzino (It.) »Halsabschneider«; Wucherer.
Tangente (It.) »Schmiergeld«.
Tangentopoli (It.) »Schmiergeldstadt«; Schmiergeldskandal in der ersten Hälfte der 1990er-Jahre.
Tavulinu (Siz.) »Tischchen«; illegale Absprachen zwischen Unternehmern, Beamten und Mafiosi in Bezug auf öffentliche Auftragsvergaben (Ital. Tavolino).
Tragiriaturi (Siz.) »Einer der Tragödien heraufbeschwört« (auch: Tragediaturi)
Trattativa Stato-Mafia (It.) »Verhandlung Staat-Mafia«; Verhandlungen zwischen der Mafia und Staatsvertretern, die Anfang der 1990er-Jahre sstattgefunden haben sollen.
Uomo d'onore (It.) »Ehrenmann«; Eigenbezeichnung von Mafiosi.
Uomo di rispetto (Ital.) »Mann des Respekts«; Eigenbezeichnung von Mafiosi.
Vasiamo i mani (Siz.) »Ich küsse Euch die Hände«; veraltete Grußformel für hochstehende Personen
Viddanu (Siz.) »Bauernlümmel«.
Vendetta (It.) »Blutrache«.
Vendetta trasversale (It.) »Transversale, querliegende Rache«; Tötung von Familienangehörigen aus Rache an Mafiaaussteigern.
Vossia (Siz.) »Eure Herrschaft«; Abkürzung der veralteten, höflichen Anrede »Vostra Signoria« (It. Eure Herrschaft).
Voscenza (Siz.) »Eure Exzellenz«; Abkürz. der veralteten, höflichen Anrede »Vostra eccellenza« (It. Ihre Exzellenz).
Zu' (Siz.) Onkel; die Anrede wird auch von Nicht-Verwandten benutzt, sum familiäre Vertrautheit und Respekt auszudrücken.

Literatur

Abbate, Lirio. 2017: *La lista. Il ricatto alla Repubblica di Massimo Carminati.* Mailand: Rizzoli

Abbate, Lirio. 2020: *U Siccu. Matteo Messina Denaro. L'ultimo capo dei capi.* Mailand: Rizzoli

Abbate, Lirio/Gomez, Peter. 2007: *I complici. Tutti gli uomini di Bernardo Provenzano da Corleone al parlamento.* Rom: Fazi Editore

Adnkronos (10.07.2006): *Mafia: Pentito, Mercadante voleva fare uccidere amante moglie.* In: http://www1.adnkronos.com/Archivio/AdnAgenzia/2006/07/10/Cronaca/Giudiziaria/MAFIA-PENTITO-MERCADANTE-VOLEVA-FARE-UCCIDERE-AMANTE-MOGLIE_162718.php

Adkronos (06.11.2007): *Mafia: Processo clan Villabate, condanna lieve per pentito Campanella.* In: http://www1.adnkronos.com/Archivio/AdnAgenzia/2007/11/06/Cronaca/Giudiziaria/MAFIA-PROCESSO-CLAN-VILLABATE-CONDANNA-LIEVE-PER-PENTITO-CAMPANELLA_153323.php

Adnkronos (12.02.2014): *Condanna definitiva a 3 anni e 8 mesi per ex assessore David Costa.* In: https://www.adnkronos.com/condanna-definitiva-a-3-anni-e-8-mesi-per-ex-assessore-regionale-david-costa_54xFqPQlfnL7AAno2KFq0v?refresh_ce

Adnkronos (07.02.2020): *Mafia, boss Graviano: »Da latitante ho incontrato Berlusconi almeno tre volte«.* https://www.adnkronos.com/fatti/politica/2020/02/07/mafia-boss-graviano-latitante-incontrato-berlusconi-almeno-tre-volte_Vygx5PbqgZrXZ22t0e1iI.html

Agrigento Notizie (18.06.2020): *'Mafia e massoneria deviata', chiesti 20 rinvii a giudizio per il clan di Licata.* In: https://www.agrigentonotizie.it/cronaca/mafia/inchiesta-halycon-assedio-chiesti-20-rinvii-a-giudizio.html

Agrigento Oggi (06.10.2017): *Graduatoria falsata in cambio di voti per la figlia Giusy: Condanna per Armando Savarino.* In: https://www.agrigentooggi.it/graduatoria-falsata-cambio-di-voti-per-la-figlia-giusy-condanna-per-armando-savarino/

Agrigento TV (23.02.2013): *Favara, estorsione alla ditta Sa.Bo.: condannati i boss Di Gati, Nobile, Virga e Melodia.* In: http://www.agrigentotv.it/favara-estrosione-alla-ditta-sa-bo-condannati-i-boss-di-gati-nobile-virga-e-melodia/

Aiello, Piera/Lucentini, Umberto. 2012: *Maledetta Mafia. Io, donna, testimone di giustizia con Paolo Borsellino.* Cinisello Balsamo: Edizioni San Paolo

Alkemia (ohne Jahr): *La storia della Mafia Siciliana. Il 'lato sinistra' di Cosa Nostra.* In: http://nuke.alkemia.com/LinkClick.aspx?link=974&tabid=203

Alongi, Giuseppe. 1977: *La maffia.* Palermo: Sellerio (zuerst erschienen 1886)

Amadore, Nino. 2007: *La zona grigia. Professionisti al servizio della mafia.* Palermo: La Zisa Communications

Amarelli, Giuseppe. 2014: *La riforma del reato di scambio elettorale politico-mafioso.* In: Diritto Penale Contemporaneo. Rivista Trimestrale Vol. 2, S. 4–23. In: http://dpc-rivista-trimestrale.criminaljusticenetwork.eu/pdf/3371DPC_Trim_2_2014-9-28.pdf

Amato, Nicolò. 2017: *Gli amici senza volto di Corleone. Tramonto insanguinato di una Repubblica nata male.* Soveria Mannelli: Rubettino

ANAC. 2019: *La corruzione in Italia (2016–2019). Numeri, luoghi e contrapartite del malaffare.* In: https://www.anticorruzione.it/portal/rest/jcr/repository/collaboration/DigitalAssets/anacdocs/Comunicazione/News/2019/RELAZIONE+TABELLE.pdf

Anfossi, Francesco. 1994: *Puglisi. Un piccolo prete fra i grandi boss.* Mailand: Edizioni Paoline

Angelini, Aurelio/Galasso, Alfredo/Petruzzella, Francesco/Roccuzzo, Antonio. 1987: *Uno sguardo dal bunker. Cronache del maxiprocesso di Palermo.* Syrakus: Ediprint

Anonymus. 1989: *Mein Leben für die Mafia. Der Lebensbericht eines ehrbaren anonymen Sizilianers.* Reinbek bei Hamburg: Rowohlt

Literatur

ANSA (15.10.2010): *I colonelli di Craxi venti anni dopo.* In: https://www.ansa.it/web/notizie/rubriche/associata/2010/01/15/visualizza_new.html_1673944813.html

ANSA Sicilia (19.08.2019): *Corte dei conti, troppi dipendenti poco qualificati. L'analisi dei magistrati contabili diffusa dal Centro La Torre.* In: https://www.ansa.it/sicilia/notizie/2019/08/17/sicilia-corte-dei-conti-troppi-dipendenti-poco-qualificati_e6035ffa-c375-435d-8b6b-1b06b85f1749.html

ANSA (22.07.2021): *Mafia: condannato 6 anni l'ex senatore D'Ali.* In: https://www.ansa.it/sito/notizie/cronaca/2021/07/21/mafia-condannato-6-anni-lex-senatore-dali-_ce8df26e-2c99-4f6d-ba4a-7029d2163558.html

Anselmo, Nuccio/Antoci, Giuseppe. 2019: *La mafia dei pascoli. La grande truffa all'Europa e l'attentato al Presidente del Parco dei Nebrodi.* Soveria Mannelli: Rubettino

Antimafia Duemila (17.12.2007): *Assoluzione piena per il pentito Calcara. La sentenza del giudice Almerighi: il suo racconto è verosimile.* In: https://www.antimafiaduemila.com/la-rivista/editoriali/1414-nd-35-ottobre-2003.html

Antimafia (06.01.2008): *Contrada, l'infiltrato che sussurava alla mafia.* In: http://archivio.antimafiaduemila.com/rassegna-stampa/46-marco-travaglio-/1610-contrada-linfiltrato-che-sussurrava-alla-mafia.html

Antimafia Duemila (17.06.2008) *Operazione Hiram: Massoni e boss a bracetto.* In: http://archivio.antimafiaduemila.com/rassegna-stampa/30-news/7570-operazione-qhiramq-massoni-e-boss-a-braccetto.html

Antimafia Duemila (16.08.2008): *Operazione Perseo: 22 arresti. Decapitata la nuova 'cupola'.* In: http://archivio.antimafiaduemila.com/rassegna-stampa/30-news/11656-operazione-perseo-99-arresti-decapitata-la-nuova-cupola.html

Antimafia Duemila (22.02.2009): *Acqua: storia di un bene che dovrebbe essere comune e che invece è sotto controllo della mafia.* In: http://archivio.antimafiaduemila.com/notizie-20072011/33-terzomillennio/13328-acqua-storia-di-un-bene-che-dovrebbe-essere-comune-e-che-invece-e-sotto-il-controllo-della-mafia.html?showall=1

Antimafia Duemila (11.03.2011): *La rivincita di Pilato.* In: https://www.antimafiaduemila.com/home/mafie-news/254-focus/33313-la-rivincita-di-pilato.html

Antimafia Duemila (03.05.2011): *Barcellona impiccato alla corda Fratres.* In: http://archivio.antimafiaduemila.com/notizie-20072011/47-cronache-in-italia/34058-barcellona-impiccato-alla-corda-fratres.html

Antimafia Duemila (03.11.2011): *Nino Mandalà: 'Tuo padre era un mafioso'. La Loggia: 'Cosi mi rovini!'* In: https://www.antimafiaduemila.com/redazione/redazione-sudamerica/206-la-rivista/articoli-vari/34458-nino-mandala-tuo-padre-era-un-mafioso-la-loggia-cosi-mi-rovini.html

Antimafia Duemila (03.11.2011b): *La mafia in corsia Guttadauro: 'Avremmo di picciotti in mezzo alla strada...'.* In: https://www.antimafiaduemila.com/redazione/redazione-sudamerica/206-la-rivista/articoli-vari/34488-la-mafia-in-corsia-guttadauro-avremmo-un-po-di-picciotti-in-mezzo-alla-strada.html

Antimafia Duemila (21.04.2013): *Banca del Vaticano e giudici corrotti nelle mani di Cosa nostra.* In: https://www.antimafiaduemila.com/rubriche/giorgio-bongiovanni/42388-banca-del-vaticano-e-giudici-corrotti-nelle-mani-di-cosa-nostra.html

Antimafia Duemila (26.07.2014): *Rita Atria: 'Racconto tutto a Paolo Borsellino'.* In: https://www.antimafiaduemila.com/home/di-la-tua/237-vedi/50693-rita-atria-racconto-tutto-a-paolo-borsellino-sp-1684286431.html

Antimafia Duemila (31.10.2014): *Mafia: servizi ai mafiosi in carcere, arrestato agente penitenziario.* In: http://www.antimafiaduemila.com/home/rassegna-stampa-sp-2087084558/35-mafia-eventi-sicilia/52127-mafia-servizi-ai-mafiosi-in-carcere-arrestato-agente-penitenziario.html

Antimafia Duemila (04.12.2018): *Operazione 'cupola 2.0'.* In: http://www.antimafiaduemila.com/home/rassegna-stampa-sp-2087084558/35-mafia-eventi-sicilia/72600-operazione-cupola-2-0-di-stasio-oggi-un-risultato-importante.html

Antimafia Duemila (08.07.2019): *L'omicidio di Ilardo, l'infiltrato ucciso a causa di una 'talpa' istituzionale.* In: https://www.antimafiaduemila.com/home/mafie-news/254-focus/75021-l-omicidio-di-ilardo-l-infiltrato-ucciso-a-causa-di-una-talpa-istituzionale.html

Antimafia Duemila (18.10.2019): *Operazione 'Scrigno', indagini chiuse.* In: http://www.antimafiaduemila.com/home/mafie-news/228-cosa-nostra/76200-operazione-scrigno-indagini-chiuse.html

Antimafia Duemila (16.09.2019): *Mauro Di Mauro 49 anni fa: »Ho uno scoop che farà tremare l'Italia«.* http://www.antimafiaduemila.com/home/mafie-news/261-cronaca/75751-mauro-de-mauro-49-anni-fa-ho-uno-scoop-che-fara-tremare-l-italia.html

Antimafia Duemila (09.01.2020): *Latitanza Messina Denaro: L'ex sindaco Vaccarino a giudizio.* In: https://www.antimafiaduemila.com/home/mafie-news/228-cosa-nostra/77219-latitanza-messina-denaro-l-ex-sindaco-vaccarino-a-giudizio.html

Antimafia Duemila (22.06.2020): *L'ex poliziotto 'delatore' che faceva soffiate ai boss grazie a un aggancio nei servizi.* In: https://www.antimafiaduemila.com/home/mafie-news/261-cronaca/79374-l-ex-poliziotto-delatore-che-faceva-soffiate-ai-boss-grazie-a-un-aggancio-nei-servizi.html
Antimafia Duemila (26.10.2020): *Processo Stato-Mafia, le morti di Gioè e Ilardo nelle dichiarazioni di Riggio.* In: https://www.antimafiaduemila.com/dossier/processo-trattativa-stato-mafia/80622-processo-stato-mafia-le-morti-di-gioe-e-ilardo-nelle-dichiarazioni-di-riggio.html
Antimafia Duemila (14.12.2020): *'Luigi Ilardo è mio padre.'* In: https://www.antimafiaduemila.com/home/primo-piano/81034-luigi-ilardo-e-mio-padre.html
Antimafia Duemila (05.04.2021): *Morto l'ex vicequestore D'Antone, fu condannato per mafia.* In: https://www.antimafiaduemila.com/home/rassegna-stampa-sp-2087084558/223-cronache-italia/83080-morto-l-ex-vicequestore-d-antone-fu-condannato-per-mafia.html
Antimafia Duemila (21.06.2022): *Palermo, Lagalla e l'ipocrita memoria.* In: https://www.antimafiaduemila.com/home/primo-piano/90229-palermo-lagalla-e-l-ipocrita-memoria.html
Antimafiaduemila (16.02.2023): *Teresa Principato: 'Matteo Messina Denaro è un massone'.* In: https://www.antimafiaduemila.com/home/mafie-news/309-topnews/93951-teresa-principato-matteo-messina-denaro-e-un-massone.html
Antimafiaduemila (20.01.2023): *Logge e cosche: una lunga storia fino a Messina Denaro.* In: https://www.antimafiaduemila.com/home/opinioni/236-societa/93502-logge-e-cosche-una-lunga-storia-fino-a-messina-denaro.html
Antimafia Duemila (16.01.2024): *La cattura di Matteo Messina Denaro e le domande senza risposta.* In: https://www.antimafiaduemila.com/rubriche/giorgio-bongiovanni/98782-la-cattura-di-matteo-messina-denaro-e-le-domande-senza-risposta.html
Antimafiaduemila (07.11.2024): *Mafia: arrestato Salvatore 'Sal' Catalano, anziano boss di 'Pizza Connection'.* In: https://www.antimafiaduemila.com/home/mafie-news/228-cosa-nostra/102620-mafia-arrestato-salvatore-sal-catalano-anziano-boss-di-pizza-connection.html
Arcidiacono, Davide. 2015: *Territori e confini del fenomeno estorsivo negli anni della crisi.* In: Arcidiacono, Davide/Avola, Maurizio/Palidda, Rita (Hg.), *Mafia, estorisioni e regolazione dell'economia nell'altra Sicilia.* Mailand: FrancoAngeli, S. 23–68
Arcidiacono, Davide/Avola, Maurizio/Palidda, Rita. 2015: *Mafia, estorisioni e regolazione dell'economia nell'altra Sicilia.* Mailand: FrancoAngeli

Arcuri, Camillo. 2004: *Colpo di stato. Storia vera di una inchiesta censurata. Il racconto del golpe Borghese, il caso Mattei e la morte di De Mauro.* Mailand: Rizzoli

Ardita, Sebastiano. 2015: *Catania bene. Storia di un modello mafioso che è diventato dominante.* Mailand: Mondadori

Ardita, Sebastiano. 2020: *Cosa Nostra S.p.A. Il patto economico tra criminalità organizzata e colletti bianchi.* Rom: Paper First

Arlacchi, Pino. 1983: *L'etica mafiosa e lo spirito del capitalismo.* Bologna: Mulino

Arlacchi, Pino. 1995: *Mafia von innen. Das Leben des Don Antonino Calderone.* Frankfurt/M.: Fischer

Arlacchi, Pino. 2007: *La mafia imprenditrice. Dalla Calabria al centro dell' inferno.* Mailand: Il Saggiatore

Arlacchi, Pino. 2019: *La vita di Tommaso Buscetta. Addio Cosa Nostra.* Mailand: Chiarelettere

Arnone, Giuseppe. 2009: *Chi ha traditto Pio La Torre? Relazione per Bersani e Rosy Bindi sulla questione morale nel PD in Sicilia.* Agrigent: Massimo Lombardo Editore

Assemblea Regionale Siciliana. Commissione Parlamentare d'Inchiesta e vigilanza sul fenomeno della Mafia e della corruzione in Sicilia. 2019: *Inchiesta sulle infiltrazioni criminali nel mercato ortofrutticolo del comune di Vittoria.* In: http://w3.ars.sicilia.it/DocumentiEsterni/Avvisi_Commissioni/00000009/Relazione%20conclusiva%20mercato%20Vittoria.pdf

Associazione G.B. Vighenzi (15.03.2019): *Stabilizzazione Precari, procedure senza concorso: via libera dell'ARS.* In: https://www.segretaricomunalivighenzi.it/16-02-2019-stabilizzazione-precari-procedure-senza-concorso-via-libera-dell2019ars

Avola, Maurizio. 2016: *Le forme di estorsione e di regolazione criminale del mercato.* In: Arcidiacono, Davide/Avola, Maurizio/Palidda, Rita (Hg.), *Mafia, estorisioni e regolazione dell'economia nell'altra Sicilia.* Mailand: FrancoAngeli, S. 69–141

Avvenire (17.01.2023): *Palermo. Il covo, l'identità falsa, le cure: i misteri della cattura di Messina Denaro.* In: https://www.avvenire.it/attualita/pagine/colpoalla-mafia

Aymard, Maurice. 1987: *Economia e società: uno sguardo d'insieme.* In: Aymard, Maurice/Giarrizzo, Giuseppe (Hg.), Storia d'Italia. Le regioni dall'Unità a oggi. La Sicilia. Turin: Einaudi, S. 4–37

Baiardo, Salvatore/Maiorano, Alessandro. 2024: *La verità di Salvatore Baiardo.* Breslau: Selbstverlag

Banca d'Italia (07.11.2024): *L'economia della Sicilia – Aggiornamento congiunturale, novembre 2024*. In: https://www.google.com/search?client=safari&rls=en&q=L%27economia+della+Sicilia+-+Aggiornamento+congiunturale%2C+novembre+2024&ie=UTF-8&oe=UTF-8

Banfield, Edward C. 1967: *The Moral Basis of a Backward Society*. New York: The Free Press (zuerst veröffentlicht 1958)

Barbagallo, Francesco. 2010: *Storia della Camorra*. Rom, Bari: Laterza

Barcellona, Rossana/Sardella, Teresa (o. J.): *La festa di Sant'Agata tra devozione popolare, strumentalizzazioni criminali, ambiguità istituzionali e impegno civile (2008–2014)*. In: https://www.viella.it/download.php?id=VTJGc2RHVmtYMTlTOGN6THI5ekw4SWpUa3diNHpF-VFZkd0FSQVdoUXN6MD0=

Barone, Giuseppe. 1987: *Egemonie urbane e potere locale (1882–1913)*. In: Aymard, Maurice/Giarizzo, Giuseppe (Hg.): *Storia d'Italia. Le regioni dall'Unità a Oggi. La Sicilia*, S. 189–370. Turin: Einaudi

Bartocelli, Marianna/D'Ayala, Francesco. 2012: *L'Avvocato dei misteri. Storia segreta di Vito Guarrasi, l'uomo dei consigli indispensabili che ha condizionato il potere italiano*. Rom: Lit Edizioni

Bascietto, Giuseppe. 2005: *'Stidda. La quinta mafia. I boss, gli affari, i rapporti con la politica*. Palermo: Pitti Edizioni

Basile, Pierluigi. 2010: *Mafia e fascismo nella Sicilia degli anni Venti. Dall'ambigua tessitura all'operazione Mori, i maxiprocessi e la storia di una »tenebrosa associazione«*. In: Diacronie. Studi di Storia Contemporanea, Nr. 3. In: http://www.studistorici.com/2010/07/30/basile_mafia_dossier_3/

Beccaria, Antonella. (14.11.2013): *'I segreti della massoneria in Italia: dal prologo del libro, morte presunta di un 'fratello' e le questione siciliane.'* In: http://antonella.beccaria.org/2013/11/14/i-segreti-della-massoneria-in-italia-morte-presunta-di-un-fratello/

Beccaria, Antonella/Turone, Giuliano. 2018: *Luciano Liggio: da Corleone a Milano, una storia di mafia e complicità*. Rom: Castelvecchi Lit Edizioni

Becucci, Stefano/Garosi, Eleonora. 2008: *Corpi globali. La prostituzione in Italia*. Florenz: Firenze University Press

Bellavia, Enrico. 2010: *Un uomo d'onore*. Mailand: Rizzoli

Bellavia, Enrico. 2016: *Sbirri e padreterni*. Rom, Bari: Editori Laterza

Bellavia, Enrico/Palazzolo, Salvo. 2002: *Falcone Borsellino. Mistero di stato*. Palermo, Florenz: Edizioni della Battaglia

Bellavia, Enrico/Palazzolo, Salvo. 2004: *Voglia di mafia. Le metamorfosi di Cosa nostra da Capaci a oggi*. Rom: Carocci

Bellavia, Enrico/Mazzocchi, Silvana. 2006: *Iddu. La cattura di Bernardo Provenzano*. Mailand: Baldini Castoldi Dalai

Bellavia, Enrico/De Lucia, Maurizio. 2009: *Il cappio. Pizzo e tangenti strangolano la Sicilia. E non solo. L'implacabile legge del racket nel racconto del magistrato che la combatte da vent'anni*. Mailand: Rizzoli

Bernasconi, Paolo. 1998: *Meccanismi del riciclaggio internazionale*. In: Violante, Luciano (Hg.), *I soldi della mafia. Rapporto '98*. Rom, Bari: Editori Laterza, S. 45–55

Bestler, Anita. 2001: *Die Antimafiabewegung in Palermo*. Forschungsjournal Neue Soziale Bewegungen, Jg. 14, Heft 1: 124–128. Opladen: Westdeutscher Verlag

Bestler, Anita. 2003: *Das Gesetz der Omertà: Verdrängen, Vergessen, Verschweigen als Überlebenstechniken*. In: Hettlage, Robert (Hg): *Leben in der Lügengesellschaft. Verleugnen, vertuschen, verdrehen, vergessen, verdrängen*. Konstanz: Universitätsverlag, S. 273–303

Bevilacqua, Piero. 2005: *Breve storia dell'Italia Meridoniale*. Rom: Donizelli

Biagi, Enzo. 1986: *Il boss è solo. Buscetta: La vera storia di un vero padrino*. Mailand: Mondadori

Bianchi, Stefano Maria/Nerazzini, Alberto. 2005: *La mafia è bianca*. Rom: Rizzoli

Billitteri, Daniele. 2008: *Boris Giuliano. La squadra dei giusti*. Rom: Aliberti Editore

Bin, Roberto/Pitruzella, Giovanni. 2000: *Diritto Costituzionale*. Turin: G. Giappichelli Editore

Biondo, Nicola/Ranucci, Sigfrido. 2009: *Il patto. Da Ciancimino a Dell'Utri. La trattativa stato e mafia nel racconto inedito di un infiltrato*. Mailand: Chiarelettere

Blog Sicilia (28.02.2020): *'Favorì detenuti mafiosi', la Pocura chiede 12 anni per un agente penitenziario*. In: https://www.blogsicilia.it/siracusa/favori-i-detenuti-mafiosi-la-procura-siracusa-chiede-12-anni-per-un-agente-penitenziario/520784/

Blok, Anton. 1974. *The Mafia of a Sicilian Village 1860–1960: A Study of Violent Peasant entrepreneurs*. New York, Hagerstown, San Francisco, London: Harper & Row Publishers

Bolognari, Mario. 2017: *Confraternite in Sicilia, oggi. Modernità e globalizzazione di una istituzione sociale complessa*. Studi Nuovo Meridionalismo, Jg. III, Nr. 4, April 2017, S. 60–80. In: http://nuovomeridionalismostudi.altervista.org/wp-content/uploads/2017/04/60-80-Bolognari.pdf)

Bolzoni, Attilio. 2010: *FAQ Mafia*. Mailand: Bompiani

Bolzoni, Attilio. 2012: *Uomini soli. Pio La Torre e Carlo Alberto dalla Chiesa, Giovanni Falcone e Paolo Borsellino*. Rom: Melampo Editore

Bolzoni, Attilio/D'Avanzo, Giuseppe. 2007: *Il capo dei capi. Vita e carriera criminale di Totò Riina*. Mailand: Rizzoli

Bolzoni, Attilio/D'Avanzo, Giuseppe. 2018: *La giustizia è Cosa Nostra*. Palermo: Glifo Edizioni

Bonanno, Joseph/Lalli, Sergio. 2003: *A Man of Honor. The autobiography of Joseph Bonanno*. New York:: St. Martin's Press (zuerst veröffentlicht 1983)

Booker, Martin (Hg.): *Sizilienexkursion 2008*. In: https://sizilienexkursion08.wordpress.com/2008/04/09/soziologie-und-mafia/

Borrometi, Paolo. 2018: *Un morto ogni tanto. La mia battaglia contro la mafia invisibile*. Mailand: Solferino

Borrometi, Paolo. 2023: *Traditori. Come fango e depistaggio hanno segnato la storia italiana*. Mailand: Solferino

Brancato, Francesco. 1986: *La Mafia nell'opinione pubblica e nelle inchieste dall'Unità d'Italia al fascismo. Studio storico elaborato per incarico della Commissione parlamentare d'inchiesta sul fenomeno della mafia in Sicilia*. Cosenza: Pellegini Editore

Brioschi, Carlo Alberto. 2004: *Breve storia della corruzione. Dall'età antica ai giorni nostri*. Mailand: Tascabili degli Editori Associati

Bruccoleri, Giuseppe. 1913: *La Sicilia di oggi. Appunti economici*. Rom: Athenaeum. In: http://archive.org/details/lasiciliadioggi00bruc)

Brütting, Richard (Hg.), 1997: *Italien-Lexikon: Schlüsselbegriffe zu Geschichte, Gesellschaft, Wirtschaft, Politik, Justiz, Gesundheitswesen, Verkehr, Presse, Rundfunk, Kultur und Bildungseinrichtungen*. Berlin: Erich Schmidt Verlag

Bufalino, Gesualdo. 1990: *La luce e il lutto*. Palermo: Sellerio

Butera, Salvatore. 1993: *Esposti a Mezzogiorno*. Palermo: Flaccovio

Caccamo, Giorgio. 2010: *La mafia a Ragusa. La provincia babba nel 'cono d'ombra'*. Diacronie. Studi di Storia Contemporanea. Dossier: Luoghi e non luoghi della Sicilia contemporanea: istituzioni, culture politiche e potere mafioso. Nr. 3, S. 1–14. In: http://www.studistorici.com/2010/07/30caccamo_dossier_3/

Calasanzio, Benny. 2011: *Mafia SPA. Gli affari della più grande impresa italiana*. Rom: Editori Riuniti

Calvi, Fabrizio. 1986: *La vita quotitiana della mafia dal 1950 a oggi*. Mailand: Rizzoli

Camera dei Deputati/Senato della Repubblica. IX Legislatura. Doc. XXIII, n. 2-quater/4/II. Commissione Parlamentare d'Inchiesta sulla loggia massonica

P2. 1984: *Allegati alla relazione. Serie II: Documentazione raccolta dalla commissione. Vol. Quarto. Altre forme massoniche coperte.* In: www.senato.it

Camera dei Deputati/Senato della Repubblica. VI Legislatura. Doc. XXIII, n. 1. Commissione parlamentare d'inchiesta sul fenomeno della mafia in Sicilia. 1976: *Relazione di minoranza.* In: http://www.parlamento.it/

Camera dei Deputati/Senato della Repubblica. XI Legislatura. Doc. XXIII, n. 2. Commissione Parlamentare d'inchiesta sul fenomeno della mafia e sulle altre associazioni criminali similari. 1993: *Relazione sui rapporti tra mafia e politica.* In: http://www.parlamento.it/Parlamento/1338

Camera dei Deputati/Senato della Repubblica. 1993b: Commissione Parlamentare di inchiesta sul fenomeno della mafia e sulle associazioni criminali similari. XI Legislatura. *Seduta di venerdi 4 dicembre 1992. Audizione del collaboratore della giustizia Leonardo Messina.* In: https://www.csm.it/documents/21768/4899435/antimafia+audizione+pentito+messina.pdf/f0555476-4b41-fd1a-3a90-d43de3667379

Camera dei Deputati/Senato della Repubblica. Commissione Parlamentare di inchiesta sulle attività illecite connesse al ciclo dei rifiuti e su illeciti ambientali ad esse correlati. 2016: *Relazione sulla regione siciliana.* In: https://www.camera.it/leg17/494?idLegislatura=17&categoria=023&tipologiaDoc%20=elenco_categoria

Caminita Altervista (23.01.2021): *Mafia, parlamentari indagati dope le accuse di Giuffré.* In: https://www.caminita.altervista.org/battaglia.htm

Camuso, Angela. 2012: *Mai ci fu pietà. La banda della Magliana dal 1977 a Mafia Capitale.* Rom: Castelvecchi

Cancemi, Salvatore/Bongiovanni, Giorgio. 2002: *Salvatore Cancemi. Riina mi fece i nomi di…* Bolsena: Massari Editore

Caponnetto, Antonino. 1992: *I miei giorni a Palermo.* Mailand: Garzanti

Capri, Chiara/Maisano Grassi, Pina. 2011: *Libero. L'imprenditore che non si piegò al pizzo.* Rom: Alberto Castelvecchi Editore

Cardella, Clara. 2009: *Energie pulite ed economie sporche: Nuovi scenari dell'ecomafia.* In: Dino, Alessandra: *Criminalità dei potenti e metodo mafioso,* S. 311–333

Caruso, Alfio. 2005: *Da cosa nasce cosa. Storia della mafia dal 1943 a oggi.* Mailand: Longanesi & Co.

Caruso, Alfio. 2017: *I Siciliani.* Vicenza: BEAT Edizioni

Casarrubea, Giuseppe. 2001: *Salvatore Giuliano. Morte di un capobanda e dei suoi luogotenenti.* Mailand: FrancoAngeli

Casarrubea, Giuseppe. 2002: *Portella della Ginestra. Microstoria di una strage di Stato.* Mailand: FrancoAngeli

Casarrubea, Giuseppe. 2005: *Storia segreta della Sicilia. Dallo sbarco alleato a Portella della Ginestra.* Mailand: Bompiani
Casarrubea, Giuseppe. 2009: *Lupara nera. La guerra segreta alla democrazia in Italia 1943–1947.* Mailand: Bompiani
Caselli, Gian Carlo/Lo Forte, Guido. 2020: *Lo stato illegale. Mafia e politica da Portella della Ginestra a oggi.* Bari, Rom: Editori Laterza
Cassarà, Vincenzo. 2020: *Salvo Lima. L'anello di congiunzione tra mafia e politica. 1928–1992.* In: https://flore.unifi.it/handle/2158/1216306. (Doktorarbeit an der Universität Florenz)
Castaldo, Franco. 2004: *La Mafia, la 'Stidda'. I delitti, i rapporti con la politica, l'imprendoria e l'informazione.* Agrigento: Associazione della Stampa. Sezione Provincia di Agrigento
Castiglione, Francesco Paolo. 2010: *Indagine sui Beati Paoli.* Palermo: Sellerio
Catania, Enzo. 2006: *Dalla Mano Nera a Cosa Nostra. Le origini di tutte le mafie e delle organizzazioni criminali.* Mailand: Boroli Editori
Catania News (18.06.2024): *Mafia. Relazione semestrale della Dia. A Catania quadro immutato, anche con organizzazioni diverse da Cosa nostra.* In: https://www.catanianews.it/mafia-relazione-semestrale-della-dia-a-catania-quadro-immutato-anche-con-organizzazioni-diverse-da-cosa-nostra/
Catanzaro, Raimondo. 1991: *Il delitto come impresa. Storia sociale della mafia.* Mailand: Rizzoli
Catino, Maurizio. 2019: *Mafia organizations. The visible hand of criminal enterprise.* Cambridge: Cambridge University Press
Cavazza, Stefano. 2000: *Der Nationalstaat seit 1861.* In: Rother, Klaus/Tichy, Franz (Hg.), I*talien. Geographie, Geschichte, Wirtschaft, Politik.* Darmstadt: Wissenschaftliche Buchgesellschaft, S. 76–85
Centorrino, Mario. 1995: *Economia assistita dalla mafia.* Soveria Mannelli: Rubbettino
Centorrino, Mario. 1998: *Il giro d'affari delle organizzazioni criminali.* In: Violante, Luciano (Hg.), *I soldi della mafia. Rapporto '98.* Rom, Bari: Editori Laterza, S. 7–21
Centro Impastato. 2015: *La lotta per la casa a Palermo.* In: https://www.centroimpastato.com/la-lotta-per-la-casa-a-palermo/
Cerati, Carla. 2009: *Storia vera di Carmela Iuculano. La giovanne donna che si è ribellata a un clan mafioso.* Venedig: Marsilio Editori
Cerruto, Maurizio. 2012: *La partecipazione elettorale in Italia. (1992–2012).* Quaderni di Sociologia. Nr. 60, S. 17–39. In: https://journals.openedition.org/qds/537

Ceruso, Vincenzo. 2007: *Le sagrestie di cosa nostra. Inchiesta su preti e mafiosi.* Rom: Newton Compton editori

Ceruso, Vincenzo. 2008: *Uomini contro la mafia. Da Giovanni Falcone a Paolo Borsellino, da Libero Grassi a Carlo Alberto Dalla Chiesa: storia degli uomini in lotta contro la criminalità organizzata.* Rom: Newton Campton Editori

Ceruso, Vincenzo. 2013: *I nuovi padrini di Palermo.* In: Ceruso, Vincenzo/Comito, Pietro/De Stefano, Bruno: *I nuovi padrini. Camorra, 'Ndrangheta e Mafia: Chi comanda oggi.* Rom: Newton Compton Editori, S. 77–125

Ceruso, Vincenzo. 2018: *La Mafia nera. I depistaggi tra eversione neofascista e Cosa Nostra: storia di un'Italia oscura.* Rom: Newton Compton

Ceruso, Vincenzo. 2023: *La strage. L'agenda rossa di Paolo Borsellino e i depistaggi di via d'Amelio.* Rom: New Compton Editori

Ceschi, Geraldina. 2019: *Il ruolo della criminalità organizzata nel traffico illecito di opere d'arte.* In: https://riviste.unimi.it/index.php/cross/article/download/12561/11808/

Chiellino, Carmine/Marchio, Fernando/Rongoni, Giocondo. 1989: *Italien.* München: C.H. Beck

Ciancimino, Massimo/La Licata, Francesco. 2010: *Don Vito. Le relazioni segrete tra Stato e mafia nel racconto di un testimone d'eccezione.* Mailand: Feltrinelli (auf Deutsch unter erschienen als: Ciancimino, Massimo/La Licata, Francesco. 2010: Don Vito. Mein Vater, der Pate von Palermo. München: Piper)

Ciconte, Enzo. 1992: *'Ndrangheta dall'Unità a oggi.* Rom, Bari: Editori Laterza

Ciconte, Enzo. 2008a: *'Ndrangheta. Soveria Mannelli*: Rubbettino

Ciconte, Enzo. 2008b: *Storia criminale. La resistibile ascesa di mafia, 'ndranghteta e camorra dall'Ottocento ai giorni nostri.* Soveria Mannelli: Rubettino

Ciconte, Enzo. 2017a: *Dall'omertà ai social. Come cambia la comunicazione della Mafia.* Pavia: Edizioni Santa Caterina

Ciconte, Enzo. 2017b: *Mafie del mio stivale. Storia delle organizzazioni criminali italiane e straniere nel nostro Paese.* San Cesario di Lecce: Manni

Ciconte, Enzo. 2019: *Chi ha ucciso Emanuele Notarbartolo? Il primo omicidio politico-mafioso.* Roma: Salerno Editrice

Ciconte, Enzo/Torre, Giovanna. 2019: *Giovanni Falcone. L'uomo, il giudice, il testimone.* Pavia: Edizioni Santa Caterina

City of Palermo/Tuscan Regional Media Library/Tuscan Region. 2000: *The Mafia. 150 Years of Facts, Figures and Faces.* Turin: Cliomedia Officina (unter wissenschaftlicher Leitung von Paolo Pezzino hergestellte CD Rom)

Checchi, Valeria V./Polo, Michele. 2019: *Vento sporco: le mani della mafia sull'energia eolica.* In: http://www.piolatorre.it/public/art/vento-sporco-le-mani-della-mafia-sull-energia-eolica-2647/

Chinnici Rocco. 1981/83: *Diario*. In: http://www.archivioantimafia.org/libri/diario_chinnici.pdf
Cipriani, Gianni. 1993: *I mandanti. Il patto strategico tra massoneria, mafia e poteri politici*. Rom: Editori Riuniti
Cipriani, Gianni. 2002: *Storia dello spionaggio in Italia dal dopoguerra a oggi*. Mailand: Sperling & Kupfer
Coco, Vittorio. 2013: *La mafia dei giardini. Storia delle cosche della Piana dei Colli*. Rom, Bari: Laterza
Colajanni, Napoleone. 1984: *Nel regno della mafia (dai Borboni ai Sabaudi)*. Soveria Mannelli: Rubbettino (zuerst erschienen 1900)
Coleman, James S. 1988: *Social Capital in the Creation of Human Capital*. In: American Journal of Sociology. Vol. 94, Supplement: Organizations and Institutions: Sociological and Economic Approaches to the Analysis of Social Structure. S. 95–120. In: https://www.jstor.org/stable/2780243
Collettiva (21.06.2024): *Sicilia, giovani e donne prigionieri del gap. I dati Cgil*. In: https://www.collettiva.it/copertine/lavoro/sicilia-giovani-e-donne-prigionieri-del-gap-i-dati-cgil-v6g0eta1
Colombo, Gherardo. 2008: *Sulle regole*. Mailand: Feltrinelli
Commissione Parlamentare Antimafia.1993: *Mafia e politica*. Rom, Bari: Laterza
Cordaro, Alessio/Palazzolo, Salvo. 2012: *Se muoio, sopravvivimi. La storia di mia madre che non voleva essere più la figlia di un mafioso*. Mailand: Melampo
Correnti, Santi. 1987: *Il migliore perdono è la vendetta. Storia e dizionario del linguaggio mafioso*. Mailand: Mondadori
Correnti, Santi. 2004: *Storia della Sicilia*. Rom: Newton & Compton
Corriere della Sera (14.11.1974): *Cos' è questo golpe? Io so*. In: https://www.corriere.it/speciali/pasolini/ioso.html
Corriere della Sera (25.06.1992): *Processo al democristiano accusato di omicidio: Culicchia è sospettato di associazione mafiosa*, S. 16
Corriere della Sera (11.11.2008): *Mafia Spa, attività da 130 miliardo l'anno. Usura in crescita: le vittime sono 180mila*. In: https://www.corriere.it/cronache/07_ottobre_22/mafia_confesercenti.shtml
Corriere della Sera (05.09.2012): *Mafia, Aiello scarcerato per favismo. 'Nel vitto carcerario solo fave e piselli'*. In: https://www.corriere.it/cronache/12_settembre_05/aiello-mafia-scarcerato_d755dc18-f735-11e1-8ddf-edf80f6347cb.shtml

Corriere della Sera (13.02.2013): *Allo Zen la mafia dei »boss di condominio«. Vuoi una casa? Te la »assegna« Cosa Nostra.* In: https://www.corriere.it/cronache/13_febbraio_14/zen-palermo-cavallaro_52f89246-76b8-11e2-bad5-bab3677cbfcd.shtml

Corriere della Sera (04.04.2014): *Piscitello il duro, un 'uomo di polsini'.* In: https://www.corriere.it/Primo_Piano/Politica/04_Aprile/14/Piscitello.shtml

Corriere della Sera (03.12.2015): *Paternò, inchino davanti alla casa del boss con la musica del Padrino.* In: https://www.corriere.it/cronache/15_dicembre_03/paterno-inchino-a-casa-boss-la-musica-padrino-00a6d816-99fd-11e5-a8aa-552a5791f1fe.shtml

Corriere della Sera (30.10.2017): *Bagheria, l'ordine del boss Pino Scaduto al figlio: 'Uccidi tua sorella, sta con uno sbirro'.* In: http://www.corriere.it/cronache/17_ottobre_31/ordine-boss-figlio-tua-sorella-sta-uno-sbirro-va-uccisa-a8c9563c-bdb3-11e7-b457-66c72633d66c.shtml

Corriere della Sera (14.08.2018): *Le mani della mafia sul mercato ortofrutticolo di Palermo.* In: https://www.corriere.it/cronache/18_agosto_14/mani-mafia-mercato-ortofrutticolo-palermo-1773bec2-9f92-11e8-9437-bcf7bbd7366b.shtml

Corriere della Sera (14.01.2020): *Mafia, l'odissea dei beni confiscati e la mappa dei 17 mila immobili ancora da assegnare.* In: https://www.corriere.it/dataroom-milena-gabanelli/criminalita-65mila-beni-sequestrati-confiscati-8-anni-nessuno-sa-quanto-valgano/263cba58-36f4-11ea-8c20-22605fcc4a4b-va.shtml

Corriere della Sera (23.09.2021): *Dell'Utri assolto al processo Stato-mafia. Assolti anche carabinieri.* In: https://www.corriere.it/cronache/21_settembre_23/sentenza-trattativa-stato-mafia-processo-db57e540-1c65-11ec-89df-eb997219365d.shtml.

Corriere di Gela (22.09.2017): *Quando Mettitogo 'sfidò' il capo della Procura di Gela, Ventura.* In: http://www.corrieredigela.com/nuovo2/index.php?option=com_content&view=article&id=3627:quando-mettifogo-sfido-il-capo-della-procura-di-gela-ventura&catid=92&Itemid=670

Corriere Etneo (18.07.2019): *Maletto, odor di fragole e mafia: le parentele pericolose del leghista Mazzeo.* In: https://www.corrieretneo.it/2019/07/18/maletto-odor-di-fragole-e-mafia-le-parentele-pericolose-del-leghista-mazzeo/

Corso, Antonino. 2005: *Le acque a Monreale. Amministrazione municipale e interessi affaristici nel secolo XIX.* In: http://ascm.altervista.org/doc/Le%acque_TESI.pdf. (Diplomarbeit an der Universität Palermo)

Costanzo, Enzio. 2006: *Mafia & Alleati. Servizi segreti americani e sbarco in Sicilia. Da Lucky Luciano ai sindaci »uomini d'onore«*. Catania: Le Nove Muse Editrice

Craparo, Giuseppe/Ferraro, Anna Maria/Lo Verso, Girolamo (Hg.). 2017: *Mafia e psicopatologia. Crimini, vittime e storie di straordinaria follia*. Mailand: FrancoAngeli

Crisantino, Amelia. 2000: *Della segreta e operosa associazione. Una setta all'origine della mafia*. Palermo: Sellerio

Cutrera, Antonino. 1984. *La mala vita di Palermo. La mafia e i mafiosi*. Bologna: Arnaldo Forni Editore (Der zuerst 1900 erschienene Band enthält zwei Studien: In »La mala vita di Palermo« geht es um die Prostituion, in »La mafia e i mafiosi« um die Mafia.)

Dagospia (10.10.2015): *Un intesa si trova sempre – Montalbano, L'Imprenditore aiutato*. In: https://www.dagospia.com/rubrica-29/cronache/un-intesa-si-trova-sempre-giuseppe-montalbano-imprenditore-aiutato-110315.htm

Dagospia (23.10.2015): *Toghe Borboniche – Silvana Saguto, l'ex presidente della sezione misure di prevenzione del tribunale die Palermo, usava la scorta per andar a prendere lo smalto e il filo interdentale*. In: https://m.dagospia.com/toghe-borboniche-la-giudice-saguto-usava-la-scorta-per-comprare-il-filo-interdentale-111244

Dalla Chiesa, Nando. 1984: *Delitto imperfetto. Il generale, la mafia, la società italiana*. Mailand: Mondadori

Dalla Chiesa, Nando. 1992: *Il giudice ragazzino. Storia di Rosario Livatino assassinato dall mafia sotto il regime della corruzione*. Turin: Einaudi

Dalla Chiesa, Nando. 2010: *La convergenza. Mafia e politica nella seconda repubblica*. Mailand: Editore Melampo

Deaglio, Enrico. 1993: *Raccolto rosso. La mafia, l'Italia. E poi venne giù tutto*. Mailand: Feltrinelli

Deaglio, Enrico (2022): *Qualcuno visse più a lungo. La favolosa protezione dell'ultimo padrino*. Mailand: Feltrinelli

De Felice Giuffrida, Giuseppe. 2014: *Maffia e delinquenza in Sicilia*. Mailand: Edizioni di Storia e Studi Sociali (zuerst erschienen 1900)

Del Bene, Francesco. 2009: *I 'costi' delle estorsioni*. In: Dino, Alessandra (Hg.): *Criminalità e metodo mafioso*. Mailand, Udine: Mimesis Eterotopie, S. 303–310

Deliziosi, Francesco. 2001: *Don Puglisi. Vita del prete palermitano ucciso dalla mafia*. Mailand: Mondadori

Della Porta, Donatella/Vannucci, Alberto. 2007: *Mani impunite. Vecchia e nuova corruzione in Italia*. Rom, Bari: Editori Laterza

De Lutiis, Giuseppe. 2007: *Il golpe di Via Fani. Protezioni occulte e connivenze internazionali dietro il delitto Moro.* Mailand: Sperling & Kupfer

De Lutiis, Giuseppe. 2010: *I servizi segreti in Italia. Dal fascismo all'intelligence del XXI secolo.* Mailand: Sperling & Kupfer

Demos & Pi. 2018. *Rapporto gli italiani e lo stato. La fiducia nelle istiuzioni.* http://demos.it/rapporto.php

De Riccardis, Sandro. 2017: *La mafia siamo noi.* Turin: Add Editore

De Rosa, Corrado/Galesi, Laura. 2013: *Mafia da legare. Pazzi sanguinari, matti per convenienza, finte perizie, vere malattie: Come Cosa nostra usa la follia.* Mailand: Sperling & Kupfer

De Rosa, Corrado. 2017: *La perizia psichiatrica nei processi di mafia.* In: Craparo, Giuseppe/Ferraro, Anna Maria/Lo Verso, Girolamo (Hg.), *Mafia e psicopatologia. Crimini, vittime e storie di straordinaria follia.* Mailand: FrancoAngeli, S. 57–70

Diario (20.11.2003): *L'inchiesta vecchio stile. I suoi primi quarant'anni.* S. 14–22

Di Cagno, Giovanni/Natoli, Gioacchino. 2004: *Cosa nostra, ieri, oggi, domani. La mafia siciliana nelle parole di chi la combatte e di chi l'ha abbandonata.* Bari: Edizioni Dedalo

Di Giovacchino, Rita. 2015: *Stragi. Quello che Stato e mafia non possono confessare.* Rom: Lit Edizioni

Dickie, John. 2005: *Cosa Nostra. Storia della mafia siciliana.* Rom, Bari: Laterza

Dickie, John. 2020: *Die Freimaurer – Der mächtigste Geheimbund der Welt.* Frankfurt am Main: S. Fischer Verlag

Di Girolamo, Giacomo. 2011: *Matteo Messina Denaro. L'invisibile.* Rom: Editori Riuniti

Di Girolamo, Giacomo. 2012: *Cosa Grigia. Una nuova mafia invisibile all'assalto dell'Italia.* Mailand: Il Saggiatore

Di Lello, Giuseppe. 1994: *Giudici.* Palermo: Sellerio

Di Lorenzo, Maria. 2000: *Rosario Livatino. Martire della giustizia.* Mailand: Edizioni Paoline

Di Matteo, Nino. 2015: *Collusi. Perché politici, uomini delle istituzioni e manager continuano a trattare con la mafia.* Mailand: BUR Futuro Passato

Dino, Alessandra. 2002: *Mutazioni. Etnografia del mondo di Cosa Nostra.* Palermo: La Zisa

Dino, Alessandra (Hg.) 2006: *Pentiti. I collaboratori di giustizia, le istituzioni, l'opinione pubblica.* Rom: Donizelli

Dino, Alessandra. 2008: *Guerre di Mafia*. In: Mareso, Manuela/Pepino, Livio: *Nuovo Dizionario di Mafia e Antimafia*. Turin: Edizioni Gruppo Abele, S. 290–300
Dino, Alessandra. 2008b: *Terzo livello*. In: Mareso, Manuela/Pepino, Livio: *Nuovo Dizionario di Mafia e Antimafia*. Turin: Edizioni Gruppo Abele, S. 542–546
Dino, Alessandra. 2008c: *La mafia devota. Chiesa, religione, Cosa Nostra*. Rom, Bari: Editori Laterza
Dino, Alessandra (Hg.). 2009: *Criminalità e metodo mafioso*. Mailand, Udine: Mimesis Eterotopie
Dino, Alessandra. 2011: *Gli ultimi padrini. Indagine sul governo di Cosa Nostra*. Rom, Bari: Editori Laterza
Dino, Alessandra/Macaluso, Marilena. 2016: *L'impresa mafiosa? Colletti bianchi e crimini di potere*. Mailand, Udine: Mimesis/Eterotopie
Dino, Alessandra. 2016: *Tra mafia, politica e sanità: L'affaire 'Villa Santa Teresa'*. In: Dino, Alessandra/Macaluso, Marilena: *L'impresa mafiosa? Colletti bianchi e crimini di potere*. Mailand, Udine: Mimesis/Eterotopie, S. 39–96
Dino, Alessandra. 2016: *A colloquio con Gaspare Spatuzza. Un racconto di vita, una storia di stragi*. Bologna: Il Mulino
Direzione Investigativa Antimafia. (2019–2023): *Relazioni semestrali*. In: https://direzioneinvestigativaantimafia.interno.gov.it/relazioni-semestrali/
Direzione investigativa antimafia. 2019: *Relazioni semestrali. Mafia & Rifiuto. 1° semestre, 580–660*, In: http://direzioneinvestigativaantimafia.interno.gov.it/page/relazioni_semestrali.html
Domani (21.05.2022): *Lagalla sindaco di Palermo e il parente boss della mafia di Agrigento*. In: https://www.editorialedomani.it/fatti/chi-e-roberto-lagalla-candidato-sindaco-palermo-dellutri-mafia-cuffaro-lsri7k6e
Duggan, Christopher. 1986: *La mafia durante il fascismo*. Soveria Mannelli: Rubbettino
Durkheim, Èmile. 1992: *Über soziale Arbeitsteilung. Studie über die Organisation höherer Gesellschaft*. Frankfurt am Main: Suhrkamp (zuerst erschienen 1893)
Edelbacher, Maximilian (Hg.). 1998: *Organisierte Kriminalität in Europa. Die Bekämpfung der Korruption und der organisierten Kriminalität*. Wien: Linde-Verlag
Elliot, Frances. 2001: *The Diary of an Idle Woman in Sicily*. In: Ruta, Carlo (Hg.), *I viaggiatori e la mafia*. Palermo: Edi.bi.si, S. 15–24 (zuerst erschienen 1881)

Emanuele, Vincenzo. 2017: *Elezioni in Italia: Regionali 2017 in Sicilia: tra astenzione e boom del M5S. L'isola torna a destra.* Quaderni dell'Osservatorio Elettorale. Vol. 78 (2). In: http://www.regione.toscana.it/documents/1018 0/15092273/4+elez+in+ITA.pdf/88896c03-87cf-4bf4-a7bc-9ade598f1b9d

Eurostat. 2019: *In Campania, Sicilia e Calabria alta la discoccupazione giovanile.* In: http://www.regioni.it/newsletter/n-3599/del-29-04-2019/eurostar-in-campania-sicilia-e-calabria-alta-la-disoccupazione-giovanilie-19672/

Fagiolo, Roberto. 2019: *Chi ha ammazzato Pecorelli. Ombre, sospetti e interrogativi su uno dei grandi misteri della Repubblica.* Rom: Nutrimenti

Falcone, Giovanni/Turone, Giuliano. 1982: *Tecniche di indagine in materia di mafia.* In: Fondazione Giovanni e Francesca Falcone. 1994: *Interventi e proposte (1982–1992),* S. 221–255

Falcone, Giovanni/Padovani, Marcelle. 1992: *Inside Mafia.* München: Herbig

Falzone, Gaetano. 1987: *Storia della mafia.* Palermo: Flaccovio

Fantò, Enzo. 1999: *L'impresa a partecipazione mafiosa. Economia legale ed economia criminale.* Bari: Edizioni Dedalo

Farrell, Joseph. 1997: *Understanding the mafia.* Manchester, New York: Manchester University Press

Fiandaca, Giovanni/Costantino, Salvatore (Hg.). 1994: *La Mafia, le Mafie.* Rom, Bari: Laterza

Finley, Moses I./Mack Smith, Denis/Duggan, Christopher. 1989: *Geschichte Siziliens und der Sizilianer.* München: C.H. Beck

Flamigni, Sergio. 2003: *La tela del ragno. Il delitto Moro.* Mailand: Kaos Edizioni

Folliero, Benedetto. 1997: *CSM/Consiglio Superiore di Magistratura.* In: Brütting, Richard (Hg.), *Italien-Lexikon.* Berlin: Erich Schmidt Verlag, S. 443–444.

Fondazione Res. 2017: *Politica e corruzione. Partiti e reti di affari da Tangentopoli a oggi.* Rom: Donizelli

Foresta, Francesco. 2006: *Cuffaro. La vita, la politica, le accuse dei giudici, la sua difesa. Storia dell'uomo più potente e discusso della Sicilia.* Palermo: Edizioni Arbor

Forgione, Francesco. 2004: *Amici come prima. Storie di mafia e politica nella Seconda Repubblica.* Rom: Editori Riuniti

Forgione, Francesco. 2009: *'Ndrangheta. Boss, luoghi e affari della mafia più potente al mondo. La relazione della Commissione Parlamentare Antimafia.* Mailand: Baldini Castoldi Dalai Editore

Forgione, Francesco. 2009b: *Mafia export. Come 'ndrangheta, cosa nostra e camorra hanno colonizzato il mondo.* Mailand: Baldini Castoldi Dalai Editore

Franchetti, Leopoldo. 2000: *Condizioni politiche e amministrative della Sicilia.* Rom: Donzelli (zuerst erschienen 1876)
Fukujama, Francis. 1996: *Trust. The social virtues and the creation of prosperity.* New York: Free Press Paperbacks
Gabrielli, Aldo. 1989: *Grande dizionario illustrato della lingua italiana.* Cuneo: Mondadori
Galasso, Alfredo/Siino, Angelo. 2017: *Mafia. Vita di un uomo di mondo.* Milano: Adriano Salani Editori
Galluzzo, Lucio/La Licata, Francesco/Lodato, Saverio. 1986: *Rapporto sulla mafia degli anni '80. Gli atti dell'Ufficio Istruzione del Tribunale di Palermo.* Palermo: Flaccovio Editore
Gambetta, Diego. 1994: *Die Firma der Paten. Die sizilianische Mafia und ihre Geschäftspraktiken.* München: Deutscher Taschenbuch Verlag
Gambetta, Diego. 2009: *Codes of the underworld. How criminals comunicate.* Princeton, New Jersey: Princeton University Press
Ganser, Daniele. 2008: *Nato-Geheimorganisationen in Europa: inszenierter Terror und verdeckte Kriegsführung.* Zürich: Orell Füssli
Gazzetta del Sud (02.10.2018): *Corruzione in atti giudiziari per favorire cosa nostra, indagato a Reggio l'ex pm Canali.* In: https://messina.gazzettadelsud.it/articoli/cronaca/2018/10/02/corruzione-in-atti-giudiziari-per-favorire-cosa-nostra-indagato-a-reggio-lex-pm-canali-7ce13484-30e7-4874-9b2c-e09c2c6d0a65/
Gazzetta di Parma (01.06.2020): *La lentezza della giustizia e la credibilità dei giudici.* In: https://www.gazzettadiparma.it/editoriale/2020/06/01/news/la_lentezza_della_giustizia_e_la_credibilita_dei_giudici-3527469/)
Genchi, Gioacchino. 2009: *Il caso Genchi. Storia di un uomo in balia dello stato.* Rom: Aliberti Editore
Gentile, Panfilo. 2005: *Democrazie mafiose.* Mailand: Ponte alle Grazie (zuerst erschienen 1969)
Giannuli, Aldo. 2018: *La strategia della tensione. Servizi segreti, partiti, golpe falliti, terrore fascista, politica internazionale: un bilancio definitivo.* Mailand: Ponte Alle Grazie
Giordano, Christian. 1992: *Die Betrogenen der Geschichte. Überlagerungsmentalität und Überlagerungsrationalität in mediterranen Gesellschaften.* Frankfurt/M., New York: Campus
Giordano, Christian. 1994: *Der Ehrkomplex im Mittelmeerraum: sozialanthropologische Konstruktion oder Grundstruktur mediterraner Lebensformen?* In: Vogt, Ludgera/Zingerle, Arnold, *Ehre. Archaische Momente in der Moderne.* Frankfurt/M.: Suhrkamp, S. 172–192

Giornale dell'Arte (Okt. 2019): *50 anni fa il furto del Caravaggio di Palermo*. In: https://www.ilgiornaledellarte.com/articoli/50-anni-fa-il-furto-del-caravaggio-di-palermo/131831.html

Giornale di Sicilia (14.08.1974): *Anonima sequestri – Si indaga sulla personalità di Giuseppe Mandalari*. In: https://www.marioegiuseppefrancese.it/mariofrancese/personaggi-e-interviste/166-anonima-sequestri-si-indaga-sulla-personalita-di-giuseppe-mandalari

Giornale di Sicilia. (17.10.2000): *Ascoltato dai magistrati il boss Genovese. ‚La mafia? Ma io non so se esiste'*. S. 26

Giornale di Sicilia. (01.05.2001): *Manifestazione a Portella. Strage non solo mafiosa*. S. 19

Giornale di Sicilia (27.06.2003): *Grasso. I boss cercano piena integrazione*. S. 3

Giornale di Sicilia (27.06.2003b): *Mafia e corruzione, le accuse a Cuffaro*. S. 4

Giornale di Sicilia (06.11.2003): *Affari e sanità: e le microscopie intercettarono i politici*. S. 4

Giornale di Sicilia (06.03.2004): *Scalone assolto dall'accusa di mafia. Ma è condannato per bancarotta*. In: www.messinaantiusura.it

Giornale di Sicilia (12.05.2004): *L'ex ministro: 'Sentenza ingiusta, farò ricorso'*. S. 3

Giornale di Sicilia (12.01.2005): *Giustizia lumaca, allarme del Procuratore: Nove milioni di processi "dimenticati"*. S. 2

Giornale di Sicilia (12.01.2005): *Carabiniere in cella per concussione*. S. 17

Giornale di Sicilia (15.07.2005): *Corruzione, condannato in appello l'ex procuratore di Termini Imerese*. S. 14

Giornale di Sicilia (13.12.2005): *'Campanella: Cuffaro socio di Aiello.' Tra le accuse pure una maxi-tangente*. S. 4

Giornale di Sicilia (13.12.2005b): *'Il sottosegretario Romano scelto dai boss'*. S. 4

Giornale di Sicilia (25.04.2006): *Sant'Agata Militello, sgominata gang di usurai: arrestati in sette*. S. 11

Giornale di Sicilia (18.06.2008) *Patto tra mafiosi e massoni, otto arresti: 'Rallentavano i processi in Cassazione'*. S. 2

Giornale di Sicilia (20.06.2008): *Mafia e massoneria, si allarga l'indagine. Controlli sui documenti dei processi*. S. 6

Giornale di Sicilia (05.07.2008) *Mafia e massoneria, spunta il tariffario. 'Ventimila euro per aggiustare processi'*. S. 6

Giornale di Sicilia (07.11.2007): *Gli 'scappati' tornano dagli Stati Uniti: nelle loro mani il futuro delle cosche*. S. 5

Giornale di Sicilia (01.12.2007), S. 10: *'Vi racconto tutto sugli affari della mafia'. Franzese collabora coi pm e i boss tremano*. S. 10

Giornale di Sicilia (29.03.2008): *Concussione e rivelazione di notizie. Dieci anni per l'ex deputato Borzacchelli.* S. 2

Giornale di Sicilia (21.03.2009): *'O con quelle donne o con la mafia.' E i picciotti scelsero l'amore.* S. 29

Giornale di Sicilia (20.05.2009): *Un nuovo pentito accusa Antinoro: 'Lo votò la famiglia di Salvo Genova'.* S. 5

Giornale di Sicilia (23.05.2009): *'Il poliziotto informava le cosche'. E il tribunale ordina l'arresto.* S. 8

Giornale di Sicilia (17.06.2009) *Tutti gli uomini di don Matteo. Un capo per ogni 'settore d'affari'.* S. 4

Giornale di Sicilia (31.10.2009): *Latitante un poliziotto palermitano. È accusato di essere 'talpa' dei boss.* S. 19

Giornale di Sicilia (17.11.2009): *Il pg chiede 8 anni per il senatore Inzerillo e attaca Pennino: mente per favorirlo.* S. 30

Giornale di Sicilia (05.08.2010): *Processo a Pizzo, il collaboratore Concetto: 'Ecco come il clan di Marsala gli diede i voti'.* In: http://www.messinaantiusura.it/filedown.asp?s=29569&l=2

Giornale di Sicilia (21.06.2011): *Racalmuto, ecco chi è Salvatore Petrotto.* In: https://gds.it/articoli/cronaca/2011/06/21/racalmutoecco-chi-e-salvatore-petrotto-162704-22b86133-d9a1-4339-aa93-8176e5e473d1/

Giornale di Sicilia (14.02.2013): *Il racket delle case popolari: 14 arresti a Palermo.* In: https://palermo.gds.it/articoli/archivio/2013/02/14/il-racket-delle-case-popolari-14-arresti-a-palermo-241280-d375ec4a-a96b-4611-bebb-cd92b087ee07/

Giornale di Sicilia (21.12.2016): *Combattimenti tra pitbull a Palermo, tre condanne.* In: https://palermo.gds.it/articoli/cronaca/2016/12/21/combattimenti-tra-pitbull-a-palermo-tre-condanne-2aad3d72-884a-4de5-95b0-02f9564b1080/

Giornale di Sicilia (08.06.2017): *Stato-Mafia, Riina in barella in videoconferenza davanti ai giudici di Palermo.* In: https://palermo.gds.it/articoli/cronaca/2017/06/08/stato-mafia-riina-in-videoconferenza-davanti-ai-giudici-di-palermo-2c5a769c-8328-48ce-ab38-ce03f4cba04b/

Giornale di Sicilia (03.12.2018): *Occupate dopo la confisca, a Mongerbino via allo sgombero nelle case del boss 'Scarpuzzedda'.* In: https://palermo.gds.it/articoli/cronaca/2018/12/03/occupate-dopo-la-confisca-a-mongerbino-via-allo-sgombero-nelle-case-del-boss-scarpuzzedda-6b38c7cd-f03c-438a-8012-a5f7f4e77a96/

Giornale di Sicilia (12.12.2018): *Mafia, affari all'ippodromo di Palermo: gare truccate e fantini, 9 arresti.* In: https://palermo.gds.it/articoli/cronaca/2018/12/12/mafia-affari-allippodromo-di-palermo-summit-nelle-scuderie-e-gare-truccate-blitz-con-nove-arresti-d10c42f2-918a-45f4-bf46-1b1c7e6778e7/

Giornale di Sicilia (12.12.2018b): *Mafia, favorirono la latitanza Messina Denaro: tra gli indagati c'è un ex deputato all'Ars.* In: https://trapani.gds.it/articoli/cronaca/2018/12/12/mafia-favorirono-la-latitanza-messina-denaro-tra-gli-indagati-ce-un-ex-deputato-allars-d157513b-fdee-4277-a813-3458e4b6c622/

Giornale di Sicilia (06.05.2019): *Liste d'attesa nella sanità, in Sicilia fino a 2 mesi per accedere alle prestazioni: il 30 % sceglie il privato.* In: https://gds.it/articoli/cronaca/2019/05/06/liste-dattesa-nella-sanita-in-sicilia-fino-a-2-mesi-per-accedere-alle-prestazioni-il-30-sceglie-il-privato-943d9474-52c7-4ec6-8762-a4803626689d/

Giornale di Sicilia (20.04.2020): *'Malato e a rischio coronavirus', il boss Bonura lascia il carcere: scoppia la polemica.* In: https://palermo.gds.it/articoli/cronaca/2020/04/22/malato-e-a-rischio-coronavirus-domiciliari-al-boss-palermitano-bonura-critiche-da-salvini-811ed8db-c1a0-4cf9-912e-0f537c027c18/

Giornale di Sicilia (01.05.2020): *Palermo, scoperto un giro di corse clandestine di cavalli ai tempi del coronavirus.* In: https://palermo.gds.it/articoli/cronaca/2020/05/01/palermo-scoperto-un-giro-di-corse-clandestine-di-cavalli-ai-tempi-del-coronavirus-349705da-dc1d-4fdc-b7f0-a0358901dd9c/

Giornale di Sicilia (01.07.2020): *Mafia, il ritorno dei vecchi boss: Bevilacqua al comando con l'aiuto dei figli dopo la detenzione al 41bis.* In: https://enna.gds.it/articoli/cronaca/2020/07/01/mafia-il-ritorno-dei-vecchi-boss-bevilacqua-al-comando-con-laiuto-dei-figli-dopo-la-detenzione-al-41bis-0c392c73-3625-47f9-8a52-9a730cb8b20d/

Giornale di Sicilia (18.12.2020): *Stato-mafia: no alla deposizione dell'ex magistrato Guarnotta, testi 2 carabinieri.* In: https://palermo.gds.it/articoli/cronaca/2020/12/18/stato-mafia-no-alla-deposizione-dellex-magistrato-guarnotta-testi-2-carabinieri-8891cdc9-4821-4522-8a35-525f64495d35/

Giornale di Sicilia (09.01.2024): *Processo Borsellino a Caltanissetta, pentito rivela: 'La Barbera era vicino a Cosa Nostra'.* In: https://caltanissetta.gds.it/articoli/cronaca/2024/01/09/processo-borsellino-a-caltanissetta-un-pentito-la-barbera-era-vicino-a-cosa-nostra-fbcfa16a-2ead-4dfa-8584-7fbbf9ec8537/

Giornale di Sicilia (11.02.2025): *Maxi blitz antimafia a Palermo, 181 arresti. I boss 'sognano' la ricostruzione della 'Cupola' e fanno affari sul dark web.* In: https://palermo.gds.it/articoli/cronaca/2025/02/11/maxi-blitz-antimafia-a-palermo-centinaia-di-arresti-8df3a185-1be9-4b68-8248-70d0e726c2f4/

Gomez, Peter/Travaglio, Marco. 2001: *La repubblica delle banane. Affari e malaffari di trenta potenti nelle sentenze dei giudici.* Rom: Editori Riuniti

Gomez, Peter/Travaglio, Marco. 2005: *L'amico degli amici.* Mailand: BUR Futuro Passato

Gomez, Peter/Travaglio, Marco. 2006: *Onorevoli wanted. Storie, sentenze e scandali di 25 pregiudicati, 26 imputati, 19 indagati e 12 miracolati 'eletti' dal Popolo italiano.* Rom: Editori Riuniti

Grasso, Tano. 1996: *Ladri di vita. Storie di strozzini e disperati.* Mailand: Baldini & Castoldi

Grasso, Tano. 1997: *Antiracket, le associazioni, le denunce, i processi 1990/97.* In: Quaderni del commercio, turismo, servizio. Rivista trimestrale della Confesercenti Nazionale. Jg. 4, Nr. 3/97, S. 13–75

Grasso, Tano/Varano, Aldo. 2002: *'U Pizzu. L'Italia del racket e dell'usura.* Mailand: Baldini & Castoldi

Gratteri, Nicola/Nicaso, Antonio. 2008: *Fratelli di sangue. Storie, boss e affari della 'ndrangheta, la mafia più potente del mondo.* Mailand: Mondadori

Groppi, Angela. 2005: *Salotti, genere ed esperienze di socialità in Italia.* Quaderni Storici. Nuova serie, Vol. 40, No. 120 (3), S. 801–134. In: https://jstor.org/stable/43779966

Grosse, Ernst Ulrich/Trautmann, Günter. 1997: *Das politische System Italiens.* In: Grosse, Ernst Ulrich/Trautmann, Günter (Hg.), *Italien verstehen.* Darmstadt: Wissenschaftliche Buchgesellschaft, S. 1–59

Grosse, Ernst Ulrich/Trautmann, Günter. 1997: *Italien verstehen.* Darmstadt: Wissenschaftliche Buchgesellschaft

Gruppo Abele. 2005: *Dalla mafia allo stato. I pentiti: analisi e storie.* Turin: Chiaroscuri

Guarino, Mario/Raugei, Fedora. 2006: *Gli anni del disonore. Dal 1965 il potere occulto di Licio Gelli e della loggia P2 tra affari, scandali e stragi.* Bari: Edizioni Dedalo

Guida Sicilia (17.01.2005): *'Report' scatena nuove ire.* In: https://www.guidasicilia.it/notizia/-report-scatena-nuove-ire/14736

Guida Sicilia (22.10.2010): „*Scaglione fu ucciso perché indagava su De Mauro.'* In un manoscritto di Vito Ciancimino i presunti motivi dell'assassinio del procuratore Pietro Scaglione, avvenuto nel '71 a Palermo. https://www.guidasicilia.it/notizia/-scaglione-fu-ucciso-perche-indagava-su-de-mauro/41915

Hamel, Pasquale. 2011: *Breve storia della società siciliana 1780–1990*. Palermo: Sellerio
Hampel, Adolf. 1997: *Non expedit*. In: Brütting, Richard (Hg.), *Italien-Lexikon*. Berlin: Erich Schmidt Verlag, S. 533
Hausmann, Friederike. 2002: *Kleine Geschichte Italiens von 1945 bis Berlusconi*. Berlin: Wagenbach
Hausmann, Friedericke. 2005: *Garibaldi. Die Geschichte eines Abenteurers der Italien zur Einheit verhalf*. Berlin: Wagenbach
Help Consumatori (07.12.2006): *Ambiente. Diga Ancipa, Cassazione conferma corruzione. Legambiente: 'Demolire l'ecomostro'*. In: https://www.helpconsumatori.it/archivio/ambientediga-ancipa-cassazione-conferma-corruzione-legambiente-demolire-lecomostro/
Hess, Henner. 1993: *Mafia. Zentrale Herrschaft und lokale Gegenmacht*. Tübingen: Herder (zuerst erschienen 1970)
Hettlage, Robert (Hg). 2003: *Leben in der Lügengesellschaft. Verleugnen, vertuschen, verdrehen, vergessen, verdrängen*. Konstanz: Universitätsverlag
Hobsbawm, Eric J. 1979: *Sozialrebellen. Archaische Sozialbewegungen im 19. und 20. Jahrhundert*. Gießen: Focus Verlag
Il Giorno. (21.02.2013): *„Mangiatevi pure questa'. Fette di mortadella nelle schede elettorali*. In: https://www.ilgiorno.it/milano/cronaca/2013/02/848927-milano-scheda-elettorale-mortadelle.shtml.
Il Manifesto (23.09.2000): *Un posto a tavola anche per le coop*, S. 6
Il Manifesto (23.09.2000b): *Parisi respinge le accuse*, S. 6
Isola Pulita (21.09.2000): *Mafia e appalti, scandolo coop rosse*. In: http://isolapulita.blogspot.com/2011/01/2000-21-settembre-mafia-e-appalti.html
Il Circolaccio (05.12.2017): *Storie di mafia: la vicenda del potente notaio Ferraro di Castelvetrano*. In: https://ilcircolaccio.it/2017/12/05/storie-di-mafia-la-vicenda-del-potente-notaio-ferraro-di-castelvetrano/
Il Circolaccio (18.09.2018): *Castelvetrano: quando l'ex deputato Leone e Saro Allegra furono arrestati per lo scandalo delle coop. giovanili*. In: https://ilcircolaccio.it/2018/09/18/castelvetrano-quando-lex-deputato-leone-e-saro-allegra-furono-arrestati-per-o-scandalo-delle-coop-giovanili/
Il Circolaccio (22.12.2018): *Storia: quando a Palermo nacque la gran loggia degli 'amici degli amici'*. In: https://ilcircolaccio.it/2018/12/22/storia-quando-a-palermo-nacque-la-gran-loggia-degli-amici-degli-amici/
Il Circolaccio (14.06.2019): *Stragi e falsità di Stato, la testimonianza del colonnello Riccio e la diffidenza del pentito Ilardo sui Ros e Tinebra*. In: https://ilcircolaccio.it/2019/06/14/stragi-e-falsita-di-stato-la-testimonianza-del-colonnello-riccio-e-la-diffidenza-del-pentito-ilardo-sui-ros-e-tinebra/

Il Circolaccio (03.01.2020): *Le indagini del commissario Peri e il sequestro di Corleo: quelle lucide intuizioni sullo strano rapporto tra mafiosi e terroristi di destra.* In: https://ilcircolaccio.it/2020/01/03/le-indagini-del-commissario-peri-e-il-sequestro-corleo-quelle-lucide-intuizioni-sullo-strano-rapporto-tra-mafiosi-e-terroristi-di-destra/

Il Dubbio (28.11.2023): *Via D'Amelio, a 'Far West' la verità ritrovata sul dossier mafia-appalti.* In:https://www.ildubbio.news/giustizia/via-damelio-a-far-west-la-verita-ritrovata-sul-dossier-mafia-appalti-es85md6t

Il Fatto Nisseno (06.10.2020): *Rassegna stampa. Nel nisseno un voto pagato a 100 €. Nei guai due aspiranti consiglieri comunali.* In: https://www.ilfattonisseno.it/2020/10/rassegna-stampa-nel-nisseno-un-voto-pagato-100-euro-nei-guai-due-aspiranti-consiglieri-comunali/

Il Fatto Quotidiano (20.10.2011): *Corruzione, trasmesse a Palazzo Madama le telefonate del senatore Carlo Vizzini.* In: https://www.ilfattoquotidiano.it/2011/10/20/corruzione-trasmesse-a-palazzo-madama-le-telefonate-del-senatore-carlo-vizzini/165197/

Il Fatto Quotidiano (14.12.2011): *Palermo, smantellato il clan di Porta Nuova. Guadagnava anche da 'Squadra antimafia'.* In: https://www.ilfattoquotidiano.it/2011/12/14/palermo-smantellati-clan-porta-nuova-bagheria-arrestato-poliziotto/177400/

Il Fatto Quotidiano (23.03.2012): *Salemi, il comune di Vittorio Sgarbi sciolto per mafia.* In: https://www.ilfattoquotidiano.it/2012/03/23/salemi-comune-vittorio-sgarbi-sciolto-mafia/199697/

Il Fatto Quotidiano (18.09.2012): *Miccichè: 'Aeroporto Falcone Borsellino? Un errore'.* In: https://www.ilfattoquotidiano.it/2012/09/18/micchiche-aeroporto-falcone-borsellino-errore/356563/

Il Fatto Quotidiano (07.02.2013): *Ex presidente della Sicilia in rapporti con Provenzano? Non è diffamazione.* In: https://www.ilfattoquotidiano.it/2013/02/07/ex-presidente-della-sicilia-in-rapporti-con-provenzano-non-e-diffamazione/492520/

Il Fatto Quotidiano (24.09.2013): *Trapani, mafia: confiscati 700 milioni a Grigoli, re dei supermercati Despar.* In: https://www.ilfattoquotidiano.it/2013/09/24/trapani-sequestrati-700-milioni-a-giuseppe-grigoli-re-dei-supermercati-despar/721524/

Il Fatto Quotidiano (19.01.2015): *Processo Mori, dopo Provenzano spunta anche il 'mancato arresto' di Santapaola.* In: https://www.ilfattoquotidiano.it/2015/01/19/processo-mori-dopo-provenzano-spunta-mancato-arresto-boss-santapaola/1351950/

Il Fatto Quotidiano (06.04.2016): *Corruzione nella Sanità, la ricerca: 'Episodi di tangenti in un 'Asl su tre'. Il rapporto di Transparency.* In: https://www.ilfattoquotidiano.it/2016/04/06/corruzione-nella-sanita-la-ricerca-episodi-di-tangenti-in-unasl-su-tre-il-rapporto-di-transparency/2611434/

Il Fatto Quotidiano (10.11.2016): *Roberto Calvi, archiviata ultima inchiesta. 'Ma fu omicidio fra Vaticano, mafia e P2. Rogatorie a Santa Sede, esiti inutili.'* In: https://www.ilfattoquotidiano.it/2016/11/10/roberto-calvi-archiviata-ultima-inchiesta-sulla-morte-gip-assassinio-il-ruolo-di-vaticano-mafia-e-massoneria/3183527/

Il Fatto Quotidiano (13.12.2016): *Giochi e riciclaggio, Francesco Corallo e Amedeo Laboccetta arrestati. Indagato Giancarlo Tulliani, cognato di Fini.* In: https://www.ilfattoquotidiano.it/2016/12/13/giochi-e-riciclaggio-francesco-corallo-e-amedeo-laboccetta-arrestati-indagati-sergio-e-giancarlo-tulliani-suocero-e-cognato-di-fini/3255822/

Il Fatto Quotidiano (05.03.2017): *Gioco d'azzardo, come si è evoluta la regolazione in Italia.* In: https://www.ilfattoquotidiano.it/2017/03/05/gioco-dazzardo-come-si-e-evoluta-la-regolazione-in-italia/3429451/

Il Fatto Quotidiano (04.04.2017): *'Dalla Chiesa, il mandante fu il deputato Cosentino'.* In: https://www.ilfattoquotidiano.it/in-edicola/articoli/2017/04/04/dalla-chiesa-il-mandante-fu-il-deputato-cosentino/3497008/

Il Fatto Quotidiano (16.09.2019): *Licata, dirigente anti abusivismo rimosso dal comune: 'Facevo solo rispettare la legge.' Il sindaco: 'Via solo per rotazione incarichi.'* In: https://www.ilfattoquotidiano.it/2019/09/06/licata-dirigente-anti-abusivismo-rimosso-dal-comune-facevo-solo-rispettare-la-legge-il-sindaco-via-solo-per-rotazione-incarichi/5433419/

Il Fatto Quotidiano (16.01.2020): *Mafia, quella dei pascoli si è specializzata in truffe EU.* In: https://www.ilfattoquotidiano.it/2020/01/16/mafia-quella-dei-pascoli-si-e-specializzata-in-truffe-ue-frode-pure-su-base-nato-di-niscemi-terreni-spacciati-per-agricoli-ma-li-ce-il-muos/5673037/

Il Fatto Quotidiano (07.02.2020): *Mafia, Graviano: 'Da latitante ho incontrato Berlusconi almeno 3 volte. Me lo ha presentato mio nonno negli anni '80. Tramite mio cugino avevamo un rapporto bellissimo, nel 1993 abbiamo cenato insieme.'* In: https://www.ilfattoquotidiano.it/2020/02/07/mafia-graviano-da-latitante-ho-incontrato-berlusconi-almeno-3-volte-me-lo-ha-presentato-mio-nonno-negli-anni-80-tramite-mio-cugino-avevamo-un-rapporto-bellissimo-nel-1993-abbiamo-cenato-insie/5699030/

Il Fatto Quotidiano (14.02.2020): *Mafia, Graviano parla ancora di Berlusconi: 'Ha tradito anche Dell'Utri. Io volevo fargli arrivare un messaggio per ricordargli i debiti'*. In: https://www.ilfattoquotidiano.it/2020/02/14/mafia-graviano-parla-ancora-di-berlusconi-ha-tradito-anche-dellutri-io-volevo-fargli-arrivare-un-messaggio-per-ricordargli-i-debiti/5705873/

Il Fatto Quotidiano (08.04.2020): *Coronavirus, a Palermo la spesa la fa il fratello del boss della droga: 'Per aiutare la gente sono orgoglioso di essere mafioso'.* In: https://www.ilfattoquotidiano.it/2020/04/08/coronavirus-a-palermo-la-spesa-la-fa-il-fratello-del-boss-della-droga-per-aiutare-la-gente-sono-orgoglioso-di-essere-mafioso/5763903/

Il Fatto Quotidiano (05.07.2020): *Mafia, l'intercettazione del boss che incontrava Crisafulli: 'Sono creditore di tanti potenti. Mio silenzio è stato beneficio, io so e loro sanno'.* In: https://www.ilfattoquotidiano.it/2020/07/05/mafia-lintercettazione-del-boss-che-incontrava-crisafulli-sono-creditore-di-tanti-potenti-mio-silenzio-e-stato-beneficio-io-so-e-loro-sanno/5857655/

Il Fatto Quotidiano (06.08.2020): *Strage di Capaci, parole dell'ex spia Narracci svelano certi atti 'irrituali e illegittimi' del Sisde.* In: https://www.ilfattoquotidiano.it/2020/08/06/strage-di-capaci-le-parole-dellex-spia-narracci-svelano-certi-atti-irrituali-e-illegittimi-del-sisde/5888923/

Il Fatto Quotidiano (19.01.2021): *Rosario Cattafi, dopo quattro anni di attesa per un'udienza il reato di mafia rischia la prescrizione.* In: https://www.ilfattoquotidiano.it/2021/01/19/rosario-cattafi-dopo-quattro-anni-di-attesa-per-unudienza-il-reato-di-mafia-rischia-la-prescrizione/6070013/

Il Fatto Quotidiano (21.05.2022): *Elezioni Palermo, il candidato di centrodestra e quel parente (acquisito) mafioso: 'Nessuna frequentazione'. Bastava dirlo subito.* In: https://www.ilfattoquotidiano.it/2022/05/21/elezioni-palermo-il-candidato-di-centrodestra-e-quel-parente-acquisito-mafioso-nessuna-frequentazione-morra-bastava-dirlo-subito/6600312/

Il Fatto Quotidiano (13.12.2022): *Antonio D'Alì, condanna definitiva a sei anni per concorso esterno in associazione mafiosa. L'ex senatore berlusconi andrà in carcere.* In: https://www.ilfattoquotidiano.it/2022/12/13/antonio-dali-condanna-definitiva-a-sei-anni-per-concorso-esterno-in-associazione-mafiosa-al-lex-senatore-di-fi-andra-in-carcere/6904702/

Il Fatto Quotidiano (17.03.2023): *Raffaele Lombardo è stato assolto in via definitiva dalle accuse di concorso esterno alla mafia e corruzione elettorale.* In: https://www.ilfattoquotidiano.it/2023/03/07/raffaele-lombardo-e-stato-assolto-in-via-definitiva-dalle-accuse-di-concorso-esterno-alla-mafia-e-corruzione-elettorale/7088734/

Il Fatto Quotidiano (17.05.2023): *La Cassazione mette il timbro sulla condanna di Rosario Pio Cattafì: una pagina storica.* In: https://www.ilfattoquotidiano.it/2023/05/17/la-cassazione-mette-il-timbro-sulla-condanna-di-rosario-pio-cattafi-una-pagina-storica/7164151/

Il Fatto Quotidiano (17.05.2024): *Corruzione in atti giudiziari, il magistrato Olindo Canali assolto anche in appello.* In: https://www.ilfattoquotidiano.it/2024/05/17/corruzione-in-atti-giudiziari-il-magistrato-olindo-canali-assolto-anche-in-appello/7551849/

Il Fatto Quotidiano (03.07.2024): *La procura di Caltanissetta indaga l'ex pm Natoli per favoreggiamento e calunni: 'Insabbiò l'indagine sui Buscemi'.* In: https://www.ilfattoquotidiano.it/2024/07/03/la-procura-di-caltanissetta-indaga-lex-pm-natoli-per-favoreggiamento-e-calunnia-insabbio-lindagine-sui-buscemi/7609940/

Il Fatto Quotidiano (01.08.2024): *Favoreggiamento alla mafia: indagato anche Pignatone.* In: https://www.ilfattoquotidiano.it/in-edicola/articoli/2024/08/01/favoreggiamento-alla-mafia-indagato-anche-pignatone/7643916/

Il Fatto Quotidiano (01.08.2024): *Palermo anni 80: case ai magistrati dall'immobiliare dei boss Buscemi.* In: https://www.ilfattoquotidiano.it/in-edicola/articoli/2024/08/01/palermo-anni-80-case-ai-magistrati-dallimmobiliare-dei-boss-buscemi/7643918/

Il Fatto Quotidiano (29.01.2025): *Blitz antimafia a Palermo, 19 arresti: tra loro Franco Bonura e altri scarcerati eccellenti di Cosa nostra.* In: https://www.ilfattoquotidiano.it/2025/01/29/blitz-antimafia-palermo-arresti-franco-bonura-scarcerati-eccellenti-cosa-nostra-news/7855750/

Il Foglio (12.06.2019): *Uno, cento, mille Arata. Ritratto del nuovo uomo nero della Lega.* In: https://www.ilfoglio.it/politica/2019/06/12/news/uno-cento-mille-arata-ritratto-del-nuovo-uomo-nero-della-lega-260088/

Il Giornale (17.06.2008): *Palermo, un accordo tra mafiosi e massoni per ritardare i processi.* In: https://www.ilgiornale.it/news/palermo-accordo-mafiosi-e-massoni-ritardare-i-processi.html

Il Giornale (29.09.2013): *Dalla fiction alla realtà: 'Io, il vero Montalbano, sbirro odiato in Sicilia.'* In: https://www.ilgiornale.it/news/interni/fiction-realt-io-vero-montalbano-sbirro-odiato-sicilia-954223.html

Il Giornale (27.11.2018): *Lutto nella Destra siciliana: è morto il senatore Scalone.* In: https://www.ilgiornale.it/news/politica/lutto-nella-destra-siciliana-morto-senatore-scalone-1608209.html

Il Giornale (31.07.2024): *L'indagine su mafia e appalti fu insabbiata'. Pignatone indagato per favoreggiamento.* In: https://www.ilgiornale.it/news/cronaca-giudiziaria/lindagine-su-mafia-e-appalti-fu-insabbiata-pignatone-2352947.html#google_vignette

Il Giornale (09.08.2024): *Ora anche Ingroia accusa Pignatone: 'Era in rapporti con i boss della mafia'.* In: https://www.ilgiornale.it/news/politica/ora-anche-ingroia-accusa-pignatone-era-rapporti-i-boss-mafia-2356956.html

Il Post (14.06.2019): *Come la Lega è finita in un'inchiesta antimafia.* In: https://www.ilpost.it/2019/06/14/lega-arata-antimafia-siri/paolo-arata/

Il Riformista (02.08.2024): *Tutte le tappe di mafia-appalti, quello strano stop all'inchiesta e il ruolo di Pignatone.* In: https://www.ilriformista.it/tutte-le-tappe-di-mafia-appalti-quello-strano-stop-allinchiesta-e-il-ruolo-di-pignatone-432635/

Il Sicilia (13.12.2016): *Game over per Francesco Corallo, il re catanese delle slot machine arrestato ai Caraibi.* In: https://www.ilsicilia.it/game-over-per-francesco-corallo-il-re-delle-slot-machine/

Il Sicilia (26.03.2019): *'Corruzione elettorale', condannati in 16: ci sono anche tre ex deputati regionali.* In: https://www.ilsicilia.it/corruzione-elettorale-condannati-in-16-ci-sono-anche-tre-ex-deputati-regionali/

Il Sicilia (30.03.2020): *Coronavirus a Palermo, l'ira sui social: 'Saccheggiamo i supermercati tedeschi e francesi.'* In: https://www.ilsicilia.it/coronavirus-a-palermo-lira-sui-social-saccheggiamo-i-supermercati-tedeschi-e-francesi-video/

Il Sole 24 Ore (12.03.2011): *Fotovoltaico, arrestato per tangenti un deputato regionale Pd in Sicilia.* In: https://st.ilsole24ore.com/art/notizie/2011-03-12/fotovoltaico-sistema-tangenti-tariffario-140243.shtml

Il Sole 24 Ore (11.01.2013): *Il caos voluto negli uffici di Palermo.* In: https://st.ilsole24ore.com/art/commenti-e-idee/2013-01-11/caos-voluto-uffici-palermo-063955.shtml?uuid=AbHM4CJH

Il Sole 24 Ore (04.02.2013): *Chi era Achille Lauro 'O Commandante'.* In: https://st.ilsole24ore.com/art/notizie/2013-02-04/achille-lauro-comandante-110451.shtml?uuid=AbbL5zQH)

Il Sole 24 Ore (05.09.2017): *Iva: Italia senza rivali in Ue per evasione, perde 33 miliardi.* In: https://www.ilsole24ore.com/art/iva-italia-senza-rivali-ue-evasione-perde-33-miliardi-ACw28Oi

Il Sole 24 Ore (26.10.2017): *l'Isola verso il voto: In Sicilia tanti dirigenti quanti in 15 regioni.* In: https://www.ilsole24ore.com/art/in-sicilia-tanti-dirigenti-quanti-15-regioni--AExLTKwC

Il Sole 24 Ore (15.11.2017): *Sequestrato il patrimonio del mercante d'arte dei Messina Denaro*. In: https://www.ilsole24ore.com/art/sequestrato-patrimonio-mercante-d-arte-messina-denaro-AE7PLoBD

Il Sole 24 ore (09.04.2024): *Mafia e voto di scambio, arrestato esponente di Fdi a Palermo. Contro Mimmo Russo una decina di pentiti*. In: https://www.ilsole24ore.com/art/mafia-e-voto-scambio-arrestato-esponente-fdi-palermo-AFIng4QD

I.M.D. 2019: *Mafia Nigeriana. Tra animismo e neo-schiavismo: Come e secret cult nigeriani operano in Italia*. Palermo: Dario Flaccovio Editore

Imposimato, Ferdinando. 2012: *La repubblica delle stragi impunite. I documenti inediti dei fatti di sangue che hanno sconvolto il nostro paese*. Rom: Newton Compton

InfoDifesa (30.01.2020): *Rapporto Italia 2020*. In: https://infodifesa.it/rapporto-italia-2020-cala-drasticamente-la-fiducia-nei-carabinieri-sul-podio-la-guardia-di-finanza/s

I Nuovi Vespri (03.09.2019): *Tutti felici, in Sicilia per la stabilizzazione dei precari assunti senza concorso!* In: https://www.inuovivespri.it/2019/09/03/tutti-felici-in-sicilia-per-la-stabilizzazione-dei-precari-assunti-senza-concorso/

Insanitas (21.07.2020): *Concorsi 'truccati' per primari? Colpa di regole troppo discrezionali*. In: https://www.insanitas.it/concorsi-truccati-per-primari-colpa-di-regole-troppo-discrezionali/

I Siciliani (Januar 2012): *Di giorno con la legge, di notte coi mafiosi*. In: https://www.isiciliani.it/di-giorno-con-la-legge-di-notte-coi-mafiosi/

I Siciliani (März 2013): *Sole, vento e mafia*. In: https://www.isiciliani.it/sole-vento-e-mafia/

I Siciliani (März 2015): *'Qui comandava la masso-mafia.'* In: https://www.isiciliani.it/qui-comandava-la-masso-mafia/

I Siciliani (15.07.2016): *Definitiva la condanna di Antonio Franco Cassata per diffamazione*. In: https://www.isiciliani.it/definitiva-la-condanna-di-antonio-franco-cassata-per-diffamazione/

Ismayr, Wolfgang (Hg.), 2009: *Die politischen Systeme Westeuropas*. Wiesbaden: VS Verlag

Istat. (31.12.2019): *Nigeriani in Sicilia*. In: https://www.tuttitalia.it/sicilia/statistiche/cittadini-stranieri/nigeria/

Istat. 2020: *Povertà nuove serie: Famiglie povere – regione di residenza*. In: https://www.istat.it/it/archivio/povert%C3%A0

ISTAT (18.10.2024): *Statistiche Report*. In: https://www.istat.it/wp-content/uploads/2024/10/Report-Economia-non-osservata_2022-1.pdf

Italy Flash (12.05.2020): *I computer, le agende manipolate di Giovanni Falcone e la strana morte dell'ingegner Petrini perito al processo del 1996.* In: https://www.italyflash.it/2020/05/12/i-computer-le-agende-manipolate-di-giovanni-falcone-e-la-strana-morte-dellingegner-petrini-perito-al-processo-del-1996/

Jamison, Alison. 1999: *The Antimafia. Italy's Fight against Organized Crime.* Houndsmills, Basingstoke, Hampshire, London: Macmillan Press

Käsler, Dirk (Hg.). 1991: *Der politische Skandal. Zur symbolischen und dramaturgischen Qualität von Politik.* Opladen: Westdeutscher Verlag

Käsler, Dirk 1991: *Der Skandal als Politisches Theater.* In: Käsler, Dirk (Hg.), *Der politische Skandal. Zur symbolischen und dramaturgischen Qualität von Politik.* Opladen: Westdeutscher Verlag, S. 9–68

Kaos (Hg.). 2005: *Dossier Dell'Utri. Indagini, testimonianze, riscontri: la requisitoria dell'accusa al processo di Palermo a carico di Marcello Dell'Utri, condannato per concorso in associazione mafiosa.* Mailand: Kaos Edizioni

Kliez, Edith. 1998: *Ich, die Frau des Paten. Als Deutsche in der Mafia.* Berlin: Ullstein

La Licata, Francesco. 2002: *Storia di Giovanni Falcone.* Mailand: Feltrinelli

La Repubblica. Blog (07.24.2017): *Un procuratore con troppi amici.* In: https://mafie.blogautore.repubblica.it/2017/07/24/un-amico-a-palazzo/

La Repubblica. Cronaca di Palermo (27.06.2001): *Il partito della mafia va in archivio, chiusa l'inchiesta su 'Sicilia libera',* S. 6

La Repubblica. Cronaca di Palermo (26.07.2003): *L'onorevole e il capomafia, le prove sono in un filmato,* S. II

La Repubblica. Cronaca di Palermo (20.11.2003): *Talpe, Carcione uomochiave, amico dei pm e socio di Aiello,* S. VI

La Repubblica. Cronaca di Palermo (15.02.2004): *Il pizzo? Tocca anche alle prostitute,* S. III

La Repubblica. Cronaca di Palermo (07.03.2004): *Amicizie, affari e vendette, ecco la mafia dei due mondi. Vent'anni di legami e traffici fra Sicilia e Stati Uniti,* S. III

La Repubblica. Cronaca di Palermo (12.03.2004): *Un nuovo pentito accusa 'La nostra cosca lo votava',* S. II

La Repubblica. Cronaca di Palermo (04.12.2004): *Inzerillo assolto dopo tre anni in cella,* S. 4

La Repubblica. Cronaca di Palermo (12.01.2005): *Il ricatto del maresciallo,* S. VI

La Repubblica. Cronaca di Palermo (17.12.2005): *Racket, Sos della Confesercenti: pagano 8 commercianti su 10,* S. 34

La Repubblica. Cronaca di Palermo (22.12.2005): *'Onorevole con i voti della mafia'. Chiesto il giudizio per David Costa*, S. IV

La Repubblica. Cronaca di Palermo (22.12.2005b): *'Caccia al tesoro di Campanella.' Villabate, blitz nella banca del pentito: si cercano i soldi dei truffati*, S. IV

La Repubblica – Cronaca di Palermo (29.05.2005): *La Mafia sconosciuta dei salotti buoni*, S. I, VIII

La Repubblica. Cronaca di Palermo (19.07.2007): *Borsellino, quindici anni di misteri*, S. VI

La Repubblica. Cronaca di Palermo (19.09.2007): *'Sono gli uomini del pizzo.' Il ristoratore Conticello indica in aula i suoi estorsori*, S. IV

La Repubblica. Cronaca di Palermo (08.11.2007): *L'appello dei ribelli 'Non abbiamo piu alibi. Confindustria: svolta storica contro il pizzo*, S. III

La Repubblica. Cronaca di Palermo (22.04.2009): *Gli studenti e l'icognita lavoro. Tre su 10 si rivolgerebbero ai boss*, S. IX

La Repubblica – Cronaca di Palermo (28.04.2009): *'Mannino, nessun patto con i boss'. Depositata la sentenza di assoluzione: 'Accuse vaghe e generiche'*, S. S. VIII

La Repubblica. Cronaca di Palermo (15.05.2009): *Voti comprati e incontri coi boss, indagati gli udc Antinoro e Dina*, S. II, III

La Repubblica. Cronaca di Palermo (16.05.2009): *Voti comprati da Cosa nostra*, S. IV

La Repubblica. Cronaca di Palermo (17.05.2009): *L'armiere di Cosa nostra alla festa dell'onorevole*, S. III

La Repubblica. Cronaca di Palermo (19.07.2024): *L'atto d'accusa di Manfredi Borsellino: 'Quella strana telefonata di Giammanco': E nell'inchiesta mafia e appalti spunta un nuovo documento*. In: https://palermo.repubblica.it/cronaca/2024/07/19/news/borsellino_denuncia_figlio_manfredi_procuratore_giammanco-423404414/

La Repubblica. Cronaca di Palermo (24.07.2024): *Mafia e appalti, si indaga anche sull' exprocuratore Giammanco*. In: https://palermo.repubblica.it/cronaca/2024/07/05/news/mafia_e_appalti_si_indaga_anche_sul_procuratore_giammanco-423363427/

La Repubblica (20.09.1984): *La moglie dice rapina ma la polizia indaga sugli affari di Mineo*. In: https://ricerca.repubblica.it/repubblica/archivio/repubblica/1984/09/20/la-moglie-dice-rapina-ma-la-polizia.html

La Repubblica (07.03.1986): *La mafia aveva la 'sua' loggia*. In: https://ricerca.repubblica.it/repubblica/archivio/repubblica/1986/03/07/la-mafia-aveva-la-sua-loggia.html

La Repubblica (15.03.1986): ›Chiamo Falcone a testimone.‹ In: https://ricerca.repubblica.it/repubblica/archivio/repubblica/1986/03/15/chiamo-falcone-testimone.html

La Repubblica (04.11.1986): *Ecco gli ultimi istanti di Sindona*. In: https://ricerca.repubblica.it/repubblica/archivio/repubblica/1986/11/04/ecco-gli-ultimi-istanti-di-sindona.html

La Repubblica (01.03.1988): *Cassina abbandona mantello e spada del Santo Sepolcro.* In: https://ricerca.repubblica.it/repubblica/archivio/repubblica/1988/03/01/cassina-abbandona-mantello-spada-del-santo-sepolcro.html

La Repubblica (08.05.1988): *Quella guerra in questura scatenata da un dossier.* In: https://ricerca.repubblica.it/repubblica/archivio/repubblica/1988/08/05/quella-guerra-in-questura-scatenata-da-un.html

La Repubblica (27.07.1988): *Michele Greco, il 'papa' torna per due ore a Ciaculli.* In: https://ricerca.repubblica.it/repubblica/archivio/repubblica/1988/07/27/michele-greco-il-papa-torna-per-due.html

La Repubblica (02.08.1988): *Qui non si può lavorare e io non ce la faccio più.* https://ricerca.repubblica.it/repubblica/archivio/repubblica/1988/08/02/qui-non-si-puo-lavorare-io-non.html

La Repubblica (02.09.1988): *Alle nozze del padrino. Anche il sottosegretario Mario D'Acquisto.* In: https://ricerca.repubblica.it/repubblica/archivio/repubblica/1988/09/02/alle-nozze-del-padrino-anche-il-sottosegretario.html

La Repubblica (18.10.1988): *Poliziotti sott'accusa e a Palermo la questura ripiomba nel caos.* In: https://ricerca.repubblica.it/repubblica/archivio/repubblica/1988/10/18/poliziotti-sott-accusa-palermo-la-questura-ripiomba.html

La Repubblica (23.02.1990): *Palermo chiama Medellin.* https://ricerca.repubblica.it/repubblica/archivio/repubblica/1990/02/23/palermo-chiama-medellin.html

La Repubblica (21.07.1990): *Grandi affari, protagonisti e comparse.* In: https://ricerca.repubblica.it/repubblica/archivio/repubblica/1990/07/21/grandi-affari-protagonisti-comparse.html

La Repubblica (20.10.1991): *E su Gunnella s'indaga per mafia.* In: https://ricerca.repubblica.it/repubblica/archivio/repubblica/1991/10/20/su-gunnella-indaga-per-mafia.html

La Repubblica (13.12.1991): *L'avvocato, il cianuro e l'Ucciardone.* In: https://ricerca.repubblica.it/repubblica/archivio/repubblica/1991/12/13/avvocato-il-cianuro-ucciardone.html

La Repubblica (08.04.1992): *Cosi paga chi aiuta lo stato.'* In: https://ricerca.repubblica.it/repubblica/archivio/repubblica/1992/04/08/cosi-paga-chi-aiuta-lo-stato.html

La Repubblica (09.05.1992): *I pentiti l'accusano 'quel DC è mafioso'.* In: https://ricerca.repubblica.it/repubblica/archivio/repubblica/1992/05/09/pentiti-accusano-quel-dc.html

La Repubblica (04.07.1992): *I Carabinieri contro il procuratore.* In: https://ricerca.repubblica.it/repubblica/archivio/repubblica/1992/07/04/carabinieri-contro-il-procuratore.html

La Repubblica (19.08.1992): *Quei dossier su Gelli & Mafia sul tavolo del giudice Falcone.* In: https://ricerca.repubblica.it/repubblica/archivio/repubblica/1992/08/19/quei-dossier-su-gelli-mafia-sul.html

La Repubblica (30.10.1992): *Un pentito accusa due magistrati. 'Summit segreti per salvare i boss'.* In: https://ricerca.repubblica.it/repubblica/archivio/repubblica/1992/10/30/un-pentito-accusa-due-magistrati-summit.html

La Repubblica (30.12.1992): *Prefetti, politici, giudici uniti nel Santo Sepolcro.* In: https://ricerca.repubblica.it/repubblica/archivio/repubblica/1992/12/30/prefetti-politici-giudici-uniti-nel-santo-sepolcro.html

La Repubblica (04.02.1993): *Quelle telefonate prima delle stragi.* In: http://ricerca.repubblica.it/repubblica/archivio/repubblica/1993/02/04/quelle-telefonate

La Repubblica (11.04.1993): *Fu guerra di mafia poi qualcuno parlò...* In: https://ricerca.repubblica.it/repubblica/archivio/repubblica/1993/04/11/fu-guerra-di-mafia-poi-qualcuno-parlo.html

La Repubblica (13.04.1993): *Gli incontri proibiti di Giulio Andreotti.* In: https://ricerca.repubblica.it/repubblica/archivio/repubblica/1993/04/13/gli-incontri-proibiti-di-giulio-andreotti.html

La Repubblica (15.04.1993): *Le logge della piovra.* In: https://ricerca.repubblica.it/repubblica/archivio/repubblica/1993/04/15/le-logge-della-piovra.html

La Repubblica (29.05.1993): *Affari coi clan nei guai parente di Giammanco.* In: https://ricerca.repubblica.it/repubblica/archivio/repubblica/1993/05/29/affari-coi-clan-nei-guai-parente-di.html

La Repubblica (30.07.1993): *Catania, l'Ex Pri Gunnella condannato a due anni.* In: https://ricerca.repubblica.it/repubblica/archivio/repubblica/1993/07/30/catania-ex-pri-gunnella-condannato-due.html

La Repubblica (19.10.1993): Giudici a servizio di Cosa Nostra. In: https://ricerca.repubblica.it/repubblica/archivio/repubblica/1993/10/19/giudici-servizio-di-cosa-nostra.html

La Repubblica (14.11.1993): *Vescovo e boss*. In: https://ricerca.repubblica.it/repubblica/archivio/repubblica/1993/11/14/vescovo-boss.html

La Repubblica (21.12.1993): *Il notaio Ferraro 'Io mi muovo solo per Totò Riina*. In: https://ricerca.repubblica.it/repubblica/archivio/repubblica/1993/12/29/il-notaio-ferraro-io-mi-muovo.html

La Repubblica (29.12.1993): *La mafia alleata con massoni 007*. In: https://ricerca.repubblica.it/repubblica/archivio/repubblica/1993/12/29/la-mafia-alleata-con-massoni-007.html

La Repubblica (22.09.1994): *'Processate per mafia quei giudici'*. In: https://rierca.repubblica.it/repubblica/archivio/repubblica/1994/09/22/processate-per-mafia-quei-giudici.html

La Repubblica (02.10.1994): *'Cacciato' da Ciampi il socialista Enzo Leone SOSPESO un EX ASSESSORE*. In: https://ricerca.repubblica.it/repubblica/archivio/repubblica/1994/02/10/cacciato-da-ciampi-il-socialista-enzo.html

La Repubblica (10.10.1995): *Alla sbarra il giudice 'aggiusta–sentenze'*. In: https://ricerca.repubblica.it/repubblica/archivio/repubblica/1995/10/10/alla-sbarra-il-giudice-aggiusta.html

La Repubblica (17.04.1996): *Il principe in cella per mafia*. In: https://ricerca.repubblica.it/repubblica/archivio/repubblica/1996/04/17/il-principe-in-cella-per-mafia.html

La Repubblica (10.05.1996): *Assassinato il perito che studiò i diari di Falcone.* In: https://ricerca.repubblica.it/repubblica/archivio/repubblica/1996/05/10/assassinato-il-perito-che-studio-diari-di.html

La Repubblica (08.06.1996): *'Basta con la catena mafiosa.' Si pente il medico figlio di boss*. In: https://ricerca.repubblica.it/repubblica/archivio/repubblica/1996/06/08/basta-con-la-catena-mafiosa-si.html

La Repubblica (05.04.1998): *Mafia, assolto Musotto. Schiaffo ai pm di Palermo*. In: https://ricerca.repubblica.it/repubblica/archivio/repubblica/1998/04/05/mafia-assolto-musotto-schiaffo-ai-pm-di.html

La Repubblica (06.06.1998): *Il business criminale delle lotte tra i cani*. In: https://www.repubblica.it/online/fatti/cani/cani1/cani1.html

La Repubblica (19.10.2000): *Dopo venti assoluzioni, quattro anni per corruzione all'ex assessore regionale*. In: https://ricerca.repubblica.it/repubblica/archivio/repubblica/2000/10/19/dopo-venti-assoluzioni-quattro-anni-per-corruzione.html

La Repubblica (07.11.2000): *Pisciotta non fu ucciso dal caffè*. https://ricerca.repubblica.it/repubblica/archivio/repubblica/2000/11/07/pisciotta-no

La Repubblica (15.11.2000): *Scoperto il Sid parallelo la rete occulta delle stragi.* In: https://ricerca.repubblica.it/repubblica/archivio/repubblica/2000/11/15/scoperto-il-sid-parallelo-la-rete-occulta.html

La Repubblica (22.11.2000): *Mafia e politica, l'ex senatore democristiano era vicino alla cosca di Brancaccio.* In: https://ricerca.repubblica.it/repubblica/archivio/repubblica/2000/11/22/mafia-politica-ex-senatore-democristiano-era-vicino.html

La Repubblica (10.12.2000): *Mafia, la nuova mappa.* In: https://ricerca.repubblica.it/repubblica/archivio/repubblica/2000/12/10/mafia-la-nuova-mappa.html

La Repubblica (31.01.2001): *Bisturi e coppole, cosi la mafia sceglie i 'medici di famiglia'.* In: https://ricerca.repubblica.it/repubblica/archivio/repubblica/2001/01/31/bisturi-coppole-cosi-la-mafia-sceglie-medici.html

La Repubblica (07.04.2001): *La Cassazione assolve Musotto. Infondato l'accusa di mafia. Il presidente: 'Ringrazio Berlusconi e gli elettori'.* In: https://ricerca.repubblica.it/repubblica/archivio/repubblica/2001/04/07/la-cassazione-assolve-musotto-infondata-accusa.html

La Repubblica (24.08.2001): *'Convivere con la mafia'. Lunardi nella bufera.* In: https://www.repubblica.it/online/politica/lunardi/mafia/mafia.html

La Repubblica (04.02.2002): *Spionaggio, l'ultima rivelazione. Anche Martelli era uno 007.* In: https://ricerca.repubblica.it/repubblica/archivio/repubblica/2002/02/04/spionaggio-ultima-rivelazione-anche-martelli-era-uno.html

La Repubblica (15.07.2002): *Blitz al summit dei nuovi boss in manette quindici mafiosi.* In: https://ricerca.repubblica.it/repubblica/archivio/repubblica/2002/07/15/blitz-al-summit-dei-nuovi-boss-in.html

La Repubblica (23.01.2002): *Voti di mafia comprati in carcere per la candidatura del figlio.* In: https://ricerca.repubblica.it/repubblica/archivio/repubblica/2002/01/23/voti-di-mafia-comprati-in-carcere-per.html

La Repubblica (16.07.2002): *Forza Italia sospende il consigliere mafioso.* In: https://ricerca.repubblica.it/repubblica/archivio/repubblica/2002/07/16/forza-italia-sospende-il-consigliere-mafioso.html

La Repubblica (18.07.2002): *Mafia, l'avvertimento dei boss agli avvocati parlamentari.* In: https://www.repubblica.it/online/cronaca/carcereduro/avvertimento/avvertimento.html

La Repubblica (15.11.2002): *Gorgone: 'Finalmente un colpevole, io'.* In: https://ricerca.repubblica.it/repubblica/archivio/repubblica/2002/11/15/gorgone-finalmente-un-colpevole-io.html

La Repubblica (27.02.2003): *Martelli, reato prescritto per il Conto Protezione.* In: https://ricerca.repubblica.it/repubblica/archivio/repubblica/2003/02/27/martelli-reato-prescritto-per-il-conto-protezione.html

La Repubblica (11.07.2003): *Cinque anni per mafia a un notaio.* In: https://ricerca.repubblica.it/repubblica/archivio/repubblica/2003/07/11/cinque-anni-per-mafia-un-notaio.html

La Repubblica (27.07.2003): *Un colloquio con Andreotti per la campagna elettorale.* In: https://ricerca.repubblica.it/repubblica/archivio/repubblica/2003/07/27/un-colloquio-con-andreotti-per-la-campagna.html

La Repubblica (25.02.2004): *Diga Ancipa, condannato soltanto Aricò.* In: https://ricerca.repubblica.it/repubblica/archivio/repubblica/2004/02/25/diga-ancipa-condannato-soltanto-arico.html

La Repubblica (13.11.2004): *Turbativa d'asta, assolto Castiglione.* In: https://ricerca.repubblica.it/repubblica/archivio/repubblica/2004/11/13/turbativa-asta-assolto-castiglione.html

La Repubblica (18.01.2005): *Caso Sicilia, la Rai sconfessa Report.* In: https://www.repubblica.it/2004/j/sezioni/spettacoli_e_cultura/censuratv/casosicilia/casosicilia.html

La Repubblica (15.11.2005): *Mafia, arrestato in Sicilia deputato regionale dell'Udc.* In: http://www.republica.it/2005/k/sezioni/cronaca/arreudc/arreudc.html

La Repubblica (25.11.2005): *Udc e mafia, relazioni pericolose, in Sicilia mezzo parito indagato.* In: https://ricerca.repubblica.it/repubblica/archivio/repubblica/2005/11/25/udc-mafia-relazioni-pericolose-in-sicilia-mezzo.html

La Repubblica (11.03.2006) *Coop, appalti e belle ragazze.* In: http://ricerca.repubblica.it/repubblica/archivio/repubblica/2006/03/11/coop-appalti-belle-ragazze

La Repubblica (12.08.2006): *Ancipa, stangata dopo la prescrizione.* In: https://ricerca.repubblica.it/repubblica/archivio/repubblica/2006/12/08/ancipa-stangata-dopo-la-prescrizione.html

La Repubblica (24.11.2006): *Fratello amette tutto e ci riprova.* In: https://ricerca.repubblica.it/repubblica/archivio/repubblica/2006/11/24/fratello-ammette-tutto-ci-riprova.html

La Repubblica (20.12.2006): *Mafia, assolto l'ex assessore Costa.* In: https://ricerca.repubblica.it/repubblica/archivio/repubblica/2006/12/20/mafia-assolto-ex-assessore-costa.html

La Repubblica (31.05.2007): *Dal racconto dei pentiti la contabilità del clan.* In: https://ricerca.repubblica.it/repubblica/archivio/repubblica/2007/05/31/dal-racconto-dei-pentiti-la-contabilita-del.html

La Repubblica (08.11.2007): *I dieci comandamenti del padrino*. In: https://ricerca.repubblica.it/repubblica/archivio/repubblica/2007/11/08/dieci-comandamenti-del-padrino.html

La Repubblica (03.12.2007): *Sparatoria durante la cattura. Muore il boss mafioso Emmanuello*. In: https://www.repubblica.it/2007/10/sezioni/cronaca/mafia/morto-emmanuello/morto-emmanuello.html

La Repubblica (01.02.2008): *La Piovra sulla festa di S. Agata. Il business gestito dalle cosche*. In: https://www.repubblica.it/2008/02/sezioni/cronaca/mafia-santa-agata/mafia-santa-agata/mafia-santa-agata.html

La Repubblica (01.03.2008): *Lo Giudice, politico e capocosca*. In: https://ricerca.repubblica.it/repubblica/archivio/repubblica/2008/03/01/lo-giudice-politico-capocosca.html

La Repubblica (28.03.2008): *Palermo, arrestati presidenti di seggi. Brogli nelle amministrative 2007*. In: https://www.repubblica.it/2008/03/sezioni/politica/verso-elezioni-13/arrestati-presidenti-di-seggi/arrestati-presidenti-di-seggi.html

La Repubblica (28.12.2008): *'Mio fratello ucciso dai silenzi'*. In: https://ricerca.repubblica.it/repubblica/archivio/repubblica/2008/12/28/mio-fratello-ucciso-dai-silenzi.html

La Repubblica (15.03.2009): *Nelle carte le accuse al cognato del procuratore. Si è messo a disposizione di Cosa nostra*. In: https://ricerca.repubblica.it/repubblica/archivio/repubblica/2009/03/15/nelle-carte-le-accuse-al-cognato-del.html

La Repubblica (03.05.2009): *Ciancimino jr: 'I boss mediarono in una storia di corna'*. In: https://palermo.repubblica.it/dettaglio/ciancimino-jr:-i-boss-mediarono-in-una-storia-di-corna/1627246

La Repubblica (14.05.2009): *Politica e Mafia, indagati Antinoro e Nino Dina (Udc)*. In: https://palermo.repubblica.it/dettaglio/politica-e-mafia-indagati-antinoro-e-nino-dina-(udc)/1633339

La Repubblica (11.06.2009): *Palermo, indagini su Ciancimino. Vizzini lascia l'Antimafia*. In: https://www.repubblica.it/2009/03/sezioni/cronaca/mafia-7/vizzini-antimafia/vizzini-antimafia.html

La Repubblica (14.01.2011): *'Sono Inzerillo, portatemi in cella'*. In: https://ricerca.repubblica.it/repubblica/archivio/repubblica/2011/01/14/sono-inzerillo-portatemi-in-cella.html

La Repubblica (16.10.2011): *Salvatore Andò, 'Salvo' di nome e di fatto*. In: http://inchieste.repubblica.it/it/repubblica/rep-it/2011/10/16/foto/salvo_and_l_uomo_che_trad_cosa_nostra-23324492/

La Repubblica (08.06.2012): *D'Antone lascia la cella dopo otto anni*. In: https://ricerca.repubblica.it/repubblica/archivio/repubblica/2012/06/08/antone-lascia-la-cella-dopo-otto-anni.html

La Repubblica (07.11.2012): *La Cassazione condanna ex sindaco, ma è morto da più di un anno*. In: https://palermo.repubblica.it/cronaca/2012/11/07/news/la_cassazione_condanna_ex_sindaco_ma_morto_da_pi_di_un_anno-46140194/

La Repubblica (17.02.2013): *La mafia sposta 300 mila consensi. Ecco come voteranno i boss in Sicilia*. In: https://palermo.repubblica.it/cronaca/2013/02/17/news/la_mafia_sposta_300_mila_consensi_ecco_come_voteranno_i_boss_in_sicilia-52824553/

La Repubblica (06.06.2013): *Processo 'Iside' prime condanne per loggia segreta*. In: https://ricerca.repubblica.it/repubblica/archivio/repubblica/1993/06/06/processo-iside-prime-condanne-per.html

La Repubblica (03.03.2014): *Trapani, Canino e la mafia: arriva condanna 'post mortem'*. In: https://ricerca.repubblica.it/repubblica/topic/persone/f/francesco+canino

La Repubblica (01.09.2014): *L'ex sindaco di Villabate assolto, sarà risarcito per 60 mila euro*. In: https://palermo.repubblica.it/cronaca/2014/09/01/news/l_ex_sindaco_di_villabate_assolto_adesso_sar_risarcito_per_66_mila_euro-94833611/

La Repubblica (08.10.2014): *Stato-mafia, la procura: ,Mannino temeva di essere ucciso e avviò la trattativa'*. In: https://palermo.repubblica.it/cronaca/2014/10/08/news/stato-mafia_la_procura_mannino_ha_avviato_la_trattativa-97616679/

La Repubblica (31.10.2014): *Catania: corruzione e spaccio, arrestato agente penitenziario*. In: http://palermo.repubblica.it/cronaca/2014/10/31/news/catania_corruzione_e_spaccio_arrestato_agente_penitenziario-99417072/

La Repubblica (08.04.2015): *Mafia, condanna confermata per Giovanni Mercadante: 10 anni e otto mesi. Si è presentanto a Pagliarelli*. In: https://palermo.repubblica.it/cronaca/2015/04/08/news/mafia_condanna_confermata_per_giovanni_mercadante_10_anni_e_otto_mesi-111478087/

La Repubblica (23.06.2016): *L'omicidio di Lia Pipitone: 'Il padre accettò la condanna del boss, era troppo moderna'*. In: https://palermo.repubblica.it/cronaca/2016/06/23/news/i_verbali_del_pentito_di_carlo_lia_pipitone_fatta_uccidere_dal_padre_era_troppo_moderna_-142653712/

La Repubblica (01.10.2016): *Pizzo, appalto lavoro: l'allarme dei pm sul sistema rifiuti in Sicilia*. In: https://palermo.repubblica.it/politica/2016/10/01/news/pizzo_appalti_lavoro_l_allarme_dei_pm_sul_sistema_rifiuti_in_sicilia-148890575/

La Repubblica (28.03.2017): *Mafia, Antinoro non comprò voti dai boss. La Cassazione assolve l'ex deputato.* In: https://palermo.repubblica.it/cronaca/2017/03/28/news/mafia_antinoro_non_compro_voti_dai_boss_la_cassazione_assolve_l_ex_deputato-161654944/

La Repubblica (17.10.2017): *Sorveglianza speciale per l'ex deputato dell'Ars Nino Dina.* In: https://palermo.repubblica.it/cronaca/2017/10/17/news/sorveglianza_speciale_per_nino_dina_il_gip_e_socialmente_pericoloso_-178538500/

La Repubblica (31.10.2017): *Il candidato M5S cugino del mafioso. 'Non si è rifiutato di pagare il pizzo al clan'.* In: https://palermo.repubblica.it/politica/2017/10/31/news/le_ombre_sul_candidato_5_stelle_i_pm_presunti_rapporti_con_il_cugino_referente_di_cosa_nostra_-179844825/

La Repubblica (30.06.2018): *Furti e scippi, i caminanti sono tornati.* In: https://ricerca.repubblica.it/repubblica/archivio/repubblica/2018/06/30/furti-e-scippi-i-caminanti-sono-tornatiMilano03.html

La Repubblica (05.07.2018): *Condannato per mafia gestiva le coop di migranti: Trapani, arrestato l'ex deputato Udc Fratello.* In: https://palermo.repubblica.it/cronaca/2018/07/05/news/intestava_a_prestanomi_le_cooperative_per_l_accoglienza_dei_migranti_arrestato_ex_deputato_dell_udc-200892763/

La Repubblica (26.03.2019): *Palermo, corruzione elettorale: Condannati ex parlamentari regionali.* In: https://palermo.repubblica.it/cronaca/2019/03/26/news/palermo_corruzione_elettorale_condannati_ex_parlamentari_regionali-222562675/

La Repubblica (12.06.2019): *Arrestato Paolo Arata, ex consulente di Salvini per l'energia. In cella anche Nicastri, 're' dell'eolico.* In: https://palermo.repubblica.it/cronaca/2019/06/12/news/arrestato_arata_il_consigliere_di_salvini_per_l_energia_in_cella_anche_nicastri_re_dell_eolico-228575889/

La Repubblica (28.06.2019): *Concorsi truccati all'Università, sospesi il rettore di Catania e 9 professori. Tra gli indagati anche l'ex procuratore D'Agata.* In: https://palermo.repubblica.it/cronaca/2019/06/28/news/concorsi_truccati_sospesi_rettore_catania_e_9_prof-229813151/

La Repubblica (31.07.2019): *Mafia e massoneria, blitz fra Licata e Palermo. In manette due maestri venerabili.* In: https://palermo.repubblica.it/cronaca/2019/07/31/news/mafia_e_massoneria_blitz_fra_licata_e_palermo_-232413198/

La Repubblica (07.02.2020): *Mafia, il boss Graviano: 'Mentre ero latitante incontrai Berlusconi a Milano.'* In: https://palermo.repubblica.it/cronaca/2020/02/07/news/mafia_il_boss_graviano_mentre_ero_latitante_incontrai_berlusconi_a_milano_-247911898/

La Repubblica (17.02.2020): *Mafia a Trapani, rinviato a giudizio l'ex deputato Ruggirello.* In: https://palermo.repubblica.it/cronaca/2020/02/17/news/trapani_rinviato_a_giudizio_per_mafia_l_ex_deputato_ruggirello-248807938/

La Repubblica (07.05.2020): *Nel condominio del boss: 'Ma è una un persona perbene.'* In: https://rep.repubblica.it/pwa/generale/2020/05/07/news/nel_condominio_del_boss_ma_e_una_persona_perbene_-256001812/

La Repubblica (20.07.2020): *Palermo, lo Stato dimentica le ville confiscate ai boss. Ora sono degli abusivi.* In: https://video.repubblica.it/edizione/palermo/palermo-lo-stato-dimentica-le-ville-confiscate-ai-boss-ora-sono-degli-abusivi/364365/364922

La Repubblica (14.10.2020): *L'economia grigia italiana vale 211 miliardi. Due terzi del sommerso in commercio e servizi a persone e imprese.* In: https://www.repubblica.it/economia/2020/10/14/news/istat_economia_non_osservata-270537120/

La Repubblica (13.02.2025): *Donne e giovani stregati dalla mafia: il nuovo esercito delle cosche a Palermo.* In: https://palermo.repubblica.it/cronaca/2025/02/13/news/mafia_palermo_donne_giovani_boss_cosche-424000177/

La7 (05.11.2022): *Fantasmi di Mafia. Non è l'arena.* In: https://www.youtube.com/watch?v=-hjPi7Za0Jg

La Rosa, Marcello. 2013: *Il fenomeno mafioso. Il caso Messina.* Rom: Armando Editore

La Russa, Vincenzo. 2002: *Il Ministro Scelba.* Soveria Mannelli: Rubbettino

La Sicilia (14.04.2008): *'Fotografi' in cabina e protesta con strappo,* 1, 5

La Sicilia (24.07.2014): *Tangenti sul fotovoltaico, indagato il deputato regionale Pippo Gianni.* In: https://www.lasicilia.it/news/archivio/2074/tangenti-sul-fotovoltaico-indagato-il-deputato-regionale-pippo-gianni.html

La Sicilia (13.12.2016): *La vera storia di Francesco Corallo, il 're delle slot' partito da Catania.* In: https://wwwlasicilia.it/news/cronaca/49052/la-vera-storia-di-francesco-corallo-il-re-delle-slot-partito-da-catania.html

La Sicilia (23.06.2020): *Il bacio in bocca del boss al gregario.* In: https://www.lasicilia.it/news/cronaca/349046/mafia-il-bacio-in-bocca-del-boss-al-gregario.html)

La Sicilia (16.03.2021): *Raffaele Lombardo al processo di mafia: 'Ai boss ho fatto solo danni'.* In: https://www.lasicilia.it/news/cronaca/399948/raffaele-lombardo-al-processo-per-mafia-ai-boss-ho-fatto-solo-danni.html

La Sicilia (18.01.2024): *Il generale Mori, il rapporto dei Ros su mafia e appalti e l'attacco all'ex procuratore Giammanco: 'Lo ha dato lui a Cosa nostra'.* In:

https://www.lasicilia.it/cronaca/il-generale-mori-linformativa-dei-ros-su-mafia-e-appalti-e-lattacco-durissimo-allex-procuratore-giammanco-lo-ha-dato-lui-a-cosa-nostra-2013891/

La Sicilia (19.06.2024): *Scenari criminali nel catanese: i Mazzei perdono potere, sancita la pace tra i Cursoti e i Cappello.* In: https://www.lasicilia.it/catania/scenari-criminali-nel-catanese-i-mazzei-perdono-potere-sancita-la-pace-tra-i-cursoti-e-i-cappello-2178794/

La Spina, Antonio. 2005: *Mafia, legalità debole e sviluppo del Mezzogiorno.* Bologna: Il Mulino

La Spina, Antonio. 2016: *Il voto di scambio politico-mafioso tra mutamento fattuali e modifiche normative.* Focus XXVII, S. 30–42. In: https://core.ac.uk/download/pdf/80185904.pdf

La Stampa (16.03.2009): *I parenti scomodi del giudice.* In: https://www.lastampa.it/opinioni/editoriali/2009/03/16/news/i-parenti-scomodi-del-giudice-1.37083957

La Stampa (10.06.2022): *Mafia, voto di scambio: arrestato Francesco Lombardo, candidato di FdI al Comune di Palermo.* In: https://www.lastampa.it/politica/2022/06/10/news/mafia_voto_di_scambio_arrestato_il_candidato_di_fdi_al_comune_di_palermo-5378321/#google_vignette

La Torre, Pio. 2002: *Comunisti e movimento contadino in Sicilia.* Rom: Editori Riuniti

La Voce di Bagheria (28.11.2018): *Bagheria. Le iene a Mongerbino per l'occupazione abusiva di case confiscate alla mafia.* In: https://www.lavocedibagheria.it/2018/11/bagheria-le-iene-a-mongerbino-per-loccupazione-abusiva-di-8-immobili-confiscate-alla-mafia/

Leccese, Andrea. 2018: *Massomafia. Sui rapporti tra mafia e massoneria deviata.* Rom: Castelvecchi

Ledda, Gavino. 2002: *Padre padrone.* Nuoro: Il Maestrale (zuerst veröffentlicht 1975)

Legambiente. 2010: *Ecomafia 2010. Le storie e i numeri della criminalità ambientale.* Mailand: Edizioni Ambiente

Lenius (30.01.2019): *I numeri del gioco d'azzardo in Italia.* In: https://www.lenius.it/gioco-azzardo-in-italia/

L'Espresso (20.03.2008): *Per chi vota la mafia.* In: https://espresso.repubblica.it/palazzo/2008/03/20/news/per-chi-vota-la-mafia-1.7811

L'Espresso (10.04.2008): *Business al vento.* In: https://espresso.repubblica.it/palazzo/2008/04/10/news/business-al-vento-1.23920

L'Espresso (09.05.2013): *Cocaina, inchiesta sfiora Micciché.* In: https://espresso.repubblica.it/palazzo/2013/05/09/news/cocaina-inchiesta-sfiora-micciche-1.54077

L'Espresso (09.09.2013): *Appalti. Fotovoltaico, l'ombra della Mafia.* In: https://espresso.repubblica.it/attualita/cronaca/2013/09/09/news/fotovoltaico-l-ombra-della-mafia-1.58595

L'Espresso (20.11.2014): *Catania, in manette la borghesia mafiosa.* In: https://espresso.repubblica.it/attualita/2014/11/20/news/catania-in-manette-la-borghesia-mafiosa-1.188729

L'Espresso (02.10.2017): *Il paese delle slot. Premiato casino Corallo.* In: https://espresso.repubblica.it/inchieste/2017/02/10/news/il-paese-delle-slot-premiato-casino-corallo-1.295233

Levi, Carlo. 2003: *Christus kam nur bis Eboli.* München: Deutscher Taschenbuchverlag (zuerst erschienen 1945)

Liberainformazione (14.07.2010): *La mafia a Ragusa?* In: http://www.liberainformazione.org/2010/07/14/la-mafia-a-ragusa/

Liberainformazione (02.08.2010): *Pietro Pizzo assolto ma il fatto è stato comesso.* In: http://www.liberainformazione.org/2010/08/02/pietro-pizzo-assolto-ma-il-fatto-stato-commesso/

Libera (November 2020): *La tempesta perfetta. Le mani della criminalità organizzata sulla pandemia.* Rom: Libera. In: https://www.libera.it/schede-1524-mafie_e_covid_fatti_l_uno_per_l_altro

Li Causi, Girolamo. 2007: *Portella della Ginestra. La ricerca della verità.* Rom: Ediesse

Li Causi, Girolamo. 2008: *Terra di frontiera. Una stagione politica in Sicilia 1944–60.* Palermo: La Zisa

Limiti, Stefania. 2019: *L'Anello della Repubblica. La scoperta di un nuovo servizio segreto dal fascismo alle brigate rosse.* Mailand: Chiarelettere

Live Sicilia (28.07.2004): *'Ha chiuso con il passato.' Ecco perchè Miceli è libero.* In: https://livesicilia.it/2014/07/28/miceli-scarcerato-mafia-palermo-rebibbia/

Live Sicilia (15.12.2011): *Giammanco? 'Socialmente pericoloso'. Confermato l'obbligo di soggiorno.* In: https://livesicilia.it/2011/12/15/vincenzo-giammanco-socialmente-pericoloso-confermato-lobbligo-di-soggiorno/

Live Sicilia (02.02.2014): *La Regione paga il conto a Gorgone. Rimborsate spese per 190 mila euro.* In: https://livesicilia.it/2014/02/02/fran-gorgone-spese-avvocato/

Live Sicilia (15.02.2016): *Il morto è 'Cosa nostra'. La mafia vieta agenzie funebre.* In: https://livesicilia.it/2016/02/15/palermo-il-morto-e-cosa-nostra-la-mafia-vieta-di-aprire-agenzie-funebri_714807/

Live Sicilia (29.03.2018): *Caltanissetta, processo in corso. Chi sono gli altri imputati.* In: https://livesicilia.it/2018/03/29/processo-saguto-caltanissetta-corruzione/

Live Sicilia (20.08.2019): *Sicilia terra di dipendenti pubblici. E nei Comuni, record di precari.* In: https://livesicilia.it/2019/08/20/sicilia-patria-dei-dipendenti-pubblici-e-nei-comuni-record-di-precari/

Live Sicilia (28.07.2024): *'Mafia-appalti e calunnia'. Natoli: 'Quella frase non l'ho scritto io'.* In: https://livesicilia.it/palermo-mafia-appalti-calunnia-gioacchino-natoli/

Live Sicilia Catania (30.05.2020): *Ercolano, mafia e trasporti. Tutte le richieste del pg.* In: https://catania.livesicilia.it/2020/05/30/ercolano-mafia-e-trasporti-tutte-le-richieste-del-pg_533421/

Li Vigni, Benito. 1995: *Omicidi eccellenti. Poteri occulti e criminalità.* Neapel: Tullio Pironti Editore

Li Vigni, Benito. 2014: *Sicilia 1943. Sbarco americano, mafia e italia segreta.* Rom: Sovera Edizioni

Lo Bianco, Giuseppe/Rizza, Sandra. 2006: *Il gioco grande. Ipotesi su Provenzano.* Rom: Editori Riuniti

Lo Bianco, Giuseppe/Rizza, Sandra. 2007: *L'agenda rossa di Paolo Borsellino. Gli ultimi 56 giorni nel racconto di familiari, colleghi, magistrati, investigatori e pentiti.* Mailand: Chiarelettere

Lo Bianco, Giuseppe/Rizza, Sandra. 2018: *Ombre nere. Il delitto Mattarella tra mafia, neofascisti e P2.* Mailand: Rizzoli

Lo Coco, Gianluca. 1999: *Visioni prospettiche. Mutamenti dell'identità mafiosa.* In: Lo Verso, Girolamo/Lo Coco, Gianluca/Mistretta, Saverio/Zizzo, Graziella. 1999: *Come cambia la mafia. Esperienze giudiziarie e psicoterapeutiche in un paese che cambia.* Mailand: FrancoAngeli, S. 35–46

Lodato, Saverio. 1994: *Dall'altare contro la mafia. Inchiesta sulle chiese di frontiera.* Mailand: Rizzoli

Lodato, Saverio. 1999: *'Ho ucciso Giovanni Falcone.' La confessione di Giovanni Brusca.* Mailand: Mondadori

Lodato, Saverio. 2017: *Quarant'anni di Mafia. Storia di una guerra infinita.* Mailand: Rizzolo

Lodato, Saverio/Scarpinato, Roberto. 2008: *Il ritorno del principe. La testimonianza di un magistrato in prima linea.* Mailand: Chiarelettere

Lodato/Travaglio. 2005: *Intoccabili. Perché la mafia è al potere. Dai processi Andreotti, Dell'Utri & Co. alla normalizzazione. Le verità occultate sui complici di Cosa Nostra nella politica e nello Stato*. Mailand: Rizzoli

Longrigg, Clare. 1998: *Patinnen. Die Frauen der Mafia*. München: Karl Blessing Verlag

Longrigg, Clare. 2008: *Il boss dei boss. La vera storia di Bernardo Provenzano*. Mailand: Salani Editori

Lo Verso, Girolamo (Hg.). 1998a: *La mafia dentro. Psicologia e psicopatologia di un fondamentalismo*. Mailand: FrancoAngeli

Lo Verso, Girolamo. 1998b: *Per uno studio dello psichismo mafioso*. In: Lo Verso, Girolamo (Hg.), *La mafia dentro. Psicologia e psicopatologia di un fondamentalismo*. Mailand: FrancoAngeli, S. 23–36

Lo Verso, Girolamo/Lo Coco, Gianluca/Mistretta, Saverio/Zizzo, Graziella (Hg.). 1999: *Come cambia la mafia. Esperienze giudiziarie e psicoterapeutiche in un paese che cambia*. Mailand: FrancoAngeli

Lo Verso, Girolamo/Lo Coco, Gianluca (Hg.). 2003: *La Psiche Mafiosa. Storie di casi clinici e collaboratori di giustizia*. Mailand: FrancoAngeli

Lo Verso, Girolamo/Lo Coco, Gianluca. 2003: *I collaboratori di giustizia. Chi sono oggi, che erano come mafiosi*. In: Lo Verso, Girolamo/Lo Coco, Gianluca (Hg.), *La Psiche Mafiosa. Storie di casi clinici e collaboratori di giustizia*. Mailand: FrancoAngeli, S. 89–150

Lo Verso, Girolamo. 2003: *Introduzione – La psiche mafiosa*. In: Lo Verso, Girolamo/Lo Coco, Gianluca (Hg.), *La Psiche Mafiosa. Storie di casi clinici e collaboratori di giustizia*. Mailand: FrancoAngeli, S. 19–25

Lo Verso, Girolamo. 2017: *Mafia e follia: il caso Vitale. Uno studio psicodinamico e psicopatologico*. In: Craparo, Giuseppe/Ferraro, Anna Maria/Lo Verso, Girolamo (Hg.). 2017: *Mafia e psicopatologia. Crimini, vittime e storie di straordinaria follia*. Mailand: FrancoAngeli, S. 36–56

Lucarelli, Carlo. 2002: *Misteri d'Italia. I casi di blu notte*. Turin: Einaudi

19 Luglio 1992 (14.06.2002): *Messineo. Le mancate firme e le astensioni: Un nuovo Caso Palermo*. In: https://www.19luglio1992.com/messineo-le-mancate-firme-e-le-astensioni-un-nuovo-caso-palermo/

19 Luglio 1992 (13.01.2011): *Mafia. Cassazione conferma condanna per l'ex senatore Vincenzo Inzerillo*. In: https://www.19luglio1992.com/mafia-cassazione-conferma-condanna-per-lex-senatore-vincenzo-inzerillo/

L'Unità (11.09.1983): *Scozzari se ne va dalla magistratura*. In: https://archivio.unita.news/assets/main/1983/09/11/page_002.pdf

L'Unita (04.12.1992): *Suicida il pm accusato da un pentito*. In: https://archivio.unita.news/assets/main/1992/12/04/page_003.pdf)

L'Unita (14.12.1994): *Arrestato il 'finanziere' dei boss. Mandalari gestiva i capitali di Riina e Liggio*, S. 13

Lupo, Salvatore. 1990: *Il giardino degli aranci. Il mondo degli agrumi nella storia del Mezzogiorno.* Venedig: Saggi Marsilio

Lupo, Salvatore. 1996: *Storia della Mafia dalle origini ai giorni nostri.* Rom: Donizelli

Lupo, Salvatore. 2008: *Quando la mafia trovò l'America. Storia di un intreccio intercontinentale, 1888–2008.* Turin: Einaudi

Lupo, Salvatore. 2011: *Il tenebroso sodalizio. Il primo rapporto di polizia sulla mafia siciliana.* Rom: XL Edizioni (Das von Lupo herausgegebene Buch enthält den sogenannten Sangiorgi-Bericht, der aus verschiedenen Schreiben des Polizeipräsidents von Palermo, Ermanno Sangiorgio, besteht. Diese Schreiben wurden zwischen 1898 und 1900, an verschiedene Personen, vor allem an den palermitanischen Staatsanwaltschaft und Präfekten, geschickt.)

Macaluso, Emanuele. 1999: *Mafia senza identità. Cosa nostra negli anni di Caselli.* Venedig: I Grilli Marsilio

Macaluso, Marilena. 2009: *Il tesoro di Ciancimino reinvestito nell'oro blu.* In: Dino, Alessandra (Hg): *Criminalità dei potenti*, S. 391–418, Udine: Mimesis/Eterotopie

Macaluso, Marilena. 2016: *Il caso Nicastri e il 'sistema criminale' delle energie rinnovabili.* In: Dino, Alessandra/Macaluso, Marilena (Hg.), *L'impresa mafiosa? Colletti bianchi e crimini di potere.* Mailand, Udine: Mimesis/Eterotopie, S. 97–155

Mack Smith, Denis. 1969: *Storia d'Italia. 1861–1969.* Mailand: Laterza & Figli

Madeo, Liliana. 1997: *Donne di Mafia. Vittime, complici e protagoniste.* Mailand: Mondadori

Maestri, Mattia. 2014: *Mafia, politica e giustizia. Il processo Andreotti.* In: www.stampoantimafioso.it (Magisterarbeit an der Universität Catania)

Maiwald, Manfred. 2009: *Einführung in das italienische Strafrecht und Strafprozeßrecht.* Franfurt/M.: Peter Lang

Mancino, Rosario. 2008: *Le parole della mafia. I protagonisti, le opere, la legislazione.* Palermo: La Zisa Communicazione

Mangiameli, Rosario. 1987: *La regione in guerra (1943–50).* In: Aymard Maurice/Giarrizo, Giuseppe (Hg.), *Storia d'Italia. Le regioni dall'Unità a oggi. La Sicilia.* Turin: Einaudi, S. 481–600

Marannano, Vincenzo. 2008: *Firmato Lo Piccolo. Le carte che hanno inchiodato il superboss.* Palermo: Novantacento Edizioni

Mareso, Manuela/Pepino, Livio (Hg.). 2008: *Nuovo Dizionario di Mafia e Antimafia.* Turin: Edizione Gruppo Abela

Mareso, Manuela/Pepino, Livio (Hg.). 2013: *Dizionario enciclopedico di mafie e antimafia.* Turin: Edizioni Gruppo Abela

Marino, Alberto. 2014: *Enrico Mattei deve morire. Il sogno senza risveglio di un paese libero.* Rom: Castelvecchi

Marino, Giuseppe Carlo. 1979: *Storia del separatismo siciliano.* Rom: Editori Riuniti

Marino, Giuseppe Carlo. 1997: *Storia della mafia.* Rom: Newton & ompton

Marino, Giuseppe Carlo. 2002a: *Storia della Mafia. Dall' Onorata società a Cosa nostra, sull'itinerario Sicilia-America-mondo, la ricostruzione critica di uno dei più inquietanti fenomeni del nostro tempo e delle eroiche lotte per combatterlo.* Rom: Newton & Compton

Marino, Giuseppe Carlo. 2002b: *I padrini. Da Vito Cascio Ferro a Lucky Luciano, da Calogero Vizzini a Stefano Bontate, fatti, segreti, e testimonianze di Cosa Nostra attraverso le sconcertanti biografie dei suoi protagonisti.* Rom: Newton & Compton

Marino, Giuseppe Carlo (Hg.). 2015: *La Sicilia delle Stragi. Un mosaico narrativo in cui i veri eroi sono le vittime della mafia.* Rom: Newton & Compton

Marino, Giuseppe Carlo. 2015: *La strage di Portella della Ginestra.* In: Marino, Giuseppe Carlo (Hg.), *La Sicilia delle Stragi. Un mosaico narrativo in cui i veri eroi sono le vittime della mafia.* Rom: Newton & Compton, S. 253–273

Martorana, Giuseppe/Nigrelli, Sergio. 1993: *Cosi ho tradito Cosa Nostra. Leonardo Messina: la carriera di un Uomo d'Onore.* Quart, Aosta-Tal: Musumeci Editore

Martorana, Giuseppe/Nigrelli, Sergio. 2009: *Totò Riina. Trent'anni di sangue da Corleone ai vertici di Cosa Nostra.* Catania: Gruppo Editoriale Brancato

Massari, Monica. 1998: *La Sacra Corona Unita: potere e segreto.* Rom, Bari: Laterza

Mazzeo, Antonio. 2002: *Dossier: La mafia del Ponte.* In: https://www.edscuola.it/archivio/interlinea/ponte3.htm

Mazzola, Giuseppe. 2004: *Cose nostre. La storia di tre generazioni di una famiglia mafiosa.* Partinico: Edizione Mons Celeber

Meloni, Vittorio. 1984: *Gaetano Mosca, Napoleone Colajanni e la lotta politica in Italia da Crispi a Giolitti.* In: Il Politico, Vol. 49, No. 4, S. 735–739

MeriodioNews (23.12.2017): *La mafia e la massoneria vista come un gioco utile. Dal divieto dei Corleonesi alle soffiate a Provenzano.* In: https://palermo.me-

ridionews.it/articolo/61559/la-mafia-e-la-massoneria-vista-come-un-gioco-utile-dal-divieto-dei-corleonesi-alle-soffiate-a-provenzano/
MeridioNews (20.07.2018): *Trattativa, nella sentenza blitz fallito contro Santapaola. 'Forte sospetto' che il boss dovesse scappare indenne.* In: https://meridionews.it/articolo/67827/trattativa-nella-sentenza-il-blitz-fallito-contro-santapaola-forte-sospetto-che-il-boss-dovesse-scappare-indenne/
MeridioNews (14.03.2019): *ProntoBus Sicilia, il turismo gestito dai boss in carcere? La tour operator: 'Dove c'è un giro di soldi c'è la mafia.'* In: https://palermo.meridionews.it/articolo/75658/prontobus-sicilia-il-turismo-gestito-dai-boss-in-carcere-la-tour-operator-dove-ce-un-giro-di-soldi-ce-la-mafia/
MeridioNews (26.04.2019): *Rinnovabili, Regione revoca nulla osta per fotovoltaico. Nella società un indagato nell'inchiesta su Vito Nicastri.* In: https://meridionews.it/articolo/77138/rinnovabili-regione-revoca-nulla-osta-per-fotovoltaico-nella-societa-un-indagato-nellinchiesta-su-vito-nicastri/
MeridioNews (21.07.2019): *Brancaccio, la mafia e i rischi del lotto clandestino.* In: https://palermo.meridionews.it/articolo/57166/brancaccio-la-mafia-e-i-rischi-del-lotto-clandestino-bedda-matri-di-nuovo-la-festa-ci-hanno-fatto/
MeridioNews (15.02.2020): *Il Teatro Massimo nei racconti del boss Giuseppe Graviano. 'Una bisca clandestina frequentata da mafia e borghesia'.* In: https://palermo.meridionews.it/articolo/85459/il-teatro-massimo-nei-racconti-del-boss-giuseppe-graviano-una-bisca-clandestina-frequentata-da-mafia-e-borghesia/
MeridioNews (08.05.2020): *L'imprenditore 'ingranaggio' per gli affari del clan. 'Questa cosa non è per tutti. Passa dai Monopoli.'* In: https://palermo.meridionews.it/articolo/87860/limprenditore-ingranaggio-per-gli-affari-del-clan-questa-cosa-non-e-per-tutti-passa-dai-monopoli/
MeridioNews (22.06.2020): *Mafia, boss mediatori nella compravendita di terreni.* In: https://meridionews.it/articolo/88068/mafia-boss-mediatori-nella-compravendita-di-terreni-prima-di-acquistare-non-era-meglio-che-chiedevi/
MeridioNews (03.07.2020): *Mafia, il boss Bevilacqua e il potere della figlia avvocato. Al padre: 'I tuoi ordini li cambio, posso permettermelo.'* In: https://meridionews.it/articolo/88231/mafia-il-boss-bevilacqua-e-il-potere-della-figlia-avvocata-al-padre-i-tuoi-ordini-li-cambio-posso-permettermelo/
Messina, Giuseppe. 1990: *L'etimologia di mafia, camòrra e 'ndràngheta.* Acireale: Giuseppe Bonanno Editore
Messina, Lorenzo. 2005: *Non mi hanno fatto salvare Borsellino. Storie ed esperienze raccontate da uno psichiatra di frontiera.* Alcamo: Libridine

Messina, Piero. 2014: *Onorate società. Mafia e massoneria, dallo sbarco alleato al crimine globale, cento anni di trame oscure*. Mailand: Rizzoli

Michels-Lindner, Gisela. 1909: *Geschichte der modernen Gemeindebetriebe in Italien*. Leipzig: Duncker & Humblot

Migliore, Angelo. 2014: *Come nasce una mafia. Nelle viscere della provincia »babba«*. Syrakus: Morrone Editore

Milano Finanza (23.06.2007): *Racket, business da 175 millioni Euro*, S. 2

Minna, Rosario. 2002: *Un volto nel processo: Andreotti Giulio*. Troina: Città Aperta Edizioni

Mirone, Luciano. 1999: *Gli insabbiati. Storie di giornalisti uccisi dalla Mafia e sepolti dall'Indifferenza*. Rom: Castelvecchi

Montalbano, Gabriele. 2012: *La repressione del movimento contadino in Sicilia (1944-1950)*. In: Diacronie. Studi di Storia Contemporanea: Sulle tracce delle idee. In: http://www.studistorici.com/2012/12/29/montalbano_numero_12/

Montanaro, Giovanna. 2013: *La verità del pentito. Le rivelazioni di Gaspare Spatuzza sulle stragi mafiose*. Mailand: Sperling & Kupfer

Montanaro, Silvestro/Ruotolo, Sandro. 1995: *La vera storia d'Italia. Interrogatori, testimonianze, riscontri, analisi. Giancarlo Caselli e e suoi sostituti ricostruiscono gli ultimi vent'anni di storia italiana*. Neapel: Tullio Pironti Editore

Monti, Giommaria. 1996: *Falcone e Borsellino. La calunnia, il tradimento, la tragedia*. Rom: Editori Riuniti

Monticciolo, Giuseppe/Vasile, Vincenzo. 2007: *Era il figlio di un pentito*. Mailand: Bompiani

Mori, Mario/De Donno, Giuseppe. 2023: *La verità sul dossier mafia-appalti. Storia, contenuti, opposizioni all'indagine che avrebbe potuto cambiare l'Italia*. Mailand: Piemme

Morosini, Piergiorgo. 2009: *Il Gotha di Cosa nostra. La mafia del dopo Provenzano nello scacchiere internazionale del crimine*. Soveria Mannella: Rubbettino

Mosca, Gaetano. 2002: *Che cosa è la mafia*. Rom/Bari: Laterza (zuerst erschienen 1900)

Nania, Gioacchino. 2000: *San Giuseppe e la mafia. Nascita e sviluppo del fenomeno nell'area dello Jato*. Palermo, Florenz: Edizioni della Battaglia

Natoli, Luigi. 1996: *In den Katakomben von Palermo. Der Roman der Beati Paoli*. Berlin: Aufbau-Verlag

Natoli, Luigi. 1998: *Der Bastard von Palermo. Der Roman der Beati Paoli*. Berlin: Aufbau-Verlag

Natoli, Luigi. 2010: *I Beati Paoli*. Palermo: Flaccovio (zuerst erschienen zwischen 1909 und 1910 als Fortsetzungsroman im Giornale di Sicilia)

Nicastro, Franco. 2004: *Mafia e partiti. Il bifrontismo del P.c.i. 1944–1964. II.* Palermo: Mazzone Editori

Nicastro, Franco. 2005: *Gli aspiranti padrini USA tornano alla scuola dei maestri siciliani*. In: Limes, Rivista Italiana di Geopolitica, Nr. 2: 49–56

Nicastro, Franco. 2006: *De Mauro. Il cronista ucciso da Cosa Nostra e non solo*. Rom: Nuova Initiativa Editoriale

NL Times (11.03.2016): *Ex-Curacao PM Gerrit Schotte guilty of bribery, sentences to three years*. In: https://nltimes.nl/2016/03/11/ex-curacao-pm-gerrit-schotte-guilty-bribery-sentenced-three-years

Noi Antimafia. Mensile di Informazione Antimafia (15.12.2024): *Procura Caltanissetta, dossier mafia-appalti: nelle cave toscane la verità sull'insabbiamento delle stragi del '92*. In: https://www.noiassociazioneantimafia.org/procura-caltanissetta-dossier-mafia-appalti-nelle-cave-toscane-la-verita-sullinsabbiamento-delle-stragi-del-92/

Notarbartolo, Leopoldo. 1994: *La città cannibale. Il memoriale Notarbartolo*. Palermo: Novecento (zuerst erschienen 1911)

Oliva, Ernesto/Palazzolo, Salvo. 2001: *L'altra mafia. Biografia di Bernardo Provenzano*. Soveria Mannelli: Rubbettino

Oliva, Ernesto/Palazzolo, Salvo. 2006: *Bernardo Provenzano. Il ragioniere di Cosa Nostra*. Soveria Mannelli: Rubbettino

Palazzolo, Salvo. 2005: *Trapani, fra mafia e servizi deviati*. In: Limes, Nr. 2, S. 101–110

Palazzolo, Salvo. 2010: *I pezzi mancanti. Viaggio nei misteri della mafia*. Rom, Bari: Editori Laterza

Palazzolo, Salvo/Prestipino, Michele. 2007: *Il codice Provenzano*. Rom, Bari: Editori Laterza

Palermo, Carlo. 1996: *Il quarto livello. Integralismo islamico, massoneria e mafia. Dalla rete nera del crimine agli attentati al Papa nel nome di Fatima*. Rom: Editori Riuniti

Palermo Today (01.08.2012): *Mafia, libero ex senatore Inzerillo. Condannato per concorso esterno*. In: https://www.palermotoday.it/cronaca/mafia-libero-ex-senatore-enzo-inzerillo.html

Palermo Today (03.07.2013): *Mafia, talpe alle Dda: assolto l'ex maresciallo Borzachelli*. In: https://www.palermotoday.it/cronaca/mafia/talpe-procura-assolto-borzacchelli.html

Palermo Today (14.12.2015): *Ricettazione, condanna a sette anni Sergio Sacco il cognato di Messineo.* In: https://www.palermotoday.it/cronaca/ricettazione-condanna-sergio-sacco-cognato-messineo-14-dicembre-2015.html

Palermo Today (05.05.2017): *La strage, una croce, il silenzio: Montagna Longa, un mistero lungo 45 anni.* In: https://www.palermotoday.it/blog/amarcord1983/strage-montagna-longa-aereo-45-anni.html

Palermo Today (27.08.2017): *Uno schiaffo dietro l'omicidio al Capo, notte di interrogatori: si indaga sulla vendetta.* In: https://www.palermotoday.it/cronaca/indagini-movente-omicidio-capo-andrea-cusimano.html

Palermo Today (12.03.2019): *Non solo pizzo e droga, i boss della mafia fanno affari col caffè e bus turistici.* In: https://www.palermotoday.it/cronaca/mafia/arresti-porta-nuova-retroscena-11-marzo-2019.htm

Palermo Today (28.03.2020): *Virus, assalti ai supermercati e minacce sui social: si indaga in ambienti mafiosi.* In: https://www.palermotoday.it/cronaca/coronavirus-gruppi-audio-whatsapp-sommossa-centri-commerciali.html

Palermo Today (04.03.2021): *Truffa sui fondi per l'emergenza Covid e l'acquisto di FFP2, indagato Saverio Romano.* In: https://www.palermotoday.it/cronaca/truffa-fondi-emergenza-covid-mascherine-indagato-saverio-romano.html

Palermo Today (08.03.2021): *I furbetti del vaccino a Corleone, il sindaco Nicolosi si dimette: 'Decisione irrevocabile'.* In: https://www.palermotoday.it/politica/coronavirus-vaccino-dimissioni-sindaco-corleone-nicolo-nicolosi.html

Palermo Today (30.01.2025): *Trentacinque anni non bastano: processo da rifare per l'omidicio di Nino Agostino.* In: https://www.palermotoday.it/cronaca/mafia/omicidio-nino-agostino-annullamento-condanna-boss-madonia-cassazione.html#:~:text=Trentacinque%20anni%20tra%20piste%20e,1989%20a%20Villagrazia%20di%20Carini

Palidda, Rita. 2016: *Imprenditori ed estorsioni: vittime o collusi?* In: Arcidiacono, Davide/Avola, Maurizio/Palidda, Rita (Hg.) *Mafia, estorsioni e regolazione dell'economia nell'altra Sicilia.* Mailand: FrancoAngeli, S. 142–226

Paliotti, Vittorio. 2002: *Storia della Camorra. Dal cinquecento ai nostri giorni.* Rom: Newton & Compton

Palmisano, Leonardo. 2017: *Mafia Caporale. Racconti di egemonia criminale sui lavoratori in Italia.* Rom: Fandango Libri.

Palumbo, Berardino. 2020: *Piegare i santi. Inchini rituali e pratiche mafiose.* Bologna: Marietti 1820

Pansa, Alessandro. 1998: *Riciclaggio in Italia.* In: Violante, Luciano (Hg.), *I soldi della mafia. Rapporto '98.* Rom, Bari: Editori Laterza, S. 90–134

Pantaleone, Michele. 1978: *Antimafia occasione mancata*. Turin: Einaudi (zuerst erschienen 1969)
Pantaleone, Michele. 2013: *Mafia e politica. All'origine di »Cosa Nostra«*. Mailand: Res Gestae (zuerst erschienen 1962)
Paoli, Letizia. 2003: *Mafia Brotherhoods. Organized crime, Italian style*. Oxford, New York: Oxford University Press
Parlamente (31.10.2018): *La mafia calatina: Nomi, affari ed estorsione di Cosa Nostra a Caltagirone*. In: https://parlamente.com/2018/10/31/la-mafia-calatina-nomi-affari-ed-estorsioni-di-cosa-nostra-a-caltagirone-parte-i/comment-page-1/
Paternà Massimo Rosario. 2000: *200 anni di mafia*. Palermo: Antares
Paternò, Salvatore. 2000: *'U baccàgghhiu. Dizionario comparativo etimologico del gergo della malavita*. Catania: Brancato Editore
Paternostro, Dino. 1992: *A pugni nudi. Placido Rizzotto e le lotte popolari a Corleone nel secondo dopoguerra*. Palermo: La Zisa
Paternostro, Dino. 2015: *La lunga strage dei contadini (1944–1965)*. In: Marino, Giuseppe Carlo (Hg.), *La Sicilia delle Stragi. Un mosaico narrativo in cui i veri eroi sono le vittime della mafia*. Rom: Newton & Compton, S. 274–331
Pellicani, Luciano. 1995: *Eine Krise, die von weit her kommt*. In: Ferraris, Luigi Vittorio/Trautmann, Günter/Ullrich, Hartmann (Hg.): *Italien auf dem Weg zur 'zweiten Republik'? Die politische Entwicklung Italiens seit 1992*. Frankfurt/Main: Peter Lang, S. 33–43
Pennino, Giacchino. 2006: *Il vescovo di Cosa nostra*. Rom: Sovera Editore
Pepino, Livio. 2009: *Poteri occulti, criminalità e istituzioni*. In: Dino, Alessandra (Hg.), *Criminalità dei potenti e metodo mafioso*. S. 267–277
Peri, Roberto. o. J.: *Giuseppe Peri* (Unveröffentlichtes Manuskript, verfasst für die Associazione per Onorare la Memoria dei Caduti nella Lotta contro la Mafia.)
Pezzino, Paolo. 1994: *Mafia, stato e società nella Sicilia contemporanea: Secoli XIX e XX*. In: Fiandaca, Giovanni/Costantino, Salvatore (Hg.), *La Mafia, le Mafie*. Rom, Bari: Laterza. S. 5–40
Pezzino, Paolo. 1999: *Le Mafie*. Florenz: Giunti
Pinotti, Ferruccio. 2005: *Poteri forti. La morte di Calvi e lo scandalo dell'Ambrosiano*. Mailand: Rizzoli
Pinotti, Ferruccio. 2007: *Fratelli d'Italia*. Mailand: Rizzoli
Pinotti, Ferruccio/Tescaroli, Luca. 2008: *Colletti sporchi*. Mailand: Rizzoli
Pitrè, Giuseppe. 2007: *La Mafia e l'omertà*. San Giovanni la Punta: Gruppo Editoriale Brancato (zuerst erschienen 1889)

Polizia Penitenziaria. SAPPE. Organo Ufficiale del Sindacato Autonomo Polizia Penitenziaria. 2014: *Joe Petrosino: dopo cento anni scoperto l'assassino*. In: https://poliziapenitenziaria.it/public-post-blog-joe-petrosino-dopo-cento-anni-scoperto-l-assassino-2205-asp/

Procacci, Giuliano. 1989: *Geschichte Italiens und der Italiener*. München: C. H. Beck

Progetto San Francesco (06.12.2020): *Aristide Gunnella*. In: https://www.progettosanfrancesco.it/17/07/images/sanfrancesco/immagini/pignatone/index.php?option=com_content&view=article&id=2584:aristide-gunnella&catid=7&Itemid=102

Progetto San Francesco (21.12.2020): *Pietro Riggio, da agente penitenziario a 'mafioso di rango'. Ma qualcosa non torna...* In: https://www.progettosanfrancesco.it/index.php?option=com_content&view=article&id=2604:pietro-riggio-da-agente-penitenziario-a-mafioso-di-rango-ma-qualcosa-non-torna&catid=7&Itemid=102

Progetto San Francesco (02.08.2024): *Inchiesta MAFIA e APPALTI. I clamorosi sviluppi delle indagini condotte dalla procura di Caltanissetta*. In: https://progettosanfrancesco.it/2024/08/02/inchiesta-mafia-e-appalti-i-clamorosi-sviluppi-delle-indagini-condotte-dalla-procura-di-caltanissetta/

Pumilia, Calogero. 1998: *La Sicilia al tempo della Democrazia Cristiana*. Soveria Mannelli: Rubettino

Putnam, Robert. D. 1993: *Making Democracy work. Civic traditions in Modern Italy*. Princeton, New Jersey: Princeton University Press

Quotidiano di Sicilia (16.05.2019): *Lavoro, dati Eurostat, è disastro Sicilia. L'isola è ormai ai margini dell'Europa*. In: https://qds.it/lavoro-disastro-sicilia-ai-margini-delleuropa-al-269-posto-su-280-regioni-per-disoccupazione/

Quotidiano di Sicilia (13.09.2019): *In Sicilia è record di dipendenti pubblici*. In: https://qds.it/in-sicilia-e-record-di-dipendenti-pubblici/

Quotidiano di Sicilia (06.06.2020): *Usura e racket, Sicilia nella morsa silenziosa. Le vittime pagano l'assenza dello stato*. In: https://qds.it/usura-e-racket-sicilia-nella-morsa-silenziosa-le-vittime-pagano-lassenza-dello-stato/

Quotidiano L'Informazione (19.07.2015): *La solitudine di Parmigliana*. In: http://www.linformazione.eu/2015/07/solitudine-parmaliana/

Quotidiano di Sicilia (26.10.2023): *L'inflazione e le famiglie 'tormentate' dalla povertà in Sicilia, il quadro dell'Istat*. In: https://qds.it/poverta-sicilia-2022-report-istat/

Raab, Selwyn. 2009: *Le famiglie di cosa nostra. La nascita, il declino e la resurrezione della più potente organizzazione criminale americana.* Rom: Newton Compton

Rainieri, Luigi. 2000: *Die Loge. Macht und Geheimnis der Freimaurer.* Bergisch Gladbach: Bastei Lübbe

Ramella, Francesco/Trigilia, Carlo. 1997: *Associazionismo e mobilitazione contro la criminalità organizzata nel Mezzogiorno.* In: Violante, Luciano (Hg), *Mafia e società italiana. Rapporto '97.* Rom, Bari: Laterza, S. 24–46

Ravveduto, Marcello. 2012: *Libero Grassi. Storia di un'eresia borghese.* Mailand: Feltrinelli

Reinalter, Helmut. 2000: *Die Freimaurer.* München: C.H. Beck

Renda, Francesco. 1977: *I Fasci Siciliani 1892–94.* Turin: Einaudi

Renda, Francesco. 1998: *Storia della Mafia.* Palermo: Sigma Edizioni

Renda, Francesco. 1999: *I Beati Paoli. Storia, letteratura e leggenda.* Palermo: Sellerio

Renda, Francesco. 2002: *Salvatore Giuliano. Una biografia storica.* Palermo: Sellerio

Reski, Petra (21.01.2023): *Mafia: Der Pakt von Palermo.* In: https://www.focus.de/magazin/archiv/mafia-der-pakt-von-palermo_id_183643139.html

Reuters (25.05.2022): *Politicians' mafia past stirs anger ahead of Sicily election.* In: https://www.reuters.com/world/europe/politicians-mafia-past-stirs-anger-ahead-sicily-election-2022-05-25/

Riall, Lucy. 2007: *Garibaldi. Invention of a hero.* New Haven, London: Yale University Press

Riccio, Michele/Vinci, Anna. 2024: *La strategia parallela. Il progetto occulto di assalto alla Repubblica.* Mailand: Zolfo

Rizza, Sandra. 1994: *Ein Mädchen gegen die Mafia.* München: Deutscher Taschenbuch Verlag

Rizza, Sebastiano (Oktober 2018): *Elementi per una datazione sic. Caminanti = 'zingaro di Sicilia'.* In: http://diglilander.libero.it/zingaridisicilia/caminanti=zingaro.pfd

Rizzo, Domenico. 2003: *Pio La Torre. Una vita per la politica attraverso i documenti.* Soveria Mannelli: Rubbettino

Rizzotto, Giuseppe. 1994: *I mafiusi di la Vicaria di Palermu.* Palermo: Editrice Reprint (zuerst erschienen 1885)

Rizzo, Marco. 2011: *Supermarket Mafia. A tavola con Cosa Nostra.* Rom: Castelvecchi Editore

Romano, Angelo. 2002: *Ernesto Ruffini. Cardinale arcivescovo di Palermo (1946–1967)*. Caltanissetta, Rom: Salvatore Sciascia Editore

Rosati, Alberto. 2014: *Mafia e cultura mafiosa*. Cosenza: Luigi Pellegrini Editore

Ruscica, Rita. 2015: *I boss di stato. I protagonisti, gli intrecci e gli interessi dietro la trattativa stato-mafia*. Mailand: Sperling & Kupfer

Russo Spena, Giovanni. 2001: *Peppino Impastato: anatomia di un depistaggio*. Rom: Editori Riuniti

Ruta, Carlo (Hg.). 2011: *L'Unità d'Italia. La Sicilia. La scoperta della mafia. Rapporti e testimonianze*. Messina: Edi.bi.si

Ruta, Carlo (Hg.). 2013: *L'affare Giuliano. I documenti che rivelano il primo patto tra Stato e mafia nel tempo della Repubblica*. Mailand: AccadeinSicilia libri

Salemi, Rosalina. 1993: *Ragazzi di Palermo. Storie di rabbia e di speranza*. Mailand: Rizzoli

Sales, Isaia. 1988: *La Camorra. Le Camorre*. Rom: Editori Riuniti

Sales, Isaia. 2010: *I preti e i mafiosi. Storia dei rapporti tra mafie e chiesa cattolica*. Mailand: B. C. Dalai Editore

Sales, Isaia. 2015: *Storia dell'Italia mafiosa. Perchè le mafie hanno avuto successo*. Soveria Mannelli: Rubbettino

Salvadori, Massimo (Hg.). 2000: *Enciclopedia Storica*. Bologna: Zanichelli

Salvemini, Gaetano. 2000: *Il ministro della mala vita. Notizie e documenti sulle elezioni giolittiane nell'Italia meridionale*. Turin: Bollati Boringhieri (zuerst erschienen 1909)

Sanfilippo, Elio. 2008: *Quando eravamo comunisti. La singolare avventura del Partito Comunista in Sicilia*. Palermo: Edizioni di Passaggio

Santino, Umberto. 1994: *La mafia come soggetto politico. Ovvero: la produzione mafiosa della politica e la produzione politica della mafia*. In: Fiandaca, Giovanni/Costantino, Salvatore (Hg.), *La mafia, le mafia*. Rom, Bari: Laterza, S. 118–141

Santino, Umberto. 1997: *L'alleanza e il compromesso. Mafia e politica dai tempi di Lima e Andreotti ai giorni nostri*. Soveria Manelli: Rubbettino

Santino, Umberto. 1998: *Die Mafia und Mafia-ähnliche Organisationen in Italien*. In: Edelbacher, Maximilian (Hg.), *Organisierte Kriminalität in Europa. Die Bekämpfung der Korruption und der organisierten Kriminalität*. Wien: Linde-Verlag, S. 103–129

Santino, Umberto. 2000: *Storia del movimento antimafia*. Rom: Editori Riuniti

Santino, Umberto (21.09.2000): *Cooperative rosse e mafia*. In: https://www.centroimpastato.com/cooperative-rosse-e-mafia/
Santino, Umberto. 2001: *Mafia, impresa e sistema relazionale*. In: https://www.centroimpastato.com/mafia-e-impresa/
Santino, Umberto. 2017: *La mafia dimenticata. La criminalità organizzata in Sicilia dall'Unità d'Italia ai primi del Novecento. Le inchieste, i processi. Un documento storico.* Mailand: Editore Melampo
Santino, Umberto/La Fiura, Giovanni. 1993: *Behind drugs. Survival economies, criminal enterprises, military operations, development projects.* Turin: Edizione Gruppo Abele
Savatteri, Gaetano. 2018: *Non c'è più la Sicilia di una volta.* Bari: Laterza
Saviano, Roberto. 2006: *Gomorra. Viaggio nell'impero economico e nel sogno di dominio della camorra.* Mailand: Mondadori
Savio, Mario. 2006: *La Mala Vita. Lettera di un boss della camorra al figlio.* Mailand: Mondadori
Scafetta, Valeria. 2003: *U baruni di Partanna Mondello.* Rom: Editori Riuniti
Scalia, Salvatore. 2006: *La punizione. Catania 1976: quattro ragazzi spariti nel nulla.* Venedig: Marsilia Editore
Scarpinato, Roberto. 1998: *Cosa Nostra e il male oscuro della dispersione del Sé.* In: Lo Verso, Girolamo (Hg.), *La mafia dentro. Psicologia e psicopatologia di un fondamentalismo.* Mailand: FrancoAngeli, S. 78–92
Scarpinato, Roberto. 2009: *Crimini dei colletti bianchi e attacco alla democrazia.* In: Dino, Alessandra (Hg.), *Criminalità dei potenti e metodo mafioso.* Mailand, Udine: Mimesis, S. 90–118
Schenirer, Simone. 1998: *La parlata del dire e non dire: Origins, Symbolism and Meaning in the 'Language' of the Sicilian Mafia.* Auckland: University of Auckland
Schulz, Maren. 1997: *Borghese.* In: Brütting, Richard (Hg.), *Italien-Lexikon*, S. 138
Schneider, Jane C./Schneider, Peter, T. 2009: *Un destino reversibile. Mafia, antimafia e società civile a Palermo.* Rom: Viella
Schwabeneder, Mathilde. 2014: *Die Stunde der Patinnen. Frauen an der Spitze von Mafia-Clans.* Wien, Graz, Klagenfurt: Styria
Sciarrone, Rocco. 2006: *Passaggio di frontiera: la difficile via di uscita dalla mafia calabrese.* In: Dino, Alessandra (Hg.), *Pentiti. I collaboratori di giustizia, le istituzioni, l'opinione pubblica.* Rom: Donizelli, S. 129–162
Sciascia, Leonardo. 1979: *La Sicilia come metafora. Intervista di Marcelle Padovani.* Mailand: Mondadori

Sciascia, Leonardo. 1989: *A futura memoria (se la memoria ha un futuro)*. Mailand: Bompiani

Sciascia, Leonardo. 1993: *Il giorno della civetta*. Mailand: Adelphi Edizioni (zuerst erschienen 1961)

Sciascia, Leonardo. 2003: *I Pugnalatori*. Mailand: Adelphi Edizioni (zuerst erschienen 1976)

Schinella, Michele (27.07.2019): *Corruzione del pm Olindo Canali, nell'inchiesta entra anche il boss Pippo Gullotti*. In: http://www.micheleschinella.it/ingstizia/corruzione-del-pm-olindo-canali-nellinchiesta-entra-anche-pippo-gullotti-la-lettera-partita-dal-41-bis-e-le-accuse-a-scoppio-ritardato-di-carmelo-damico-il-viaggio-del-testamento/

Seisselberg, Jörg (Juli 1993): *Die »blockierte Demokratie« bewegt sich – Veränderungen im politischen System Italiens*. Zeitschrift für Parlamentsfragen. Bd. 24, Nr. 3. Baden-Baden: Nomos Verlagsgesellschaft, S. 496–524

Siebert, Renate. 1997: *Im Schatten der Mafia. Die Frauen, die Mafia und das Gesetz*. Hamburger Edition HIS Verlagsgesellschaft: Hamburg

Simmel, Georg. 1908: *Soziologie. Untersuchungen über die Formen der Vergesellschaftung*. Leipzig: Duncker & Humblot

Siracusa Live (09.11.2020): *Siracusa, la mafia e la storia*. In: https://www.srlive.it/siracusa-la-mafia-e-la-storia/

Siragusa, Mario. 2004: *Baroni e briganti. Classi dirigenti e mafia nella Sicilia del latifondo (1861–1950)*. Mailand: FrancoAngeli

S. Gli speciali di I LOVE Sicilia (Dez. 2007a): *I regali di natale del boss*, S. 58

S. Gli speciali di I LOVE Sicilia (Dez. 2007b): *'Cosi Lo Piccolo mi spiegò i nostri confini*, S. 30

S. Gli Speciali di I LOVE Sicilia (2007c): *Verbali, intercettazioni e pizzini. Ecco i documenti che hanno decapitato Cosa Nostra*, S. 42–50

Sicilia Network (16.05.2016): *Cara di Mineo, Giuseppe Castiglione tra gli imputati*. In: https://www.sicilianetwork.info/cara-di-mineo-giuseppe-castiglione-tra-gli-imputati/

Sisti. 2007: *L'isola del tesoro. Provenzano & Ciancimino, corleonesi doc: i boss di Cosa Nostra e il sindaco di Palermo tra mafia, politica e affari, dagli anni sessanta ai giorni nostri*. Mailand: Rizzoli

Sondaggi BiDiMedia (27.06.2019): *Sondaggio Ipsos – Gli italiani non si fidano della Magistratura*. In: https://sondaggibidimedia.com/ipsos-magistratura-27-6/

SOS Impresa. 2011: *Le mani della criminalità sulle imprese. XIII rapporto di SOS Impresa*. Rom: Aliberti

Stajano, Corrado. 1986: *Mafia. L'atto d'accusa dei giudici di Palermo*. Rom: Editori Riuniti

Stajano, Corrado. 1991: *Un eroe borghese. Il caso dell'avvocato Giorgio Ambrosoli assassinato dalla mafia politica*. Turin: Einaudi

Stampa Libera (07.12.2024): *La decisione dei giudici del Tribunale di sorveglianza di Milano: Cattafi è 'socialmente pericoloso'. Non pota spostarsi dalla provincia*. In: https://www.stampalibera.it/2024/12/07/la-decisione-dei-giudici-del-tribunale-di-sorveglianza-di-milano-cattafi-e-socialmente-pericoloso-non-potra-spostarsi-dalla-provincia/

Stancanelli, Bianca. 2016: *La città marcia. Racconto siciliano i potere e di mafia*. Venedig: Marsilio Editore

Stille, Alexander. 1999: *Die Richter. Der Tod, die Mafia und die italienische Republik*. Frankfurt/M.: Fischer

Stille, Alexander. 2006: *Citizen Berlusconi. Vita e imprese*. Mailand: Garzanti

Stille, Alexander. 2007: *Nella terra degli infedeli. Mafia e politica*. Mailand: Garzanti

Sutherland, Edwin H. (Februar 1940): *White-Collar Criminality*. American Sociological Review. Vol. 5, Nr. 1, S. 1–12. In: www.jstor.org/stable/2083937

Tescaroli, Luca. 2001: *Perchè fu ucciso Giovanni Falcone*. Soveria Mannelli: Rubbettino

Tescaroli, Luca. 2011: *Obiettivo Falcone. Dall'Addaura a Capaci. Misteri e storia di un delitto annunciato*. Sovera Mannelli: Rubbettino

Tomasi di Lampedusa, Giuseppe. 1994: *Der Leopard*. Bergisch Gladbach: Bastei Lübbe (zuerst erschienen 1958)

TG 24 Sky (24.11.2018): *Carmelo Patti, da elettricista a ricco imprenditore legato alla mafia*. In: https://tg24.sky.it/cronaca/approfondimenti/carmelo-patti-chi-e

TP 24 (05.08.2010): '*Pietro Pizzo è stato assolto, ma da un reato diverso...*' In: https://www.tp24.it/2010/08/05/cronaca/pietro-pizzo-è-stato-assolto-ma-da-un-reato-diverso/45152

TP 24 (29.11.2011): *36 arresti a Palermo. Scoperto la nuova cupola mafiosa*. In: https://www.tp24.it/2011/11/29/antimafia/mafia-operazione-araba-fenice-36-arresti-a-palermo/54108

TP 24 (30.03.2012): *Processo d'appello per Pietro Pizzo: non luogo a procedere per prescrizione del reato*. In: https://www.tp24.it/2012/03/30/cronaca/inizia-oggi-il-nuovo-processo-dappello-a-pietro-pizzo/57273

TP 24 (08.10.2015): *Pantelleria, Alberto Di Marzo ancora nei guai. È accusato di omissione di atti d'uffio*. In: https://www.tp24.it/2015/10/08/cronaca/

pantelleria-alberto-di-marzo-ancora-nei-guai-e--accusato-di-omissione-di-atti-d-ufficio/94837

TP 24 (04.12.2018): *Mafia, Palermo: maxi operazione, azzerata la nuova Cupola. 46 arresti.* In: https://www.tp24.it/2018/12/04/antimafia/mafia-palermo-maxi-operazione-azzerata-cupola-arresti/127712

TP 24 (24.08.2019): *La storia dei dipendenti pubblici siciliani, sono tanti e tutti 'bravissimi'.* In: https://www.tp24.it/2019/08/24/politica/storia-dipendenti-pubblici-siciliani-sono-tanti-bravissimi/138577

TP 24 (15.05.2020): *'Operazione mani in pasta'. Farina e prodotti della mafia imposti ai commercianti.* In: https://www.tp24.it/2020/05/15/antimafia/operazione-mani-in-pasta-farina-e-prodotti-della-mafia-imposti-ai-commercianti/149434

TP 24 (30.06.2020): *Don Baldassare Meli. Il prete degli ultimi, lasciato solo dai primi.* In: https://www.tp24.it/2020/06/30/editoriali/don-baldassare-meli-il-prete-degli-ultimi-lasciato-solo-dai-primi/151372

TP 24 (05.02.2021): *Mafia: Castello, l'uomo di collegamento tra boss palermitani e agrigentini.* In: https://www.tp24.it/2021/02/05/antimafia/mafia-nbsp-castello-l-uomo-di-collegamento-tra-i-boss-palermitani-e-agrigentini/159917

The Guardian (15.12.2004): *Blunkett resigns.* In: https://www.theguardian.com/uk/2004/dec/15/davidblunkett.immigrationpolicy1)

The Indipendent (29.09.1992): *Mafia and Colombian cocain ring arrests.* http://www.indipendent.co.uk/news/mafia-and-colombian-cocaine-ring-arrests-1554249.html

Tinti, Bruno. 2007: *La giustizia racccontata da****** chi la fa. Toghe rotte.* Mailand: Chiarelettere

Torrealta, Maurizio. 2002: *La trattativa. Mafia e Stato: un dialogo a colpi di bombe.* Rom: Editori Riuniti

Torrealta, Maurizio. 2009: *Giornalismi e mafia.* In: Dino, Alessandra: Criminalità dei potenti e metodo mafioso, S. 229–235

Torrealta, Maurizio. 2011: *Il Quarto Livello.* Mailand: Rizzoli

Torrealta, Maurizio/Mottola, Giorgio. 2012: *Processo allo stato. Trattativa Stato-mafia.* Mailand: Rizzoli

Tranfaglia, Nicola. 2001: *Mafia, politica e affari. 1943–2000.* Rom, Bari: Editori Laterza

Tranfaglia, Nicola. 2004: *Come nasce la repubblica. La mafia, il vaticano e il neofascismo nei documenti americani e italiani 1943/1947.* Mailand: Bompiani

Tranfaglia, Nicola. 2008: *Perchè la mafia ha vinto. Classi dirigenti e lotta alla mafia nell'Italia unita (1861–2008)*. Mailand: UTET Libreria

Tranfaglia, Nicola. 2011: *La 'santissima trinità'. Mafia, vaticano e servizi segreti all'assalto dell'Italia 1943–1947*. Mailand: Bompiani

Transparency International. 2021: *Corruption Perceptions Index 2020*. https://transparency.org

Transparency International. 2025. *Corruption Perception Index 2024*. In:https://www.transparency.org/en/cpi/2024

Trapani Oggi (02.02.2021): *Paolo Ruggirello non torna in carcere. Lo ha deciso la Cassazione*. In: https://www.trapanioggi.it/paolo-ruggirello-non-torna-in-carcere-lo-ha-deciso-la-cassazione

Trautmann, Günter. 1995: *Die italienische Linke – 'Ewige' Opposition oder künftige Regierungspartei?* In: Ferraris, Luigi Vittorio/Trautmann, Günter/Ullrich, Hartmann (Hg.), *Italien auf dem Weg zur »zweiten Republik«? Die politische Entwicklung Italiens seit 1992*. Frankfurt/M.: Peter Lang, S. 243–269

Travaglio, Marco (2014): *È stato la Mafia. Tutto quello che non vogliono farci sapere sulla trattativa e sulla resa ai boss delle stragi*. Mailand: Chiarelettere

Trevelayn, George Macaulay. 2021: *Garibaldi and the Thousand*. London: Phoenix Press (zuerst erschienen 1909)

Tullio-Altan, Carlo. 2000: *La nostra Italia. Clientelismo, trasformismo e ribellismo dall'Unità al 2000*. Mailand: Università Bocconi Editore

Turkus, Burton B./Feder, Sid. 1951: *The Inside Story of the Syndicate Killing Machine Murder Inc*. New York: Tenacity Media Books

Turone, Sergio. 1985: *Partiti e Mafia dalla P2 alla droga*. Mailand: Edizione CDE spa

Turone, Sergio. 2019: *Italia occulta. Dal delitto Moro alla strage di Bologna. Il trienno maledetto che sconvolse la repubblica (1978–1980)*. Mailand: Chiarelettere

Trocchia, Nello. 2009: *Federalismo criminale. Viaggio nei comuni sciolti per mafia*. Rom: Nutrimenti

Trum, Franz. 2008: *'Mafia von innen'. Gespräch mit dem Psychologieprofessor Girolamo Lo Verso*. In: Booker, Martin (Hg.), Sizilienexkursion 2008. In: https://sizilienexkursion08.wordpress.com/2008/04/09/soziologie-und-mafia/

Uccello, Serena/Amadore, Nino. 2009: *L'isola civile. Le aziende siciliane contro la mafia*. Turin: Einaudi

Ullrich, Hartmut. 2009: *Das politische System Italiens*. In: Ismayr, Wolfgang (Hg.), *Die politischen Systeme Westeuropas*. Wiesbaden: VS Verlag, S. 643-712

Urbani, Claudio. 1997: *Provincia*. In: Brütting, Richard (Hg.), *Italien-Lexikon: Schlüsselbegriffe zu Geschichte, Gesellschaft, Wirtschaft, Politik, Justiz, Gesundheitswesen, Verkehr, Presse, Rundfunk, Kultur und Bildungseinrichtungen*. Berlin: Erich Schmidt Verlag, S. 629–630

Vaiana, Salvatore. 2015: *La strage di Canicattì*. In: Marino, Giuseppe Carlo (Hg.), *La Sicilia delle Stragi. Un mosaico narrativo in cui i veri eroi sono le vittime della mafia*. Rom: Newton & Compton, S. 194–243

Valenti, Luigi (31.03.1914): *L'industria zolfiera Siciliana*. Rivista Internazionale di Scienze Sociali e Discipline Ausiliari. Vol. 64. Bd. 255, S. 289–308. In: http://wwwjstor.org/stable/41597923

Vannucci, Alberto. 2012: *Atlante della corruzione*. Turin: Edizioni Gruppo Abele

Veltri, Elio/Travaglio, Marco. 2001: *L'odore dei soldi. Origini e misteri delle fortune di Silvio Berlusconi*. Rom: Editori Riuniti

Ursetta, Umberto. 2013: *Processo agli intoccabili. Da Andreotti a Contrada, da Dell'Utri a Cuffaro*. Cosenza: Pellegrino Editore

Varese, Federico (15.06.2020): *Il welfare mafioso*. In: http://www.ilregno.it/attualità/2020/12/italia-legalita-la-mafia-ti-porta-la-spesa-federico-vareseu

Vinci, Anna. 2013: *Gaspare Mutolo. La Mafia non lascia tempo*. Mailand: Rizzoli

Violante, Luciano. 1998: *Introduzione. I primi passi della nuova strategia*. In: Violante, Luciano (Hg.), *I soldi della mafia. Rapporto '98*. Rom, Bari: Editori Laterza, S. VII–XV

Violante, Luciano (Hg.). 1998: *I soldi della mafia. Rapporto '98*. Rom, Bari: Editori Laterza

Violante, Luciano. 2002: *Il ciclo mafioso*. Rom, Bari: Editori Laterza

Vitale, Giusy/Costanzo, Camilla. 2009: *Ero cosa loro. L'amore di una madre può sconfiggere la mafia*. Mailand: Mondadori

Viviano, Francesco. 2008: *Michele Greco. Il memoriale*. Rom: Aliberti Editore

Viviano, Francesco. 2009: *Mauro De Mauro. La verità scomoda*. Reggio Emilia: Aliberti Editore

Viviano, Francesco/Ziniti, Alessandra. 2010: *I misteri dell'agenda rossa. Dai documenti inediti sui Ciancimino alle nuove rivelazioni del boss Gaspare Mutolo*. Rom: Aliberti Editore

Vogt, Ludgera/Zingerle, Arnold (Hg.) 1994: *Ehre. Archaische Momente in der Moderne*. Frankfurt/M.: Suhrkamp

Weber, Max. 1980: *Wirtschaft und Gesellschaft. Grundriss der verstehenden Soziologie.* Tübingen: Mohr/Siebeck (zuerst erschienen 1921)

Willan, Philip. 2008: *L'Italia dei poteri occulti. La mafia, la massoneria, la banda della Magliana e l'oscura morte di Roberto Calvi.* Rom: Newton Compton Editori

Wollner, Hans. 2010: *Geschichte Italiens im 20. Jahrhundert.* München: C.H. Beck

Word News (21.11.2020): *Cosa sta rivelando Pietro Riggio al processo Trattativa Stato-mafia?* In: https://www.wordnews.it/cosa-sta-rivelando-riggio-processo-trattativa-stato-mafia

World Bank. 2020: *Ease of doing business.* In: https://www.doingbusiness.org/content/dam/doingBusiness/country/i/italy/ITA.pdf

Yalopp, David A. 1984: *Im Namen Gottes? Der mysteriöse Tod des 33-Tage-Papstes Johannes Paul I. Tatsachen und Hintergründe.* München: Droemer Knaur

Zingales, Leone. 2002: Mafia. *Dal 1800 ad oggi. Potere, affari, denaro e sangue.* Parma: Tielleci Editrice

Zingales, Leone. 2006a: *Rocco Chinnici. L'inventore del 'pool' antimafia.* Arezzo: Limina

Zingales, Leone. 2006b: *Il padrino ultimo atto. Dalla cattura di Provenzano alla nuova mafia.* Reggio Emilia: Aliberti Editore

GPSR Compliance
The European Union's (EU) General Product Safety Regulation (GPSR) is a set of rules that requires consumer products to be safe and our obligations to ensure this.

If you have any concerns about our products, you can contact us on

ProductSafety@springernature.com

In case Publisher is established outside the EU, the EU authorized representative is:

Springer Nature Customer Service Center GmbH
Europaplatz 3
69115 Heidelberg, Germany

www.ingramcontent.com/pod-product-compliance
Lightning Source LLC
LaVergne TN
LVHW011005250326
834688LV00004B/74